JIN / DSCHURDSCHEN
Gelber Fluss
(Huang He)
Peking
Kaizhou
Jinan
Qingzhou
Taishan
SHANDONG
SHAANXI
Qufu
Kaifeng
GANSU
Luoyang
Xuzhou
Chang'an
(Xi'an)
HENAN
Huai He
Yangzhou
Suzhou
HUBEI
Nanjing
ZHOUSHAN-QUNDAO
SICHUAN
Wuhan
Chiyang
Hangzhou
Mingzhou
(Ningbo)
Yangtse
Jiaojiang
Shaoxing
ZHEJIANG
Jinhua
Wenzhou
JIANGXI
Fuzhou
FUJIAN
TAIWAN
Kanton
(Guangzhou)
Südchinesisches Meer
HAINAN

Barbara Beuys

DER PREIS DER LEIDENSCHAFT

Chinas große Zeit: das dramatische Leben
der Li Qingzhao (1084– ca. 1155)

Carl Hanser Verlag

1 2 3 4 5 08 07 06 05 04

ISBN 3-446-20544-6

Karte (Vorsatz): Yu Jee, Germering
Satz: Satz für Satz. Barbara Reischmann, Leutkirch
Druck und Bindung: Friedrich Pustet, Regensburg
Printed in Germany

INHALT

1 KINDHEIT oder DIE STARKEN FRAUEN

Erziehung vor der Geburt – Die Mütter unterrichten Töchter und Söhne – Väter trauern um ihre Töchter – Ban Zhao: Ehefrau und Gelehrte – Weibliches Ideal: lebensklug und gut organisiert – Warum Li Qingzhao stolz auf ihre Herkunft ist

15

2 KONFUZIUS oder DER WEG ZUM STAATSPHILOSOPHEN

Geister, wohin man sieht – Der Ahnentempel: Zentrum der Macht – Religion ohne Priester – Zhou-Dynastie: das Mandat des Himmels – Die Ambivalenz der Rituale – Das Ideal: Menschlichkeit – Dao-Denken hat kein Ziel – Die Familie als Lernmodell – Das Höchste: Bildung – Han-Dynastie: Konfuzius setzt sich durch – Tang-Dynastie: die Goldene Epoche – Der Kaiser und die Konkubine – Ein General wird überrumpelt

37

3 SONG-DYNASTIE: AUFBRUCH IN DIE NEUE ZEIT

Kaiser Taizu begründet eine zivile Gesellschaft – Prügelstrafe und saubere Gefängnisse – Die neue Elite: Pinsel statt Schwert – Den Frieden erkauft – Kaiser Taizong greift zum Pflug – Beamte als Agrarexperten – Reis bringt Wohlstand – Das Wirtschaftswunder – Tee wird Volksgetränk – Mit Ozean-Dschunken nach Südindien – Profit ist alles – Das Papiergeld wird erfunden – Die Eisenindustrie boomt – Konsumieren und genießen

62

4 DIE EIFERSUCHT DER HAUPTFRAU oder DIE KAISERIN REGIERT

Konkubinen gehören zum Haushalt – Frauen für den Kaiser – Die Hauptfrau: legal abgesichert – Die Nebenfrau: total abhängig – Der Ehemann: zuhause sind Schwächen erlaubt – Verspottet: Zhao Tingzhi will nur Klöße essen – Reformen: Wang Anshi spaltet die Gesellschaft – Kaiserin Kao übernimmt die Regentschaft – Kaiserinnen: gebildet und kompetent – Thronerben: Mangelware – Li Gefei, Universitätsdirektor – Su Dongpo, der große Dichter

77

5 DER BEAMTEN-STAAT oder DIE MACHT DER BÜCHER

Ein dreijähriger Prüfungsmarathon – Chancengleichheit: drei Gutachter für jede Examensarbeit – 34000 Verwaltungsposten für dreimal soviele Anwärter – Purpurrote Gewänder für die höchsten Ränge – Lernen ist Privatsache – Zwei bahnbrechende Erfindungen: Papier und Buchdruck – Eine Konfuzius-Ausgabe für jeden Haushalt – Hohe Auflagen und sinkende Buchpreise – Frauen sind eifrige Leserinnen

89

6 DICHTER, BEAMTE, MALER oder EIN GEBROCHENES LEBEN

Su Dongpo als Vertrauter der Kaiserin – Geselligkeit: dichten, malen, trinken – Mi Fei: Kauz und Kunstkenner – Landschaftsmalerei auf dem Höhepunkt – »Die Rote Felswand«: Trost auf dem Yangtse – Amtsstube oder einsame Klause – Tao Yuanming: O Heimkehr – Zhao Tingzhi klagt an – Eine neue Leidenschaft: Antiquitäten – »Die gelehrte Versammlung im Westlichen Garten«

101

7 KAIFENG: DAS URBANE VERGNÜGEN

Die Stadt: ein ummauertes Quadrat mit geometrischen Straßen – Kein Gegensatz von Stadt und Land – Die Millionen-Metropole Chang'an – Kaifeng: die Sperrstunde wird aufgehoben – Urbanes Leben auf dem Fünf-Meter-Bild – Im Vergnügungsviertel: 50 Theater, Jongleure, Sportvereine, Geschichtenerzähler – Die Sensation: eine astronomische Uhr – Catering-Service für Essen und Tafelsilber

114

8 DAOISMUS: DIE WEISHEIT DER LEERE oder MEDIZIN FÜR LEIB UND SEELE

Pillen für die Unsterblichkeit – Daodejing: Anleitung für den Herrscher – Zhuangzi: schräge Typen und tiefe Weisheiten – Der Weg entsteht beim Gehen – Bin ich ein Schmetterling? – Geschwister: Daoismus und Heilkunde – YIN und YANG: Polarität als Naturgesetz – Das QI hält alles in Bewegung – Der Konfuzianismus wird kosmisch – Der Weg der Himmlischen Meister: Daoismus als Religion – Rituale gegen die Ängste

127

9 BUDDHA WIRD CHINESE oder
EINE RELIGION FÜR DAS HERZ

Befreiung vom Kreislauf des Leidens – Eine Sutra aus Indien für den Kaiser – Missionierung unter der Elite – Im Jahre 193: der erste buddhistische Tempel – Die Übersetzer: Pioniere der kulturellen Integration – Buddha und Meister Zhuang – Das Große Fahrzeug erobert China – Das Reine Land und der Buddha Amitabha – Reliquien, Feste und goldene Statuen – Im Kloster: Armenspeisung und Schulunterricht – Der Staat kontrolliert die Religionen – Chan-Buddhismus: Erleuchtung durch Schock – Verfolgungen

145

10 MIT KONFUZIUS GEGEN BUDDHA oder
DIE JUGENDLICHE DICHTERIN ZEIGT FLAGGE

Das Ziel: drei Religionen im Gleichklang – Die konfuzianische Avantgarde: zurück zur reinen Lehre – Zhou Dunyi: seine Wiese blieb ungemäht – Zhang Zai: die Kraft des QI – Cheng Yi: Distanz zu Frauen und Tee – Ouyang Xiu: die Herzen zurückerobern – Mönche für die Beamtenfrauen – Der Kaiser besucht die Universität – Die Rache der Reformpolitiker – Zhao macht Karriere, Li wird strafversetzt – Konkubine Liu triumphiert – Su Dongpo: Verbannung – Li Qingzhao schreibt ein brisantes Gedicht – Der Kaiser stirbt unerwartet – Eine verblüffende Heirat

166

11 EINE STUDENTENEHE oder
DIE VIELFALT DER LIEBE

Keine Heirat ohne Vermittlerin – Maßlose Forderungen: die Mitgift der Braut – Examenskandidaten: begehrte Schwiegersöhne – Erlaubt: Sehnsucht und Leidenschaft – »Lotosfüße« werden modern – Der Hochzeitstag: Musik, Stimmung und gutes Essen – Rituale beschwören die Zweisamkeit – Die Schwiegermutter: zwischen Klischee und Realität – Männer trauern um ihre Frauen – Das junge Paar: schmatzen und studieren – Freizügig: »Das Buch der Lieder« – Li Qingzhao und das neue Weiblichkeits-Ideal

191

12 DIE SCHWIEGERTOCHTER KLAGT AN oder
EIN EHEPAAR IM SAMMELRAUSCH

In Stein gemeißelt: 309 »Verräter«-Namen – Der Schwiegervater: ein eiskaltes Herz – Die selbstbewusste Dichterin – Keine Eisvogelfedern als Kopfschmuck – Auf Schatz-Suche: allein oder mit dem Ehemann – Staatliche Hotels für die Beamten – Stoff für Gedichte: die Sehnsucht nach dem Abwesenden –

Böse Vorzeichen für den Kaiser – Die Geächteten werden rehabilitiert – Am Ziel: Zhao Tingzhi wird Kanzler – »Bücherwürmer« mit allen Sinnen

217

13 DER KÜNSTLER AUF DEM KAISERTHRON oder ANKLAGE GEGEN EINEN TOTEN

Ein Star-Architekt für Kaifeng – Malerei statt Aktenstudium – Das Große Südaußen-Opfer – Elefanten im Prozessionszug – Cai Jing: unersetzlich für den Kaiser – Familie Zhao verliert Privilegien und Ansehen

232

14 DAS AHNENOPFER: EIN FESTLICHES BANKETT FÜR DIE TOTEN

Solidarität in Shandong – Kindespflicht: drei Jahre Trauerzeit – Das Opfer stärkt die Familienbande – Töne, Gerüche und Farben locken die Toten – Ahnentafeln für die Geister – Die Toten sollen beim Essen unter sich sein – Zum Abschluss wird Tee serviert – Die Lebenden setzen das Bankett fort – Kein Volksglaube ohne Opfer

243

15 EIN HERZ UND EINE SEELE oder DIE MUSIK MACHT VOLLKOMMEN

Die gemeinsame Jagd nach Kostbarem – Künstler unter sich: Kopien sind Ehrensache – Familie Zhao wird rehabilitiert – Der Handel mit antiken Bronzen blüht – Antiquitäten-Kataloge: die Liebhaber werden professionell – Das Sammler-Ehepaar übertrifft alle Experten – Szene einer Ehe: der Tee-Wettbewerb – Neue Verse: weibliche Erfahrungen aus erster Hand – Ein Traumpaar? – Einsame Stunden beim Wein

254

16 DICHTUNG ALS INSZENIERUNG oder DER TABUBRUCH

Unter Beamten: zum Abschied ein Gedicht – Der Klassiker vom »Sonnenpass« – Verlassene Frauen im Männergedicht – Auch Li Qingzhao spricht durch die Blume – »Hohes Gras bis zum Horizont« – Das »Projekt China«: eine homogene Elite – Jedes Gedicht ist ein Lied – Erotik im Gedicht: nichts für Ehefrauen – Die Dichterin zeigt ihre Reize

267

17 EIN MEISTER DER INTRIGEN oder
DER KAISER UND SEINE FRAUEN

Gärten, Tiere, Felsen, Feste: immer prächtiger, immer exotischer – 6400 Bilder in der Palastsammlung – Der Eunuch Tong Guan macht Karriere – Kanzler Cai Jing: ein Netz von Korruption – Familie Zhu: raffgierig im Namen des Kaisers – Die verhassten »Blutberge« – Staatliche Krankenhäuser, Friedhöfe und Armenhäuser – Palast-Beamtinnen mit Titeln und Gehältern – Daoisten: mehr Einfluss als die Minister – Neue Außenpolitik, Krieg inbegriffen – Zhao Mingcheng ist wieder Beamter

287

18 EIN PIONIER DER ARCHÄOLOGIE oder
WENN DER KUCKUCK RUFT

Der Sitz des Beamten: Wohnung, Stallung, Gefängnis – Handbücher für Beamte – Tote Häftlinge unerwünscht – Li Qingzhao zieht in den Amtssitz – Im Dienst: die Jagd nach Antiquitäten geht weiter – »Pinselgespräche am Traumbach« – Beamtenbankette: nicht ohne Kurtisanen – Verbotene Liebe: ein Kaiser wird zum Kuckuck – Riskante Außenpolitik: China wird vertragsbrüchig – Schlechtes Omen: Füchse auf dem Kaiserthron – Prophetische Verse

310

19 KAIFENG FÄLLT oder EINE POLITIK DER ILLUSIONEN

Kaiser Huizong dankt ab – Von zwei Seiten bedrängt: Qinzong auf dem Thron – Barbaren vor Kaifeng: Abzug gegen Silber und Seide – Die Armeen der Jin kommen zurück – Die Belagerung: Steinschleudern, Brandleitern, fahrbare Türme – Die Verteidiger: schlecht ausgerüstet, demoralisiert – Der Kaiser besucht seine Truppen – Ohne Solidarität: die Zivilisten – Die Macht der Beamten über das Militär – Schnee und Kälte machen mürbe – Panik in der Stadt

326

20 ZWEI KAISER IN GEFANGENSCHAFT oder
DAS MOBILE VATERLAND

Demütigungen im Hauptquartier – Diktierter Friede: noch mehr Beute – Die Eroberer wollen Land und Macht – Eingefangen: die kaiserliche Familie – Feierliches Ritual für den Marionettenkaiser – Kaiser und Gefolge: als Gefangene ins Barbaren-Land – Bildung und Kultur: unzerstörbares Erbe – Der Prinz von Kang gibt nicht auf

348

21 TOD IN NANJING oder LEBEN AUF DEM HAUSBOOT

Das Ehepaar dichtet um die Wette – Weidenkätzchen und verstreutes Salz – Mitten im Krieg: Sorgen um die Sammlung – Mit 15 Wagenladungen gen Süden – Allein zurück – Das Anwesen in Qingzhou: zu Asche verbrannt – Die lange Flucht – First Lady von Nanjing – In Hangzhou: ein Putsch scheitert – Ein Hausboot für Schätze und Familie – Wie ein Tiger: Abschied am Ufer – Wiedersehen zum Sterben

354

22 DER KOPF DES DRACHEN BRINGT UNGLÜCK oder DIE MACHT DER YIN-YANG-MEISTER

Je mehr Kleider für die Toten umso besser – Ein Sarg reicht nicht – Grabanlagen: so luxuriös wie im Leben – Die Reformer fordern mehr Bescheidenheit – Konfuzius tröstet nicht – Mit den Mönchen durch die Hölle – Landverträge in jedes Grab – 400 kaiserliche Tote ohne Grab – Die falsche Beerdigungszeit: Katastrophe für die Lebenden

372

23 EINSIEDLER PANG UND DIE GATTIN DES QI oder EIN OPFERTEXT ENTSCHLÜSSELT SICH

Der Trauer eine Form – Der Opfertext: vier rätselhafte Verse – Der literarische Code weist den Weg – Herr Pang wünscht sich Unsterblichkeit – Seine Tochter geht voraus – Die Totenklage erweicht Mauern – Gelassenheit: bewundert, aber nicht nachvollzogen – Erinnern und vollenden: ein Programm für die Zukunft

387

24 DIE FLUCHT AUFS MEER oder EINE TRAURIGE BILANZ

Li Qingzhao wird schwerkrank – Der Weg zum Schwager ist versperrt – 20 Monate Flucht beginnen – Die Sammlung: verbrannt, verloren, gestohlen – Der Kaiser flieht aufs Meer – Die Witwe mietet ein Boot – Ein böses Gerücht über Zhao Mingcheng – Die Diebe kommen durch die Wand – Die Jin ziehen sich zurück – Endlich ein festes Quartier – Die Wildgänse machen das Herz schwer

396

25 THERAPEUTEN FÜR DAS FLÜCHTLINGSELEND oder KLEIN, MIES UND GEIZIG

Neuanfang im Süden – Blutbad in Nanjing – Die Skelette füllen acht Friedhöfe – Das größte Trauma: die Vermissten – Wie zwei Ehepaare sich wiederfinden –

Doppelte Ausbildung: Beamter und Heiler – Li Qingzhao trifft eine überraschende Entscheidung – Konfuzianer loben stolze Witwen – Die Illusion hält keine hundert Tage – Sieben Gründe für eine Scheidung – Die Dichterin rechtfertigt sich

405

26 WO IST MEIN HEIMATLAND oder
PRAGMATISCH BIS ZUM MORD

Der Kaiser: für Kompromiss und Koexistenz – Rückforderung der »Wahrhaftigen Aufzeichnungen« – Provokante Verse: die Dichterin will Krieg – Vaterland und Jugend: ein doppelter Verlust – Der unerträgliche Regen – Die Jin bieten Särge und Frieden – Die kaiserliche Armee triumphiert – General Yue Fei: Militär und Dichter – Meuchelmord an einem Helden – Ein Grabhügel in Hangzhou

424

27 ALT WERDEN IST NICHT LEICHT oder
DER ZAUBER VON HANGZHOU

Der erkaufte Frieden – Entscheidung für den »Goldschmelztigel« – Ein unerwünschtes Gedicht zum Drachenbootfest – Allein mit ihrem Schatten – Laternenfest hinter dem Bambusschirm – Gelassen beim Verseschreiben – Eine letzte Reise in die Vergangenheit

440

28 TRAGE MEIN BOOT ZUM SÜDLICHEN OZEAN

452

Warum China?

462

Literaturhinweise

477

Zur Aussprache

486

Zeittafel der chinesischen Dynastien

488

Mein verstorbener Gatte, der Gelehrte Zhao Mingcheng, sammelte die Inschriften auf Glocken, Dreifüßen, Doppelvasen, Schalen, Weinpokalen und Korngefäßen, dazu die Inschriften über die Taten berühmter Männer wie unbekannter Gelehrter auf Grab- und Gedenksteinen ... Er überprüfte alles, verglich, korrigierte und bewertete ... Wenn ich sein Manuskript aufschlage, so ist mir, als begegnete ich einem alten Freund ... Warum war diese Sammlung bloß so schwierig zu erlangen und so leicht zu verlieren? Ach, wo es Haben gibt, gibt es immer auch Nicht-Haben, und wo gesammelt wird, wird stets auch zerstreut. Das ist ein unabänderliches Prinzip.

Das schrieb Li Qingzhao, Chinas größte Dichterin, 1134 im Alter von fünfzig Jahren in der Kaiserstadt Hangzhou. Li Qingzhao und ihr Ehemann, der gelehrte Beamte Zhao Mingcheng – sein Vater war Kanzler des Reiches –, lebten zur Zeit der Song-Dynastie, die für China einen Aufbruch zu neuen Ufern bedeutet.

China war Europa um Jahrhunderte voraus, es herrschte ein nie gekannter Wohlstand. Dichtung und Malerei blühten, Porzellan, feinste Lackwaren, Rattan-Möbel und Bibliotheken zierten die Häuser der Elite. Wirtschaft und Handel, Landwirtschaft und Technik florierten, die Umsätze wurden in Papiergeld getätigt.

Im Namen des Konfuzius und im Wettbewerb mit Buddhismus und Daoismus prägten Mobilität und geistiges Kräftemessen eine zivile Gesellschaft, deren Ideal nicht der Krieger, sondern der Gelehrte war. Die Dichterin und ihren Ehemann verband die Leidenschaft für Literatur und Archäologie, Malerei, Kalligrafie und kostbare Bücher. Ihre Sammlung antiker Gegenstände war eine der größten im Land. Doch dramatische politische Ereignisse, Krieg und Flucht vernichteten ihr gemeinsames Werk.

Im Leben von Li Qingzhao und Zhao Mingcheng spiegeln sich Glanz und Ambivalenz einer wegweisenden Epoche Chinas.

Dies ist der erste Versuch, das Leben von Li Qingzhao und Zhao Mingcheng zu erzählen, eingebettet in ihre Zeit und in zweitausend Jahre chinesischer Geschichte und Kultur, die der Song-Epoche vorangehen. Expertenwissen wird nicht vorausgesetzt. Gefragt ist nur: Interesse und Neugier für einen bislang unbekannten historischen Kontinent.

1

KINDHEIT
oder
DIE STARKEN FRAUEN

Erziehung vor der Geburt – Die Mütter unterrichten Töchter und Söhne – Väter trauern um ihre Töchter – Ban Zhao: Ehefrau und Gelehrte – Weibliches Ideal: lebensklug und gut organisiert – Warum Li Qingzhao stolz auf ihre Herkunft ist

»Warum habe ich nie gesehen, dass du auch nur ein einziges Mal deinen Söhnen Unterricht gibst?« Frau Liu unterrichtete gerade ihre beiden Söhne, als ihr Mann, der bedeutende Staatsmann Xie An, durch den Raum ging. Der tat erstaunt: »Warum auch, ich unterweise meine Söhne doch durch meine bloße Anwesenheit.« Das schlechte Gewissen allerdings war geweckt. Von nun an rief der Hausherr ab und zu die eigenen Söhne sowie Neffen und Nichten zusammen, um ihnen Wissen zu vermitteln und Ratschläge fürs Leben zu geben. Das war um die Mitte des vierten Jahrhunderts n. Chr.

Die Chronik, die diese Geschichte festhält, war Frau Guo und Frau Wang, die im elften Jahrhundert in traditionsreiche Familien der Bildungselite geboren wurden, wohlbekannt. Sie waren erzogen worden mit der Vorstellung, dass alle Vergangenheit lebendige Gegenwart ist. Je älter die Zeugnisse der Vorfahren waren, um so mehr Weisheit enthielten sie und hatten den Lebenden viel zu sagen. Es ist kein Zufall, dass die chinesische Grammatik keine Vergangenheitsform kennt.

Beide Frauen stammten aus der Provinz Shandong und zogen im Jahre 1085, beziehungsweise 1086 mit ihrer Familie in die kaiserliche Hauptstadt Kaifeng, wohin ihre Ehemänner endlich versetzt worden waren. In Kaifeng, Sitz der zentralen Regierung und Verwaltung für das gesamte Reich, damals etwa dreißig Kilometer südlich des Gelben Flusses gelegen, gab es für Beamte die höchsten und einflussreichsten Posten. Zhao Tingzhi, Frau Guos Ehemann, begann seine Karriere in Kaifeng in den kaiserlichen Archiven, die Teil der Palastbibliothek waren. Li Gefei, Ehemann von Frau Wang, wurde Direktor der National-Universität.

Die Familien gehörten zur politischen und geistigen Elite des Landes. Wie es der Tradition entsprach, hatten die Ehefrauen nach der Heirat ihren Familiennamen – der in China bis heute als erster genannt wird – beibehalten, und wurden auch so von ihren Ehemännern angesprochen. Kinder übernahmen den Familiennamen des Vaters. Fünfzehn Jahre nach ihrem Umzug in die Hauptstadt Kaifeng werden sich die Familien Zhao und Li durch die Heirat ihrer Kinder Mingcheng und Qingzhao aufs Engste verbinden.

Frau Guos Jüngster, Zhao Mingcheng, war 1081 geboren worden und hatte zwei ältere Brüder. Frau Wangs ältestes Kind, ihre Tochter Li Qingzhao, kam 1084 zur Welt, und es folgten noch Töchter und ein Sohn. Die beiden Mütter konnten die vorwurfsvolle Frage von Frau Liu an ihren vielbeschäftigten Ehemann gut nachvollziehen, zumal seitdem sie in Kaifeng lebten. Herr Zhao begab sich morgens zur Arbeit in die ummauerte Palaststadt im Zentrum, wo die Bauten für die kaiserliche Familie, Audienzhallen und wichtige Regierungs- und Verwaltungsgebäude standen. In den kaiserlichen Archiven wurde nicht selten bis in den Abend hinein gearbeitet, und die Palastküche war angewiesen, den Beamten noch zu später Stunde ein Essen zu servieren. Ob Zhao Tingzhi zu Fuß ging, zu Pferde ritt oder eine Sänfte nahm, wissen wir nicht, da die Adresse des Zhao-Anwesens nicht überliefert ist.

Herr Li fand für seine Familie »einen Wohnsitz westlich der Hauptdurchgangsstraße«, wie ein befreundeter Dichter in seiner »Sammlung von Hühnerrippchen« schreibt, ein Standardtitel für leichtgewichtige Plaudereien. Das Anwesen befand sich in zentraler Lage. Doch als Direktor war er fast täglich in der National-Universität in der südlichen Vorstadt. Zuhause zog sich Li Gefei zum Schreiben in die »Bambus-Halle« zurück, denn er war auch ein angesehener Schriftsteller. Den Bambus längs der Halle hatte der Hausherr selbst in dichten Reihen angepflanzt, als er das Land im südlichen Bereich der Wohnanlage kultivierte. In den Gärten der Beamten gehörten neben Blumen, Bäumen und Sträuchern, Brücken, Seen und Pavillons auch Gemüsebeete zum Bestand, deren Erträge nicht nur dem eigenen Verzehr dienten. Der Überschuss wurde auf den Märkten der Stadt verkauft.

Zhao und Li hatten Beamtenposten mit hohem Prestige. Auf diesem Niveau kannte man sich in Kaifeng und traf sich auch außerhalb der Dienstzeit. Es waren Staatsbeamte, die in den besten Weinhäusern und Restaurants der Hauptstadt den Gedichtvorträgen und musikalischen Darbietungen der Kurtisanen lauschten. Die Beamten besuchten sich gegenseitig zu Hause, um untereinander im ständigen Wettbewerb mit literarischen und künstlerischen Talenten und Kenntnissen zu glänzen. Oder bei einer Einladung mit Kennerblick die Kunst- und Antiquitätensammlung des Kollegen zu begutachten. Wie blieb da den Vielbeschäftigten Zeit, die Kinder zu erziehen und zu bilden? Zumal sechs Jahrhunderte zuvor der angesehene Xie An, Ehemann von Frau Liu, allen Vätern ein vortreffliches entschuldigendes Argument geliefert hatte.

Es ist durchaus denkbar, dass Frau Guo und Frau Wang sich respektvoll und verklausuliert, aber durchaus eindeutig über ihre gemeinsamen Erfahrungen als alleinerziehende Mütter ausgetauscht haben. Die Ehefrauen der hohen Beamten wurden vom Kaiser mit Ehrentiteln wie »Hofdame« oder »Oberhofdame« bedacht, und nahmen bei öffentlichen Anlässen gemäß dem Hofprotokoll eine herausragende Stellung ein.

Am Geburtstag des Kaisers führte die Ehefrau des Kanzlers die Ehefrauen der hohen Beamten in langer Reihe feierlich vor den Thron, reichte dem Kaiser einen Becher mit Wein und band ihm ein rotes Seidentuch, eingefasst mit Gold, um den Arm. Anschließend nahmen alle Frauen am Geburtstagsbankett im Palast teil. Da werden abseits von Protokoll und Zeremoniell auch persönliche Worte gefallen sein. Zumal die Beziehungen zwischen Eltern und Kindern, die beide untrennbar und lebenslang verbanden, das Herzstück der Familie bildeten.

Was gab es Wichtigeres und Schöneres, als für die Kinder Verantwortung zu tragen und die Entwicklung der nachfolgenden Generation von den allerersten Augenblicken an in die richtigen Bahnen zu lenken? Das war die Aufgabe der Mütter, solange man denken konnte. Die Frauen der Familien Zhao und Li nahmen diese Herausforderung an, noch bevor ihre Kinder auf der Welt waren. Sie hatten die »Biografien berühmter Frauen«, den klassischen Ratgeber für werdende Mütter, gelesen:

»In alten Zeiten schlief eine schwangere Frau nicht auf der Seite; setzte sich nicht auf eine Kante und stand nicht auf einem Bein. Sie ließ ihre Blicke nicht auf Anstößiges fallen und setzte ihre Ohren keinen unziemlichen Tönen aus. Nachts ließ sie die blinden Musiker kommen, um Liedtexte zu singen. Sie ordnete die Dinge mit Vernunft und brachte deshalb Kinder auf die Welt, die gesund waren und andere an Talent und Tugend übertrafen.«

Als Liu Xiang seine einhundertfünfundzwanzig »Biografien berühmter Frauen« schrieb, wollte er den Müttern seiner Zeit Modelle liefern, um sie von einer Kindererziehung zu überzeugen, die schon in vorgeburtlicher Zeit beginnen müsse. Liu, der als Gelehrter den Katalog der

Hofbibliothek bearbeitete und entfernt mit dem Kaiserhaus verwandt war, lebte ungefähr in den Jahren achtzig bis sieben vor der Zeitenwende.

Wie sehr seine Empfehlungen zum Wissensbestand von Generationen von Müttern gehörten, beweist ein Detail aus der Grabinschrift für Frau Wu, die zwei Generationen nach den Damen Guo und Wang, im zwölften Jahrhundert, Mutter wurde: »Während der Schwangerschaft verbrannte sie Weihrauch und las konfuzianische und buddhistische Schriften. Sie kannte keine unbedachten Worte und keine bösen Blicke und sagte: ›Auf diese Weise haben schon unsere Vorfahren die Kinder im Mutterleib gebildet.‹ Deshalb brachte sie nur würdige und begabte Kinder zur Welt ...« Die bewunderten »Biografien« hatten bis in die Moderne bei Chinas Müttern Bestand.

Liu Xiang war ein idealistischer Erzieher, der die Mütter ermunterte, den Säuglingen alle Aufmerksamkeit und Anstrengung zu widmen, weil sie keineswegs als fertige Wesen auf die Welt kommen:

»Der Mensch hat bei seiner Geburt fünf Unvollkommenheiten. Seine Augen können nicht blicken, er kann weder essen noch gehen, er kann nicht sprechen, er kann nicht zeugen.« Es dauert mit den menschlichen Fertigkeiten: »Nach drei Monaten fixieren sich die Pupillen, dann kann er sehen. Nach acht Monaten wachsen ihm die Zähne, dann kann er essen. Nach einem Jahr wird die Kniescheibe fest, dann kann er gehen. Mit drei Jahren schließt sich die Schädeldecke, dann kann er sprechen. Mit sechzehn Jahren wird der Samen reif, dann kann er zeugen.« Die Mädchen sind in einigen Entwicklungsschritten schneller als die Jungen, auch das war vor zweitausend Jahren in China schon bekannt: »Der weibliche Mensch bekommt mit sieben Monaten Zähne, hat mit sieben Jahren Zahnwechsel, mit zweimal sieben Jahren – vierzehn – ist die Gebärfähigkeit erreicht.«

Eine gelernte Hebamme begleitete die Geburt. Gab es Komplikationen, wurde ein Arzt hinzugezogen. In medizinischen Handbüchern und in Erzählungen ist von Experten die Rede, die bei Ungeborenen erfolgreich Akupunktur anwandten und damit das Leben von Mutter und Kind retteten. Die Mütter sollten die Zeit direkt nach der Geburt ernst nehmen und drei Tage im Bett bleiben, um Depressionen zu vermeiden. Auch war in China schon vor zweitausend Jahren klar, dass die Geburt für ein Kind mehr als ein physischer Vorgang ist: »Es löst sich von der Mutter, mit der es ursprünglich ein Ganzes bildete. Wenn es nun Luft bekommt und selbständig atmet, schreit es. Das bedeutet, dass die Trennung von der Mutter ein entscheidendes Ereignis ist.« Bei Familien wie den Zhaos und den Lis stand zu diesem Zeitpunkt eine Amme bereit, um das Neugeborene mit ihrer Milch zu nähren. Sie nahm im Haus einen angesehenen Platz ein und nicht selten stand sie noch der nächsten Generation zur Verfügung.

Zur Geburt selbst gibt es keine besondere Feier. Aber nach drei Monaten versammelt sich die Familie, »wählt einen günstigen Tag und schneidet dem Kind die Haare bis auf einen Schopf ab, aus dem man bei Jungen ein Hörnchen, bei Mädchen einen Knoten bildet, oder man lässt bei den Jungen links, bei den Mädchen rechts ein Büschelchen stehen. Am selben Tag bietet die Mutter dem Vater ihr Kind dar ... Hierauf ergreift er das rechte Händchen des Kindes, lächelt es an und gibt ihm einen Namen«. Den Jüngsten soll man freundlich begegnen, das war allgemeine Meinung. Kleine Kinder erhielten viele Streicheleinheiten. Seit dem dritten Jahrhundert n. Chr. wurden jährlich auch die Geburtstage in der Familie gefeiert. Am Tag der Geburt zählte das Kind nach chinesischem Verständnis schon ein Jahr. Über das jeweilige Alter eines Menschen entschied der Jahrgang, so dass an jedem Neujahrstag des üblichen Mondkalenders alle Chinesen ein Jahr älter wurden.

Die Rolle der Väter bei der Erziehung der Kinder wurde in den alten Schriften nicht ausgeblendet. Auch diese Empfehlung ist rund zweitausend Jahre alt: »Die Väter sollen ihre Kinder mit einer Liebe erziehen, die sich auf Mitgefühl und Menschlichkeit gründet. Ein Vater sorgt dafür, dass die Kinder Nahrung erhalten, um ihren Körper zu kräftigen. Wenn die Kinder fähig sind, intelligente Bemerkungen zu machen, sorgt er dafür, dass sie die richtigen Wörter lernen. Er schlägt seine kleinen Kinder nicht. Er hört sich ihre Sorgen an und verwirrt sie nicht.« Väter haben Verpflichtungen gegenüber ihren Kindern. Wenn sie diese wahrnehmen, werden daraus die liebevollen Gefühle der Kinder gegenüber den Eltern folgen.

Genau diesen Weg empfiehlt der Autor von »Familien-Anweisungen«, der im sechsten Jahrhundert schrieb: »Sobald der Säugling Gesichtsausdrücke erkennt und Lob und Tadel versteht, soll die Unterweisung beginnen, mit dem man ihm Dinge erläutert, die er tun oder lassen soll. Für etliche Jahre soll es keine Bestrafung mit einem Bambusstock geben. Wenn die Eltern konsequent und mit Würde handeln, verbunden mit Zärtlichkeit, entwickeln Jungen und Mädchen automatisch ein Gefühl des Respekts und der Fürsorge für ihre Eltern.«

Ein Zeitgenosse des Autors ergänzt die Theorie mit eigenen Erfahrungen: »In meiner Kindheit hatte ich den Vorteil, durch meine Eltern eine gute Erziehung zu erhalten. Mir und meinen beiden älteren Brüdern gaben sie guten Rat, fragten nach unseren besonderen Interessen, kritisierten unsere Fehler und ermunterten unsere Stärken – immer engagiert und ehrlich.«

Das sind keine Einzelstimmen. Sie legen ein Fundament, auf dem die folgenden Generationen aufbauten. Angesehene konfuzianische Philosophen, die im elften Jahrhundert in hohem Ansehen standen, waren sich nicht zu schade, ihre Gedanken zur Kindererziehung zu Papier zu bringen. Zhang Zai ist einer von ihnen: »Glaubt nicht, dass Kinder kein Gedächtnis haben. Sie vergessen keine einzige Erfahrung. Deshalb beginnt ein Mensch, der sich mit dem Heranwachsen von Kindern gut auskennt, ihre Erziehung, wenn sie noch ganz klein sind. Auf diese Weise profitieren sie am meisten davon. Sie behalten ein freudiges Gemüt und wenn sie älter werden, eine liebenswerte Natur. Man lehrt Kinder, indem man ihnen konsequent zeigt, was gut und was böse ist.« Nach diesen Prinzipien wurden die Kinder der Elite – auch Zhao Mingcheng und Li Qingzhao – großgezogen. Und es waren die Mütter – darunter Frau Guo und Frau Wang –, die die Rundum-Erziehung ihrer Kinder selbstbewusst und selbstverständlich in die Hand nahmen. Frau Liu war nicht Ausnahme sondern Vorbild.

Zwei praktische Voraussetzungen schufen den idealen Rahmen für das Reich der Mütter. Das chinesische Haus teilte sich in einen Bereich für die männlichen Mitglieder der Familie – die Äußeren Gemächer – und einen für die weiblichen Angehörigen – die Inneren Gemächer. Ging es streng nach der Tradition, dann lebten die Geschlechter getrennt, und der Ehemann betrat nur bei Nacht die Räume seiner Frau. Kein anderer Mann hatte dort etwas zu suchen. Männer und Frauen herrschten in ihrem jeweiligen häuslichen Bezirk in eigener Regie, und keiner durfte dem anderen hineinreden. Das Reich der Kinder war bei den Frauen, in den Inneren Gemächern war ihr Lebensmittelpunkt. Hier spielten und badeten, hier schliefen und lernten Mädchen und Jungen gemeinsam bis zum achten, nicht selten bis zum zehnten Lebensjahr.

Aus der Vogelperspektive war Kaifeng, Chinas Hauptstadt, wo gegen Ende des elften Jahrhunderts knapp eine Millionen Menschen lebten, ein wogendes Meer von bunten, meist blau-grünen Tonziegeln, die schuppenartig die geschwungenen Haus- und Palastdächer bedeckten. Aus der

Straßenperspektive war das Stadtbild geprägt von den mal wenig, mal weit hervorragenden Dachtraufen und den uneinsehbaren Mauern, die jedes private Haus umgaben.

Unübersehbar war das schwere zweiflüglige Bohlentor, oft mit dicken Eisenköpfen bestückt, das den äußeren Bereich des Anwesens zur Straße hin abschloss. Öffnete sich das Mauertor, stand der Besucher vor einer »Schattenmauer«, die die gesamte Anlage zu einem doppelt gesicherten Geheimnis machte. Erst wer sie umgangen hatte, erblickte die geschlossene Breitseite eines rechteckig angelegten Wohnkomplexes, in deren Mitte das innere, luftige »Tor der hängenden Blüten« – wie das äußere in Traufenform gebaut – ins private Refugium führte.

Die durchgehende Grundform jedes Hauses hat der Beamte und Wissenschaftler Shen Gua in seinem enzyklopädischen Band »Pinselgespräche am Traumbach« um 1090 so beschrieben: »Bei den Häusern gibt es drei Teile: von den Balken an aufwärts ist der obere Teil, vom Boden an aufwärts ist der mittlere Teil, die Plattform bildet den unteren Teil.« Alles oberhalb der Plattform, die das Gebäude vom Boden absetzt, ist in Skelettbauweise aus Holz gebaut. Das Dach mit seinen Balken wird an beiden Längsseiten von einer oder mehreren Säulenreihen getragen. Wände, Fenster und Türen kann man beliebig zwischen den Säulen anbringen, gemäß dem chinesischen Sprichwort: »Fällt auch die Wand, so stürzt doch das Haus nicht ein.«

Wer Arbeiter zum Hausbau bestellt, kann sich auf eine ordentliche Ausführung verlassen. Längst gibt es Vorschriften über Standardmaße und Berechnungen für die Arbeitszeit. Im Jahre 1101 legt der Präsident der Behörde für öffentliche Arbeiten das Handbuch »Methoden des Bauens« vor, das schon Vorgänger hat. Darin werden die Techniken der Holzbauweise in Skelettform in allen Einzelheiten nebst Illustrationen vorgestellt.

An der hinteren Seite des Wohnkomplexes liegt in der Mitte das Hauptgebäude, in dem Gäste empfangen werden und sich die gesamte Familie trifft. Hier hängen an den Wänden oder den Wandschirmen kostbare Malereien, seidene Bildrollen im Längs- oder Querformat. Die Räume sind sparsam möbliert. Um diese Zeit haben sich in China Tische und Stühle durchgesetzt, während man in Japan weiterhin auf Matten zu ebener Erde Platz nehmen wird. Typisch für die Gesamtanlage ist, dass sich Haupt- und Nebengebäude zu Höfen formieren, die deutlich getrennte Bereiche und zugleich eine Atmosphäre von Intimität schaffen. In den Höfen, mit Topfpflanzen geschmückt, herrscht reges Treiben. Hier trifft man sich zum Essen, zu einem Plausch, zum Karten- oder Schachspiel.

So sehr das gesamte Anwesen zur Straße hin abgeschottet ist, im Innern erlaubt die durchlässige Bauweise den Bewohnern ständigen Austausch zwischen Drinnen und Draußen. Das Klima macht es möglich: Kaifeng liegt am fünfunddreißigsten Breitengrad, auf der Höhe von Zypern und Tunesien. Das durchsichtige Papier vor den mit Holzgittern verzierten Fenstern war die meiste Zeit des Jahres hochgerollt. Die Topfpflanzen müssen keinen Frost fürchten. Heizung oder Kamine in den Räumen sind überflüssig. Ein eigener Küchenraum ist meist nicht vorhanden, man kocht in den Höfen im Freien. Auch Waschräume fehlen. Es gibt genug Personal, um Zuber, Becken und anderes Waschgerät in die Zimmer zu bringen. In einer abgelegenen Ecke befindet sich die Toilette, die regelmäßig von einem privaten Reinigungsdienst gewartet wird. Kommt die Dunkelheit, werden Öllampen und Kerzen angezündet. Laternen und Lampions sind als Dekoration beliebt.

Kein Haus ohne Garten: Architektur und Natur bilden eine Einheit. Das Haus ist Teil des Gartens, nicht umgekehrt. Wasser, Blumen, Sträucher, Steine und Felsen wurden harmonisch arrangiert, kleine sandige oder gepflasterte Wege schlängelten sich durch die Gartenlandschaft. Kein Garten ist vorstellbar ohne Bambus oder Pflaumenbaum und ohne die geliebten Chrysanthemen. Niemand kam auf den Gedanken, Rasenflächen zu kultivieren. Glücklich, wer Raum genug hatte, um Hügel und Wasserfälle, kleine Geländer und Mäuerchen, Brücken und Pavillons anzulegen. Ein Areal des Rückzugs, wo sich am Tag Blumen und Vögel, bei Nacht Mond und Sterne und immerzu Wolken beobachten und bewundern ließen.

Ein Paradies für Kinder, die – abgeschirmt hinter hohen Mauern – jede Menge Freiraum hatten und zugleich wussten, wo sie hingehörten: dorthin, wo die Frauen lebten. Zeugnisse über die Kindheit von Li Qingzhao und Zhao Mingcheng und ihre Mütter gibt es nicht. Aber wir können uns dennoch eine Vorstellung machen, denn zahlreich sind neben den Dokumenten der Vergangenheit, die allen folgenden Generationen als Vorbild dienten, Biografien von Frauen aus dem elften Jahrhundert und der ersten Hälfte des zwölften Jahrhunderts. Sie sind glaubwürdig, weil Söhne, Verwandte und Freunde der Familie in ihren Nachrufen von den vielfältigen Aktivitäten der Mütter und ihrer zentralen Rolle innerhalb der Familie berichten. Die Realität mochte dem Ideal, das Frauen und Männern vor Augen stand, nicht immer gerecht werden. Doch ihm so nahe wie möglich zu kommen, war den Familien der Beamten und Gelehrten im weiten chinesischen Reich gemeinsames Ziel. Alle diese Zeugnisse schildern ein Milieu, in dem auch Mingcheng und Qingzhao aufgewachsen sind.

Chinas berühmtester Dichter Su Dongpo – ein Universalgenie, an Produktivität, kreativer Neugier und überragender Persönlichkeit einem Johann Wolfgang Goethe vergleichbar, wir werden noch viel von ihm hören – wurde 1036 geboren. Zusammen mit seinem jüngeren Bruder unterrichtete ihn die Mutter in den Klassikern der chinesischen Geschichtsschreibung und bevorzugt über die jungen Helden vergangener Zeiten. Sus Vater fiel als Erzieher und Ernährer der Familie aus. Er war jahrelang mit dem Studium für die Beamtenprüfung beschäftigt und ging, nach erfolglosem Examen, auf Bildungsreise quer durchs Land.

Frau Yang, deren Ehemann 1124 starb, als die beiden Söhne noch sehr klein waren, ist ein weiters Vorbild: »Sobald sie sprechen konnten, unterrichtete die Mutter sie in klassischen Werken. Sie erklärte und analysierte die Texte auf pädagogisch meisterhafte Weise. Die Söhne mussten keine Privatschule besuchen …« Eine Generation früher tat Frau Yu ähnliches: »Sie unterrichtete ihre Kinder selber und lehrte sie die Klassiker.«

Ausführlich und voller Zuneigung hat der angesehene konfuzianische Gelehrte Cheng Yi, ein strenger und asketischer Mann, der den Frauen nicht gerade freundlich gegenübertrat, das Bild seiner Mutter, Frau Hou, gezeichnet. Ein idealistischer Einschlag ist spürbar, aber das macht sein Lob für eine vielfältig talentierte und aktive Frau, die von 1004 bis 1052 lebte, nicht weniger bemerkenswert: »In ihrer Jugend übertraf sie alle an Intelligenz. Sie las liebend gern Bücher und hatte ein breites historisches Wissen, über alte und über moderne Zeiten.« Dieses Wissen gab sie an ihre sechs Söhne weiter, geleitet von Liebe und Disziplin: »Ihre Liebe und ihre Zuneigung für uns war unübertroffen. Aber bei ihrem Unterricht kannte sie keine Nachsicht.«

Das betraf ebenfalls lebenspraktische Anleitungen. Während Begleiter die kleinen Jungen auffangen wollten, wenn sie stolperten, hörten die Söhne nur die laute Stimme der Mutter: «Wenn ihr bedachtsamer gegangen wärt, wärt ihr dann gestolpert?« Zugleich wussten die Jungen, dass in ihrem nicht gerade begüterten Haushalt ihre Freunde immer willkommen waren.

Auch in moralischen Fragen war Frau Hou das Vorbild ihrer Kinder. Von ihr lernten sie zu essen, was auf den Tisch kam, und mit der Kleidung keinen Aufwand zu treiben. Sie schlug die Dienstboten nicht, und wenn die Söhne sie schlecht behandelten, hielt die Mutter ihnen vor: »Dienstboten sind auch Menschen!« Stritten sich die Kinder mit anderen, konnten sie nicht auf Unterstützung ihrer Mutter rechnen. Und für den Umgang mit Ihresgleichen lernten sie: »Wenn ihr gute Charakterzüge in anderen seht, versucht, sie euch anzueignen. Behandelt das Eigentum von anderen noch besser als euer eigenes.« Das Fazit ihres Sohnes: »Wir sind nicht von Natur aus so gewesen, sondern ein Produkt der Erziehung.«

Die Mütter konnten mit ihren Kindern die Klassiker nur studieren, weil Unterricht im Lesenlernen vorausging. Lesen zu lernen war für chinesische Kinder der erste Schritt in die Welt der Bildung und nicht an das Schreibenlernen gekoppelt. Das folgte erst mit einigem zeitlichen Abstand, und nicht ohne Grund. Im Vergleich zu den sechsundzwanzig Buchstaben des europäischen Alphabets müssen chinesische Kinder Schriftzeichen lernen, die keine Hinweise auf die gesprochene Sprache geben. Die chinesischen Zeichen stehen für Begriffe und haben nichts gemein mit Buchstaben, die beim Schreiben gesprochene Sprache – Laute – sichtbar und nachvollziehbar umsetzen. Im Gegensatz zu Buchstaben ist die Kenntnis der chinesischen Schriftzeichen deshalb nicht gleichbedeutend mit der Fähigkeit, in einem Lernschritt Lesen und Schreiben zu üben.

Keine heute noch angewandte Schrift auf der Welt ist so alt und so lange im Gebrauch wie die chinesische. Die ältesten chinesischen Schriftzeichen wurden auf Knochen und Schildkrötenpanzern gefunden, mit denen man Orakelvoraussagen ermittelte. Sie reichen bis in das zwölfte Jahrtausend v. Chr. zurück. Ab 221 v. Chr. ließ Shi Huangdi, der Gründungskaiser des chinesischen Einheitsstaates – seit der Entdeckung der Terrakotta-Armee, die sein Grab schützt, weltberühmt geworden –, neben Münzen, Maßen und Straßenbreiten alle chinesischen Schriftzeichen vereinheitlichen und vereinfachen. Ungefähr seit Beginn unserer Zeitrechnung wird das riesige Reich, in dem bis heute unzählige unterschiedliche Dialekte gesprochen werden, durch das Band einer einheitlichen Schriftsprache geeint, die erst ab den fünfziger Jahren des zwanzigsten Jahrhunderts verändert und weiter vereinfacht wurde.

Frau Guo und Frau Wang konnten beim Lese-Unterricht für ihre Kinder auf jahrhundertealte und auf zeitgenössische Fibeln zurückgreifen. Für die ersten Lernschritte gab es traditionelle »Drei-Zeichen-Klassiker«, in denen je drei Schriftzeichen eine begriffliche Einheit oder einen Satz bildeten und kein Absatz länger als acht Sätze war. Im sechsten Jahrhundert entstand das beliebte »Buch vom Kaninchengarten« mit fünfhundertvierzehn verschiedenen Zeichen, die in ihrer Mehrheit einfach, das heißt aus wenigen Strichen zusammengesetzt sind. Aus der gleichen Zeit stammt die »Tausend-Zeichen-Fibel« mit gereimten Sätzen, angeblich in einer Nacht geschrieben. Das Haar des Autors soll nach diesem Kraftakt weiß geworden sein. Sprichworte und Redensarten sammelte die »Familienanweisung des Ur-Urgroßvaters« aus dem achten Jahrhundert. Anekdoten enthielten die »Ermahnungen für Junge und Toren«, von einem berühmten Pädagogen Ende des elften Jahrhunderts zusammengestellt.

Der Kaiser hatte zu Beginn des elften Jahrhunderts ein umfassendes Wörterbuch in Auftrag gegeben, dessen aktuelle Neuauflage im Jahre 1039 – »umfassender, verständlicher« – 53 525 Schriftzeichen auflistete. Dabei ist es die Regel, dass chinesische Schriftzeichen mehrere, durchaus unterschiedliche Bedeutungen haben.

Beim Lesenlernen kam es erst einmal darauf an, dass die Kinder im Alltag einen Wortschatz von rund fünfhundert Zeichen wiedererkannten. Dieses Reservoir wurde nach und nach erweitert, bis Texte in Büchern gelesen und – ein typisch chinesisches Bildungsziel schon in der Kinderzeit – auswendig gelernt werden konnten. Viele Dokumente berichten von Mädchen und Jungen unter zehn Jahren, die konfuzianische Klassiker oder Gedichte rezitierten. Sie begriffen nicht, was sie aufsagten, und das war von den stolzen Eltern einkalkuliert. Sie wollten die Technik des Auswendiglernens in die kleinen Köpfe bringen. Die Inhalte wurden später durchgenommen.

Jeder kann nachvollziehen, dass die Phase des Lesenlernens erst einmal verdaut sein musste, bevor die Mutter dem Kind einen Pinsel in die Hand gab, um Schriftzeichen nach und nach aufs Papier zu bannen und Schreiben zu lernen. Wer schließlich neben dem Lesen das Schreiben von Tausenden von Zeichen meisterte, konnte sich zu Recht zu den Gebildeten zählen und der Anerkennung seiner Mitmenschen sicher sein.

So wird vorstellbar, dass Kultur und Schrift in China – mehr als in anderen Kulturen – seit Jahrtausenden eine untrennbare Einheit bilden.

Die Kalligrafie – die Kunst des Schreibens, bei der sich Tradition und persönlicher Stil meisterhaft verbinden – findet als Kunstform noch vor der Malerei seit dem ersten Jahrhundert n. Chr. höchste Anerkennung.

Im Jahre 1022 erhielt erstmals eine chinesische Schule Landbesitz vom Staat, um durch die Erträge der Erde regelmäßige Einnahmen für Bücher und Lehrergehälter zu erzielen. Eine Welle von Schulgründungen setzte ein. Der Staat ernannte Lehrer, versuchte, den Lernstoff zu uniformieren und kontrollieren. 1071 wurde der offizielle Titel »Grundschullehrer« eingeführt. 1080 waren in den südöstlichen Provinzen des Landes die Bezirke zu hundert Prozent mit Grundschulen ausgestattet, im Nordwesten des Landes immerhin zu vierzig Prozent. (In Europa, wo es um diese Zeit nichts als vereinzelte Dom- und Klosterschulen für angehende Theologen gab, konnte man von staatlichen Schulen über Jahrhunderte nicht einmal träumen.)

Gedacht war dieses Schulsystem für die große Mehrheit der Kinder, während die Sprösslinge der Elite in der Regel zuhause unterrichtet wurden. Zuhause, gemeinsam und, wie nicht genug betont werden kann, von den Müttern. Die Frauen führten Söhne und Töchter nicht nur ins Lesen und Schreiben ein. Sie unterrichteten die Kinder in Literatur und Geschichte und in den konfuzianischen Klassikern, die das gesamte soziale Miteinander regelten. Die Tradition stand auf ihrer Seite: »Nur die Männer zu unterrichten, aber nicht die Frauen – wie kann sich da zwischen beiden eine wesentliche Beziehung bilden?« heißt es im ersten Jahrhundert n. Chr.

Frau Guo und Frau Wang konnten sich auch auf Sima Guang berufen, einen der angesehensten konfuzianischen Gelehrten seiner Zeit, der im Jahre 1086 Kanzler des Reiches wurde. In seinen »Anweisungen für das Familienleben« schrieb er: »Kein menschliches Wesen soll ohne Bildung sein, wie kann es da einen Unterschied zwischen Männern und Frauen geben? Bevor ein Mädchen den Haushalt ihrer Eltern verlässt, um zu heiraten, soll sie die Klassiker studieren.« Im Alter von sieben Jahren mussten die Töchter einzelne Klassiker lesen und memorieren, mit neun Jahren deuten können.

Solche Ermahnungen galten weder den Bauern auf dem Land, noch einfachen Menschen in der Stadt. Aber für die Töchter der führenden Schicht, die Beamte, Gelehrte und Künstler stellte, gehörte eine literarische Bildung zur Standarderziehung. Auch dafür ist die Geschichte von Frau Liu und ihrem Mann, dem hohen Beamten, der nach vorwurfsvoller

Nachfrage wenigstens ab und zu die Kinder des Familien-Clans zum Unterricht versammelte, ein beliebtes und wohlbekanntes Vorbild.

Wir sind wieder im vierten Jahrhundert n. Chr., es ist ein kalter Wintertag. Der Ehemann von Madame Liu referiert vor den Kindern über die »Bedeutung der Literatur«, als draußen im Hof plötzlich dicke Schneeflocken fallen. Begeistert klatscht der »Aushilfslehrer« in die Hände und ruft spontan eine Gedichtzeile in den Raum: »Weiße Flocken und Schneegestöber – woran erinnern sie uns?« Natürlich kannten die Kinder dieses beliebte chinesische Gesellschaftsspiel: Sie sollten nun eine zweite Zeile reimen. Ein kleiner Neffe warf das Bild von verschleudertem Salz in die Runde. Aber dem Hausherrn gefiel der Vorschlag seiner Nichte, die unter den Lernenden saß, wesentlich besser: »Weidenkätzchen, vom Wind aufgerichtet.« Diese Nichte wurde später Dichterin, von ihrem Onkel hoch geschätzt; der Reim mit den Weidenkätzchen wie das Bild vom verstreuten Salz ging in das literarische Gedächtnis Chinas ein.

Dass die Beziehung zwischen Eltern und Kindern immer intensiver und gefühlvoller wurde, lässt sich an den Nachrufen ablesen, die ab dem neunten Jahrhundert Väter ihren toten Kindern widmen – vor allem ihren Töchtern. Han Yu, Schriftsteller und Staatsmann, hatte vier Töchter. Im Jahre 819 fiel er in Ungnade, und der Kaiser verbannte erst ihn, dann seine Familie aus der Hauptstadt. Auf dem Weg ins Exil nach Südchina starb Na, die zwölfjährige Tochter. Ihr Vater hat diese Katastrophe in einem bewegenden Requiem festgehalten:

»Du warst schwer krank, als ich ins Exil gehen musste. … Als dich mein letzter Blick traf, wusste ich, der Tod würde unsere Trennung endgültig machen. Du selbst warst zu traurig, um zu weinen. Anschließend wurde auch die Familie verbannt. Man hat dich in eine Sänfte gesetzt, und du warst vom Morgen bis in die Nacht unterwegs. Schnee und Eis schwächten deinen kranken Körper. Geschüttelt und durchgerüttelt, fandest du keine Ruhe. Du warst ständig hungrig und durstig, weil keine Zeit zum Essen und Trinken blieb. Inmitten wilder Berge zu sterben, dieses Schicksal hast du nicht verdient. Es ist die Schuld der Eltern, die Kinder ins Unglück stürzt. War nicht ich der Grund, dass es mit dir dahin kommen musste? Du wurdest in aller Eile neben der Straße begraben – in einem Sarg, den man kaum Sarg nennen konnte. Dann musste die Gruppe weiterziehen. Niemand konnte sich um dein Grab kümmern oder es behüten. Deine Seele war einsam und deine Knochen waren kalt. Jeder muss sterben, aber dein Tod war ungerecht.«

Ein Jahr später hebt der Kaiser das Exil auf und beruft seinen fähigen Beamten zum Kanzler der National-Universität. Auf der Rückreise steht Han Yu am Grab seiner Tochter: »Als ich um dich weinte, sah ich dein Gesicht und deine Augen. Wie könnte ich jemals deine Worte und dein Mienenspiel vergessen?« In den folgenden Jahren schicken die Eltern Nas Amme zum Grab, um dort das traditionelle Ahnenopfer zu feiern. Im Jahre 823 holen sie ihre tote Tochter heim und begraben ihre sterblichen Reste in der väterlichen Familiengruft vor den Toren der Hauptstadt.

Ein solcher tragischer Tod war die Ausnahme, die meisten Eltern hatten unter der ganz gewöhnlichen Kindersterblichkeit zu leiden. Ouyang Xiu, einer der intellektuellen Meinungsführer des elften Jahrhunderts – Staatsmann, Dichter, Historiker, Essayist – betrauerte vier Söhne und zwei Töchter, die im Kindesalter starben. Eines der Mädchen, das gerade acht Jahre alt wurde, war offensichtlich sein Liebling, und er hat die Beziehung zwischen Vater und Tochter in einem Gedicht verewigt:

Abends, wenn ich nach Hause kam,
Begrüßte sie mich mit einem breiten Lächeln.
Morgens, wenn ich dabei war fortzugehen,
Zog sie mich am Gewand.
Kaum war sie mir in die Arme geflogen,
Schwirrte sie schon wie ein Blitz davon.

Die Trauer der Väter überzeugt, weil weitere Zeugnisse das besondere Verhältnis von Vätern und Töchtern überliefern. Ein Angelpunkt ist die Bildung der Töchter und ihre intellektuellen Fähigkeiten, auf die ihre Väter vor aller Augen stolz sind. Über Frau Hou, die ihre Söhne so vorbildlich erzog, heißt es im Nachruf: »Ihr Vater liebte sie mehr als seine Söhne. Er bat sie oft um Rat in öffentlichen Angelegenheiten und folgte ihren Ideen. Er seufzte immer ›Wie sehr bedaure ich, dass sie kein Sohn ist!‹«.

Von einem anderen Vater, dessen Tochter 1031 geboren wurde, heißt es, er »war besonders stolz auf sie, weil sie schön und geistreich war. Sie lernte schnell sprechen und begann allmählich Bücher auswendig zu lernen. Bald konnte sie einen Pinsel halten und schrieb ihre eigenen Gedichte.«

Das Leben der Eheleute in getrennten Wohnbereichen, die vielfältige Verantwortung der Mütter für die Kinder, schloss die Väter nicht aus. Im elften Jahrhundert war in breiten Schichten das Gefühl fest verankert, dass zwischen Eltern und Kindern tiefe emotionale Bindungen bestehen und Söhne wie Töchter schon im frühesten Alter eigene Persönlichkeiten entwickeln. Ein kleiner Beamter war 1084 so verarmt, dass er seine Frau mit den Kindern zum gut situierten Schwiegervater schicken musste. Eine Schande für den Familienvater. Doch der setzt andere Prioritäten und schämt sich im Rückblick nicht, seinen Trennungsschmerz von Frau und Kindern im Gedicht festzuhalten:

> Meine Tochter war gerade so alt, dass ihr Haar gebunden wurde,
> Aber sie wusste schon, wie traurig Abschiednehmen sein kann.
> Sie presste sich an mich wie an ein Kissen,
> Weigerte sich aufzustehen, weil sie fürchtete,
> Sie müsse mich dann loslassen.
> Der ältere Sohn lernte gerade zu sprechen.
> Noch nicht an die Rituale der Erwachsenen gewöhnt,
> Versuchte er beim Abschied, sein Gewand zu ordnen
> Und sagte: »Papa, ich gehe jetzt.«
> Wie kann ich es ertragen mich an seine Worte zu erinnern?
> Der jüngere Sohn lag noch in den Windeln.
> Er wurde von seiner Mutter getragen, als sie fortgingen.
> Sein Geschrei klingt noch in meinen Ohren nach.
> Wer kann verstehen, wie ich mich fühlte?

Dass ein Mensch ohne Familie leben könnte, war unvorstellbar. Zu diesem Lebensmodell gab es keine Alternative, dafür wurden Söhne wie Töchter erzogen. Die Rollenbilder für Frauen und Männer lagen auch im elften Jahrhundert in den konfuzianischen Klassikern bereit, die seit über tausend Jahren innerhalb der Gesellschaft soziale Bezüge und Bindungen prägten und regelten, politische wie moralische Maßstäbe setzten. Zum eisernen Kern des klassischen Kanons gehören das »Buch der Wandlungen«, das »Buch der Lieder« und das »Buch der Riten«.

Doch ob Dokumente aus dem alten China oder dem alten Europa: Wie zu allen Zeiten und in allen Kulturen ist es wichtig, Ideale und Realitäten gemeinsam in den Blick zu nehmen. Erst Widersprüche, Spannungen und Gegensätze machen das vollständige Bild aus.

Auf den ersten Blick scheint die Aufgabenverteilung in der Familie – und damit in der Gesellschaft – von Anbeginn einfach und eindeutig geregelt. Das »Buch der Lieder« verweist auf jene Zeit, die rund 1100 v. Chr.

mit der Zhou-Dynastie begann und als legendäre, vorbildstiftende Ära in die konfuzianischen Klassiker, die Geschichtsbücher und die Herzen einging. Das »Buch der Lieder« behielt seinen Ehrenplatz in den Bibliotheken der Beamten und Gelehrtenhaushalte des elften Jahrhunderts, als die Welt des Adels schon für immer untergegangen war. Die adligen Erziehungsideale jedoch lebten auf dem Papier weiter:

Wird dem Prinzen ein Knabe geboren,
so gibt man ihm ein Bett zur Wiege,
zieht ihm Schuhe an.
Wird dem Prinzen ein Mädchen geboren,
so legt man es auf dem Boden nieder
und wickelt es in Windeln ein.
Man reicht ihm ein Weberschiffchen aus Ton zum Spiel ...

An anderer Stelle verlängert das Buch den diskriminierenden Vergleich zwischen Söhnen und Töchtern ins Erwachsenenleben und zeichnet jenes stereotype Klischee einer Frau, das in der ganzen Welt seine Anhänger hat:

Ein weiser Mann kann einen Staat aufbauen;
Eine weise Frau kann einen Staat stürzen.
Ach diese weisen Frauen ...
Frauen haben lange Zungen.
Sie sind die Quelle der Grausamkeit.
Unordnung kommt nicht vom Himmel herab.
Sie wird von Frauen geboren.
Keiner kann den König beraten oder belehren,
denn es sind nur Frauen um ihn herum.
Wie böse sie sind!

Soweit der erste Blick. Auf den zweiten differenziert sich das weibliche Geschlecht. Da erzählt das »Buch der Lieder« von historischen Frauen, die ganz und gar nicht böse, sondern tugendhaft und stark sind und deren Klugheit kein Schaden, sondern ein Segen in öffentlichen Angelegenheiten ist.

Hochgelobt wird im »Buch der Lieder« die Mutter von König Wu, dem Gründer der Zhou-Dynastie, die als Vorbild für alle folgenden Dynastien gilt. Dass dieser König so mächtig und erfolgreich regierte, verdankte er seinem Vater und seiner Mutter gleichermaßen. Ähnliches gilt für König Wus Frau, die als besonders liebenswert geschildert wird. Wir hören von Madame Jing, die im fünften Jahrhundert v. Chr. von einem bedeutenden Staatsmann um Rat gebeten wird und nicht zögert, präzise Vorschläge zu machen. Noch zahlreicher sind die Hinweise auf Frauen, die durch leise Tugenden auffallen und ihren Ehemännern zuhause ein angenehmes Umfeld schaffen:

> Liebenswert verlässlich war Madame Zhong;
> Wahrhaft tief ihr Gefühl.
> Sie war sanft und gelehrig ...

Im »Buch der Lieder« findet sich der beliebte Vergleich, dass Mann und Frau sich zueinander verhalten wie die Sonne zum Mond und der Himmel zur Erde. Jedes Geschlecht hat seinen Platz, seine eigene Verantwortung – in den Äußeren wie in den Inneren Gemächern. Männer und Frauen sind grundverschieden und respektieren diese von der Natur vorgegebene Differenz. Aber wie im Kosmos muss es in diesem Verhältnis oben und unten, eine Hierarchie der Rangfolge geben. Das bedeutet grundsätzlich keine Bewertung. Aber dass sie sich unversehens einschleicht, ist eine Erfahrung in allen Kulturen.

Ein natürliches Bild für das ergänzende Miteinander kreiert das »Buch der Wandlungen«. Danach ist die Beziehung zwischen Mann und Frau wie »Gewitter über dem See«; der Mann ist der aktive Teil, die Frau reagiert. Negativ ist das nicht gemeint, denn ebendort heißt es auch: »Die Ehefrau ist der Schatz des Hauses.«

Zur Pflichtlektüre für Mädchen, neben den konfuzianischen Klassikern, gehörten einmal die schon erwähnten »Biografien berühmter Frauen« von Liu Xiang aus dem ersten Jahrhundert v. Chr. Ein noch größerer Bestseller für fast zweitausend Jahre waren die »Gebote für Frauen«, geschrieben von Ban Zhao, deren Biografie die Autorin zu einer der herausragenden Frauen in der chinesischen Geschichte macht.

Ban Zhao, geboren zwischen 45 und 51 n. Chr. und wahrscheinlich siebzig Jahre alt geworden, kam aus einer alten, angesehenen Familie. Ihre umfassende Bildung erhielt sie nach eigener Aussage vom Vater und der literarisch gebildeten Mutter. Mit vierzehn wurde sie verheiratet – »ich ergriff Schaufel und Besen«, – bekam einen Sohn und mehrere Töchter und wurde früh Witwe. Bruder und Vater, angesehene konfuzianische Gelehrte, begannen im Auftrag des Herrscherhauses eine offizielle Geschichte der damals herrschenden Han-Dynastie zu schreiben. Beide sterben darüber, der Bruder im Gefängnis.

Daraufhin verkündet der Kaiser eine außergewöhnliche Entscheidung, um das Projekt zu retten: Er überträgt Ban Zhao, der Witwe, die Oberaufsicht über die kaiserlichen Bibliotheken und die Leitung einer Kommission von zehn Gelehrten, die das Geschichtswerk zum Abschluss bringt. Nebenher hat die weibliche Gelehrte junge Männer als Schüler, die später zu Ruhm und Ansehen kommen.

Die atemberaubende und einzigartige Karriere ist damit noch nicht beendet. Ban Zhao wird in den Palast gebeten, um die Kaiserin und hohe Palastdamen in Literatur und den Klassikern, in Geschichte, Astronomie und Mathematik zu unterrichten. Als 106 n. Chr. die Kaiserin als Regentin eingesetzt wird, berät Ban Zhao sie in Staatsangelegenheiten. Außerdem findet sie Zeit Kommentare, Essays und Gedichte zu schreiben – sechzehn Bände, die nach ihrem Tod von ihrer Schwiegertochter herausgegeben werden.

Was an Ban Zhao fasziniert und zum Vorbild für die Frauen der nachfolgenden Generationen wird, ist ihre ambivalente Doppelrolle. Hochgebildet und kritisch, aktiv und engagiert, beschränkt sich ihr Leben nicht auf die Inneren Gemächer. Zugleich ist diese gelehrte Frau um Perfektion im Haushalt und in der Kindererziehung bemüht und – nach eigener Aussage – in ständiger Furcht, als Hausfrau, Mutter und Schwiegertochter zu versagen. Sie klagt sich an, ihre Töchter nicht gut genug auf ihre Pflichten als Ehefrauen vorbereitet zu haben und schreibt deshalb für sie als Wegweiser in sieben Kapiteln die »Gebote für Frauen«.

Wer darin liest und die Biografie von Ban Zhao im Gedächtnis hat, traut seinen Augen nicht. Nach diesen »Geboten« hat eine Frau gebildet zu sein, um ihrem Mann perfekt dienen zu können. Zum perfekten Dienen gehört nicht nur, den erschöpften Gatten nach Dienstschluss »mit Handtuch und Kamm« – so die Redewendung – zu erwarten. Stets hält die ideale Frau sich demütig und bescheiden zurück und lebt nur für andere. Abends die letzte, morgens die erste, ist ihr keine Aufgabe zuviel. Sobald die Töchter von Ban Zhao das Manuskript in der Hand haben, sollen sie diesen Anforderungen nachstreben. Eine eigene Persönlichkeit zu entwickeln, wenigstens innerhalb der Ehe, davon ist bei der hochgelobten Schriftstellerin keine Rede.

Es hat viele Versuche gegeben, den immensen Zwiespalt zwischen Person und Werk zu deuten. Wollte die Autorin vor zweitausend Jahren verschlüsselte Botschaften auf die historische Reise schicken? Ist vielleicht alles nur geschickte Tarnung, die bei den Leserinnen gegenteiliges Verhalten provozieren möchte? Eine solche feministische Sicht ist problematisch, denn sie entbehrt jeder Grundlage. So schwer es uns fallen mag: Ban Zhao hat höchst unterschiedliche, gegensätzliche Aufgaben und Rollen übernommen, bestens ausgefüllt und keinen Widerspruch darin gesehen. Sie konnte allerdings davon ausgehen, dass die folgenden Generationen von Frauen ihre »Gebote« genau so ernst nehmen würden wie den Teil ihres Lebens, der in dieser Schrift ausgeblendet, aber in der Öffentlichkeit wohlbekannt war.

Ban Zhao wusste auch, dass ihre Geschlechtsgenossinnen weitere Vorbilder vor Augen hatten, die keineswegs schwarz-weiß gemalt waren. Liu Xiang, der zwei Generationen vor Ban seine »Biografien berühmter Frauen« schrieb, hat darin zum einen das Bewusstsein der Mütter für die vorgeburtliche Erziehung geschärft. Zugleich bieten seine hundertfünfundzwanzig Frauen aus dem ersten Jahrtausend chinesischer Geschichte vor der Zeitenwende für ihre Nachfolgerinnen ein vielfältiges Angebot, das zu eigenständigem Handeln ermuntert. Sie sind selbstlos, geduldig, bescheiden und zuverlässig. Aber gerade mit diesen weiblichen Tugenden zieht der Autor einen positiven Vergleich zu den männlichen Partnern. Sie erscheinen bei Liu Xiang als eitel, ungeduldig, impulsiv, und unklug. Es sind die Frauen, die mit ihrem aktiven Eintreten ihre Männer vor den negativen Folgen männlicher Untugenden bewahren.

Die dargestellten berühmten Frauen zeichnen sich außerdem durch Tugenden aus, die eigentlich an das männliche Geschlecht gebunden sind: Würde und Treue, Pflichtgefühl und Loyalität. Und sie beweisen oft genug in schwierigen Situationen »Trefflichkeit und Klarsicht«. Von dieser Menschenkenntnis profitieren die Männer, weil ihre Frauen damit nicht hinter dem Berg halten. Sie tadeln und kritisieren ihre Ehemänner und Söhne massiv, ob es um Fragen der »äußeren Geschäfte« oder der Moral geht.

Vor allem in Fragen der Moral treten in diesem Buch Frauen als die besseren Menschen auf. Als Herzog Wen im siebten Jahrhundert v. Chr. aus langem Exil zu seiner Frau zurückkommt, hat er die Frau, mit der er bei den Barbaren zusammenlebte und ihren gemeinsamen Sohn in der Fremde gelassen. Vielleicht glaubte er, seiner Ehefrau in der Heimat einen Gefallen zu tun. Doch die liest ihm nach seiner Rückkehr gewaltig die Leviten und droht mit Ehestreik: »In höchster Gefahr ein vertrautes Verhältnis zu einem Menschen zu haben und, reich und geehrt, sich nicht mehr darum zu scheren, heißt, keinen Anstand zu besitzen. Wie könnt ihr Menschen befehlen, wenn Ihr Euch darüber hinwegsetzt? Nicht einmal ich fühle mich dann bemüßigt, Handtuch und Kamm haltend, Euch als Frau zu dienen.« Die Barbarenfrau wird mit Sohn in den Haushalt des Herzogs aufgenommen.

Auch das Schweigen der Frauen konnte beredt sein und machte sie zu Hüterinnen der Moral: »Entsprach eine Sache nicht den Sittenregeln, dann redeten sie nicht.« Allerdings hielten sie sich an die Spielregeln: sich nur unter vier Augen hinter den dicken Mauern ihres Anwesens einzumischen und niemals in der Öffentlichkeit oder vor Zeugen. Denn die Ehefrauen kannten das Sprichwort aus dem »Buch der Urkunden«, einem anderen Klassiker: »Wenn die Henne am Morgen vor dem Hahn den Tag ausruft, steht dem Haus nahes Unglück bevor.« Dennoch gehören zwei dazu, um eine Sache zum Erfolg zu führen. Die resoluten Frauen wussten, dass ihre Männer den Rat ihrer Ehefrauen suchten und schätzten. Und das galt nicht nur für die Vorbilder aus antiker Zeit.

Im Jahre 1056 begleitete Su Shun mit seinen beiden Söhnen, von denen einer, der schon erwähnte Su Dongpo, Chinas berühmtester Dichter werden sollte, seine Ehefrau auf ihrem letzten Weg in die Grabkammer. Sie war es, die beruflich und als Erzieherin der Söhne die Familie zusammengehalten hatte, während er sich erfolglos auf die Beamtenlaufbahn vorbereitete. In seinem Opfergebet würdigt der Witwer in aller Offenheit die Verdienste der Verstorbenen: »Als ich jung war und verheiratet, habe ich mein Talent verschwendet. Ich wusste, du warst in deinem Herzen bekümmert, dass ich sterben würde, ohne etwas erreicht zu haben. Unter Seufzen beschloss ich, mich zu ändern, und verdanke es dir, dass aus mir etwas wurde ... Ach, ich bin alt und allein auf der weiten Welt. Wer wird mir nach deinem Tod guten Rat geben?«

Die Ehefrauen der Gelehrten und Beamten waren zum einen anerkannte Lebensberaterinnen. Aber genauso gilt: Sie managten den gesamten Haushalt, zu dem meist Diener und Dienerinnen gehörten; sie sorgten dafür, dass die Vorräte für Essen und Trinken nicht ausgingen; sie waren für die Finanzen zuständig. Besaß die Familie Ländereien, war es nicht selten die Ehefrau, die mit den Pächtern verhandelte, Naturalien und Pacht entgegennahm, Land verkaufte und ankaufte oder den Bau eines Hauses überwachte. Die Frau war der Boss im Haus. Der gelehrte Ehemann, froh, von den lästigen Alltagsgeschäften wie vom größten Teil der Kindererziehung befreit zu sein, um sich seinen Interessen und seiner Beamten-Karriere zu widmen, dankte es ihr.

Ein solches Rundum-Management ließ sich nicht bewerkstelligen, wenn die Frauen sich in den Inneren Gemächern versteckt hielten und den strikten Regeln der Klassiker Wort für Wort folgten. Die Männer erwarteten es auch nicht von ihnen: »Zwar ist ruhige Konzentration die Tugend von Frauen in den Inneren Räumen, aber wer träge wie ein Kloß herumsitzt oder wie eine Holzpuppe, und keine Ahnung hat, was rundherum passiert, ist eine dumme Ehefrau.« Wer Rat gibt, der muss informiert sein, und das geschah vor allem durch die eigenen Männer. Wer seine Energien in den Kampf um Posten und Titel steckte, brauchte zu Hause eine intelligente Frau.

Es waren die Mütter, die ihren Töchtern und Söhnen nicht nur Lesen und Schreiben beibrachten und eine umfassende Bildung, sondern die Verantwortung trugen für eine moralische Erziehung, die seit einem Jahrtausend das Fundament für Staat und Gesellschaft bildete. Eine Moral, die im elften Jahrhundert leidenschaftlich von den führenden Männern beschworen und propagiert wurde und Staat wie Gesellschaft erneuern sollte – die Moral des Konfuzius.

Von Frau Wang wusste jeder in der Hauptstadt Kaifeng, dass Li Gefei, ihr Ehemann, zum Direktor der National-Universität berufen worden war, weil er sich mit Kommentaren zu den konfuzianischen Klassikern einen Namen gemacht hatte. Schon beim Examen für die Beamtenlaufbahn war Li Gefei mit seinen »Erläuterungen zum Buch der Riten« aufgefallen, während alle anderen Studenten Prüfungsthemen aus dem Bereich der Literatur wählten.

Was wir von anderen Mädchen und ihrer Erziehung wissen, von der besonderen Beziehung zwischen klugen Töchtern und stolzen Vätern, gilt auch für Li Gefeis Tochter, die 1084 geborene Li Qingzhao: Lange bevor sie zehn Jahre alt war, wurde sie von ihrer Mutter, Frau Wang, unterrichtet. Die Literatur wird nicht zu kurz gekommen sein, denn von Frau Wang heißt es, »sie verstand sich aufs Schreiben von Prosaliteratur«. Aber ihr Vater wird am Unterricht auch seinen Anteil gehabt haben, vor allem was die konfuzianischen Klassiker betrifft. Es entstand eine enge Bindung zwischen Vater und Tochter, auf die wird sich Li Qingzhao als junge Frau in einer gefährlichen Situation öffentlich berufen.

Li Gefei wird es auch gewesen sein, der seiner Tochter eine Familien-Geschichte erzählte, die Li Qingzhao drei Jahrzehnte später voller Stolz in einem Gedicht wiedergibt:

Mein Vater und Großvater wurden in Shandong geboren.
Auch wenn sie niemals hohe Ämter inne hatten,
Verbreitete sich ihr Ruf als konfuzianische Gelehrte in weitem Umkreis –
Wer hätte sich mit ihnen vergleichen können,
Wenn sie damals am Stadttor lebhafte Diskussionen austrugen.
Die Zuhörer standen so dicht,
dass ihr Schweiß wie Regen zu Boden fiel.

Wer das Gedicht las, wusste, warum Li Qingzhao zu allererst auf die Herkunft von Großvater und Vater – und damit ihre eigene – verweist. Die Provinz Shandong war das Herzland Chinas. Hier mündete der legendäre Huang He, der Gelbe Fluss, ins Meer. Hier lag der Taishan, der heiligste von allen heiligen Bergen Chinas. Und schließlich wurde in der Provinz Shandong jener Mann geboren, der ein ganzes Volk motivierte, sich durch die Jahrhunderte auf den Weg zu machen: Nicht, um irdischen Ruhm und Reichtum zu gewinnen, weder Siege auf dem Schlachtfeld noch Eroberungen waren das Ziel, sondern gemäß einer Moral zu leben, die den Einzelnen im Alltag und die Gesellschaft insgesamt zur vollkommenen Menschlichkeit führen sollte.

Es ist an der Zeit, von Meister Kong zu reden, den die westliche Welt Konfuzius nennt, und der von sich sagte: »Höchste Weisheit und Menschlichkeit – wie könnte ich mir anmaßen, sie zu besitzen? Aber man kann sagen, dass ich mich unablässig um sie bemühe und nicht müde werde, andere in ihnen zu unterweisen.«

2

KONFUZIUS
oder
DER WEG ZUM STAATSPHILOSOPHEN

Geister, wohin man sieht – Der Ahnentempel: Zentrum der Macht – Religion ohne Priester – Zhou-Dynastie: das Mandat des Himmels – Die Ambivalenz der Rituale – Das Ideal: Menschlichkeit – Dao-Denken hat kein Ziel – Die Familie als Lernmodell – Das Höchste: Bildung – Han-Dynastie: Konfuzius setzt sich durch – Tang-Dynastie: die Goldene Epoche – Der Kaiser und die Konkubine – Ein General wird überrumpelt

Seine Schüler haben eine differenzierte Persönlichkeit überliefert. Eingeprägt hat sich ein einseitiges Bild: ein pedantischer, strenger Mann, dem Äußerlichkeiten und feste Regeln über alles gingen. Bei den Mahlzeiten sprach Konfuzius kein Wort, auch nicht, wenn er im Bett lag. Bevor er sich setzte, strich er stets die Matte glatt. Kamen Gäste, achtete er penibel darauf, dass sein Gewand sauber war.

Aber der gleiche Mensch strahlte auch Freundlichkeit und Würde aus. Konfuzius war höflich zu allen, und die äußeren Formen entsprachen einer inneren Ausgeglichenheit. Er sagte von sich »Ich mag Sturheit nicht« und tadelte seine Schüler, wenn sie starrköpfig waren. Konfuzius lehrte sie »Maß und Mitte zu bewahren«, gelassen zu bleiben. Trotzdem weinte der Meister bitterlich, als sein Lieblingsschüler starb. Er spielte mit großer Kennerschaft die Qin, die klassische Zither, und nichts bewegte ihn so tief wie Musik.

Geboren wurde Konfuzius im Jahre 551 v. Chr. in Qufu – noch heute eine Pilgerstätte – in der Provinz Shandong. Seine Eltern kamen aus einfachem verarmten Adel und starben früh. Er gab Unterricht, hatte Schüler, die mit ihm von einem Fürstenhof zum anderen zogen. Doch kein Herrscher zeigte sich bereit, die moralischen Grundsätze, die Konfuzius lehrte, in die politische Praxis umzusetzen und den Philosophen mit Rang und Würden auszustatten. Es war ein Leben in Armut und ohne wirkliche Anerkennung. Von seinen Überzeugungen jedoch wollte er nicht ablassen: »Wäre die Welt in Ordnung, dann brauchte ich mich nicht damit abzugeben, sie zu ändern.« Am Ende gestand der Meister seinen Schülern: »Ich möchte am Liebsten ein Floß nehmen und aufs

Meer hinausfahren.« Konfuzius stirbt 479 v. Chr. im Kreis seiner Schüler, ein gelehrter Meister unter vielen.

Dieser eine aber wurde Chinas Erster Philosoph in jeder Hinsicht. Von denen, die vor ihm waren, hat keiner mit Namen überlebt und Schüler so entzündet, dass sie seine Lehren weitergaben. Von denen, die nach Konfuzius kamen, kann ihm keiner an Bedeutung für Chinas Geschichte und Kultur das Wasser reichen. Eine Bedeutung, die mit dem einundzwanzigsten Jahrhundert noch nicht an ihr Ende gekommen ist. Er war ein Lehrmeister, der die von ihm geforderte Integrität vorlebte. In diesem Sinne ist die altmodische Anrede »Meister« gedacht.

Meister Kong sah sich nicht als der Erste, der darüber nachdachte, wie der Mensch als Einzelner und die Gesellschaft insgesamt sich auf den rechten Weg machen kann, um Gutes zu tun und höchsten moralischen Ansprüchen gerecht zu werden. Konfuzius hat immer wieder darauf hingewiesen, wie sehr er auf den Schultern seiner Vorgänger steht: »Ich übermittle, aber ich schaffe nichts Neues. Ich glaube an das Alte und liebe es.«

Zuständig für das Gute im Menschen – es zu definieren und zu fördern – ist zu allererst die Religion. Vor dem philosophischen Denken prägt die Religion alle Kulturen bis zurück in jene Anfänge, von denen uns keine Tonscherbe und kein Dokument, sondern nur Legenden und Mythen berichten. Aber auch Religion fällt nicht vom Himmel. Der Mensch sucht Antworten und Trost, um der Natur, die ihn unausweichlich umgibt und mit Ängsten erfüllt, nicht hilflos ausgeliefert zu sein. Religion ist der Versuch, Naturerscheinungen, deren Ursachen rätselhaft bleiben, in einen kosmischen Zusammenhang zu bringen und deuten zu können.

Das Unerklärliche und Ängstigende erhält einen Namen: Es ist die Welt der Geister, die nach uralter chinesischer Überzeugung einerseits in der Ober- und der Unterwelt zu Hause sind, aber zugleich mit der Natur und dem Lebenszyklus der Menschen eng verwoben. Kein Baum und kein Strauch, kein Fluss und kein Berg, der nicht Sitz von Geistern wäre. Neben den Naturgeistern sind die Ahnengeister bedeutsam, die nach dem Tod als Geister der Verstorbenen weiterexistieren. Parallel zur Menschenwelt ist die Sphäre der Geister hierarchisch gegliedert. An ihrer Spitze stand zu Beginn ein »Höchster Gott« oder »Gott in der Höhe«, ohne näher gekennzeichnet zu sein.

Anfänglich ist die Grenze zwischen der Welt der Natur- und jener der

Ahnengeister fließend. Entscheidend bleibt, dass beide Geistertypen in die Geschicke der Menschen eingreifen können, zum Guten oder zum Schlechten. Es ist darum lebenswichtig, sich mit ihnen gut zu stellen, sie bei Laune zu halten.

Das ist längst nicht jedem gegeben, und so tauchen im Dunkel der Vorzeit Schamanen auf: Experten, die in Rausch und Ekstase Kontakt zur Geisterwelt herstellen, deren Forderungen weitergeben und erfüllen. Das Opfer ist geboren, um die unsichtbaren, aber einflussreichen Mächte gnädig zu stimmen. Geopfert werden Tiere, Speisen und Getränke, Kostbarkeiten wie Jade und Bronzegefäße, und über Jahrhunderte auch Menschen. Bald entwickelt sich ein Gefühl gegenseitiger Abhängigkeit. Auch die Geister, so die Vorstellungen, sind auf die Opfer angewiesen, um nicht in der Bedeutungslosigkeit zu versinken.

Neben den Geisterexperten ragen Menschen aus der diffusen Menge hervor, die dank ihrer Tatkraft innerhalb ihres Familienclans oder einer erweiterten Gruppe die Führung übernehmen. Sie versprechen Schutz in irdischen Angelegenheiten und sichern ihre herausgehobene Stellung dadurch ab, dass sie ebenfalls Kontakte zur Geisterwelt beanspruchen. Noch wichtiger: Diese Anführer, Fürsten und Könige berufen sich darauf, dass der Höchste Gott ihren verstorbenen Urahn repräsentiert, dass andere ihrer Vorfahren als Ahnengeister in der Oberwelt regieren und ihre Nachfolger auf der Erde fortwährend mit besonderen Kräften ausstatten.

Der Ahnentempel, wo die Herrschenden ihre Vorfahren mit Opfern ehren und im Gegenzug mit Weissagungen versorgt werden, von denen die Untertanen profitieren, wird zum inneren Zentrum und äußeren Zeichen legitimer Machtausübung in China. Ein fester Pakt zwischen Religion und Politik ist geschlossen.

Die Schamanen sind noch lange in die Abwicklung der fürstlichen Ahnenopfer eingebunden. Doch neben dem rauschhaften Tanz nehmen präzise durchdachte, festgelegte Gesten und Gebete, Orte und Zeiten, Gewänder und Farben immer mehr Raum beim Opfer ein. Tanz und Musik bleiben Teil der Religion, aber die Schamanen werden verdrängt von Priestern, den Erfindern und Hütern eines ausgeklügelten Rituals. Priester übernehmen wichtige Funktionen bei Hofe, sind Chinas erste Gelehrte und entwickeln die Anfänge der chinesischen Schrift.

Auf Knochen und Schildkrötenpanzer ritzten sie begriffliche Zeichen, bohrten kleine Löcher und hielten diese »Schriftstücke« über das Feuer.

Je nach dem, wie Knochen und Panzer nebst den Zeichen über der Glut zerspringen, lesen die Experten daraus günstige oder negative Konstellationen. Irgendwann werden diese Orakelknochen von den Priestern als Gedächtnisstützen archiviert, um die Vorhersagen zu rationalisieren und so den Einfluss der Priester zu sichern.

(Die seit dem neunzehnten Jahrhundert entdeckten und als solche identifizierten Orakelknochen sind immer noch eine wahre Fundgrube für die Forschung und haben wesentliche mündliche Überlieferungen über die frühe Geschichte Chinas, die bisher als Legenden abgebucht waren, als historische Fakten bestätigt.)

Der Priesterkaste half ihre Orakelkunst auf Dauer nicht: Sie wird eines Tages überflüssig. Denn neben den »Gott in der Höhe« schiebt sich ein neuer Begriff. Als Konkurrenz wird zunehmend ein göttliches Wesen verehrt, das auf den Orakelknochen das Schriftzeichen »Himmel« erhält und erst einmal nichts mit dem Firmament zu tun hat. Dieser abstrakte Himmel triumphiert über den alten Ahnen-Gott und wird von nun an Chinas wichtigster Bezugspunkt außerhalb der Menschenwelt sein. Zugleich ist mit dem Himmel bald auch jener sichtbare Ort gemeint, wo die Wolken jagen und der Donner grollt.

Was der religiösen Vorstellung Chinas ganz fremd ist: dass ein Schöpfergott, der außerhalb von Allem existiert, Himmel und Erde erschaffen hat. Alles Sichtbare – der Himmel und die Erde, der Mensch und die »zehntausend Dinge«, eine Formel für alle Erscheinungen – bilden eine Einheit. Hier liegt die einzige Wahrheit, und nicht außerhalb in jenseitigen Zonen. Wie die Jahreszeiten ohne Anfang und ohne Ende kommen und gehen, treibt den ganzen Kosmos ein immanentes Prinzip der Selbstorganisation, das keinerlei Anstoß von außen bedarf.

Während der Zhou-Dynastie, die um 1100 v. Chr. beginnt und allen folgenden Dynastien als das erste hochverehrte Zeitalter chinesischer Geschichte in Erinnerung geblieben ist, setzt sich ein bahnbrechender Gedanke durch, in dessen Zentrum der »Himmel« steht. Es sind die Könige im Staate Zhou, die für ihre Herrschaft erstmals ein »Mandat des Himmels« reklamieren. Als »Söhne des Himmels« – aber keinen Göttern gleich – herrschen sie über »Alles unter dem Himmel« und damit über die ganze Welt. Eine historische Legitimation, die Chinas Staatsdoktrin bleiben wird, bis der letzte Kaiser im Jahre 1912 zurücktritt.

Sie kam nicht von ungefähr. Die Zhou-Dynastie legitimierte vor dreitausend Jahren mit dieser direkten Verknüpfung von Himmel und Erde in der Person ihres Herrschers den gewaltsamen Sturz der vorangegangenen Shang-Dynastie. Ihr Argument: im Auftrag des Himmels ein moralisch besseres Regiment zu errichten.

So sieht es auch das klassische »Buch der Lieder«, wo in einem Hymnus der Gründerkönig der Zhou zitiert wird:

König Wen sprach: Wehe!
Weh euch, ihr Shang!
Ihr haltet euch nicht an die Sitte,
Schafft Feindschaft und Gewalt. ...
Ihr streitet im Reich der Mitte
Und verfinstert den Quell der Tugend. ...
Euch gab der Himmel den Wein nicht,
Unrecht ist's, wie ihr zecht.
Verwahrlost sind eure Sitten,
Ihr achtet nicht Dunkel und Licht. ...
Die Schuld liegt nicht beim Himmel,
Die Schuld liegt allein bei den Shang. ...
Ihr kennt kein Gesetz, kein Recht.

Was die Usurpation der Macht legitimiert, kann ihr von nun an allerdings jederzeit wieder die Grundlage entziehen: König Wen beruft sich darauf, mit seiner Herrschaft das Unrecht durch Recht ersetzt und für sich und seine Nachfolger ein »Mandat des Himmels« erhalten zu haben, weil er der wahre Hüter der Moral ist. Mit diesem Anspruch gilt seit den Zeiten der Zhou für alle folgenden Dynastien in Chinas Geschichte: Wenn der Herrscher nicht den höchsten moralischen Ansprüchen genügt, entzieht der Himmel ihm seine Gunst, und eine andere, neue Dynastie darf sich auf einen »Wechsel des Mandats« berufen. Das Volk kann sich darauf verlassen, dass im Auf und Ab der Geschichte der Himmel für Ordnung, Recht und Moral sorgen wird.

Wenn der Herrscher einen direkten und hervorgehobenen Kontakt zum Himmel hat, werden religiöse Vermittler und Experten überflüssig. Während der Zhou-Dynastie verschwindet die Priesterkaste für immer von der historischen Bühne Chinas. Ihre Funktion als Hüter des Rituals übernimmt eine Bürokratie, die nach und nach wichtige Posten eines immer differenzierter werdenden Staates besetzt. Es ist die logische Folgerung der Verzahnung von Politik und Religion.

Wenn der König im Ahnentempel opfert, ist das ein Staatsakt. Warum sollen dann nicht die königlichen Beamten, die diesen Staat verwalten, für die Einhaltung der religiösen Rituale und Zeremonien zuständig sein? Eine revolutionäre Entwicklung: In China wurde Religion vor knapp dreitausend Jahren so verstaatlicht, dass sie ohne eigenständige Institutionen und Priesterkaste auskommen konnte.

Eine zweite entscheidende Veränderung fügt sich in die Verweltlichung der Religion. Unter der Herrschaft der Zhou lösen sich die Riten von der ausschließlichen Bindung an die feierliche Opferhandlung und übernehmen eine alles umfassende soziale Funktion. Jede soziale Beziehung wird von nun an mit einem speziellen Ritual verbunden und findet darin ihren sichtbaren Ausdruck. Allerdings gelten diese Regeln – Zeremonien, Riten, Rituale, Umgangsformen, Anstandsregeln: immer ist das Gleiche gemeint – in der Adelsgesellschaft der Zhou nur für die adlige Führungsschicht.

Die Riten werden zum ausschließlichen Beweis für richtiges, moralisches Handeln. Zwischen Männern und Frauen, Eltern und Kindern, Lehrern und Schülern, Älteren und Jüngeren regeln vorgeschriebene, verbindliche Formeln das Miteinander. Sie betreffen Gesten ebenso wie Kleidung, die Mahlzeiten wie den Häuserbau. Ob Trauer über einen Verstorbenen oder Freude über eine Heirat: Alle Beteiligten sind in ein umfassendes, kompliziertes Netz der Zeremonien eingebunden, das auch die persönlichsten Gefühle regelt. Wer in der Trauerzeit das falsche Gewand trägt oder die genau vorgeschriebene Dauer der Trauer nicht einhält, handelt unsozial, stellt sich ins Abseits.

Das Reich der Zhou zerfiel, und mit ihm die Ordnung im Land. Neue Staaten entstanden seit dem achten Jahrhundert v. Chr., zerrieben sich im Kampf um die Vorherrschaft, rissen gewalttätig die Macht an sich. Die Menschen litten unter Krieg und Verwüstung, Hunger und Ungewissheit. Wo blieb der Himmel und sein Versprechen? Hatte er die Zhou mit seinem Mandat ausgestattet und dann seine Gunst entzogen, so musste er nun für würdige Nachfolger sorgen. Doch der Himmel schwieg, und die Menschen traf es wie ein Schock:

Der Große Himmel ist nicht gerecht.
Er sendet herab die großen Kämpfe.
Der Große Himmel ist nicht gütig. …
Er sendet Tod und Hunger herab …

Der Große Himmel ist furchtbar.
Er blickt nicht voraus und macht keine Pläne.
Jene, die Verbrechen begangen haben,
sie lässt er ungeschoren.
Doch diejenigen, die ihre Sünden schon gebüßt,
und jene, die ohne Schuld sind,
sie alle müssen leiden.

Welche Ernüchterung, welche Enttäuschung. Das einzige, das Bestand hatte in der Krise, das gleich blieb und festen Halt versprach, waren die Rituale.

Von der Krisenzeit profitierten Denker und Philosophen. Unsicherheit und Umbrüche ermunterten die Nachdenklichen und die Außenseiter, neue Wege einzuschlagen – im übertragenen wie im buchstäblichen Sinn. Gaukler und Sänger, Akrobaten und Musiker, gelehrte Meister und ihre Schüler nutzten die zerklüftete politische Landschaft und versuchten ihr Glück an den verschiedenen Fürstenhöfen. Es war ein buntes Volk, das der Herrscher zur Unterhaltung gerne eine Weile in Brot hielt, um es beizeiten wieder zu entlassen: Irgendwann langweilten ihn die Tricks der Akrobaten, und auch an den Visionen der Gelehrten fand er nicht wirklich Gefallen. Unter diesem fahrenden Volk war auch Konfuzius mit seinen Schülern. Um Rat wurde er wohl gefragt, aber kein Machthaber wollte sich seinen Anforderungen auf Dauer verpflichten. Sein Lob der Sparsamkeit machte aus der eigenen Not eine Tugend.

Als Meister Kong 479 v. Chr. in der Provinz Shandong starb, hinterließ er nichts Schriftliches. Schüler, die sein Leben mit ihm geteilt hatten, begannen, seine Worte aufzuzeichnen und gaben sie weiter an die folgende Generation. Die vor allem fasste die Aussprüche des Meisters, seine Dialoge mit den Schülern, die Gespräche der Schüler untereinander und typische Geschichten zusammen. So entstanden gegen Ende des vierten Jahrhunderts v. Chr. die »Gespräche«, ein Werk, das allerdings nur in einer Fassung des zweiten Jahrhunderts n. Chr. überliefert ist. Längst nicht jedes Wort, nicht jede Aussage, nicht einmal jedes Kapitel stammt vom verehrten Meister. Zusätze und Umdeutungen sind rund sechshundert Jahre nach seinem Tod unausweichlich. Aber die Botschaft dieser »Gespräche« ist authentisch und als einzige schriftliche Quelle des Konfuzius anerkannt.

Der Nachwelt hat sich ein Klischee eingeprägt, das Konfuzius als Philosoph bis heute anhängt: ein Mann, der rückwärtsgewandt alte Ideale predigte und den Herrschenden Chinas für Jahrhunderte eine Moral lieferte, mit der sie ihre Machtstellung begründeten und aufrechterhielten. Ausgangspunkt dieser Deutung ist die entschiedene Parteinahme des Konfuzius für überkommene Traditionen, allen voran die Rituale: »Wenn man die Riten nicht erlernt, ist man ohne festen Stand.« Aber was folgt daraus, wenn man nicht einzelne Aussagen zitiert, sondern die »Gespräche« insgesamt deutet?

Konfuzius bemerkte wie viele seiner Zeitgenossen, dass die Rituale nicht mehr gelebter Überzeugung entsprachen und im sozialen Miteinander wie beim religiösen Opfer zu Leerformeln erstarrt waren. Trotzdem entschied sich Meister Kong, die Riten nicht über Bord zu werfen.

Als einer seiner Schüler vorschlug, das übliche Schafsopfer am Neumondtag abzuschaffen, klärte Konfuzius kurz und bündig die unterschiedlichen Standpunkte: »Dir ist es schade um das Schaf, mir ist es schade um den Ritus.« An weiteren ähnlichen Zitaten ist kein Mangel: »Gegen Handlungen, die bereits vollzogen sind, soll man keine Einwände erheben. Vergangenes soll man nicht tadeln.« Konfuzius als ein Mann von gestern, der bedingungslos die alten Ordnungen sanktioniert?

Wer so urteilt, verschweigt Entscheidendes. Tatsächlich gibt Konfuzius den Riten eine neue Perspektive. Als erster löst er sie aus dem Privilegienkodex der Adelsgesellschaft. Konfuzius übernimmt die Bezeichnung »Edler«, die bisher ausschließlich einem Adligen zustand, und kennzeichnet damit einen Menschen, der hohen moralischen Ansprüchen genügt. Von nun an gilt: »Wer die Riten erfüllt, ist ein Edler« – unabhängig von Stand und Geschlecht.

Mit jedem tieferen Blick in die »Gespräche« verliert das Klischee weiter an Substanz. Zahlreich und überzeugend macht Konfuzius klar, dass äußere Form und innere Einstellung übereinstimmen müssen. Wer die Zeremonien ausführt, ohne mit dem Herzen dabei zu sein, hat sie verfehlt. In den »Gesprächen« heißt es: »Konfuzius sprach: Eine hohe Stellung zu bekleiden und keinen Großmut zu zeigen, die Vorschriften des Rituals ohne Ehrfurcht auszuführen, den Bräuchen bei Begräbnis und Trauer ohne inneren Schmerz nachzukommen – wie soll ich das mit ansehen.« Durchgängig ist seine Forderung, dass Buchstabe und Geist zusammengehören. Konfuzius als Reformator, der dem Alten eine neue Chance gibt?

Selbst das – durchaus zutreffend – ist noch zu kurz gegriffen, denn Erneuerung ist nur die Basis für einen revolutionären Schritt nach vorne. Konfuzius ist kein Philosoph, der abstrakte Gedankengebäude errichtet und die Welt mit scharfen Analysen seziert. Im Zentrum seines Denkens steht der Mensch und die Frage, wie er durch konkretes Handeln im Alltag dem näher kommt und im Idealfall das perfektioniert, was sein innerstes Wesen ist. Aber was macht den Menschen zum Menschen? Nach Konfuzius muss niemand lange grübeln: »Es gibt nur zwei Wege, Menschlichkeit und Unmenschlichkeit.«

Menschlichkeit: Rund sechzigmal wird dieser ethische Begriff in den »Gesprächen« aufgegriffen – mehr als jeder andere – und an fünf Kategorien gemessen: »Nur wer imstande ist, fünf Haltungen überall in der Welt zu kultivieren, der besitzt Menschlichkeit. ... Wer Würde zeigt, dem wird man respektvoll begegnen. Wer Weitherzigkeit zeigt, der wird die Menge für sich gewinnen. Wer Vertrauenswürdigkeit zeigt, dem werden die Menschen vertrauen. Wer Eifer zeigt, der wird viel erreichen. Wer Güte zeigt, dem werden die Menschen gerne zu Diensten sein.«

Konfuzius gibt dem Menschen einen praktischen Rat, der als Goldene Regel fünf Jahrhunderte danach in den christlichen Evangelien aufgestellt und über zwei Jahrtausende später von Europas Aufklärern gefordert wurde. In den »Gesprächen« fragt ein Schüler den Meister: »Gibt es etwas, das aus einem Wort besteht und das man ... das ganze Leben hindurch befolgen kann? Der Meister sagte: Das ist wohl Gegenseitigkeit: Was man selbst nicht wünscht, das tue man anderen nicht an.« Eine einfache, gar eine banale Lebensregel? Täuschen wir uns nicht.

Menschlichkeit beginnt im Gewissen des Einzelnen, und kann deshalb nur »von einem selbst ausgehen, wie denn von anderen«? Jeder muss sich täglich prüfen, ob er den höchsten moralischen Ansprüchen genügt, Ausreden gelten nicht: »Ein Edler, der sich von der Menschlichkeit abwendet, verdient diesen Namen nicht ... so verwirrt er auch sein mag, an der Menschlichkeit hält er fest. So gefährdet er auch sein mag, an der Menschlichkeit hält er fest.« Lebenslanges Bemühen um Tugend kann einsam machen, wie einer seiner Schüler seufzend erkennt: »Wie schwer ist es doch, sich die Menschlichkeit zur Pflicht zu machen. Und wie weit ist der Weg, der erst mit dem Tod endet.« Doch egal wie weit und wie beschwerlich, der Edle wird Haltung bewahren: »Und wenn man nicht darüber grollt, dass die anderen einen verkennen – ist denn das nicht edel?«

Keiner ist allein auf der Welt. Was beim Einzelnen beginnt, führt automatisch zur Gemeinschaft: »Für einen Menschlichen gilt: Wenn er selbst den Wunsch hat, auf der Welt zu bestehen, dann verhilft er auch anderen dazu. Und wenn er etwas erreichen will, dann verhilft er ebenfalls anderen dazu.« Zwischen den Menschen muss das Prinzip der Gegenseitigkeit gelten. Der Edle darf sich nicht zurückziehen, denn er trägt Verantwortung für das Ganze. Dass dies nicht leicht fällt, hat Konfuzius immer wieder zugegeben. Aber er sieht keine Alternative: »Der Meister sprach seufzend: zu Vögeln und anderen Tieren kann ich mich nicht gesellen. Mit wem sollte ich zusammen sein, wenn nicht mit diesen Menschen?«

Meister Kong entwarf praktische Visionen, gedacht für den Gebrauch im privaten Alltag wie für den Politiker. Deshalb seine mühsame Wanderung von einem Fürstenhof zum andern, in der vergeblichen Hoffnung, seine Rezepte in der politischen Wirklichkeit erproben zu können. Dabei galt auch für den Meister: Der Edle erstrebt ein Amt niemals, um Ruhm und Reichtum zu gewinnen, sondern um im Dienst für die Gemeinschaft sich selbst zu kultivieren.

Wie revolutionär es war, vor allem anderen auf den Menschen und die Menschlichkeit zu setzen, wusste Konfuzius sehr wohl. Er selbst hatte die Riten aufs Podest gehoben. Aber wenn seine Schüler nicht verstanden, wo die Prioritäten lagen, konnte der sonst so Ausgeglichene zornig werden: »Der Meister sprach: Die Riten! Die Riten! Geht es denn nicht um mehr, als um Jade und Seide? Die Musik! Die Musik! Geht es denn nicht um mehr, als um Glocken und Trommeln? ... Wenn man als Mensch keine Menschlichkeit besitzt, was will man dann mit den Riten?« Dem ist nichts hinzuzufügen.

Die Riten, die nun die sozialen Beziehungen regelten, hatten ursprünglich eine ausschließlich religiöse Dimension. Auch zu Zeiten des Konfuzius stellte man mit ihrer Hilfe beim Opfer den Kontakt zu Geistern und Ahnen her, die sich in anderen Sphären aufhielten. Was hielt Konfuzius von diesen anderen Welten? Wie stand er zu Religion und Opfer?

Konfuzius bekannte sich demonstrativ zum Opferritual, weil der Einzelne Symbole brauchte und die Gemeinschaft sichtbare, alle verbindende festliche Handlungen: »Konfuzius opferte den Ahnen, als stünden sie vor ihm. Er opferte den Geistern, als wären sie gegenwärtig.« Opfer, Geister- und Ahnenwelt und der Himmel als religiöser Bezugspunkt gehörten zum Schatz der Vergangenheit, den der Meister nicht antastete. Er war ein Menschenkenner: Die Masse des Volkes glaubte fest an diese überkommenen Vorstellungen. Den Glauben zu zerstören, ist gefährlich, denn wo die Ehrfurcht vor den letzten Dingen schwindet, zerfällt das soziale Gefüge. Allerdings ist das Zitat doppeldeutig. Als wären sie gegenwärtig: Der Meister tat zwar so, glaubte aber nicht daran?

Die Schüler des Konfuzius wussten: »Über ... den Weg des Himmels kann man vom Meister nichts zu hören bekommen.« Zilu gab nicht auf, vielleicht, weil er der Lieblingsschüler war: »Zilu fragte, wie man Geistern dienen solle. Konfuzius antwortete: Wer nicht den Menschen zu dienen versteht, wie kann der den Geistern dienen? Dann fragte Zilu nach dem Tode, und der Meister gab zur Antwort: Wer noch nicht das Leben kennt, wie will der wohl den Tod begreifen?« Das sind nüchterne, abwiegelnde Worte. Sie knüpfen an die Erfahrungen jener an, die erkennen mussten, »der Große Himmel ist nicht gerecht, ... der Große Himmel ist nicht gütig«.

Vorsichtig, aber eindeutig geht Konfuzius auf Distanz zu möglichen himmlischen Autoritäten. Man mag es Doppeldeutigkeit oder weise Pädagogik nennen: Der Meister tut im Schutz der wiederbelebten Rituale einen radikalen Doppelschritt, der weit über Chinas Kultur hinaus Weltgeschichte markiert.

Indem er mit der Menschlichkeit als höchster Tugend eine einzigartige Stellung und Würde für den Menschen beansprucht, wird die diffuse Grenze zwischen Geister- und Menschenwelt von ihm mit nie gekannter Deutlichkeit gezogen. Die nächste Kühnheit: Konfuzius verankert diese Würde nicht in transzendentalen Sphären, begründet sie nicht – wie das spätere Christentum – damit, dass der Mensch ein Abbild Gottes sei.

Kein himmlisches Wesen hat dem Menschen einen Weg gewiesen, und er ist nicht zur Erlösung in einer anderen Welt bestimmt. Kein Geist und kein Gott wird den Menschen zur Verantwortung ziehen, wenn er scheitert. Scheitern kann der Mensch, wie ihn Meister Kong sieht, nur an sich selber. Nicht göttliche Gebote setzen den Maßstab. Der Mensch hat die Menschlichkeit zur höchsten Tugend erklärt. Es ist allein seine Entscheidung und Verantwortung, danach zu leben.

Einen Spalt breit öffnet sich damit auch die Tür zu einem Menschen, wird die Distanz von zweieinhalb Jahrtausenden für einen Augenblick überwunden. Was auf den ersten Blick eine einfache, womöglich banale Wahrheit scheint, entpuppt sich als bahnbrechende Wahrheit, die über Jahrtausende einsam und ohne Nachfolge in anderen Weltkulturen bleiben wird. Konfuzius hat die religiösen Bedürfnisse nicht geleugnet. Aber er hat es gewagt, die Religion aus dem Zentrum zu verdrängen und den

Menschen an ihren Platz zu stellen. Denn das ist seine Erfahrung: »Redet etwa der Himmel? Die Jahreszeiten gehen ihren Gang: Redet etwa der Himmel?«

Vergessen wir die Klischees. Der Mann aus der Provinz Shandong kann kein einfaches, kleinkariertes Gemüt besessen haben. Allerdings verzichtet er auf heroische Gesten, auf Erlösungshoffnungen und prophetisches Auftreten, mit denen andere berühmte Zeitgenossen damals das Weltgedächtnis prägten: Buddha, die jüdischen Propheten in Palästina und in Griechenland die vorsokratischen Philosophen, darunter Heraklit. Konfuzius wusste um die Widersprüche in seiner Lehre und in seinem Inneren und um die eigenen Unzulänglichkeiten. Er forderte keine blinde Gefolgschaft und warnte davor, dies bei anderen Autoritäten so zu halten.

Es betrübte ihn, dass seine Schüler seine Worte kritiklos hinnahmen: »Was ich auch sage, Yan Hui ist sofort damit einverstanden. So hilft er mir nicht.« Er war der Meister, aber einer, der den Mut hatte, sich jenseits aller Rituale seinen Schülern zu öffnen: »Der Meister war schwer krank. Zilu, sein Schüler, wollte für ihn beten. Konfuzius fragte: Sollte man das denn tun? Zilu bejahte die Frage und meinte: Im Bittgebet heißt es: Für dich wenden wir uns an die Geister des Himmels und der Erde. Der Meister sagte daraufhin: Es ist schon lange her, dass ich gebetet habe.« Er war der Lehrer, doch zugleich ein Skeptiker und Menschenfreund, der nicht auf letzte Wahrheiten pocht.

Damit ist ein Fundament angesprochen, auf dem Konfuzius steht, auf dem er weiterbaut und das zum chinesischen Selbstverständnis gehört wie kein anderes. DAO ist das Schlüsselwort, das chinesische Denk- und Erfahrungswelten aufschließt, aber in kein Türschloss zur europäischen Geistesgeschichte passt. DAO (nach alter Umschrift TAO) ist im ursprünglichen Sprachverständnis für den Übersetzer aus dem Chinesischen erst einmal der Weg und das Sich-auf-den-Weg-machen. Aber schon lange vor Konfuzius verkörpert DAO das Grundgesetz, das in jedem Menschen und jeder Gemeinschaft angelegt ist.

Es kommt darauf an, dem jeweils eigenen Weg – DAO – auf die Spur zu kommen, ihm zu folgen und so zu seiner Identität zu finden. Nach Konfuzius reicht ein Tag, an dem der Mensch die ihm gemäße Ordnung praktiziert, für ein ganzes Leben: »Wer am Morgen den rechten Weg erkannt hat, könnte am Abend getrost sterben.« Was für eine Verheißung, auch wenn sie keinerlei Erlösung verspricht.

Als philosophisches Strandgut ist Chinas Lebens- und Geisteshaltung auch in Europa angekommen: Der Weg ist das Ziel, lautet ein gern zitierter Allgemeinplatz. Das ändert nichts an seiner Faszination. Aber wer weiß schon, welche Weisheit dahinter steckt?

Es ist wirklich so: Das DAO, der Weg, den jeder für sich in seinem Leben entdecken und dem er folgen soll, führt zu keinem Ziel und verspricht am Ende kein Heil und keine Erlösung. Er enthält keine letzte, ewige Wahrheit, sondern bildet sich erst und immer aufs Neue beim Gehen. Keiner weiß, wohin die nächste Wegbiegung führt. Es ist ein organischer Prozess, dem der Mensch sich anvertraut und den er zugleich selber auslöst. Indem er den rechten Weg für sich findet, bringt er Ordnung in sein Leben und tut Gutes. Wenn er selbst oder die Welt vom rechten Weg abkommt, sind Chaos und Übel die Folge.

Konfuzius erkannte: »Die Welt geht nicht den rechten Weg.« Sein Weg bestand darin, mit seiner Lehre die Menschen und die Welt auf ihren richtigen Weg zurückzubringen.

Geben wir es zu: Dem DAO nachzuspüren, es zu verstehen, ist schwer, eigentlich unmöglich. In unseren Ohren klingen alle Umschreibungen widersprüchlich und diffus. Wo bleibt die Logik? Wie kann man System und Methode in dieses Denken bringen?

Geben wir es auf: Versuchen wir, uns frei zu machen von einem Denken, das die griechischen Philosophen geprägt haben. Fragen wir einmal nicht: »Warum ist das so«. Erkennen wir an: »Es ist so«, und akzeptieren eine fremde Denkweise als anders und gleichwertig.

Im DAO-Denken steckt eine Denkweise, die nicht zielgerichtet auf eine letzte Wahrheit zusteuert, weil sie ein solches eindeutiges Ziel nicht für möglich hält, nicht einmal für wünschenswert. Deshalb werden Widersprüche und Gegensätze nicht eliminiert, sondern als Ergänzungen und Teile des Ganzen auf dem Weg des Denkens integriert. Das DAO und wie man es deutet, wird im Laufe der Jahrhunderte immer vielfältiger, immer widersprüchlicher.

Entweder-Oder entspricht nicht der Lebenswirklichkeit, also baut der chinesische Philosoph auch im Denken nicht darauf. Sind es doch polare Gegensätze, aus denen sich die Welt und damit die »zehntausend Dinge« als Einheit strukturieren: Tag und Nacht, hell und dunkel, warm und kalt, leicht und schwer, männlich und weiblich. Und damit sind wir bei jenem berühmten YIN und YANG, das als Grund-Gegensatzpaar für weiblich/weich und männlich/fest schon in den Klassikern auftaucht – vor allem dem »Buch der Wandlungen«; Vorgaben, auf die gerade Konfuzius sich immer wieder bezogen hat.

Das DAO ist die Ordnung, die in allen Dingen steckt. Nach dem »Warum« zu fragen ist ebenso sinnlos, als wenn man den Ablauf der Jahreszeiten ergründen wollte. »Es ist, wie es ist«, sagt der chinesische Philosoph und erachtet diese Denk- und Lebenssicht als die wahre Weisheit. Denn weise zu werden, ist ein Ziel, das erreichbar ist, während der Mensch die letzte Wahrheit immer verfehlen wird. Ihr nachzugrübeln ist Zeitverschwendung. Wichtig ist, den Dingen und dem Leben in ihrer Vielfalt ihren Lauf zu lassen und mit einem vielfältigen Denken zu begegnen, das in immer neuen Kreisen und Denkspiralen Gegensätze und Widersprüche integriert. Eine Denkweise, die unserem Denken schwer fällt.

Der Weg, das DAO, bewegt sich immer im Horizontalen, stößt nirgendwo »nach oben« in transzendentale, himmlische Sphären vor. Es kommt nicht von oben und steuert den Menschen nicht als außerirdische Kraft. Mit dieser nüchternen Einstellung steht Konfuzius im Einklang mit den traditionellen Überzeugungen. Aber das DAO ist deshalb keine Selbstverständlichkeit. Es bedarf großer Anstrengungen, dieses Grundgesetz in sich zu entdecken, freizulegen und danach zu handeln: »Konfuzius sprach: Der Edle strebt nach dem rechten Weg.« Das kann, das muss der Mensch lernen.

Menschlichkeit und Moral kommen nicht vom Himmel, aber sie sind dem Menschen auch nicht angeboren. Wie erreicht man dieses hohe Ziel? Durch Nachdenken? Nichts gegen das Denken, aber Konfuzius ist etwas anderes aus eigener Erfahrung wichtiger: »Ich habe oft den ganzen Tag nicht gegessen und die ganze Nacht nicht geschlafen, nur um zu denken. Es nützte nichts. Es ist doch besser, zu lernen.« Nichts geht über das Lernen und der Einzelne braucht Vorbilder, von denen er lernen kann.

Das Lernen führt zu einem weiteren zentralen Baustein im konfuzianischen Lebensgebäude: der Familie. Und prompt taucht ein weiterer fester Bestandteil des Klischees auf, das sich mit Konfuzius verbindet: seine Lehre verkörpere nichts als Rückschritt, Starrheit und eine männlich geprägte Weltsicht.

Meister Kong wurde in eine Gesellschaft geboren, in der die Hierarchie innerhalb der Familie strikt auf den Vater ausgerichtet war. Nur die Verwandtschaft väterlicherseits zählte, um den Fortbestand der Familie über die Generationen für die Zukunft zu gewährleisten und mit dem Segen der verstorbenen Ahnen abzusichern. Vom Sohn auf den Vater wurde die Tradition übertragen. Der Sohn blieb auch nach seiner Heirat im Elternhaus, während die Tochter zu ihrem Ehemann fortging und die Schwiegereltern ihre Eltern ersetzten.

Die Beziehungen zwischen Mann und Frau, zwischen Eltern und Kindern, jüngeren und älteren Brüdern, Ehefrau, Schwiegereltern und Schwägerin – um nur einige Kombinationen zu nennen – wird in den vier traditionellen Klassikern ausführlich und genau geregelt. Konfuzius, der die Riten als soziales Gerüst glaubwürdig wiederbeleben wollte, um darauf Neues aufzubauen, hat diese Bücher ausdrücklich und viele Male erwähnt. Seitdem gehören das »Buch der Wandlungen«, das »Buch der Lieder«, das »Buch der Urkunden« und die »Sammlung der Riten« zum Grundstock der konfuzianischen Klassiker, obwohl keines von ihnen Meister Kong zum Autor hat.

Mit der Familienthematik ist ein anderes Klischee gekoppelt: Konfuzius als Frauenverächter. Auch diese Sicht ist einäugig. Wer sich – wie Meister Kong – intensiv auf die Klassiker bezieht, kann keine rundum negative Haltung gegenüber den Frauen haben. Wie der Meister seine eigene Ehefrau, die er mit vierundzwanzig Jahren heiratete, behandelte, wissen wir nicht, denn sie wird mit keinem Wort in den »Gesprächen« erwähnt. Auch von seinen zwei Töchtern ist dort, im Gegensatz zu seinem Sohn, nicht die Rede. Ein Feminist war der Meister gewiss nicht. Aber ein Schwarz-Weiß-Bild übersieht wesentliche Nuancen.

Als Beweis für das Etikett des Frauenverächters wird stets die folgende Aussage angeführt: »Nur Frauen und niedriges Volk sind schwierig aufzuziehen. Wenn man ihnen vertraut, werden sie unverschämt, hält man sie auf Distanz, beklagen sie sich.« Das ist starker Tobak. Doch zum einen steht dieses Zitat am Ende der »Gespräche« im siebzehnten Kapitel, das von Experten als Zusatz lange nach dem Tod des Konfuzius eingeordnet wird. Zum anderen ist die Stelle einseitig ausgewählt, es stehen ihr andere positive Urteile entgegen.

Wie das »Buch der Lieder« erwähnt Konfuzius lobend die starken Frauen der Zhou-Dynastie: »König Wu sagte: Ich habe zehn Minister, die Ordnung schaffen. Konfuzius sagte: Talente sind rar … Aber unter ihnen gab es eine Frau, also waren es nur neun Männer.« Rund tausend Jahre nach Konfuzius schreibt ein Kommentator dazu: »Wenn Konfuzius deutlich sagt ›Es gab eine Frau‹ heißt das, der Erfolg der Zhou geht nicht nur auf die Talente der Männer zurück; die Fähigkeiten von Frauen hatten ihren Anteil daran.«

In den Familien der Elite gehörten die »Gespräche« wie die Klassiker zur Pflichtlektüre der Jungen wie der Mädchen. Die Heranwachsenden wussten also, dass es für Frauen eine Vielfalt von anerkannten Modellen gab. Für Konfuzius waren Frauen kein hoffnungsloser Fall, sie hatten das gleiche moralische Potential wie die Männer.

Mann und Frau bilden den Kern der Familie. In den »Gesprächen« des Meisters spiegelt sich die zentrale Position der Familie sowohl für den Einzelnen wie für die Gesellschaft. Schon im zweiten Absatz heißt es: »Youzi, ein Schüler des Konfuzius, sprach: Es gibt selten Menschen, die ihren Eltern mit Ehrfurcht, ihren älteren Brüdern mit Achtung begegnen und die trotzdem gegen die Obrigkeit rebellieren. ... Ehrfurcht gegenüber den Eltern und Achtung gegenüber den älteren Brüdern – das sind die Wurzeln der Sittlichkeit.«

Ein Jahrhundert nach Konfuzius brachte es Mengzi, der berühmteste Philosoph in seiner Nachfolge, auf den Punkt: »Die Grundlage der Welt ist der Staat; die Grundlage des Staates ist die Familie ...« Es ist nach Konfuzius eine doppelte Botschaft: Die Hierarchie innerhalb der Familie, über die der Vater herrscht, setzt sich fort in der Hierarchie des Staates, an dessen Spitze unangefochten der »Sohn des Himmels« steht. Aber der Respekt, den die Kinder den Eltern schulden, ist eingebettet in Zuneigung und Liebe und steht unter dem Gebot der Gegenseitigkeit. Gleiches gilt für Herrscher und Untertanen.

Eltern und Kinder verbindet kein totaler Gehorsam: »Konfuzius sprach: Dienst du deinen Eltern, dann kannst du ihnen auch in gebotener Zurückhaltung widersprechen. Siehst du aber, dass sie nicht gewillt sind, dir zu folgen, dann sei weiterhin ehrerbietig und widersetze dich nicht.« Im Sinne des Konfuzius predigen Familienratgeber quer durch die Jahrhunderte, dass Eltern ihren Kindern Aufmunterung und Förderung aller Talente schuldig seien. Das schließt nicht aus, dass mit zunehmendem Alter die Pflichten auf Seiten der Kinder größer werden, zumal, wenn ein Elternteil gestorben ist. Im Sinne des Konfuzius wird im kaiserlichen China kein Sohn, egal wohin ihn seine Beförderung im Staatsdienst führt, je den verwitweten Vater oder die Mutter alleine lassen. Im Zweifel verzichtet er auf Titel und Karriere.

Zu den klassischen Unterrichtsbüchern für Kinder, die mit ungefähr acht Jahren die Grundlagen des Lesens beherrschen sollten, zählte das

»Buch der Kinderliebe«, das im ersten Jahrhundert v. Chr. entstand. Es hatte einen zweifachen pädagogischen Vorteil: Einmal fasst es Gespräche zusammen, die Konfuzius zu diesem Thema mit seinen Schülern geführt haben soll. Außerdem war es eine leichtere Lektüre, da es nur dreihundertachtundachtzig verschiedene Schriftzeichen enthält. Und die Kinder lernten spielend, dass, wer den Vater nicht ehrt, auch vor dem Kaiser keine Ehrfurcht hat: »Kindesliebe ist die Wurzel aller Tugenden ...«

Der Herrscher besaß jedoch keinen Freibrief: Auch für ihn gilt das Gebot der Gegenseitigkeit. Wenn er es nicht befolgt, drohen folgenreiche Konsequenzen. Konfuzius wird gefragt, worin die Kunst des Regierens besteht: »Dem Volk ein Beispiel geben, und es anspornen.« Wehe dem Herrscher, der ein schlechtes Beispiel gibt. Wenn die Ranghöchsten nicht den höchsten Maßstäben der Menschlichkeit entsprechen, sind Chaos und Aufstand die gerechte Folge und das »Mandat des Himmels« geht auf andere über.

Bewahren können den Herrscher vor solchen Fehltritten gute Ratgeber, die loyal sind, »den Fürsten nicht hintergehen, ihn aber offen kritisieren«. Jeder, den der Fürst in seinen Dienst ruft und der die Auszeichnung »Edler« zu Recht tragen will, darf nicht aus falsch verstandenem Gehorsam oder aus Opportunismus vor scharfer Kritik zurückschrecken. Ein Fürst wiederum, der seine Kritiker mundtot macht, disqualifiziert sich in den Augen des Konfuzius: »Der Herrscher möge seine Beamten anständig und höflich behandeln.«

Ein Staat, in dem die Regierenden mit gutem Beispiel vorangehen, kann sogar auf legale Gewaltanwendung verzichten. Das ideale Gemeinwesen des Konfuzius kennt weder Gesetz noch Strafe. Beides zersetzt die Moral: »Will man Gehorsam durch Gesetz und Ordnung durch Strafe, dann wird sich das Volk den Gesetzen und Strafen zu entziehen versuchen und alle Skrupel verlieren. Wird hingegen nach sittlichen Grundsätzen regiert und die Ordnung durch Beachtung der Riten und der gewohnten Formen des Umgangs erreicht, so hat das Volk nicht nur Skrupel, sondern es wird auch aus Überzeugung folgen.« Und weil Konfuzius auch in Bezug auf politisches Handeln ein Praktiker ist, der sich nicht in eine abstrakte Ethik flüchtet, ist sein Rat an die Regierenden: »Macht das Volk wohlhabend.«

Wer Gewalt so radikal verurteilt, darf sie auch nicht nach außen gutheißen: »Ein Edler hat seinen Stolz, aber er streitet nicht.« Wieder geht es nicht um Theorie, sondern um praktische Politik. Nach deren Grundsätzen befragt, antwortet Konfuzius: »Man stelle die Ernährung und die militärische Verteidigung sicher und gewinne das Vertrauen des Volkes.« Und worauf kann man als erstes verzichten: »Auf das Militär ...«

Lernen hat die höchste Priorität. Aber Konfuzius verzichtet auf das Denken nicht. Die »Gespräche« skizzieren einen Menschen, dessen Gedanken darum kreisen, wie der Einzelne und die Gemeinschaft in Harmonie leben können. Seine Weisheiten sollen helfen, den Alltag zu bewältigen. Denken an sich hat für Konfuzius keinen Wert, er zieht daraus keinen intellektuellen Genuss. Es dient als Instrument, mit dem der Einzelne sich in moralische Höchstform bringt – er wird ein Edler, ein Weiser, am Ende vielleicht sogar eine Art von Heiliger, ohne den Blick von der Welt in jenseitige Paradiese – oder Höllen – zu richten. Zugleich nutzt der Edle das Denken, um im Dienst des Staates für möglichst viele möglichst große Wohlfahrt zu erreichen.

Zum Ziel führt kein theoretischer Höhenflug, sondern konkretes Wissen. Wer sich nicht lebenslang dem Lernen im Sinne von Bildung und Wissen unterwirft, kann kein Schüler des Konfuzius sein.

Immer wieder fragt der Meister seine Schüler, ob sie die Klassiker gründlich gelesen hätten. Ohne die Kenntnisse der Alten war kein Fortschritt möglich, kein Staat zu lenken, keine Überflutung zu bändigen, keine Hungersnot zu beheben, keine Krankheit zu heilen. Wo Privilegien aufgrund von Herkunft und Stand nicht mehr zählten, um Vorbild zu sein, wurde Bildung zum gültigen Maßstab, dem sich alle unterwerfen mussten. Die Schüler haben das begriffen. Sie stellten den »Gesprächen« das neue revolutionäre Privileg als erste Botschaft des Konfuzius voran: »Etwas lernen und sich immer wieder darin üben – ist denn das nicht auch eine Freude?«

Der erste chinesische Kaiser Shi Huangdi – der »Terrakotta-Soldaten-Kaiser« – ordnete im Jahre 213 v. Chr. an, die konfuzianischen Klassiker und alle Werke mit ähnlicher Thematik im ganzen Reich zu verbrennen. Als sein einflussreicher Kanzler hörte, dass die konfuzianischen Gelehrten die Klassiker Wort für Wort im Gedächtnis bewahrten, ließ er so viele wie möglich gefangen nehmen und vierhundertsechzig von ihnen lebendig begraben. Der Kaiser und seine Berater, die so genannten Legalisten, waren überzeugt, nur mit des Gesetzes Strenge die Einheit des Landes garantieren zu können und keineswegs mit Beispielen menschenfreundlichen Verhaltens, wie es Meister Kong gefordert hatte. Nur sieben Jahre später verlor die Gründungs-Dynastie das »Mandat des Himmels«. Ein kleiner Beamter setzte sich nach siegreichem Aufstand auf den Kaiserthron und wurde zum Stammvater der Han-Dynastie, die Chinas erste große Einheitsepoche prägte (206 v. Chr. – 220 n. Chr.).

Unter dem Han-Kaiser Wudi (141–87 v. Chr.) bescherten erfolgreiche militärische Expeditionen China eine territoriale Ausdehnung wie nie zuvor: Von der Mongolei bis Persien, über den Pamir und Zentralasien bis nach Korea und Vietnam entstanden chinesische Garnisonen. Sie waren die Machtbasis für die Entstehung der »Seidenstraße«, auf der erstmals die Karawanen der Kaufleute dahinzogen, nicht selten von über tausend beladenen Wagen begleitet. Eine Barbaren-Gesandtschaft auf dem Weg zum Han-Kaiserhof hatte 84 n. Chr. auf der staubigen Route eine Herde mit rund hunderttausend Stück Vieh im Schlepptau.

Das Eisenhandwerk in China erlebte unter der Han-Dynastie weltweit eine nie gekannte Blüte: In den staatlichen Gießereien arbeiteten im zweiten Jahrhundert v. Chr. zwischen hundert und tausend Männer. Politischer und wirtschaftlicher Aufschwung gingen Hand in Hand. Keine Frage: Ohne Gesetze war der Zentralstaat nicht erfolgreich zu regieren. Aber die Han-Kaiser und ihre Beamten erkannten, dass das Riesenreich gemeinsame Werte und Visionen brauchte und machten ihren Frieden mit Meister Kong. Sie erhoben Konfuzius zum Staatsphilosophen, dessen Lehre offiziell die Grundlagen des Staates und ihrer Politik prägte. Die Herrscher konnten nun im Namen des verehrten Meisters regieren. Dafür mussten sich die Gesetze, mit denen sie ihre Macht stützten, am Maßstab seiner Moral messen lassen. Die Gleichung ging längst nicht immer auf. Aber einer totalitären despotischen Gewaltherrschaft war damit zumindest der geistige Boden entzogen.

Die Entscheidung der Han-Dynastie für Konfuzius war mehr als bloßes Lippenbekenntnis und Machtkalkül. 136 v. Chr. richtete der Kaiser Ämter für Gelehrte ein, die sich ausschließlich dem Studium und der Kommentierung der konfuzianischen Klassiker widmeten. 124 v. Chr. wurde eine kaiserliche Universität gegründet. Einziges Unterrichtsfach: die konfuzianischen Klassiker, um fähige Leute auf die Verwaltungslaufbahn vorzubereiten. Seit dem Ende des ersten Jahrhunderts v. Chr. erhielten die kaiserlichen Prinzen ihren Unterricht ausschließlich in der konfuzianischen Lehre. Im Jahre 153 n. Chr. ließ ein Han-Kaiser dem Konfuzius erstmals einen Tempel errichten, in dessen Heimatstadt Qufu. In den Jahren 175 bis 183 n. Chr. wurden in der Kaiserstadt Luoyang die konfuzianischen Klassiker auf Befehl des Kaisers in Stein geritzt. Mit dieser alten chinesischen Technik konnten Texte durch Abreibungen beliebig oft vervielfältigt werden.

Mochte die Kluft zwischen Theorie und politischer Praxis nicht selten groß sein: Die Han-Kaiser mühten sich, das Reich nach besten Kräften zu regieren und dem Bildungsanspruch des Konfuzius persönlich nachzueifern. Lesen und schreiben zu können, und die konfuzianischen Klassiker zu studieren, war schon in den Jahrhunderten vor der Zeitenwende für die Regierenden selbstverständlich. Dem Gründungskaiser der Han-Dynastie hatte einer seiner Berater vor Augen gehalten, dass man ein Reich zwar vom Pferderücken aus erobern, aber nicht regieren kann. Das überzeugte. Pflichtbewusst arbeitete der »Sohn des Himmels« sich täglich durch einen Aktenberg von gut einhundertzwanzig Pfund. Noch bevor Papier und Drucktechnik in China erfunden waren, hatte in der Regierung schon die Schriftlichkeit Einzug gehalten. Man schrieb auf schmale Bambusstreifen, die mit Schnüren zu Büchern gebunden wurden – eine mühsame Angelegenheit für Schreiber und Leser.

Das Aufbauwerk der Han-Epoche konnte nur gelingen, weil sich mit dem Kaiser die intellektuelle Elite dem Erbe des Konfuzius verpflichtet fühlte. Die Beamten bauten nüchtern und kompetent eine zentrale Verwaltung auf und agierten zugleich von Staats wegen als religiöse Experten. Beamte traten an, um in Bittprozessionen mit selbstverfassten Gebeten um Regen oder mehr Sonnenschein zu bitten oder die Flussgeister vom Hochwasser abzuhalten. Sie waren die Riten-Meister beim feierlichen kaiserlichen Ahnenopfer.

Es ist die Han-Zeit, in der Gelehrte mit ihren Schriften das Gedankengut des Konfuzius beispielhaft und in vielen sozialen Bezügen entfalten und verbreiten: Liu Xiang schreibt seine »Biografien berühmter Frauen« und weist auf die Prägung der Kinder schon während der Schwangerschaft hin. Die gelehrte Ban Zhao macht aufgrund ihrer Bildung und dank kaiserlicher Förderung eine atemberaubende öffentliche Karriere als Leiterin einer historischen Kommission und schreibt ihre »Gebote für Frauen« mit ausdrücklichem Bezug auf Konfuzius. Eine kaiserliche Bibliothek samt Archiven wird angelegt und ausgebaut.

Das Reich der Han zerfiel, als gegen Ende des zweiten Jahrhunderts n. Chr. die gleichen Heerführer, die innere Aufstände niederschlagen sollten, die Macht an sich rissen und gegeneinander um die Vorherrschaft kämpften. Luoyang, seit Jahrhunderten ein Zentrum chinesischer Kultur am Gelben Fluss, wurde in Schutt und Asche gelegt; mit der kaiserlichen Bibliothek und den Archiven gingen unersetzliche Schätze unter. Im Norden Chinas und um den Yangtse-Fluss im Süden entstanden neue Reiche. Krieg, Bürgerkrieg und Rebellion wurden zur Alltagserfahrung.

Um so glänzender hebt sich von dieser zerrütteten und gespaltenen Epoche jene Ära ab, die wiederum alle Chinesen in einem zentralen Reich vereinigte und die Han-Dynastie – trotz all ihrer Errungenschaften – in den Schatten stellt. Es ist die Tang-Dynastie, die von 618 bis 906 das chinesische Mittelalter zu einem goldenen Zeitalter macht.

Der Dichter Li Bai (701–762) war ein Draufgänger. Als fahrender Ritter stand er bei kriegerischen Händeln am liebsten in der ersten Reihe und genoss es, dem Tod ein Schnippchen zu schlagen. Er war zugleich ein Dandy, der in einem Gedicht hochmütig demonstrierte, wie er die Zeit nutzte:

Schau den jungen Herrn aus Huainan,
Bei Tag liebt er Polo, bei Nacht die Würfel.

Er haut das Geld auf den Kopf, als sei's nichts …
Der junge Herr geht gern daher
Ganz in Seide.

Hetären lauthals im Gefolge und duftig wie Orchideen,
Wo er weilt, sind Musik und Gesang. …
Ein Mann stehe in Blüte,
Fort mit den Prinzipien, sie schaffen nur Leid.

Polo spielten zur Zeit der Tang nicht nur die Männer, sondern auch die Frauen. Kräftig gebaut, verbargen sie ihre üppigen Formen keineswegs unter ihren Gewändern. In den Teehäusern und Spielstuben saßen ihnen Beamte und Gelehrte zu Füßen, schrieben Gedichte für die Kurtisanen und lernten von ihnen neue, populäre Liedformen. Überhaupt die Dichtkunst: 48900 Gedichte von 2300 Dichtern der Tang-Zeit enthält eine Anthologie, die im Jahre 1703 erschienen ist.

Auch die Musik spielte eine hervorragende Rolle: In den kaiserlichen Palästen waren acht Orchester engagiert, zwei davon mit Musikern aus Zentralasien. Die Grabbeigaben aus Ton zeigen reine Frauenorchester zu Pferde. Überhaupt die Pferde: Allein vierhundert standen in den kaiserlichen Ställen, darauf gedrillt, den Herrscher und seine Gäste mit akrobatischen Kunststücken zu unterhalten.

Ein kosmopolitisches Lebensgefühl hatte das Reich erfasst. China, dessen Grenzen unter den Tang wieder so ausgedehnt und fern waren wie unter der Han-Dynastie, öffnete sich begierig dem Fremden. Nichts konnte originell und exotisch genug sein: Heute waren türkische Tänze modern, morgen neue Leckereien aus Persien wie Mandeln, Feigen und Granatäpfel. In den Haushalten der Reichen waren Asiaten als Diener und Kameltreiber angestellt, Schauspieler und Sänger aus Syrien, Gaukler und Akrobaten aus Indien.

Kosmopolitsches Lebensgefühl erfüllte die Kaiserstadt Chang'an, in der Nähe des heutigen Xi'an gelegen. Tausend Jahre vor Paris und London war Chang'an eine Millionenmetropole, ein weltweit einzigartiges urbanes Zentrum, in dem Geist und Genuss Zuhause waren. (Millionenbeträge zahlen Antiquitäten-Liebhaber und Museen heute für die Ton-Kamele mit gelb-braun-grüner Glasur, die die Tang-Elite nach dem Tod mit in ihre weiträumigen Grabkammern nahm.)

Der Kaiserhof übertraf alle an Raffinement und Extravaganz, Aufgeklärtheit und Mäzenatentum. Dichter und Gelehrte kamen zu geistreichen Diskussionen in die Paläste, hier erhielten die großen Maler der Zeit ihre Aufträge. Die kaiserliche Bibliothek besaß über zweihunderttausend Bände. Unsterblich ist die Geschichte der Konkubine Yang Guifei, deren Schönheit Kaiser Xuanzong verzauberte:

Im Frühlingslicht
stieg sie zum Bad
in einen blütenklaren Teich,
den heiße Quellen mit
sehr sanftem Wasser speisten.

Der Kaiser sah ihr zu.
Und er sah nur ihr Wolkenhaar,
das, halb gelöst, noch goldenes
Geschmeide hielt, und halb
von Perlen schwer herunterhing.

Seit diesem Tag
erfuhr sie seine Gunst. …
Im Licht der blauen Wolken lag
das Winterschloss, und überall
ertönte festliche Musik,
als dort bei Lied und Tanz
die Zeit zerstob.

Kann es gutgehen, wenn der Herrscher pflichtvergessen über einer Frau den Kopf verliert?

Doch eines Tages unterbrach
das Trommeln der Soldaten, das
wie Erdbeben klang,
die Melodie
vom Feder-Kleid und Regenbogen-Mantel.

Der Dichter Bai Juyi schrieb das »Lied vom langen Leid« im Jahre 806. Das war genau fünfzig Jahre nachdem Kaiser Xuanzong, von Aufständischen vertrieben, seinen treuen Soldaten nachgibt, die auf der Flucht den Tod der verhassten Frau fordern. Yang Gufei wird erdrosselt:

Am Boden lag der feine Schmuck,
der ihre Haare hielt;
doch niemand hob ihn auf.
Geblendet von bitteren Tränen,
verbarg der Kaiser sein Gesicht.

Der Kaiser opferte seine große Liebe für seinen Thron und konnte in die Hauptstadt zurückkehren. Alles war wie früher, die Lotosblüten im Teich, die Weidenzweige vor dem Palast. Nur die Erinnerungen ließen sich nicht auslöschen:

Die Lotosblüten schimmerten
wie ihr Gesicht; die Weidenzweige
erinnerten an ihre Augenbrauen.
Wie hätte sich der Kaiser da
der Tränen wehren können?

Wenn die Nacht kam, fand der »Sohn des Himmels« inmitten all seiner Pracht keinen Schlaf:

> Der Rauhreif lastete
> auf den glasierten Liebesenten-Ziegeln,
> und die bestickte Eisvogel-Federdecke
> des Kaisers fühlte sich kalt an,
> denn er war ganz allein.
>
> Er war von ihr
> im Leben durch den Tod
> unendlich weit getrennt,
> und ihre Seele kam auch im Traum
> nicht mehr zu ihm.

Die Lebenswelt der Tang-Aristokratie bestand aus Poesie und Schönheit, künstlerischen Hochleistungen und verfeinerten Genüssen, während sie zugleich dem Ideal des Kriegers nacheiferte. Auch der nüchterne Arbeitsalltag war der führenden Adelsschicht nicht fremd. Mit Zustimmung der Tang-Kaiser entstand ein effektiver Verwaltungsstaat, in dem die Machtpositionen zwischen Kaiser, Ministern und Verwaltung ausbalanciert waren. Alle folgenden Dynastien haben von diesen grundlegenden Strukturen profitiert.

Daneben wurden die moralischen Wurzeln der Herrschaft nicht vergessen. Die Kaiser der Tang-Dynastie hielten fest an der Lehre des Konfuzius, ließen ihm zu Ehren im ganzen Reich Tempel erbauen und befahlen ihren Beamten, dort zu opfern. Ein Ritenministerium wurde eingerichtet mit vier Unterabteilungen, darunter eine für die Etikette der Beamten bei Ausführung der Riten und als wichtigste das Opferamt, zuständig für die großen kaiserlichen Opfer.

Aller Glanz der Tang-Dynastie konnte ihren Untergang nicht verhindern. 881 brennen in der Millionenstadt Chang'an nicht nur kaiserliche Paläste und Archive; mit sechshunderttausend Mann legen die Aufständischen Stadt und Umgebung in Schutt und Asche. Die Menschen fliehen aus der Metropole, Hungersnöte und Überschwemmungen beschleunigen den wirtschaftlichen Niedergang. Wieder sind es die Militärgouverneure, die Politik auf eigene Rechnung machen. Räuber und landlose Bauern werden zu Generälen und gründen Königreiche und neue Dynastien. Die Aristokraten-Schicht mit ihren führenden Familien kann sich gegenüber den neuen Gewalten nicht behaupten; sie geht unter und wird nicht mehr zurückkehren.

Doch das Pendel der Geschichte steht nie still. 951 gelingt es, wenigstens das nördliche China wieder zu einen, Ordnung zu schaffen und die Wirtschaft auf eine solide Grundlage zu stellen. Kaifeng, dreißig Kilometer südlich vom damaligen Lauf des Gelben Flusses in der chinesischen Ebene gelegen, wird zur neuen Hauptstadt.

960, so erzählt es der Gründungsmythos, schläft der General der Hauptstadtarmee in einer Poststation vor Kaifeng einen Rausch aus. Er ist auf dem Weg, bedrohliche Einfälle von Barbarenstämmen an der Grenze zurückzuschlagen. Plötzlich rufen die Generalskollegen den Schlaftrunkenen vor die Tür, legen ihm unvermittelt ein Gewand in kaiserlichem Gelb um die Schultern und erklären ihn zum neuen Kaiser: weder der minderjährige Thronfolger noch die Kaiserinwitwe könne das Reich erfolgreich leiten. Der Widerstrebende wird aufs Pferd gezwungen, um in die Stadt zu reiten und den Thron zu besteigen. »Wenn ich Befehle erteile, werdet ihr mir folgen?« ruft er den Generälen zu. »Befiehl!« schallt es zurück.

Der neue Herrscher ist anders als viele vor ihm, die auf ähnliche Weise zur höchsten Würde kamen, und er zeigt es umgehend. Das »Mandat des Himmels« wechselt, aber diesem Wechsel folgen nicht Mord und Totschlag. Auf Befehl des neuen Kaisers erweist das Heer der Kaiserinwitwe noch am gleichen Tag seinen Respekt. Der minderjährige Kaiser wird während des Zeremoniells der Thronüberlassung ordentlich per Urkunde abgesetzt und mit einem ehrenvollen Titel bedacht.

Song heißt der Name der neuen Dynastie, und als Kaiser Taizu wird der ehemalige General und Dynastiegründer hochgelobt in die Geschichte eingehen. Zu Recht: Kaiser Taizu legt in wenigen Jahren mit seiner energisch-klugen Politik und seinen moralischen Maßstäben ein Fundament, das die Song-Dynastie gut dreihundert Jahre trägt. Im Jahre 960 beginnt ein neues Kapitel in der chinesischen Geschichte. Es ist die Epoche, in der Li Qingzhao, Chinas größte Dichterin, und Zhao Mingcheng, ihr Ehemann, aufgewachsen sind und geprägt wurden.

3

SONG-DYNASTIE: AUFBRUCH IN DIE NEUE ZEIT

Kaiser Taizu begründet eine zivile Gesellschaft – Prügelstrafe und saubere Gefängnisse – Die neue Elite: Pinsel statt Schwert – Den Frieden erkauft – Kaiser Taizong greift zum Pflug – Beamte als Agrarexperten – Reis bringt Wohlstand – Das Wirtschaftswunder – Tee wird Volksgetränk – Mit Ozean-Dschunken nach Südindien – Profit ist alles – Das Papiergeld wird erfunden – Die Eisenindustrie boomt – Konsumieren und genießen

Kaiser Taizu hatte seine Generäle und hohen Beamten zum Bankett geladen. Es gab Grund zum Feiern: Schon wenige Monate nach dem abrupten Machtwechsel im Jahre 960 hatte sich die Lage konsolidiert. Die Armeen waren erfolgreich auf dem Vormarsch, um die Königreiche im Osten und Süden zu erobern und wieder ein großes zentrales China zu schaffen. Das Land atmete auf, denn alles deutete daraufhin, dass mit der Song-Dynastie Ordnung und Gerechtigkeit Einzug halten und Gewalt und Willkür ein Ende nehmen würden.

Links vom Kaiser saßen seine Heerführer in voller Rüstung, rechts die Beamten in ihren langen farbigen Gewändern. Der Tisch war üppig gedeckt. Die Herren hatten dem Wein schon kräftig zugesprochen und waren in aufgeräumter Stimmung, als Taizu seine Stimme erhob: »Ich kann nachts nicht mehr ruhig schlafen.« Mit einem Schlag war die fröhliche Runde wie ernüchtert: »Was ist der Grund?« – »Ganz einfach,« sagte der Kaiser, »wer von euch würde nicht gerne auf meinem Thron sitzen?« Da gab es keinen unter den Anwesenden, der nicht eine tiefe Verbeugung machte und nicht laut protestierte: »Wie kann Eure Majestät so sprechen? Niemand hat solche verräterischen Gedanken!«

Nach der Geschichte vom schlaftrunkenen General, den seine Armee-Kameraden gegen seinen Willen zum neuen Kaiser ausrufen, ist die Erinnerung an das legendäre Bankett die Fortsetzung, die bis heute zum Gründungsmythos der Song-Dynastie gehört.

In der ehemaligen Hauptstadt Kaifeng sind vom Glanz und Reichtum der Song-Epoche nur wenige Steine auf dem Areal der kaiserlichen Palaststadt geblieben. Wo einst kaiserliche Ahnentempel, Regierungsbauten und Privatpaläste standen, erstreckt sich heute – von einem weiten

See umgeben – eine gepflegte Gartenanlage. Nicht weit vom Eingang steigt eine repräsentative Treppe hoch hinauf zur Drachen-Pagode, in deren Räumen entscheidende Ereignisse der Song-Dynastie nachgestellt sind, vergleichbar Madame Tussaud's Wachsfiguren-Kabinett.

Die historische Rückschau beginnt mit jenem Bankett und dem Augenblick, in dem ein freundlich lächelnder Kaiser, in ein rotes Gewand gekleidet, inmitten der Festgesellschaft seinen Weinbecher hebt – denn er hat gerade seinen größten Sieg errungen.

Wie die Diskussion zwischen Taizu und seinen Generälen endete, und warum es eine historische Stunde war, werden Li Qingzhao und Zhao Mingcheng viele Male als Kinder gehört haben. Vielleicht war es beim gemeinsamen Mahl, wenn die Familien der Oberschicht zusammenkamen. Kinder und Ehefrau verließen die Inneren Gemächer, und der Vater nutzte die Gelegenheit, der nächsten Generation – Töchtern und Söhnen – vorbildliche Männer und Frauen und die großen Epochen der Vergangenheit nahezubringen. Vorbildlich war das kaiserliche Bankett in vielfacher Hinsicht: Es trifft die Persönlichkeit des ersten Song-Kaisers Taizu wie auch seine Politik im Kern und ist der entscheidende Schritt auf dem Weg zu einer neuen Gesellschaft.

Nachdem der laute Protest verebbt war, erklärte der Kaiser, er habe an der Loyalität seiner Generäle keinen Zweifel, aber schließlich sei er selbst sogar gegen seinen Willen zum Umsturz gezwungen worden. Wieder Protest und dann die Frage, was der Kaiser raten würde, um dergleichen für immer zu verhindern. Darauf hatte Taizu offenbar nur gewartet, denn er hielt eine lange, wohl bedachte Rede, die mit einer einfachen, aber überzeugenden Weisheit begann: »Das Leben des Menschen ist begrenzt. Glücklich ist, wer die Mittel hat, das Leben zu genießen und seinen Nachfahren den gleichen Wohlstand zu hinterlassen.«

Kaiser Taizu, als General in vielen Schlachten erfolgreich, stieß mit diesen zwei Sätzen ein Ideal vom Sockel, das Chinas Gesellschaft seit Urzeiten geprägt hatte: der Krieger, der Entbehrungen aller Art auf sich nahm, und stolz sein Leben für Kaiser und Vaterland auf dem Schlachtfeld opferte. Das ist falscher Stolz, hieß die erstaunliche Botschaft an die militärische Elite, es gibt eine bessere Alternative – das Leben zu genießen.

Taizu versprach, für den Rückzug ins Glück großzügige Mittel bereit zu stellen: »Wenn ihr, meine Offiziere, auf eure militärisch-politische Autorität verzichtet, euren Abschied nehmt und in die Provinz geht, und euch dort die besten Ländereien aussucht und den Rest eures Lebens in Frieden und Vergnügen verbringt, ist das nicht besser als ein Leben in Gefahr und Ungewissheit?« Die Generäle überlegten nicht lange, hoben zustimmend ihre Weinbecher, und alle tranken auf die gute Nachtruhe des Kaisers.

Der Mythos nutzt die Chance zur Verklärung. Ob die Militärs wirklich am nächsten Tag bei Hofe erschienen und unter dem Vorwand aller möglicher Krankheiten ihren Abschied einreichten? Selbst wenn es in der Realität etwas komplizierter zuging, nimmt das der Geschichte nichts von ihrer Brisanz. Denn es geschah Revolutionäres: Taizus Generäle verzichteten für sich und ihre militärischen Nachfolger darauf, Einfluss zu nehmen auf die Geschicke des Staates. Bisher war ein hoher militärischer Rang stets mit einem politischen Amt verknüpft gewesen. Die Militärs besaßen eine Machtstellung, die den Kaisern der Han- wie der Tang-Dynastie am Ende zum Verhängnis wurde.

Dank der Intervention von Kaiser Taizu wurde China ab 963, drei Jahre nach dem Beginn der Song-Dynastie, nur noch von zivilen Beamten verwaltet. Auch in kriegerischen Zeiten blieb während der gesamten Song-Herrschaft das Militär der zivilen Verwaltung untergeordnet, die Inhaber der höchsten Kommando-Posten mussten ständig rotieren. Taizus Generals-Kollegen erhielten für ihren weitgehenden Verzicht als Kompensation, was Taizu ihnen zugesagt hatte: Geld, Grundbesitz und Heiratsverbindungen zur kaiserlichen Familie.

Der Schachzug des Kaisers entsprach seiner Überzeugung. Weitere Beweise für das Misstrauen Taizus gegenüber seinen früheren Standesgenossen, den Militärs, sind über Generationen weitergegeben worden. »Aus gutem Eisen macht man keine Nägel, aus guten Männern keine Soldaten«, war eine seiner Weisheiten, die zu Sprichwörtern wurden. Als der Kaiser einen Tempel besuchte, in dessen Halle die Bilder berühmter Heerführer hingen, zeigte er auf einen General aus dem dritten Jahrhundert v. Chr. Jeder wusste, dass der nach einer Schlacht Gegner, die sich unterworfen hatten, töten ließ. »Das ist höchst unkriegerisch«, erklärte Taizu und befahl, das Bild aus dem Tempel zu entfernen.

Dem Gründungskaiser der Song gelang das schier Unmögliche: Unter ihm und seinen Nachfolgern entwickelte sich in China gegen Ende des ersten Jahrtausends n. Chr. eine zivile Gesellschaft, in der zivile Erwägungen und Lösungen bei der Innen- wie bei der Außenpolitik absolute Priorität vor einem militärischen Ansatz hatten.

Gründungskaiser Taizu hatte sofort nach seiner Thronbesteigung die heruntergekommenen Gebäude der kaiserlichen Akademie, wo Gelehrte seit einem Jahrtausend des Erbe des Konfuzius pflegten, erneuern lassen. Der Kaiser selbst besuchte 962 die Akademie schon zum zweiten Mal, schrieb Lobgedichte auf den verehrten Meister und hielt seine Minister an, Gleiches zu tun.

Bei Diskussionen mit seinen Ministern um den Stellenwert des Militärischen in seiner Politik mag Taizu sehr wohl das fünfzehnte Kapitel aus den »Gesprächen« zitiert haben: »Der Herrscher im Staate Wei wollte die Meinung des Meisters zu Regeln der militärischen Taktik hören. Doch Konfuzius meinte: Über die Regeln des Anstands und die Riten habe ich viel gehört. Von militärischen Regeln dagegen verstehe ich nichts. Am nächsten Tag verließ der Meister den Staat Wei.« Typisch Konfuzius: kurz und bündig und eindeutig.

Auch wer Gewalt verurteilte und auf das Vorbild setzte, wusste seit Gründung des chinesischen Einheitsstaates im Jahre 221 v. Chr., dass die Ordnung in einem so riesigen Land – das im elften Jahrhundert 2,9 Millionen Quadratkilometer umfasste, – nur unter Androhung von Strafen und deren Vollzug aufrecht erhalten werden konnte. Als »Leitfaden des Strafrechts« übernahm das Song-Reich sofort das Gesetzbuch der Tang-Dynastie in dreißig Bänden.

Allerdings minderte ein kaiserlicher Erlass schon 963 die dort aufgeführten Prügelstrafen, mit denen üblicherweise geringe Verbrechen geahndet wurden. Die »Große Strafe« – ursprünglich hundert bis sechzig Schläge – wurde auf zwanzig bis dreizehn, die »Kleine« – fünfzig bis zehn Schläge – auf unter zehn reduziert. Neben der Prügelstrafe wurden Verbannung und Strafarbeit und schlimmstenfalls die Todesstrafe durch Enthaupten oder Erdrosseln verhängt.

Außerdem erließ der Kaiser genaue Vorschriften für die Ausführung: Geschlagen werden durfte nur morgens vor und abends nach sieben Uhr, um den Geprügelten vor der größten Hitze zu schützen. Ausgesetzt wurde die Strafe bei Krankheit, Wunden und an bestimmten Feiertagen. Wer einen Verurteilten zu Tode prügelte, musste mit der Todesstrafe rechnen. Wer zuviel Schläge verteilte oder sich nicht an die genauen Maße für die Prügelstöcke hielt, konnte mit Strafarbeit bis zu zwei Jahren verurteilt werden.

Eine Gefängnisstrafe gab es nicht. Im Gefängnis wurde nur festgehalten, wer auf sein Urteil wartete. Als 969 der Sommer extrem heiß wurde, traf bei den Zuständigen in der Hauptstadt und in den Provinzen eine Anordnung von Kaiser Taizu ein: Die Gefängnisse sollten alle fünf Tage ausgefegt und mit Wasser besprengt und die Fesseln der Gefangenen penibel gesäubert werden. Alle Kranken waren mit Medikamenten zu versorgen, und wer nicht von der eigenen Familie täglich sein Essen erhielt, bekam seine Nahrung auf Staatskosten.

Taizong, der Bruder und Nachfolger des Gründungskaisers, besuchte immer wieder unangemeldet die Gefängnisse in der Hauptstadt Kaifeng und sagte 985 seinen Mitarbeitern: »Meine Sorge um die Untersuchungsgefangenen ist so groß, dass ich ganz niedergeschlagen und mutlos bin. Ich befürchte, dass ständig Unrecht geschieht.« Seinen Beamten predigte er, sie sollten »dem Volk kein Unrecht zufügen«.

Den Herrschern war die Kluft zwischen Anspruch und Wirklichkeit bei der Rechtsprechung nur zu bewusst. Wer im Gefängnis landete, musste mit Schmutz und Krankheiten, Erniedrigung und korrupten Beamten rechnen. Aber wo auf der Welt gab es am Ende des ersten Jahrtausends – und lange darüber hinaus – ein Regierungssystem, das ein solches Rechtssystem wie in China auch nur im Ansatz entwickelt hatte? Wo nach der Lehre des Konfuzius Menschlichkeit der Maßstab sein sollte und wo von höchster Stelle versucht wurde, Missstände so weit wie möglich aufzudecken und abzuschaffen?

Den Beamten war vorgeschrieben, für einen Prozess alle Fakten sorgfältig und unabhängig zu erheben. Auf Rechtsbeugung standen schwere Strafen, Rückversetzung bis Entfernung aus dem Amt. Die Urteile in den Provinzen wurden von der Zentrale ständig kontrolliert. Wer sich zu Unrecht verurteilt fühlte, für den war eine Revision, die am Ende den Kaiser erreichte, nicht ausweglos. Zum Regierungsapparat in der Hauptstadt Kaifeng gehörten ein Oberster Gerichtshof und das Justizministerium. Beide unterstanden einer Rechtsaufsichtsbehörde. Strafgesetze gründeten nicht auf göttliche oder himmlische Anweisungen, sondern auf rationale Überlegungen und hatten keinerlei religiösen Bezug. Gottesurteile wie im christlichen Europa waren undenkbar. Allerdings war die Folter in Form von Stockschlägen erlaubt, wenn der Angeklagte nicht aussagen wollte; ein höherer Beamter musste anwesend sein, um Exzesse zu vermeiden.

Kaiser Taizu mochte viele gute Ideen haben: praktische für die alltägliche Regierungs- und Verwaltungsarbeit überall im Reich und visionäre für die Zukunft. Allein jedoch konnte er nichts bewirken. Er war auf eine engagierte und loyale Führungsschicht angewiesen, die seine Politik umsetzte. Chinas adlige Elite, die das Land rund zweitausend Jahre regiert und geprägt hatte, war nach dem Ende der Tang-Dynastie in den darauf folgenden inneren Kriegen untergegangen. Kaiser Taizu setzte auf eine neue Elite und ein neues Ideal.

Das heroische Vorbild des adligen Kriegers hat ausgedient, wenn Menschlichkeit der erste Platz in der Werteskala eingeräumt wird. Wie man sie erlangt, hatte Konfuzius gelehrt und vorbildlich praktiziert: durch umfassende Bildung. Taizu kannte seinen Konfuzius. Selber noch mit Reiten und Bogenschießen als höchsten Künsten aufgewachsen, propagierte der Kaiser für die neue Elite des Reiches Bildung als erstes und angesehendstes Ziel. Und Besuchern erzählte er stolz, er sei von Mitarbeitern umgeben, »die Bücher lesen«.

Die kaiserliche Familie war von diesem Bildungsauftrag nicht ausgeschlossen. Die Song-Kaiser ließen für den kaiserlichen Clan große Zusammenkünfte organisieren, wo sich der Nachwuchs dem Wettbewerb im Gedichtschreiben, im Rezitieren und der Kunst der Kalligrafie stellen musste. Preisrichter waren die Kaiser. Sie verteilten goldene Gürtel, Pferde oder kostbare Seidenstoffe an die Besten aus der Verwandtschaft.

Schon vor der Song-Dynastie mussten die höchsten Beamten in staatlichen Prüfungen ihre Bildung unter Beweis stellen. Nun aber, nach dem Untergang des Adels, wurde Bildung der Hauptschlüssel, der in hohe und höchste Regierungsämter führte, und das Prüfungssystem auf dem Weg dorthin wurde wie nie zuvor perfektioniert. So groß war die Achtung des Kaisers Taizu vor geistigen Fähigkeiten, dass er auf dem Sterbebett alle seine Nachfolger verpflichtet haben soll, niemals einen Beamten-Gelehrten – so die chinesische Bezeichnung – zum Tode zu verurteilen. Und sie haben sich daran gehalten.

Taizu begegnete seinen gelehrten Beamten mit Respekt. Im Gegenzug erwartete er von ihnen sachdienliche Kritik. Er verachtete Lobhudelei. Bei den Regierungsgeschäften mit diesem »Sohn des Himmels« ging es durchaus irdisch zu. Es wird berichtet, dass die Minister dem Kaiser am Ende der Audienzen freundschaftlich auf die Schulter klopften und ein Ausbruch kaiserlichen Jähzorns – zu dem der menschenfreundliche Taizu auch neigte – schnell vergessen war.

Dieser Kaiser war ein Glücksfall für das Land, seine Spuren haben sich tief in Chinas Geschichte eingeprägt. Auf Taizu, den Gründungskaiser der Song-Dynastie, trifft das Bild zu, das Konfuzius von einem idealen

Herrscher gezeichnet hat: »Und alles Volk war ihm von Herzen zugetan ... Er war großzügig und nachsichtig ... Er war ehrlich und zuverlässig ... Er war fleißig ... Er war gerecht, und das Volk war zufrieden.«

Als Kaiser Taizu 976 starb, hatte auch sein Bruder, der als Kaiser Taizong sein Nachfolger war, das Bekenntnis zur zivilen Gesellschaft verinnerlicht. Unter ihm wurde China wieder endgültig bis an die Küsten des Südchinesischen Meeres vereinigt. Aber weder Taizong noch seine Nachfolger folgten den Verlockungen einer Expansionspolitik, wie sie die Han- und die Tang-Dynastie betrieben hatten, zu deren Zeiten das Territorium dank militärischer Expeditionen dreimal so groß war. Der Primat ziviler Politik führte zu außergewöhnlichen politischen Konsequenzen. Als im Laufe des elften Jahrhunderts Nomadenstämme von Norden und Westen über die chinesische Grenze vorstießen, hatten die Song-Kaiser keine Hemmungen, mit den Barbaren zu verhandeln und den Frieden zu erkaufen.

Im Jahre 1005 wurden erstmals Schwurbriefe ausgetauscht, in denen sich der Kaiser von China gegenüber dem Reich der Kitan verpflichtete, in Zukunft jährlich 200000 Ballen Seide – eine Strecke von 2400 Kilometern – und 100000 Unzen Silber zu zahlen. 1142 wurden die Zahlungen auf jeweils 300000 Ballen und 200000 Unzen aufgestockt. Ähnliche Summen gingen ab 1044 an das Volk der Westlichen Xia. Im Gegenzug versprachen die Nomadenvölker, Chinas Grenze zu respektieren.

Verschleuderung von Staatsgeldern? Die Befürworter einer friedfertigen, gewaltfreien Politik hatten gute Argumente. Die Tributzahlungen schlugen gerade einmal mit zwei Prozent beim Staatsbudget zu Buche, ein Bruchteil dessen, was ein kriegerisches Abenteuer kosten würde. Natürlich brauchte man ein Heer für den Verteidigungsfall. Mit der Song-Dynastie wurde die Wehrpflichtigen-Armee von einem Berufsheer abgelöst, das zur Verteidigung bereit stand.

Feigheit vor dem Feind? Wer solche Kritik erhob, dem konnte man mit allerhöchster Autorität entgegentreten: Zwar hatte Konfuzius Gewalt als allerletztes Mittel nicht ausgeschlossen, sie aber zugleich als moralische Bankrott-Erklärung und als Niederlage der Menschlichkeit gebrandmarkt. Nicht wer Kompromisse suchte, sondern wer Krieg führte, musste sich im Song-Reich rechtfertigen. Die höchste Kriegskunst bestand darin, den Gegner ohne Schlacht zu besiegen – sei es durch Verrat, durch Bestechung gegnerischer Anführer, diplomatisches Geschick oder viele Ballen Seide.

Kaiser Taizong steht ein wenig im Schatten des übermächtigen Bruders. Sein Verdienst war es, das Song-Experiment einer zivilen Gesellschaft endgültig zu sichern. Taizong, ein tüchtiger General, füllte auch als Dichter, Kalligraf und Liederkomponist das zivile Ideal überzeugend aus. Als sparsamer Hausvater, der am liebsten in abgewetzten Gewändern herumlief und den kaiserlichen Palast in Kaifeng nicht erweitern ließ, weil sonst einige benachbarte Bürgerhäuser hätten abgerissen werden müssen, verkörperte er weitere konfuzianische Tugenden. Der Kaiser persönlich kümmerte sich um Chinas wirtschaftliches Rückgrat, die Landwirtschaft, die von vielen Kriegen ausgeplündert und zerstört war.

Im Frühjahr 988 griff Taizong eigenhändig zum Pflug, um als erster Song-Herrscher die Pflug-Zeremonie wieder durchzuführen. Mit ihr war traditionell der Segen des Himmels für das kommende Erntejahr erbeten worden. Diesmal ging es zudem um eine Werbe-Aktion für die Landarbeit. Das kaiserliche Vorbild sollte Arbeitslose ermuntern, in die verlassenen Dörfer zu ziehen und dort Hand anzulegen.

Vor den Toren der Hauptstadt war ein Feld für den Kaiser vorbereitet worden. Taizong hatte gerade einmal drei kurze Furchen gezogen, als seine Beamten erklärten, es sei genug. Da wurde der Kaiser ärgerlich: »Ich habe die Absicht, zum Ackerbau zu ermahnen. Wie könnte ich es bei dreimaligem Einsetzen belassen!« Er pflügte demonstrativ noch ein Stück weiter, bevor er den Einwänden seiner Umgebung nachgab.

Taizong hatte begriffen, dass ein gutes Beispiel keine leere Formel sein darf, sondern glaubwürdig sein muss. Er schickte Beamte aufs Land, die ihre Dienstzeit nicht in den Amtsstuben absitzen sollten. Sie brachten Saatgut, bessere Geräte und das Versprechen auf Steuerbefreiung in die Dörfer, kannten sich aus in neuen Agrartechniken und Bewässerungssystemen. Als Landwirtschaftsexperten schulten sie Bauern in effektiven Anbaumethoden und Teamarbeit.

Die Experten waren vor allem im Süden Chinas tätig. Denn während in der nordchinesischen Ebene der Anbau von Getreide nicht wesentlich zu steigern war, lag die bäuerliche Zukunft im südlichen Reisanbau. Es war eine Nass-Felder-Kultur, die eine diffizile Bewässerungstechnik verlangte und sehr arbeitsintensiv war. Vom Pflanzen bis zur Ernte vergingen rund einhundertfünfzig Tage. Im Jahre 1021 ließ der Kaiser aus Champa in Südvietnam eine neue Reissorte einführen. Der Champa-Reis wurde in China durch Kreuzung und Züchtung so verbessert, dass bis zur Ernte erst nur noch hundert, später sechzig Tage vergingen und zweimal im Jahr geerntet werden konnte.

Auch dieser zupackende Pragmatismus fühlte sich im Einklang mit den moralischen Ansprüchen des Konfuzius, der eine Philosophie für den Menschen und seinen Alltag entworfen hatte. Wer die Bauern vom Vorteil des Kunstdüngers überzeugte, trug zum Wohlstand der Gemeinschaft bei und damit zur Stabilität des Reiches. Deshalb standen auf der gesellschaftlichen Prestigeleiter die Bauern gleich nach den Gelehrten. An dritter Stelle kamen die Handwerker und zuletzt die Händler. Traditionell sah man in der Landwirtschaft die Wurzel von Nation und Gesellschaft, Handel und Wirtschaft bildeten den Stamm. Nur wer satt ist, ist zufrieden und auch bereit, neue Wege einzuschlagen; nicht aus Verzweiflung, sondern aus Überzeugung und mit vollem Einsatz aller Kräfte.

Das Song-Experiment übertraf alle Erwartungen. Mit dem elften Jahrhundert erfasste ein nie gekannter Aufschwung das Land und veränderte es grundlegend. Wenn in den Familien Zhao und Li gegen Ende des Jahrhunderts von dieser atemberaubenden Erfolgsgeschichte erzählt wurde, konnten die Väter auf die Erfahrung ihrer eigenen Väter und Mütter zurückgreifen. Die Vergangenheit bis weit zurück ins Altertum war stets gegenwärtig. Aber die Erinnerung an diesen Aufbruch war frischer als alle anderen. Gerüche und Farben, Klänge und Bilder waren präsent. Wie sollte man davon nicht voller Stolz Kindern und Enkeln erzählen!

Entlang den Flüssen klang Tag und Nacht das vielstimmige Lied der Wassermühlen und wassergetriebenen Hämmer. Die einen mahlten Getreide, die Hämmer zerkleinerten Teeblätter zu Pulver, schälten Reis, dröhnten bei der Eisenherstellung. Das Hauptrad lag in der Wasserströmung und trieb ein System von Zahnrädern an, die alle miteinander verbunden waren. Mühlen und Hämmer führten Bauern, Händler und Schiffer zusammen. Wenn sie sich in der Nähe von Städten befanden, waren sie ein beliebtes Ausflugsziel für Spaziergänger. Im Restaurant oder Weinlokal am Ufer ging es munter zu. Dicht dabei bezogen Steuerbeamte ihre Posten, Lastkähne wurden be- und entladen.

In der Provinz Fujian im Südosten und in Sichuan tief im Westen Chinas waren die Hügel mit Litchi-Plantagen bedeckt, deren dunkelrote Früchte aus den grünen Blättern leuchteten, so weit das Auge reichte. Weil mit dieser Kostbarkeit besonders gute Geschäfte zu machen sind, erscheinen die Händler schon während der Blütezeit und kaufen die

Ernte vorweg. Überall in Südchina werden Orangen angebaut, die schwer beladenen Äste sind abgestützt, die Blätter entfernt, damit die Früchte mehr Sonne bekommen. Was frühzeitig abfällt, wird als Trockenobst verarbeitet oder in Honig konserviert. Zwischen den Orangen wachsen Zitronen und Mandarinen.

Andere Regionen haben sich auf Ingwer, Pilze oder Bambussprossen spezialisiert. An Pfirsichen, Aprikosen, Birnen, Bananen und Esskastanien ist kein Mangel. Unübersehbar sind die Zuckerrohr-Wälder; besonders in den Städten findet die weiße und braune Delikatesse reißenden Absatz. Das gleiche gilt für den Tee, der seit dem dritten Jahrhundert n. Chr. angepflanzt wird. Seit der Song-Dynastie werden die pulverisierten Blätter aufgebrüht, zuvor hatte man die gepressten Blätter mit Reis in Salzwasser gekocht. Kenner zahlen gerne ein bisschen mehr für Spezialitäten wie den »Teekuchen vom grünen Wildbach« in Hubei oder den »Drachen-Phönix-Tee« aus Fujian.

Tee ist zum Volksgetränk geworden, und in den Hauptanbau-Gebieten werden bis zu zweitausend Tonnen pro Jahr geerntet. Eine »Monografie über den Tee« erscheint Mitte des elften Jahrhunderts und klärt auf über Duft und Farbe, Geschmack und Zubereitung der unterschiedlichen Sorten.

Was von fleißigen Händen in China seit den ersten Jahrzehnten des elften Jahrhunderts produziert wurde, ging weit über die Bedürfnisse der dörflichen Umgebung oder der nächsten Stadt hinaus. Bauern und Händler wären auf ihren Waren sitzen geblieben, hätte sich nicht in kürzester Zeit ein System entwickelt, das die Bezeichnung »Marktwirtschaft« verdient. Drei Dinge kamen zusammen:

Breite Schichten der Bevölkerung waren entschlossen, ihren Lebensstandard zu verbessern und sich bisher Unbekanntes oder Unerschwingliches – sei es bei Nahrungsmitteln, Kleidung oder Haushalts- und Wohnungsgegenständen – zu leisten. Bauern, Handwerker, Kaufleute und Händler erkannten, dass sich quer durch China eine Nachfrage bildete, die von den traditionellen lokalen Märkten in keiner Weise erfüllt werden konnte. Die Produzenten überall im Land reagierten, schufen ein spezialisiertes Angebot, das die Händler über Tausende von Kilometern, über Gebirge und wilde Flüsse zu den Konsumenten transportierten.

Ein effektiver Binnenhandel bis in entlegenste Städte und Dörfer war nur möglich, weil mit Chinas Flüssen und Kanälen ein weit verzweigtes Transportwegenetz zu Verfügung stand. Die ersten Arbeiten am Großen

Kanal – auch Kaiser-Kanal genannt – gehen zurück ins fünfte Jahrhundert v. Chr. Im frühen siebten Jahrhundert n. Chr. wurde dieses Wassersystem, das den Norden Chinas mit dem Süden bis hinunter nach Hangzhou verbindet, von Zehntausenden Zwangsarbeitern ausgebaut. An den Schnittpunkten der Kanäle entwickelten sich Umschlagplätze und Schiffswerften, ließen sich Transportunternehmen nieder und viele Menschen, die bereit zu jeder Art von Gelegenheitsarbeiten waren.

Auf Chinas Flüssen, Seen und Kanälen wimmelte es von Schiffen. Es gab unterschiedliche Typen für tiefe und seichte Gewässer und solche, die selbst im Winter ihre Fracht ans Ziel brachten. Die Küsten entlang fuhren mittelgroße Dschunken, die bis zu hundertzwanzig Tonnen laden konnten, zwei Masten hatten und eine Mannschaft von rund sechzig Mann. Ihre Waren wurden an den unzähligen Flussmündungen auf leichtere Schiffe verladen. Die Binnenschifffahrt wurde zum Teil von Familienclans der kleinen Leute organisiert, von denen nicht wenige ständig auf dem Schiff lebten und beherzt die Chance zu bis dahin nie gekanntem Wohlstand ergriffen. Geschäftsleute taten sich zusammen und kauften oder mieteten Schiffe, um die Transportkosten niedrig zu halten.

In den südöstlichen Provinzen waren Hunderttausende in der Schifffahrt beschäftigt. Auf den Werften in den Provinzen Jiangxi und Zhejiang herrschte Hochbetrieb, zumal mit dem elften Jahrhundert chinesische Händler die bis dahin übermächtigen Araber aus dem Überseehandel vertrieben hatten. Aus Pinienholz wurden Ozeanschiffe gebaut, die im Winter mit dem Monsun die malaiische Halbinsel umfuhren, am Tag dreihundert Meilen zurücklegten, die Südküste Indiens erreichten und sich im Sommer vom Wind zurück nach Norden treiben ließen.

An Bord hatten bis zu sechshundert Personen Platz und eine Ladung bis zu dreitausend Tonnen. Die Riesendschunken besaßen vier, manchmal sogar zwölf Masten und Segel aus Bambusmatten. Ihre Überlegenheit und Sicherheit verdankten sie dem rund fünfzig Fuß langen Ruder aus extrem hartem Holz und dem Kompass, den die Chinesen schon erfunden hatten.

Die Schiffsbau-Industrie ist nur ein Beispiel für die Dynamik, die das Land erfasste und enorme Kräfte freisetzte. Alle griffen mit an, alle waren bereit zum Risiko, mobil und flexibel. Denn die verlockenden Früchte für solchen Einsatz waren nicht nur wenigen beschieden: »Städter und Bauern, egal ob auf dem Feld oder fern davon, denken von morgens bis abends nur an Profit.« Dieses resignierende Fazit zog um die

Mitte des elften Jahrhundert der hochverehrte Sima Guang, Philosoph, Staatsmann, Historiker und ständig bemüht, dass in allen Bereichen die Lehre des Konfuzius wieder mehr Beachtung finden würde.

Profitdenken zählt bei Konfuzius nicht zu den Tugenden. Wo alles miteinander vernetzt und in harmonischer Balance ist, wird auch die Wirtschaft zum Nullsummen-Spiel. Nach Meister Kong soll niemand größeren Gewinn machen, denn der geht immer nur auf Kosten der Ärmeren. Reichtum macht neidisch und führt zu Unruhe in der Gemeinschaft. Ein Song-Beamte brachte es auf den Punkt: »Himmel und Erde sorgen für konstante Produkte – Reichtum anzuhäufen kann man nicht gutheißen.« Wer mit seiner Arbeit materielle Schätze anhäuft, hat sein DAO verfehlt, ist nicht auf dem rechten Weg: »Die Handwerker sitzen im Basar, um ihre Geschäfte zu machen. Ein Edler aber studiert, um den rechten Weg zu finden.«

Song-Beamte, die der neuen Zeit misstrauisch gegenüberstanden, pflegten ihr Vorurteil: »Die Kaufleute führen ein luxuriöses Leben, genießen erlesene Nahrung, köstlichen Reis und Fleisch, besitzen schöne Häuser und viele Wagen, schmücken ihre Ehefrauen und Kinder mit Perlen und Jade und kleiden ihre Sklaven in weiße Seide. Morgens sinnen sie darüber nach, wie sie zu einem Vermögen kommen können, und am Abend erdenken sie Mittel, um den Armen das Fell über die Ohren zu ziehen.« Und das Schlimmste: Die Kaufleute geben ein schlechtes Beispiel, dem die Arbeiter in der Landwirtschaft nur zu gerne folgen möchten.

Solchen kritischen Stimmen stehen andere, positive aus der Verwaltung gegenüber. Aufgeschlossene Beamte erkannten, dass Kaufleute und Händler ein unentbehrliches Glied in der Wohlstandskette sind, die schließlich auch dem Staat zugute kommt: »Um die Höhe der Handelssteuern zu sichern, ist es wichtig, durchreisende Kaufleute freundlich zu behandeln. In den vergangenen Jahren kamen nur wenige Händler. Nicht einmal die minimale Steuerquote wurde erreicht, weil die höheren Beamten auf einer harten Besteuerung bestanden. Kaufleute sind aus reichem Hause. Wenn ihr Gewinn nicht das Doppelte des Einsatzes beträgt, interessiert sie das Geschäft nicht. Kaufleute sind ständig unterwegs, Sonne und Wind ausgesetzt. Sie gehen viele Risiken ein, leiden darunter, von ihren Lieben getrennt zu sein und sterben am Ende vielleicht weit weg von zu Hause. Das alles nehmen sie nur auf sich, wenn sie Gewinn machen können.« Dieser Brief eines lokalen Beamten an den

Steuerkommissar der Provinz Fujian ist ein Appell, die Vernunft über die reine Lehre zu stellen. Zumal der konfuzianisch geprägte Staat traditionsgemäß kein schüchterner Mitspieler im ökonomischen Wettbewerb war.

Seit im dritten Jahrhundert v. Chr. die Han-Dynastie die Herrschaft angetreten hatte, galt als Staatsdoktrin, dass der Kaiser »das Reich so betrachten sollte, als bilde es einen einzigen Haushalt«. Seine Beamten gaben die Richtlinien vor für Wirtschaft, Landwirtschaft, Handel und Industrie. Beamte bestimmten und kontrollierten die Preise, machten den Verkauf von einträglichen Gütern wie Salz, Tee und Wein zum Staatsmonopol, erhoben Steuern und zogen Zölle ein. Diese staatliche Lenkung blieb auch unter der Herrschaft der Song-Dynastie prinzipiell unbestritten.

Doch die Beamten hatten dazugelernt. Geschmeidig ließen sie dem System von Angebot und Nachfrage freien Lauf, denn wo Einkommen und Gewinn des Einzelnen stiegen, vermehrte sich automatisch das Steuereinkommen des Staates. Es waren Experten in der staatlichen Verwaltung, die ein Instrument in den Wirtschaftskreislauf einführten, ohne das der innerchinesische Markt seine gewaltige Expansion und seinen schwindelerregenden finanziellen Umsatz niemals erreicht hätte.

Der erste chinesische Kaiser hatte dem zentralen chinesischen Reich schon im dritten Jahrhundert v. Chr. eine einheitliche Währung verordnet. Das Metallgeld bestand aus runden Kupfermünzen mit einem viereckigen Loch in der Mitte. Maßeinheit für größere Beträge war eine rot gefärbte Seidenschnur – »Käsch« genannt –, auf die genau tausend Münzen passten. Um die Mitte des elften Jahrhunderts stellte die staatliche Münze etwa drei Millionen Schnüre pro Jahr her.

Hätten Händler und Geschäftsleute den steigenden Umsatz und Profit ausschließlich in Metallgeld realisieren müssen, wären Beutel und Kisten bald übergequollen. Doch in China war im ersten Jahrhundert n. Chr. das Papier und im achten Jahrhundert der Holzdruck – ausführliches darüber später – erfunden worden. Im Rahmen einer immer mehr expandierenden Wirtschaft war es nur ein kleiner, fast logischer Schritt: Zu Beginn des elften Jahrhunderts wurde das erste Papiergeld gedruckt und vom Staat im Wert von rund einer Million Schnüre in Umlauf gebracht.

Die Beamten, die die Papierwährung erfanden, besaßen ökonomischen Sachverstand und eröffneten dem Staat eine neue, profitable Einnahmequelle: Alle zwei bis maximal drei Jahre wurden neue Geldscheine gedruckt und mussten mit Abschlag gegen die alten umgetauscht werden. Die flexible Marktwirtschaft brachte es mit sich, dass immer häufiger Geld statt Naturalien zum Zahlungsmittel wurde. Im Jahre 1065 lag mit 51,6 Prozent der Geldanteil beim staatlichen Steueraufkommen erstmals über dem in Naturalien. Zwischen 1068 und 1078 erreichte die Summe der bar gezahlten Steuereinnahmen einen Wert von rund sechzig Millionen Schnüren.

Eine weitere Einnahmequelle, die im Verlauf des Jahrhunderts immer kräftiger sprudelte, waren staatliche Industrie-Unternehmen. Mit wirtschaftlichem Aufschwung und steigendem Wohlstand wuchs der Bedarf an Eisen und Stahl wie nie zuvor. Ob Küchengeräte oder Werkzeuge, landwirtschaftliche Maschinen oder Rüstungen und Waffen aller Art für das Berufsheer, Nadeln und Nägel, Gitter und Geländer für Häuser, Pagoden und Brücken – die Auftragsbücher der Fabriken waren gut gefüllt.

Der Eisenguss wurde in China schon vor der Zeitenwende erfunden, in Europa erst im vierzehnten Jahrhundert. Im vierten Jahrhundert n. Chr. entdeckte man die Feuerkraft der Steinkohle. Ein Industriekomplex in der Provinz Hubei beschäftigte im elften Jahrhundert rund 3000 Arbeiter, die an über 100 Schmelzöfen jährlich 14000 Tonnen Roheisen produzierten. Am Ende des elften Jahrhunderts lag die landesweite Produktion in China bei rund 125000 Tonnen. Als führende europäische Industrienation brachte es England Mitte des siebzehnten Jahrhunderts auf 20- bis 43000 Tonnen.

Gewinn, Profit ist ein Schlüsselwort für die Song-Gesellschaft. Muss man das als strenger Konfuzianer wirklich verurteilen? Liegt im Profit nicht das zivile Pendant für eine Gesellschaft, deren Fantasie sich nicht an Schlachtenlärm und heroischen Gesten berauschte? Bauern und Händler, Handwerker und Kaufleute ließen sich überzeugen, dass die Politik der Song-Kaiser langfristig auf Frieden und nicht auf Eroberung baute. Deshalb waren sie bereit, Arbeitskraft und Geld zu investieren. Die Bevölkerung insgesamt reagierte auf diese Stabilität. Die Menschen entschlossen sich, das Leben zu genießen und zu konsumieren. Der Einzelne hatte das Gefühl, sein Schicksal selbst in der Hand zu haben und übernahm Verantwortung. Zuerst für sein eigenes Glück und das seiner Familie. Aber auch der Staat profitierte davon. Was war daran aus konfuzianischer Sicht zu tadeln?

Rund fünfzehnhundert Jahre nach dem Tod des verehrten Meisters hatten sein Bild und seine Lehre klischeehafte Züge angenommen, was kaum verwundert. Tatsächlich hat die Lehre des Konfuzius, liest man die »Gespräche« ohne Vorbehalte, viele Facetten. Der Meister predigt kein statisches Weltbild; alles ist für ihn in Bewegung. Sein Pragmatismus zielt auf den Einzelnen, der nicht im stillen Kämmerlein feinsinnige Theorien aufstellt, sondern aktiv am Leben Teil hat, praktisch Verantwortung trägt und sich je nach der Situation entscheiden soll. Konfuzianische Moral und zivile Gesellschaft sind zwei Seiten einer Medaille.

Konfuzius konnte nicht ahnen, dass das Glück von Menschen in einer fernen Zeit an gedruckten Papierscheinen hängen würde. Aber als Menschenfreund hat er den Regierenden einen eindeutigen Rat gegeben: »Macht das Volk wohlhabend.« Genau das geschah wie nie zuvor unter einer Politik, für die der Song-Kaiser Taizu die Weichen gestellt hatte. Um die Mitte des elften Jahrhunderts dichtete ein chinesischer Philosoph das »Lied vom Geld«:

Das, was man Geld nennt,
kann ohne Füße um die Welt wandern.
Es bringt zurückhaltende Menschen schnell zum Sprechen
und unglückliche Menschen zum Lachen.
Seine helfende Wirkung in Notfällen ist wie Medizin ...

Der Dichter konnte nicht ahnen, dass es in einer sehr fernen Zeit auf sehr fernen Kontinenten verblüffend ähnlich heißen würde »Money makes the world go round ...«

4

GELEHRTE BEAMTE
oder
DIE EIFERSUCHT DER HAUPTFRAU

Konkubinen gehören zum Haushalt – Frauen für den Kaiser – Die Hauptfrau: legal abgesichert – Die Nebenfrau: total abhängig – Der Ehemann: zuhause sind Schwächen erlaubt – Verspottet: Zhao Tingzhi will nur Klöße essen – Reformen: Wang Anshi spaltet die Gesellschaft – Kaiserin Kao übernimmt die Regentschaft – Kaiserinnen: gebildet und kompetent – Thronerben: Mangelware – Li Gefei, Universitätsdirektor – Su Dongpo, der große Dichter

Die Herrschaft der Song-Dynastie war nun schon über hundert Jahre fest im Sattel, als in den 1080er Jahren Zhao Tingzhi und Li Gefei mit ihren Familien in die Hauptstadt Kaifeng zogen. Nach Beamten-Posten in der Provinz war Zhao in die kaiserlichen Archive, Li als Direktor an die Spitze der National-Universität berufen worden. Das berufliche Ansehen der Väter bedeutete eine herausgehobene Stellung für die ganze Familie, für die Ehefrauen wie die Kinder, darunter Zhao Mingcheng und seiner späteren Frau Li Qingzhao. Sie alle gehörten zur Elite des Reiches.

Sowohl Zhao Tingzhi wie Li Gefei haben in der offiziellen Geschichtsschreibung der Song-Dynastie, zu der traditionell auch die Biografien von hohen Beamten gehören, ihren Platz gefunden. Dort wird über ihre Herkunft, ihre Kinder und ihre Frauen informiert. Frau Guo, mit Zhao Tingzhi verheiratet, und Frau Wang, die Ehefrau von Li Gefei, werden gleichermaßen wegen ihrer angesehenen Herkunft und ihrer Bildung gepriesen. Kein Wort fällt darüber, ob zu den Haushalten der Familien auch Nebenfrauen, Konkubinen, zählen, die den Hausherren – aber auch den Hausfrauen – vielfältig zu Diensten standen. Dieses Schweigen verdeckt keinen Makel. Es signalisiert, was für die Betroffenen Privatsache und für die Nachwelt kein öffentliches Thema war.

Den Zeitgenossen waren die Familienverhältnisse untereinander allerdings der Rede wert und gaben nicht selten Anlass zu Klatsch und Tratsch. Schnell sprach es sich in der Hauptstadt herum, wenn in den Haushalten von Ministern oder Gelehrten emotionale Komplikationen und Turbulenzen ausbrachen, in deren Mittelpunkt die Nebenfrau stand. Da halfen auch die dicken Mauern nicht, hinter denen sich die privaten

Anwesen vor neugierigen Blicken schützten. Worte fanden ihren Weg über alle Hindernisse.

Die Macht, die den gesellschaftlichen Status einer Führungsschicht begründet und garantiert, kann sich nicht permanent im Kampf auf dem Schlachtfeld beweisen. Sie muss im alltäglichen Vollzug sichtbaren Ausdruck finden. Dafür stehen die Schätze, die Fürsten, Könige und adlige Gefolgschaft seit Urzeiten demonstrativ zur Schau stellten: prächtige Paläste, kostbares Geschmeide, prunkvolle Gewänder, Scharen von Dienern – und nicht zuletzt viele schöne, junge Frauen.

Chinas legendärer Gelber Kaiser hatte eine Hauptfrau und drei Nebenfrauen. Für seine greifbaren Nachfolger entwickelte sich daraus ein differenziertes System von Rangstufen für einhundertzweiundzwanzig Frauen, die jedem Kaiser zustanden. Diese Regelung hatte bis zum Sturz der Tang-Dynastie im Jahre 906 offizielle Geltung. Unter den Song-Herrschern wurde die Anzahl auf maximal vierundzwanzig Frauen reduziert, die parallel zur Beamtenhierarchie mit Titeln und Gehältern versorgt wurden. Tatsächlich hatten die meisten Song-Kaiser nicht mehr als vier bis fünf Frauen gleichzeitig. War eine große Liebe darunter, sah es für die anderen Nebenfrauen schlecht aus.

Unangefochten war die Stellung der Kaiserin als einziger Hauptfrau. Ihr gegenüber galten alle anderen Favoritinnen des Kaisers als Konkubinen, mochte der Kaiser sie noch so sehr mit seiner Gunst und mit Geschenken verwöhnen. Es war ungeschriebenes Gesetz, dass nach dem Tod einer Kaiserin keine der Nebenfrauen in diese Stellung aufrücken konnte. Was manchen Kaiser nicht hinderte, dies gegen den dringlichen Rat seiner Beamten dennoch durchzusetzen.

Selbst wenn die Verbindung kinderlos blieb, war es dem Kaiser nicht gestattet, sich aus diesem Grund von der Kaiserin scheiden zu lassen. Dafür konnte er einen Sohn, den ihm eine Nebenfrau geboren hatte, zum Nachfolger bestimmen. Bestieg dieser Sohn den Thron, galt nach Status und höfischem Protokoll die kinderlose Kaiserinwitwe als Mutter des neuen Kaisers.

Der einfache Mann hatte Mühe genug, seine Einfrauen-Familie satt zu bekommen. Die Führungsschicht dagegen nahm sich das kaiserliche Familienmodell zum Vorbild. Konfuzius hat daran nicht gerüttelt. Aber jeder wusste, dass Maßlosigkeit und Ausschweifungen auf allen Gebieten – also auch im Bereich der Sexualität – nicht im Sinn des Meisters waren. Wenn ein Ehemann die Vierzig überschritten hatte und keine

Söhne in Sicht waren – einverstanden. Denn dass die Familie in der männlichen Linie weiterleben sollte, war oberstes Gebot. Der Volksmund allerdings wusste es besser: »Eine Hauptfrau nimmt man wegen ihrer Tugend, eine Konkubine wegen ihrer Schönheit.« In der gesellschaftlichen Realität war es eine allseits akzeptierte Norm, dass sich der Ehemann eine Nebenfrau – mehrere waren zur Song-Zeit die Ausnahme – jederzeit ohne Angabe von Gründen zulegen konnte.

Ob Kaiserin oder bürgerliche Hauptfrau: Beide hatten einen festen legalen Stand, der durch ein Heiratszeremoniell und die Beurkundung der Mitgift, die die Frau mit in die Ehe brachte, öffentlich besiegelt wurde. Beides war für eine Nebenfrau tabu. Sie war eine Ware, die ohne jedes Ritual ins Haus kam. Der Mann zahlte ihren Eltern einen einmaligen Preis oder schloss einen Vertrag auf monatliche Überweisung. In den großen Städten gab es Makler, die auf die Vermittlung von Nebenfrauen spezialisiert waren, Entführungen eingeschlossen. Wurde die Armut auf dem Land unerträglich, blieb ein solches Geschäft für Eltern und Töchter oft der einzige Ausweg. In großer Not verkaufte mancher Ehemann sogar seine Frau.

Jede Tochter aus gutem Hause wurde von ihrer Mutter auf eine mögliche legale Konkurrentin vorbereitet. Aber man braucht nicht viel Fantasie, um sich vorzustellen, dass in der Praxis die Eifersucht nicht selten stärker war als alle guten Vorsätze. Zumal, wenn die Ehefrau in die Jahre gekommen war, es an Söhnen nicht fehlte, und die Jugend der Nebenfrau unübersehbar machte, warum der Ehemann sie geholt hatte. In Wahrheit aber saß er am kürzeren Hebel: Wenn eine Hauptfrau es darauf anlegte, die Familienatmosphäre nachhaltig zu beschädigen und permanente Unruhe zu stiften – die Geschichten sind voll von psychischem wie physischem Terror gegenüber der Nebenfrau –, gab der Ehemann meist nach und schickte die Nebenfrau wieder fort. Wenn sie Glück hatte, bemühte er sich um eine gute Heiratspartie, aber sie konnte auch ohne jede Abfindung verstoßen werden.

Hatte die Nebenfrau Kinder, so gehörten sie ihr nicht. Die Hauptfrau entschied über deren Schicksal und Erziehung. Die Söhne der Nebenfrau waren beim Tod des Hausherrn erbberechtigt. Ihre Mutter dagegen musste in diesem Augenblick nicht selten das Haus verlassen. Einen Anspruch auf einen Platz im Familiengrab hatte sie ohnehin nicht. Selbst wenn sie in einiger Entfernung begraben wurde, verstieß das gegen die guten Sitten.

Ob die Nebenfrau ein akzeptables oder ein elendes Leben führte, hing in erster Linie von ihrer Umgebung ab. Die Bandbreite geht vom ausgebeuteten Dienstmädchen bis zum freundlich behandelten Familienmitglied. Sie konnte ein einfaches Mädchen vom Land sein, das für die Hausfrau nützlich war; aber auch eine geistig anregende Frau, die von ihren Eltern bewusst in Gesang, Instrumenten und Dichtung ausgebildet war, um auf dem »Markt« einen hohen Preis zu erzielen. Wer sich eine solche gebildete Nebenfrau leisten konnte, führte sie mit ihren Künsten gerne den männlichen Gästen vor.

Die Dichter des elften Jahrhunderts singen das Lob der geistreichen Konkubinen, die das Leben angenehm machen. Sie verschweigen, wie viel Verzweiflung hinter den graziösen Gesten und stets lächelnden Mienen steckt; wie viele dieser Frauen in eine ausweglose Situation geraten. Nur ein Poet schlüpft im Gedicht in die Gestalt einer jungen Frau auf dem Land, die – »allein und arm« – sich betören lässt und als Nebenfrau auf eine Wendung ihres Schicksals hofft:

Die meisten Frauen in der Chu-Familie waren eifersüchtig,
Und so lernte ich, vorsichtig zu sein.
Ich wagte es nicht, meine Augenbrauen nachzuziehen
Oder auch nur die Augen zu heben ...
Keiner weiß, wie sehr ich gelitten habe.
Ich hoffte auf eine Gelegenheit,
Wieder nach Hause gehen zu können,
aber sie kam nie.

So war es, das Los der Nebenfrauen.

Falls die hohen Beamten Zhao Tingzhi und Li Gefei auf ihren neuen Posten in der Hauptstadt Ärger hatten und ihm gerne zu Hause freien Lauf ließen, brauchten sie sich dafür keine Nebenfrau zu halten. Ein Ehemann konnte mit seiner Ehefrau offen reden und auf Verständnis und klugen Rat hoffen. Geduldig zuhören, unter vier Augen zu warnen oder Kritik anzubringen, entsprach dem Ideal einer Ehefrau, das Männern und Frauen der Führungsschicht gemeinsam war und das beide aus den konfuzianischen Klassikern kannten. Männer blamierten sich nicht, wenn sie bei ihren Frauen mehr Weitsicht und Menschenkenntnis vermuteten, und ihre eigene spontane Ungeduld nicht als Tugend pflegten. In Opfergebeten nach deren Tod und in Grabinschriften der

Song-Zeit haben Ehemänner ihre Frauen als kluge Lebensberaterinnen gepriesen.

Privat nicht den starken Mann spielen zu müssen, war doppelt wichtig, weil sich im Dienst kein Beamter gegenüber seinen Kollegen auch nur die kleinste Blöße geben durfte: Immer gute Miene zum bösen Spiel machen, um nie das Gesicht zu verlieren. Kaum hatte Zhao Tingzhi, ein selbstbewusster Mann, der an seinen umfassenden Fähigkeiten keinerlei Zweifel hatte und das auch laut kundtat, sein neues Amt angetreten, musste er sich wieder über seinen Kollegen Huang Tingjian ärgern. Mit ihm hatte er schon in der Provinz Shandong zu tun und heftige Meinungsverschiedenheiten gehabt.

Huang, ein Beamter mit außergewöhnlichen literarischen Fähigkeiten, war im Frühjahr 1085 auf einen Posten in der kaiserlichen Bibliothek befördert worden. Er hatte die ehrenvolle Aufgabe, als Redakteur an den »Wahrhaften Aufzeichnungen« des letzten Kaisers mitzuarbeiten, einer Dokumentation, wie sie seit rund tausend Jahren nach der Regierungszeit eines jeden Herrschers angefertigt wurde.

Archiv und Bibliothek befanden sich im gleichen Komplex in der kaiserlichen Palaststadt mitten in Kaifeng. Ob sie wollten oder nicht: Zhao Tingzhi und Huang Tingjian trafen sich ständig, zusammen mit anderen Kollegen. Was bei solchen Gelegenheiten geschah, berichten genussvoll die »Aufzeichnungen beim Schwenken des Staubwedels«, ein klassischer Titel für unterhaltsame anekdotische Sammlungen: »Als Zhao Tingzhi und Huang Tingjian gemeinsam in den Akademien und Instituten beschäftigt waren, zeigte Huang, der ihn für einen ungebildeten Bauern hielt, ihm stets absichtlich seine Geringschätzung.« Das war einfach, denn Zhao ging seinen Kollegen ziemlich auf die Nerven, wie die »Aufzeichnungen« vermelden: »Jedes Mal, wenn der Küchengehilfe aus der Palastküche in die gemeinsamen Arbeitsräume der Beamten kam und fragte, was die Herren am nächsten Tag zu essen wünschten, rief Zhao noch vor allen anderen garantiert: Morgen werde ich Klöße essen!«

Huang Tingjian nahm diese Essgewohnheit eines Tages zum Anlass, Zhao inmitten der Kollegen in eines der beliebten Wortspiele zu verwickeln, wie sie nur in der chinesischen Sprache möglich sind. Huang gab die Devise wieder, mit der Zhao für alle unüberhörbar täglich seine Arbeit beendete: »Die kaiserlichen Anordnungen für den nächsten Tag sind säuberlich in Ordnung gebracht.« So wie Huang den Satz aussprach, konnte man ebenso gut verstehen: »Morgen werde ich Klöße essen.«

Prompt lachten alle Kollegen laut auf und Zhao war mit seinem bäuerlichen Geschmack – ausgerechnet Klöße, wo es doch alle Köstlichkeiten dieser Welt in der Palastküche gab! – bloßgestellt.

Ob Zhao seiner Frau davon erzählte? Falls sie ihm den Rat gab, im Kreis der Kollegen lieber etwas zurückhaltender zu agieren, hatte sie damit keinen Erfolg. Zhao Tingzhi hielt sich für einen besonders guten Kalligrafen, und er konnte es nicht lassen, damit zu prahlen: »In meiner Heimat bin ich sehr geschätzt als Schreiber von Sprüchen. Jedes Mal, wenn ich eine Inschrift vollendet habe, bekomme ich von dem, für den ich sie verfasst habe, einen großen Ochsenkarren voller Geschenke.« Pech nur für Zhao, dass jeder der Zuhörenden wusste, dass die Meisterschaft von Huang Tingjian in der Kunst der Kalligrafie unübertroffen war. Und so konnte Huang mit einem einzigen Satz die Lacher wieder einmal auf seine Seite ziehen: »Ich vermute, in dem Karren sind nichts als Möhren und eingelegte Gurken.« Will heißen: Bauern-Geschenke für einen Dilettanten. Zhao Tingzhi ließ sich die Demütigungen nicht anmerken, aber er vergaß keine einzige.

Die Anekdoten aus den »Aufzeichnungen beim Schwenkens des Staubwedels« fallen in das Jahr 1086. Zhao Tingzhi, hatte seine Berufung ins kaiserliche Archiv in der zweiten Hälfte des Jahres 1085 erhalten. Kollegen staunten darüber nicht schlecht: »Tingzhi beutete während seiner Arbeit in der Provinz mit harten Anordnungen die kleinen Leute aus und aufgrund von Gelehrtheit und Auftreten ist er auch nicht zu empfehlen – wie konnte man den bloß für eine solche Stellung auswählen?« Dieses vernichtende Urteil fällte der hohe Beamte und berühmte Dichter Su Dongpo, als er 1087 von Zhao Thingzhi angeklagt wurde und seinerseits eine Anklageschrift gegen Zhao aufsetzte.

Jeder wusste, was mit den »harten Anordnungen« gemeint war: die Neuen Gesetze, mit denen Kaiser Shenzong und sein Kanzler Wang Anshi das chinesische Reich gründlich reformieren wollten. Der Kaiser starb im dritten Monat des Jahres 1085, und seine Mutter, die Kaiserinwitwe, übernahm als Kaiserin Kao die Regentschaft für den erst neunjährigen Thronfolger.

Kao hatte sich seit dem Regierungsantritt von Kaiser Shenzong loyal im Hintergrund gehalten, aber nie verheimlicht, dass sie die Reformpolitik ihres Sohnes strikt ablehnte. An die Macht gekommen, ließ sie verkünden: »Es ist die vordringlichste Aufgabe, die Verfassung unserer Vorfahren wiederherzustellen.« Die Neuen Gesetze wurden aufgehoben, ihre Anhänger aus allen Ämtern entlassen, aus der Hauptstadt verbannt und die frei gewordenen Posten mit Gegnern der Reformpolitik besetzt, die ihrerseits aus der Verbannung zurückkehrten.

Der politische Umschwung unter Kaiserin Kao bedeutet eine neue Etappe im dramatischen Machtkampf zwischen Reformern und Konservativen. Er wird zu einem brutalen Höhepunkt führen, in dessen Verlauf die Familien Zhao und Li – obwohl inzwischen durch die Heirat von Zhao Mingcheng und Li Qingzhao eng verbunden – sich tief entfremden und der für beide in einer Katastrophe endet.

Wie nie zuvor in der Geschichte Chinas hat die rigorose Durchsetzung der Neuen Gesetze unter dem Kanzler Wang Anshi die gelehrte Beamtenelite des Landes in zwei Lager gespalten. Das Bild des Wang Anshi schwankt bis heute in der chinesischen Geschichtsschreibung. Für die einen ist er ein Sozialrevolutionär, der mit seinen Reformen in Wirtschaft und Finanzen, Landwirtschaft und Verwaltung, Militär und Bildungswesen die Lage der Bauern verbessern, eine solide Mittelschicht schaffen und die Privilegien der Großgrundbesitzer, die weitgehend mit den hohen Beamten identisch sind, brechen wollte. Nur ein starker Staat – mit einer erweiterten und spezialisierten Beamtenschaft, mit mehr und durchgreifenden Gesetzen – konnte nach Wangs Verständnis einen fairen Interessenausgleich der unterschiedlichen Gruppen schaffen.

Seine Gegner, die Konservativen, bestritten nicht, dass die imposante Erfolgsgeschichte des Song-Staates in der zweiten Hälfte des elften Jahrhunderts massiv ins Stocken geraten war. Die Bauern verloren ständig an Land, hatten aber die gleichen Abgaben und Steuerlasten zu entrichten, während die Großgrundbesitzer alles taten, ihren zunehmenden Landgewinn steuerlich zu verschleiern. Die Steuern sanken, die Staatsausgaben stiegen weiter, Inflation machte sich breit. Der Staatsbankrott war nur noch eine Frage der Definition. Die Krise war unübersehbar, und die Diskussionen am Hofe und in den Ministerien um die richtige Lösung nahmen kein Ende.

Kaiser Shenzong, 1067 auf den Thron gelangt, entschloss sich, zu handeln. Ihn hatten die Persönlichkeit, das Wissen und die zupackende Politik des Wang Anshi tief beeindruckt, der als erfolgreicher Beamter in der Provinz aufgefallen war und in einer »Zehntausend-Worte-Eingabe« an den Kaiser den Zustand des Staates scharf kritisiert hatte. Shenzong machte ihn 1071 zum alleinigen Kanzler. Rigoros zog Wang Anshi seine

Neuen Gesetze durch, wollte mit seinen umfassenden Reformen einen starken Staat erzwingen.

Wangs Kritiker, die Konservativen, sahen in der Reformpolitik eine Todsünde gegenüber dem konfuzianischen Staatsverständnis. Nicht die Anzahl der Gesetze – auch wenn ohne sie kein Staat existieren konnte –, nicht die Schar der Beamten – auch wenn man sie zum Regieren und Verwalten brauchte – war letztlich entscheidend, sondern die moralische Qualität, die sie verkörperten. Nur das gute moralische Beispiel überzeugte die Menschen wirklich.

Bei den Konservativen waren auch handfeste Eigeninteressen von Landbesitzern im Spiel – wer verzichtet gerne auf Privilegien. Aber hinter dem Streit standen zwei grundverschiedene Konzepte von Politik und Gesellschaft. Ein Sturm der Kritik erhob sich gegen die Neuen Gesetze und ihren Urheber.

An der integren Persönlichkeit des Wang Anshi, einem asketischen Einzelgänger, haben selbst seine Gegner nicht gezweifelt. Er trank keinen Alkohol und kam morgens mit angeschmutztem, zerknittertem Gewand und unfrisiert in die Sitzungen, weil er die Nacht durchgearbeitet hatte. Seine Kenntnis der konfuzianischen Klassiker war beeindruckend; er war ein Technokrat, der heimwehkranke Gedichte schrieb. Aber seine Talente und sein Wissen verleiteten ihn zu arroganter Verachtung gegenüber allen, die seinen schonungslosen Analysen nicht folgen konnten oder wollten. Wer nicht für ihn war, war gegen ihn. Entgegen einer Tradition, die auf Kompromiss und Ausgleich bedacht war, forderte der übermächtige Kanzler bedingungslose Gefolgschaft.

In kürzester Zeit lichteten sich die Reihen der Beamten bis in die höchsten Ränge: die einen gingen freiwillig, ein großer Teil wurde entlassen, in ihren Titeln zurückgestuft, verbannt. Die einen riskierten den Boykott der Neuen Gesetze, die anderen machten mit deren Hilfe Karriere. Langjährige Freundschaften zerbrachen. Einen solchen vergifteten Streit, eine solche rücksichtslose politische Flurbereinigung hatte es seit Gründung der Song-Dynastie im Jahre 960 nicht gegeben.

Den Kaiser ließ das nicht kalt, gehörte es doch zu seinen Aufgaben, zu moderieren und zwischen den Lagern zu vermitteln. Shenzong nahm seine Verantwortung sehr ernst. Stundenlang hörte er sich die Argumente pro und kontra die Neuen Gesetze an. Immer wieder ließ der Kaiser Sima Guang, den von ihm hoch geachteten Historiker und konfuzianischen Philosophen, Meinungsführer der Konservativen, in den Palast rufen.

Am Ende aller Audienzen, die protokolliert und in den kaiserlichen Archiven aufbewahrt wurden, drehte sich die Diskussion stets um den gleichen Punkt. Sima Guang zitiert die Weisheit konfuzianischer Autoritäten: »Eine gute Regierung erreicht man durch Menschen, nicht durch Gesetze ... Sehen Sie, Majestät, und darum muss man, um gut zu regieren, gute Menschen aussuchen. Es kommt nicht darauf an, die Gesetze zu ändern.« Kaiser Shenzong macht einen Einwand: »Sind nicht Menschen und Gesetze zwei Seiten derselben Medaille?«

Sima Guang antwortet: »Solange man gute Menschen hat, muss man sich keine Gedanken um schlechte Gesetze machen. Aber selbst wenn man keine guten Menschen anstellt, dafür aber gute Gesetze macht, stimmt die Reihenfolge nicht. Zuerst muss man sich auf die Suche nach fähigen Menschen machen, die Ausarbeitung neuer Gesetze kann warten.« Ein Vertreter der Reformpolitik, der mit in der Palast-Runde sitzt, erhebt sofort Einspruch.

Ein Wort gibt das andere. Der Kaiser versteht nicht, warum seine Beamten und Gelehrten keine gemeinsame Linie finden: »Ihr tauscht doch ständig eure Argumente aus. Warum ist es zwischen euch zu solcher Feindschaft gekommen?« Aber die Argumente der Konservativen überzeugen Shenzong nicht. Als Wang Anshi, krank und zermürbt, im Jahre 1076 den Dienst als Kanzler quittiert, wird er vom Kaiser mit Ehren und Titeln überhäuft und seine Reformpolitik im Prinzip fortgesetzt.

Mit dem Tod von Kaisers Shenzong kommt im Frühjahr 1085 die totale Wende. Alle, die gestern noch zu den Verfemten zählten, kehren im Triumph in die Hauptstadt Kaifeng zurück. Gerufen von der nun regierenden Kaiserin Kao, die alle Macht in den Händen hat und sie zielstrebig einsetzt, übernimmt der verehrte Sima Guang Anfang 1086 die Kanzlerschaft des Reiches. Er nutzt die Gunst der Stunde, nichts soll bleiben von den verhassten Reformen. Jetzt sind die Reformpolitiker an der Reihe, ihre Ämter zu verlieren, in die Verbannung zu gehen oder schweigend zu gehorchen. Der Beamtenapparat duckt sich.

Eine geschriebene Verfassung kannte der chinesische Zentralstaat nicht. Ungeschrieben herrschte der Song-Kaiser als »Sohn des Himmels« über »Alles unter dem Himmel«, der konfuzianischen Morallehre aus Tradition und Überzeugung verpflichtet. Ungeschrieben übernahmen die Witwe des Kaisers oder die Kaiserinmutter nach dem Tod des Herrschers das Regiment, wenn der Nachfolger noch nicht regierungsfähig war. An der Legitimation von Kaiserin Kao gab es zwischen den feindlichen Lagern keinerlei Zweifel. Die Loyalität der Song-Beamten zum Kaiserhaus war fest geknüpft, zumal das Land mit den bisherigen Regentinnen dieser Herrscherfamilie bestens gefahren war.

Noch bevor ein Song-Kaiser den Thron bestieg, hatten seine Eltern oder seine Großmutter für ihn die Hauptfrau, die automatisch Kaiserin würde, ausgesucht. Ein Memorandum von 1090, unter Kaiserin Kao in Hinblick auf die Heirat ihres Enkels, des künftigen Kaisers, ausgearbeitet, nennt vier Kriterien für die zukünftige Kaiserin. Es sind die gleichen, nach denen die Führungsschicht der gelehrten Beamten für ihre Söhne und Töchter Heiraten arrangierte.

Erstens muss die zukünftige Kaiserin aus guter Familie sein. Zweitens tugendhaft, da sie ihre Söhne – und damit den nächsten Kaiser – erziehen wird. Drittens muss sie gutes Benehmen haben, um darin ein Beispiel für alle Frauen zu sein. Viertens verlangt man von der Kaiserin eine umfassende Bildung, die sie befähigt, kompetent mit den Ministern zu diskutieren. Damit wird vorausgesetzt, dass sie bei Tod oder Krankheit ihres Mannes einspringen kann und dem Kaiser schon zu Lebzeiten in seinen Staatsgeschäften guten Rat geben kann, so, wie es auch die Elite-Beamten von ihren Ehefrauen erwarten.

Der kaiserliche Heiratserlass war keineswegs ein Fantasie-Katalog, sondern realistisch. Er leitete sich von den Qualitäten der Song-Kaiserinnen seit Gründung der Dynastie ab. Alle Kaiser hielten große Stücke auf ihre Frauen, Mütter und Großmütter. Sie schätzten deren Bildung, ihr abgewogenes Urteil in politischen Fragen, und sie verheimlichten ihre Bewunderung nicht.

Beispielhaft ist die Regentschaft der kinderlosen Kaiserin Liu. Sie beginnt 1022 mit dem Tod des Kaisers, weil der Nachfolger, Sohn einer Konkubine, erst dreizehn Jahre alt ist. Liu war zu Lebzeiten des Kaisers anwesend, wenn er sich mit seinen Ministern beriet oder geheime Verhandlungen führte, und sie vertrat ihn während seiner Krankheit. Erst ihr Tod beendete ihre elfjährige, entschieden geführte Regentschaft. (Allerdings muss angemerkt werden, dass sie ursprünglich nicht die Hauptfrau des Kaisers war, sondern seine Lieblingskonkubine. Nach dem Tod der Hauptfrau machte der Kaiser – gegen die Tradition und den Rat seiner Beamten – Liu zur Kaiserin.)

Die Nachwuchssorgen der Song-Kaiser waren immens. Auch die Ärzte im Kaiserpalast verloren meist den Kampf gegen die hohe Kindersterblichkeit. Kaiser Shenzong, nach dessen Tod 1085 Kaiserin Kao die

Regentschaft antrat, hatte vierzehn Frauen, die ihm vierzehn Söhne gebaren, von denen nur fünf überlebten. Wenn es keinen Sohn mit der Kaiserin gab, war der jeweils älteste erbberechtigt, egal welchen Rang seine Mutter hatte. Bei drei der ersten acht Song-Kaiser half auch der Reigen der Nebenfrauen nicht: Sie hatten keinen männlichen Erben, als sie starben. Keiner ihrer Söhne – ob aus der Verbindung mit der Kaiserin oder den Nebenfrauen – hatte überlebt.

Gab es keine Söhne, konnte der Kaiser – oder nach seinem Tod die Regentin – ein männliches Mitglied aus der männlichen Linie des Kaiserclans adoptieren. Diese Art der Nachfolge ist unter der Song-Dynastie reibungslos über die Bühne gegangen. Weder gab es politisierende Generäle noch machthungrige Familien, die auf den Thron drängten. Die zivile Moral, auf die Gründungskaiser Taizu gesetzt hatte, war allen in der Gesellschaft zur zweiten Natur geworden.

Als Kaiserin Kao 1085 für den neunjährigen Thronfolger die Regentschaft übernahm, konnte sie darauf bauen, genug Zeit zu haben, um die bisherige Politik gründlich umzukehren. Vielleicht verdankte Zhao Tingzhi den langfristigen Perspektiven, die zwar stetig, aber ohne Hast umgesetzt wurden, seine Beförderung nach Kaifeng in die kaiserlichen Archive. Denn es hatte sich längst bis zu den Beamten in der Hauptstadt herumgesprochen, dass Zhao als Beamter in der Provinz »sein Fähnlein in den Wind hängte«, wie es in seiner späteren Biografie heißt und »eilfertig und einschmeichelnd den Reformern zuliebe die Neuen Gesetze praktizierte«. Damals war es, dass Huang Tingjian, der am gleichen Ort wie Zhao in der Provinz arbeitete, ihn kritisierte, weil diese Gesetze den kleinen Leuten übermäßige Härten auferlegen würden.

In den Büros der kaiserlichen Palaststadt trafen sich die beiden als Kollegen wieder, nachdem sich das politische Blatt gewendet hatte. Jeder wusste, wo der andere stand. Huang Tingjian gehörte seit je zum Lager der Konservativen. Würde Zhao Tingzhi wiederum sein Fähnlein in den Wind hängen und den neuen konservativen Machthabern schmeicheln, um seiner Karriere nicht zu schaden? Erst einmal machte er gute Miene zu den Sticheleien Huangs und tat, was unter den gelehrten Beamten zum Selbstverständnis und Beweis ihrer literarischen Bildung gehörte: dem Kollegen statt der üblichen Akten auch einmal ein Gedicht zu schicken.

Huang Tingjian, nicht nur Beamter, sondern einer von Chinas großen Dichtern, schreibt in der Anmerkung zu einem seiner Gedichte: »Im

4. Monat des Jahres 1087 schickte ich dieses Gedicht an Zhao Tingzhi, um sein Gedicht ›Vom Regen‹ zu erwidern, das er an mich gesandt hatte.« Diesmal fehlt jeder spöttische Unterton. Bei aller Rivalität würde niemand im Kreis der gelehrten Beamten dem kaiserlichen Archivar Zhao absprechen, dass er zu jener Elite gehörte, die das Land regierte und verwaltete, das Rückgrat chinesischer Kultur und Zivilisation. Eine Beamten-Elite, die sich durch eine außergewöhnlich breite literarische Bildung auszeichnete, in deren Mittelpunkt die Dichtung stand.

Für die Familie von Li Gefei wird es ein großer Tag gewesen sein, als Su Dongpo – längst der Große Su Dongpo – an einem Tag des Jahres 1086 zu Besuch kam. Der Dichter, dessen Verse die gelehrten Beamten auswendig kannten und die geistreichen Konkubinen in den Teehäusern sangen, machte seine Aufwartung nicht dem Direktor der National-Universität, sondern dem Schriftsteller Li Gefei, der sich durch Schriften in Geschichte und Philosophie ausgezeichnet hatte. Li, so heißt es in seiner Biografie, »wurde aufgrund seiner hervorragenden Prosa mit Su Dongpo bekannt«.

Der Hausherr wird seinen Gast auch in den südlichen Teil des Anwesens geführt haben. Dort stand eine Halle, deren beschriftete Tafel auf die Büsche verwies, die Li Gefei in dichten Reihen die Seite entlang gepflanzt hatte: »Vom Bambus umgeben« las man zwischen den obersten Dachbalken. Der Dichter Chao Buzhi, ein enger Freund von Su Dongpo und oft zu Gast bei der Familie Li, hat beschrieben, was die Bambus-Halle für ihren Besitzer bedeutete: »Jedes Mal, wenn er am Nachmittag von seiner Arbeit in der National-Universität nach Hause kam, zog er sich in diese Halle zurück. Li Gefei fegte den Boden, legte seine Schreibpinsel zurecht, rieb den festen Block aus Tusche am Reibstein und mischte aus den Spänen mit Wasser die Tusche an. Über das Papier gebeugt, murmelte er vor sich hin und schrieb einige Abschnitte Prosa ...«

Sich schreibend mit dem Pinsel auszudrücken, war Leben. Literatur war Erfüllung, der Gipfel des Menschseins und aller Kultur. In diesem Ritual erkannten sich alle wieder, ob Huang Tingjian oder Zhao Tingzhi, Li Gefei, Chao Buzhi oder Su Dongpo. Sie alle verband eine Leidenschaft für die Literatur und der Dienst als Staatsbeamte. Ungeachtet politischer Differenzen besaßen sie mit ihren Familien, was dem modernen Begriff der corporate identity durchaus entspricht. Die Männer, Frauen und Kinder dieser Elite waren geprägt von einem geistigen Milieu, das sich nicht zuletzt durch gemeinsame Erfahrungen auszeichnete.

5

DER BEAMTEN-STAAT
oder
DIE MACHT DER BÜCHER

Ein dreijähriger Prüfungsmarathon – Chancengleichheit: drei Gutachter für jede Examensarbeit – 34000 Verwaltungsposten für dreimal soviele Anwärter – Purpurrote Gewänder für die höchsten Ränge – Lernen ist Privatsache – Zwei bahnbrechende Erfindungen: Papier und Buchdruck – Eine Konfuzius-Ausgabe für jeden Haushalt – Hohe Auflagen und sinkende Buchpreise – Frauen sind eifrige Leserinnen

Su Dongpo gehörte zu jenen Menschen, die einen Raum ausfüllen, sobald sie ihn betreten. Groß, mit kräftigem Bart, war er in jeder Gesellschaft der Mittelpunkt. Geistreich, ironisch und kontaktfreudig, ging er keinem Streit aus dem Weg, hatte zu jedem Argument ein Zitat aus den konfuzianischen Klassikern oder eine Gedichtzeile parat. Seit den Kindheitstagen, als seine Mutter die Familie mit ihrem Seidenladen ernährte und ihre beiden Söhne in den großen Epochen der chinesischen Geschichte unterrichtete, wollte Su zu den Besten gehören. Sein Vater hatte in der staatlichen Prüfung zum Beamten versagt und diese Prozedur in der Hauptstadt Kaifeng bis ins hohe Alter nicht vergessen: »Ich erinnere mich, wie ich mich auf den Tag in der Prüfungshalle vorbereitete, als ich jung war. Ich stand um Mitternacht auf, packte Reis und Kuchen ein und stand im Morgengrauen vor dem Tor zum östlichen Palast. Nacheinander wurden wir eingelassen, an unsere Plätze geführt und beugten uns über unser Pult. Jedes Mal, wenn ich daran denke, erschaudert mein Herz.«

Sein Sohn musste sich nicht mit solchen Alpträumen plagen. Er brauchte wohl auch keinen der Wahrsager und Orakel-Ausleger aufzusuchen, die als Helfer gegen die Prüfungsängste in den Examenswochen in Kaifeng Hochkonjunktur hatten. Su bekam die Note »mit Auszeichnung« und gehörte damit für den Prüfungsjahrgang 1056 zu den drei besten von allen Kandidaten des Reiches. Eine Entsprechung in europäischen Prüfungsgraden zu finden ist schier unmöglich. Mit vielen Vorbehalten lässt sich eine erfolgreiche Note für das staatliche Beamtenexamen Chinas mit dem Doktorgrad in Literatur vergleichen.

Ob Su Dongpo oder andere Freunde, die der Universitätsdirektor Li

Gefei in seine Bambus-Halle führte, oder ob es um den wenig beliebten Zhao Tingzhi geht: Sie alle hatten das Schlussexamen der landesweiten Prüfungen im kaiserlichen Palast ehrenvoll bestanden; wie seit Mitte des elften Jahrhunderts alle Minister und Kanzler, die mit dem Kaiser zusammen das Reich regierten.

Die Zeugnisurkunde, die der Kaiser in einer feierlichen Zeremonie den weißgekleideten erfolgreichen Kandidaten überreichte, bedeutete mehr als die Eintrittskarte in den Staatsdienst für alle mittleren und höheren Beamten oder den Ausweis für einen klugen Kopf. Sie stand für ein Ideal, dem ein ganzes Volk huldigte. Das staatliche Prüfungssystem war ein Eckstein der chinesischen Kultur und eine Institution, die für viele kommende Jahrhunderte einzigartig in der Weltgeschichte blieb. Was im elften Jahrhundert unter der Song-Herrschaft zur Perfektion gelangte, hatte in China Bestand bis in das Jahr 1905 und prägte bis dahin durch alle Generationen die intellektuelle Elite, rund zehn Millionen Männer – plus Millionen Menschen in ihrem persönlichen Umfeld.

Die Wurzeln der staatlichen Examina reichen zurück bis in die Anfänge der Tang-Dynastie. Ab dem Jahre 622 mussten sich Beamtenanwärter durch schriftliche Prüfungen klassifizieren. Nach dem Untergang der adligen Führungsschicht förderten die Song-Kaiser sehr bewusst einen mehrstufigen, zentralen landesweiten Wettbewerb für die neue Leistungs-Elite, auf die sich ihre Herrschaft wesentlich stützte.

Der erste Härtetest waren die Herbst-Prüfungen in den Bezirken. Hier scheiterten schon mindestens neunzig, meist sogar neunundneunzig Prozent der Bewerber. Wer erfolgreich war, konnte sich im folgenden Jahr der Provinzprüfung stellen. Die wenigen Glücklichen, die bestanden, reisten im dritten Prüfungsjahr zur letzten Runde in die Hauptstadt Kaifeng. Dort mussten sie im Frühling eine Woche lang auf den Prüfstand.

Für die Bezirksprüfungen meldeten sich zu Beginn des elften Jahrhunderts zwanzig- bis dreißigtausend Kandidaten im ganzen Land, gegen Ende des Jahrhunderts waren es rund achtzigtausend. Von denen, die in Kaifeng zur Endprüfung antraten, bestanden jährlich zweihundertzehn bis zweihundertdreißig. Sie waren die Bildungselite des Reiches, die Helden der Nation. Die Kaiser persönlich drangen darauf, das anonyme Prüfungsverfahren zu perfektionieren, um wie nie zuvor allen Bewerbern gleiche und faire Chancen zu garantieren. Und sie ließen sich diese aufwendige Prozedur einiges kosten.

Der Vater von Su Dongpo nahm Reis und Kuchen mit zur Prüfung, weil die Kandidaten von der Palastwache streng bewacht wurden und erst nach Abschluss ihrer schriftlichen Arbeit den Palast wieder verlassen durften. Eine mündliche Prüfung sah das chinesische System nicht vor. Jede Arbeit wurde numeriert und von einem Schreiber kopiert, bevor die vom Kaiser bestellten Prüfer, besonders angesehene und gelehrte Beamte, sie kritisch unter die Lupe nehmen durften. Auf diese Weise sollte ausgeschlossen werden, dass Kandidaten aufgrund ihrer Handschrift erkannt und möglicherweise bevorzugt wurden.

Für jede Examensarbeit gab es zwei unabhängige Gutachten, ein dritter Prüfer vergab die Endnote. Um wirklich jede Einflussnahme auszuschließen, durften die Prüfer den Palastbereich erst wieder verlassen, wenn sie alle Arbeiten benotet hatten. Während dieses Konklaves wurden die Prüfer aus der Palastküche mit Essen, Obst und Wein versorgt. Mehr als einmal kam der Kaiser vorbei und erkundigte sich nach den Zwischenresultaten.

Das Ziel der umständlich-sorgfältigen Prozedur: alle Talente im großen Reich auszuschöpfen, und nicht nach Herkunft oder Geldbeutel zu urteilen. Je breiter die soziale Basis der Beamten war, von denen die Stabilität des Landes abhing, um so besser für den regierenden Herrscher, den obersten Dienstherrn aller Beamten.

Ob dieses Prüfungssystem wirklich quer durch alle gesellschaftlichen Schichten die Befähigten an die Spitze brachte? Die Historiker streiten heftig darüber. Hört man auf die Stimmen kenntnisreicher Zeitgenossen, dann beantwortet eine Mehrheit die Frage positiv. Ein Erlass, der Söhnen von Händlern und Kaufleuten die Teilnahme an der Prüfung verbot, stimmte schon um die Mitte des elften Jahrhunderts nicht mehr mit der Realität überein. Der gelehrte Ouyang Xiu, Schriftsteller, Historiker, gefürchteter Prüfer in den Hauptstadt-Examen und über Jahrzehnte eine der einflussreichsten Persönlichkeiten in den intellektuellen Zirkeln wie bei Hofe, antwortete auf diesbezügliche Einwände: »Warum diese Klagen, dass Handwerker und Kaufleute aufsteigen? Die Gelehrtenklasse ist gemischt und kennt keine Ausgrenzungen – oder etwa doch?«

Wer die Examensvorbereitungen ernsthaft betrieb, brauchte Jahre. Schaffte es eine Familie nicht, den erwachsenen Sohn über die lange Studienzeit finanziell zu unterstützen, die Geldmittel für Privatlehrer, Bücher, Papier und die weiten Reisen zu den Prüfungen aufzubringen, legte nicht selten der Familienclan seine Ressourcen zusammen. Wenigstens einer aus der Familie sollte den begehrten Aufstieg in den Staatsdienst schaffen. Mancher fand einen wohlhabenden Förderer, der in zukünftige gute Verbindungen zur Staatsmacht investierte. Geschichten erzählen von Kandidaten, die zu Schmugglern und Banditen wurden, nur um an Geld für das Studium, das reine Privatsache war, zu kommen.

Zum Prüfungsstoff gehörten die offiziellen Geschichten der siebzehn vorangegangenen Dynastien. Der Kandidat musste die konfuzianischen Klassiker samt unzähligen Kommentaren Wort für Wort im Kopf haben. Kein bedeutendes Gedicht der vergangenen Jahrhunderte durfte in seinem Gedächtnis fehlen. Er musste lernen, wie man Aufsätze anlegt und Gedichte komponiert.

Da das Alter kein Hindernis war, bildeten die Prüflinge eine bunte Gruppe zwischen neunzehn und sechsundsechzig Jahren. Das Durchschnittsalter beim Schlussexamen lag bei dreißig Jahren. Wer bestanden hatte, wartete im Schnitt ein Jahr, bis ihm ein erster staatlicher Posten angeboten wurde – wenn es überhaupt dazu kam.

Nicht nur die Erfolglosen hatten das Nachsehen: Im Jahre 1046 zählte der gesamte Beamtenapparat Chinas rund 12700 Personen; 1088 war er auf 34000 Stellen angestiegen. Doch auf jeden Posten, den das Personalbüro in Kaifeng zu verteilen hatte, warteten rund dreimal so viele Anwärter mit bestandener staatlicher Prüfung.

Wer zu den Glücklichen zählte, ging erst einmal in die Provinz und wusste, dass er sich im Staatsdienst innerhalb der Rangskala von neun bis eins emporarbeiten musste. Jeder Rang war zusätzlich in a und b unterteilt, so dass es insgesamt achtzehn gab. Rund achtzig Prozent aller Beamtenstellen im Land füllten die Ränge sieben bis neun am Ende der Skala. Die restlichen zwanzig Prozent der Beamten besetzten hohe und höchste Ämter in Kaifeng: in der Regierung mit zahlreichen untergeordneten Behörden, in zentralen Verwaltungs-Institutionen des Reiches, bei Hofe und in der hauptstädtischen Verwaltung.

Die Beamten trugen je nach Rang unterschiedliche Gewänder, Kappen und Gürtel; man konnte ihren Rang allein schon an der Farbe erkennen. Während der Song-Dynastie waren den Rängen eins bis drei purpurfarbene Gewänder vorbehalten; vier und fünf trugen Zinnober, sechs und sieben Grün, acht und neun kleideten sich in Blau.

Bei allem Lob für das anonyme und leistungsbezogene Prüfungssystem: Es darf nicht verschwiegen werden, dass auch unter den Song-Kaisern die Mehrheit aller Beamten auf anderen Wegen an ihre Ämter kam. Zum einen konnte, wer die Prüfungen nicht schaffte, durch ein »erleichtertes Examen« doch noch auf einem unteren Beamtenrang landen. Der wichtigste Umweg aber war ein Privileg, das alle hohen Staatsdiener dank kaiserlicher Gnade ausschöpfen konnten. Sie vererbten einen grundsätzlichen Anspruch auf einen Beamtenposten an direkte Nachkommen und sogar weit entfernte Familienmitglieder.

Allerdings waren diese Privilegien nicht unbegrenzt: Wer die kaiserliche Gnade für einen Verwandten in Anspruch nahm, durfte es nur alle sechs Jahre tun und nicht älter als siebzig sein; in diesem Alter gingen die Beamten spätestens in Pension. Der Auserwählte innerhalb der Familie musste mindestens fünfundzwanzig Jahre alt sein und eine – im Vergleich zum großen Staatsexamen – erleichterte Prüfung machen. Hier bestanden im Schnitt fünfzig Prozent der Kandidaten. Dem Song-Kaiserhaus, das auf die Beamtenklasse wesentlich mehr angewiesen war als die Dynastien zuvor, lag daran, Loyalitäten über Generationen hinweg in den gleichen Familien zu fördern.

Die Zahlen aus dem Jahre 1060/61 sind typisch für die Gewichtung der unterschiedlichen Beamten-Zugänge: Damals traten 1257 Neulinge aufgrund des kaiserlichen Privilegs in den höheren Staatsdienst ein; 71 schafften es mit einem »erleichterten Examen«; immerhin 927 hatten das gesamte Auswahlverfahren mit dem strengen Abschluss in der Hauptstadt erfolgreich durchlaufen. Nicht erfasst wurden mit den Statistiken Hunderttausende Männer jeden Alters, die sich in jeder Generation aufs Neue auf einen mühsamen, jahrelangen Bildungs- und Lernweg begaben – im sicheren Wissen, dass über neunzig Prozent aller Lernbegierigen das ersehnte Ziel nicht erreichen würden.

Das Unglaubliche ist so unerklärlich nicht: Die Lehren des Konfuzius sind offenbar Motivation und Befriedigung genug, um sich auf den Weg zu machen. Wen unterwegs der Mut verließ, der durfte mit einer Geschichte aus den »Gesprächen« des Meisters neuen Mut schöpfen. Sie handelt von Zilu, dem Lieblingsschüler, der auf einer Wanderung vor dem Stadttor übernachtet hatte. Als der Wächter am Morgen aufschließt, sieht er Zilu und fragt: »Woher kommst du?« – »Vom Meister Kong.« – »Ist das nicht der, der weiß, dass es unmöglich ist, und es dennoch versucht?« Mit diesem geistigen Gepäck im Rücken konnte man weitermarschieren.

Das dröge Stichwort »Prüfungssystem« öffnet über Jahrtausende ein Tor, hinter dem Menschen sichtbar werden, die bereit waren, hochgesteckte Werte und Ziele mit festem Willen, Entbehrungen und eiserner Disziplin zu verfolgen. Hinter diesem Streben nach Bildung stand die unerschütterliche Überzeugung, dass im Prozess des Lernens der Mensch zu seinem innersten Kern, der Menschlichkeit, findet und am Ende das Wahre vom Falschen zu unterscheiden weiß. Ohne Bildung keine Moral, nicht für den Einzelnen, nicht für die Gemeinschaft.

Manchmal können Zahlen hilfreich sein: Am Ende des elften Jahrhunderts lebten in China rund hundert Millionen Menschen. Es ist nicht zu hoch gegriffen, anzunehmen, dass von der männlichen Bevölkerung 1,5 bis 2,5 Prozent dem vom Kaiserhaus vorgegebenen staatlich-konfuzianischen Bildungsideal nachstrebten. Das bedeutet, bis zu dreieinhalb Millionen Männer besaßen ein ungewöhnlich breites Wissen über Geschichte, Literatur und die konfuzianischen Klassiker. Dass die meisten von ihnen keinen erfolgreichen Abschluss haben, ändert nichts an dieser ungewöhnlich breiten Bildungsschicht.

Der prestigereiche öffentliche Studiengang war allein den Männern vorbehalten. Man kann es jedoch nicht oft genug sagen: Die männlichen Bildungsträger gaben ihre umfassenden Kenntnisse ohne Vorbehalte an ihre Familie weiter, – an Frauen, Söhne und Töchter. Auch ohne das letzte Examen konnten sie an öffentlichen Schulen oder als Privatlehrer unterrichten und waren in ihrer weiteren Umgebung hoch geachtet.

Im Bewusstsein der Öffentlichkeit etablierten sich im Laufe des elften Jahrhunderts die gelehrten Männer zu einem Stand aus eigenem Vermögen: »Literati« ist der Begriff, mit dem sie in der nicht-chinesischen Fachliteratur bezeichnet werden. Ein enges Etikett, das verbirgt, wie sehr über das sichtbare, staatlich geförderte männliche Bildungsprogramm hinaus sich in der chinesischen Gesellschaft insgesamt eine gemeinsame Lebens- und Weltanschauung unter Männern und Frauen verbreitet, die weit mehr als dreieinhalb Millionen Menschen verband.

Die Hochachtung vor den Gelehrten und damit vor allen, die diesen Lernprozess auf sich nahmen, war nicht auf die Elite beschränkt und hatte eine lange Tradition. Sie verband die Gesellschaft vom einfachen Bauern bis zum »Sohn des Himmels«. Das höchste Prestige im Land besaßen die Männer, die vom Kaiser in die »Hanlin-Akademie für Gelehrte« berufen wurden, eine Institution, die auf das Jahr 738 zurückgeht.

Die Hanlin-Gelehrten waren Hofbeamten, die im parkähnlichen Hanlin-Komplex der kaiserlichen Palaststadt ihre Studienräume hatten. Sie berieten den Kaiser persönlich und stellten ihr Wissen dem kaiserlichen Sekretariat zur Verfügung. Trat ein neuer Kanzler des Reiches sein Amt an, gab der Kaiser ihm zu Ehren ein Bankett. Gleiches erwartete die neuen Hanlin-Gelehrten. Doch nur bei ihrem Bankett wurde zusätzlich auch Musik gespielt. Die Haupthalle im kaiserlichen Gelehrtenhof trug den Namen »Jade-Halle«, weil alle Mitglieder der Hanlin-Akademie »zur Jade-Klarheit aufsteigen, um dort auf purpurnen Wolken zu schweben«.

Dass Bildung unter der Song-Dynastie endgültig einen so herausragenden Stellenwert erlangte und so weit verbreitet war, hängt mit zwei bahnbrechenden Entdeckungen zusammen, die gar nicht hoch genug eingeschätzt werden können. Zu Beginn des zweiten Jahrhunderts n. Chr. – es soll das Jahr 105 gewesen sein – wurde dem chinesischen Kaiser ein Material vorgelegt, das man aus Seidenfetzen, Stroh und Rinde vom Maulbeerbaum in einem bisher unbekannten Verfahren hergestellt hatte: Das Papier war erfunden, und damit die Voraussetzung für einen weiteren Geniestreich.

In Korea wurde im Jahre 1966 eine Papierrolle entdeckt, die mit chinesischen Schriftzeichen bedruckt war und aus der ersten Hälfte des achten Jahrhunderts stammt. Schon 1900 war in China eine gedruckte Schriftrolle gefunden worden: in den Höhlen der Oase Dunhuang, im Nordwesten der heutigen Provinz Gansu, die an das Tarim-Becken grenzt. Dunhuang war ein bedeutender Rastplatz der Karawanen, die auf der Route der Seidenstraße den asiatischen Kontinent durchquerten. Die Rolle trug nach unserer Zeitrechnung das Datum des 11. Mai 868, hatte eine Illustration auf dem Deckblatt und war drucktechnisch ausgefeilt. Die Experten sind sich einig: Schon im achten Jahrhundert ist in China der Druck erfunden worden. Sein Siegeszug war unaufhaltsam. (Die erste Papiermühle in Deutschland ging 1390 in Betrieb. Das erste gedruckte Buch entstand in Europa um die Mitte des fünfzehnten Jahrhunderts: die berühmte Gutenberg-Bibel.)

Im Jahre 835 hatte der Kaiser den privaten Druck von Kalendern und Wahrsagersprüchen verboten, damit der Staat dieses einträgliche Monopol weiterhin in der Hand hielt. Schon im zehnten Jahrhundert war es nichts Besonderes mehr, Bücher mit tausendfacher Auflage zu drucken und über das ganze Reich zu verbreiten.

Tusche, Papier, Holz: Das waren die Materialien, die in China bei der Erfindung des Drucks zusammengeführt wurden.

Tusche, beziehungsweise Tinte, gehörte seit dem Ende des zweiten Jahrtausends v. Chr. in China zum Handwerkszeug der Schreiber. Es gab verschiedene Mixturen. Zur Zeit der Song-Dynastie bevorzugt man eine Mischung aus Lampenruß und Öl, teilweise mit Leim vermischt, die in Blockform erhärtet wird. Die großen Meister der Tusche-Herstellung haben ihre Produkte nicht nur mit ihrem persönlichen Siegel, sondern ebenso mit Inschriften und Verzierungen geschmückt. Die feste Masse wird an einem Stein, dem Reibstein (auch Tuschstein genannt) gerieben und die anfallenden Späne werden mit Wasser zu flüssiger Tusche vermischt. Der persönliche Reibstein, der je nach der Stein-Qualität ein teurer Einkauf sein konnte, ist der Stolz jedes Gelehrten.

Papier: Im vierten Jahrhundert hatte sich das Papier in ganz China ausgebreitet, auch wenn es vorerst nur in der Verwaltung und von der Oberschicht genutzt wurde. Durch die Erfindung des Drucks wurde es dann innerhalb eines Jahrhunderts zum Massenartikel. Die ungeheure Nachfrage sorgte für eine Explosion der Papierindustrie. Parallel entstand ein Markt für Kenner und Liebhaber. Dünn sollte es sein, aber auch elastisch und widerstandfähig gegen Insekten, damit die kalligrafischen Kunstwerke voll zur Geltung kamen und die Zeiten überdauerten. Da der Transport teuer war, entwickelte sich eine gewinnträchtige Papierindustrie in vielen Teilen des Landes. Der Verbraucher fand Angebote auf jedem Marktplatz, Toilettenpapier eingeschlossen. Das edelste Papier, da waren sich die Kenner einig, wurde in den Provinzen Sichuan und Fujian hergestellt.

Holz: Die chinesische Drucktechnik basiert auf einem geschnitzten Holzblock und nicht – wie Jahrhunderte später in Europa – auf beweglichen Lettern. Nichts wäre ignoranter, als dieses Verfahren als zweitrangig oder simpel abzustempeln. Der Holzdruck entspricht auf ideale Weise den chinesischen Schriftzeichen, weshalb die Erfindung des Drucks mit beweglichen Porzellan-Lettern, die für das elfte Jahrhundert verbürgt ist, sich nicht durchsetzte.

Druckerzeugnisse im Holzblock-Verfahren herzustellen – schwarzweiß und farbig – war in China Standard bis in die moderne Zeit. Aber während der Zeit der Song-Dynastie setzten Experten Maßstäbe, die drucktechnisch in allen folgenden Jahrhunderten unerreicht blieben.

Das Holz vom Birnbaum hatte die beste Konsistenz. Die glatte Oberfläche des Druckstocks entsprach der Größe, die eine Doppelseite des gewünschten Buches haben sollte. Zuerst schrieb ein Kalligraf – je anerkannter dessen Meisterschaft, um so wertvoller das Buch – den Text auf besonders dünnes Papier. Dann wurde das beschriebene Blatt kopfüber auf den imprägnierten Holzblock gelegt, wo sich die Schriftzeichen abbildeten. Jetzt war der nächste Fachmann an der Reihe, der die Schriftzeichen exakt aus dem Block schnitzte.

Danach trat der Drucker in Aktion. Er tränkte die geschnitzte Schrift mit dem einen Ende einer doppelseitigen Bürste mit Tusche, legte ein Blatt Papier darüber und strich es mit dem anderen, trockenen Bürstenende fest. Das war's. Weil der Druck auf den Holzblock bei diesem Vorgang minimal war, konnten unendlich viele Kopien gemacht werden, bevor er aussortiert werden musste. Es war einfach, die Druckstöcke zu lagern und bei Bedarf nachzudrucken.

Die wichtigsten Schritte dieses Verfahrens fußten auf traditionellen handwerklichen Fertigkeiten, die beim Holzdruck glänzend umgesetzt werden konnten. Seit Jahrtausenden wird in China die Echtheit von Dokumenten buchstäblich besiegelt und nicht mit einer persönlichen Unterschrift versehen. Siegel bestehen aus Holz, Bronze, Jade, Stein oder Gold und tragen an einem Ende die persönliche Kennzeichnung des Besitzers – je nach Größe des Siegels in feinster Schnitzarbeit ausgeführt.

Ebenfalls weit in die chinesische Antike zurück geht die Tradition der Steinschrift. Texte – ob Gedichte, Schriften oder kaiserliche Erlasse – wurden in Felswände oder eigens dafür hergerichtete Steinpfähle geritzt und gemeißelt. Ursprünglich dienten sie der Information an Ort und Stelle. Kaum war das Papier erfunden, wurden die Steinschriften zum Vervielfältigen genutzt. Jeder konnte Papier auf die steinernen Schriftzeichen legen, rubbeln und anschließend den Text nach Hause tragen. Ein Hit wurden die sechs konfuzianischen Klassiker, die auf kaiserlichen Befehl von 175 bis 183 n. Chr. in Luoyang vollständig in Stein gemeißelt wurden. Angeblich kamen so viele Wissbegierige zum Abdrucken, dass die Straßen der damaligen Hauptstadt völlig blockiert waren. Das Vergnügen währte aber nur bis ins Jahr 190, als bei der Eroberung von Luoyang die sechs Stelen zertrümmert wurden. Fünf handtellergroße Bruchstücke dieser steinernen Meisterwerke sind über die Zeiten gerettet worden und werden im Museum von Ji'nan gehütet.

Ob Steinabreibungen oder handgeschriebene Manuskripte: Sie waren nur einer kleinen Elite vorbehalten. Erst die gedruckten Bücher legten den Grundstock für eine noch nie dagewesene Verbreitung des Wissens. Die Chancengleichheit der Bewerber wurde zusätzlich dadurch geførdert, dass aufgrund der steigenden Auflagenzahlen im Laufe des Jahrhunderts die Buchpreise stetig sanken.

Weil das Wissen durch die zentralen staatlichen Prüfungen im ganzen Land vorgegeben wurde, waren die Bücher auch Transportmittel für eine gemeinsame geistige Prägung, die die Gemeinschaft der Gelehrten verband, mit und ohne Beamtenkarriere. Über die Bücher konnte während der Song-Herrschaft erstmals eine einheitliche Lebens- und Weltanschauung Millionen von Menschen erfassen.

Die Song-Kaiser begriffen sofort, dass Bücher als Massenware wie nichts anderes ihre Vision einer zivilen Gesellschaft mit gemeinsamen Wertvorstellungen in den Köpfen vieler Menschen verbreiteten und festigten. Ein gewaltiges Druckprojekt, das schon im Jahre 952 – acht Jahre vor Gründung der Song-Dynastie – erfolgreich beendet wurde, war ihnen Ansporn und Modell. Unter Federführung der kaiserlichen Akademie waren neun konfuzianische Klassiker nebst allen wichtigen Kommentaren erstmals im Druck erschienen, insgesamt einhundertdreißig Bände. Die Song-Kaiser fühlten sich diesem geistigen Erbe verpflichtet: Vier Enzyklopädien, die das Wissen der Zeit verbreiten sollten, wurden von Staats wegen in Auftrag gegeben und gedruckt. Zudem war eine kaiserliche Kommission in den Jahren 994 bis 1063 mit dem Druck der offiziellen Geschichtswerke über die siebzehn vorangegangenen Dynastien beschäftigt.

Es war der Ehrgeiz des Kaiserhauses, jeden Haushalt im Land mit einer staatlichen Konfuzius-Ausgabe zu beliefern. Bis ins Jahr 1064 waren deshalb alle Privatdrucke der Klassiker verboten. Für solche Mammutprojekte wurden Tausende von Druckstöcken geschnitzt und in eigenen Lagerhallen für zukünftige Auflagen deponiert.

In staatlichen Druckereien erscheinen Handbücher für Medizin, Botanik, Pharmazie, Landwirtschaft, außerdem Schulbücher, Urkundensammlungen, Gesetzeswerke und Modellaufsätze für die staatlichen Prüfungen. Es war ein gewinnbringendes Geschäft, weshalb der Staat versuchte, das Druckmonopol und die Kontrolle über den Buchmarkt so umfassend wie möglich aufrecht zu erhalten.

Bedrucktes Papier war ein idealer Kommunikationsträger in der Welt des Geistes, aber nicht weniger im Reich der Beamten. Ein Geheimnis für die effektive zentrale Verwaltung unter der Song-Dynastie war, dass erstmals in der Weltgeschichte wesentlich mit Hilfe schriftlicher Kommunikation regiert wurde. Der Staat war unersättlich in seinem Bedarf an Papier und einer der wichtigsten Auftraggeber für die Papierindustrie: Kaiserliche Erlasse, Gesetze, Urkunden, Zertifikate und Anordnungen gingen als Drucksachen zu hunderttausenden ins Land. Im Jahre 1082 brauchte allein die Provinz Shaanxi rund 480000 Blatt Papier, um die Zertifikate für das staatliche Salzmonopol auszudrucken. Nicht zuletzt das staatliche Papiergeld, das seit Beginn des elften Jahrhunderts als Währung im Umlauf war und alle drei Jahre neu gedruckt wurde, verschlang Unmengen von Papier.

Die Synergien – um es mit einem modernen Begriff zu sagen –, die durch die Verbindung von Papier und Holzdruck freigesetzt wurden, machen einen wesentlichen Teil des ökonomischen Aufschwungs im elften Jahrhundert aus, beschleunigen und vermehren private Initiativen: Verlage und Buchhandlungen werden gegründet, Druckereien spezialisieren sich und haben dank der Nachfrage genug Kapital, um in Holz, Tusche und Papier zu investieren und Kalligrafen, Holzschneider, Drucker und Buchbinder zu beschäftigen. Autoren lassen ihre eigenen Texte drucken und verbreiten; private Verlage machen gute Geschäfte mit Anthologien populärer Gedichte.

Die Erfindung des Buchdrucks und sein ungeheurer Erfolg haben eine innere Logik. Beides ereignet sich nicht zufällig in einer Gesellschaft, in der Schreiben, Schrift, Literatur und Bildung einen außergewöhnlich hohen Stellenwert haben. Der Holzdruck machte im elften Jahrhundert eine verhältnismäßig breite Schicht von Bildungshungrigen und Lernbegierigen vollends zu Büchernarren. Wer es sich leisten konnte, richtete in seinem privaten Anwesen eine Bibliothek ein, die mit feierlichem Zeremoniell eingeweiht wurde und interessierten Nachbarn, vor allem angehenden Examenskandidaten, ebenfalls zur Verfügung stand.

Seit Jahrhunderten schon hatten »Ratgeber« – Bücher über Kindererziehung, Familienfragen, korrekte Einhaltung der Rituale bei Hochzeiten und Beerdigungen – Abnehmer gefunden. Doch die teuren Exemplare, die vor Erfindung des Drucks per Hand aufs Papier gepinselt wurden, konnten sich nur wenige leisten. Jetzt, unter der Song-Dynastie, fanden gedruckte Berater wie die »Anweisungen für das Familienleben« des angesehenen Philosophen und Staatsmannes Sima Guang großen Absatz und fehlten in keiner Bibliothek.

Autoren, auch die angesehenen, waren sich nicht zu schade, Texte längst vergangener Zeiten neu herauszugeben, je älter, desto wertvoller. Eine wahre Leidenschaft ergriff die Gelehrten: alles zu sammeln und zu drucken, was je in Chinas langer Geschichte geschrieben worden war. So viele Menschen wie möglich sollten Kenntnis von diesem großen Erbe bekommen. Und diese Menschen waren Männer und Frauen.

Grabinschriften und Biografien über verstorbene Frauen, von Söhnen, Ehemännern und hohen Persönlichkeiten angefertigt, haben seit dem elften Jahrhundert lobend darauf hingewiesen: dass Frauen eifrige Leserinnen waren, ihr umfassendes Wissen aus den Büchern bezogen und an ihre Söhne und Töchter weitergaben. Männer wie Frauen dieser Epoche besaßen ein außergewöhnliches Maß an Gelehrsamkeit, weil das Wissen von weit über einem Jahrtausend gedruckt und preiswert auf dem Markt und in Geschäften zu kaufen war: die Klassiker des Konfuzius und Geschichtswerke ohnehin, aber auch Liu Xiangs »Biografien berühmter Frauen« aus dem ersten Jahrhundert v. Chr. mit seinen vorgeburtlichen Ratschlägen für Schwangere; die »Gebote für Frauen« der berühmten Ban Zhao ebenso wie die Kinderfibeln zum Lesenlernen. Die Weisheiten von Meister Zhuang im »Zhuangzi« und von Laozi im »Daodejing« – wir werden davon hören – ebenso wie die Klassiker der Medizin oder Anleitungen für Körperübungen.

Was konnte es Schöneres geben, was kam dem Wesen des Menschen am nächsten, als sich aufzumachen in die stille Welt der Bücher und diese Liebe weiterzugeben an Töchter und Söhne.

Taizu, Gründungskaiser der Song-Dynastie, war stolz darauf, von Beratern umgeben zu sein, »die Bücher lesen«. Sein dritter Nachfolger als »Sohn des Himmels« gab zu Protokoll, nur in den Büchern fände man »das goldene Haus und die jade-gleiche Schönheit«. Immer mehr Männer und Frauen teilten im Verlauf des elften Jahrhunderts die leidenschaftliche Sehnsucht des Kaisers nach diesem unvergleichbaren Schatz.

6

DICHTER, BEAMTE, MALER
oder
EIN GEBROCHENES LEBEN

Su Dongpo als Vertrauter der Kaiserin – Geselligkeit: dichten, malen, trinken – Mi Fei: Kauz und Kunstkenner – Landschaftsmalerei auf dem Höhepunkt – »Die Rote Felswand«: Trost auf dem Yangtse – Amtsstube oder einsame Klause – Tao Yuanming: O Heimkehr – Zhao Tingzhi klagt an – Eine neue Leidenschaft: Antiquitäten – »Die gelehrte Versammlung im Westlichen Garten«

Wieder und immer noch befinden wir uns in den Jahren 1085 und 1086, als die Familien von Zhao Tingzhi und Li Gefei in die Hauptstadt Kaifeng kommen, und die Familienväter dort ihre neuen Beamtenposten antreten. Nach dem Tod von Kaiser Shenzong werden unter der Regentschaft der Kaiserin Kao von einem Tag auf den anderen die Gegner der Reformpolitik rehabilitiert, kommen aus der Verbannung zurück und übernehmen wieder die Schaltstellen der Macht. Es sind aufregende Jahre. Doppelt aufregend ist es für Familie Li, als Su Dongpo im Jahre 1086 die Bekanntschaft von Li Gefei sucht, den er als Schriftsteller hoch schätzt. Denn der Dichter Su Dongpo wird in diesen Monaten zu einem wichtigen Politiker, vielleicht zum wichtigsten überhaupt. Und keiner war beliebter im ganzen Reich.

Wie ein Lauffeuer hatte es sich zum Jahresende 1085 in der Hauptstadt Kaifeng herumgesprochen, dass auch Su Dongpo mit seiner Familie zurückgekehrt war. Als erfolgreicher Beamter in der Provinz hatte er in Gesprächen wie in Briefen an den Kaiser die Reformgesetze des Kanzlers Wang Anshi kritisiert und zugleich mit seinen Gedichten frühen Ruhm gewonnen. 1079 wurde er unter einem Vorwand zur Abschreckung Gleichgesinnter ins Gefängnis geworfen, degradiert und in den Süden verbannt. Während der Jahre in der Verbannung entstand ein Werk, das ihn für seine Zeitgenossen endgültig zum populärsten und größten Dichter Chinas machte, und er ist es bis heute geblieben. Außer den Prosatexten haben sich rund zweitausendvierhundert seiner Gedichte erhalten. Damals legte er sich das Pseudonym »Dongpo« zu, der vom »östlichen Hügel«, denn es war ein östlicher Hügel, an dem er während der Verbannung eine kleine ländliche Idylle pflegte. Das Pseudonym hat sich durchgesetzt; aber Su Dongpo wird auch unter seinem Familiennamen Su Shi in den Literaturgeschichten geführt.

Kaiserin Kao, die ihn von allen Ratgebern am meisten schätzte, hatte Großes mit Su vor. 1086 berief sie ihn zum Hanlin-Gelehrten, um ihn wenig später zum kaiserlichen Sekretär zu ernennen, der sämtliche kaiserlichen Erlasse, Ehrungen und Schreiben aller Art nach mündlicher Vorgabe zu formulieren hatte. Es war eines der einflussreichsten Ämter im Reich, und Sus Einfluss stieg noch mehr, als er im Laufe des Jahres 1086 innerhalb der konservativen Gruppierungen eine führende Stellung einnahm.

Der Bote aus dem Palast, der dem neuen Sekretär die Ernennungsurkunde ins Haus brachte, hatte kaiserliche Geschenke dabei: das offizielle Gewand, einen goldenen Gürtel, einen Schimmel, dazu mit Gold beschlagenen Silberschmuck für Zaumzeug und Sattel. Wer das sah, wusste, hier wohnt der zukünftige Kanzler des Reiches. Als Sekretär wurde Su Dongpo praktisch zum Mitglied der kaiserlichen Familie, zum Vertrauten der Kaiserin. Sie legte Wert darauf, dass der junge Nachfolger auf dem Thron, der offizielle Kaiser, bei den nächtlichen Audienzen und Gesprächen anwesend war.

Der Dienst begann gegen Abend, wenn Su Dongpo auf seinem Schimmel in die Palaststadt ritt. Dort war für ihn ein Zimmer reserviert, das direkt an die kaiserlichen Gemächer anschloss. An den ungeraden Tagen bereitete er die Schreiben vor, an den geraden wurden sie veröffentlicht. Gut achthundert seiner Edikte haben sich erhalten. Mal gab es viel zu tun, mal konnte der Sekretär stundenlang vor sich hindenken. Wurde es draußen kalt, ließ ihm die Kaiserin warmen Wein servieren. Wurde er zur Kaiserin gerufen, um über den Inhalt eines neuen Erlasses informiert zu werden, nahm er den Befehl stehend entgegen. Wollte sie sich mit ihm unterhalten, bat sie ihn, Platz zu nehmen.

Dann konnte es geschehen, dass Kaiserin Kao zum Abschied einen goldenen Kerzenständer vom Tisch nahm und Su als Geschenk überreichte. Die Loyalität und die Verschwiegenheit des kaiserlichen Sekretärs standen außer Zweifel. Aber aus der Nähe zum Kaiserhaus ergab sich eine Menge an erzählbarem Gesprächsstoff, wenn Su Dongpo unter seinen Freunden und Gleichgesinnten war. Es ist durchaus nachvollziehbar, dass Sus Freund Li Gefei Geschichten von der verehrten Kaiserin Kao und dem jungen Thronfolger an Frau und Kinder weitergab. Von dem beeindruckenden Su Dongpo jedenfalls hat die 1084 geborene Li Qingzhao, Tochter des Universitätsdirektors Li Gefei, im Elternhaus gehört, seit sie Denken konnte.

Mit den neuen Machtverhältnissen prägten die konservativen Beamten wieder das gesellschaftliche Leben in der Hauptstadt Kaifeng. Sie waren keine Kinder von Traurigkeit. Reihum lud man sich nach Dienstschluss oder an einem freien »Tag zum Ausruhen und Haarewaschen«, der jedem Beamten alle zehn Tage zustand, gegenseitig ein zu feuchtfröhlichen Banketten. Dass beim geselligen Zusammensein von klugen Männern der Wein nicht ausgehen durfte, war wohlbekannte Tradition. Die berühmten »Sieben Weisen vom Bambushain« – Philosophen, Dichter, Beamte – hatten im dritten Jahrhundert demonstrativ vorgelebt, dass Rausch und Genialität zusammengehören und die besten Kalligrafien und Gedichte mit dem Pinsel in der einen und dem Weinbecher in der anderen Hand entstehen.

Als die gelehrten Beamten, zum Teil angesehene Dichter wie Su Dongpo, sich während der Regentschaft von Kaiserin Kao in Kaifeng zu privaten Festen trafen, kam eine neue Aktivität hinzu. Wie es der Tradition entsprach, wurde getrunken und gedichtet, Kalligrafien entstanden. Aber anschließend griffen einige erneut zum Pinsel, nicht um zu schreiben, sondern um zu malen. Meisterhafte Bilder entstanden: Motive mit Bambus und Pflaumenblüten-Zweigen, Felsen und Wolken, monochrom in Tusche, seltener mit zarten Wasserfarben aufs Papier gemalt. Einige der hohen Beamten in den achtziger Jahren des elften Jahrhunderts waren Dichter, Kalligrafen und Maler in einem. Und diese Rundum-Künstler waren keine Dilettanten, keine amateurhaften Feierabendkünstler. Sie gehören zu den besten Malern, die China in dieser Epoche zu bieten hat, und für ihre Dichtkunst gilt das gleichermaßen.

Der enge Zusammenhang zwischen Dichten und Malen ergibt sich ursprünglich aus dem gleichen Handwerkszeug. Die Maler brauchten nichts anderes als die vier hochgeschätzten Utensilien, die der Schreiber zur Hand nimmt: Pinsel, Tusche, Reibstein und viel Papier, möglichst vom Besten. Wenn zudem noch Wein in Reichweite war, um so besser. Die hohen Beamten, die ihre Arbeit in Regierung und Verwaltung ernst nahmen, aber auch viele Stunden beim Wandern in der Natur verbrachten, malten ausschließlich in ihrem Studio.

Neben den üblichen Bildern, die zum Betrachten ausgerollt wurden, entstanden Bilder an den Wänden der kaiserlichen Paläste oder auf kostbaren Wandschirmen. Bei diesen Werken arbeitete der Künstler traditionsgemäß in konzentrierter Einsamkeit. Aber zusehends machte es den Besten unter ihnen großes Vergnügen, sich in geselliger Runde gegenseitig anzuspornen und mit ihrem Können auch spontan bei freundschaftlichen Wettbewerben zu glänzen.

Dies ist das beliebteste Ritual für einen solchen Wettbewerb: Einer der Anwesenden beginnt, ein Gedicht zu schreiben, der nächste setzt es mit seinem Pinsel in ein Bild um, ein dritter wird zu weiteren, mal lobenden, mal ironischen Zeilen angeregt, die er mit persönlicher Handschrift oder im traditionellen Stil auf dem Bild unterbringt. Ein vierter fügt weitere Motive hinzu, einen Felsen hier und einen Baum da ...

Es war ein entspannter kreativer Prozess, eine Herausforderung ohne Konkurrenzneid, bei der viel gelacht wurde. Mit den Stunden und bei gemeinsamem Gesang stieg die gute Laune, mit dem Alkoholpegel die Lautstärke. Vielleicht spielte der Hausherr zwischendurch auf der Zither, denn dieses klassische Instrument, die Qin, gehörte zum Inventar jedes Gelehrtenzimmers.

Su Dongpo, Pionier und Meister der neuen Generation von Beamten-Künstlern, hat für sich und seine genialen Dichter-Maler-Kumpane im letzten Viertel des elften Jahrhunderts den Begriff Gelehrten-Beamten-Maler – in den Fachbüchern »Literaten-Maler« genannt – geprägt. Bei den Zusammenkünften schlief er meist nach wenigen Bechern ein, weil er nicht sehr trinkfest war. Aber wenn der Meister nach kurzem Schlaf wieder aufwachte, griff er sofort zum Pinsel und war nicht mehr zu bremsen. Wer Su einlud, musste damit rechnen, dass seine weißen Wände am Ende mit Bambus und Felsen gefüllt waren. Wenn der Gastgeber Glück hatte, stand auch noch ein Gedicht daneben. Oder er bekam kurz danach eines als Dank und zur Entschuldigung ins Haus geschickt:

Mit Wein getränkt,
Keimen meine Organe und laden sich auf,
Und aus Leber und Lunge
Schießen Felsen und Bambus,
Drängen unwiderstehlich durch meine Brust,
Nehmen Gestalt an auf deiner schneeweißen Wand.

Immer dabei, wenn gesungen, gemalt und gedichtet wird, ist Mi Fei (auch Mi Fu genannt). Mi kam aus bescheidenem Elternhaus, war Beamter und erfüllte wie Su Dongpo die höchsten Ansprüche als Beamten-Maler und Kalligraf. Und als Kunstkenner und Theoretiker kam ihm keiner gleich. Schon zu Lebzeiten machte eine Geschichte die Runde, die eingegangen ist in Chinas kollektives Gedächtnis.

Als Mi Fei eines Tages erfuhr, dass Su Dongpo ihn besuchen würde, ließ er zwei Tische gegenüberstellen. Auf jedem waren exquisite Tusche, Pinsel und Reibstein aufgestellt und am Rand dreihundert Blatt feinstes Papier gestapelt. An Essen und Wein herrschte kein Mangel.

Mi Fei führte seinen Gast an den Tisch, beide nahmen Platz, und der Wettbewerb begann. Zwei junge Männer waren ausschließlich damit beschäftigt, die Tusche für die Beschäftigten zu reiben. Ohne ein Wort zu sprechen, gingen Gast und Gastgeber ihrem Handwerk nach: dem Dichten und dem Schreiben. Am Abend waren dreihundert Blatt gefüllt, Wein und Essen getrunken und verzehrt. Die beiden Männer standen auf, tauschten ihr Tagewerk untereinander aus und verabschiedeten sich mit dem Satz, nie im Leben etwas Besseres getan zu haben.

Mi Fei kleidete sich nach der Mode der Tang-Zeit, die über zweihundert Jahre zurücklag. Jeder wusste, dass er einem Sauberkeitswahn frönte. Ständig wusch Mi sein Gesicht, ohne ein Handtuch zu benutzen. Nie hätte er Wasser berührt, in das schon ein anderer seine Hände getaucht hatte, weshalb er stets sein eigenes Wasser mit sich führte. Ging Mi Fei spazieren – in freier Natur oder dem Garten eines Freundes – und sah einen besonders schönen Stein, konnte es vorkommen, dass er sich tief vor ihm verbeugte. Seine Freunde sprachen schon mal von »Mi, dem Verrückten«. Aber alle begegneten dem Querkopf mit Respekt; seine Expertise eines Bildes war mehr wert als jede andere. Talent und Können zählten, nicht sozialer Rang oder Reichtum. Exzentriker und kauzige Typen waren aus den führenden Kreisen nicht ausgeschlossen.

Der verrückte Mi war der erste, der in seinem Essay »Geschichte der Malerei« einzelne Bilder bewertete und zwar nach allerhöchstem Qualitätsmaßstab. »Blumen-und-Vogel-Bilder« sollten sich die Reichen zur Unterhaltung anschaffen, aber nach seinem Urteil gehörten sie »nicht zur Klasse der reinen Kunstwerke«.

Mit ihren Maltheorien knüpfen Mi Fei und Su Dongpo an jahrhundertealte Traditionen an. Im sechsten Jahrhundert stellte Xie He »sechs Grundsätze für ein gutes Bild« auf und erklärte, es komme darauf an, das innere Wesen des gemalten Objektes zu erfassen. Im Jahre 847 entstanden »Aufzeichnungen über berühmte Maler aller Zeiten«, ein Lexikon, das dreihunderteinundsiebzig Maler anführt. Eine weitere theoretische Abhandlung erklärt das Wesen der Malerei: »Malerei ist Heiligkeit … Wenn man den Pinsel rührt, so wachsen alle Dinge aus dem Herzen. Wenn man sein Talent entwickelt, so hat man das ganze Universum in der Hand, und es wird offenbar, was den Formen zugrundeliegt.«

Neben Malern wie Su und Mi, die bei ihren Bildern einen asketischen Stil mit Bambus und Felsen pflegten, ist im elften Jahrhundert die grandiose Landschaftsmalerei auf ihrem Höhepunkt. Wasser, Berge und Wolken beherrschen das Bild, verkörpern das Absolute, neben dem der Mensch mit der von ihm geschaffenen Zivilisation einen winzigen Platz einnimmt. Mit großer Detailfreudigkeit und Raffinesse breiten diese Maler die Natur vor den Augen des Betrachters aus und ziehen ihn mit suggestiver Kraft hinein in die Landschaft: »Sieht man den blauen Dunst und die hellen Pfade, möchte man sofort loswandern. Sieht man die Flüsse und den Sonnenuntergang, möchte man sofort anhalten, um zu meditieren … Sieht man die Felswände, die Ströme und die Steine im Wasser, möchte man sofort zwischen ihnen hindurchfahren. Die Betrachtung solcher Bilder erweckt korrespondierende Gefühle im Herzen. Es ist, als betrete man wirklich diese Plätze. Darin liegt der unverhoffte Schatz dieser Bilder.« So beschreibt der Maler Guo Xi seine Bilder in dem Essay »Große Botschaft von Wäldern und Quellen«, der im Jahre 1082 erschienen ist.

Einer, der auch immer dabei ist, wenn Su Dongpo und die anderen Künstler-Beamten sich zu geselliger Gemeinschaftsarbeit treffen, ist der berühmte Li Gonglin. Sorgfältig erfüllte er seine Pflichten als Staatsdiener, war Dichter und Kalligraf. Seine eindrucksvollste Schöpfung aber sind seine Bilder: lebensgroße Abbildungen von Zeitgenossen, Beamten in Kutschen, Porträts berühmter Gelehrter der Vergangenheit, edle Pferde und als Herzstück die Landschaftsmalerei.

Über die Bildrolle »Behausung auf dem Berg des schlafenden Drachen« sagte Su Dongpo: »Wenn jemand viele Jahre später in diese Gegend kommt, kennt er alle Wege … es scheint ihm, als habe er diesen Ort in seinen Träumen gesehen oder er erinnert sich daran als Teil seines früheren Lebens …« Kaskaden stürzen von Felsen, in Blumengärten stehen zierliche Pavillons, Bambushaine und Obstgärten warten auf Besucher, in den Seen spiegeln sich die Wolken, einsame Bergterrassen laden zum Meditieren. Raum ist das Hauptelement, grenzenlos und ohne Perspektive: Es gibt keinen festen Blickpunkt, keine einzige Wahrheit, alles ist gleich wert, betrachtet zu werden.

In den historischen Biografien der großen Männer der Song-Epoche heißt es über Li Gonglin: »Über dreißig Jahre diente er als Beamter, aber niemals, nicht einen Tag vergaß er die Berge und die Wälder.« Sobald sein Dienst es ihm erlaubte, wanderte der Maler vor die Stadt, sog die Landschaft in sich auf. Oft waren diese Gänge keine einsame Angelegenheit. Verabredungen unter Gleichgesinnten, die die Stille der »Bambus-Halle« ebenso liebten wie die freie Natur, wurden schnell per Boten gemacht. Stundenlang saßen die gelehrten Beamten unter dem weiten Himmel, auf den Wiesen, auf Steinen am Fluss, beobachteten den Flug der Vögel und die vorüberziehenden Wolken.

Wenn der Vollmond am Himmel stand, wurde gerne ein Segelboot gemietet. Su Dongpo hat in seinem berühmten Prosa-Gedicht »Die Rote Felswand« eine nächtliche Bootsfahrt mit Freunden auf dem Yangtse beschrieben: mit Gesang und Flötenspiel, der Erinnerung an ferne Gedichte und ferne Helden, während sich das Mondlicht im Wasser bricht.

Trauer und Wehmut machen sich breit, je länger die Fahrt dauert. Der Bootsbesitzerin kommen die Tränen. Da ergreift der Dichter das Wort: »Ich aber sprach: Oh Freunde, kennt ihr denn nicht das Wasser und den Mond? Unablässig strömend, schwindet jenes doch niemals dahin ... nach ihrer Unwandelbarkeit betrachtet, sind aber die Außen-Dinge wie auch wir selbst insgesamt unvergänglich.« Eine tröstliche Botschaft, die ihre Wirkung nicht verfehlt: »Erfreut lächelten die Freunde und füllten abermals die reingespülten Becher.« Zum Wein gab es ein nächtliches Picknick, und als die Dämmerung anbricht, legen sich die Ausflügler auf den Bootsplanken zum Schlafen.

Weltferne Romantiker? Sentimentale Träumer? Das Träumen wollten sie nicht verlernen, die gelehrten Beamten, denen die Kunst Trost und Zuflucht war und meisterhaftes Handwerk zugleich und ihrer Gefühle schämten sie sich nicht. Von der Kaiserin aus der Verbannung zurück zu neuen Ämtern und Ehren gerufen, vergaßen sie nicht, dass die Welt kein sicherer Ort war und das Schicksal trotz Orakeln und Wahrsagern unberechenbar blieb und dass sie nicht die ersten waren, die als Beamte diese Erfahrung machten.

Ein vielfach gebrochenes Leben zeichnet die gelehrte Beamten-Elite seit Jahrhunderten aus, hin- und hergerissen zwischen der Verpflichtung, dem Gemeinwohl zu dienen und dem Wunsch, sich von den Händeln dieser Welt zurückzuziehen.

Es gehört nicht viel Fantasie dazu, sich vorzustellen, dass irgendwann bei den ausgelassenen Zusammenkünften von Su Dongpo und seinen Freunden einer der Anwesenden diese Gedichtzeile zitierte:

Wenn es einen Vollendeten gibt,
Der sich nicht um Ruhm schert,
Wird er in der Wahrheit hausen ...

Der Nächste wird fortfahren:

Dann wird er in tausend Klaftern Höhe eine Klause bauen,
Fern von allem ...

Und ein anderer vollendet:

Wird auf dem Fleck seines Herzens die Vier Ozeane durchqueren
Und sich aus irdischem Staub erheben,
Um der wahren Ansicht willen.

Und alle werden sie an Xie Lingyun denken, der in diesen Zeilen ihre eigenen Sehnsüchte, die zeitlose Zerrissenheit der kaiserlichen Beamten beschreibt: dem Land und dem Herrscher verpflichtet, fasziniert von einem aktiven, einflussreichen Leben und zugleich angezogen vom ländlichen Leben, wo der Weise in der Einsamkeit der Natur dem Grund der zehntausend Dinge und damit der Wahrheit näher ist als irgendwo sonst.

Xie Lingyun, dem angesehenen Dichter und hohen Staatsdiener, der aus reicher aristokratischer Familie stammte, gelang die erwünschte Harmonie, der Rückzug aus der Politik, aus Intrigen und Machtkämpfen nicht. Im Jahre 433 wurde er hingerichtet, achtundvierzig Jahre alt. Er ist nicht der einzige gelehrte Beamte vor der Song-Epoche, dem sein Amt zur tödlichen Gefahr wurde.

Tao Yuanming – auch Tao Qian genannt –, ein jüngerer Zeitgenosse des Xie Lingyun, erlebte im elften Jahrhundert eine wahre Renaissance. Su Dongpo war überzeugt, eine Wiedergeburt des Hochverehrten zu sein. Von Sus Freund Li Gefei, dem Direktor der National-Universität, wissen wir, dass keiner für ihn höher stand. Auch Tao Yuanming, geboren 365, hatte versucht, ein aktives Leben im Staatsdienst und ein friedliches Privatleben zu verbinden. Im Gegensatz zu Xie Lingyun machte Tao, angewidert von den politischen Intrigen, einen radikalen Schnitt, quittierte den Dienst und kehrte demonstrativ heim auf sein kleines Landgut im Süden Chinas. Chrysanthemen zu züchten wurde eine seiner neuen Vorlieben.

Den Rückzug ins einfache, private Leben hat der Dichter-Beamte in seinem Gedicht »O Heimkehr« unsterblich gemacht. Wieder dürfen wir darauf vertrauen, dass die gelehrten Beamten-Freunde um Su Dongpo diesen Klassiker reihum zitierten. Und auch die Prosa-Einleitung des Tao Yuanming hatten sie im Kopf:

»O Heimkehr! Feld und Garten waren schon dabei zu verwildern, wie hätte ich da nicht heimkehren müssen? ... Ich verstand zwar, dass das Vergangene nicht mehr zu ändern war, aber ich wusste auch, dass das Zukünftige sich beeinflussen lässt! ... Mein Boot schaukelt in der leichten Brise, der Wind weht leicht und bläht mein Gewand. ... Das tägliche Wandeln in meinem Garten wird mir zur Wonne ... Ziellos kommen die Wolken über den Berggipfeln hervor, die Vögel, müde vom Fluge, wissen heimzukehren. Die Strahlen der Sonne werden schwächer, indes sie zu sinken beginnt. Ich streichle eine einsame Kiefer und schweife weiter. O Heimkehr!«

O Heimkehr. Siebenhundert Jahre sind nichts, wenn man von den gleichen Idealen träumt. Die gelebte Vergangenheit von Gleichgesinnten war gegenwärtige Erinnerung, die die Gebildeten für immer verband. Wenn sie sangen und den Rausch im Wein suchten, hielt niemand den anderen für einen oberflächlichen Gesellen. Jeder wusste, dass sie es mit wehmütigem Herzen taten:

Zu einem Boot mit Wein und Fischernetzen zurückzukehren,
wahrlich, wahrlich, das ist mein Wunsch –
Dahin, wo die Blüten nun fallen in den heimatlichen Bach ...

Das dichtete der Beamte Huang Tingjian, hochgelobter Dichter und Kalligraf, der als enger Freund von Su Dongpo ebenfalls mit in der geselligen Runde saß.

Su und Huang waren für ihre Spottlust bekannt und gefürchtet. Der hohe Beamte Zhao Tingzhi, der penetrant jeden Abend seinen Kollegen in den kaiserlichen Archiven zuvorkam, um beim Boten der Palastküche die geliebten Klöße für den nächsten Tag zu bestellen, hatte Huangs ironische Kommentare über seine Essvorlieben lange schweigend hingenommen. Im Jahre 1087 mit dem Amt eines Untersuchungs-Zensors betraut, sah er endlich seine Stunde gekommen. Zhao, der nicht zum Lager der Konservativen gehörte, erhob kraft seines Amtes Anklage gegen Su Dongpo. War es Neid oder Größenwahn, dass Zhao den wichtigsten Kopf der regierenden Konservativen, den Liebling der regierenden Kaiserin Kao herausforderte und es endlich indirekt auch dem spöttischen Huang heimzahlte?

Die Anklage lautete, Su habe in einem seiner Texte als kaiserlicher Sekretär den verstorbenen Kaiser verleumdet und außerdem die Karriere von Huang Tingjian gefördert, diesem »leichtfertigen und charakterlosen« Mann. Su Dongpo war außer sich und klagte seinerseits: Zhao sei bestechlich, unfähig als hoher Beamter und verfolge außerdem Huang mit unbegründetem Hass.

Kaiserin Kao strafte die Anklage gegen ihren Sekretär und Vertrauten zuerst mit Nichtbeachtung, befahl dann deren Einstellung. Zhao Tingzhi wurde wegen Amtsverfehlungen degradiert und 1089 auf einen niedrigen Posten in die Provinz strafversetzt. Zugleich erhörte die Kaiserin Sus Bitte, als Gouverneur von Hangzhou in den Süden zu gehen, um Abstand von den Intrigen der Hauptstadt zu gewinnen. Und damit jedermann wusste, dass dies keine Degradierung war, erschien zu seinem Abschied ein Bote aus dem Palast und überbrachte als Geschenk der Kaiserin wiederum einen Schimmel mit wertvollem Sattel- und Zaumzeug. Den allerdings schenkte Su Dongpo weiter, denn einer genügte ihm.

Als Zhao Tingzhi seinen Außenposten antrat, blieb seine Familie in Kaifeng, nur der jüngste Sohn Mingcheng, 1081 geboren, begleitete ihn. Wenn der Vater auf baldige Rückkehr gehofft hatte, wurde er nicht enttäuscht. Schon 1091 war Zhao Tingzhi wieder in der Hauptstadt und erhielt das angesehene Amt des Studiendirektors im Direktorat für Bildung. Im gleichen Jahr kam Su Dongpo auf Befehl der Kaiserin zurück nach Kaifeng und übernahm das Amt des Kriegsministers.

Einem Heimkehrenden vor den Stadtmauern entgegenzukommen, war schöner Brauch unter Freunden. Vielleicht haben sie Su Dongpo unter dem weiten Himmel über der Ebene um Kaifeng mit großem Hallo und gefüllten Weinbechern empfangen. Endlich waren sie wieder zusammen, die gemeinsamen goldenen Jahre unter der weisen Regierung der Kaiserin konnten weitergehen.

Neben den rauschhaften Stunden, in denen die gelehrten Beamten miteinander sangen und dichteten, malten und fröhlich waren, gab es stille Stunden der Konzentration, die den Meisterwerken der Vergangenheit gewidmet waren. Die Kaiser hatten seit über tausend Jahren Kunstschätze gesammelt. Mit Beginn der Song-Herrschaft griff die Sammelleidenschaft in nie gekanntem Ausmaß auf die Führungsschicht der gelehrten Beamten über. Alle, denen wir in diesem Kapitel begegnet sind, waren besessene Sammler von Antiquitäten. Bilder und Bronzegefäße, Bücher und Kalligrafien, wertvolle Jade-Siegel und Wandschirme – alles, was die Gegenwart mit der Vergangenheit verband und ihre historischen Wurzeln sichtbar machte, schuf Identifikationen. Alles war wert, bewahrt und damit geehrt zu werden.

Mi Fei hatte sich auf Kalligrafie und Malerei spezialisiert, angeblich schon in jungen Jahren. Seine Mutter soll ihre Ohrringe verkauft haben, um die Sammelleidenschaft des Sohnes zu fördern. Seine Schätze und seine Kenntnisse verschafften Mi, der aus einfachen Verhältnissen kam und in einem bescheidenen Haus wohnte, Zugang in die höchsten Sammlerkreise.

Die wertvollsten Bilder eines Sammlers lagerten sorgfältig aufgerollt in kostbaren Kästen und Schatullen und wurden nur Kennern und guten Freunden vor Augen geführt. Mi Fei bestand bei der Besichtigung seiner Sammlung rigoros auf einem Ritual, dem sich selbst der höchste Beamte des Reiches beugen musste: »Als der Kanzler meine Kollektion sehen wollte, stimmte ich dem zu, nachdem ich ihm meine Bedingungen genannt hatte und er einverstanden war. Ich stellte zwei saubere Tische Seite an Seite und bedeckte sie mit weißem Papier und Seide. Ich wusch meine Hände, nahm die Kalligrafien selber aus den Kästen und rollte sie vor dem Besucher aus. Er saß mit verschränkten Armen vor dem Tisch. Wenn er sagte: Öffnen! Öffnete ich die Bildrolle und wenn er sagte: Schließen! rollte ich das Bild wieder zusammen. ... Ich rannte wie ein Diener hin und her. Und ich machte das, damit meine Bilder nicht von seinen Fingern oder Ärmeln berührt wurden.«

Mi Fei war überzeugt, dass Geld bei wahren Sammlern keine Rolle spielte: »Man soll nie über die Preise von alten Büchern oder Bildern reden. Wahre Sammler tauschen ihre Schätze untereinander aus.« Nüchtern geht dieser Kenner davon aus, dass selbst das schönste Bild irgendwann langweilig wird, und das Auge etwas Neues braucht. Das ist der Moment, sich aufzumachen zu einem anderen Sammler und über einen Tausch handelseinig zu werden.

Im letzten Viertel des elften Jahrhunderts begann das eher wahllose Interesse für Gegenstände des Altertums, die zunehmend bei Grabungen entdeckt wurden, System anzunehmen. Weil jeder Sammler nach Vollständigkeit strebte, aber die wenigsten ausreichend Platz – und Geld – für umfangreiche Einkäufe von Bronzegefäßen, Bronzeglocken, beschriebenen Steinen und Stelen hatten, griffen viele auf die alte Kunst der Abreibungen zurück. Und die forschende Neugier beließ es nicht beim Sammeln. Im Jahre 1063 erschien erstmals ein Katalog über antike Inschriften.

Die Sammelleidenschaft ließ sogar politische Gegnerschaften und persönliche Animositäten vergessen. Huang Tingjian erinnert sich in seinen »Gesammelten Werken« an das Jahr 1085, als er zusammen mit Zhao Tingzhi in der gleichen Provinz Beamter war und die Liebe zur Kalligrafie beide zusammenführte: »Als ich mich ... mit Zhao Tingzhi zu einem Essen im westlichen Flügel der Amtsräume des Bezirksaufsehers traf, sahen wir uns dort seine sehr umfassende Sammlung von alten Kalligrafien an.« Huangs Spottlust weicht anerkennend den Sammlerqualitäten des sonst gerne als »bäuerlich« und »ungebildet« verachteten Kollegen.

Ein einmaliges Zeugnis für die Clique der Dichter-Maler-Beamten um Su Dongpo ist das Bild »Die gelehrte Versammlung im Westlichen Garten«, auch wenn manche Kunstexperten sagen, es handle sich um eine Fälschung. Tatsächlich gibt es nur unterschiedliche Kopien aus späteren Zeiten, das Original ist verschollen. Li Gonglin soll es gemalt und darauf eine wahre Begebenheit aus dem Jahre 1087 dargestellt haben. Vergessen wir die Argumente der Experten. Es ist ein Bild von unübertreffbarer Symbolik, heiter-gelassener Stimmung, und Mi Fei unser Kronzeuge. Mi muss das Bild, auf dem außer ihm fünfzehn seiner Freunde in anregender Umgebung ihre Künste vorführen, gekannt haben, denn von ihm existiert eine genaue Beschreibung der Szene.

Vorweg schreibt Mi Fei: »Li Gonglin schuf eine farbige Landschaft, die Wasser, Felder, Wolken, Gras, Bäume, Blumen und Bambus darstellt. Sie war wirklich eindrucksvoll ... Die Personen waren äußerst angenehm und mit auffallender Ähnlichkeit wiedergegeben. Man sah ihnen an, dass sie sich unter den Bäumen vergnügten, völlig befreit vom Staub der Welt. Es war in der Tat ein sehr ungewöhnliches Bild.«

Ort dieses illustren Treffens ist der Garten von Wang Xin, ein angeheiratetes Mitglied des Kaiserhauses. Der 1085 verstorbene Kaiser hatte ihn als Ehemann seiner Schwester ausgewählt. Doch diese herausgehobene soziale Stellung und der damit verbundene Reichtum hätten ihn nicht zum engen Vertrauten von Su Dongpo und dessen Künstlerfreunden gemacht. Wang Xin war wirklich einer von ihnen – als hoher Beamter, als Dichter, Kalligraf und Landschaftsmaler.

Auf einer der erhaltenen Kopien sitzt Wang an einem Tisch schräg gegenüber von Su Dongpo, der mit dem Pinsel soeben zu schreiben beginnt. Auch eine von Wangs Konkubinen – Jade-Schmuck im Haar und laut Mi Fei eine »edle Erscheinung« – beobachtet die Szene. Su Dongpo – mit dichtem schwarzen Bart – trägt eine schwarze Kappe und ein gelbes Gewand, Wang Xin einen pfirsichfarbenen Turban und ein purpurfarbenes Gewand. Mi Fei ritzt gerade Schriftzeichen in einen Felsen. Li Gonglin hat sich als Maler verewigt, wie er ein berühmtes Gedicht von Tao Yuanming illustriert. Auch Huang Tingjian nimmt an der geistvollen Gartenparty teil. Einer aus dem Freundeskreis spielt die Zither.

Bei seiner Bildbeschreibung vergisst Mi Fei nicht zu erwähnen, was demonstrativ in die Gartenlandschaft arrangiert war: »Unter einer großen schattigen Pinie, von Kletterpflanzen mit purpurnen Blüten umschlungen, stand ein steinerner Tisch mit antiken Gegenständen.« Die alten Bronzegefäße waren kein Statussymbol, sondern machten sichtbar, was den noblen Gastgeber mit allen Beteiligten der »Gelehrten Versammlung« verband: Wang Xin war auch ein leidenschaftlicher Sammler und ausgewiesener Kenner von Antiquitäten.

Für die Beamten-Elite zu Zeiten der Kaiserin Kao lag das Paradies in einem vornehm-gepflegten Garten. Fern war aller Staub der Welt. Kein Abschied der Freunde – weil ein neuer Posten oder Verbannung befohlen war – drohte die gemeinsamen Stunden zu verdunkeln. Hier konnten sie mit Gleichgesinnten »in der Wahrheit hausen« wie einst Xie Lingyun in seiner einsamen Klause und Meisterwerke schaffen, die an das Herz der Welt und der Menschen rührten.

7

KAIFENG: DAS URBANE VERGNÜGEN

Die Stadt: ein ummauertes Quadrat mit geometrischen Straßen – Kein Gegensatz von Stadt und Land – Die Millionen-Metropole Chang'an – Kaifeng: die Sperrstunde wird aufgehoben – Urbanes Leben auf dem Fünf-Meter-Bild – Im Vergnügungsviertel: 50 Theater, Jongleure, Sportvereine, Geschichtenerzähler – Die Sensation: eine astronomische Uhr – Catering-Service für Essen und Tafelsilber

Über versteckte Klausen, Wolken zwischen Berggipfeln und einsame Kiefern ließ sich prächtig dichten, und die Sehnsucht danach war echt. Doch die romantischen ländlichen Paradiese hatten eine urbane Außenstelle, die den gelehrten Beamten durchaus behagte. Nicht nur wegen des Karrieresprungs freuten sie sich über einen Posten in der Hauptstadt. Forderte die übliche Rotation im Staatsdienst einen erneuten Zwischenstop in der Provinz, ließen die Beamten meist ihre Familie in Kaifeng, entschlossen, zurückzukehren und dort ihren festen Wohnsitz zu nehmen. Hier, im politischen, kulturell-geistigen und wirtschaftlichen Zentrum des Reiches war ihr Lebensmittelpunkt.

Zwar konnte man ohne gesellschaftliche Nachteile sein Leben als Junggeselle oder ausschließlich mit Konkubinen verbringen. Aber die ganz große Mehrheit der Männer und Frauen begab sich in eine von den Eltern arrangierte und mit großem Hochzeits-Zeremoniell öffentlich besiegelte Ehe. Bei dem ersehnten Rückzug der Gelehrten ins Privatleben waren Frauen und Kinder immer mitgedacht. Und so lange die fernen Paradiese noch auf sich warten ließen, suchten die Ehemänner und Väter mit ihren Frauen und Kindern gerne die unzähligen abwechslungsreichen Vergnügungen auf, die in Kaifeng direkt vor der Haustür lagen. Die Familien Li und Zhao werden keine Ausnahme gemacht haben.

Der Gründer der Song-Dynastie hatte Kaifeng im Jahre 960 sofort als kaiserliche Hauptstadt bestätigt. Die weitere Entwicklung von Kaifeng bedeutet eine grundlegend neue Etappe in der Geschichte der Urbanität. Um das Neue zu erkennen, hilft ein Blick zurück auf die Anfänge.

So weit sich Chinas Geschichte zurückverfolgen lässt, hielt sich die führende Schicht – der Adel mit Fürst oder König an der Spitze – in einer ummauerten Stadt auf; was sie nicht hinderte, großen Landbesitz vor den Toren zu haben. Die Stadt jedoch war das politische Machtzentrum, von dem aus die Umgebung kontrolliert und beherrscht wurde. In der Stadt hatten sich mit den Herrschern seine Gefolgsleute, Soldaten und Handwerker niedergelassen und während der ältesten Dynastien auch die Priesterschaft. Innerhalb der Mauern lagen die Tempel und die lebenswichtigen Getreidespeicher.

Mit dem Ende des ersten Jahrtausends vor Christus bildete sich nach und nach eine Bürokratie heraus: Die Stadt wurde auch zum Verwaltungszentrum, und das zog anderes nach sich. Händler und Kaufleute machten die Stadt zum Wirtschaftszentrum. Gaststätten, Geschäfte, Poststationen und Lagerhäuser folgten. (Niemals standen trutzige Burgen als Herrschaftssymbole einsam in der Landschaft. Den politischen Gegensatz zwischen dem Adel auf dem Land und den Bürgern in der Stadt, der Europa über Jahrhunderte spaltete, gab es in China zu keiner Epoche.)

Weil der Chinese sich die Erde als ein Quadrat dachte, waren analog dazu die Grundrisse der Städte von den ersten Anfängen an ein Quadrat, aus dem auch ein Rechteck werden konnte. Möglichst genau in der Mitte lag der Sitz des Herrschers als Zentrum des Kosmos. Alle wichtigen Gebäude waren nach Süden ausgerichtet. Immer blickte der Fürst oder der Kaiser in seiner Audienzhalle nach Süden, der sich – im Gegensatz zum dunklen, kalten Norden – durch Wärme und Leben auszeichnete.

Die Straßen waren geometrisch von Nord nach Süd und von Ost nach West angelegt. Parallel zu den Außenmauern sind alle innerstädtischen Komplexe – Kaiserpalast, Verwaltungsgebäude, Tempel, Wohnhäuser, Stadtviertel – ihrerseits von einer Mauer eingegrenzt. Die typische steinerne Ordnung innerhalb der alten chinesischen Städte hatte vor allem einen praktischen Grund: Da alle Gebäude aus Holz waren, wollte man so die Feuergefahr mindern.

Eine Stadt ragt vor allen anderen aus dem Strom der Geschichte: Chang'an, dicht bei dem heutigen Xi'an gelegen. Vor rund sechstausend Jahren gegründet, wurde Chang'an im Jahre 221 v. Chr. Hauptstadt im erstmals geeinten China. Der Gründungskaiser ließ vor ihren Mauern zum Schutz seiner Grabanlage eine Terrakotta-Armee aufmarschieren, die 1974 als archäologische Sensation das Licht der Welt erblickte. Die goldene Zeit von Chang'an jedoch war vom siebten bis neunten Jahrhundert, als es die Metropole des Tang-Reiches war.

Weit über eine Million Menschen lebten damals in der Stadt, deren Mauern von Ost nach West rund zehn und von Nord nach Süd acht Kilometer maßen. Die Märkte belieferten eine verwöhnte Kundschaft mit exotischen Kostbarkeiten. Teehäuser und Edelrestaurants im Vergnügungsviertel gleich neben der riesigen, luxuriösen Palaststadt lockten die Beamten mit gebildeten Kurtisanen. Adlige Gastgeber mieteten für ihre Festlichkeiten professionelle Orchester – mal mit Männern, mal mit Frauen besetzt –, die nach dem Geschmack der Zeit mit Vorliebe türkische Musik spielten. Die verwöhnten Gäste waren bei allem Raffinement nur noch schwer zu befriedigen:

Purpurn ragt das Kamelhöckerfleisch
Aus Pfannen, grün glasiert,
Auf Platten von Bergkristall werden die zarten,
Weißen Fische serviert.
Die Stäbchen aus Rhinozeroshorn
Vor Sattheit kaum jemand bewegt,
Mit Glöckchen behangene Messer haben
Umsonst all die Speisen zerlegt.

So beschreibt der Tang-Dichter Du Fu, der Chang'an in goldenen und in kriegerischen Zeiten kannte, das übersättigte Lebensgefühl der Weltstadt.

Die geistige Aufgeschlossenheit der Bewohner änderte nichts an der traditionellen städtebaulichen Ordnung. Chang'an war im Innern keine offene, sondern eine vermauerte Stadt. Der Bereich innerhalb der Stadtmauern war in einhundertzehn ummauerte quadratische Stadtviertel aufgeteilt, Palaststadt, Verwaltungsstadt und kaiserlicher Park ausgenommen. Die Tore der Viertel wurden nachts geschlossen. Die Verwaltung bestimmte und kontrollierte, welche Waren in welchem Viertel verkauft wurden. Niemand durfte aus seinem Viertel fortziehen. Die Bewohner der Metropole lebten in einer streng behüteten Welt.

Gegen Ende des neunten Jahrhunderts kam mit dem Niedergang der Tang-Zeit auch das Ende von Chang'an. Die prächtigen Sammlungen von Büchern und Bildern, der kostbare Schmuck und die feinen Gewänder, die luftigen Banner aus Eisvogelfedern, die edlen Pferde und lackierten Kutschen: ein Raub der Plünderer und der Flammen des Bürgerkriegs. Die Erinnerung jedoch war unauslöschlich. Würde je wieder eine

Stadt an dieses glanzvolle Vorbild anschließen oder sich ihm auch nur nähern können?

Mit den Bevölkerungs-Statistiken über ferne Zeiten ist es so eine Sache. Die Steuerbehörden registrierten auf den Dörfern und in den Städten nur die Gesamtzahl der Haushalte und nicht, wie viele Personen dort zusammenlebten. Doch bei Kaifeng sind sich die Experten einig: Als die Familien Li und Zhao in den achtziger Jahren des elften Jahrhunderts nach Kaifeng zogen, lebten rund eine Million Menschen in der Song-Hauptstadt. Dabei war die Stadt mit knapp vierzig Quadratkilometern nur etwa halb so groß wie Chang'an. Aber immerhin war Kaifeng dreimal so groß wie das antike Rom und zwölfmal so groß wie das mittelalterliche Paris.

Ein weiterer Vergleich mit Europa: Die erste Stadt im Deutschen Reich, Freiburg, wurde 1120 gegründet und zählte damals zwölf Bauernhäuser, eine Mühle und einen Herrenhof. Köln, die antike Römer-Gründung, war im zwölften Jahrhundert mit zwanzigtausend Bewohnern die größte deutsche Stadt. Eine Million Einwohner erreichten London und Paris erst im späten siebzehnten Jahrhundert.

Kaifeng liegt fast am Schnittpunkt vom 115. Längen- und 35. Breitengrad in der Ebene südlich vom Gelben Fluss. Wer sich der Hauptstadt näherte, bekam schon von weitem die imposanten Mauern in den Blick, weiß gestrichen und gut zwölf Meter hoch. Vor den Mauern lag ein Wassergraben von fast 77 Metern Breite, zu beiden Seiten mit Weidenbäumen bepflanzt. Aus dem Mauerring stachen die zwölf mächtigen zinnoberroten Stadttore hervor.

Das Westliche Tor wurde das »Kaiserliche« genannt, weil der »Sohn des Himmels« mit seinem zahlreichen Gefolge diesen Weg nahm, wenn er einen Ausflug in die Umgebung machte. Durch das Westtor zogen die Karawanen ein und aus, die den umfänglichen Handel über die Seidenstraße betrieben. Das Tor maß 165 Meter in Nord-Südrichtung und 120 in Ost-Westrichtung. Die Hauptöffnung hatte eine Durchfahrt von 20 Metern Breite. Auf zwölf Metern Höhe war eine imposante farbige Halle aus Holz mit Ziegeldach errichtet, zu der von innen eine Treppe führte.

Im Bogen um die Stadt floss von West nach Ost der Bianfluss, der als Kanal ausgebaut war. Der Bian-Kanal, in jedem Frühjahr gründlich gesäubert, verband Kaifeng mit dem Großen Kanal, auch Kaiser-Kanal genannt, und dadurch mit Chinas fruchtbarem Süden und war lebenswichtig für die Versorgung der Millionen-Metropole. Vor der östlichen Stadtmauer lagen im Hafen dicht gedrängt die großen Schiffe, die über den Großen Kanal aus dem Yangtse-Becken kamen. Vom Bian abgeleitet, durchzogen zahlreiche kleinere Kanäle die Stadt, auf denen flache Kähne die Fracht zu den Händlern und Einkäufern bringen konnten. Große Warenmengen wurden in Lagerhallen vor den Mauern gestapelt.

Wie einst in Chang'an fehlte es in Kaifeng nicht an Luxuswaren und exotischen Früchten. Schon die Anzahl der Märkte ist eindrucksvoll: 72 gab es für Fisch, Fleisch und Gemüse; 75 hatten querbeet alles an den Ständen; 74 boten vorwiegend Gold- und Silberwaren an. Stadtreinigung und Müllabfuhr kamen täglich und wurden von den Anwohnern bezahlt. In den Straßen war alle 300 Schritt ein Feuerwehrposten eingerichtet. Es gab Türme aus Ziegelsteinen mit ständigen Wachen, damit Feuer möglichst rasch unter Kontrolle kamen. Auch in Kaifeng waren alle Gebäude aus Holz gebaut. Die Bewohner mussten beim Löschen nicht helfen. Sie gaben oft zu spät Alarm, weil die Feuerwehrleute dafür berüchtigt waren, den Notfall für Plünderungen zu nutzen.

Schon die bloßen Zahlen über Kaifeng sind eindrucksvoll. Aber unsere Vorstellungskraft ist nicht nur auf sie angewiesen. Wir können uns vom Leben in den Straßen und vor den Mauern buchstäblich ein Bild machen. Allerdings sind sich die Experten wieder nicht einig: Zeigt das Bild »Fahrt flussaufwärts am Frühlings-Fest« wirklich Kaifeng? Oder hat der Maler Zhang Zeduan eine idealtypische Stadt-Version auf die gewaltige Bildrolle von fünf Metern Länge und 25 Zentimetern Höhe gemalt? Entstand das Bild, wie meist angenommen, wirklich um 1100 oder vielleicht erst viel später? Und hat es überhaupt Zhang Zeduan gemalt?

Nachdem alle Zweifel aufgezählt sind, lassen wir sie beiseite. Vieles spricht dafür, dass wir mit dem »Frühlingsfest« einen Ausschnitt von Kaifeng aus dem Jahr 1106 vor uns haben. Auch wenn nicht jedes Detail im Stadtplan wiederzufinden ist und manches falsch plaziert wurde: Die gewaltige Bildrolle erfasst die urbane Stimmung, spiegelt die Aktivitäten und das bunte städtische Treiben bis in viele Feinheiten. Und sie führt vor Augen, was Kaifeng – im Unterschied zu Chang'an – zu einer modernen Stadt macht, während der historische Kalender für Europa noch tiefes Mittelalter anzeigt.

Wer von rechts nach links durch das Bild wandert, streift die knorrigen Weiden an mäandernden Flussausläufern und begegnet schon vor der Stadt Sänftenträgern und Eselstreibern. An einem Gasthaus werden bunte Wimpel aufgezogen, Tische und Bänke warten auf die ersten Gäste. Lagerhäuser tauchen am Ufer auf und der Bian-Kanal mit großen Schiffen, zum Teil für Passagiere hergerichtet.

Ein Reisender blickt dank hochgerollter Bambusjalousie aus seiner Schiffskabine geradewegs auf die »Regenbogenbrücke«, eine für diese Zeit erstaunliche Holzkonstruktion, die freitragend von einem Ufer zum anderen führt. Fliegende Händler und feste Aufbauten haben längs des Brückengeländers einen Platz gefunden. Menschen und Tiere drängen dicht an dicht über den Fluss. Im Vordergrund schwingen die Ziegeldächer der Häuser, und schließlich ist das majestätische Stadttor unübersehbar. Eine Kamel-Karawane trottet gerade stadtauswärts, fast wie nebenbei, während innen am Tor ein weitläufiges zweistöckiges, gut besuchtes Restaurant die Blicke auf sich zieht.

An den Straßen liegen offene Ladengeschäfte, wo Waren über die Theke gehen, und Kinder neugierig hineinschauen. Kaum zu zählen sind die Lokale, die Wein- und Teehäuser, Restaurants, die bis zu tausend Gästen Platz bieten, und winzige Imbissstuben. Im Innenhof eines Hauses sitzt ein altes Paar auf Stühlen und sieht dem Enkel zu, der gerade mit seiner Mutter spricht. Ein flacher Nachen wird entladen, überall eilen Diener mit beladenen Körben um die Schultern heimwärts. An hohen Lattengerüsten werden frisch gefärbte Stoffbahnen aufgehängt, während Menschen mitten im Getümmel der Straße zum Plausch zusammenstehen. Ein gesatteltes Pferd wartet angebunden auf seinen Reiter, große Papierschirme schützen vor der Sonne.

Mögen aus unserer Sicht die Kleider ungewohnt, Ochsenkarren und Sänften, Pferde, Esel und Kamele als Transportmittel längst der Vergangenheit angehören: In Kaifeng pulsierte das Leben wie in einer modernen Stadt. Wenn wir uns unter die Menge mischten und vom südlichen zum nördlichen, vom westlichen zum östlichen Stadttor durch die Straßen schlenderten: Wir würden das Besondere gar nicht wahrnehmen, weil uns so selbstverständlich ist, was diese Stadt auszeichnet. Kaifeng ist im elften Jahrhundert – im Unterschied zu Chang'an – eine offene Stadt geworden. Die inneren Mauern, die Chang'an und alle chinesischen Städte bisher verschachtelten und jedes Viertel vom nachbarlichen abschottete, sind gefallen. Ein Flaneur hätte sich in Chang'an sehr bald an den Mauern gestoßen – in Kaifeng war er zu Hause. Und mit den äußeren Veränderungen hatte ein neuer Geist Einzug gehalten, der das gesamte städtische Leben gründlich veränderte.

Chang'an bedeutete Ordnung, Überschaubarkeit, Kontrolle. Kaifeng dagegen war urbanes Getümmel, unkontrollierbares Durcheinander, Chaos. Innerhalb der Stadtmauern konnte sich jeder frei bewegen und sein Haus oder seine Mietwohnung frei wählen, ob hoher Beamter oder Gelegenheitsarbeiter. Als Folge kamen wie von selbst Straßennamen auf, damit Waren und Post den Adressaten fanden, der an kein Viertel mehr gebunden war. Handwerker, Geschäftsleute, Heirats-Makler und Immobilienhändler erhielten Niederlassungsfreiheit. Geschäfte und Restaurants, Märkte und Garküchen öffneten vermehrt an den Stadttoren und Brücken, wo sich die Betreiber durch Laufkundschaft guten Umsatz erhofften.

Die neue Freiheit schloss nicht aus, dass sich Juweliere und Apotheken, Geschäfte für Stoffe, Lackwaren oder Porzellan in bestimmten Straßen konzentrierten. Das gleiche gilt für die Handwerker, deren Berufe sich immer mehr spezialisierten. Ob Jade-Schleifer, Kerzengießer, Papierhersteller, Glöckchenmacher, Feinkamm-Hersteller, Gürtelmacher oder Eisvogelfedern-Garnierer: Der Geschmack der Kunden verlangte verfeinerte und immer ausgefallenere Produkte. Private Werkstätten innerhalb der Mauern wie Druckereien, Färbereien oder Tintenhersteller konkurrierten mit staatlichen.

Eine demokratische Verwaltung gab es nicht in Kaifeng, keine Bürgergremien, die Mitspracherecht hatten. Die Lebensqualität der Bewohner zeigte krasse Unterschiede zwischen oben und unten. Aber die Menschen konnten sich nicht aus dem Weg gehen, nicht hinter ihre ummauerten Viertel zurückziehen. Die unterschiedlichen sozialen Schichten kamen in den Straßen, Geschäften und Weinhäusern, auf den Märkten und Kanälen wesentlich enger in Kontakt als in der traditionellen Stadt. Das Selbstbewusstsein bei den unteren Schichten wuchs, eine Mittelschicht war entstanden. Die Oberschicht war auf die Tüchtigkeit von vielen Arbeitskräften angewiesen, wollte sie ihren Lebensstandard halten und die Annehmlichkeiten, die die Stadt bot, nutzen und erweitern.

Der Aufbruch und Umbruch von Kaifeng verkörpert und spiegelt wie in einem Brennglas die Entwicklung, die China im elften Jahrhundert unter der Song-Dynastie erlebte. In der kaiserlichen Hauptstadt bildete sich im Mikrokosmos jene zivile Gesellschaft, die auf Eigenverantwortung, Leistung und Talent, auf Mobilität und die Attraktivität erfolgsorientierter Arbeit setzte. In der städtischen Marktwirtschaft konnte Karriere machen, wer die Gesetze von Angebot und Nachfrage durchschaute. Wer mit exquisiten oder originellen Produkten Qualität lieferte und Begehrlichkeiten weckte. Wer bereit war, Risiken einzugehen. In Kaifeng fand sich für alles ein Käufer.

Kaifeng war keine Insel der Urbanität. Im Yangtse-Delta lagen Dutzende von Großstädten. Suzhou und Hangzhou hatten ebenfalls rund eine Million Einwohner und waren Zentren von Handel, Handwerk und Künsten. Doch Kaifeng, die kaiserliche Hauptstadt, war das Macht- und Wirtschaftszentrum des Reiches. Nirgendwo sonst gab es soviel Kaufkraft; nirgendwo wurden solche Mengen an Gütern umgeschlagen. Wie ein Magnet zog Kaifeng Geld und Menschen in seine Mauern: Beamte, Künstler und Examenskandidaten, Händler, Bankiers und Geschäftsleute, schräge Typen und ungelernte Menschen vom Land, die sich bessere Lebens- und Arbeitsbedingungen erhofften.

In vielen Fällen hofften sie nicht vergebens, denn das Dienstleistungsgewerbe florierte wie nie zuvor. Hier bekamen auch Frauen eine Chance, als Dienstmädchen und Wäscherinnen, als Näherinnen und Köchinnen, als Ammen oder in den unzähligen Etablissements als Partnerinnen beim Schachspiel, als Sängerinnen und Musikerinnen, die Flöte oder Zither spielten, als Prostituierte und Schauspielerinnen. Niemand fragte viel, woher sie kamen. Vermittelt wurden Männer wie Frauen durch Arbeitsagenturen.

Profit hieß das Zauberwort, der Motor, der alles und alle auf Touren brachte. Mochten die konfuzianischen Gelehrten den Zeitgeist noch so sehr verurteilen, zurück in die Flasche brachten sie ihn nicht. Schnelligkeit und Ungeduld, nicht Gelassenheit und Ausdauer hießen die neuen, städtischen Tugenden. Nachfrage und Angebot – beide riesengroß – regelten den innerstädtischen Kreislauf, nicht staatliche Kontrolle oder Zwang. Die Jagd nach dem Profit in einer relativ offenen Stadt hatte ihre Schattenseite: Raub, Diebstahl und Banditenwesen standen ganz oben bei den Verbrechen.

Im Jahre 1063 fällte die Verwaltung eine sensationelle Entscheidung, die das urbane Flair wesentlich verstärkte: In Kaifeng wird die übliche nächtliche Sperrstunde aufgehoben. Wenn die Menschen gerne die Nacht zum Tag machen möchten, bitte schön, denn mit den Umsätzen steigen die Steuern. Die ersten Märkte bieten nun schon um drei Uhr früh ihre Waren an. Wenn im Morgengrauen die Wächter die Stadttore öffnen, die Beamten zur Kaiser-Audienz in die Palaststadt reiten, Geschäftsleute ihre Laternen anzünden, ziehen die Nachtschwärmer aus dem durchgehend geöffneten Vergnügungsviertel weintrunken heimwärts oder versuchen, ihren Rausch in der bekannten Suppenküche »Flaschenkürbis« zu mildern.

Eine Besonderheit von Kaifeng sind seine lebenslustigen Vergnügungsviertel. Bei Nacht hatte eine ehrbare Hausfrau – egal, ob mit einem Beamten oder einem Handwerker verheiratet – dort nichts zu suchen. Doch bei Tag waren diese Gegenden keineswegs tabu, weder für Frauen noch für Kinder. Wenn die Kinder der einfachen Leute lange genug quengelten, bekamen sie von den Erwachsenen ein paar Münzen und durften allein in die Vergnügungsviertel ziehen. Solche Freiheiten hatten die Kinder der Beamten nicht. Aber ihre Väter schätzten nicht nur die Arbeit im Büro oder den geselligen Umgang mit den gelehrten Beamtenkollegen. Sie waren aus ganzem Herzen Familienväter, stolz auf ihre Töchter wie auf ihre Söhne und nur zu gerne bereit, einen Familienausflug durch die Stadt zu machen, bei dem die Mutter selbstverständlich mit von der Partie war.

Nehmen wir das Jahr 1092: Der elfjährige Zhao Mingcheng ist mit seinem Vater Zhao Tingzhi nach dessen kurzer Strafversetzung wieder zurück in der Hauptstadt; Li Qingzhao, die Tochter von Li Gefei, ist acht Jahre alt. Sicherlich auf getrennten Wegen, aber gleich begeistert, werden die beiden Kinder mit ihren Vätern und Müttern – Frau Guo und Frau Wang – die Vergnügungen der Großstadt genossen haben. Vor dem Genuss allerdings stand die Qual der Wahl.

Allein über fünfzig Theater gab es in den beiden Vergnügungsvierteln der Innenstadt. Das Elefanten- und das Yakstheater, das Lotos- und das Päonientheater konnten mehrere tausend Besucher aufnehmen. Hier traten Jongleure und Akrobaten, Ringer und Tänzer, Seiltänzer und Schwerttänzer auf. Vorstellungen mit dressierten Flöhen oder Ameisen passten besser auf eine kleine Bühne. Zauberer und Scherenschneider, Balladensänger und Pantomimen konnten ihre Künste unter freiem Himmel anbieten. Alle versuchten lautstark Beachtung und damit Zuschauer zu gewinnen.

Wahrsager, Orakeldeuter und medizinisch Versierte boten ihre Dienste an. Es gab Sportvereine, wo man Boxern oder Fußballspielern zusehen konnte. Ausschließlich Männern waren die Etablissements vorbehalten, in denen Kurtisanen und Singmädchen für Unterhaltung sorgten. Etliche waren staatlich organisiert, und ein Singmädchen für eine häusliche Feier zu mieten, hatte nichts Anrüchiges. Lange bevor die Dunkelheit anbrach, wurden Lampen, Laternen und rote Lampions angezündet.

Einer, der damals dabei war und Jahrzehnte später ein wehmütiges Buch über Kaifeng geschrieben hat, erinnert sich an die Vergnügungsviertel: »Man konnte sich dort den ganzen Tag aufhalten, ohne die Abenddämmerung zu bemerken.«

Immer gut besucht waren die Puppen-, Marionetten- und Schattenspiele. Wenn »Goldener-Fäden-Zhang« hinter der Bühne die Fäden der Marionetten zog, blieben selbst die Erwachsenen nicht unbeeindruckt. Sie ließen sich auch gerne überreden, wenn die Kinder in die engen Buden der Geschichtenerzähler drängten. Hier besonders mischten sich die sozialen Schichten, teilten bei den Vorstellungen fast auf Tuchfühlung Freud und Leid über fremde Schicksale und ließen sich in ferne Welten verzaubern.

Die Geschichtenerzähler hatten meist einen Kompagnon, der ein Instrument spielte. Romantische Geschichten wurden gerne von Flötenspiel begleitet. Das passte jedoch weniger zu Gerichts- und Detektivgeschichten, die besonders beliebt waren. Und natürlich durften Geschichten über Helden und Schurken der glorreichen Vergangenheit nicht fehlen.

Geschichtenerzähler tauchten schon während der Tang-Dynastie auf. Ihre Kunst bestand darin, ein sehr gemischtes Publikum – vom gelehrten Dichter-Beamten bis zum Dienstmädchen, vom Kind bis zum Greis – zu unterhalten. Im elften Jahrhundert waren aus den einstigen Dilettanten professionelle Unterhaltungskünstler geworden. Geschichtenerzähler wurden sogar in den Palast gerufen, wenn der kaiserliche Song-Clan sich langweilte und Abwechslung brauchte. Mancher Gastgeber mietete sie für eine Nacht, um seinen Gästen etwas Besonderes zu bieten. Wahrscheinlich befanden sich unter den Erzählern gar nicht so selten Kandidaten, die bei den staatlichen Examen für die Beamtenlaufbahn gescheitert waren und aus einem reichen literarischen Fundus schöpfen konnten.

Die Vergnügungsviertel lagen mitten in der Stadt. Von dort bis zur Palaststadt konnten die Familien Li und Zhao ohne weiteres zu Fuß gehen. Wollte man dem Gedränge auf den Straßen entgehen, nahm man eine Pferdekutsche. Den Wächtern an den Toren der ummauerten Palaststadt waren die beiden hohen Beamten bekannt. So konnten die Erwachsenen und die Kinder in einem Innenhof eine Sensation bestaunen, die dort seit 1090 aufgestellt war – eine astronomische Uhr.

Die haushohe Konstruktion enthielt im unteren Teil eine mechanische Zeituhr, angetrieben von gleichmäßiger Wasserzufuhr, die ein ausgeklügeltes Zahnradsystem in Schwung hielt. Eine kunstvolle Leiter führte von außen zum oberen Stockwerk mit einem begehbaren Planetarium und eine Armillasphäre, beides aus Bronze gegossen. Innerhalb der Uhr drehte sich eine Pyramide mit Figuren, die zur vollen Stunde an geöffneten Fenstern erschienen. Der Beamte Su Song hatte dieses Wunderwerk auf kaiserlichen Befehl hin entworfen und mit einem eigens dafür gegründeten Projektbüro ausführen lassen.

Su Song begann seine typische Beamtenlaufbahn 1053 in der kaiserlichen Bibliothek. Er spezialisierte sich auf Finanzen und Verwaltung, was ihn nicht hinderte, weiteren Interessen gründlich nachzugehen: Er studierte Zoologie und Botanik, Medizin und Mineralogie und kümmerte sich darum, dass die konfuzianischen Klassiker in gründlich überarbeiteten staatlichen Neuauflagen erschienen. Parallel dazu verlief seine politische Karriere als Gouverneur von Kaifeng und Vizekanzler Anfang der achtziger Jahre. Wegen seiner Kenntnisse in Astronomie beauftragte ihn der Kaiser mit einer Kalenderreform und schließlich mit dem Projekt einer astronomischen Uhr. Sein Buch über Uhren erschien im Jahre 1094. Su song starb 1101 mit einundachtzig Jahren.

Mechanische Meisterwerke und noch so schöne Erzählungen machen nicht satt. Für kleine Mahlzeiten konnte man sich auf Schritt und Tritt bedienen, auf den Märkten etwas zum Naschen erstehen – Klöße in allen Variationen, Reisbällchen, kandierte Früchte, knusprigen Honig. Wenn Augen und Füße genug hatten, und der Beamten-Vater seiner Familie zum Abschluss etwas bieten wollte, konnte er wählen zwischen gut 70 Restaurants der Ersten Klasse und rund 3000 von bescheidener Qualität. Die »Terrasse« hatte einen sehr guten Ruf, ebenso das Restaurant und Weinlokal »Bans Turm«, an der west-östlichen Hauptstraße, wenige Minuten von den drei südlichen Toren der Palaststadt gelegen. In den besseren Lokalen stellten Maler ihre Bilder aus, schneller kamen sie nicht an ein kaufkräftiges Publikum.

Wer Platz genommen hatte, bekam sofort ein Paar Ess-Stäbchen und eine Papierserviette. Eine Speisekarte mit 50 Gerichten war keine Seltenheit, und ein Schwarm von Bediensteten eilte ständig durch alle Räume, um den Gästen die gesamte Palette von Gerichten mundgerecht anzubieten und Sonderwünsche zu erfüllen. Mancher Kellner konnte 20 Schalen auf einmal jonglieren. Wer nicht ständig alle aufgezählten Genüsse im Angebot hatte, verlor sofort an Kundschaft. Viele Gaststätten hatten sich auf die unterschiedlichen lokalen Küchen Chinas spezialisiert, die von Sichuan war schon damals die berühmteste.

Wenn sich die gelehrten Beamten zum geselligen Dichten und Malen zu Hause trafen, musste die Hausfrau sich keine Arbeit und keine Sorgen um die leiblichen Genüsse machen. Restaurants überboten sich im Catering-Service. Es kam nicht nur der Koch mit einem opulenten Essen ins Haus. Feines Geschirr, Weinbecher, Löffel und Teller aus Silber und Ess-Stäbchen aus Elfenbein mit versilberten Spitzen wurden ebenfalls ausgeliehen.

Zum urbanen Familien-Vergnügen vor über einem Jahrtausend in der kaiserlichen Hauptstadt Kaifeng gehörte, was durchaus Shopping genannt werden kann. Wollte der Ehemann sich seiner Frau gegenüber großzügig zeigen, zog die ganze Familie in das Viertel am Östlichen Palasttor, wo die besten und teuersten Juweliere einquartiert waren und Geschäfte mit kostbaren Seidenstoffen. Die Verkäufer überboten sich, während die wohlerzogenen Kinder in Gedanken schon bei der nächsten Station waren, gut zu Fuß erreichbar an der nord-südlichen Hauptstraße gelegen. Denn auf dem großen Markt, der sich über die Innenhöfe des Xianggou-Klosters erstreckte, ging es wesentlich lustiger und ungezwungener zu als in den feinen Edel-Läden.

Ein Kloster mitten in der kaiserlichen Hauptstadt? Noch dazu mit einem populären Verkaufsmarkt? Wie passt das in die politische und religiöse Landschaft eines Staates, dessen Staatsphilosophie sich auf die Lehren des Konfuzius gründet? Ein Land, wo während der verehrten Zhou-Dynastie – zweitausend Jahre vor der Song-Dynastie – die bis dahin einflussreiche Priesterkaste im Dunkel der Geschichte verschwunden war? Wo seit der Han-Dynastie – tausend Jahre weiter – die konfuzianischen Beamten endgültig alle religiösen, rituellen Funktionen übernommen haben. Wo die Familie im Zentrum aller sozialen Beziehungen steht und ein eheloses klösterliches Leben undenkbar ist.

Beim Gang durch Kaifeng eröffnet sich im Vorübergehen der Blick auf eine weitere wesentliche Dimension, die alle Bereiche des Lebens und des Sterbens in China entscheidend beeinflusst und geprägt hat. Beim Lesen jedoch kann nur ein Schritt nach dem anderen gesetzt werden. Nun endlich ist der Zeitpunkt gekommen, von Tempeln und Klöstern, von Mönchen und Nonnen zu berichten. Von Buddhisten und Daoisten, die neben und sogar vor den Konfuzianern seit Jahrhunderten fester Bestandteil der chinesischen Gesellschaft und Kultur sind.

Li Gefei und Zhao Tingzhi, Su Dongpo und der Maler Li Gonglin und alle die anderen angesehenen Beamten-Dichter-Maler, die uns bisher begegnet sind, waren oftmals mit ihren Familien zum Vergnügen auf dem Markt im Xianggou-Kloster. Hier gab es Scheren und Fächer, alte Bücher und frisches Obst, Antiquitäten und Kuriositäten, Bilder und Abreibungen von historischen Inschriften. Die konfuzianischen Beamten hatten keine Berührungsangst, mit Frau und Kindern die buddhistischen Tempel der Klosteranlage zu betreten und – von guten Wünschen begleitet – Räucherstäbchen zu entzünden.

In Gesprächen und Schriften fand im elften Jahrhundert so umfangreich, intensiv und kontrovers wie nie zuvor zwischen Mönchen und Konfuzianern ein Gedankenaustausch und geistiger Wettbewerb statt, der den Geist und das Herz ergriff. Wer an ihm teilnahm, war nicht mehr derselbe wie zuvor.

Die Buddhisten stellten die Mehrheit der Gläubigen im Reich der Song. Aber zumindest als unsichtbare Gäste waren auch die Daoisten bei allen Begegnungen und Diskussionen anwesend. Denn ihre philosophisch-religiösen Vorstellungen hatten seit Jahrhunderten die Lehren des Konfuzius und des Buddha tief durchdrungen.

8

DAOISMUS: DIE WEISHEIT DER LEERE
oder
MEDIZIN FÜR DIE SEELE

Pillen für die Unsterblichkeit – Daodejing: Anleitung für den Herrscher – Zhuangzi: schräge Typen und tiefe Weisheiten – Der Weg entsteht beim Gehen – Bin ich ein Schmetterling? – Geschwister: Daoismus und Heilkunde – YIN und YANG: Polarität als Naturgesetz – Das QI hält alles in Bewegung – Der Konfuzianismus wird kosmisch – Der Weg der Himmlischen Meister: Daoismus als Religion – Rituale gegen die Ängste

Der weiträumige Komplex vom buddhistischen Xianggou-Kloster, mitten im Zentrum von Kaifeng an der belebten Ost-West-Durchfahrt gelegen – heute eine kleine buddhistische Oase im städtischen Getümmel –, kündete von einer machtvollen Realität, die die Menschen in ihren Bann zog. Nicht nur der Konfuzianismus, sondern ebenso Buddhismus und Daoismus durchtränkten seit Jahrhunderten den Alltag wie die hohe Politik, den Glauben der einfachen Menschen wie den intellektuellen Diskurs. Eine letzte große Schleife soll den Blick auf die chinesische Lebens- und Geisteswelt noch einmal erweitern und vor Augen führen, welche geistige Vielfalt und fromme Toleranz die chinesische Gesellschaft lange vor der Song-Epoche praktizierte. Ein Erbe, dem sich die nachfolgenden Generationen bei aller Rivalität verpflichtet fühlten.

Nur ein paar hundert Meter vom Xianggou-Kloster entfernt, befand sich ein daoistischer Tempel mit Klosteranlage. Für die Kinder war es selbstverständlich, mit den Eltern von einem Tempel zum anderen zu wandern, mit Ehrfurcht den Mönchen und den Nonnen zu begegnen, den eindrucksvollen Statuen von Buddha, Laozi und Meister Kong einen heimlichen Wunsch anzuvertrauen. Ihre Väter, die gelehrten Beamten, beschäftigten sich tagsüber mit Details des konfuzianischen Staatskultes oder versuchten, mit einem amtlichen Gebet den Flussgott gnädig zu stimmen. Es war für sie kein Widerspruch, am Abend der Ehefrau zuzuhören, die von ihrem Besuch im buddhistischen Tempel und einer eindrucksvollen Predigt erzählte oder in einem daoistischen Klassiker zu lesen. Ein beliebtes Gesprächsthema bei den Zusammenkünften der Dichter-Maler-Beamten war die Frage, ob es die Unsterblichen, von deren Existenz die Daoisten überzeugt waren, wirklich jemals auf Erden gegeben habe.

Besonders Su Dongpo, das wissen wir aus seinen Briefen, war bei diesem Thema in seinem Element. Zwar plagten auch den großen Dichter und hohen Beamten Zweifel. Aber er machte selbst Experimente in der Hoffnung, auf jene Mixtur für ein Elixier oder auf eine Pille zu stoßen, die Unsterblichkeit garantierte. Er glaubte fest daran, dass der Mensch mithelfen konnte, das Leben zumindest zu verlängern und in ein harmonisches Gleichgewicht zu bringen.

Mal schwärmte Su vor seinen Freunden von einer schwefelhaltigen Salbe, die alle Übel heilte, mal von seinen Atemübungen zwischen Mitternacht und Sonnenaufgang, an deren Ende er seinen Speichel hinunterschluckte und zum Abschluss mit hundertfacher Handbewegung seine Haare kämmte. Kein Strich weniger durfte es sein. Als Lohn solcher Körperübungen wartete nicht nur ein allgemeines gutes Gefühl: »Wir können unendlich viel von der daoistischen Lebenskunst lernen ... Wenn die Lebenskraft harmonisch zirkuliert, wie können dann Schmerzen und Krankheiten dem Körper etwas anhaben?«

Su Dongpo, als kaiserlicher Sekretär Vertrauter der Kaiserin, wusste, wovon er sprach, wenn es um den Daoismus ging. Er hatte im Winter 1080/81 neunundvierzig Tage in einem daoistischen Tempel mit Fasten und Meditationsübungen zugebracht. Einmal bekam er einen gewaltigen Zinnober-Kristall geschenkt, nach daoistischer Tradition ein wesentlicher Bestandteil zum Elixier der Unsterblichkeit. Su war begeistert, ließ sich aber zu keiner tollkühnen Selbsterfahrung hinreißen, »ich habe nicht gewagt, davon etwas einzunehmen«.

Zum Bildungskanon, den die gelehrten Beamten fest im Gedächtnis hatten, gehörten seit Jahrhunderten neben den konfuzianischen die zwei daoistischen Klassiker. Da waren einmal die Geschichten von Meister Zhuang, festgeschrieben im »Zhuangzi«, Chinesisch für »Meister Zhuang«. Natürlich konnten Gebildete auch das »Daodejing« deklamieren, das »Buch vom Weg und von der Tugend« des Laozi, (nach alter Umschrift das »Tao-Te-King« des Lao-tse). Wenn Laozi und Meister Zhuang, deren Schriften vor der Zeitenwende entstanden, den gelehrten Beamten der Song-Elite im elften Jahrhundert lebendige Gegenwart waren, wie könnten dann weitere tausend Jahre ihrer Faszination Abbruch tun?

Über die genaue Entstehungszeit von »Daodejing« und »Zhuangzi« gehen die Meinungen auseinander. Ist das »Daodejing« – wie die chinesische Tradition es vorgibt –, die ältere Schrift, oder sind nicht doch die »Inneren Kapitel« des »Zhuangzi« zuvor entstanden? Nachdem bei Ausgrabungen 1978 und 1993 die bisher ältesten Texte des »Daodejing« gefunden wurden, auf Seide beziehungsweise auf Bambusstreifen geschrieben, geht man nach Textvergleichen davon aus, dass dieser Klassiker um die Mitte des vierten Jahrhunderts v. Chr. formal abgeschlossen war. Dann allerdings fühlte sich wie bei keinem anderen philosophischen Werk eine Generation nach der anderen ermächtigt, Veränderungen vorzunehmen, um für ihre jeweiligen Fragen die gewünschten Antworten in die weisen Sprüche des Laozi zu projizieren.

Einig sind sich die Experten darüber, dass der angebliche Autor Laozi – Chinesisch für »Alter« oder »Alter Meister« – keine historische Person ist. Beim »Buch vom Weg und von der Tugend« handelt es sich um eine Sprüche-Sammlung, die offensichtlich auf viele Alte Meister zurückgeht. Es gilt Abschied zu nehmen – nicht von einem schönen Mythos –, wohl aber von einem vermeintlichen historischen Faktum: Dass ein Meister Lao aufgrund politischer Wirren das Land auf einem Ochsen verließ und an einem Gebirgspass von einem Grenzwärter angehalten wurde, der den Philosophen bat, seine wichtigsten Gedanken aufzuschreiben: »Daraufhin schrieb Laozi ein Buch mit zwei Kapiteln, in welchen er die Bedeutung von DAO und DE erklärte, etwas mehr als fünftausend Worte; dann zog er weiter, und niemand weiß, wo er sein Leben beendete.« Diese Geschichte, von der sich alle weiteren ableiten, hat Sima Qian, der erste, alle Nachfolger übertreffende Historiker Chinas, mit seinen bahnbrechenden »Historischen Aufzeichnungen« – geschrieben zu Beginn des ersten Jahrhunderts v. Chr. – in Umlauf gebracht.

Bertolt Brecht hat zweitausend Jahre später die »Legende von der Entstehung des Buches Taoteking auf dem Weg des Laotse in die Emigration« kongenial umgesetzt:

Als er Siebzig war und war gebrechlich
Drängte es den Lehrer doch nach Ruh
Denn die Güte war im Lande wieder einmal schwächlich
Und die Bosheit nahm an Kräften wieder einmal zu.
Und er gürtete den Schuh. …
Aber rühmen wir nicht nur den Weisen
Dessen Name auf dem Buche prangt!
Denn man muss dem Weisen seine Weisheit erst entreißen.

Darum sei der Zöllner auch bedankt:
Er hat sie ihm abverlangt.

Eine der Weisheiten, die sich für Europa vor allen anderen mit dem »Daodejing« verbindet, hat der Knabe, der in Brechts Gedicht den Ochsen des Laozi führt, dem Zöllner so erklärt:

Dass das weiche Wasser in Bewegung
Mit der Zeit den mächtigen Stein besiegt.
Du verstehst, das Harte unterliegt.

Die Aussage ist zutreffend, denn bei Laozi heißt es:

Nichts auf Erden ist so weich und schwach
wie das Wasser ...
Schwaches besiegt das Starke;
Weiches besiegt das Harte.

Nicht weniger fest haben sich die ersten Zeilen dieser uralten Schrift bei den modernen Weisheitssuchern eingeprägt:

Könnten wir weisen den Weg,
Es wäre kein ewiger Weg.
Könnten wir nennen den Namen,
Es wäre kein ewiger Name.

Da ist es wieder: das DAO, der Weg. Jenes Ur-Prinzip, das der Welt, den Menschen und den zehntausend Dingen als innerer Kompass vorliegt. Das trotz seiner alles übersteigenden Bedeutung seinen Namen verbirgt und auf kein Ziel verweist. Ein Begriff, der ebenso in der Lehre des Konfuzius eine wesentlich Rolle spielt, und lange vor den mit Namen bekannten Philosophen im chinesischen Denken verankert war.

Die paradoxen Wahrheiten des »Daodejing« mögen einzelnen Suchenden Leitlinien zur Lebensführung weisen und Stoff zum persönlichen Nachdenken bieten. Tatsächlich versteht sich die antike Sprüche-Sammlung – knapp und schwer, wie in Stein gemeißelt, kommen die Reime daher – als Anleitung für den Herrscher, der sich aufmacht, die Verantwortung für das »Reich« zu übernehmen:

Wahrlich:
Ehre wie den Leib so das Reich,
Und das Reich kann Dir anvertraut werden.

Gegeben wurde dieser Rat zu einer Zeit, in der China in unzählige, einander heftig bekämpfende Fürstentümer zerfallen und die Reichseinheit sehnsüchtige Vision der Patrioten war.

Mitten im aktuellen Schlachtenlärm setzt das »Daodejing« einen Kontrapunkt und fordert vom Herrscher, »das Reich nicht mit Waffen zu vergewaltigen«:

Waffen sind Geräte des Unheils –
Nicht Geräte des Edlen.
Dieser verwendet sie nur, wenn er nicht anders kann.
Friedliche Milde ist ihm das Höchste,
Und wenn er siegt, freut er sich dessen nicht.
Wer sich dessen freut,
Dem gefällt es, Menschen zu töten.
Wem es gefällt, Menschen zu töten,
Der wird seinen Willen im Reich nicht durchsetzen.

Nicht besser hätte es Konfuzius formulieren können, der überzeugt war, dass die Regierenden durch gute Beispiele ihrer Politik gewaltfrei zum Sieg verhelfen.

Aus manchen Sprüchen des »Daodejing« spricht eine Abkehr von den Weg-Weisungen des Konfuzius, der seine Schüler ermuntert, sich aktiv in der Gesellschaft einzumischen. Nach Konfuzius sind Lernen und Bildung der beste Weg zu Menschlichkeit und Rechtlichkeit. Dagegen fordert Laozi: »Brich das Lernen ab und du bist ohne Sorgen. ... Verbannt die Menschlichkeit! Verwerft die Rechtlichkeit!« Sein warnender Rat an den möglichen Herrscher:

Nimmst du das Reich, sei ständig ohne Geschäft!
Denn wer beschäftigt ist,
Ist unzulänglich, das Reich zu nehmen.

Das klingt rigoros. Die Entzifferung der ältesten, 1993 entdeckten Bambustexte deutet eher darauf hin, dass die Gegnerschaft zu Meister Kong im »Daodejing« mit den Jahrhunderten immer dicker aufgetragen wurde und nicht den ursprünglichen Intentionen entspricht.

Meister Zhuang dagegen ist nicht zimperlich, wenn es gilt, den angeblich pedantischen, drögen Konfuzius zu verspotten. Er entlarvt dessen Aufruf, sich zu engagieren, als eitle Geschäftigkeit und preist in höchsten Tönen die Philosophie des »Nichthandelns«. Doch wer ist dieser Meister Zhuang überhaupt, und wer kennt ihn schon?

Es gilt, für das »Zhuangzi« und seinen Autor kräftig die Werbetrommel zu schlagen. Das schmale »Daodejing« wurde in der europäischen Moderne zum mystischen, tiefgründigen Bestseller, und seine Übersetzungen sind nicht mehr zählbar. Über soviel Begeisterung vergaß man außerhalb Chinas das »Zhuangzi«, jenes üppige Meisterwerk, das mit dem »Daodejing« zum klassischen Kanon des Daoismus zählt und darüber hinaus ein Stück Weltliteratur ist. In China genoss das »Zhuangzi« stets allerhöchstes Ansehen. Sein Einfluss auf chinesische Lebensart und Weltsicht, auf Philosophen, Dichter und Maler und viele, die nach Weisheit strebten, kann gar nicht hoch genug angesetzt werden.

Das Herz der gelehrten konfuzianischen Beamten hing am »Zhuangzi«, das in Geschichten, Parabeln und Anekdoten ein eigenwilliges Panorama vom Leben und vom Sterben, von Traum und Verwandlung ausbreitet. Heiter und abgründig, witzig und böse, leichtfüßig, trostreich und wunderbar poetisch kann Meister Zhuang fabulieren, der neben Meister Kong und Laozi der dritte – gleichberechtigte – Stern am Himmel der klassischen chinesischen Philosophie ist.

Im Gegensatz zum »Daodejing«, wo sich hinter dem Autor Laozi – im Chinesischen Singular und Plural – mehr als ein Alter Meister verbirgt, stammt das »Zhuangzi« in den Kern-Kapiteln aus einem Pinsel. Die anarchisch-schrägen Typen, ihre Sicht auf die Welt, ihre Niederlagen und Erfolge – alles wird dem Leser mit einem Augenzwinkern vorgestellt. Meister Furchtsame Elster, Lückenbüßer und die Kumpane Hastewas und Kannste, Meister Buntgescheckt von Sündungefähr, Verquer Durcheinander oder Seine Eminenz Geschmückte Kutsche begegnen uns in Erfahrungen, die zeitlos sind.

Daneben stehen direkte Weisheiten, die daran erinnern, dass es Meister Zhuang bei aller Leichtigkeit um das Schwierigste überhaupt geht:

Werde nicht um des Ruhmes willen zum Leichnam,
mach kein Lagerhaus für Pläne aus dir selbst;

übernimm nicht Verantwortung für allerlei Geschäfte,
fühle dich nicht als Eigentümer des Wissens.

Oder als Prosatext mit der berühmten Spiegel-Analogie: »Sei einfach nur leer, das ist alles. Der Geist des Höchsten Menschen funktioniert wie ein Spiegel. Er weist nichts zurück und heißt nichts willkommen, er antwortet, aber er hält nichts fest.« Sich einzulassen auf diesen Weisen, bedeutet, die Bahnen des gewohnten Denkens zu verlassen. Das Wichtigste: Widersprüche nicht als lästige intellektuelle Hindernisse auszublenden oder aus dem Weg zu räumen, sondern als organische Abfolgen zu erfahren, die ineinander greifen und eine kosmische Vielfalt bilden, die nicht mit einer einzigen Wahrheit erfasst werden können.

Vieles spricht dafür, dass der historisch greifbare Autor Zhuang Zhou ungefähr von 365 bis 290 v. Chr. lebte. Über ihn, das weise Schlitzohr, dichtete knapp tausend Jahre später in der Tang-Zeit der berühmte Wang Wei:

Kein aufgeblasener Beamter war jener Mann des Altertums.
Er hielt sich fern von allen Staatsgeschäften.
Sein unbedeutendes Pöstchen verpflichtete ihn nur,
im Aufundabschlendern die Baumstämme zu zählen.

Ob er wirklich Aufseher in einer Lackbaum-Plantage war oder mit der Herstellung von Strohsandalen seinen Unterhalt verdiente – wir wissen es nicht. Allergisch gegen öffentliche Ämter war Zhuang allerdings, und auf Geld und gepflegte Kleidung legte er keinen Wert.

Auch am »Zhuangzi« haben über mehrere Jahrhunderte viele mitgewirkt. Doch im Gegensatz zu Laozi, der nirgendwo im »Daodejing« als Person Kontur annimmt, wird Meister Zhuang in den zentralen Botschaften des »Zhuangzi« fassbar. Sie haben Anspruch darauf, mit seinem Namen verbunden zu werden. Und für die beiden Werke gilt: Das DAO spielt eine zentrale Rolle, weshalb sie zu Recht als die Säulen des Daoismus gelten.

DAO, der Weg: In Chinas ältestem und heiligstem Buch, dem »Buch der Wandlungen«, taucht es als Gesetz der Geister auf, das den Menschen ihren »Weg« weist. Konfuzius übernimmt den Begriff als Weg-Weiser, der dem Einzelnen in seiner Lebenssituation aufgegeben ist und der Gesellschaft insgesamt eine Ordnungsstruktur verleiht. Doch nichts Himmlisch-Göttliches steckt dahinter. Meister Kong, der 479 v. Chr.

starb, trennte scharf die Welt der Geister und der Menschen und weist das DAO nüchtern in seine Schranken: Der Mensch macht das DAO groß, nicht umgekehrt.

Hundert bis zweihundert Jahre später nahm das DAO in den beiden daoistischen Klassikern weitere verschlungene, gegensätzliche Bedeutungen an. Zur konfuzianischen Nüchternheit gesellte sich die kosmische Dimension. Das DAO liegt nun dem gesamten Kosmos zugrunde und wirkt zugleich in jedem Einzelnen, ist Beweger und Ruhepunkt, Form und Inhalt in einem. Das Paradox wird zu seinem Markenzeichen. Und so beginnt das »Daodejing«:

Könnten wir weisen den Weg,
Es wäre kein ewiger Weg.
Könnten wir nennen den Namen,
Es wäre kein ewiger Name

Auch Meister Zhuang kann sich dem Weg, DAO, nur in Gegensätzen nähern, die dennoch ein Ganzes bilden: »Der Weg entspringt und hat doch keine Wurzel ... Er hat einen Kern von Wirklichkeit, aber der ist nicht an irgendeinem Ort zu lokalisieren, er hat Dauer, doch keinen Anfang und kein Ende. ... Er hat Leben, er hat Tod.«

Pointierter noch als das »Daodejing« bietet das »Zhuangzi« im Zusammenhang mit dem DAO Stoff, der mit kräftigen Spitzen gegen Konfuzius versehen ist, jenen Meister, der so viele Worte fand für Menschlichkeit und Rechtschaffenheit:

»Der große Weg ist unaussprechlich; große Argumentation braucht keine Worte, große Menschlichkeit ist nicht wohltätig, große Rechenschaft braucht keine Sittlichkeit ... Wer kennt die Beweisführung ohne Worte und den Weg, den man nicht beschreiten kann? Darum zu wissen, das nennt man die Schatzkammer des Himmlischen. Du magst hineingießen, doch es füllt sich niemals; du magst daraus schöpfen, doch es wird niemals leer. Und nie weißt du, woher es kommt. Dies nennt man das Innere Licht.«

Darüber zu sinnen und danach zu leben, ist dem Menschen aufgegeben. Weisheit ist Lohn und Ziel zugleich: »Ausgeglichenheit, Milde, Stille, Gelassenheit, Leere, Nichtsein und Nichthandeln – dies sind die Wurzeln von Himmel und Erde, die Substanz des WEGES und der Tugend. Darum ruht der Weise in ihnen.«

Eins verbindet alle drei Denker: Niemals ist der Weg vorgezeichnet, kein blindes Schicksal waltet. »Ein Weg kommt zustande, indem er begangen wird«, wie es im »Zhuangzi« steht. Letzte Wahrheiten kommen anders zustande. Oder besser: Es gibt sie nicht, darin sind sich Konfuzius, Meister Zhuang und die Alten Meister einig. Dabei ist für Meister Zhuang das Seinen-Weg-Gehen keineswegs gleichbedeutend mit aktiv werden.

Nichthandeln: Ein König wollte die Weisheit von Meister Zhuang nutzen und ihn zum Minister machen. Er schickte einen Boten mit kostbaren Geschenken, der aber brachte nichts als Hohnlachen zurück. Der Meister wollte lieber »ein unbeachtetes Schweinchen« sein als ein prächtig geschmückter Opferstier: »Solange ich lebe, werde ich kein Amt annehmen, denn gerade so gefällt es mir.« So groß ist die Abneigung des Weisen gegenüber dem Staat, gegenüber Institutionen, Vorschriften und Vorgaben jeder Art, dass er an einer Stelle zum demonstrativen Protest aufruft: »Verbrennt die Stempel und zerbrecht die Siegel ... Zerstampft das Scheffelmaß und zerstört die Waagen ... Schafft all die klugen Gesetze unter dem Himmel ab ... Zerstört Schmiede und Richtschnur, verzichtet auf Zirkel und Richtscheit ...«

Doch solche anstrengenden Aktivitäten sind nach der Lebensphilosophie des »Zhuangzi« eine Ausnahme. Ein vielfach wiederholter Rat an den Einzelnen und seine persönliche Lebensplanung empfiehlt das Gegenteil:

Lass dich einfach nur nieder im Nichthandeln,
und die Dinge werden sich ganz von selbst entwickeln ...
Lass ab von deinem Verstand,
befreie deinen Geist;
sei empfindungslos,
als hättest du keine Seele.

Wer nicht im geschäftigen Handeln versinkt, bekommt Kopf und Geist frei.

Leere wie Meister Zhuang sie versteht, hat nichts mit Isolation zu tun. Sie führt fort von einem Ich, das in Vorurteilen und Sentimentalitäten gefangen ist. Sie macht Herz und Geist – für beide gilt das gleiche Schriftzeichen – offen. Gelassenheit, Milde und Stille ziehen ein: »Der Höchste Mensch hat kein Ich, der spirituelle Mensch hat nichts verwirklicht …« Womit keine dumpfen, träg-faulen Typen gemeint sind und keine, denen alles gleichgültig ist.

Leere: Keine Pläne machen um des Ruhmes willen, keine Verantwortung für allerlei Geschäfte übernehmen. Erinnern wir uns: »Sei einfach nur leer, das ist alles.« Weder den zehntausend Dingen, die für den Kosmos stehen, den Rücken zukehren, noch sie süchtig vereinnahmen. Erst in der Leere kann der Mensch alle Dinge unverfälscht aufnehmen und ist zu einem offenen Dialog fähig. Wieder ist der Spiegel für Meister Zhuang der ideale Bezugspunkt: »Der Geist des Höchsten Menschen funktioniert wie ein Spiegel. Er weißt nichts zurück und heißt nichts willkommen; er antwortet, aber er hält nichts fest.« Eine weitere Konsequenz: Wer leer ist, verfestigt sich nicht und kann viele Formen annehmen.

Traum und Verwandlung: Die tiefste Schicht der Weisheit handelt vom Übergang. Jede Existenz im Kosmos hat mehr als eine Form. Weiß der Menschen wirklich, in welcher Form er gerade existiert? Meister Zhuang träumte einmal, »er sei ein Schmetterling – ein Schmetterling, der glücklich und fröhlich umherflatterte. Er wusste nicht, dass er Zhuang war«. Dann wacht er auf, und weiß nicht, ob er Zhuang war, »der geträumt hatte, ein Schmetterling zu sein, oder ein Schmetterling, der gerade träumte, Zhuang zu sein«. Der Weise nennt das Transformation, die Umwandlung der Dinge.

Im »Daodejing« war der Tod der Feind, eine scharfe Grenze trennte ihn vom Leben. Wenn es dem Weisen gelingt, mit Geist und Körper den Einklang mit der Natur wiederherzustellen, muss er diese Grenze nicht übertreten und kann »ewig dauern«. Meister Zhuang verfolgt das gegenteilige Ziel. Bei ihm wird die Unterscheidung zwischen Tod und Leben aufgehoben. Der Weise erkennt, dass es immerzu um Übergang und Traum geht:

»Siehst du, er folgte einfach den Umwandlungen der Dinge und wartete auf die unbekannte Transformation, die für ihn vorgesehen war. Außerdem: Wenn uns ein Wandel bevorsteht, woher wissen wir denn, ob wir nicht schon längst verwandelt sind? Und wenn unsere Umwandlung zu Ende geht, woher wissen wir, dass wir bereits verwandelt sind? Vielleicht befinden wir beide uns in einem Traum, aus dem wir noch nicht erwacht sind?«

Meister Zhuang hat seinen Worten sehr persönlich Taten folgen lassen. Seine Frau war kaum gestorben, als ihn ein Freund besucht. Er trifft den Meister an, wie er »sich mit ausgestreckten Beinen auf dem Boden räkelt, auf einer Schüssel den Takt schlägt und dazu singt«. Der Freund ist entsetzt und fragt, ob diese Reaktion nicht übertrieben sei. Meister Zhuang antwortet: »Keineswegs«, er habe sich nur auf den Ursprung dieses Menschen, der seine Frau war, besonnen.

Ursprünglich hatte der Mensch, der seine Frau war, weder Form noch Lebensatem. Aber dann »kam es zu einer Transformation, und plötzlich war da Lebensatem«. In der Kette weiterer Verwandlungen kam es zur Form und zur Geburt. Es folgte das Leben: »Nun ist es zu einer weiteren Transformation gekommen, und sie ist tot. Das ist wie die Abfolge der vier Jahreszeiten – vom Frühling zum Herbst, vom Winter zum Sommer ...«

Nichts verkörpert im Denken Chinas über alle philosophischen Schulen hinweg so anschaulich und überzeugend eine Abfolge ohne Anstoß und Ende, die aus sich selbst permanent Neues hervorbringt, wie die vier Jahreszeiten. Ein Vergleich, der auch den Witwer zufriedenstellend tröstet: »Würde ich meine Frau verfolgen mit Weinen und Wehklagen, so dachte ich mir, dann hieße das die Bestimmung nicht verstehen – also ließ ich es sein.« Der Mensch ist Teil der Natur; nichts ist natürlicher, als dass er den gleichen Abläufen unterworfen ist. Der Weise stellt keine Frage nach Warum und Wieso. Er sieht die Welt so, wie sie ist, und fügt sich dem Lauf der Dinge mit Gelassenheit.

Aus solcher Perspektive sind die zu bedauern, die ruhelos nach einem ewigen Leben jagen. Bei Meister Zhuang bekommen sie ihr Fett weg, denn mit diesem Ziel kann einer, der auf Verwandlung hofft, sich nicht identifizieren: »Wenn einer schnauft und den Atem reguliert, ein- und ausatmet, alten Atem ausstößt und frischen einsaugt, schreitet wie ein Bär und sich streckt wie ein Vogel, so zeigt all das nur, dass er nach langem Leben strebt. Genau das befürworten jene Gelehrten, die die Lebensenergie kanalisieren und Muskeln und Gelenke verrenken – Männer, die die körperliche Form pflegen, um es dem Urahn Peng gleichzutun und sein silberhaariges Alter zu erreichen.«

Zum Glück waren nicht alle, die das »Zhuangzi« liebten, so rigoros wie Meister Zhuang und taten sich mit denen zusammen, die das »Daodejing« mit der Sehnsucht nach ewigem Leben angesteckt hatte.

Im Umkreis der beiden daoistischen Klassiker und den philosophischen Strömungen während ihrer Entstehungszeit liegen die Wurzeln für jene Übungen, die in unserer Zeit unter dem Begriff »Qigong« der Sehnsucht nach körperlichem Wohlergehen und konzentrierter Gelassenheit auch außerhalb Chinas Struktur und Gestalt geben. Meister

Zhuang ist frühester Zeuge für die Kultivierung der Lebenskraft, Chinesisch QI, wenn er Atemübungen, Yoga – »Verrenkungen« – und Tierimitationen beschreibt.

Im »Zhuangzi« wird auch erstmals der Atem als Grundlage des Lebens benannt: »In der Konzentration ist er Leben, wenn er sich auflöst, bedeutet das den Tod.« An anderer Stelle empfiehlt der Meister, Gleichmut durch »Sitzen und Vergessen« zu erlangen, offensichtlich eine Meditationsübung.

Weil das praktische chinesische Denken es nicht bei theoretischen Sehnsüchten – sei es nach Unsterblichkeit oder Gelassenheit – beließ, propagierte die daoistische Philosophie, wie im »Daodejing« und »Zhuangzi« nachzulesen, körperliche Übungen. Sie sind Teil der traditionellen chinesischen Medizin, seit dem zweiten vorchristlichen Jahrhundert eine feste und dokumentierte Größe.

Als 1973 Archäologen die Adelsgräber von Mawangdui, die 168 v. Chr. angelegt worden waren, öffneten, machten sie zwei Entdeckungen, die einen inneren Zusammenhang anschaulich belegen: Neben dem Seidentext des »Daodejing« fand sich ein Seidenbild mit vierundzwanzig farbigen Figuren, Frauen und Männern, die schwungvoll Qi-Übungen – Qigong – demonstrieren. Bei diesem »Plan zum Leiten und Dehnen«, der heute als Druck in mancher physiotherapeutischen und medizinischen Praxis hängt, haben sich teilweise die Beschriftungen erhalten. Sie zielen auf die therapeutische Wirkung oder nennen die Tiere, deren typische Bewegungen mit den Übungen nachgeahmt werden, beim Namen. »Schreiten wie ein Bär und sich strecken wie ein Vogel« – Meister Zhuang war gut informiert.

Eine weitere Grabbeigabe aus dem zweiten Jahrhundert v. Chr. ist die »Schrift über das Leiten und Dehnen«, in der vorbeugende und heilende körperliche Übungen beschrieben werden. Außerdem erfährt der Leser, wie Krankheiten entstehen und vermieden werden können, und erhält Tipps zur »Lebenspflege«. Ein daoistischer Begriff, der erstmals im »Zhuangzi« auftaucht.

Wer überzeugt ist, dass Menschen aus eigener Kraft ein langes Leben und sogar Unsterblichkeit erringen können, macht sich entschlossen auf die Suche, alles erreichbare Wissen zu sammeln. Er scheut kein Experiment, um die physischen und psychischen Mittel zu finden, die zu diesem Ziel führen. Weil das daoistische Menschenbild – gemäß chinesischer Tradition – keinen Dualismus zwischen Körper und Geist kennt und die Einheit zwischen Mensch und Natur wiederherstellen will, liegt es nahe, dem Körper gezielte Aufmerksamkeit und sorgfältige Pflege angedeihen zu lassen. Beides hat positive Rückwirkungen auf den Geist, was wiederum dem Körper zugute kommt.

Ziel ist es, mögliche Krankheiten im Keim zu erkennen und diagnose- und therapiefähig zu werden. Aus den Erkenntnissen entwickeln sich zur Vorbeugung und als Heilmittel Körper- und Atemübungen, Diäten, sexuelle Praktiken und als Arzneien Kräuter, Mineralien und tierische Substanzen.

Es ist kein Zufall, dass im zweiten Jahrhundert v. Chr. alles bisherige Wissen auf diesem weiten Feld schriftlich fixiert wurde. Beobachtungen und Erfahrungen von Generationen stehen hinter dem »Inneren Klassiker des Gelben Ahnherrn«; ein Werk, das grundlegend ist für die traditionelle chinesische Medizin. Der »Innere Klassiker« fasst die vorhandenen Kenntnisse zu einem systematischen Konzept der Heilkunde zusammen, in dem Naturbeobachtungen und Kenntnisse des menschlichen Körpers mit jenen Denkweisen und philosophischen Systemen ein festes Bündnis eingehen, die sich im zweiten Jahrhundert endgültig durchsetzen.

Ein umfassender Blick auf die historische Situation verbindet das Einzelne mit dem Generellen. Im Jahre 206 v. Chr. beginnt mit der Han-Dynastie die erste glänzende Epoche des geeinten chinesischen Reiches, die am Ende des zweiten Jahrhunderts n. Chr. in Bürgerkrieg und Zerfall der Reichseinheit untergeht. Nach außen sind es Jahrhunderte erfolgreicher Expansion, nach innen machen die Han-Kaiser die Lehre des Konfuzius zur Staatsideologie. Doch es ist nicht mehr die reine Lehre. Vor allem vermischt sich der Konfuzianismus mit einem System kosmologischer Wechselbeziehungen, die weit zurückgehen auf das verehrte »Buch der Wandlungen« und in den daoistischen Strömungen aufgenommen und weitergebildet wurden.

Neben dem grundlegenden Prinzip des DAO, das »Daodejing« und »Zhuangzi« in vielen konträren Bildern einzukreisen suchen, ist ein zweiter Pfeiler seit Urzeiten nicht wegzudenken aus dem chinesischen Verständnis von Himmel und Erde. Es wird im »Daodejing« beschrieben:

Die zehntausend Wesen
Tragen das dunkle YIN auf dem Rücken,
Das lichte YANG in den Armen.

Wahrscheinlich hat dieses »Paar« fast zwei Jahrtausende später die europäische Vorstellung von China mehr geprägt als alles andere.

YIN und YANG: Die Vorstellung, dass alles im Kosmos sich als Polarität ausdrückt, hat ebenfalls im »Buch der Wandlungen« ihren Ursprung. Es ist eigentlich ein Orakelbuch mit zukunftsweisenden Sprüchen. Die Sprüche gehen zurück ins elfte Jahrhundert v. Chr. und deuteten ursprünglich gebrochene und ungebrochene Schafgarbenstengel, die im »Buch der Wandlungen« in abstrakter Form als sechslinige Hexagramme abgebildet sind. Die voneinander abhängige Zweiheit »gebrochen-ungebrochen« ist Ausgangspunkt einer kosmischen Sicht, die sich als komplementäre Polarität in allem, was das Leben und die Natur ausmacht, wiederfindet.

Aus der Zweiheit von YIN – ruhig, weiblich, dunkel, weich – und YANG – in Bewegung, männlich, hell, stark – ist alles in Welt und Natur – die zehntausend Dinge – hervorgegangen. Das Gegensatz-Paar verkörpert ein Naturgesetz, nach dessen Vorgabe alles strukturiert ist: Tag und Nacht, hell und Dunkel, Morgen und Abend, kalt und heiß, Feuer und Wasser, oben und unten, hell und dunkel, schnell und langsam, sauer und süß, Spannung und Entspannung, Bewegung und Ruhe, Werden und Vergehen – Gegensatzpaare, bei denen keines ohne das andere denkbar ist.

Entscheidend ist, dass YIN und YANG und die anderen Polaritäten nicht alleine agieren, sondern im permanenten Austausch mit anderen Systemen stehen. Ein zweites System, das sich mit Beginn der Han-Dynastie durchsetzt und neben YIN und YANG das gesamte chinesische Denken und die Praxis prägt, fußt auf fünf Substanzen oder Funktionen, die sich in ständiger Wandlung befinden.

Holz, Feuer, Erde, Metall und Wasser sind diese fünf Substanzen, die den europäischen Elementen nicht entsprechen. Sie bilden als die Fünf Wandlungsphasen die Ur-Struktur des Fünfer-Systems und korrespondieren mit den fünf Organen, den fünf Himmelsrichtungen – für China zählt die Mitte extra –, den fünf Sinnesorganen, den fünf Emotionen und vielen weiteren Fünfer-Gruppierungen. Es muss der grobe Überblick genügen, während Kenner und Experten ein vielfältiges Verbindungs-System aufstellen können, das im Kleinen, dem Mikrokosmos, wirkt und parallel dazu im Großen, dem Makrokosmos.

Die Parallelkräfte des großen Kosmos, zu dem die Natur gehört, wirken entscheidend auf das Wohl und Wehe des kleinen Kosmos, zu dem der Mensch gehört: »YIN- und YANG-Einflüsse der vier Jahreszeiten bedeuten Anfang und Ende der zehntausend Dinge, sie sind die Quelle für Leben und Tod. Handelt man ihnen zuwider, so entstehen Katastrophen und Schäden. Folgt man ihnen im Lebenswandel, dann bleiben absonderliche Krankheiten aus.«

Das Grundmodell gilt für Theorie und Praxis gleichermaßen – für Medizin und Wissenschaften und für das Leben des Einzelnen: Alles befindet sich untereinander in wechselseitiger Beziehung und beeinflusst sich gegenseitig. Himmel und Erde, Mensch und Natur bilden ein zusammenhängendes Gewebe. Nichts wird ausgegrenzt, alle Gegensätze beziehen sich aufeinander, gehen von einer Form in die andere über. Der Sinn liegt nicht in den Einzelheiten, sondern im Ganzen.

Es ist ein grundlegend anderes Denken als das europäische, das zielstrebig auf eine Wahrheit aus ist und viele andere Wahrheiten auf diesem Durchmarsch links liegen lässt oder mundtot macht. Für Meister Zhuang erweis sich jeder Gegensatz als Ergänzung. Vom Moment der Geburt an beginnt »gleichzeitig der Tod, und vom Moment des Todes an beginnt gleichzeitig die Geburt. Jede Bejahung ist die Verneinung von etwas anderem, und jede Verneinung ist die Bejahung von etwas anderem.... Richtig und Falsch sind ebenfalls voneinander abhängig. Aus diesem Grunde verschreibt sich der Weise nicht der Sichtweise absoluter Gegensätze ...«

Ach so, sagt der Europäer, es ist alles relativ. Ja und nein, aber den Kern trifft diese abschätzige Feststellung nicht. Allerdings gibt es nach diesem Verständnis der Welt und der Menschen keine absoluten Wahrheiten, die man mit Feuer und Schwert verteidigen und verbreiten muss. Auch keine göttlichen Offenbarungen, die als ewige Wahrheiten den Menschen von außerirdischen Autoritäten unter Blitz und Donner verkündet werden.

Bei diesem Modell müssen alle Systeme miteinander im Gleichgewicht sein. Sind sie es nicht, entstehen Katastrophen in der Natur und Krankheiten beim Menschen. Womit wir uns nach einem langen Umweg immer noch im zweiten vorchristlichen Jahrhundert befinden, und wieder beim »Inneren Klassiker des Gelben Ahnherrn« angekommen sind, dem ersten großen Werk der traditionellen chinesischen Medizin. Darin verbinden sich Naturbeobachtungen, erstaunliche Kenntnisse über den menschlichen Körper mit den philosophischen Denksystemen daoistischer Strömungen, dem Polaritätsdenken von YIN und YANG und den

Wandlungsphasen der Fünfer-Gruppen. Und im Zentrum dieser Medizin steht die Kraft, die alles im Organismus zusammen- und aufrecht-hält, Schlechtes abweist und Gutes stärkt: QI, der Lebensatem, die Lebenskraft.

QI ist ein vitaler Ur-Strom, der in jedem Menschen alles in Bewegung und zugleich am richtigen Platz, in Harmonie hält. Und wieder gilt: Eine letzte Wahrheit über diese Lebenskraft gibt es nicht. Es reicht, zu wissen, dass QI da ist, gewaltigen Einfluss hat und im Gegenzug vom Menschen beeinflusst werden kann, falls über eine Krankheit Schwächen oder Störungen der Lebenskraft signalisiert werden.

Nach dem Verständnis chinesischer Medizin werden nicht einzelne Krankheitssymptome behandelt, sondern die jeweils aus dem Gleichgewicht geratenen Zusammenhänge. Schon zu Zeiten des »Inneren Klassikers« stehen den Heilkundigen Kenntnisse über die Leitbahnen (Meridiane) des Körpers und Akupunkturpunkte zur Verfügung. Empfohlen werden Wärmeanwendungen und Massagen, sowie die schon erwähnten Körper- und Atemübungen, Diäten und Arzneien.

Auf diesen Vorstellungen und Kenntnissen aufbauend, haben chinesische Ärzte in den Jahrhunderten nach der Zeitenwende die Heilkunde außerordentlich vertieft und erweitert. Im vierten Jahrhundert n. Chr. erscheinen bahnbrechende Klassiker zur Physiotherapie, zu Fieberkrankheiten, Akupunktur und zur Funktion des Pulses. Zu Beginn des siebten Jahrhunderts beschreibt ein Werk »Über Ursache und Verlauf sämtlicher Krankheiten« über zweihundert therapeutische Übungen für fast einhundertsechzig Krankheiten.

Den Herrschern der Han-Dynastie war es sehr recht, dass die im »Daodejing« und »Zhuangzi« verbreiteten Strömungen Eingang fanden in das konfuzianische Denken, das sie zur Staatsideologie erhoben hatten. Denn bei Hofe gingen daoistische Denker, Traumdeuter und Experten für Unsterblichkeit ein und aus. Daoistisch beeinflusste Heilkundige behandelten nicht nur Krankheiten des Körpers. Sie kümmerten sich – wofür in der nüchternen Lehre des Konfuzius kaum Raum war – um Geist, Herz und Gemüt. Die Daoisten wussten um die Ängste, die das Leben wie das Sterben schwer machten – ob es sich um den »Sohn des Himmels« oder den einfachen Bauern handelte.

Wo geholfen wird, wächst die Dankbarkeit und möchte sich zeigen, wohl auch in der geheimen Hoffnung, dass zukünftige Hilfe um so stärker ist, je mehr Verehrung man dem Helfer zukommen lässt. Meister

Zhuang, das weise Schlitzohr, wurde zwar gelesen, doch zur Beweihräucherung eignet sich seine Person herzlich wenig. Um so mehr Laozi, der Alte Meister, der – legendenhaft auf einem schwarzen Ochsen reitend – aus der Realität verschwunden war und dem Grenzwärter seine »Fünftausend-Zeichen-Schrift«, das »Daodejing«, hinterlassen hatte.

Im Jahre 142 offenbarte sich Laozi als vergöttlichter Höchster dem Kleinbauern Zhang Daoling in der Provinz Sichuan. Es ist der Beginn einer zweiten Phase, die in den historischen Handbüchern mit dem Etikett »religiöser Daoismus« versehen wird und in der das »Daodejing« den Rang einer heiligen Schrift erhält. Zhang Daoling wird als Vertreter des Laozi der Erste Himmlische Meister der ersten daoistischen Kirche, die als »Weg der Himmlischen Meister« bis heute Bestand hat. Nachdem Laozi auch einem Han-Kaiser im Traum erschienen war, wurde für den vergöttlichten Laozi 165 das erste Staatsopfer angeordnet.

Der Himmel, zu dem Konfuzius bewusst Abstand gehalten hatte, füllt sich dank der daoistischen Religion. Jade-Kaiser und Jade-Jünglinge bevölkern die Wolkenregionen. Lokale Helden steigen zu göttlichen Ehrungen auf, Tugenden und herbeigewünschte Kräfte nehmen Göttergestalt an, ohne deshalb eine Persönlichkeit zu entwickeln. Eine daoistische Götterliste aus dem fünften Jahrhundert füllt achtundzwanzig Seiten. Ein einziger Himmel reicht nicht mehr, denn die jenseitige Verwaltung entwickelt sich zu einem genauen Abbild der Bürokratie auf Erden. In sechsunddreißig Himmeln gibt es sechsunddreißig Paläste, die jeweils einen himmlischen Vorstand haben. Insgesamt fungieren einhundertzwanzig Amtsstellen: »Alles dies sind Orte, wo die Gottheiten ihren Amtsgeschäften nachgehen.« Oberste Amtsführer sind die für Himmel, Erde und Wasser zuständigen.

Die Gläubigen setzen ihre Hoffnung auf die Inseln der Unsterblichkeit, die irgendwo im Westen liegen. Eindrucksvoll ist die Königsmutter des Westens, eigentlich ein Tiger-Geist, die auf ihrem magischen Berg für die Unsterblichen feierliche Bankette zelebriert.

Eine daoistische Liturgie entwickelt sich, deren fundamentale Strukturen bis heute in den unterschiedlichen daoistischen Kirchen zelebriert werden. Das Ritual hilft, die Dinge, die im Lot sind, zu stärken und andere wieder ins Gleichgewicht zu bringen. Meist sind es sechs Priester, die die Liturgie ausführen. Vor dem Grabhügel mitten im freien Feld zelebrieren sie im roten Gewand ein Ritual, das die Seele des Verstorbenen im Frieden durch die Passage zur anderen Welt geleitet soll. In den Tempeln halten sie Fastenfeiern, um Unheil abzuwehren, Glück herbeizuholen, Schuld zu sühnen, Dämonen abzuwehren.

Ein daoistisches Ritual kann sich über Tage und Nächte hinziehen. Unzählige Opferlampen brennen, Weihrauchwolken steigen zum Himmel, Weihwasser und beschriftete Banner werden eingesetzt. Die Priester zitieren heilige Texte, sprechen Gebete und Hymnen, begleitet oder unterbrochen von vielen Instrumenten – Oboe und Trommel, Mandoline und Laute, Gong und Schlagzeug. Ein Priester ist als Kantor für den Gesang zuständig. Götter aus Papier repräsentieren die andere Welt. Im Altar spiegelt sich die Struktur des Universums. Die Körper der Priester werden eins mit dem DAO, ziehen Energien an, die sie weitergeben an die Gläubigen.

Das Ritual ist Medizin für die Seele. Überall im weiten Reich finden die Menschen Trost in den Gesten und Bildern, den Farben und Gerüchen, den Worten und Tönen der Daoisten. Sie nehmen die glückbringenden und die gefahrabwehrenden Amulette mit nach Hause. Sie lassen Priester kommen, die im Namen der Götter an Menschen und Dingen Exorzismen vornehmen und den Lebenden Ruhe vor den toten Seelen verschaffen.

Im Jahre 215 unterstellt sich der »Weg der Himmlischen Meister« staatlicher Autorität, wird als Kirche anerkannt, erhält staatliche Förderung und baut seine Institutionen, zu denen eine Priesterkaste gehört, aus. Weitere Offenbarungen in der zweiten Hälfte des vierten Jahrhunderts führen zu unterschiedlichen daoistischen Verzweigungen, der »Höchsten Reinheit« und dem »Heiligen Schatz« der schriftlichen Offenbarungen. Alle Daoisten akzeptieren als letzte Autorität die Himmlischen Meister, deren Führungsamt innerhalb der Familie bis heute weitergegeben wird.

Es war ein kluger Schachzug, sich mit dem Staat zu arrangieren, die organisatorischen Strukturen zu festigen und untereinander daoistische Vielfalt statt Feindschaft zu pflegen. Denn am religiösen Horizont war Konkurrenz aufgetaucht. Im Jahre 166 wurden bei Hofe erstmals feierliche Rituale von Mönchen ausgeführt, die einem fremden, barbarischen Glauben huldigten. Knapp dreißig Jahre später durfte im Reich der Mitte ein Tempel erbaut werden, in dem die Gläubigen erstmals weder Konfuzius noch Laozi noch einem der traditionellen Götter die Ehre erwiesen. Buddha hieß der neue Stern am chinesischen Götterhimmel, und er sollte China so tief verändern wie nichts zuvor.

9

BUDDHA WIRD CHINESE
oder
EINE RELIGION FÜR DAS HERZ

Befreiung vom Kreislauf des Leidens – Eine Sutra aus Indien für den Kaiser – Missionierung unter der Elite – Im Jahre 193: der erste buddhistische Tempel – Die Übersetzer: Pioniere der kulturellen Integration – Buddha und Meister Zhuang – Das Große Fahrzeug erobert China – Das Reine Land und der Buddha Amitabha – Reliquien, Feste und goldene Statuen – Im Kloster: Armenspeisung und Schulunterricht – Der Staat kontrolliert die Religionen – Chan-Buddhismus: Erleuchtung durch Schock – Verfolgungen

Jeden Morgen um sieben Uhr zogen buddhistische Mönche mit kräftigem Trommelschlag durch die Straßen von Kaifeng, um die Bewohner endgültig aus dem Schlaf zu wecken und laut den Wetterbericht für den neuen Tag anzusagen. Für Li Qingzhao und Zhao Mingcheng wird dieser Klang Teil der Erinnerungen an die Kindheit gewesen sein.

Die kahlgeschorenen Mönche und Nonnen mit ihren gelben, safranroten, dunkelgrünen oder schwarzen Gewändern waren aus dem großen chinesischen Reich nicht wegzudenken. Sie gehörten zum Bild der Städte, zu den Dorfstraßen und den Pfaden, die das Land durchzogen. Längs den Straßen und versteckt in den Bergwäldern empfingen buddhistische Rasthäuser die Pilger. Zu allen Jahreszeiten machten sich Menschen auf zu den fünf heiligen Bergen, wo die Gläubigen den Göttern am nächsten sind – ob sie von Buddha oder vom Jade-Kaiser Hilfe erbitten oder auf den Pfaden der Lehre von Meister Kong wandeln. Am Taishan in der Provinz Shandong und am Lushan in der Provinz Jiangxi – den heiligsten Bergen – warteten auf die Gläubigen Tempel und Klöster, die bis heute zu den religiösen Zentren Chinas zählen.

Aus dem Gewirr der Dächer wie aus dem Profil der Landschaft ragten verschachtelte Pagoden, in denen kostbare buddhistische Schriften aufbewahrt wurden. Am Wegrand luden steinerne Stupas zum Innehalten ein, um die Reliquien buddhistischer Heiliger zu verehren. Aus den Tempeln klang das Dröhnen der Gongs, die die Mönche zum Gebet riefen, und die Rauchschwaden gebündelter Räucherstäbchen stiegen zum Himmel.

Rund ein Jahrtausend zuvor waren sie sich erstmals begegnet: die Lehre des Buddha, von indischen Mönchen nach Osten gebracht, und das konfuzianisch geprägte chinesische Reich mit einem Selbstverständnis, das jede andere Welt- und Lebenssicht für barbarisch und minderwertig hielt. Aus der Begegnung wurde ein aufregender Prozess, der beide bis auf den Grund verwandelte und in der Weltgeschichte seinesgleichen sucht.

Der Lorbeer gebührt beiden Seiten. Es ist das historische Verdienst der chinesischen Bildungselite wie der Herrschenden, sich dieser geistig-kulturellen Herausforderung nicht verschlossen zu haben, sondern sich ihr zu stellen. Keiner kam auf die Idee, die fremden Missionare mit Schwert und Scheiterhaufen zu bekämpfen. Die Jünger des Buddha waren ihrerseits offen für das chinesische Geisteserbe und bereit, ihre Lehre dem neuen Kulturkreis anzupassen. Es fand eine wechselseitige Transformation statt, die Meister Zhuang begeistert hätte.

Nichts scheint dem chinesischen Denken, in dessen Zentrum der Mensch und seine Eingebundenheit in diese Welt stehen, entgegengesetzter als die Lehre, die Buddha – »der Erleuchtete« – meditierend unter dem Feigenbaum empfing: »Und mir, der ich selbst der Geburt, dem Alter, der Krankheit, dem Tod, dem Leiden und der Befleckung unterworfen war, ward da die wahre Erkenntnis zuteil … Sicher ist mir die Erlösung, dies ist meine letzte Geburt …« Im indischen Bundesstaat Bihar, an der Grenze zu Nepal, wird bis heute inmitten einer Tempelanlage als heiliges Pilgerziel der Bhodi-Baum verehrt, wo im Jahre 528 v. Chr. diese weltverändernde Erleuchtung geschehen sein soll.

Alles in der Welt, das Leben von Geburt bis Tod ist ein einziger Leidensweg, ein ständiger Kreislauf von Werden und Vergehen. Nach der Lehre des Buddha muss der Mensch den Weg durch Wiedergeburt mehrmals durchschreiten, bis er das Ziel seiner Erlösung erreicht: von allem Leiden endgültig befreit zu werden. In diesem letzten Tod wird nichts vom Menschen überdauern, es gibt keine Seele, keine Unsterblichkeit – nur das Verlöschen im Nirvana als das höchste Glück. Dieses Glück ist frei ist von aller Empfindung und damit auch von allem Begehren, das die Ursache aller Leiden ist.

Der Weg zur Erlösung führt nach Buddha über den »edlen achtteiligen Pfad«, der aus rechtem Verhalten besteht, im Reden wie im Denken, im Wollen wie in den Ansichten. Maßstab jeder rechten Lebensführung ist die Güte: »Wenn mit wohlgesinntem Geist nur einem Wesen jemand Güte zeigt, entsteht ihm daraus Heil.« Jeder, der sich auf den Weg macht und gute Taten sammelt, wird die Befreiung vom Leiden und den Eingang ins Nirvana erreichen. Im Unterschied zu anderen Wanderpredigern seiner Zeit lehnt Buddha extreme Askese auf dem Weg zum Heil ab, er predigt den »Mittleren Pfad«. Ein wichtiges Hilfsmittel ist die Meditation, die den Menschen ruhig und begierdefrei macht.

Von seiner Mission überzeugt – »Ich bin ein Heiliger in der Welt, ein Meister bin ich, unübertroffen« – gewann Buddha fünf Jünger, die gelobten, ehelos zu leben und ihr ganzes Leben der reinen Lehre und ihrer Verbreitung zu widmen, »aus Mitleid für die Welt, zum Nutzen, zum Heile, zum Segen für Götter und Menschen«. (Denn auch die Götter sind erlösungsbedürftig.) Es war der Beginn des buddhistischen Mönchtums, dem sich noch zu Lebzeiten des Buddha – wenn auch nicht zu seiner Freude Frauen als Nonnen anschlossen.

Es ist wohl nicht nur Legende, dass Buddha klug und geschickt war, auch von schönem Aussehen und warmherzig. Predigend beeindruckt er die Menschen in Nordindien, vor allem die Kaufleute, die seine Lehre auf ihren Handelsrouten weit durch Asien tragen, auf der Seidenstraße auch bis nach China. Das wird aller Wahrscheinlichkeit nach schon vor der Zeitenwende gewesen sein. In den sechziger Jahren n. Chr. hat es im nördlichen China erste Gemeinden gegeben, die aus ausländischen Gläubigen bestanden und das Interesse des kaiserlichen Hofes erregten.

Der Kaiser schickte eine Gesandtschaft westwärts, und nach der Legende brachten indische Mönche bei der Rückkehr dem Kaiser als Geschenk das »Sutra der 42 Abschnitte«. Tatsächlich entstand das Sutra wahrscheinlich um das Jahr 100 n. Chr. Aber unabhängig vom Streit um das genaue Datum ist es ein grundlegendes Dokument für die buddhistische Mission, die langsam, aber zielstrebig in China einsetzte.

Strategie der ausländischen Mönche war es, in den Städten Mitglieder der einheimischen Elite und damit Macht- und Einflussträger vom buddhistischen Glauben zu überzeugen. Ein tollkühnes Unterfangen. Erstmals wurde das mächtige China, das sich als die Mitte der Welt sah, mit einem extrem anderen Denken konfrontiert, das aus einem fremden, nach chinesischem Verständnis barbarischem Kulturkreis stammte und mit dem Anspruch auftrat, etwas Besseres zu bringen.

Vielleicht ist es im Rückblick – auch auf die europäische Geschichte – das Eindrucksvollste von allem, dass diesem herausfordernden Anspruch im großen chinesischen Reich nicht mit Abwehr oder Abscheu, mit Intoleranz oder Denkverboten begegnet wurde.

Die Buddhisten versprachen Erlösung und einen Weg zum Heil, der im Nirvana endete. Doch Erlösung war bisher in China ein Fremdwort. Weder der Mensch noch die Welt hatten dergleichen nötig, im Gegenteil. Die Welt war die einzige Heimat, die der Mensch hatte, und sein Ziel war es, mit ihr und dem gesamten Kosmos in Harmonie zu leben. Krankheit und Leid gab es, aber nur, wenn diese Harmonie aus dem Lot war. Sich von dieser Welt, die mit Vergehen und Werden ein Abbild des Kosmos und damit des Universums war, abzuwenden, sie als absolut vergänglich zu deklarieren und ihr das Nirvana, das Nichts, als einzig erstrebenswertes Ziel entgegenzustellen – unvorstellbar, unmenschlich. War der Mensch doch durch vielfältige Wechselbeziehungen engstens mit dem Kosmos verwoben.

Die konfuzianische Lehre setzte nicht auf Erlösung, nicht auf Außerirdisches, sei es der Himmel oder das Nichts. Sie wies einen Weg, der den Menschen zu sich selber führte: Dass der Mensch sich durch Bildung kultiviere, um für sich die Menschlichkeit zu erreichen und der Gemeinschaft in Ämtern und Institutionen zu dienen. Pflicht war es, eine Familie zu gründen und Nachkommen zu zeugen, um die Kette der Ahnen weiterzuführen. Die Familie war für den Einzelnen das Lernmodell, auf das sich die Ordnung des Staates gründete. Unvorstellbar, sich von diesen sozialen Bindungen loszusagen und ehelos in einem Kloster zu leben. War doch die Pietät der Kinder zu ihren Eltern – und umgekehrt die Fürsorge der Eltern für die Kinder – Angelpunkt aller Moral.

Ebenso war undenkbar, dass mit den Mönchen die Menschen in zwei Kategorien eingeteilt wurden: die Laien, die der Welt verhaftet blieben und als religiöse Elite die Mönche, die sich von allem, was Menschen lieb und teuer sein musste, lossagten, und der Erlösung im Nirvana näher waren als die große Mehrheit.

Die Strategie der Mönche, die Gesellschaft von oben nach unten zu gewinnen, zeitigte in der zweiten Hälfte des zweiten Jahrhunderts n. Chr. erste Erfolge. Söhne und Töchter der Führungsschicht ließen sich als Mönche für den fremden Glauben gewinnen. Buddhistische Mönche nahmen erstmals an Kultfeiern bei Hofe teil, und ein erster buddhistischer Tempel wurde im Jahre 193 gebaut. Da war der Untergang der Han-Dynastie, die 220 endgültig interner feindlicher Übermacht weichen musste, schon besiegelt.

Bürgerkriege erschütterten das Land. Die Einheit des Reiches der Mitte zerfiel. Es folgte die Zeit der »Kämpfenden Reiche« für Jahrhunderte. Zu den politischen Wirren kamen natürliche Katastrophen. Zwischen dem dritten und fünften Jahrhundert zählen allein die offiziellen Chroniken dreihundertvier Erdbeben. Überschwemmungen und Dürreperioden machten das Leben unerträglich.

Die Gläubigen des Buddha nutzten die Gunst der historischen Stunde. Sie boten Antworten inmitten einer zerstörerischen und verstörenden Welt, während der Konfuzianismus – nach eigenem Verständnis stets auf Distanz zu Fragen jenseits der irdischen Existenz – als Staatsideologie mit den versagenden Institutionen eng verflochten war und mit in die Krise gerissen wurde. Er hatte keine Antworten und keine Hoffnung anzubieten, als die Menschen bedürftig waren nach einem Sinn über das Leben hinaus. Als Moral und Pietät keinen Halt mehr boten, und von den Herrschenden, die nach dem Verständnis von Konfuzius Vorbild sein sollten, mit Füßen getreten wurden. Was einst als nüchtern und lebenspraktisch geschätzt worden war, erwies sich als wenig hilfreich und ernüchternd.

Die Krise stärkte die andere, originär chinesische geistige Tradition. Es entstand eine historische Konstellation, wie sie für den Buddhismus nicht günstiger hätte sein können.

Noch unter der Han-Dynastie war Laozi, der Alte Meister, im zweiten Jahrhundert als Gott in himmlische Gefilde aufgestiegen. Mit dieser Autorität ausgestattet, verkündete er einzelnen ausgewählten Menschen – »Himmlischen Meistern« – göttliche Botschaften. Der Daoismus als Religion entstand. Eine säuberliche Grenze zum philsosophischen Daoismus zu ziehen, verfehlt die Realität. Der religiöse Daoismus wurzelt auch in jenen philosophischen Strömungen, die mit dem »Zhuangzi« und dem »Daodejing« ihre Spuren gelegt haben.

Die beiden daoistischen Klassiker, seit ihrem Entstehen vor der Zeitenwende mündlich und in unterschiedlichen schriftlichen Versionen überliefert, erwiesen sich im Zusammenbruch der politischen Ordnungen als geistig-religiöse Kraftquelle. Die erneute intensive Beschäftigung mit dem »Zhuangzi« und »Daodejing« führte dazu, dass im Laufe des dritten Jahrhunderts von beiden Werken jeweils die einzigen verbindlichen Fassungen nebst einem Grundkommentar für alle folgenden Generationen entstanden. (Bis die Ausgrabungen der Seiden- und Bambustexte 1973, beziehungsweise 1993 wesentlich ältere und abweichende Texte des »Daodejing« ans Licht brachten.)

Die Pioniere der chinesischen Bildungselite, die sich als Erwachsene für die Heilslehre des Buddha entschieden, waren mit der neuen Begeisterung für die beiden daoistischen Klassiker groß geworden, kannten sie in- und auswendig. Was sie darin vermissten, hat der Mönch Seng Zhao (384–414) für sich so ausgedrückt: Die daoistische Lehre führe nicht in den Bereich, »wo der Welt-Schmerz überwunden wird«. Aber Seng Zhao, der geniale Übersetzer von buddhistischen Sanskrit-Texten ins Chinesische, verleugnete bei seinem Übertritt zum Buddhismus nicht sein heimatliches Erbe. Für ihn und viele weitere Generationen chinesischer Buddhisten wurde das »Zhuangzi« zur Brücke, die den buddhistischen Weg des Heils mit chinesischer Weltsicht zusammenführte.

Seine Aufsätze über die »Leere des Nicht-Wirklichen« kennzeichnen die Leere als »Weisheit des Weisen« und »erleuchtende Kraft des Nicht-Wissens«. Wie Meister Zhuang, der seinem Leser als höchste Lebensregel empfiehlt »Sei einfach nur leer«, versucht Seng Zhao, der buddhistische Mönch, dieses Ziel mit immer neuen Gegensätzlichkeiten einzukreisen.

Die Leere ist für ihn Geist und Nicht-Geist, sie ist Welt und Nicht-Welt. Der Weise erkennt und erkennt nicht, ist leer und offen und – da zitiert der buddhistische Mönch wörtlich aus dem »Zhuangzi« – gebraucht seinen Geist wie einen Spiegel, der alle Dinge so aufnimmt und reflektiert, wie sie sind, ohne Vorbehalte, ohne Vorurteile. Und hat nicht auch Meister Zhuang – wie die Lehren des Buddha – darauf gepocht, dass die Grenze zwischen Wirklichkeit und Traum fließend ist? Dass der Mensch sich nicht einrichten soll in dieser Welt, sondern bereit sein zu Veränderung und Aufbruch in andere Dimensionen?

Für Seng Zhao bedeutete der Schritt vom »Zhuangzi« zum Buddhismus keinen Spagat und keine Zerreißprobe. Er empfand ihn als harmonische Weiterentwicklung, wie es seinem chinesischen Denken entsprach. Etwas entscheidend Neues allerdings hat diesen harmonischen Übergang möglich gemacht: Die buddhistische Lehre, die Seng Zhao übernahm und für die China sich von nun an öffnete, ist weit von der entfernt, die einst der Buddha unter dem Bodhi-Baum als endgültige Wahrheit erkannte.

Es ist fast zuviel der idealen Konstellationen, aber die Geschichte schert sich nicht darum, wenn die Vernünftigen und die Skeptiker ob der vielfältigen Zusammenhänge die Stirne runzeln. Seng Zhao war ein Jünger des Mönchs Kumarajiva, der ab dem Jahre 402, gefördert vom kaiserlichen Hofe, in der alten Kaiserstadt Chang'an ein staatliches Übersetzungsbüro leitete. Kumarajiva, sein Vater war Inder, seine Mutter eine Prinzessin aus dem Tarimbecken, diktierte dort bis zu seinem Tod im Jahre 413 über hundert Schreibern die Übersetzung von »hundert heiligen Schriften«.

Von dieser für den chinesischen Buddhismus insgesamt bahnbrechenden Leistung ist nichts so populär und einflussreich geworden wie das »Sutra vom Lotos der wahren Lehre«. Es enthält die zentralen Botschaften einer in Indien radikal veränderten buddhistischen Lehre, die als »Mahayana-Buddhismus« bezeichnet wird und China für den Buddhismus gewonnen hat.

Mahayana ist das »Große Fahrzeug«, das allen Gläubigen Platz bietet, die mit Hilfe des Buddha den Ozean des Leidens überqueren wollen, sich aber nicht der Gesamtheit aller buddhistischen Anweisungen verpflichtet fühlen. Im Gegensatz zum »Hinayana-Buddhismus« – Hinayana gleich »Kleines Fahrzeug« –, der darauf besteht, dass es ohne die komplette Lehre keine Erlösung geben kann, ist die Mehrheit der Buddhisten von nun an den veränderten Wahrheiten gefolgt.

Um zu verstehen, warum der Mahayana-Buddhismus dem chinesischen Weltverständnis auf geradezu unheimliche Weise entspricht, reicht es – unabhängig von vielen Differenzierungen –, zwei grundlegende Überzeugungen in den Blick zu nehmen.

Erstens: Wer sich dem Großen Fahrzeug anvertraut, weiß, dass verschiedene Wege zum Heil führen. Ideale Voraussetzung für ein Denken, das nicht auf Ausgrenzung baut, sondern Gegensätze als komplementäre Bausteine eines großen Ganzen versteht. Die zweite Veränderung ist die wesentlichste. Der Mahayana-Buddhismus sieht im Buddha mehr als eine herausragende historische Erscheinung. Er wird zum Gott, zum allumfassenden Retter für alle Menschen über alle Räume und Zeiten hinweg.

Aus dieser allumfassenden absoluten Wirklichkeit erwächst eine alle umfassende Identität: Jeder Mensch kann zum Buddha werden, denn er besitzt in sich eine eigene »Buddha-Natur«. Daraus folgt als weitere Konsequenz, dass der Weg zur Erlösung wesentlich verkürzt wird und geradewegs ins eigene Ich führt.

Buddha lehrte, dass der Mensch den »achtteiligen Pfad« absolvieren muss, um nach einem Kreislauf vieler Wiedergeburten im Nirvana zu verlöschen. Im Mahayana-Budddhismus erfährt jeder Mensch seine Erlösung schon in dieser Welt, indem er seine Buddha-Natur erkennt. Der

Mensch wird seiner selbst gewiss, und erlebt diese Erkenntnis als irdischen Glückszustand. Der Dualismus zwischen irdischer Existenz und Nirvana ist aufgehoben. Die Welt besteht nicht nur aus Leiden, sie bietet auch Glück und positive Erfahrungen.

Der Ursprung dieser menschenfreundlichen Umdrehung der bisherigen Lehre liegt in Indien. Ohne es ahnen zu können, hatte man dort mit der Rückverlagerung der Erlösung ins irdische Leben einen entscheidenden Schritt getan, um die buddhistische Lehre dem chinesischen Weltverständnis anzupassen. Denn nichts anderes geschah nach chinesischer Vorstellung, wenn der Mensch seinem Weg, seinem DAO folgte: dass er zu sich selber kam.

Damit nicht genug: Der Einzelne konnte dank der Lehre des Mahayana-Buddhismus nun auch auf himmlische Helfer hoffen, die ihm im irdischen Leben Trost und Schutz gaben und den Weg zur Erlösung erleichterten. Nach dem Anspruch des Buddha, dass Güte und Mitleid seine Gläubigen auszeichnen, verzichten diese Helfer – Bodhisattvas genannt – auf das Verlöschen im Nirvana. Werden sie von Verzweifelten angerufen, greifen sie ein und nehmen freiwillig das Leid anderer auf sich, bis alle erlöst sind.

Einer ragt aus der Schar der Helfer hervor, weil er sich keiner Hilfsmission verweigert. In jeder Gefahr erscheint der Bodhisattva Avalokitesvara – »Der Herr, der gnädig herabblickt« – als Retter und wird zum Liebling der Gläubigen: »Das Große Wesen, der Bodhisattva Avalokitesvara, ist eine Leuchte für die Blinden, ein Schirm für die von Sonnenglut Verbrannten, ein Fluss für die Verdurstenden. Er schafft denen, die in Furcht und Schrecken sind, Sicherheit. Er ist ein Arzt für die von Krankheit Gequälten. Unglücklichen Wesen ist er Mutter und Vater; den in die Hölle Gestürzten weist er das Nirvana.«

Kein Tempel, kaum ein Bild, kein Hausaltar ohne den Bodhisattva Avalokitesvara. In China verwandelte er sich ab dem achten Jahrhundert in einen weiblichen Bodhisattva, der seitdem unter dem Namen Guanyin von Millionen Menschen angerufen und verehrt wird.

Die neue Welt des Mahayana-Buddhismus ließ die kühle Strenge der ursprünglichen Lehre hinter sich. Sie vermittelte dem Einzelnen Wärme und Geborgenheit. Das Dasein erhielt im Mahayana-Buddhismus einen Wert und eine Bedeutung, die in China seit Urzeiten zum Lebensverständnis gehörten. Als das Große Fahrzeug das Land der Mitte erreichte, begann für den Buddhismus der ganz große Siegeszug. Im »Lotos-Sutra«, das die Grundzüge der veränderten Lehre enthält, fühlte sich China mit Herz und Geist und allen Sinnen verstanden und angenommen.

Nachdem Angehörige der Elite überzeugt worden waren, gingen die buddhistischen Mönche zu einer Missionierung der breiten Bevölkerung über. Die Menschen strömten zu Tausenden in die öffentlichen Predigten, die redegewandte Mönche im Freien hielten. Ein Glockenspiel brachte Ruhe in die Menge, Sutren wurden angestimmt und die Zuhörer in den Gesang einbezogen. Inhalt und Sprache waren jeweils abgestimmt auf Prinzessinnen und Minister, auf Händler und Dienstboten. Nach der Predigt konnten Fragen gestellt werden. Ein Gesang beendete die Veranstaltung. Angesehene Prediger wurden vom einfachen Volk wie von der Elite gefeiert, bekamen Anfragen aus dem ganzen Land und wanderten von Tempel zu Tempel.

Für die gelehrten konfuzianischen Beamten war es sehr gewöhnungsbedürftig, nicht unter ihresgleichen Gedanken und Argumente auszutauschen, sondern mit kahlgeschorenen Männern in Mönchsgewändern zu diskutieren. Es siegten die intellektuelle Neugier und Offenheit auf Seiten der Beamten, die mit Staunen erfuhren, dass die Buddhisten ihnen nicht nur eine fremde Lehre darlegten. Die Mönche kannten die konfuzianischen Klassiker ebenso gut wie ihre Sutren. Zwar scheuten sie sich nicht, Gegensätze anzusprechen. Aber sie akzeptierten, dass es chinesische Grundvorstellungen gab, die sie in die Lehre des Buddha integrieren mussten, um im Denken und im Gefühl ihrer chinesischen Gesprächspartner Anklang zu finden.

Wie gut sich schon die allerersten Mönche, die aus Indien kamen, in der ihnen fremden Kultur auskannten, zeigt der älteste ins Chinesische übersetzte Text, das »Sutra der 42 Abschnitte«: »Der Buddha sagt: Betrachte Himmel und Erde und bedenke, dass sie keinen Bestand haben. Betrachte den Weltenkreis und bedenke, dass er keinen Bestand hat. … Mit solcher Einsicht hat man alsbald den rechten Weg erlangt.« Himmel und Erde als vergänglich zu denken? Das war erst einmal ein Affront für das chinesische Denken. Denn die beiden waren doch die ewigen, sich aus sich selbst ständig erneuernden Konstanten im Kosmos, Kraft- und Bezugsquelle für den Menschen.

Andererseits: den rechten Weg, das DAO, zu erlangen – war das nicht Aufgabe und Sehnsucht jedes Menschen? Der buddhistische Text, der nur noch in Chinesisch und nicht mehr im ursprünglichen Sanskrit überliefert ist, spricht vom DAO als dem rechten Weg. Die gelehrten Beamten hatten genug Stoff zum Nachdenken, und die Mönche Geduld, Kenntnisse und Einfühlungsvermögen. Beide Seiten waren bereit, sich aufeinander einzulassen.

Der Mönch Kumarajiva übersetzte nicht nur unermüdlich, sondern fand noch Zeit, in der Hauptstadt Chang'an zu Tausenden von Gläubigen und Neugierigen zu predigen. Seine Botschaft war die verwandelte, menschenfreundliche Lehre, und er begeisterte Männer und Frauen aus den gebildeten Familien Chinas, die im Mahayana-Buddhismus jenen Ort fanden, »wo der Welt-Schmerz überwunden wird«. So hat es der Mönch Seng Zhao empfunden, der das heimatliche Erbe von »Daodejing« und »Zhuangzi« mit dem Mahayana-Buddhismus verknüpfte und ihm, wie sein Meister Kumarajiva, als genialer Übersetzer in China den Weg bereitete.

Beide waren zu ihrer Zeit nicht allein. Der Mönch Huiyan (334–417) hatte ebenfalls über das Studium von Laozi und Meister Zhuang seine religiöse Berufung im Mahayana-Buddhismus gefunden. Er begründete seinerseits eine Variante, die in China aufgenommen wurde wie das Wasser in der Wüste und seitdem aus dem Buddhismus insgesamt nicht mehr wegzudenken ist.

Wer sich für das Große Fahrzeug entschied, konnte davon ausgehen, dass es so viele Buddhas wie Sandkörner am Ganges-Ufer gab, und Paradiese, die als wohltuende Zwischenstation die Gläubigen aufnahmen, bevor sie ins Nirvana eingingen. Aus der Gruppe der himmlischen Buddhas sind einige abgestellt, um über diese Paradiese zu wachen. Der Mönch Huiyan hat in seiner »Beschreibung des Glücklichen Landes« das wichtigste Paradies vorgestellt: Das »Reine Land« liegt weit im Westen, nahe der untergehenden Sonne, und sein Hüter ist der Buddha Amitabha – »Von unermesslichem Glanz« –, der den Bodhisattva Avalokitesvara als treuen Begleiter an seiner Seite hat.

Während der Mönch und Übersetzer Kumarajiva im großstädtischen Chang'an wirkte, zog sich Huiyan, der mit dem Hochverehrten korrespondierte, in die Abgeschiedenheit des Lushan-Gebirges in der heutigen Provinz Jiangxi zurück. Er gründete ein buddhistisches Zentrum, das Mönchen und Laien offenstand. Eines Tages versammelte er in der Bergeinsamkeit seine Klostergemeinschaft, und alle beteten zum Buddha Amitabha, dass er sie heimhole in das Reine Land. Das Gemeinschaftsgebet erregte Aufsehen und machte Geschichte. Es brachte das Paradies im Westen mit seinem Buddha-Hüter definitiv ins Bewusstsein der Gläubigen. Unwiderstehlich war das Versprechen, der Buddha Amitabha werde jedem, der an ihn glaubt, und wenn er nur in der Todesstunde seinen Namen ausspricht, zu einer direkten Wiedergeburt im Reinen Land verhelfen.

In der Gestalt des Buddha Amitabha, den der Mönch Huiyan verkündete, erwies sich der Mahayana-Buddhismus überzeugend als eine Lehre, die dem Menschen nicht Lasten auferlegt, sondern Erleichterungen eröffnet: einen schnelleren und schöneren Weg zur Erlösung konnte es nicht geben. Kaum ein Tempel, in dem nicht auch der gütige Buddha des Reinen Landes zusammen mit dem Bodhisattva Avalokitesvara in Statuen und Bildern verehrt wird.

Mit dem vierten Jahrhundert begann der Buddhismus endgültig in China heimisch zu werden. Und immer mehr Männer und Frauen faszinierte die radikale Entscheidung für das Klosterleben. Im Jahre 381 lädt der Kaiser die Jünger Buddhas ein, permanent im Palast ihre Gebete zu sprechen. Der Gouverneur von Hunan gründet 395 zwei Klöster mit Unterklöstern, in denen rund zehntausend Mönche und Nonnen permanent und rund tausend Wandermönche Platz finden. Tempel, Lesehallen und Kapellen schmücken die grandiose Anlage. Dreiundfünfzig Mönche kümmern sich ständig mit Predigten und Unterweisung um den endlosen Strom der Gläubigen, die es zu diesem Heiligtum zieht.

Aber verstießen die Mönche und Nonnen, die aus dem Familienverband fortzogen, nicht eklatant gegen eine der wichtigsten konfuzianischen Tugenden? Nein, sagten die Buddhisten, denn sie waren bereit, fremde Werte in ihre Lehre aufzunehmen. Kindliche Pietät gegenüber den Eltern wurde fester Teil des chinesischen Buddhismus und rückte ins Zentrum heiliger Sutren. Buddhisten – ob Laien oder Mönche – ließen sich von niemandem darin übertreffen, ihre Eltern zu achten und für sie in Alter und Krankheit zu sorgen. Sie trauerten tief bei ihrem Tod und richteten für die verstorbenen Eltern Ahnenopfer und Ahnenfeiern aus.

Ob in der Bergeinsamkeit, in den Dörfern oder in den Städten: Der Buddhismus, um die Zeitenwende von ein paar Dutzend indischen Mönchen und Kaufleuten aus einem fernen, fremdartigen Kulturkreis ins Land gebracht, hat das Innere der Menschen wie das äußere Leben Chinas von Grund auf verändert. Alltag und festliche Stunden bekamen eine neue, sinnliche Qualität. Dabei entsprach die äußere Pracht der Inbrunst, mit der die Menschen Sutren studierten und Gebetsformeln murmelten und den neuen Glauben als persönlichen Schatz verinnerlichten.

Die Mönche organisierten Prozessionen, stellten in beleuchteten Grotten kostbare Reliquien und Schätze aus, inszenierten Aufführungen von Heiligen-Geschichten und Höllenfahrten. Tausende drängten sich in den Tempeln und an den Wallfahrtsorten. Den Mönchen waren alle willkommen. Rang und Namen lösten sich auf in den Schwaden von Weihrauch und Räucherstäbchen, die gen Himmel stiegen. Ebenso die Grenze zwischen Traum und Wirklichkeit. Wie Meister Zhuang es beschrieben hat: Was weiß der Mensch denn, ob er wacht oder träumt? Ob er ein Schmetterling ist oder ein Mönch?

Und dann die buddhistischen Feste, die das Jahr über bunte Markierungen setzten und eine neue Qualität von Ausgelassenheit und Offenheit in Chinas Alltag brachten. Bei denen sich Kinder und Erwachsene, Männer und Frauen, Minister und Handwerker, Sänftenträger und Kaufleute ausgelassen auf den öffentlichen Plätzen, in den Tempeln und in den Straßen mischten, und bei gemeinsamer Freude sich die alltäglichen Rangunterschiede einebneten. Laut und locker ging es zu, aus Weinstuben und Buden erklangen Musik und Gesang. Jongleure und Feuerschlucker zeigten ihre Kunst, Geschichtenerzähler warben laut um Zuhörer. Garküchen unter freiem Himmel und Restaurants wetteiferten mit besonderen Köstlichkeiten um die Gäste.

Am fünfzehnten Tag des ersten Monats wurde das beliebte Laternenfest gefeiert. Auf Gerüsten waren die Bilder von buddhistischen Heiligen angebracht. Drachengestalten aus dünnem Stoff wurden von innen beleuchtet und bewegten sich fast lebensecht. Orchester und Schauspieltruppen traten auf.

Einhundert Tage nach der Wintersonnenwende – meist im dritten Monat des Mondkalenders – stand das Qing-ming-Fest und damit die Jahreszeit »Klar und rein« im Kalender. Die Familiengräber wurden gereinigt, und möglichst alle Mitglieder der Familie trafen sich zum gemeinsamen Ahnenopfer.

Besonders festlich ging es am achten Tag des vierten Monats in den Tempeln zu, wenn der Geburtstag Buddhas anstand.

Im siebten Monat war Herbstbeginn und wieder versammelten sich die Familien zu Speiseopfern, um die Verstorbenen zu versöhnen.

Zum Jahresende, am vierundzwanzigsten des zwölften Monats, tat man alles, um den Ofengott gnädig zu stimmen. Er wachte in jedem Haushalt über das Schicksal der Familie und machte sich an diesem Tag zum Rapport in den Himmel auf, um dort Verdienste und Fehler der Familienmitglieder zu melden. Das Haus wurde bis in die letzten Ecken gesäubert, Räucherstäbchen entzündet und Bilder des Gottes über dem Ofen angebracht.

Das ursprüngliche Bildverbot der buddhistischen Lehre fiel. Die Chinesen schufen erstmals für ihre Tempel überlebensgroße Kultfiguren des Buddha. Von Ferne oder verborgen in den Wäldern grüßten mächtige, in Fels gehauene Buddha-Figuren Reisende und Pilger auf ihren Wegen. Rund hunderttausend Abbildungen des Buddha und seiner Helfer sind ab dem Ende des fünften Jahrhundert in den Felsgrotten von Longmen, südlich der alten Kaiserstadt Luoyang entstanden. Farbige Bilder, vergoldete Buddha-Statuen und riesige bunte Wächter-Figuren schmücken buddhistische Tempel bis heute. Der Buddhismus wurde zu einem sichtbaren, anfassbaren Glauben, was die Frömmigkeit der Chinesen nur noch mehr anspornte.

Die Mönche beteten nicht nur. Sie praktizierten eine Form tätiger Fürsorge, die das Land bisher nicht gekannt hatte. Die Familie bot nach konfuzianischem Verständnis ein Auffangnetz für jeden, der in Not geriet, der Krankheiten und Schicksalsschläge nicht aus eigener Kraft bestehen konnte. Doch die Realität sah anders aus: Obdachlose und Bettler waren unübersehbar in den Städten, zogen zerlumpt auf den Straßen des Landes dahin; Kranke, Waisenkinder und Flüchtlinge suchten vergebens eine Herberge.

Einzelne fanden in ihrem Elend zufällige Wohltäter. Der Staat sah sich prinzipiell nicht in der Verantwortung. Gemäß dem Vorbild des Buddha fühlten sich die Mönche den Ärmsten wie der Elite verpflichtet. In den Klöstern gab es regelmäßig Armenspeisungen und Unterkunft für die Verelendeten. Krankenstationen wurden eingerichtet, Waisenkinder aufgenommen und unterrichtet. Die Mönche in den Klöstern entwickelten ein umfangreiches soziales Engagement, das beeindruckte und in der Führungsschicht Nachahmer fand, unabhängig davon, ob man sich zum Buddhismus bekannte.

Beim kaiserlichen Clan angefangen, stifteten begüterte Familien buddhistische Klöster und Tempelanlagen oder beschenkten schon bestehende. Ländereien stützten als »Felder des Mitleids« mit ihren Einkünften das karitative Wirken der Mönche und Nonnen. Grund und Boden, Glocken und Gongs, kostbare Stoffe und Gold für die Statuen, kunstvolle Weihrauchgefäße und Bronzebecken für die Räucherstäbchen – lang war die Liste möglicher Geschenke. Sie dienten nicht zuletzt der Erlösung der Wohlhabenden. Die Mönche dankten den Spendern mit Gebeten und Gottesdiensten.

Gab es nirgendwo Protest, keinen Widerstand gegen die Religion der Barbaren? War China nicht der allen überlegene Mittelpunkt der Welt, wo der »Sohn des Himmels« über »Alles unter dem Himmel« herrschte und die Lehre des Konfuzius samt den traditionellen Riten alle Chinesen seit Jahrhunderten verband und einte? Um das Jahr vierhundert regte sich erstmals hörbar Widerspruch von Seiten der konfuzianischen Beamten. Der Buddhismus sei dem chinesischen Wesen fremd, und außerdem stehe nichts darüber in den konfuzianischen Klassikern: »Diese ausländischen Dinge sollen Chinesen nicht studieren.«

Doch die Kritiker fanden kein Gehör, weder bei den Herrschenden, noch beim Volk. Mit dem Ende des vierten Jahrhunderts pilgern zunehmend chinesische buddhistische Mönche ins Land des Buddha nach Indien. Sie studieren dort über Jahre in traditionsreichen Klöstern heilige Texte und kommen, mit Schriften des Mahayana-Buddhismus reich beschenkt, nach China zurück. Dem Kaiser ist es eine Ehre, die Rückkehrer bei Hofe zu empfangen und ihre Übersetzungsarbeit zu finanzieren.

Als China zu Beginn des siebten Jahrhunderts unter der Tang-Dynastie wieder vereint wird, sind die Tempel und Klöster, die Mönche und Nonnen, die Sutren und heiligen Gesänge, der Gedankenaustausch der Gebildeten wie die buddhistischen Prozessionen und Feiern in der Gesellschaft und Kultur des mächtigen Reiches fest verankert. Glanz und Glamour dieser kosmopolitischen Epoche wetteifern mit dem Gold der heiligen Statuen, den Stupas und Pagoden überall im Land, den Ritualen der Mönche.

Die buddhistischen Klöster sind geistige und gastfreundliche Zentren, in denen neben den Buddhisten auch Daoisten und Konfuzianer einen Ort der Stille und Meditation finden, fernab oder inmitten der umtriebigen Welt. Kein Staatsakt bei Hofe, wo die Jünger Buddhas nicht den Weihrauch entzünden und Gebete für das Kaiserhaus zum Himmel schicken, um Regen oder um Verschonung von Krankheiten bitten.

Ob hoch oder niedrig: Der Buddhismus ist eine chinesische Religion geworden und hat auch dem Daoismus – der mit seinen Ritualen, Tröstungen und Priestern, im Unterschied zum Konfuzianismus, eine Konkurrenz war – den Rang abgelaufen. Man kann mit aller Vorsicht annehmen, dass mit der Zeit auf einen Gläubigen der daoistischen Kirchen rund zehn Buddhisten kommen. Es ist kein Zufall, dass am Ende des vierten Jahrhunderts, als sich der Erfolg der Lehre aus Indien deutlich anbahnt, der Daoismus mit neuen Offenbarungen auf sich aufmerksam macht.

Entscheidend war, dass die Herrschenden Toleranz und Wohlwollen demonstrierten. Der eine Tang-Kaiser tendierte mehr zu den Buddhisten, der andere mehr zu den Daoisten. Keiner jedoch stellte die konfuzianische Grundlage des Staates in Frage. Aber das Übergewicht des Buddhismus, seine geistige Kraft und sein Einfluss während der Tang-Epoche waren unübersehbar. Trotzdem gilt: Die Koexistenz dreier Weltanschauungen, die durch Querverbindungen und gegenseitige Beeinflussung eng miteinander verwoben waren, entsprang dem tiefen Bedürfnis, Gegensätze zu harmonisieren und unterschiedliche Wahrheiten zu akzeptieren.

Die führenden buddhistischen Mönche machten ihrerseits nach heftigen internen Diskussionen eine Konzession, die ihre Religion endgültig in das mächtige chinesische Reich eingliederte. In Indien waren die klösterlichen Gemeinschaften unabhängig von jedem Zugriff der Herrschenden, keinem weltlichen Gesetz unterworfen. Das war mit dem chinesischen Staatsverständnis unvereinbar. Der Staat wollte die Kontrolle über »Alles unter dem Himmel« bei allem Wohlwollen für die Buddha-Jünger nicht aufgeben.

Die Mönche passten sich dieser Vorgabe an und wurden mit großzügigen staatlichen Privilegien belohnt. Sie mussten für ihre stetig anwachsenden Ländereien und Gebäude keine Steuern zahlen. Zehntausende von Menschen, die auf den Feldern und Plantagen, in den klösterlichen Mühlen und Rasthäusern arbeiteten, waren von allen Arbeitspflichten für den Staat befreit.

Dafür legte ab dem achten Jahrhundert der buddhistische Mönch vor seiner Ordination eine Prüfung ab, die mit einem staatlichen Zertifikat besiegelt und registriert wurde. Und es gab – neben der kaiserlichen Gnade, die Tausende von Ordinationen ohne Nachweis ermöglichte – ein gewaltiges legales Schlupfloch: Mönchs-Ordinationen waren zu kaufen und Unzählige nutzten die Chance, um einer Prüfung zu entgehen. Der Staat verdiente kräftig an den Jüngern des Buddha und behielt die Kontrolle über das Klosterleben. Er hatte das letzte Wort und konnte als Disziplinarmaßnahme sogar ordinierte Mönche wieder zurück in den Laienstand versetzen.

Beide Partner hatten ihren Vorteil von diesem Bündnis: buddhistische wie staatliche Institutionen stabilisierten sich gegenseitig. Die Mönche gewannen Schutz und Einfluss, Reichtum und Vorrang gegenüber religiösen Konkurrenten. Das regierende Kaiserhaus konnte sich auf den Segen heiliger, im Volk wie in den Führungsschichten angesehener Männer berufen. Gebete für die lebenden und verstorbenen Mitglieder der kaiserlichen Familie gehörten zum ununterbrochenen geistlichen Pensum in den Klöstern. Im Prunk der buddhistischen Rituale sonnten sich auch die Herrschenden.

Der chinesische Buddhismus zu Zeiten der Tang-Dynastie: eine etablierte, eine saturierte Religion? Er war zweifellos auf einem Höhepunkt – konsolidiert, angesehen, unangefochten. Zugleich besaß er die geistige Kraft, in einer inneren Gegenbewegung verfestigte Traditionen zu sprengen und ungewöhnliche Wege einzuschlagen, die noch entschiedener waren und viele Menschen faszinierten.

Der Mönch Daosheng (um 360–434) war ein einsamer, umstrittener Rufer in der Wüste. Obwohl Abkömmling der chinesischen Bildungselite, erhielt er schon als Kind eine umfangreiche Erziehung bei den Mönchen. Dort studierte er zusammen mit den buddhistischen Texten intensiv das »Daodejing« und das »Zhuangzi«. Er war fast vierzig Jahre alt, als er das Kloster des angesehenen Huiyan auf dem Lushan zu weiterem Lernen und Erkennen aufsuchte. Dann führte ihn die Wanderschaft nach Chang'an, wo er als Mitarbeiter des berühmten Übersetzers Kumarajiva ebenfalls wichtige Mahayana-Schriften aus dem Sanskrit ins Chinesische übertrug.

Daosheng nahm die Mahayana-Lehre nicht nur auf, sondern zog aus ihr eine radikale Konsequenz. In seinem Traktat über die »Plötzlichkeit der Erleuchtung« erklärte er, dass selbst der kurze Weg zur Erleuchtung, der im Lotos-Sutra aufgezeigt wird, noch zu lang ist. Erleuchtung sei vielmehr ein blitzartiger, spontaner Akt: Als ob der Gläubige unvermittelt durch eine Wand bricht, die die sichtbare von der geistigen Welt trennt. Doch die Erleuchtung des Daosheng fand keine direkten Nachfolger.

Erst dreihundert Jahre später hat der Mönch Huineng (638–713) die einsame Erkenntnis von der spontanen Erleuchtung aufgenommen und ihr zum Durchbruch verholfen. Es entstand der Chan-Buddhismus, der vom Sanskritwort »dhyana« – »Meditation« – seinen chinesischen Namen erhielt. Auf dem Umweg über Japan wird der Chan-Buddhismus unter der japanischen Umschrift »Zen« mehr als tausend Jahre später Europa und Nordamerika faszinieren.

Gegen die prächtigen Äußerlichkeiten des Tang-Buddhismus – die Prozessionen und Reliquien, die Statuen und Bodhisattvas, auch gegen das intensive Studium der heiligen Texte – stellte Huineng demonstrativ die unmittelbare Erleuchtung. Sie wird ohne Hilfsmittel, ohne Schrift und traditionelles Ritual direkt von einem Geist zum anderen – meist vom Lehrer zum Schüler – übertragen. Umfassender als chinesische Buddhisten vor ihm übernimmt der Mönch Huineng das Erbe des »Zhuangzi«. Über den Chan-Buddhismus wird Meister Zhuang – im Zen als geistige Flaschenpost verpackt – erfolgreich auf Weltreise gehen.

Das Bild vom Geist, der wie ein Spiegel funktioniert und an den Erscheinungen dieser Welt nicht krampfhaft festhält, sondern sie ohne Vorbehalte so aufnimmt, wie sie sind, steht für Huineng – wie bei Meister Zhuang – im Mittelpunkt. In bester daoistischer Tradition fasst der Buddhist die positive Leere des Nicht-Denkens im Paradox zusammen: »Nicht-Gedanke bedeutet, auch im Denken nicht zu denken. ... Wer den Nicht-Gedanken erfasst, sieht alle Dinge, aber haftet an keinem Ding ...«

Vergessen wir den europäischen Gegensatz von Denken und Unbewusstem: Es geht Huineng – wie Meister Zhuang – nicht darum, dem Unbewussten oder Irrationalen Raum zu geben. Der Weise, der das Nicht-Denken bewusst praktiziert, erfährt in einem Schub die größtmögliche Freiheit von den Dingen als Durchgang zur höchsten Erleuchtung: »Wer den Kern der Plötzlichkeit des Nicht-Gedankens erfasst, wird den Rang Buddhas erreichen.«

In der Meditation leer zu werden und alles Vergängliche schon im irdischen Leben hinter sich zu lassen, lehrte der historische Buddha. Die Meditation blieb ein wichtiges Mittel auf dem Weg zur Erlösung bei allen, die sich auf den großen Lehrer beriefen, auch wenn sie nicht allen seinen Anweisungen folgten. Für den Chan-Buddhisten lag in der Meditation eine Möglichkeit, schlagartig frei zu werden und so den Durchbruch zur Buddha-Natur und damit zu sich selbst zu erlangen.

Neben diesem traditionellen Zugang fanden andere, bisher unbekannte Praktiken Eingang in die religiöse Erfahrung. Sie erwuchsen aus der Überlegung, dass Durchbruch und Ausbruch am Besten in einer ausweglosen Situation gelingen, in die der Lehrer seinen Schüler bewusst hineindrängt – auch wenn der Betroffene das als willkürliches, irrationales Verhalten wahrnimmt. Ein Chan-Dialog demonstriert die neue schockierende Methode:

»Ein Mönch fragte: Meister, welcher Überlieferung gehört Ihr an? – Der Meister erwiderte: Als ich noch Schüler von Huangbo war, stellte ich ihm diese Frage dreimal und wurde dreimal von ihm geschlagen. – Der Mönch war unschlüssig, was er dazu sagen sollte. Da schrie ihn der Meister unvermittelt an, gab ihm Hiebe und rief: Nagle keinen Stock in den leeren Raum.«

Wer glaubt, diese Szene mit denkerischer Höchstleistung enträtseln zu können, hat schon verloren. Es ist ein Dialog aus dem neunten Jahrhundert zwischen Meister und Schüler, einer von hunderten, die typisch sind für den Chan-Buddhismus und unter der Bezeichnung Gong'an (chinesisch für Bekanntmachung, japanisch »koan«) über Generationen weitergegeben und gesammelt wurden. Ihre zentrale Botschaft: In der Ausweglosigkeit des Denkens, das keinen vernünftigen Sinn finden kann, entsteht der Zweifel.

Wer den Zweifel zulässt – über Stunden und Tage, beim Gehen, Sitzen und Liegen, als habe er »einen glühenden Eisenball verschluckt« –, hat gewonnen: »Unter dem großen Zweifel existiert notwendig die große Erleuchtung.« Schockartig wird sie den Suchenden überfallen, wenn es ihm gelingt, jede Zielstrebigkeit und alles vorgefasste Denken aufzugeben.

Wie in Europa gerade die Söhne und Töchter reicher Eltern vom Bettelorden des heiligen Franziskus angezogen wurden, gerieten in China vor allem die Gebildeten in den Bann des Chan-Buddhismus, seiner Lehre vom Zweifel und vom Nicht-Denken. Hier erlebten sie – im Namen Buddhas –, was den weise-spöttischen Meister Zhuang bei aller Differenz mit dem nüchtern-skeptischen Konfuzius verbindet: Der Mensch findet kein Heil in himmlischen, außerirdischen Gefilden. Der Chan-Buddhismus zielt wie die beiden großen Philosophen Chinas in das Innere des Menschen. Dort ist der Sitz der Buddha-Natur, die Identität, die in der spontanen Erleuchtung erkannt wird.

Es war kein so weiter Weg von diesem buddhistischen Ziel zum Ideal des gelehrten konfuzianischen Beamten, der sich nach einem kleinen Landgut oder einer stillen Klause in den Bergwäldern sehnte, um zu sich selbst zu finden. Tao Yuanming, der nach dreizehn Beamten-Jahren alles hinwarf, auf sein Landgut zurückkehrte und einer der größten Dichter Chinas wurde, hat die Zerrissenheit zwischen Pflicht und Neigung durch sein Gedicht »O Heimkehr« unsterblich gemacht. Tao war mit dem Mönch Huiyan befreundet, der die Lehre vom Buddha Amitabha und dem Paradies im Westen, dem »Reinen Land«, populär machte. Die entlegenen buddhistischen Klöster, die allen offen standen, die Rast- und Pilgerstätten auf dem Land verkörperten jenen Frieden, den die Lehre des Buddha versprach, wenn der Mensch die lärmende Welt mit ihrer Vergänglichkeit hinter sich ließ.

Der Staatsmann und Philosoph Liu Zongyuan, ein angesehener Dichter der Tang-Zeit, war kein Buddhist, vielmehr ein Verehrer der konfuzianischen Klassiker. Dennoch zog es auch ihn in die klösterliche Einsamkeit der Mönche. Dem inneren Frieden, den die heiligen Texte versprachen, war der hohe konfuzianische Beamte nicht abgeneigt. Das Gedicht »Morgendlicher Besuch im Kloster von Meister Chao zur Lektüre der Sutren« entstand, als Liu Zongyuan zwischen 806 und 815 in der Verbannung lebte

Im Hof des Mönchs herrscht eine tiefe Ruhe,
das dunkle Moos reicht in des Bambus Tiefen.
Die Sonne kommt, doch Dunst und Tau verharren,
vom nassen Glanz die grünen Kiefern triefen.
Das Wort versagt vor diesem tiefen Frieden:
der Einsicht Glück – hier ist es mir beschieden!

Im Jahre 819 fühlte sich Han Yu, Prosa-Schriftsteller und hoher Beamter, in seiner Funktion als kaiserlicher Zensor verpflichtet, ein Memorandum an den Kaiser zu schreiben: »Buddha war ein Barbar, der nicht Chinesisch sprach und Gewänder von anderem Zuschnitt trug. Er verstand weder etwas von den Pflichten zwischen Herrscher und Untertan, noch von den Gefühlen zwischen Vater und Sohn. ... Wie in aller Welt kommt es dann, dass jetzt, wo er schon seit langem tot ist, sein verrottetes Gebein in allen Ehren Zugang zum Palast erhält? Hat nicht Konfuzius gesagt: Respektiert Geister und Dämonen, aber haltet Euch fern von ihnen?«

Was war geschehen, das eine solche vernichtende Kritik am Kaiser und dem allseits geachteten Buddhismus rechtfertigte?

Ein Kloster nahe der Hauptstadt Chang'an beherbergte als kostbaren Schatz einen Knochen Buddhas. Alle dreißig Jahre wurde die heilige Reliquie der Öffentlichkeit präsentiert und mit einer Prozession für drei Tage in den kaiserlichen Palast nach Chang'an überführt. Es war ein gewaltiges Spektakel und ein frommes Erlebnis für Zehntausende von

Gläubigen und Pilgern, die aus dem ganzen Reich kamen. Ein festliches Ereignis, das Buddhisten, Daoisten und Konfuzianer und Menschen aller Schichten zusammenführte. Nun diente dieses Ereignis dem Beamten Han Yu, gegen die angeblich barbarische Religion Stimmung zu machen.

Der Zensor Han Yu bündelte mit seinem provokanten Memorandum Fremdenfeindlichkeit, Sehnsucht nach den eigenen konfuzianischen Wurzeln, die seit Jahrhunderten in den Hintergrund gedrängt waren und den Vorwurf, die buddhistischen Klöster hätten ein skandalöses Vermögen angehäuft, zu einer brisanten Mischung. Für den eifernden Kritiker, der von seiner Mission für das konfuzianische Erbe überzeugt war, waren die Daoisten nur verkappte Buddhisten, die konfuzianische Begriffe okkupierten, um damit Gläubige einzufangen. In seiner Schrift »Der Ursprung des DAO« forderte er einschneidende Maßnahmen gegenüber buddhistischen wie daoistischen Mönchen: »Man muss sie wieder zu Laien machen, ihre Bücher verbrennen und aus ihren Klöstern Wohnungen machen.«

Für diesmal reagierte der Kaiser allergisch. Han Yu musste als Verbannter die Hauptstadt verlassen. Seine Familie folgte ihm in den Süden. Auf dieser Reise starb die achtjährige Tochter Na, der der Vater ein herzanrührendes Requiem widmete.

Han Yu wurde wenig später rehabilitiert. Die Politik, die eine Finanzkrise nicht in den Griff bekam, verbündete sich nun mit einer anti-buddhistischen Stimmung und jenen Mitgliedern der Elite, die eine Wiederbelebung der konfuzianischen Lehre und damit der alten chinesischen Werte und Lebensweise durchsetzen wollten. Von 842 bis 845 kam es zu bisher einmaligen Verfolgungen des Buddhismus, die sich allerdings nicht gegen den religiösen Inhalt der Lehre richteten. Kein Mönch und keine Nonne landete auf dem Scheiterhaufen. Gebrochen werden sollte die wirtschaftliche Machtstellung der Klöster. Tatsache ist, dass die buddhistischen Klöster den meisten Grundbesitz im Land besaßen. Die größten Vorräte an Edelmetallen lagerten in Form von Glocken, Statuen und Kultgeräten in den Klöstern.

Nachdem im ganzen Reich Inventur gemacht worden war, wurden etwa 5,4 Millionen Hektar Klosterland eingezogen, rund 260000 Mönche und Nonnen in den Laienstand zurückversetzt, 4600 Klöster und 40000 kleine Kultstätten zerstört. Die beschlagnahmten Edelmetalle wurden eingeschmolzen und Münzen daraus geschlagen.

Endete so eine eindrucksvolle Erfolgsgeschichte? Begann der Niedergang des chinesischen Buddhismus, der in Zweitrangigkeit, vielleicht Bedeutungslosigkeit führte? Hatten all die Buddhas und Bodhisattvas, die heiligen Texte und die fröhlichen Feiertage ihre Schuldigkeit getan? Würde die Lehre des Konfuzius wieder den ersten Platz in den Herzen der Menschen einnehmen und ihre alte Vormachtstellung zurückgewinnen?

Vielleicht stand die Lehre Buddhas, die in China eine andere geworden und das Riesenreich mit seinen Menschen verwandelt hatte, ebenfalls unter dem Gesetz der Vergänglichkeit. So wie es das »Sutra der 42 Abschnitte«, das am Anfang der buddhistischen Mission von Indien nach China gebracht worden war, verkündet: »Der Buddha sagt: Betrachte Himmel und Erde und bedenke, dass sie keinen Bestand haben.«

10

MIT KONFUZIUS GEGEN BUDDHA
oder
DIE JUGENDLICHE DICHTERIN ZEIGT FLAGGE

Das Ziel: drei Religionen im Gleichklang – Die konfuzianische Avantgarde: zurück zur reinen Lehre – Zhou Dunyi: seine Wiese blieb ungemäht – Zhang Zai: die Kraft des QI – Cheng Yi: Distanz zu Frauen und Tee – Ouyang Xiu: die Herzen zurückerobern – Mönche für die Beamtenfrauen – Der Kaiser besucht die Universität – Die Rache der Reformpolitiker – Zhao macht Karriere, Li wird strafversetzt – Konkubine Liu triumphiert – Su Dongpo: Verbannung – Li Qingzhao schreibt ein brisantes Gedicht – Der Kaiser stirbt unerwartet – Eine verblüffende Heirat

Das provokante Memorandum des hohen Beamten Han Yu an den Kaiser, in dem er gefordert hatte, den Buddhismus gewaltsam zu unterdrücken, machte in den führenden Kreisen von Chang'an, der Hauptstadt der Tang-Dynastie, die Runde. Knapp dreihundert Jahre später, gegen Ende des elften Jahrhunderts, konnten die Dichter und gelehrten Beamten in Kaifeng, der Hauptstadt der Song-Dynastie, ein Gedicht lesen, das Aufsehen erregte. Unter dem Deckmantel zurückliegender historischer Ereignisse wurde darin scharfe Kritik am Kaiser und seinen Beratern geübt. Verfasst war es von Li Qingzhao, der Tochter des Direktors der National-Universität.

In welchem Jahr genau dieses Gedicht entstand, ist nicht bekannt. Aber ob Li Qingzhao, 1084 geboren, nun sechzehn oder siebzehn Jahre alt war, tut nichts zur Sache. Die Tochter aus bestem Hause hatte ihre poetischen Ambitionen nicht auf gefällige Naturlyrik gerichtet, sondern sich in aufgewühlten Zeiten an ein brisantes politisches Thema gewagt. Und niemals hätten Lis Zeilen die Frauengemächer verlassen, hätte nicht ihr Vater, der angesehene Gelehrte Li Gefei, dieses Gedicht aus Überzeugung seinen Freunden unterbreitet. Dies waren nicht die Zeit und die Gesellschaftsordnung, um dem pubertären Übermut eines Teenagers freien Lauf zu lassen. Mutig war das Gedicht, und es bewies: Seine jugendliche Verfasserin kannte sich aus, was Chinas Vergangenheit und was die zentralen Diskussionen der Elite im Song-Staat betraf.

Erinnern wir uns: Unter Kaiserin Kao, die nach dem Tod von Kaiser

Shenzong im Jahre 1085 die Regentschaft für den noch zu jungen Erben übernommen hatte, wurden die umstrittenen Neuen Gesetze des Kanzlers Wang Anshi, die den Staat aus der Finanzkrise führen und reformieren sollten, sofort und gründlich rückgängig gemacht. Nachdem die Reformer fünfzehn Jahre lang die Konservativen gedemütigt hatten, war die Reihe an den Reformern, entlassen, degradiert und verbannt zu werden. Die Kaiserin berief Sima Guang, den Philosophen und Schriftsteller, als Kanzler des Reiches. Der hohe Beamte Su Dongpo, in der Verbannung endgültig zum populärsten und angesehensten Dichter Chinas geworden, wurde mit dem ehrenvollen Amt eines Hanlin-Gelehrten ausgezeichnet und wenig später zum kaiserlichen Sekretär ernannt.

Der Streit zwischen den Lagern wurde mit einer Erbitterung geführt, mit Ausgrenzungen und Erniedrigungen, die der ausgleichenden Tradition des Konfuzianismus Hohn sprachen. Er stand auch im Widerspruch zur Philosophie des Song-Staates, der auf eine Zivil-Gesellschaft setzte. Eine Hauptursache für die ungewohnte Feindseligkeit war, dass sich im letzten Drittel des elften Jahrhunderts zwei unabhängige Entwicklungen auf verhängnisvolle Weise überlagerten.

Um ihre unterschiedlichen politischen Standpunkte zu stützen, beriefen sich die führenden Konservativen wie die Reformanhänger auf die Lehre des Konfuzius. Und das waren keine leeren Worte. Alle besaßen eine umfassende klassische Bildung, konnten auf erfolgreiche staatliche Beamten-Prüfungen verweisen. Unabhängig von ihrer politischen Einstellung war diese Generation entschlossen, die Jahrhunderte währende Vormachtstellung des Buddhismus bei einfachen wie gebildeten Chinesen zu beseitigen. Die Lehren des Konfuzius sollten wieder den führenden Platz einnehmen.

Es ging nicht nur um Finanz- und Wirtschaftsfragen, um mehr oder weniger Steuern, um mehr oder weniger Beamte. China – das mächtige Reich, wo der »Sohn des Himmels« über »Alles unter dem Himmel« herrschte – sollte zu seinen eigenen, wahren Werten zurückfinden. Was für ein Ziel!

Aber im Streit über den Weg dorthin verloren beide Lager das gemeinsame Ziel aus den Augen, überzeugt, jeweils die alleinige Wahrheit zu besitzen. Um sie durchzusetzen, war jedes Mittel recht. Es ging eben nicht um eine sachliche Auseinandersetzung, die gemäß der Tradition am Ende zum Kompromiss führen musste, sondern um Gut oder Böse. Beide Seiten verdrängten, dass sie damit eklatant gegen den gemeinsamen Maßstab konfuzianischer Moral verstießen. Je länger der Kampf dauerte, um so mehr prägten seine hässlichen Züge die Streitenden, schoben sich Machterhalt und persönliche Intrigen an die Stelle hehrer Grundsätze.

Mit dem Tod des Reformkaisers Shenzong 1085 und der tatkräftigen Politik der Kaiserin Kao schien der Sieg der Konservativen endgültig. Es gab eine Menge zu tun für die neue Regierung. Die Redakteure in den kaiserlichen Archiven machten Überstunden, um eine Bilanz der Regierungszeit des verstorbenen Kaisers zu erstellen. Aus Fehlern zu lernen war keine Schande. Bei dieser Arbeit trafen sich der Beamte Huang Tingjian, der zum Freundeskreis von Su Dongpo gehörte, und der Beamte Zhao Tingzhi, von dem seine Kollegen sagten, dass er geschickt sein politisches Mäntelchen nach dem Wind hängte. Zhao, der sich gerne in helles Licht rückte, war ein beliebtes Ziel für Huangs Spottlust. Alle lachten, wenn der den Kollegen Zhao mal wieder wegen seines bäuerlichen Appetits verspottete – »Immer nur Klöße!«.

Bei allem Spott: Die Beamten-Kollegen wussten und erkannten es neidlos an, welche hochkarätige Sammlung an alten Büchern, Abreibungen von Stein-Inschriften, Siegeln, kostbaren Kalligrafien und archäologischen Stücken Zhao Tingzhi besaß. Aber trotz solcher Schätze gehörte der politisch unsichere Kantonist Zhao nicht zum Netzwerk der gelehrten Dichter-Maler-Beamten, das in Kaifeng mit Beginn der konservativen Ära wieder aufblühte und nach Feierabend die Gesinnungsgenossen zusammenführte: zu geselligen Abenden, wo man in Dichtung und Malerei wetteiferte; zu Ausflügen in die Umgebung; zu langen Stunden in Restaurants und Weinlokalen, wo gebildete und schöne Frauen den Männern die Zeit mit Gesang und Musik füllten. Es waren heitere Stunden, bei denen der Wein nicht ausging. Und warum sollten in lockerer Atmosphäre nicht auch ernste Gedanken ausgetauscht werden?

Immer wieder kreisten die Gespräche um ein Thema, das seit einer Generation den führenden Männern der gelehrten Beamtenschicht keine Ruhe ließ. Anfang der siebziger Jahre hatten sich die Brüder Cheng Hao und Cheng Yi mit ihrem Onkel Zhang Zai getroffen. Hinterher erzählten die Brüder, was sie während ihres Gesprächs besonders beschäftigt hatte: »Bei unserm gestrigen Treffen sprachen wir ausführlich über den Chan-Buddhismus.« Die drei Männer waren für interessierte Zeitgenossen keine Unbekannten. Sie gehören zu den herausragenden konfuzianischen Philosophen des elften Jahrhunderts.

In den Geschichtsbüchern wird diese Avantgarde als »Neokonfuzianer« etikettiert und mit ihnen alle, die in den folgenden Jahrhunderten in ihren Spuren, wenngleich oft nicht in ihrem Sinne wandelten und China gründlich veränderten. Die neuen Denker haben sich selbst nicht so genannt, wie es auch für das Wort »Konfuzianismus« in Chinesischen keine Entsprechung gibt. Er ist eine übergreifende theoretische Konstruktion, von Nicht-Chinesen erdacht. Aber das hat sich eingeprägt – bleiben wir dabei.

Die konfuzianischen Gelehrten des elften Jahrhunderts wollten nur eins: die ursprüngliche Lehre vom Meister Kong wieder ans Licht bringen und fortentwickeln, um damit die große Mehrheit der Chinesen zurückzugewinnen, die sich seit einem halben Jahrtausend mit ihren emotionalen Bedürfnissen im Buddhismus besser aufgehoben fühlte.

Das Memorandum von Han Yu an den Kaiser aus dem Jahre 819, ausgelöst durch die Verehrung der buddhistischen Reliquie im Kaiserhaus, war als ein vereinzelter Weckruf noch ohne tiefergehende Wirkung geblieben. Die Verfolgungen der Buddhisten zwischen 842 und 845 blieben Einzelaktionen. Doch mit dem Aufschwung des wieder geeinten China unter der Song-Dynastie fanden die Appelle von Han Yu, dass China wieder den wahren Weg des Konfuzius betreten müsse, Widerhall unter der geistigen Elite.

Allerdings war die Ausgangslage eine andere. Im Gegensatz zu Han Yu lehnten die Song-Konfuzianer Gewalt im Wettbewerb der Religionen und Philosophien strikt ab. Sie erkannten selbstkritisch, dass der Buddhismus von gravierenden Leer-Stellen in der Lehre des Konfuzius profitierte. Diese Einsichten spiegeln das geistige Milieu des Song-Staates, der auch in religiösen Dingen auf Austausch und Ausgleich und nicht auf Konfrontation setzte.

In den ersten Jahrzehnten der Song-Herrschaft sah es keineswegs nach einer neuen Vormachtstellung des Konfuzius aus. Taizu, der als Gründungskaiser der Song-Dynastie im Jahre 960 auf den Thron kam, konnte die Eliten für seine Vision einer Zivil-Gesellschaft gewinnen. Er kümmerte sich persönlich darum, dass das Gleichgewicht zwischen den religiösen Interessengruppen gewahrt blieb und alle harmonisch die neue Reichseinheit stützten. Auf der einen Seite besuchte er mehrmals demonstrativ die konfuzianische Akademie, spendete großzügig für deren Wiederaufbau und entwarf Inschriften für Konfuzius-Statuen. Die Lehre des verehrten Meisters blieb unangefochten Staatsphilosophie.

Aber zu den Institutionen, die der Kaiser förderte und sichtbar unter seinen Schutz nahm, gehörten ebenso die buddhistischen Klöster.

Nach den staatlichen Verfolgungen Mitte des neunten Jahrhunderts hatte es 955 noch einmal eine kurze Vertreibung der Mönche und Nonnen gegeben, aber damit war es nun endgültig vorbei. Neben den politischen festigten persönliche Gründe das neue Bündnis. Während der kritischen Tage der Machtübernahme war Taizus Mutter in einem buddhistischen Kloster vor den Gegnern geschützt worden. Das Kaiserhaus vergaß das nicht. Noch im Jahre 960 wurden auf einen Schlag rund 8000 Mönche und Nonnen ordiniert, und Kaiser Taizu nahm demonstrativ an dieser feierlichen Handlung teil. Zwischen 976 und 982 fanden weitere Massenordinationen von über 170000 Menschen statt. Bei einer dritten Veranstaltung im Jahre 1019 sollen etwa 230000 Männer und Frauen zu Mönchen und Nonnen geweiht worden sein.

Die Zahlen schließen auch daoistische Mönche und Nonnen ein. Doch die ganz überwiegende Zahl der Ordinierten bevölkerte buddhistische Klöster und Einsiedeleien, Pilgerstätten und Tempelanlagen. Keine Rede von Rückzug oder Niedergang. Unter der Song-Herrschaft nahm die chinesische Lehre des Buddha einen prominenten Platz im Bewusstsein der Öffentlichkeit und bei Hofe ein.

Die Gunst der Song-Kaiser war unübersehbar: Nach dem Protokoll erschienen die buddhistischen Mönche bei staatlichen Ritualen und Feiern vor den Daoisten und begaben sich auf die linke, bessere Seite. Für das Jahr 971 meldet die offizielle Chronik einen Riesenauftrag für eine Druckerei in Sichuan: »Es erging ein kaiserlicher Auftrag an die Verwaltung, zwei Ausgaben der buddhistischen Schriften, eine mit goldenen, die andere mit silbernen Lettern herzustellen.« Als der erste gedruckte buddhistische Kanon fertig war, hatten Meister ihres Fachs insgesamt einhundertdreißigtausend Druckstöcke aus Holz geschnitzt.

982 wurde in einem Kloster von Kaifeng mit kaiserlicher Unterstützung ein Übersetzungsbüro eingerichtet. Dank der stabilen politischen Lage pilgerten chinesische Buddhisten wieder nach Indien und brachten neue Sanskrit-Texte aus dem Lande Buddhas mit. Bis 1035 wurde das Büro von fünf auf einhundertachtunddreißig Übersetzer aufgestockt. Es entstand ein Chinesisch-Sanskrit-Wörterbuch, für das der Kaiser ein Vorwort schrieb.

Wie sehr die Song-Kaiser persönlich engagiert waren, bewies Kaiser Taizong, der 976 seinem Bruder Taizu als »Sohn des Himmels« nachfolgte. Kaiser Taizong war von dem buddhistischen Mönch Zan Ning so beeindruckt, dass er ihn an einem Tag sieben Mal in den Palast rufen ließ. Zan Ning hatte im eroberten südlichen Königreich um die Hauptstadt Nanjiing zu den einflussreichsten Beratern gehört und war vom dortigen – geschlagenen – Herrscher als Zeichen der Unterwerfung nach Kaifeng geschickt worden.

982 erhielt Zan Ning vom Kaiser den Auftrag, ein Werk mit den Biografien vorbildlicher buddhistischer Mönche zu schreiben. Sechs Jahre später übergab der Autor dem Kaiser das erste Exemplar. Es enthielt fünfhundertdreißig Biografien, und Zan Ning bekam als Zeichen besonderen Wohlwollens vierunddreissig Ballen Seide geschenkt. Schon 990 machte sich Zan Ning erneut ans Werk. Diesmal verfasste der gelehrte buddhistische Mönch auf Wunsch des Kaisers zusammen mit einem daoistischen Priester einen »Bericht über Heilige und Weise der Drei Lehren«.

Zan Ning war sich mit seinem kaiserlichen Förderer und Bewunderer einig, dass die drei Religionen sich nur unter dem schützenden Dach des Staates frei entfalten konnten. Kritik aus den eigenen Reihen an seiner allzu großen Nähe zu den Machthabern nannte Zan Ning kleinlich und kurzsichtig: »Wenn man mit Königen und Ministern keinen Umgang pflegt, wie kann man dann die Religion verbreiten und zur Darstellung bringen?«

Kaiser Taizong war es Ernst mit dem versöhnlich-anregenden Miteinander der Religionen. Er ernannte den buddhistischen Mönch Zan Ning zum Hanlin-Gelehrten – die größte Ehre, die der Staat an konfuzianische Gelehrte zu vergeben hatte. Eine Sensation, aber nicht auch ein Skandal? Ein missbilligendes Raunen ging durch die Reihen der gelehrten Beamten, die als Amtsträger Sachwalter der konfuzianischen Lehre waren. Am Ende sprach es für ihre Aufgeschlossenheit, dass die Song-Elite vor diesem rundum gebildeten Mönch kapitulierte und Zan Ning als ebenbürtigen Kenner der konfuzianischen Klassiker und Kommentare anerkannte.

Auch der dritte Song-Kaiser hielt sich aus Überzeugung an die Religionspolitik seiner Vorgänger. Zum einen gab er der wieder aufkeimenden Abneigung gegenüber dem Buddhismus unter seinen Beamten nicht nach. Sie wollten ihn im Jahre 1015 davon abhalten, am buddhistischen Laternenfest über dreißig Tempel zu besuchen und sich dabei viele Male vor den Buddha-Statuen zu verbeugen. Das sei unwürdig für den »Sohn des Himmels«. Der Kaiser machte unbeirrt seinen Rundgang durch die Tempel und verbeugte sich.

Um seine tolerante Politik abzusichern, berief er eine große Versammlung mit angesehenen buddhistischen Mönchen, daoistischen Priestern und hohen konfuzianischen Beamten in seinen Palast. Das Fazit der Religionsvertreter: »Die drei Lehren sind in ihrem Endziel wie eine. Im Grunde gehen sie alle darauf aus, die Menschen zum Guten anzuhalten.« In der Praxis folgte daraus, dass alle gleichberechtigt waren und vom Staat, zu dessen Stabilisierung sie mit ihren Lehren beitrugen, gleich gut behandelt wurden.

Mit der zweiten Hälfte des elften Jahrhunderts kam eine neue Generation von Gebildeten zu Wort. Sie fühlten sich gemäß der Staatsphilosophie zu Toleranz in religiösen Dingen verpflichtet und waren bereit, im pluralistischen Wettbewerb der Ideen anzutreten. Verbunden mit dieser Offenheit war die Überzeugung, dass es nur eine Wahrheit gab, den konfuzianischen Weg, und dass sich dieser Weg – DAO – durch Argument und Vorbild durchsetzen würde. Für dieses Ziel unternahmen die neuen Philosophen eine intensive geistige Anstrengung.

Am Anfang stand eine kritische Analyse. Weil die Lehre des Konfuzius den bedrängenden Fragen nach dem Sinn des Lebens und wie es nach dem Tod weitergeht, auswich, gingen die Menschen zu den Mönchen. Bei Predigt und Gesang und in der Hoffnung auf die hilfreichen Bodhisattvas und das Paradies des Buddha Amitabha fanden sie Trost und Frieden. Die neuen Denker wussten: Sie mussten die Sinnfragen, aber auch die kosmische Dimension, die die Daoisten pflegten, überzeugender in das konfuzianische Gedankengut integrieren.

Die Philosophen, die sich an das konfuzianische Projekt wagten und von den China-Experten als »Neokonfuzianer« etikettiert werden, sind dem europäischen Geisteshorizont fremd. Aber diese Denker haben es verdient, in ein weltweites historisches Gedächtnis Eingang zu finden. Auch als eine Art von Wiedergutmachung: weil ihre philosophischen Nachfolger ab dem zwölften Jahrhundert als die wahren »Neokonfuzianer« in Erinnerung geblieben sind – mit einer starren, intoleranten Lehrmeinung, die den kreativen Aufbruch der Pioniere zu Unrecht verdunkelt hat, China in ein orthodoxes Denk- und Staatskonzept zwang und die Lehren des Konfuzius bis in unsere Zeit in Misskredit geraten ließ.

Vor allem aber führen die Pioniere geradewegs zu zwei unserer Hauptpersonen, die von der neuen konfuzianischen Landschaft geprägt wurden: zu Li Gefei, der in seiner Heimatprovinz Shandong und dann als Direktor der National-Universität in Kaifeng die konfuzianischen Klassiker lehrte, und zu Li Qingzhao, seiner Tochter, die in ihrem frühesten erhaltenen Gedicht mit konfuzianischer Strenge auftritt.

Einer der neuen Denker ist Zhou Dunyi (1017–1073), ein erfolgreicher Beamter, der in jungen Jahren von einem daoistischen Mönch ein Diagramm mit der Kennzeichnung »Tafel der höchsten Grenze« geschenkt bekommt. Zhou wird die polare Struktur des Kosmos nicht mehr loslassen: »Das Grenzenlose und dennoch die Höchste Grenze. Durch Bewegung schafft es das YANG, und hat diese Bewegung ihren Höhepunkt erreicht, so folgt daraus die Ruhe. Durch Ruhe schafft es das YIN und hat diese Ruhe wiederum ihren Höhepunkt erreicht, so kehrt es zur Bewegung zurück.«

Es sind weit zurückgehende daoistische Traditionen, die Zhou endgültig in den Konfuzianismus integriert: die Abfolge von YIN und YANG, die fünf Substanzen Wasser, Feuer, Holz, Metall, Erde und die Jahreszeiten, die zu allem in wechselseitiger Verbindung stehen. Die Liebe dieses Konfuzianers zur Natur ging so weit, dass er die Wiese vor seinem Arbeitsstudio niemals mähen ließ. Neben dem Daoismus schätzte und praktizierte Zhou Dunyi buddhistische Meditation.

Da ist Zhang Zai (1020–1077), Onkel der zwei berühmten Cheng-Brüder. Auch Zhang machte neben seiner Tätigkeit als Lehrer der konfuzianischen Klassiker Karriere als Beamter. Er stellt den uralten Begriff des QI – Atem, Lebenskraft, Grundstoff – in das Zentrum seiner Fortentwicklung der konfuzianischen Lehre. Damit folgt er den Spuren von Meister Zhuang, der im daoistischen Klassiker »Zhuangzi« schreibt: »Der Mensch verdankt sein Leben einer Kondensation des QI. In der Konzentration ist er Leben, wenn es sich auflöst, bedeutet das den Tod.« Für den ersten Klassiker der traditionellen Medizin – vor der Zeitenwende geschrieben – ist QI der Lebensstoff, der alles fließend zusammenhält und bei Krankheiten mit Körperübungen gestärkt und wieder ins Gleichgewicht gebracht wird.

Zhang Zai geht davon aus, dass diese Kraft – bei ihm meist als Ätherstoff übersetzt –, den Menschen und alle Einzelerscheinungen erfüllt und alles mit dem Kosmos verbindet. Auch dieser Konfuzianer war durch ein intensives Studium von Buddhismus und Daoismus gegangen, bevor er den Ätherstoff als das konfuzianische DAO und damit die einzige Wahrheit erkannte. Eine Wahrheit, die für Zhang konkret und real ist und die buddhistische Weltsicht, dass alles Illusion sei, widerlegt: »Dieses DAO bewegt den Himmel, es trägt die Erde, es lässt die Sonne und den Mond leuchten ... es bewegt den Wind und die Wolken, lässt die Flüsse und Ströme fließen ... von den Wurzeln bis ins Geäst von oben bis unten, alles beruht auf dem einen DAO.«

Vehement wendet sich Zhang Zai gegen die buddhistische Auffassung, dass der Tod die Auslöschung im Nirvana bedeutet. Der Ätherstoff ist eine Realität jenseits aller Materie, die im Tod verwandelt, aber nicht zerstört wird. Wie Zhou Dunyi stützt sich Zhang Zai auf eine kosmische Realität, um die Lehre des Konfuzius wieder im Volk populär zu machen. In seiner »Westinschrift« hat dieser Philosoph mit zu Herzen gehender Weisheit und Poesie sein Glaubensbekenntnis formuliert, das Konfuzianismus, Buddhismus und Daoismus zu einem Lebensgefühl verbindet: »Der Himmel ist mein Vater, und die Erde meine Mutter, und selbst ein so kleines Wesen wie ich findet einen traulichen Platz in ihrer Mitte. Deswegen betrachte ich alles, was den Kosmos lenkt, als meine eigene Natur. Alle Menschen sind meine Geschwister und alle Dinge meine Gefährten ... Im Leben will ich Himmel und Erde nachfolgen und dienen, im Tode werde ich meinen Frieden finden.«

Da sind die Brüder Cheng Hao (1032–1085) und Cheng Yi (1033–1108), die auf den Überlegungen ihres Onkels Zhang Zai und des bewunderten Zhou Dunyi aufbauen und einen neuen alten Begriff zum Angelpunkt ihres philosophischen Systems machen. Konfuzius hatte darauf bestanden, dass im Umgang der Menschen miteinander und mit dem Himmel Regeln und Formen keine zu vernachlässigenden Äußerlichkeiten sind. Riten, Rituale, Zeremonie – für alles das steht der Begriff LI, den die Brüder Cheng zum »Prinzip«, zum Urgrund dessen erklärten, »durch den die Dinge so sind, wie sie sind«. Alles, was existiert, hat sein eigenes, wesentliches Prinzip, »so hat zum Beispiel das Feuer das, wodurch es heiß, und das Wasser das, wodurch es kalt ist«.

Der gesellige Cheng Hao begann neben seiner Tätigkeit als konfuzianischer Lehrer eine erfolgreiche Beamtenkarriere. Der rigorose Cheng Yi lehnte alle Angebote des Staates ab, um keine Kompromisse machen zu müssen. Er verzichtete auf Sänfte und Wein und verweigerte sich einer Einladung, bei der die Bilder-Sammlung des Gastgebers gezeigt werden sollte, mit schroffer Ehrlichkeit: »Ich mag keinen Tee und kenne mich mit Malerei nicht aus.« Beide sammelten eine motivierte Schülerschar um sich und traten selbstbewusst als die einzigen Wiederentdecker und Bewahrer der reinen Lehre des Konfuzius auf.

Nach dem frühen Tod seines Bruders wurde Cheng Yi von Kaiserin Kao zum Erzieher des jugendlichen Thronerben bestellt. Der Lehrer stellte an seinen Schüler allerhöchste moralische Ansprüche und ermahnte den angehenden Kaiser ohne Unterlass, sich von den Verlockungen des weiblichen Geschlecht fernzuhalten.

Einer, der für solche asketischen Lebensziele und eine engherzige Auslegung des Konfuzius nur Verachtung übrig hatte, war Su Dongpo, der lebensfrohe Genießer. Der Dichter und enge Vertraute der Kaiserin nutzte jede Begegnung, um Cheng Yi, der seine Positionen kompromisslos und mit versteinerter Miene vertrat, dem Gespött der Umstehenden preiszugeben. Die öffentlichen Zusammenstöße zwischen den beiden waren Stadtgespräch unter der Elite von Kaifeng. Doch alle wussten, dass sich unter dem oberflächlich-amüsanten Geplänkel Dynamit verbarg. Su Dongpo und Cheng Yi gehörten beide zum Lager der Konservativen. Aber es trennten sie Welten. Und es ging um Macht und Einfluss in einem Staat, der sich bewusst wieder auf den konfuzianischen Weg machen wollte.

Der konfuzianische Weg, für den der Dichter, Maler und gelehrte Beamte Su Dongpo mit seiner ganzen Autorität kämpfte, schloss das große kulturelle Erbe des Landes mit ein. Zusammen mit den konfuzianischen Klassikern waren Literatur, Malerei, Musik und Geschichte unentbehrliche Quellen, die den Menschen immer aufs Neue zu sich selbst und China zu seiner Identität führen sollten. Eine umfassende, den Menschen erziehende und erhebende Moral war ohne eine Kunst, die alle Sinne ansprach, für Su undenkbar. Und er wusste Meister Kong auf seiner Seite, der in der Musik das ideale Instrument zur Vollendung der Menschlichkeit sah und das »Buch der Lieder« mit seinen literarischen Texten über alles geschätzt hatte.

Für den rigiden Konfuzianer Cheng Yi dagegen war Kunst in jeder Variante nur Ablenkung und deshalb überflüssig, geradezu schädlich auf dem Weg zum konfuzianischen Heiligen. Moral pur lautete seine Botschaft. Ein Philosoph, der den Wein schätzte, war für Cheng Yi, dem schon der Tee ein zu verführerischer Genuss war, undenkbar. Die Attraktivität des Buddhismus leugnete er nicht. Typisch jedoch der Rat, den dieser Lehrer seinen Schülern gab: »Studenten müssen buddhistische Theorien einfach so behandeln wie verführerische Musik und schöne Frauen und sie auf Distanz halten.«

Bei aller Ablehnung jedoch folgte selbst der strenge Cheng Yi nicht mehr dem Argument, der Buddhismus sei eine fremde, barbarische Religion ohne eigenen Wert. Zwar qualifizierte er ihn als unlogisch und egozentrisch, aber »man kann nicht sagen, die Lehren des Buddhismus entbehrten der Weisheit, denn sie sind weit in den Bereich des Hohen und Tiefen eingedrungen«. Er und sein Bruder wussten, wovon sie sprachen und machten durch ihr Beispiel das Dilemma der Konfuzianer überdeutlich. Nachvollziehbar war, dass sich beide – wie ihre Vorbilder Zhang Zai und Zhou Dunyi – von daoistischen und buddhistischen Mönchen aus erster Hand informieren ließen. Cheng Hao soll zehn Jahre lang Chan-Buddhismus und Daoismus studiert haben.

Tatsächlich gingen die Kontakte der beiden konfuzianischen Lehrer weit über theoretische Studien hinaus. Die Mutter der Cheng-Brüder war eine Anhängerin des Chan-Buddhismus. Als sie gestorben war, nahm Cheng Hao in einem buddhistischen Tempel an einem Ritual für die Verstorbene teil und war tief beeindruckt. Man kann zudem davon ausgehen, dass er Chan-Klöster besuchte, um dort zu meditieren. Sein Bruder Yi wartete bis ins Alter, um dann enge schriftliche und persönliche Kontakte zu angesehenen Chan-Meistern zu pflegen und nahm an Meditationsübungen teil. Wie passte das zu seinem unerbittlichen Eintreten für die konfuzianische Lehre?

Die beiden Brüder waren keineswegs die einzigen unter den prominenten Konfuzianern, die nicht nach der Theorie lebten, die sie predigten. Auch Ouyang Xiu (1007–1072), den alle verehrten und dessen Einfluss auf das geistige Leben wie auf die Debatten bei Hofe für Jahre unübertroffen war, hat sich in seinen Schriften sehr grundsätzlich und entschieden für eine Renaissance des Konfuzianismus ausgesprochen. Der Staatsmann und vielgelobter Schriftsteller für Poesie und Prosa, Historiker und Archäologe, plädierte für eine nüchterne Bestandsaufnahme:

»Die Menschen haben sich in Scharen dem Buddhismus zugewandt, weil der Buddhismus für sich in Anspruch nimmt, Gutes zu tun. Seit langem haben vertraute buddhistische Lehren die Herzen des Volkes gewonnen. Von Riten und richtigem Verhalten, wie sie Konfuzius lehrt, war weit und breit nichts zu sehen oder zu hören. ... Oh! Wenn doch die Menschen überzeugt werden könnten, dass Riten und richtiges Verhalten zu guten Taten führen! Hat jemand Zweifel, dass sie dann in Scharen zu den Lehren des Konfuzius zurückkehren und ihnen folgen würden?«

Ouyang distanziert sich ausdrücklich von missionarischem Bekehrungseifer: »Wenn man den Menschen sagen würde, der Buddhismus ist verboten und hiermit sind Riten und richtiges Verhalten wieder eingeführt, würde man sie nur abschrecken. Man muss die Menschen Schritt für Schritt überzeugen ...« Vernunft und Einsicht sprechen für eine einfühlsame Überzeugungsarbeit und gegen staatliche Verbote.

Die skeptisch-rationale Sicht des gelehrten Beamten galt in bester konfuzianischer Tradition auch dem Himmel: »Mischt sich der Himmel in menschliche Angelegenheiten ein? Wir wissen es nicht, wir können nur in eigener Verantwortung die menschlichen Angelegenheiten verbessern.« Aber Ouyang Xiu verhehlte nicht, dass eine solche Begrenzung auf den weltlichen Bereich, die Fragen nach dem Sinn eines persönlichen Schicksals, nach Unglück und Leiden nicht befriedigend beantworten kann. Wie es einer seiner Vertrauten, der Bruder des großen Su Dongpo, formulierte: »Wenn man Schweres durchgemacht hat, drängt sich die Erkenntnis auf, dass man in den buddhistischen Lehren Halt findet.«

Selbst bei dem nüchternen Ouyang Xiu ist der Zwiespalt zwischen Worten und Taten groß. Zum einen wusste jeder, dass seine Frau und seine Kinder gläubige Buddhisten waren. Die erstaunte Frage, warum sein jüngster Sohn den Spitznamen »Mönch« trage, nahm der Vater mit Humor und erklärte, andere Eltern würden doch auch aus Spaß am Widerspruch ihre Söhne »Esel« oder ähnlich nennen.

Dem strikten konfuzianischen Gebot, am Grab der Eltern persönlich die Rituale der Ahnenverehrung vorzunehmen, kam der Vielbeschäftigte aus Zeitmangel nicht nach. Um keine buddhistischen Mönche als Vertreter darum zu bitten – wie es hohen Regierungsbeamten im konfuzianischen Song-Staat offiziell erlaubt war –, ließ Ouyang sich schließlich überreden, dass daoistische Priester seinen verstorbenen Eltern in Stellvertretung diesen wichtigen Dienst erwiesen.

Schließlich lernte er – gegen seinen Willen – in Kaifeng buddhistische Mönche näher kennen. Von deren Bildung, Weisheit und literarischen Qualitäten war der überzeugte Konfuzianer so beeindruckt, dass er für die Gedichtbände zweier Mönche das Vorwort schrieb. Je älter er wurde, desto mehr träumte er davon, dass der Kaiser »sich eines Tages mitfühlend erbarme und meinen alten Knochen gnädig gewähre ... heimzukehren zu Hütte und Feld«. Als der Wunsch endlich erfüllt wurde, studierte Ouyang Xiu buddhistische Texte. Das Gerücht ging um, nur der Tod habe seinen offiziellen Übertritt zu den Lehren Buddhas verhindert.

Auch Su Dongpo, dessen Prüfungs-Essay zum Staatsexamen der damalige Prüfer Ouyang Xiu als herausragend beurteilt hatte, war den Lehren des Konfuzius tief verbunden. Doch als Su – zusammen mit seinem Vater – seine Mutter begrub, wurden ihr zu Ehren einem buddhistischen Kloster die Bilder von sechs Bodhisattvas geschenkt. Die heiligen Helfer sollten den Seelenfrieden der Verstorbenen gewährleisten.

Er hatte keine Skrupel, als angehender Beamter seine Hochachtung für den Buddhismus offen zu zeigen. Schon in seinen ersten Ämtern suchte Su Dongpo buddhistische Klöster auf. Er war an einem ernsthaften Gedankenaustausch interessiert, begann Freundschaften mit Mönchen und Chan-Meistern zu schließen und ließ sich in heiligen Texten und Meditationsübungen unterweisen.

Zu den jährlichen Todestagen seiner Eltern verfasste der gelehrte Beamte Su Gebete, die vom Glauben an den Buddha Amitabha als Hüter des »Reinen Landes«, dem Paradies im Westen, zeugen: »Ich bete darum, dass meine Mutter und mein Vater, und alle mitfühlenden Lebewesen, sich im Westlichen Paradies aufhalten und rundum glücklich sind. Mögen alle sich der Unsterblichkeit erfreuen, ohne Anfang und ohne Ende.« Die Unsterblichkeit ohne Anfang und ohne Ende: Das war das buddhistische Nirvana, das nach der Zwischenstation im Paradies auf die erlösten Gläubigen wartete.

Inzwischen einer der höchsten und einflussreichsten Beamten im Reich, ließ Su nach dem Tod seiner zweiten Frau im Jahre 1093 den Sarg in einem buddhistischen Kloster der Hauptstadt zwischenlagern. Das war nicht ungewöhnlich, wenn das Grab auf dem Familienbesitz in heimatlicher Erde noch nicht hergerichtet war. Hundert Tage nach ihrem Tod überreichte der konfuzianische Staatsmann in einer feierlichen Zeremonie Bilder der zehn Schüler Buddhas – gemalt von seinem Freund, dem berühmten Li Gonglin – an die Mönche und bat sie, für seine verstorbene Frau einen Gottesdienst abzuhalten.

Zwei Jahre später starb, von Su Dongpo schmerzlich betrauert, die Konkubine, mit der er zusammenlebte. Als fromme Chan-Buddhistin hatte sie in ihrer Todesstunde Verse aus dem Diamant-Sutra gesprochen. Sie wurde in der Nähe mehrerer Tempel begraben, abends wehte der Wind das Geläut der Glocken über ihr Grab. Su betete bei einem nächtlichen Gottesdienst mit den Mönchen für ihren glücklichen Übergang in eine andere Welt.

Su Dongpo war ein großer Kommunikator, der sich gerne mitteilte.

Seine Kenntnisse und seine Bildung waren unübertroffen, sein spöttisches Geplänkel lockerte jede Party auf. Immer bereit, die Nächte bei anregender Gesellschaft und gutem Wein bis in den Morgen zu verlängern; zwischendurch ein Gedicht zu komponieren, ein Bambus-Bild oder eine Kalligrafie aufs Papier zu tuschen, um die sich die Kunstkenner eifersüchtig streiten würden; begeistert von seinen Meditationsübungen zu erzählen und von den Versuchen, vielleicht doch noch ein Mittel zur Unsterblichkeit aufzuspüren; bei Vollmond die Freunde zu einer Bootsfahrt entlang der »Roten Felswand« zu animieren, und in einem unsterblichen Gedicht festzuhalten, wie er der wehmütigen Stimmung an Bord seine kosmische Lebensphilosophie entgegensetzte: »Betrachte das Wasser und den Mond … die Dinge und wir selbst sind unsterblich … daran wird man sich immer freuen … ein grenzenloser Schatz …«

Das Leben war für Su eine Reise, ein ungewisser Aufenthalt und der Mensch wie eine Wildgans im Flug, die hier und da eine Fußspur im Sand hinterlässt und weiterfliegt in unbekannte Fernen. Der Dichter war ein Suchender und zugleich überzeugt: Inmitten der Ungewissheit und ohne sich an die Dinge zu binden, braucht der Mensch einen festen Stand, der aber nicht in einer einzigen Wahrheit begründet ist.

Su Dongpo war nicht zuletzt deshalb so populär – bei der Elite wie in breiten Volkskreisen – weil er vorlebte, wie man in Buddhismus, Daoismus und Konfuzianismus zugleich zu Hause sein konnte. In vielen Schriften hat der Staatsmann und Dichter unermüdlich für eine vielfältige, differenzierende Wahrheit geworben, die nicht ausgrenzt, sondern das Beste aus dem gemeinsamen Erbe zusammenführt.

Wer sich zu seinen Freunden zählte, wen der Unbestechliche mit seinem sachverständigen Lob bedachte – sei es in der Literatur oder in der Malerei –, der konnte stolz darauf sein. Li Gefei, Direktor der National-Universität, gehörte zu den Schriftstellern, deren Werk Su öffentlich lobte. Beide lernten sich 1086 persönlich kennen, als sie sich mit ihren Familien gerade in Kaifeng niedergelassen hatten. Wie hätten Li Gefei und seine Frau, von der es heißt, »sie verstand sich aufs Schreiben von Prosaliteratur«, und ihre Tochter Li Qingzhao, die in einem späteren Gedicht stolz über Vater und Großvater schreiben wird »ihr Ruhm als konfuzianische Gelehrte verbreitete sich in weitem Umkreis«, nicht von Sus Persönlichkeit beeindruckt sein sollen? Sie alle verband die Überzeugung, dass Kunst kein Selbstzweck ist. Sie wird getragen von einer elementaren Lebenseinstellung, die sich in der Krise bewähren muss.

Damit sind wir noch einmal an dem Punkt angelangt, wo sich um das Jahr 1070 die Wertmaßstäbe der neuen konfuzianischen Denker mit den Interessen und Anforderungen einer neuen Politik überschneiden. Mit der Rückendeckung des Kaisers fordert damals der Kanzler des Reiches, Wang Anshi, von den Beamten unbedingte Loyalität zu seiner Reformpolitik und duldet keine Kritik. Die konfuzianischen Lehrer Zhang Zai, Cheng Hao und Zhou Dunyi, angesehene Persönlichkeiten wie Ouyang Xiu und Sima Guang und der angehende Dichter Su Dongpo sind überzeugt, dass die Reformpolitik den Lehren des Konfuzius fundamental widerspricht. Das bringt sie in Bedrängnis: denn sie leben nicht im philosophischen Elfenbeinturm, sondern stehen als hohe Beamte im Staatsdienst. Vor die Wahl gestellt zwischen Anpassung – sprich: Karriere und Wohlstand – und Mut zum Widerspruch – sprich: Degradierung, Entlassung, Verbannung –, entscheiden sich alle, für ihre Überzeugung Letzteres auf sich zu nehmen.

Im Jahre 1085 kam die Wende für sie. Kaiserin Kao übernahm die Regentschaft und rehabilitierte die Gegner der Reformpolitik. Wer fest im Sattel sitzt, kann großmütig sein. Zhao Tingzhi, der vergeblich Su Dongpo angeklagt hatte und in die Provinz strafversetzt worden war, wurde schon bald in sein altes Amt als Studiendirektor im Direktorat für Bildung nach Kaifeng zurückberufen. Damit stand er als Vorgesetzter über Li Gefei, dem Direktor der National-Universität. Unter vier Augen wird Li seiner Frau gesagt haben, was er von dem ehrgeizigen Zhao hielt. In der Öffentlichkeit wurde selbstverständlich die Etikette eingehalten, und als Beamte arbeitete man korrekt zusammen.

Im Juli 1091 war ein großer Tag für die National-Universität. Der jugendliche Thronfolger, gerade mal fünfzehn Jahre alt, kam zur Inspektion in die Universität. Über dreißig hohe und höchste Regierungsbeamte gehörten zu seinem Tross, darunter der Kanzler des Reiches und Zhao Tingzhi, und natürlich war der akademische Lehrkörper vollständig angetreten. Was die hohen Herren taten, um vor dem angehenden Kaiser ihre Fähigkeiten und ihr Können zu demonstrieren, nannte Li Gefei in der Inschrift für eine steinerne Erinnerungs-Stele das »gemeinsame Singen und Komponieren von einander im Reimschema harmonierenden Gedichten«.

Wo literarische Kenntnisse und Gedichte-Schreiben Voraussetzung für die Beamtenlaufbahn sind, ist es nicht verwunderlich, dass im privaten Kreis wie bei festlichen Anlässen gelehrte Beamte darin wetteifern, nach einem vorgegebenen Reimschema ein Gedicht nacheinander und Zeile für Zeile möglichst kunstvoll und mit ausgefallenen literarischen Anspielungen zu komponieren. Dieses Ereignis von 1091 wiederum in eine Inschrift zu fassen, die in Stein gemeißelt wurde, war eine angemessene Aufgabe für den Direktor der Universität, und zugleich Ehre und Anerkennung für Li Gefei, den Literaten.

Nach dem Kaiser-Besuch und dem feierlichen Aufstellen der Stele hatten Li Gefei und Zhao Tingzhi ihren Kindern viel zu erzählen. Sowohl der zehnjährige Zhao Mingcheng, der jüngste Sohn von Zhao Tingzhi, aber auch die siebenjährige Li Qingzhao, die Tochter von Li Gefei, waren nach allgemeinem Verständnis alt genug, um von solchen Ereignissen zu erfahren und sie in Erinnerung zu behalten.

Das Ereignis des Jahres 1092 war die Heirat des Thronfolgers. Seine Großmutter, Kaiserin Kao, hatte gemäß der Tradition die sechzehnjährige Braut aus rund hundert Töchtern des Landes ausgesucht. Die Auserwählte entsprach vorzüglich dem Anforderungskatalog angehender Kaiserinnen, den die Großmutter erst 1090 hatte ausarbeiten lassen. Sie war klug, gebildet, wohlerzogen und bei allen beliebt. Ungeachtet möglicher Nebenfrauen stand ihr als alleiniger Hauptfrau die Kaiserinnen-Würde zu. Würde sie einen Sohn zur Welt bringen, wäre er der erste Anwärter auf die Nachfolge seines Vaters. Die Hochzeit wurde nach einem besonders aufwendigen alten konfuzianischen Ritual gefeiert.

Im September 1093 starb Kaiserin Kao, von allen tief betrauert. Auf ihr Wort war Verlass gewesen in der Politik; Schmeichler hatten bei ihr keine Chance. Der Beamtenapparat hielt die Luft an: Würde Zhezong, der achtzehnjährige Kaiser, die konservative Politik seiner Großmutter fortsetzen oder fanden die Reformpolitiker bei ihm wieder Gehör?

Hinter den Kulissen versuchten Vertreter der beiden verfeindeten Lager Einfluss zu nehmen. Als führender Konservativer beschwor Su Dongpo den Kaiser in einem Memorandum, nichts zu übereilen, die Entwicklung des Reiches drei Jahre in Ruhe zu beobachten und erst dann zu handeln: »Es ist besser, bei einer Krankheit abzuwarten, als die falsche Medizin zu verschreiben.«

Doch der jugendliche Herrscher hatte lang genug gewartet und die Jahre im übermächtigen Schatten seiner Großmutter und ihrer konservativen Vertrauten als Gängelei und Bevormundung empfunden. Endlich hatte er das Sagen. Mit der neuen Regierungsdevise signalisierte Zhezong, dass wieder eine radikale politische Kehrtwendung angesagt war. »Fortsetzung der weisen Politik« hieß das Motto, und damit war keineswegs die Regentschaft der konservativen Großmutter, sondern die Reformpolitik des 1085 verstorbenen Kaisers Shenzong gemeint. Der Achtzehnjährige wollte da anknüpfen, wo der von ihm bewunderte Vater aufgehört hatte.

Der neue politische Wind wird in den Familien Zhao und Li gegenteilige Reaktionen ausgelöst haben. Gute Stimmung herrschte im Hause Zhao, der Hausherr wird sich ein zügiges Vorankommen seiner Karriere ausgerechnet haben. Li Gefei wird sich keine Illusionen darüber gemacht haben, was die konservativen Beamten erwartete, nachdem sich das Zeitfenster für eine im besten Sinn konfuzianische Politik wieder geschlossen hatte. Es konnte nicht lange dauern, bis auch der Direktor der National-Universität auf der Abschussliste stehen würde.

Was in der Praxis ablief, kam den Beteiligten sehr bekannt vor, nur mit umgekehrten Vorzeichen. Alle Gesetze der konservativen Regierung wurden annulliert, die Neuen Gesetze aus der Zeit der Reformpolitik umgehend wieder in Kraft gesetzt. Die konservativen Regierungsmitglieder, die hohen Beamten in der Verwaltung und vielen anderen Institutionen waren von einem Tag auf den anderen »Verräter«, da sie erklärtermaßen die »weise Politik« des verstorbenen Kaisers nicht fortgesetzt hatten. Sie wurden entlassen, degradiert, strafversetzt oder verbannt.

Um einen genauen Überblick über die »Verräter« zu erhalten, hatten die neuen Herren die Idee, aufzulisten, mit welchen Eingaben welcher Beamte während der konservativen Ära die Politik von Kaiserin Kao unterstützt hatte. Listig brachten sie den Kaiser dazu, Li Gefei an die Spitze dieser Suchaktion zu berufen.

Flüchten oder Standhalten: Li flüchtete nicht in Anpassung und Ausreden, sondern – wie die offizielle Song-Geschichte festhält – »lehnte ab, trat das Amt nicht an und widersetze sich so den Plänen der neuen Machthaber«. Umgehend folgte seine Versetzung als Vizepräfekt in einen Militärbezirk der Provinz Hebei, direkt an der unsicheren Nordwest-Grenze. Das war fein ausgedacht: Ein Himmelfahrtskommando für einen konfuzianischen Gelehrten, der mit Pinsel und Büchern umgehen konnte, aber sicher nicht mit feindlichen Überfällen von barbarischen Nomadenstämmen.

Doch wer auf ein schmähliches Versagen von Li Gefei hoffte, hatte sich getäuscht. Der Akademiker erwies sich in seinem schwierigen, ungewohnten Amt als durchsetzungsfähig und wich keiner Machtprobe aus. Wenn nötig verschaffte er sich durch lautstarkes Auftreten und Prügelstrafen Respekt. Schon nach einem Jahr wurde Li Gefei nach Kaifeng an den Hof zurückgerufen, und der Kaiser stellte ihm frei, selbstgewählten Studien nachzugehen.

Familie Li konnte aufatmen. Denn im Laufe des Jahres 1094 zeigte es sich, dass die neuen Amtsinhaber gegen die Vertreter der alten, konservativen Politik einen Rachefeldzug führten, der vor niemandem Halt machte – sei er tot oder lebendig. Dem Kaiser wurde von seinen Vertrauten eingeflüstert, seine eigene Großmutter, Kaiserin Kao, hätte zusammen mit ihrem Kanzler, dem Gelehrten Sima Guang, ein Komplott gegen den Thronfolger geschmiedet. Dass Sima Guang schon 1086 verstorben war, störte die neuen Verschwörer nicht. Sie schlugen vor: erstens die Gebeine des verehrten Sima Guang aus dem Familiengrab zu entfernen und irgendwo anonym zu verscharren; zweitens die Namenstafel der Kaiserin im kaiserlichen Ahnentempel, nach uralter Überzeugung Ruheplatz für den Geist der Verstorbenen, aus dem Heiligtum zu entfernen; drittens alle verbannten Beamten hinrichten zu lassen

Der zwanzigjährige Kaiser hatte – im Gegensatz zu seinen Beratern – Anstand und Verstand noch nicht ganz verloren. Diese drei Forderungen lehnte er ab. Aber was folgte, war skandalös und unerhört genug: Das Grab von Sima Guang, gemäß der Tradition von steinernen Wächtern und Tierskulpturen geschützt, wurde an der Oberfläche völlig zerstört, der Familienbesitz eingezogen, seine Söhne aus ihren Ämtern vertrieben. Die Erinnerungs-Stele der Kaiserin wurde zertrümmert.

Von den Lebenden, die einst Einfluss hatten, überragte die Persönlichkeit des Su Dongpo alle. Im Herbst 1094 wurde ihm und seinem Freundeskreis der Prozess gemacht. Alle wurden degradiert. Es gab einige wenige Strafversetzungen; die meisten, darunter Su und der Spötter Huang Tingjian, mussten in die Verbannung ziehen.

Als einer der Freunde Su Dongpo in seinem Unglück zu trösten versuchte, war dem Dichter dessen mitleidsvoller Trost ganz und gar nicht recht: »Ich hätte erwartet, dass du dich im Unglück mutig zeigst. Es stimmt, wir werden alt und sind in Schwierigkeiten. Aber tief im Herzen wissen wir doch, dass wir das Richtige getan haben. Mit all der Philosophie, die wir gelernt haben, sollten wir fähig sein, Leben und Tod auf die leichte Schulter zu nehmen. Wenn du mich bemitleidest, weil ich vom Unglück überfallen bin, dann unterschieden wir uns keinen Deut von den ungebildeten Leuten. Sollte wieder eine Gelegenheit kommen, wo wir etwas für das Wohl des Volkes tun und dem Herrscher unsere Loyalität beweisen können, werden wir es tun, gleichgültig, was für uns die Konsequenzen sind.« Das war getreu dem Beispiel des Konfuzius: unabhängig von äußerem Ruhm oder angeblichem Scheitern dem eigenen moralischen Anspruch treu zu bleiben und ungebrochen seinen Weg zu gehen.

Den Kaiser beeindruckte solche Standfestigkeit nicht, und dass er nach konfuzianischer Moral eine verpflichtende Vorbildfunktion hatte, kümmerte ihn wenig. Er wollte das Leben genießen, und da stand ihm seine Frau, die von der Großmutter ausgewählte Kaiserin, im Weg. Worüber man nicht nur bei Hofe tuschelte: Seine Lieblingskonkubine, die »zauberhafte Liu«, war sehr daran interessiert, selber Kaiserin zu werden und knüpfte in der Beamtenschaft eifrig Allianzen, um dieses Ziel zu erreichen. Die kaiserlichen Berater waren gespalten. Die Staatsräson sprach gegen einen solchen skandalösen Bruch mit geheiligten und klugen Traditionen.

Doch Lius Truppen setzten sich durch, indem sie der Affäre ein politisches Mäntelchen umhängten: Die Kaiserin müsse weg, weil sie sich mit den Konservativen verbündet habe. Sie wurde 1096 wegen Hexerei angeklagt, es gab einen internen Prozess, bei dem Aussagen ihrer Hofdamen mit Folter erpresst wurden. Die zwanzigjährige Kaiserin konnte froh sein, sich nach der Scheidung als buddhistische Nonne in einen entfernten Palast zurückziehen zu dürfen. Die Menschen in Kaifeng weinten, als sie es erfuhren. Aber Liu war doch noch nicht am Ziel. So sehr verstieß ihr ungezügeltes Machtstreben gegen die guten Sitten, dass der Kaiser vorläufig nicht wagte, sie zu seiner Hauptfrau und damit zur Kaiserin zu erklären.

Die neuen politischen Herren aber gaben bei ihrem Rachefeldzug gegen die alten Kollegen keine Ruhe. Immer irrationaler, nur noch von persönlichen Motiven angestachelt, klangen ihre Anklagen. Im Jahre 1097 wurde einerseits Cheng Yi, der gestrenge konfuzianische Lehrmeister zur Unperson erklärt und seine Werke verboten. Andererseits musste Chengs Intimfeind, der große Su Dongpo, sich im Juni auf den Weg in die verschärfte Verbannung machen; sein jüngster Sohn begleitete ihn. Die Insel Hainan, im Südchinesischen Meer gelegen, war ein Todeskommando: feucht und heiß im Sommer, Regen und Nebel in Herbst und Winter, unbewohnbar für Chinesen und nur von strategischem Wert.

Su hatte Glück im Unglück: Der Regierungsvertreter auf Hainan zählte zu seinen Verehrern und versuchte, ihm das Leben zu erleichtern. Der Dichter verlor weder seinen Lebensmut noch seinen Humor: »Wir essen, obwohl es kein Fleisch gibt; wir werden krank, obwohl es keine Medizin gibt; wir suchen Schutz, obwohl es keine Häuser gibt; wir gehen aus, obwohl es keine Freunde gibt. Uns fehlt es an allem. Aber es gibt einen Trost, uns fehlt auch die Malaria ... Mein materieller Körper ist immer noch da. Ich befinde mich mit allem, was geschieht, im Einklang. Macht euch um mich keine Sorgen.« Im Winter 1098 konnten die Proviantschiffe aus Kanton wegen der Stürme nicht landen. »Meine Reisvorräte gehen zu Ende«, schrieb Su, »mein Sohn und ich werden die Kunst praktizieren, vom Sonnenschein zu leben.«

Im gleichen Jahr wurde in Kaifeng der ehemalige Privatsekretär von Kaiserin Kao hingerichtet. Zwei frühere hohe Beamte der konservativen Ära starben kurz hintereinander unter mysteriösen Umständen. 1099 war die »zauberhafte Liu« am Ziel: Sie hatte dem Kaiser einen Sohn geboren. Für ihn war das Grund genug, sich endlich über alles hinwegzusetzen und sie zur Kaiserin zu machen.

Die Briefe und Notizen des verbannten Su Dongpo auf Hainan fanden Boten, die sie zu den Freunden brachten. Li Gefei war informiert, denn er gehörte dazu und dachte nicht daran, die Kontakte zu den geächteten Gleichgesinnten abzubrechen. Auch mit seinen laufenden schriftstellerischen Studien setzte er für Gebildete ein deutliches Zeichen. Wenn er in seiner »Bambus-Halle« saß, arbeitete er seit seiner Freistellung durch den Kaiser an einer »Beschreibung berühmter Gärten von Luoyang«.

Luoyang, keinen Tagesritt westlich von der Song-Hauptstadt Kaifeng entfernt, war über alle politischen Wirren hindurch fast dreitausend Jahre immer wieder Hauptstadt gewesen, das Herzland chinesischer Kultur. Berühmte Gelehrte und Künstler waren hier zu Hause, traditionsreiche Pagoden und Tempel schmückten die Stadt. Mochten die Archive und Bibliotheken mit ihren kostbaren Schätzen in den Kämpfen der Zeit viele Male zu Schutt und Asche geronnen sein: Für jeden Gebildeten lebte in Luoyang der Geist des alten, wahren China unsterblich fort. Wer in den aufgewühlten Jahren gegen Ende des elften Jahrhunderts, als die Reformer wieder an der Macht waren und die Konservativen kaum Luft zum Atmen hatten, eine Arbeit über Luoyang schrieb – und sei es über die Gärten – wusste, was er tat. Und alle anderen wussten es auch.

Dabei gehörte Li Gefei nicht dem Lager der engstirnigen Konfuzianer um Cheng Yi an, die im Blick auf den idealen Staat und den idealen Menschen ausschließlich auf die Moral setzten und in der Kunst ein Ablenkungsmanöver vom wahren konfuzianischen Weg sahen. Die schriftstellerischen Werke von Li Gefei sprechen für ein breitgestreutes Interesse, mit einem Schwerpunkt auf historischen Arbeiten. Da gibt es »Erörterungen über Geschichtswerke«, und schon vor dem Buch über die Gärten in Luoyang erschienen »Aufzeichnungen über das Ewige Luoyang«.

Dass der ehemalige Direktor der National-Universität ein ausgewiesener Kenner der konfuzianischen Klassiker war, versteht sich von selbst. Schon mit seiner Prüfungsarbeit zum staatlichen Beamten-Examen hatte Li Gefei Aufsehen erregt, da er sich als einziger der Kandidaten für »Erläuterungen zum Buch der Riten« entschied. Wer in den Riten besonders bewandert war, dem zollten auch die rigorosen Konfuzianer Respekt. Nach erfolgreichen Examen hatte Li eine Stelle als konfuzianischer Lehrer an einer Regierungs-Akademie erhalten. Als der Gouverneur das schmale Gehalt von Li durch ein Zusatz-Honorar aufstocken wollte, lehnte der strikt ab, um auch nicht den Hauch von Erpressbarkeit aufkommen zu lassen.

Vom Vater führt der Weg zur Tochter, auch wenn Erziehung und Unterricht der Kinder – der Mädchen wie der Jungen – in den Händen der Mütter lag. Die Väter waren grundsätzlich von beiden Aufgaben entlastet, zumal sie wussten, dass ihre gebildeten Frauen die Kinder im Sinne des konfuzianischen Erbes erzogen.

Dass der Vater in Ungnade fiel, als Direktor der Universität abgesetzt wurde, und ab 1095 nicht weiter als Beamter Karriere machte – aber weiter sein Gehalt bezog –, war für das Familienleben nur von Vorteil. Li Gefei, der nun »Über die Gärten in Luoyang« arbeitete, musste nicht mehr täglich ins Büro gehen. Er hatte Zeit, mit Frau und Kindern Ausflüge in die Vergnügungsviertel der Stadt zu machen, mit ihnen die Theater zu besuchen und den Geschichtenerzählern zu lauschen. Er hatte Zeit, seinen Kindern sein Verständnis von den Lehren des Konfuzius, sein Bild der chinesischen Geschichte und Kultur und sein Urteil über die politischen Umbrüche und Krisen mit auf den Lebensweg zu geben.

Es besteht kein Zweifel, dass seine Tochter Li Qingzhao, geboren 1084, das väterliche Wissen und die moralische Haltung begierig aufgesogen hat und dass ihr Vater das literarische Talent seiner Tochter früh förderte. Er hat seinen Dichterfreunden davon erzählt und ihnen Proben zum Lesen gegeben. Das erste große Gedicht, das uns von Li Qingzhao vorliegt, kurz vor 1100 geschrieben, ist die Antwort auf ein Gedicht, das Zhang Lei ihr widmete. Er zählte zum engsten Freundeskreis von Su Dongpo und war ein gern gesehener Besucher im Hause Li.

Im Zusammenhang mit der archäologischen Begeisterung, die die Bildungselite während der Song-Epoche erfasst hatte, hatte man eine Stele aus der Zeit der Tang-Dynastie entdeckt und ausgegraben. In den Stein gemeißelt war ein bekanntes Gedicht, dass an den Aufstand von 761, dessen Niederschlagung und die Rückkehr des vertriebenen Tang-Kaisers Xuanzong erinnert. Zhang Lei hatte die sensationelle Entdeckung seinerseits mit einem Gedicht gefeiert: »Die Stele mit dem ›Preislied zur Wiederherstellung der Tang-Dynastie‹ lesend.«

Die literarische Antwort von Li Qingzhao auf dieses Gedicht sagt eine Menge aus über den Teenager, und das Erstaunen beginnt schon mit dem Titel. Es ist ein Doppel-Gedicht »Über ›Das Preislied der Wiederherstellung der Tang-Dynastie‹ mit den Reimen des Gedichts von Zhang Lei harmonisierend«. Der gebildete Leser verstand den komplizierten Titel sofort: Zhang Lei hatte Li Qingzhao sein Gedicht als freundschaftliches und anerkennendes Zeichen zugeschickt, wie es Tradition unter Dichtern war. Sie bedankte sich mit einem Gedicht, das sich auf den Inhalt und die Reime des literarischen Geschenks bezog.

Wenn der angesehene Zhang demonstrativ eine solche Auszeichnung, von der auch andere erfuhren, an einen Teenager vergab, reicht die Verbundenheit mit dem Vater der jugendlichen Dichterin als Erklärung nicht aus. Zhang Lei kannte Gedichte von ihr und wollte offensichtlich das Talent von Li Qingzhao fördern und bekanntmachen.

Nicht weniger demonstrativ, aber weit über Persönliches hinaus, geht die Reaktion von Li Qingzhao, wenn sie den Dichter in ihrem Titel erwähnt. Wer vermutet, sie wollte sich eitel mit dieser Freundschaft schmücken, vergisst den aktuellen politischen Hintergrund. Als enger Vertrauter von Su Dongpo hatte der Beamte Zhang Lei Glück gehabt, von den neuen Machthabern »nur« im Rang zurückgestuft und als Kontrolleur der staatlichen Alkoholsteuer in die Provinz strafversetzt worden zu sein. Li Qinghzhao zeigte mit ihrem Titel Flagge für einen »Verräter«, und das war nur der Anfang.

Kaiser Xuanzong: Mit seinem Namen verbunden sind Glanz und Glamour der Tang-Dynastie und seine Liebe zur Konkubine Yang Guifei, die er den Soldaten opferte, um sein Leben und seinen Thron zu retten. Im »Lied vom langen Leid« ist die verzehrende Leidenschaft und das traurige Ende eines einsamen Kaisers in Zeilen gegossen. Das Gedicht der Li Qingzhao enthält poetische Bildfetzen und Anklänge an das berühmte Vorbild: Türkische Trommeln und Glockenspiele aus Jade, die für die kaiserliche Konkubine erklangen; Jagdhunde, Falken und Kampfhähne, die für den Hof gezüchtet wurden; Kavallerie-Pferde, die sich auf dem Weg von Kanton in die Hauptstadt zu Tode hetzten, damit die kaiserliche Konkubine ihre geliebten Litschis aus dem Süden so frisch wie möglich serviert bekam; Barbaren-Pferde, die nach der Eroberung der Hauptstadt vor dem kaiserlichen Palast Perlen und Smaragde in den Staub treten.

Dann spricht die jugendliche Dichterin den Tang-Kaiser direkt an:

Im Untergang der Xia-Dynastie und der Shang
spiegelte sich dein eigenes Schicksal.
Die Lehren der Vergangenheit hätten dich
sehr viel vorsichtiger und selbstkritischer machen müssen.
Wozu gibt es die alten Geschichtsbücher,
auf Bambusstreifen geschrieben,
wenn du sie nicht studiert hast?

Das ist heftige Kritik an einem »Sohn des Himmels«. Aber lag die Sache nicht weit über dreihundert Jahre zurück? Unerheblich für Chinas Elite: Jeder Gebildete, der diese Zeilen las, wusste, was gemeint war, verstand jede Anspielung. Denn Li Qingzhao tat, was seit einem Jahrtausend beste Tradition war: Regierenden Herrschern mit dem Hinweis auf historische Ereignisse den Spiegel vorzuhalten. Verdrehte nicht die »zauberhafte Liu« – wie einst Yang Guifei – dem jungen Song-Kaiser zum Schaden des Reiches den Kopf? Herrschten nicht, wie einst in der Tang-Epoche, intrigante Schmeichler am Hof, und integre Persönlichkeiten wie Su Dongpo mussten in der Verbannung ein elendes Leben führen?

Li Qingzhao kannte sich aus, in der Vergangenheit wie in der Gegenwart. Ihre Kenntnisse, Informationen und moralischen Urteile konnten nur aus dem Elternhaus stammen. Sie nahm Partei für die »Verräter« und zeigte Haltung, wie es ihr Vater und seine Freunde beispielhaft vorlebten. Wer so handelte, gab ein Beispiel gemäß den Lehren des Konfuzius. Das Gedicht der Li Qingzhao war ein gefährliches Unterfangen, bedenkt man, wie ungehemmt sich die neue Regierungsmannschaft seit dem Antritt des jungen Kaisers 1093 an den Konservativen rächte.

Eins ist sicher: Ein Wort ihres Vaters hätte genügt, und diese Zeilen seiner Tochter wären für immer vernichtet worden. Er tat es nicht. Li Gefei muss stolz gewesen sein auf seine Tochter. Er wollte ihr offensichtlich den aufrechten Gang nicht abgewöhnen oder gar verbieten. Und weil wir davon ausgehen können, dass Ehefrauen als kluge Beraterinnen ihres Mannes im Hintergrund ein Wort mitzureden hatten, dürfen wir mit aller Vorsicht vermuten, dass die angehende Dichterin den gemeinsamen elterlichen Segen für dieses frühe Werk besaß. Li Qingzhao, noch keine zwanzig Jahre alt, tritt als mutige, kompromisslose und selbstbewusste junge Frau mit einem Paukenschlag auf die männliche Literaten-Bühne.

Während die einen konsequent ihren Weg gingen, nutzten andere die Gunst der Stunde und machten Karriere. Zhao Tingzhi zählte zu den Polit-Gewinnlern, mochten ihn die Kollegen in seiner Umgebung ruhig als »Meister Wendehals« titulieren. Denn wenn sich auch innerhalb der neuen Beamten-Clique bald Gräben auftaten und die Zweckbündnisse wechselten, über Zhao melden die »Aufzeichnungen der Worte und Taten berühmter Staatsmänner der Song-Dynastie: »Er wechselte von einer Seite auf die andere, je nach der aktuellen politischen Lage ...« Und damit lag er stets richtig.

Zhao Tingzhi wurde Vizeminister im Ritenministerium, dann im einflussreichen Ministerium für Beamtenangelegenheiten, wo alle Personalien des Reiches entschieden wurden. Er mischte in der Außenpolitik mit und wurde ins Sekretariat befördert, um kaiserliche Erlasse zu formulieren. Fast war er ganz oben angelangt.

Im ersten Monat des Jahres 1100 starb unerwartet Kaiser Zhezong, gerade fünfundzwanzig Jahre alt. Sein einziger Sohn, aus der Verbindung mit der Konkubine und jetzigen Kaiserin Liu, war nicht einmal ein Jahr alt geworden. (Liu wird 1113 Selbstmord begehen.) Aber wie seit Beginn der Song-Dynastie im Jahre 960 ging der Thronwechsel reibungslos vor sich. Ein Halbbruder des Verstorbenen regierte von nun an als Kaiser Huizong »Alles unter dem Himmel«.

Wieder hielt der Beamtenapparat den Atem an. Mit diesem baldigen Wechsel und diesem neuen Kaiser hatte niemand gerechnet. Huizong verkündete umgehend eine Amnestie für alle Konservativen, die in der Epoche seines Vorgängers verbannt worden waren. Auf der Insel Hainan machte sich der alte, kranke, aber immer noch ungebrochene Su Dongpo auf die Reise, um seine Familie wiederzusehen.

Die Furcht der einen war die Hoffnung der anderen. Würde sich nun alles wieder wenden? Kamen die Konservativen zurück an die Macht?

Mussten zumindest die fanatischen Scharfmacher unter den Reformpolitikern in die Verbannung ziehen? Wieder kämpften die beiden verfeindeten Lager um den Einfluss bei Hofe. Der neue Kaiser zögerte. Immerhin hieß seine Regierungsdevise »Wiederherstellung der Mitte«. Das deutete auf Ausgleich und eine abwägende Politik hin.

Andererseits wurde zu Beginn des Jahres 1101 ausgerechnet Zhao Tingzhi zum Vize-Zensor ernannt. Ein einflussreicher Posten, denn der Zensor muss von Amts wegen die Minister und selbst den Kaiser kritisch an ihre Pflichten erinnern.

Es gibt keine Hinweise, keinerlei Informationen: Aber da eine Verbindung zwischen zwei Familien durch Heirat – zumal wenn es um die führende Schicht geht – eine lang vorbereitete, wohl überlegte, von vielen Ritualen begleitete Transaktion ist, müssen spätestens mit dem Regierungsantritt von Kaiser Huizong die ersten Kontakte zwischen den Familien Li und Zhao gelaufen sein. Zu Beginn des Jahres 1101 wird es unter den hohen gelehrten Beamten, den Dichtern und Kunstliebhabern kein Geheimnis mehr gewesen sein, und manch einer hat sich wohl sehr gewundert: Die Familien Li und Zhao waren sich einig geworden, durch eine Heirat ihrer Kinder ein enges Band miteinander zu knüpfen.

Im Jahre 1101 heiratete in Kaifeng die siebzehnjährige Li Qingzhao den zwanzigjährigen Studenten Zhao Mingcheng und zog, wie es der Tradition entsprach, zu ihrem Ehemann in das Anwesen ihrer Schwiegereltern.

11

EINE STUDENTENEHE
oder
DIE VIELFALT DER LIEBE

Keine Heirat ohne Vermittlerin – Maßlose Forderungen: die Mitgift der Braut – Examenskandidaten: begehrte Schwiegersöhne – Erlaubt: Sehnsucht und Leidenschaft – »Lotosfüße« werden modern – Der Hochzeitstag: Musik, Stimmung und gutes Essen – Rituale beschwören die Zweisamkeit – Die Schwiegermutter: zwischen Klischee und Realität – Männer trauern um ihre Frauen – Das junge Paar: schmatzen und studieren – Freizügig: »Das Buch der Lieder« – Li Qingzhao und das neue Weiblichkeits-Ideal

Es wird dunkel.
Ein Windstoß, gemischt mit Regen,
wäscht das gleißende Licht des Tages fort.
Ich spiele eine Weile auf der Flöte.
Dann vor dem Spiegel
ein Hauch von Schminke auf die Wangen.
Unter der dünnen roten Seide
glüht meine Haut,
weiß wie Schnee, zerbrechlich,
sanft und duftend.
Lächelnd sage ich dem Geliebten:
Kühl sind heute Nacht hinter dem Schleier des Bettes
Kissen und Matte.

Sie war noch nicht lange mit Zhao Mingcheng verheiratet, als Li Qingzhao diese Einladung zur Nacht gedichtet hat. Hinter ihr lagen angespannte Monate, ausgefüllt mit einem traditionsreichen Ritual, an dessen Ende die Hochzeitsfeier stand. Zwar kritisierten die Kämpfer für einen erneuerten Konfuzianismus heftig die teils zu aufwendigen, teils frivolen Ausschmückungen der Zeitgenossen, die nicht den Anweisungen der antiken Klassiker entsprachen. Aber sie mussten zugeben, dass selbst die Angehörigen der Elite nicht von den beliebten volkstümlichen Hochzeitsbräuchen lassen wollten.

Dabei war die Sache ernst genug, wie das Kapitel über »Die Bedeutung der Heirat« im »Buch der Riten« darlegt: »Heirat ist gut für die zwei Familien-Namen, die zusammengegeben werden. Im Blick auf die Vergangenheit gewährleisten sie den Dienst im Ahnentempel. Im Blick auf die Zukunft sorgen sie für die Fortführung der Generationen.« Die Ordnung des Staates, die Ordnung der Welt hing am Familieninstitut.

So hoch war der Stellenwert einer Heirat gemäß den Riten, dass sie zwar der öffentlichen Zeremonie, aber keiner offiziellen Besiegelung durch einen Beamten oder Priester bedurfte. Die Voraussetzung für eine legale Heirat war Monogamie: Der Mann durfte nur eine Frau vor den Altar seiner Ahnen als Ehefrau führen, bevor nicht Scheidung oder Tod das Paar auseinanderbrachten.

Gerade weil dem Ehemann neben seiner Hauptfrau nach der Tradition Nebenfrauen gestattet waren, versuchte der Staat, die einzigartige Stellung der Ehefrau per Gesetz abzusichern: »Wer seine Frau zur Konkubine macht oder das Dienstmädchen zur Ehefrau, bekommt zweieinhalb Jahre Strafarbeit. Die Frau erhält wieder ihren ursprünglichen Status.« Die Begründung: »Eine Ehefrau führt die Familienangelegenheiten und setzt die Ahnenopfer fort. Wie kann ein Dienstmädchen qualifiziert sein, die wichtigen Verantwortlichkeiten einer legalen Ehefrau auszuüben.« Damit ist klar: Eine Ehefrau ist kein nebensächliches Anhängsel ihres Mannes, die beliebig durch eine Nebenfrau beziehungsweise Konkubine oder das Dienstmädchen ersetzt werden kann. Sie besitzt den gleichen gesellschaftlichen Status wie ihr Ehemann und garantiert durch ihre geschützte Stellung die innere Stabilität der Familie.

Wo nicht das Glück von Individuen, sondern Wohlergehen, Wohlstand und Fortführung von Familien an der Heirat hängen, ist es angebracht, die Wahl des Ehepartners nicht dem Einzelnen zu überlassen. (Das war in China über die längste Zeit der Geschichte nicht anders als in den meisten Kulturen dieser Erde.) Ein klassisches Heiratsverbot – es galt bis zum Anfang des zwanzigsten Jahrhunderts – kannte jeder: Wer den gleichen Familiennamen trug, durfte nicht heiraten. Kein kleines Problem, da es in China bis in unsere Zeit nur etwa fünfhundert Familiennamen gibt.

Verwandtschaft bedeutete kein Hindernis, Heiraten zwischen Cousin und Cousine waren vor allem unter der Elite nicht selten. Besonders Mütter engagierten sich bei der Heiratsplanung für ihre Kinder in dieser Richtung. Manche Familien heirateten über Generationen untereinander. Da blieben Reputation und Wohlstand beisammen, und man wusste, was man voneinander hatte. War die Ehefrau dem Tode nahe, empfahl sie häufig ihrem Ehemann, eine jüngere Schwester zu heiraten – in der Hoffnung, dass ihre Kinder eine liebevolle Stiefmutter bekommen würden. Männer verbanden sich über ihre Kinder gerne mit den Familien von Freunden. Hohe Beamte in Kaifeng verheirateten ihre Kinder bevorzugt mit ihresgleichen. Wenn man aus der gleichen Provinz kam, um so besser. Die letzten beiden Kriterien galten für Li Gefei und Zhao Tingzhi, die beide in der Provinz Shandong zu Hause waren.

Für die Familien Li und Zhao aus der Führungsschicht der gelehrten Beamten galt selbstverständlich, dass sie bei der Verheiratung ihrer Kinder dem traditionellen Ritual folgten. Da Li Gefei zwar überzeugter Konfuzianer war, aber nicht zur Fraktion der Engherzigen zählte, wird man zudem an den populären Bräuchen keinen Anstoß genommen haben.

Die ersten Fühler bei einer Ehe-Anbahnung streckte immer die Familie des Bräutigams aus. Selbst wenn man schon eine bestimmte Braut im Auge hatte, wurde in aller Regel ein Heiratsvermittler – meist eine Frau – eingeschaltet. Sie diente als Kundschafterin, die Kenntnisse über Riten und Menschen hatte, um erste Informationen einzuholen oder eine schon bestehende Anbahnung zu vertiefen. Die Umgangsformen schrieben vor, dass die betroffenen Familien nicht in direkten Kontakt miteinander traten. Auf diese Weise konnten beide Seiten das Gesicht wahren, wenn die Verbindung nicht zustande kam oder trotz Vereinbarungen auseinanderging.

Als ersten Schritt überbrachte die Vermittlerin der Familie der erwünschten Braut eine Karte, auf der die Familie des Bräutigams die väterlichen Vorfahren über drei Generationen mit Rang und Titeln benannte, nebst dem Familiennamen der Mutter. Außerdem wurden die Stellung des potentiellen Bräutigams innerhalb der Geschwisterfolge und sein Geburtsdatum angegeben. Beides war wichtig für den Wahrsager, denn dessen Rat wurde bei den abwägenden Überlegungen der Braut-Familie mit auf die Waagschale gelegt.

Senkte sich die Schale erst einmal zugunsten des möglichen Bräutigams, schickte man an seine Eltern eine Karte mit ähnlichen Informationen über die Braut. Waren diese zufriedenstellend, ging es in die nächste Runde. Diesmal übermittelte die Kundschafterin unter anderem die genaue Geburtsstunde des Bräutigams, was einem verfeinerten Horoskop diente.

Waren alle Daten günstig und glückverheißend, machte die Familie der Frau einen entscheidenden Schritt, der unabdingbar zu einer legalen Hochzeit gehörte: Sie zählte auf, welche Mitgift die Braut mit in die Ehe bringen würde. Die Mitgift sollte die Stellung der Braut innerhalb ihrer neuen Familie stärken und diente als Rücklage, falls sie früh zur Witwe wurde. Der Fantasie und dem materiellen Wert waren keine Grenzen gesetzt – ob Juwelen, Gold, Silber und Perlen, Bettzeug, Grundbesitz, Häuser, Geschäftsanteile und Gärten. Kam es zur Verlobung, erhielt die Brautfamilie ein Geschenk vom Bräutigam. Doch das stand in keinem Verhältnis zu den Mitgiftforderungen, die während der Song-Zeit immer maßloser wurden.

Der Staatsmann und Philosoph Sima Guang, der in vielgekauften Ratgebern für die Rückkehr der wahren konfuzianischen Familienwerte warb, empörte sich: »Heute ist es bei habgierigen und vulgären Menschen üblich, zuerst nach dem Wert der Mitgift zu fragen, wenn man auf Brautsuche ist ... Die Töchter werden behandelt, als ob sie Ware bei einem Geschäftsabschluss sind. Eine solche Transaktion vor einer Heirat ist kein Gentleman-Agreement.« Er wies auf die verheerenden moralischen Auswirkungen für die zukünftige Ehe hin, wenn das Feilschen um die Mitgift alles überlagert. Die Braut wird ihren Ehemann und seine Familie für soviel Habgier verachten. Streit und Unfrieden sind die Folge.

Weil Familien mit Töchtern es zusehends schwer hatten, einen Bräutigam zu finden, ließ der Präfekt von Fuzhou in der Provinz Fujian um die Mitte des elften Jahrhunderts amtlich verkünden: »Der Sinn der Hochzeit besteht darin, Nachkommen zu zeugen und nicht, Reichtum anzuhäufen.«

Eine Neuerung in den Jahrzehnten der Song-Dynastie versucht die Stellung der Ehefrau zu stärken. Sie behält nach der Heirat – zumindest theoretisch – den Zugriff auf ihre Mitgift. In der Praxis verbrauchte der Ehemann weiterhin nicht selten das Geld seiner Frau zu eigennützigem Vergnügen. Und da Ehemänner ihre Frauen vor Gericht vertraten, konnten Frauen zu Lebzeiten ihrer Männer gegen deren Willkür nicht rechtlich vorgehen. Aber sie zögerten nicht, als Witwe ihr privates Vermögen gegen die Ansprüche gieriger Verwandten zu verteidigen. Immer mehr Richter entschieden in solchen Prozessen zugunsten der Frauen.

Wer als Junggeselle nach Kaifeng kam und dort das Hauptstadt-Examen mit Erfolg ablegte, konnte mit schnellem Reichtum rechnen: Er musste sich nur verheiraten. Wer Einfluss besaß und eine Tochter im heiratsfähigen Alter hatte, versuchte, von den Prüfern die Namen der besten Kandidaten zu erfahren, noch bevor der Kaiser in einer feierlichen Zeremonie die Noten bekanntgab. Den Erfolgreichen wurde umgehend ein attraktives Mitgiftangebot gemacht, nicht selten überboten sich mehrere konkurrierende Brautfamilien. Besonders Kaufleute ergriffen die Chance, mit Hilfe ihres Geldes einen gelehrten Schwiegersohn zu ködern und so mit ihrer Familie in die Beamten-Elite einzusteigen.

Das durchschnittliche Heiratsalter lag für Männer bei zwanzig, für Frauen bei achtzehn Jahren. Abweichungen nach unten, aber auch nach oben waren nichts besonderes. Manche Männer konzentrierten sich lieber ohne Familie auf ihre Examen und heirateten erst mit dreißig oder später. Es erregte auch kein Aufsehen, wenn die Braut älter war als der Bräutigam. Mehrere Jahre Differenz nahm man gerne in Kauf, wenn sich die beliebte Möglichkeit auftat, dass zwei Schwestern zwei Brüder heirateten.

Wenn die Vermittlerin das Angebot für die Mitgift überbracht hatte, konnte die Familie des Bräutigams durch Nichtbeantworten signalisieren, dass kein weiteres Interesse bestand. War sie einverstanden, kam es zu einem entscheidenden Schritt auf dem Weg zur Hochzeit: Die Familie des Bräutigams nahm die Braut in Augenschein. In Kaifeng wurden Mutter und weibliche Verwandte zum Begutachten losgeschickt. In der südlichen Metropole Hangzhou trafen sich die beiden Elternpaare nebst Braut und Bräutigam. Erhielt die Braut anschließend eine goldene Haarnadel, war der Test positiv ausgefallen und die Verlobung besiegelt. Zog sich die Familie des Bräutigams ablehnend zurück, gab es für die Abgewiesene einen kostbaren Stoff als Trostpreis.

Die Familie des Bräutigams besiegelte die Verlobung zudem mit einem Geschenkpaket. Es enthielt »Zustimmungswein«, der in goldenen, mit Stoff und Blumen geschmückten Flaschen abgefüllt war, dazu Tee, Gebäck und Hammelfleisch. Ist das Geschenk angekommen, informieren die Familien am Hausaltar die verstorbenen Ahnen von der Verlobung und erbitten deren Segen.

Noch am gleichen Tag revanchiert sich die Familie der Braut, um dem Bräutigam zu bestätigen, dass er eine gute Wahl getroffen hat. Es werden abgeschickt: Tee, Gebäck, Obst, feine Herrenkleidung, Seide, Gold- und Jade-Objekte. Den Geschenken liegen drei Briefe bei: eine Liste der Geschenke, ein allgemeiner Höflichkeitsbrief und der Verlobungsbrief. Wem es für den letzteren an Fantasie mangelte, der konnte Handbücher kaufen, in denen vielfältige poetische Formulierungen, mit Vorrang aus den konfuzianischen Klassikern, zum Abschreiben vorgegeben waren. Sehr beliebt war ein Spruch aus dem ehrwürdigen »Buch der Wandlungen: »Wenn zwei Menschen im Herzen zustimmen … duften ihre Worte wie Orchideen.«

Im Herzen zustimmen: Endlich taucht auf, wofür Zeremonien, Umgangsformen und geschäftliche Vereinbarungen während der Heiratsvermittlung keinen Raum zu lassen scheinen; was beim Gezerre um die Mitgift nicht der Rede wert ist. Aber die traditionellen Riten zeigen nicht das ganze Bild. Gefühle zwischen jungen Frauen und jungen Männern waren nicht tabu, sondern gesellschaftlich akzeptiert und durften sich artikulieren. Von Liebe ist die Rede und sogar von Verweigerung gegenüber elterlichen Plänen.

Es gibt keine Kultur, in der gelebte Realität und vorgegebene Verhaltensmuster, Ideal und Alltag identisch sind. Auch der Blick in Europas Vergangenheit war lange verstellt von dem Vorurteil, dass arrangierte Ehen zwangsweise lieblose Vereinigungen seien, dass Gefühl und Zuneigung keine Chance haben, wenn Pragmatismus und Vernunft die Basis ehelicher Beziehung bilden. In Bezug auf Europa sind wir inzwischen klüger. Ein gutes Beispiel, Klischees und Verallgemeinerungen über Heiraten im kaiserlichen China, über unterdrückte Frauen und unmenschliche Arrangements ebenso mit Misstrauen zu begegnen.

»Es war während der Tang-Dynastie, als ein junger Student … in den Alleen der kaiserlichen Palastanlagen einen Abendspaziergang unternahm. … Wehmütig sang der Wind … und während sich die Sonne, ihren Schein verlierend, dem Westen zuneigte, fühlte der junge Gelehrte, so sehr er sich auch dagegen wehren mochte, ein heftiges Sehnen in seinem Herzen aufsteigen.« So beginnt die Novelle »Rotes Laub in den Wellen« aus dem elften Song-Jahrhundert. Die diffuse Sehnsucht des jungen Mannes hat zweifellos damit zu tun, dass der Mensch nicht gern allein ist. Das sehnsüchtige Gefühl lässt ihn nicht los. Der Student wird blass und blässer, fällt mehrmals durch die Beamtenprüfung.

Eine Palastdame jenseits der Mauern hatte zur gleichen Zeit die gleiche unbestimmte Sehnsucht ergriffen. Auf verschlungenen Wegen fügt es der Himmel am Ende, dass die beiden vereint werden und ihr Glück genießen können. Auch diese Heirat wird arrangiert, aber – so die frohe Botschaft – Zuneigung und Gefühle zwischen Eheleuten sind keineswegs ausgeschlossen.

»In der geöffneten Tür sah er eine junge Dame stehen … Sie war von solch hinreißender Schönheit, wie es sie weder vorher noch nachher jemals gegeben hatte … er hing mit seinen Augen an der geheimnisvollen Schönen, und auch sie erwiderte seinen Blick und betrachtete ihn unverwandt, bis auf beiden Seiten die Leidenschaft hell emporloderte … der Jüngling riss sich schließlich los und ritt weiter. Von Stund an aber war ihm, als habe er ein Stück seines Herzens verloren.« So steht es in der Novelle »Die Dame in der Hauptstadt«, die gegen Ende der Tang-Zeit im neunten Jahrhundert geschrieben wurde und den jungen Männern und Frauen während der Song-Zeit wohlbekannt war.

Es ist die Geschichte vom reichen Jüngling, der aus der Provinz in die Hauptstadt reist, um dort das Staatsexamen zu machen und sich statt dessen in die zauberhafte Konkubine Li verliebt. Sie verführt ihn und nutzt ihn gnadenlos aus, macht ihre Schuld aber wieder gut und wird mit dem Segen seines Vaters schließlich seine Frau. Ein Happy End, die Liebe siegt.

Es war keine Schande, durch ein anmutiges Äußeres entflammt zu werden, wenige Augenblicke konnten genügen. Die Männer hatten mehr Gelegenheit dazu, weil sie öfter außer Haus waren. Aber auch den Frauen wurde Liebe auf den ersten Blick zugestanden. Die Eltern von solcher Liebe zu überzeugen, war nicht ganz aussichtslos. Hatten sie allerdings andere Heiratspläne, half meist kein Flehen und kein Bitten. Volkstümliche Geschichten erzählen von Frauen, die gegen ihren Willen heiraten mussten und bald darauf an Liebeskummer starben. Aber jeder hatte auch von jungen Mädchen gehört, die schrien und mit Selbstmord drohten, weil sie einem ungeliebten reichen Mann folgen sollten. Ein solches tödliches Risiko wollten Eltern oder Brüder, die für ihre Schwestern verantwortlich waren, dann doch nicht eingehen.

Seit der Buddhismus in China Wurzeln geschlagen hatte, gab es für Frauen eine weitere Möglichkeit, arrangierten Heiraten zu entgehen. In der Song-Zeit verbreitete sich die Legende von einer Prinzessin, die selbst durch Einsperren und Nahrungsentzug nicht von ihrem Wunsch ablässt, gegen die Pläne der Eltern Nonne zu werden. Dank göttlicher Hilfe beginnt sie im Kloster ein neues Leben. Als sie erfährt, dass ihr Vater krank ist, opfert sie ihre Augen und schneidet sich die Arme ab, um ihn damit zu heilen. Die Botschaft: Sage niemand, kindliche Pietät gegenüber den Eltern – der Angelpunkt konfuzianischer Moral – sei unvereinbar mit einem Leben als buddhistische Nonne.

Die Söhne blieben in der Familie, im Schutz der Eltern und ihrer gewohnten Umgebung. Die Töchter jedoch gingen mit der Heirat fort in eine neue Familie, mussten sich trennen von den Menschen und der Umgebung, die ihnen lieb und vertraut waren. Die Braut hatte den schwierigsten Part zu bewältigen. Es blieb ungewiss, wie sie von den Schwiegereltern, den Brüdern des Ehemannes samt deren Frauen aufgenommen würde. Wo tiefe emotionale Beziehungen zwischen Söhnen und Töchtern zu Müttern und Vätern bestanden, wie konnte man den eigenen Kindern etwas anderes wünschen, als dass sie mit der Heirat Glück, Wohlergehen und Zufriedenheit fänden?

Der hohe Beamte und Dichter Wei Yingwu (737–792) musste sich als Witwer allein um die Zukunft seiner Töchter kümmern. Mit welchen Gefühlen er die jüngere zu ihrem Bräutigam schickte, hat er in einem Gedicht zusammengefasst:

Den ganzen Tag lang lähmt mich tiefe Trauer:
weit ist die Reise, die du unternimmst!
Die Tochter geht mir heute aus dem Haus –
im leichten Boot du bald stromaufwärts schwimmst.

Die Mutter starb so früh, dass ich auf euch
hab doppelt Lieb und Zärtlichkeit verschwendet.
Das ältre Mädchen zog das jüngre auf:
ein Schluchzen jetzt im Abschied, das nicht endet!

Der Anblick wühlt mich innerlich so auf –
doch will sich, dass du länger bleibst, nicht ziemen …

Zum Glück gerätst du ja in gute Hände,
die wohl dir wollen, wirst dich kaum beklagen. …

Gewöhnlich werd ich der Gefühle Herr,
nur jetzt ist mir mit eins so furchtbar bang!

Dem Vater bleibt nur die Hoffnung, in bester Absicht für seine Tochter eine gute Wahl getroffen zu haben.

Wer sich als Vater oder Mutter solche Gedanken macht, prüft die Heiratsangebote für seine Tochter gründlich und entscheidet sich im Zweifel dagegen, auch wenn das eine Verheiratung mühsam macht. Ein erstaunliches Beispiel für eine sorgfältige Suche, bei der das Profil des Bräutigams mit den geistigen Interessen der potentiellen Braut übereinstimmen soll – woran die Suche schließlich scheitert – hat Cheng Yi aufgeschrieben.

Cheng Yi, wie sein Bruder Hao einer der neuen konfuzianischen Denker des elften Jahrhunderts, berichtet, dass sein Bruder sich acht Jahre lang bemühte, für seine Tochter einen Mann zu finden, der zu ihr passte. Und dann gerät Cheng Yi, der in Theorie und Lebensstil zur Fraktion der rigiden Konfuzianer zählte, bei der Beschreibung seiner Nichte geradezu ins Schwärmen: »In ihrer Jugend war sie zurückhaltend und ruhig, nie redete sie dummes Zeug. Ihr Schreib-Stil war eingängig, und sie hatte hochgesteckte Interessen. Sie war ungewöhnlich weitsichtig, wenn sie öffentliche Angelegenheiten diskutierte. Jeder in der Familie liebte sie.« Die Brüder engagierten sich beide bei der Bräutigam-Suche, doch, so der Onkel, »wir fanden keinen passenden«.

Die Verwandten drängten, und Freunde erklärten befremdet, so weit man zurückdenken könne, wäre niemals eine Frau unverheiratet geblieben, nur weil kein Mann ihren geistigen Ansprüchen gewachsen sei. Vater und Onkel gaben nach: »Wir legten unsere Messlatte tiefer.« Aber die Gefühle besiegten das Kalkül: »Einmal waren wir schon weit gediehen bei der Heiratsvermittlung. Aber wir brachten es nicht über uns, sie darüber zu informieren, denn wir wussten, dieser Mann konnte es nicht mit ihr aufnehmen.« Als ihre Mutter starb, trauerte die Tochter so intensiv, dass sie darüber krank wurde und mit fünfundzwanzig Jahren starb, unverheiratet.

Bemerkenswert ist, dass Cheng Yi, der seinen kaiserlichen Schüler, den Thronfolger, vor den Verlockungen des weiblichen Geschlechts warnte, sich offensiv dazu bekennt, bei der Wahl eines Ehemannes die Interessen und das Wohlergehen der Frau an den ersten Platz zu setzen und zwar gegen die allgemeine Meinung: »Alle bedauerten, dass sie nicht geheiratet hat, aber ich bin anderer Meinung. Hätten wir sie mit einem mittelmäßigen Mann verheiratet, weil wir keinen außergewöhnlichen fanden, hätte sie das bis an das Ende ihres Lebens als Schande empfunden. Ich bin traurig über ihren Tod, aber nicht darüber, dass sie keinen Mann fand.« Für den Konfuzianer Cheng Yi war es eine Frage der Ehre, auf gleicher geistiger Höhe zu heiraten – für den Mann und die Frau.

Was der Philosoph postuliert, war für einfache Gemüter gar nicht so neu. Denn in den volkstümlichen Hochzeitsliedern kehrte ein Refrain immer wieder: »Wenn du deine Tochter liebst, gib sie keinem mittelmäßigen Mann!«

Gehen wir davon aus, dass Zhao Mingcheng, dem der gelehrte Li Gefei seine Tochter Li Qingzhao anvertraute, nicht mittelmäßig war. Als Direktor der National-Universität hat Li den Studenten wohl besser gekannt, als mancher Schwiegervater seinen zukünftigen Schwiegersohn. Trotzdem: Irritiert muss man zur Kenntnis nehmen, dass der unbestechliche konfuzianische Gelehrte seine Familie über seine Tochter mit der Familie eines Mannes verband, der als »Wendehals« steile Karriere machte. Zhao Tingzhi, der Vater von Mingcheng, gehörte einer Regierung an, die Li Gefei aus dem Amt als Universitätsdirektor vertrieben, den großen Dichter Su Dongpo angeklagt und in die Verbannung geschickt hatte. Und was erhoffte sich der ehrgeizige Zhao von der Verbindung mit einer Familie, die zu den politischen Verlierern gehörte?

Um es gleich zu sagen: Es gibt nicht den Hauch einer Erklärung in den überlieferten Dokumenten, keine Aussage der Beteiligten zu diesem Heirats-Arrangement. Wollte Zhao Tingzhi sich absichern, falls der politische Wind sich wieder einmal drehen würde? Verband beide Männer die gemeinsame Herkunft aus der Provinz Shandong über alle politischen Unterschiede hinweg? Hatten vielleicht die Ehefrauen und Mütter im Hintergrund die Fäden gesponnen? Die Fragen stellen sich von selbst. Aber es ist müßig, ihnen weiter nachzugehen.

Eine Vermutung allerdings darf man aus der Tatsache, dass die Familien Li und Zhao seit fünfzehn Jahren in Kaifeng leben, ableiten. Zum einen kennen sich die Väter, die beide aus dem Kreis der hohen Beamten kommen. Als Studiendirektor im Direktorat für Bildung wurde Zhao Tingzhi sogar der Vorgesetzte von Li Gefei, und beide waren anwesend, als der Kaiser der Universität einen Besuch abstattete. Da Ehefrauen den gesellschaftlichen Rang ihrer Ehemänner teilten, und zu feierlichen Anlässen bei Hofe eingeladen waren, waren sich auch die Mütter nicht unbekannt. Und was die interne Familiensituation betrifft, kann man davon ausgehen, dass in Kaifeng nichts geheim blieb. Da nützten keine hohen Mauern, um das häusliche Anwesen vor Klatsch und Tratsch zu schützen.

Li Qingzhao, die ihr Elternhaus verließ, musste sich nicht auf eine Reise ins Unbekannte begeben. Und sollen wir wirklich annehmen, dass ihre Eltern anders dachten als der strenge Konfuzianer Cheng Yi, und ihre Tochter gegen besseres Wissen in eine Familie verheirateten, wo die

Konstellation und die Charaktere von Schwiegermutter und Bräutigam für Li Qingzhao Unglück und Demütigungen erwarten ließen? Wird ein Vater, der das selbstbewusste Gedicht seiner Tochter unter Freunden zirkulieren lässt, sie in eine Ehe zwingen, wo vorhersehbar Unterwerfung und Anpassung gefordert sind?

Umgekehrt wusste Zhao Tingzhi, was für eine Braut er seinem jüngsten Sohn ins Haus holte. Und ihm und seiner Frau wird etwas nicht unbekannt gewesen sein, das ein kennzeichnendes Licht auf Li Qingzhao und vor allem auf ihre Eltern wirft.

Zur Erklärung ist ein Blick voraus gestattet: Als Ehefrau wird Li Qingzhao reiten und lange Spaziergänge machen – egal, ob Sonnenschein oder Schneegestöber – und zusammen mit ihrem Ehemann, aber auch allein über Land reisen. Solche Aktivitäten wären unmöglich gewesen, hätten ihre Eltern eine Sitte praktiziert, die sich zum Zeitpunkt von Li Qingzhaos Geburt in der Führungsschicht durchsetzte.

Angefangen hat es wahrscheinlich in der zweiten Hälfte des zehnten Jahrhunderts, als eine Lieblingskonkubine des Kaisers ihre Füße fest mit Stoff umwickelte, um beim Spitzentanz vor dem »Sohn des Himmels« noch sicherer aufzutreten. Die Wickel-Methode wurde bei den Konkubinen in den Vergnügungsvierteln beliebt, wo die gelehrten Beamten mit Vorliebe ihre Freizeit verbrachten. Die Herren waren von den extra kleinen schmalen Füßen – immer schon ein Schönheitsideal in China – begeistert und erzählten zu Hause ihren Ehefrauen davon. Und was dem Kaiser gefiel, setzte sich folgerichtig bei den Familien der Beamten durch. In der zweiten Hälfte des elften Jahrhunderts begannen immer mehr Mütter die Füße ihrer Töchter bald nach der Geburt fest und permanent einzubinden.

Der freimütige Su Dongpo bekennt sich in einem Gedicht als Liebhaber der neuen Mode, die »Lotos-Füße« produziert:

Eingehüllt in Wohlgeruch, kommt sie daher auf Lotos-Füßen.
Nicht selten traurig, trippelt sie dennoch
mit beschwingter Leichtigkeit.
Sie tanzt wie der Wind, schwerelos.
Eine andere versucht sich heimlich am Palast-Stil,
die Qual ist groß, wenn sie sich ans Gehen macht.
Wenn die Füße in deiner Handfläche liegen,
so wunderbar schmal, gibt es kein Wort, sie zu beschreiben.

Der Dichter sieht es realistisch: Gebundene Füße sind eine Qual für die Frauen, aber die Männer haben ihr Vergnügen daran. Bis ins zwanzigste Jahrhundert werden Chinas Frauen gemäß diesem Ideal mit verkrüppelten Füßen mühsam durchs Leben gehen.

Füße binden oder nicht: Als Li Qingzhao auf die Welt kam, entschied sich ihre Mutter, Frau Wang – denn sie hatte sicher das entscheidende Wort –, dagegen. Zufall kann das nicht gewesen sein. Frau Wang hat ihrer Tochter ein wesentliches Stück Freiheit – vor allem für die Ehe – bewahrt. Li Qingzhao würde nicht zu den Frauen zählen, die einen großen Teil ihrer Mobilität einbüßten, lieber saßen als standen und denen jede Fortbewegung schwer fiel. Mochte die neue Mode von den Männern auch als Schönheitsideal gepriesen werden, tatsächlich schränkte sie die Freiheit der Frauen ein, die jetzt und in Zukunft wesentlich mehr als die Generationen davor ans Haus gebunden waren.

Li Qingzhao war es nicht und hat ihre Bewegungsfreiheit genutzt. Es ist ein Mosaiksteinchen im Gesamtbild der Rolle als Ehefrau, auf die Li Qingzhao zu Hause vorbereitet wurde, aber kein unwichtiges. Und damit zurück zum langen Vorbereitungsweg, der zur Hochzeit führen soll.

Liegt das Verlobungsritual hinter den beiden Familien, so sehen sich beide als verwandt an, auch wenn bis zur Heirat noch Jahre ins Land gehen können. Wenn die Familie der Braut es sich doch noch anders überlegt, muss ihr Vater nach dem Gesetz für diesen Bruch der Vereinbarungen mit sechzig Schlägen büßen. Im umgekehrten Fall zahlt die Familie des Bräutigams nur mit dem Verlust ihrer Verlobungsgeschenke.

Geht alles seinen gewünschten Gang, legt die Bräutigamfamilie den Hochzeitstag fest. Am Tag vor dem großen Ereignis schickt die Braut ihre Leute in das zukünftige Heim bei den Schwiegereltern, um das Zimmer herzurichten, wo sich in den Inneren Gemächern die Eheleute in Zukunft treffen werden. Der Mann stellt die Möbel, die Frau alles, was aus Stoff ist: Vorhänge, Kleider, Teppiche, Bettvorhänge und Schmuckgegenstände werden vor aller Augen herangeschafft. Sehr zum Missvergnügen der strengen Konfuzianer, die es unter aller Würde fanden, Reichtum so demonstrativ zur Schau zu stellen und darauf verweisen, dass kein Klassiker ein solches Ritual erwähnt. Es half nichts: Auch unter der Song-Elite wird diese Transaktion schon bei Festlegung der Mitgift ausgehandelt. Und die nüchternen konfuzianischen Denker übersehen, was hinter dem aufwendigen Ritual steckt: dass mit diesen Aktivitäten das Abschiednehmen für die Braut sehr deutlich und damit erleichtert wird.

Was den Hochzeitstag auszeichnet: fröhliche, ausgelassene Menschen, viel Musik, gute Stimmung. Anspielungen und Neckereien sind erwünscht, es wird gemeinsam gesungen, viel gegessen und getrunken. Im Mittelpunkt aller symbolischen Handlungen steht nicht die Distanz der Eheleute, wie sie die Klassiker rühmen, sondern das gemeinsame Leben, das Braut und Bräutigam vor sich haben.

Der Bräutigam zieht mit Gefolge – weibliche Verwandte, Astrologe, Musiker, Singmädchen, Heiratsvermittlerin – und einer Sänfte zum Anwesen der Braut. Zu Hause hat ihn der Vater gemäß konfuzianischer Tradition feierlich verabschiedet: »Geh und heiße deine zukünftige Helferin willkommen … Leite sie, so gut du kannst und mit allem gebührlichen Respekt …« Der Bräutigam antwortet: »Das will ich. Meine einzige Furcht ist, dass ich der Aufgabe nicht gewachsen bin.«

Zur gleichen Zeit erhält die Braut von ihren Eltern letzte Ermahnungen. Der Vater sagt: »Zeige Respekt, sei zurückhaltend. Vom Morgen bis zum Abend folge den Befehlen deiner Schwiegereltern.« Die Mutter gibt der Tochter mit auf den Weg: »Sei sorgfältig. Zeige Respekt. Vom Morgen bis zur Nacht weiche nicht aus den Gemächern der Frauen.« Dann zündet die Braut Weihrauch am Hausalter an und verabschiedet sich von den Ahnen.

Nach altem Ritus verabschiedeten sich die Eltern in der Haupthalle von ihrer Tochter. Aber die Zeiten haben sich geändert. Nicht nur der Vater, in vielen Fällen begleitet nun auch die Mutter den Hochzeitszug in das neue Heim, nachdem der Bräutigam erschienen und die Braut in die Sänfte gestiegen ist. Die Singmädchen gehen singend nebenher. In leuchtend-bunten Kleidern werden sie den ganzen Tag als Animateure agieren und die Hochzeitsgesellschaft immer wieder kräftig zum Mitsingen auffordern.

Bei der Ankunft vor dem Haus des Bräutigams spielt die Musik laut auf, wieder ertönt Gesang, Gedichte werden rezitiert. Der Astrologe agiert als Zeremonienmeister und wirft Weizenkörner, Bohnen und kleine Münzen auf den Weg. Die Singmädchen gehen mit Kerzen in der Hand rückwärts ins Haus. Eine hält einen Spiegel, um die bösen Geister einzufangen.

Im Haus wird das junge Paar vor dem Altar den Ahnen vorgestellt. Anschließend folgt zur allgemeinen Erheiterung der Brauch »Bräutigam komm vom Hochsitz herunter«. Auch so ein neumodisches Ritual, über dessen Albernheit sich die konfuzianischen Gelehrten vergeblich echauffierten. Keine Hochzeit, auch in höchsten Kreisen, wo der Bräutigam nicht auf ein Möbelstück klettert und die Tanten mütterlicherseits versuchen, ihn mit Wein herunterzulocken. Doch er folgt erst unter lustigen Kommentaren der Anwesenden, wenn ihn seine Schwiegermutter darum bittet.

In volkstümlichen Bildern werden ideale Ehepaare verglichen mit einem Bündel Feuerholz oder den Mandarin-Enten, die stets als Paar treu zusammenglucken, nebeneinander schwimmen und überhaupt untrennbar sind. Ähnlich harmonische Zweisamkeit beschwören weitere Rituale im Verlauf der Hochzeitsfeier: wenn Braut und Bräutigam vor dem Ahnenaltar mit einer Schärpe verbunden werden; wenn beide gleichzeitig aus einem Becher-Paar trinken, das mit roter und grüner Kordel zusammengehalten wird. Als Höhepunkt der Gemeinsamkeits-Symbolik stecken Braut und Bräutigam die Köpfe zusammen und ihre Haare werden verknotet.

Damit genug der feierlichen Rituale, das üppige Bankett für die Festgesellschaft kann beginnen. Bei den betroffenen Familien weicht langsam die Anspannung. Es war aufwendig, es hat viel gekostet. Aber man hat sich und den Ahnen Ehre gemacht. Bleibt noch die Hoffnung, dass dieser Tag »des großen Heimkommens«, wie er mit Blick auf die Braut genannt wird, für das junge Paar in eine glückliche Zukunft führen möge.

Als Witwe wird die fünfzigjährige Li Qingzhao zu Ehren ihres Mannes Zhao Mingcheng ein autobiografisches Nachwort schreiben, um sein archäologisches Sammelwerk zum Abschluss zu bringen. Darin beschreibt sie ihre Hochzeit im Jahre 1101 im Sinne des »großen Heimkommens« – *... heiratete ich in die Familie Zhao ein.* Die Familie des Ehemanns ist definitiv der neue Lebensmittelpunkt für die junge Frau. Die Schwiegereltern stehen für sie jetzt vor den eigenen Eltern. Vor allem die Schwiegermutter ist unumschränkt die oberste Autorität für die Schwiegertochter.

Li Qingzhao hat als Mädchen im Buch der berühmten Ban Zhao gelesen: »Wenn die Schwiegermutter sagt: Tu das, muss die Schwiegertochter ihr gehorchen, egal, ob dieser Befehl falsch oder richtig ist.« So steht es in den »Geboten für Frauen«, geschrieben knapp tausend Jahre vor ihrer Hochzeit. Aber Li Qingzhao kennt auch die gelebte Realität der Autorin Ban Zhao, die eine historische Kommission leitete, angehende Gelehrte unterrichtete und Vertraute der Kaiserin war, der sie Unterricht in Astronomie, Mathematik und Geschichte gab.

Li Qingzhao weiß, was im »Buch der Riten« steht: »Wenn der Sohn mit seiner Frau zufrieden ist, die Eltern aber nicht, dann sollte er sie entlassen.« Die Geschichtenerzähler in den Vergnügungsvierteln von Kaifeng haben herzzerreißende Überlieferungen im Repertoire, wo eine dominante Mutter das Glück ihres Sohnes gnadenlos zerstört, indem sie die Schwiegertochter aus dem Haus weist, und sei es, weil das Essen zu weich gekocht ist. Zahlreich sind die Geschichten, in denen Schwiegermütter ihren Schwiegertöchtern das Leben schwer machen. Und sei es, dass eine Schwiegermutter der Frau ihres Sohnes in zwanzig Jahren nicht einmal anbietet, sich setzen zu dürfen. Es sind die Grusel-Geschichten, die weitererzählt werden und Eingang in die Bücher finden. Der undramatische, harmonische Alltag ist eher langweilig. So ist der Mensch, egal auf welchem Kontinent und zu welcher Zeit.

Die Erfahrung spricht dafür: Li Qingzhao wird auch anderes, Positives über Schwiegermütter gehört haben. Und warum soll nicht die eigene Mutter ein gutes Vorbild gewesen sein, um ohne Ängste am Hochzeitstag in die Sänfte zu steigen. Die junge Ehefrau hatte die konfuzianischen Klassiker gründlich studiert. Li Qingzhao konnte die Zerrbilder einordnen. Sie kannte nicht nur das »Buch der Riten«, sondern ebenso Stellen in den Klassikern, die selbstbewusste starke Frauen rühmen, deren weiser Rat Grundlage für eine erfolgreiche Politik ihrer Männer war.

Sie hatte den literarischen Schatz der Dichtung aus dem vergangenen Jahrtausend im Kopf und im Herzen. In ihrem Elternhaus war sie angesehenen Dichtern begegnet, allen voran Su Dongpo, dessen Persönlichkeit niemanden unberührt ließ. Wer im jugendlichen Alter die aktuellen politischen Verhältnisse in einem Gedicht so kritisch und furchtlos bloßlegt wie Li Qingzhao, hat auch einen unbestechlichen Blick für die Realität, in der Frauen und Männer ringsum ihre eheliche Gemeinschaft praktizieren.

Um mit Su Dongpo zu beginnen: Seine erste Frau, von den Eltern für ihn ausgesucht, starb 1065 nach achtjähriger Ehe mit sechsundzwanzig Jahren. Nach eigenem Bekenntnis dauerte es einige Zeit, bis er erkannte, dass sie »nicht nur bescheiden war, sondern einen klaren Verstand besaß«. Sie erkundigte sich regelmäßig nach seiner Arbeit als Beamter und gab ihm Ratschläge. Wenn er Besuch bekam, hörte sie zu, nur durch einen Wandschirm getrennt. Kaum war das Ehepaar wieder allein, warnte sie ihn öfters, er solle bei seinen Gesprächen nicht so gutgläubig sein.

Der hohe Beamte scheute sich nicht, seine Gefühle für seine verstorbene Frau in einem Gedicht an die Öffentlichkeit zu bringen:

Seit zehn Jahren sind wir getrennt:
Ich lebe, du bist tot …
Ich kann dein Grab nicht besuchen, tausend Meilen entfernt,
um mit dir zu reden und dir meine Sehnsucht zuzuflüstern. …

Letzte Nacht träumte ich, wieder in unserm alten Haus zu sein,
und sah dich am vertrauten Ankleidetisch sitzen.
Schweigend sahen wir uns an
im Kerzenlicht mit feuchten Augen.
Mögen wir uns Jahr für Jahr treffen,
mit gebrochenem Herzen,
auf dem kiefernbewachsenen Bergrücken
im Mondlicht.

Ein Ehemann trauert um seine Gefährtin.Und Su Dongpo ist nicht allein.

Mei Yaocheng (1002–1060) ist ein angesehener Dichter aus der Generation vor Su Dongpo, zweitausendachthundert Gedichte sind von ihm überliefert. Er dichtet als einer der ersten Poeten über den Alltag und über soziale Ungerechtigkeiten und wählt eine direkte, unpathetische Sprache. Als 1044 seine erste Frau nach achtzehn Jahren Ehe stirbt, hat er diese persönliche Krise in dem Gedicht-Zyklus »Traurige Erinnerung« verarbeitet:

Seit dem Augenblick, als du in mein Haus kamst,
schien es dir nichts auszumachen, arm zu sein.
Jeden Abend hast du bis Mitternacht genäht,
Immer war das Essen kurz nach zwölf Uhr mittags zubereitet …
Bitteres und Süßes haben wir geteilt
und hofften auf eine hundertjährige Liebe.
Wer ahnte, dass du innerhalb einer Nacht fortgehen würdest.
Ich erinnere mich noch an das Ende,
wie du meine Hand gehalten hast, nicht mehr fähig, zu sprechen.
Ich lebe zwar weiter mit meinem Körper,
aber schließlich werde ich mit dir unter der Erde vereint sein.

Der Dichter, dessen jüngerer Sohn im gleichen Jahr gestorben ist, bleibt mit einem Sohn und einer Tochter zurück. Als er eine neue Frau findet, schämt sich Mei seiner ambivalenten Gefühle nicht:

Vor einigen Tagen habe ich wieder geheiratet,
voller Freude im Gegenwärtigen, mit Trauer um die Vergangenheit.
Endlich wieder jemand, dem ich den Haushalt anvertrauen kann,
nicht länger ein einsamer Schatten im Angesicht des Mondes.
Aus alter Gewohnheit rufe ich sie mit falschem Namen.
Die Erinnerung drückt auf mein Herz.
Wie glücklich bin ich – sie ist sanft und mild:
dass ich zwei Frauen mit gleicher Natur finden durfte.

Ein weiteres Gedicht im Zusammenhang mit seiner zweiten Heirat trägt den Titel »Nachts an Bord, als ich mit meiner Frau trank«. Der Mond scheint, und der Ehemann fragt: »Warum sollen wir eine Fackel holen? Das Mondlicht reicht, damit wir uns amüsieren.«

Ehemänner waren im elften Jahrhundert nicht nur auf unterwürfige Frauen fixiert, die schweigend im Hintergrund dem Oberhaupt der Familie dienen. Li Qingzhao konnte ihre Ehe mit Zhao Mingcheng in dem Bewusstsein beginnen, dass es für die Rolle der Ehefrau in Vergangenheit und Gegenwart vielfältige, unterschiedliche, aber durchaus gleichwertige Modelle und Vorbilder gab. Mit »Kamm und Handtuch« bereit zu stehen, wenn der Ehemann von der Tagesarbeit erschöpft nach Hause kam, war die eine Seite. Aber gewiss nicht das Einzige, was der gelehrte Beamte von seiner Ehefrau erwartete.

Ein gelehrter Beamter zu werden, war das Ziel ihres Ehemanns. Aber Zhao Mingcheng fehlte noch ein Prüfungsabschluss. Denn, so schreibt seine Frau in ihrer späteren autobiografischen Skizze über den Zeitpunkt ihrer Hochzeit, *einundzwanzig Jahre alt, studierte er noch an der National-Universität.*

Zur Zeit seiner Hochzeit profitierte Zhao Mingcheng, der junge Ehemann, von einer kaiserlichen Institution, die zurückgeht in das Jahr 124 v. Chr., als während der Han-Dynastie eine »Große kaiserliche Schule« gegründet wurde. Fünfzig Schüler sollten hier mit fünfzehn Gelehrten die konfuzianischen Klassiker studieren. Weit über tausend Jahre später studierten im Jahre 1101 in der Hauptstadt Kaifeng an der National-Universität rund dreitausendachthundert Studenten aus allen Provinzen.

Sie durchliefen einen dreistufigen Studiengang, bei dem man nach erfolgreicher Prüfung die nächste Stufe erklomm. In der dritten und obersten Klasse waren nicht viel mehr als hundert Studenten versammelt. Das letzte Universitätsexamen war der großen Staatsprüfung in der Hauptstadt vergleichbar, zu der sich alle anmeldeten, die nach privatem Studium die schweren Examen in den Bezirken und in der Provinz bestanden hatten. In beiden Fällen war eine erfolgreiche Prüfung die Eintrittskarte zum Dienst als Staatsbeamter.

Während der Song-Dynastie wurden zwischen 1072 und 1076 noch eine medizinische, eine juristische und eine militärische Hochschule gegründet. Bei den rund dreihundert angehenden Medizinern standen vorrangig Pulsdiagnostik und die Behandlung von Geschwüren auf dem Stundenplan. Offiziell durften sich Kranke nur noch von staatlich geprüften Ärzten behandeln lassen. Eine Regelung, die im weiten chinesischen Reich Theorie blieb. Immerhin kam Zhao Mingcheng – wie die Mitglieder aller Hochschulen – bei Krankheit in den Genuss einer Gratis-Behandlung durch die Medizinstudenten.

Was lässt sich vom einundzwanzigjährigen Bräutigam sagen, um ihn ein wenig aus der Menge hervortreten zu lassen? Li Qingzhao zeigt schon vor der Hochzeit Profil, wenn man ihr Freundschafts-Gedicht zur Entdeckung einer archäologischen Säule aus der Tang-Zeit deutet, in dem sie auf Distanz zur aktuellen kaiserlichen Politik geht. Ihr Vater Li Gefei besitzt ebenfalls markante Umrisse. Ihr Schwiegervater Zhao Tingzhi gehört fraglos zur Bildungselite. Doch durch Charakterstärke sticht er nicht hervor. Sein Talent besteht darin, sich geschickt den jeweiligen Machthabern anzudienen und als Beamter in Kaifeng erfolgreich die Karriereleiter hinaufzusteigen. Und sein jüngster Sohn Zhao Mingcheng?

Erzogen worden ist er wie seine zwei Brüder von der Mutter und aufgewachsen in den Inneren Gemächern, dem Wohnbereich der Frauen. Zhao Mingcheng und Li Qingzhao waren Kinder der Song-Epoche. Sie repräsentieren eine zivile Gesellschaft, die sich am Ende des elften Jahrhunderts fest etabliert hatte und von niemandem in Zweifel gezogen wurde.

Davon war besonders das männliche Leitbild betroffen: Der adlige Krieger war in der Realität und als Ideal längst untergegangen, ersetzt durch den Gelehrten und Feingeist. Nicht das Schwert, sondern der gekonnte Umgang mit dem Pinsel zeichnete den Mann aus – um Kalligrafien zu erstellen, zarte Gedichte oder Bilder zu komponieren. Je mehr Bücher er gelesen hatte und besaß, je mehr Gedichte er zitieren konnte, je eindrucksvoller er auf der Zither und der Flöte spielte, um so mehr Pluspunkte konnte der junge Mann aus gutem Hause in der Gesellschaft sammeln.

Sportlichen Anstrengungen wie Bogenschießen oder Wagenlenken musste sich kein Junge mehr unterziehen. Auf Wanderschaft zu gehen und einfühlsam die Natur zu genießen, unprätentiös und ohne Allüren zu sein, das entsprach dem Zeitgeist. Von Su Dongpo wird das Motto überliefert »Lieber als ein Sattel sind mir Sandalen und Stock«.

Während Frauen farbige Gewänder trugen, machten die Männer von ihrem Äußeren nicht viel her. Sie kleideten sich einfarbig, meist schwarz. Während die Frauen ihre ausladenden Frisuren nicht bedeckten und mit Schmuck und komplizierten Aufbauten zierten, steckten die Männer die Haare hoch und verdeckten sie unter einer schwarzen Kappe.

Was Männer nicht verbergen mussten, waren ihre Gefühle. Als ein befreundeter Maler starb, weinte der hohe Beamte Su Dongpo drei Tage über diesen Verlust. Im Gedichtzyklus des Mei Yaocheng über seine verstorbene Frau heißt es: »Bis zu meinem Tod fließen und fließen die Tränen.« Die einen Väter zeigten sich stolz mit ihren gebildeten Töchtern, andere beweinten den frühen Tod ihrer Kinder. Und alle konnten sich auf den verehrten Konfuzius berufen. Der hatte sich seiner Tränen nicht geschämt und seinen Schülern eine Lektion erteilt: »Als sein Lieblingsschüler Yan Hui starb, brach Konfuzius vor Schmerz in Tränen aus. Seine Schüler sprachen zu ihm: Ihr seid zu sehr von Kummer ergriffen. Doch der Meister antwortet: Zu sehr? Wollte ich Yan Hui nicht beweinen, wen dann?«

In der Werteskala ganz oben stand eine Tätigkeit, die nicht rohe Gewalt, sondern Kenntnisse und ein Gefühl für Schönheit und Ästhetik verlangte. Die gebildete Elite war sich einig mit den Herrschern der Song-Dynastie: Wer im Reich der Bücher zu Hause ist, wer sich mit Geschichte und den geistigen Wurzeln der Gegenwart beschäftigt, der möchte möglichst viele Gegenstände, in denen sich Vergangenheit sichtbar und kunstvoll verkörpert, in seinen Besitz bringen.

Die Sammelleidenschaft, die Suche nach Antiquitäten, alten Büchern, Kalligrafien, Bildern und archäologischen Schätzen verband sie alle, die Dichter und Gelehrten, die Maler, Minister und kaiserlichen Prinzen – quer durch die politischen Lager. Kollegen und Kunstliebhaber in Kaifeng erkannten neidlos an, dass der eher windige hohe Beamte Zhao

Tingzhi als Sammler guten Geschmack und große Kennerschaft bewies. Und diese Leidenschaft übertrug er offenbar auf seinen jüngsten Sohn.

Zwei kleine persönliche Hinweise gibt es über Zhao Mingcheng aus der Zeit vor seiner Hochzeit. Beide weisen in die gleiche Richtung. Im Jahre 1098 erstand der Student Zhao Mingcheng ein Buch mit Abdrücken kaiserlicher Siegel. Über das Jahr 1090 hat er viele Jahre später geschrieben: »Damals sorgte ich für meinen Vater, als er seinen Dienst in Xuzhou versah … ich war noch ein Knabe.« Es war eine zweijährige Strafversetzung für Zhao Tingzhi in die Provinz, während der seine Familie in Kaifeng blieb. Nur der neunjährige Mingcheng begleitete ihn.

In der Zeit erlebte er, dass der Vater aus der Not eine Tugend machte, und neben seinen Amtsgeschäften Zeit und Gelegenheit nutzte, historische Orte und Bauten nach Antiquitäten abzusuchen. Im buddhistischen »Kloster von der Wandlung zum Guten« ersteht der Sammler eine Stele mit einer fünfhundert Jahre alten Inschrift. Viel später, als er die Stele in seinem archäologischen Sammelwerk beschreibt, erinnert sich der Sohn: »Dass wir in den Besitz dieser Stele gekommen sind, ist jetzt schon über dreißig Jahre her.« (War es wirklich die Stele oder doch nur eine Abreibung der Inschrift und nicht die Stele selbst? Wer mit Übersetzungen aus dem Chinesischen vertraut ist, weiß, dass beides gemeint sein kann.)

Damit ist der Vorrat an Mosaiksteinen über das junge Paar vor der Hochzeit ausgeschöpft. Doch über die Zeit danach erfahren wir umso mehr. Für die achtzehnjährige Ehefrau, die literarische Ambitionen hatte, begann ein neues Leben im Anwesen der Schwiegereltern. Ihren Ehemann, einundzwanzig Jahre alt, sah sie nur zweimal im Monat, wenn die Studenten der National-Universität Ausgang hatten. Wie die beiden frisch Verheirateten diese kostbaren Stunden nutzten, hat Li Qingzhao in einer autobiografischen Skizze direkt und lebendig beschrieben:

Die Familien Zhao und Li führten beide ein schlichtes und bescheidenes Leben. Immer wenn Zhao Mingcheng am ersten und fünfzehnten Tag des Monats seine Eltern besuchte, versetzte er seine Kleider, … wanderte zum Xiangguo-Kloster und kam beladen mit Steinabreibungen und Früchten, die er dort gekauft hatte, nach Hause zurück. Einander gegenübersitzend, breiteten wir die neuerworbenen Schätze vor uns aus, während wir gleichzeitig schmatzend die Früchte verzehrten …

Die Schreiberin hält sich an die Tradition: Der junge Mann besucht nicht seine Frau, sondern kommt offiziell nach Hause zu seinen Eltern. Damit ist es aber auch genug der Anstandsformeln.

Nichts ist in Lis Beschreibung zu spüren von distanzierter Höflichkeit, die das »Buch der Riten« und die zeitgenössischen konfuzianischen Gelehrten den Eheleuten als Ideal vorgeben. Weit weg der traditionelle Rat der Eltern an die Brautleute, sich bei Tag getrennt in den Bereichen des Hauses für Männer und Frauen aufzuhalten. Der unverstellte Einblick in eine unbeschwerte Studentenehe lässt die Kluft zwischen Theorie und Praxis, zwischen papierenen historischen Zeugnissen und der Lebenswirklichkeit sichtbar werden.

Bescheiden zu sein, war eine konfuzianische Tugend, die man an seine Kinder weitergab. Kleidung in die Pfandleihe zu geben, war offenbar für den Sohn eines hohen Beamten keine Schande. Zumal der Erlös nicht im Weinhaus bei den Konkubinen oder im Vergnügungsviertel von Kaifeng landete. Zhao Mingcheng kannte den beliebten Markt in der weitläufigen buddhistischen Klosteranlage mitten in der Stadt; wo Secondhand-Waren mit Luxusgütern und antiken Kostbarkeiten bunt gemischt waren. Der mittellose Student hat sich von der Leidenschaft seines Vaters anstecken lassen und ist dabei, mit Steinabreibungen von antiken Denkmälern und Inschriften die Familien-Sammlung eigenständig fortzuführen.

Zwei Informationen, die Li Qingzhao in ihrem Zitat ohne Aufhebens liefert, sind besonders spannend: Zum einen teilt sie die Sammelleidenschaft ihres Mannes, denn Ähnliches kennt sie aus ihrem Elternhaus. Für Zhao Mingcheng wiederum ist es selbstverständlich, seine junge Frau in seine Begeisterung für antike Schätze einzubeziehen und sich mit ihr darüber auszutauschen. Zwei Partner sitzen am hellichten Tag zusammen, in ausgelassener Stimmung, und teilen umstandslos ihre gemeinsamen Interessen.

Und keine Schwiegermutter in der Nähe, die ihrem Sohn oder der Schwiegertochter ein fröhliches Zusammensein in ihrem häuslichen Anwesen untersagt oder neidet. So wenig sympathisch und politisch unzuverlässig der Vater des Ehemannes sich als hoher Beamter zeigt, im Haus des Zhao Tingzhi können Sohn und Schwiegertochter offensichtlich unbeschwerte Stunden verleben.

Und das frisch verheiratete Paar beugte sich nicht nur über alte Bücher und historische Dokumente. Die Ehefrau hat es in Verse gebracht:

Unter der dünnen roten Seide
glüht meine Haut,
weiß wie Schnee, zerbrechlich,

sanft und duftend.
Lächelnd sage ich dem Geliebten:
Kühl sind heute Nacht hinter dem Schleier des Bettes
Kissen und Matte.

Wieder schieben sich die Klischees in den Vordergrund. Die offenen Worte passen nicht zur züchtigen Ehefrau, die für den Ehemann »mit Kamm und Handtuch« bereit steht. Auch nicht zum Ehemann, der seiner Frau gemäß der Tradition bei allen Gelegenheiten respektvoll begegnen soll. »Maß und Mitte« als konfuzianischer Wegweiser gilt selbst dann, wenn der Ehemann zur Nacht sich in die Inneren Gemächer zu seiner Frau begibt. Für Erotik und Sexualität sind die Konkubinen zuständig, sie dürfen in ihren Liedern andeutungsweise davon singen. In den Gedichten berühmter Poeten vor Li Qingzhao üben die Dichter vornehme Zurückhaltung. Zahlreich besingen sie die Sehnsucht der Frau nach ihrem Mann oder Geliebten, aber sie artikuliert – durch den Mund des Dichters – stets nur ein vages Gefühl. Doch es gibt auch eine andere Tradition.

Das »Buch der Lieder« zählt dreihundertfünf Texte. Sie wurden zwischen dem zehnten und sechsten Jahrhundert v. Chr. von Beamten zusammengetragen, die dem Volks aufs Maul schauten, um über die allgemeine Stimmung im Land informiert zu sein. Konfuzius, der 479 v. Chr. starb, liebte das Buch über alles. Er hat es seinen Schülern und Söhnen immer wieder ans Herz gelegt: »Die Lieder regen an, sie schärfen den Blick.«

In vielen Liedern werden Beziehungen zwischen Männern und Frauen formuliert, aus denen nicht maßvolle Zurückhaltung, sondern Leidenschaft spricht. Der Philosoph schließt sie ausdrücklich in sein positives Urteil ein: »Es gibt dreihundert Lieder, aber man kann sie in einem Satz preisen: Sie enthalten keine ungehörigen Gedanken.« Verabschieden wir uns von zwei weiteren Vorurteilen, über Konfuzius und über die Lieder.

Die traditionellen Kommentare zum »Buch der Lieder« sind gespalten. Die einen erwähnen die eindeutigen sexuellen Bezüge gar nicht. Man könnte folgern, sie sind kein Grund zu Aufregung oder Dementis. Andere Kommentare beharren darauf, diese Aussagen nicht wörtlich zu nehmen. Vielmehr gehe es um Anspielungen, Analogien, Metaphern. Über Interpretationen lässt sich trefflich streiten. Einen ähnlichen Umgang bietet das »Hohelied« Salomos in der jüdischen Bibel. Was offensichtlich ein poetischer Dialog zweier Liebender ist, wird von Juden und

Christen in geistige und theologische Höhen versetzt, wo nichts mehr wörtlich zu nehmen ist und alles Fleisch zugunsten intellektueller Knochen erfolgreich entfernt wurde.

Die Texte im chinesischen »Buch der Lieder« schließen politische und zeitgebundene Anspielungen, Doppeldeutigkeit und moralische Parabeln nicht aus. Das ändert nichts daran, dass die Mehrzahl der Lieder von Menschen erzählt, die Freude am Leben haben und denen Sexualität, leidenschaftliche Gefühle und freie Liebe weder fremd noch peinlich sind.

Gleich das erste Lied ist ein Liebes- und Hochzeitslied, das einen Herrn von bestem Stand und eine edle Frau betrifft. Der Herr hat keineswegs im Sinn, eine ihm unbekannte Frau zu heiraten, wie die Tradition es verlangt. Er weiß, wen er will:

Lieblich ist diese edle Frau, ...
Wachend und schlafend sehnte er sich nach ihr,
Dachte an sie Tag und Nacht.
In quälender Sehnsucht
Wälzte er sich hin und her.

Hindernisse türmen sich auf, eine offizielle Verbindung scheint unmöglich. Doch dann gibt es ein Happy End:

Lieblich ist diese edle Frau,
Mit Zithern und Lauten empfangen wir sie. ...
Glocken und Pauken erfreuen sie.

Nicht um Hochzeit, aber sehr wohl auch um Liebe geht es in dem Lied mit dem Titel »Das neunmaschige Netz«:

Im neunmaschigen Netz
landen Brassen und Rotaugen ...
Die Wildgänse fliegen über die Sandbank.
Wenn der Herzog zurückkehrt, gibt es für uns keinen Platz mehr.
Einmal noch werde ich bei dir sein.

Die Wildgänse fliegen über den Hügel.
Der Herzog kehrt zurück und wird nicht wiederkommen.
Einmal noch werde ich bei dir liegen.

Oh, hier trugen wir festliche Gewänder.
Oh, geh nicht zurück mit dem Herzog.
Oh, lasse mein Herz nicht Trauer tragen.

Das Eingangsbild ist voller sexueller Symbolik. Aber es geht nicht um ein kurzes Abenteuer. Im Bewusstsein der Frau ist es eine ernsthafte Liebesbeziehung, denn traditionell steht die Wildgans für die Trennung von Eheleuten.

Wer dem Volk aufs Maul schaut, bekommt deftige Antworten, und die kaiserlichen Beamten scheuten sich nicht, sie ins »Buch der Lieder« aufzunehmen:

Da ist ein Mädchen, das sich nach dem Frühling sehnt.
Ein schöner Bursche verführt sie …

Es ist ein Mädchen wie aus Jade …

Oh, langsam mit dem Ausziehen.
Oh, verschiebe mein Tuch nicht.
Pass auf, dass der struppige Hund nicht bellt.

Die Szene spielt wohl im Elternhaus des Mädchens. Welche Schande, wenn die Eltern aufwachen würden und ihre Tochter in flagranti ertappten.

Die literarisch gebildete Li Qingzhao, Kennerin der konfuzianischen Klassiker, hat andere Worte und Bilder zur Hand. Aber mit ihren eindeutigen Anspielungen befindet sie sich in traditionsreicher Gesellschaft. Und sie wusste es. Ihre Einladung zur Nacht, um die Kühle hinter den Bettvorhängen zu genießen, ist kein Einzelfall unter ihren Gedichten:

Lächelnd schiebe ich den hibiskusgeschmückten Vorhang beiseite,
Halte die duftenden Wangen gegen das entenförmige Weihrauchgefäß.
Kaum ziehe ich die Augen zusammen, errät er schon meine Gedanken.
Tief und zärtlich ist meine Liebe.
Einem Notizblatt vertraue ich meine geheimen Gedanken an:
Lade ihn ein, unsere Liebe zu erneuern, wenn die Blumen
im Mondlicht Schatten werfen.

Spricht so eine junge Frau, die in einer unglücklichen, weil arrangierten Ehe lebt?

Zhao Mingcheng konnte stolz sein auf eine Frau, die das Schönheitsideal der Song-Epoche perfekt verkörperte. Li Qingzhao hat ihr Äußeres in ihren frühen Gedichten selbstbewusst beschrieben: grazile und anmutige Bewegungen, eine schlanke Taille, zinnoberrote Lippen, Puder auf den Wangen – eine elegante Erscheinung. Sie nennt sich kokett und charmant, eine begabte Sängerin. Sie spielte Zither, Flöte und die Mundorgel, ein uraltes Blasinstrument.

Ein neues weibliches Schönheitsideal hatte sich ab der Mitte des zehnten Jahrhunderts durchgesetzt, und die gewünschte Zartheit wurde durch die Kleidung noch unterstützt. Die Ärmel waren extrem lang und schmal, die Gesamtsilhouette auf den Körper zugeschnitten; ein Gürtel betonte die schmale Taille. Den Männern der vorangegangenen Tang-Epoche wäre Li Qingzhao unangenehm aufgefallen. In jenem kosmopolitischen Zeitalter liebte man bei Frauen üppige Körperformen, die Gesichter waren breitflächig. Auch zum weiblichen Geschmackswandel hielt Su Dongpo mit seiner Meinung nicht hinter dem Berg und urteilte über Zeugnisse aus der Tang-Zeit: »Das Auge dieses alten Beobachters hat schon viel gesehen. Aber erstaunt bin ich doch über so viele fette Frauen in der Malerei ...«

Nein, eine fette Frau wartete nicht auf Zhao Mingcheng, wenn er sich zweimal im Monat von seiner Studenten-Unterkunft auf dem Campus der Universität auf den Weg nach Hause machte. Die Überraschungen vom Klostermarkt boten auch eine Entschädigung für die lange Abwesenheit. Doch es war hart für das junge Paar, ihr Glück so selten gemeinsam genießen zu können. Gekonnt greift Li Qingzhao eine literarische Tradition auf, wenn sie von der Sehnsucht nach dem abwesenden Geliebten spricht:

Die hibiskusgeschmückten Bettvorhänge bleiben geschlossen,
auf meinem bemalten Wandschirm türmen sich die Hügel.
Durch das Fenster sehe ich den Tag anbrechen.
Der herzförmige Verschluss an meinem Gürtel bleibt ungeöffnet.
Mein seidenes Gewand ist befleckt mit pudervermischten Tränen,
Ich frage mich, wann wird mein Geliebter heimkehren.

Das ist neu und anders und gegen die Tradition: Hier spricht kein männlicher Dichter, der einer Frau seine Stimme leiht. Es spricht eine Frau, die aus direkter eigener Erfahrung schöpft. Die Bilder in den Gedichten zitieren literarische Vorbilder, das ist beste literarische Tradition. Li Qingzhao fühlt sich dem festen Kanon einer Symbolik verpflichtet, der Chinas Dichter seit Jahrhunderten die Treue halten. Und jeder Gebildete hatte gelernt, was Bilder, Vergleiche und Symbole in der Literatur sagen. Beim hibiskusgeschmückten Bettvorhang zum Beispiel weiß man, dass Dichter über Generationen dieses Tropengewächs ins Gedächtnis rufen. Sie nutzen die Anspielung, dass der betörende Duft der Hibiskus-Blüten so unwiderstehlich ist wie die Anziehungskraft junger Mädchen.

Mögen die Gedichtzeilen von Li Qingzhao gemäß der Tradition gestaltet und gekonnt verschlüsselt sein: Sie stehen für authentische Gefühle und nicht – wie bisher üblich – für Sehnsüchte aus zweiter, männlicher Hand. Die junge Frau konnte ihren Ehemann tatsächlich nur zweimal im Monat in die Arme schließen. Wen wundert es, dass ihr dies zu wenig ist.

Das folgende Gedicht soll Li Qingzhao auf ein seidenes Tüchlein geschrieben und ihrem Mann per Boten auf den Campus geschickt haben. Ein origineller Liebesbrief, ein Gedicht voller Anspielungen und traditioneller Bilder. Und der gebildete Zhao Mingcheng wusste, was seine Frau ihm sagen wollte:

Der Duft von rotem Lotos ist vergangen,
Herbst steht auf der Jade-Matte.
Ich öffne leicht meinen Gürtel,
steige allein ins Boot.
Wer schickt mir eine kostbare Botschaft mit den Wolken? ...
Einsam vergehen die Blüten, einsam fließt das Wasser dahin.
Gemeinsames Sehnen,
Vergebliches Verlangen an getrennten Orten.
Wie werde ich dieses Gefühl wieder los?
Kaum ist es mir aus den Augen,
setzt es sich fest im Herzen.

12

DIE SCHWIEGERTOCHTER KLAGT AN
oder
EIN EHEPAAR IM SAMMLERRAUSCH

In Stein gemeißelt: 309 »Verräter«-Namen – Der Schwiegervater: ein eiskaltes Herz – Die selbstbewusste Dichterin – Keine Eisvogelfedern als Kopfschmuck – Auf Schatz-Suche: allein oder mit dem Ehemann – Staatliche Hotels für die Beamten – Stoff für Gedichte: die Sehnsucht nach dem Abwesenden – Böse Vorzeichen für den Kaiser – Die Geächteten werden rehabilitiert – Am Ziel: Zhao Tingzhi wird Kanzler – »Bücherwürmer« mit allen Sinnen

Im Frühjahr 1102 wusste die hohe Beamtenschaft in Kaifeng, wer nach den Thronantritt von Kaiser Huizong zu den Gewinnern, und wer zu den Verlierern zählen würde. Resignation wird sich im Haus von Li Gefei ausgebreitet haben, große Freude bei Zhao Tingzhi und seiner Familie. Li Qingzhao gehörte seit ihrer Heirat 1101 zur Familie Zhao, Freude jedoch wird bei ihr nicht aufgekommen sein. Nicht weil ihre väterliche Familie zu den Verlierern gehörte. Li Qingzhao hatte bei ihrem Vater gelernt, dass ein Konfuzianer unbeirrt dem eigenen moralischen Maßstab folgt, egal, welche Konsequenzen das nach außen hat. Schmerzlich für die junge Frau war, dass sie – gemessen an ihren Überzeugungen, die sich durch die Heirat nicht geändert hatten – nun im anderen, im feindlichen politischen Lager zu Hause war.

Kaiser Huizong hatte eine wegweisende Entscheidung getroffen: Er vergab einen der höchsten Regierungsposten im Reich an Cai Jing, der Assistenz-Direktor zur Linken im Ministerium für Staatsangelegenheiten wurde. Auch dieser Posten war – wie viele im Regierungsapparat – doppelt besetzt. Assistenz-Direktor zur Rechten wurde Zhao Tingzhi. Zwar war die »Linke Seite« die etwas günstigere. Aber Zhao hatte einen weiteren Schritt auf der Karriereleiter gemacht und befand sich wieder auf der richtigen Seite.

Die Aufmerksamkeit der politisch Interessierten richtete sich auf die Wahl von Cai Jing. Zwanzig Jahre zuvor war er als Beamter an den Hof berufen worden. Er machte keinen Hehl aus seiner Parteinahme für die Reformpolitik. Als die Konservativen an die Regierung kamen, wurde Cai auf einen Posten in der Provinz abgeschoben. Mit der Rückkehr der

Reformpolitiker ab 1094 unter Kaiser Zhezong brachte er es bis zum Finanzminister und arbeitete in jener Kommission, die anhand der Throneingaben prüfte, welche Beamten sich besonders gegen die Reformpolitik engagiert hatten und dafür bestraft werden sollten.

Nach dem Tod von Kaiser Zhezong hatte sich sein kaiserlicher Nachfolger Huizong nicht nur gegen die Konservativen und für das Lager der Reformer entschieden, sondern mit Cai Jing einen Mann ausgewählt, der diese Politik rücksichtslos und nicht zuletzt zum eigenen Vorteil durchsetzen würde.

Aber konnte es überhaupt noch eine Steigerung geben nach dem, was 1094 bei einem ähnlichen Politikwechsel geschehen war? Als man die tote Kaiserin offiziell des Verrats beschuldigte, als hohe Beamte reihenweise degradiert und verbannt wurden, darunter Su Dongpo auf eine unwirtliche Insel im Südchinesischen Meer, und als Li Gefei seinen Posten verlor?

Es kann immer noch schlimmer kommen. Ein Drama entrollte sich zu Beginn des zwölften Jahrhunderts, für dessen Ausmaße die Zeitgenossen kein Vorbild in der Vergangenheit fanden.

Schon zwei Monate nach der Berufung als Assistenz-Direktor wurde Cai Jing zum Vize-Direktor zur Rechten befördert – damit war er faktisch Vizekanzler –, während Zhao Tinghzi auf Cais freigewordenen Posten nachrückte. Nun ging es Schlag auf Schlag gegen die Konservativen, egal, ob lebend oder tot. Und die Aktionen waren von einer beeindruckenden öffentlichen Inszenierung begleitet, die jedem Bewohner im weiten chinesischen Reich suggerieren sollte, dass hier Fakten für die Ewigkeit geschaffen wurden.

Zuerst erschien ein Erlass mit den Namen von vierundvierzig hohen Beamten, Gegner der Reformpolitik in den neunziger Jahren, die meist zum zweiten Mal degradiert und bestraft wurden und niemals mehr ein Amt in der Hauptstadt bekommen sollten. Li Gefei, durch die Heirat seiner Tochter mit Zhao Tingzhi verwandt, stand auch auf der Liste.

Im Oktober 1102 folgte der wirkliche Paukenschlag. Nicht nur, dass eine neue Liste mit insgesamt einhundertzwanzig »Verräter«-Namen veröffentlicht wurde. Cai Jing überredete den neunzehnjährigen Kaiser, die »Verräter«-Liste mit eigenem Pinsel aufzuschreiben. Dann wurde die kaiserliche Kalligrafie in eine Steintafel gemeißelt und die Tafel mit den »Verräternamen« an einem prominenten Platz im Palastbezirk aufgestellt. Die schriftliche Ausführung durch den Kaiser machte aus einer

Strafmaßnahme eine Ächtung, wie sie demonstrativer kaum sein konnte. Vorneweg prangten die Namen von berühmten Toten, die dem Kaiserhaus treu gedient hatten – Su Dongpo war im Sommer 1101 gestorben und der konfuzianische Gelehrte und ehemalige Kanzler Sima Guang war schon sechzehn Jahre tot.

Auch Li Gefei stand auf der steinernen »Verräter«-Liste. Damit war nicht nur er, sondern seine ganze Familie der Verachtung preisgegeben. Für seine Söhne sieht die Zukunft düster aus. Wie kann der Staat die Nachkommen von Verrätern als Beamte in seinen Dienst nehmen!

Es ist drei, höchstens vier Jahre her, dass Li Qingzhao in ihrem ersten überlieferten Gedicht den regierenden Song-Kaiser an einen korrupten Herrscher der Tang-Zeit erinnerte. Auch damals gehörte ihr Vater zur konservativen Opposition, hatte Glück gehabt, nur entlassen worden zu sein und dann ein Buch über die »Berühmten Gärten von Luoyang« schreiben zu können. Nun lebte Li Qingzhao als verheiratete Frau unter einem Dach mit dem Mann, der zusammen mit Cai Jing dafür verantwortlich war, dass ihr Vater zutiefst gedemütigt wurde und mit der Familie, die ihrem Herzen immer noch sehr nahe stand, einen sozialen Absturz erlebte.

Nach den traditionellen Riten, die alles gesellschaftliche Miteinander regelten, stand für Li Qingzhao seit ihrer Heirat ihr Schwiegervater Zhao Tingzhi vor ihrem eigenen, verehrten Vater. Als Schwiegertochter trat sie ihm zu Hause ehrfürchtig entgegen. In jeder Lebenslage gemäß den Umgangsformen zu handeln, hatte sie in ihrem konfuzianischen Elternhaus gelernt. Aber unter der höflichen Oberfläche muss es gebrodelt haben. Li Qingzhao war die Tochter ihres Vaters. Sie bewunderte Su Dongpo, der ungebrochen vor seinen Anklägern – die zum Lager der Reformpolitiker gehörten – seine Überzeugung vertreten hatte, wissend, das sie ihn ins Elend, in die Verbannung führen würde.

Li Qingzhao entschied angesichts der Demütigung ihres Vaters, ihr Talent zu nutzen. Sie tat, was unter gelehrten Beamten Tradition war: Li Qingzhao schrieb ein Gedicht an ihren Schwiegervater Zhao Tinghzi, Assistenz-Direktor zur Linken im Ministerium für Staatsangelegenheiten, und bat ihn, ihrem Vater aus der misslichen Situation herauszuhelfen.

Die Tatsache allein lässt den Atem stocken. Denn ihr Schwiegervater war an herausgehobener Stelle im Regierungsapparat mitverantwortlich für die Politik, die Li Gefei in diese missliche Lage gebracht hatte. Und der Ton des Gedichtes ist auch nicht das, was man von einer Schwiegertochter erwartet. Nur zwei Verse haben die Zeiten überdauert, doch die haben es in sich.

Ein Vers bezieht sich auf die Schreiberin, der andere auf den angesprochenen Schwiegervater: *Unter der Hand, die vor Autorität brennt, verrät sich das eiskalte Herz. Allerstärkste Gefühle verbinden die Tochter mit dem Vater.*

Statt diplomatischer Wendungen, statt schmeichelnder Appelle und gefühlvoller Bitten skizziert Li Qingzhao einen Charakter, der den Leser schaudern macht. Das ist keine Bitte, sondern eine Anklage: Die Schwiegertochter präsentiert der Öffentlichkeit ihren Schwiegervater als eiskalten Typ, dem es allein um Macht und Karriere geht.

Nicht wenige, die das lasen, werden zustimmend genickt und Schadenfreude empfunden haben. Mehr aber auch nicht, denn wer wollte es sich mit den zwei mächtigsten Männern im Staat verderben! Cai Jing war unangefochten die Nummer eins. Und der wendige Zhao tat alles, um sich als ebenso durchsetzungsfähig zu profilieren.

Einer, der das zu spüren bekam, war Huang Tingjian, ehemaliger Kollege in den kaiserlichen Archiven. Zhao Tingzhi vergaß nicht, wie oft sich Huang, mit Su Dongpo befreundet und selber ein angesehener Kalligraf und Dichter, in großer Runde über ihn lustig gemacht hatte. Angefangen bei Zhaos täglicher Vorliebe für die Klöße aus der Palastküche. Huang Tingjian war wie Su im Jahre 1094 degradiert und verbannt und 1100 amnestiert worden. 1102 stand sein Name gleich nach dem von Su Dongpo auf beiden »Verräter«-Listen. Der Achtundfünfzigjährige wurde erneut angeklagt und in den malariaverseuchten Süden verbannt. Es blieb kein Geheimnis: Zhao Tingzhi war die treibende Kraft hinter diesem Verfahren.

Um diese Zeit machte eine Geschichte die Runde, deren Wahrheitsgehalt nicht nachprüfbar ist. Doch allein, dass sie entstehen konnte, sagt genug darüber aus, welchen Ruf Zhao Tingzhi hatte. Einer seiner Verwandten, so heißt es, war mit Huang Tingjian befreundet und gehörte zum konservativen Lager. In wenig begüterten Verhältnissen lebend und schwer erkältet, bat er Zhao um einen Mantel. Der weigerte sich, sein Verwandter starb und umgehend gab man Zhao die Schuld an diesem Tod.

Mit den »Verrätern« sollte ihr geistiges Erbe ausgelöscht werden. Im Frühjahr 1103 erging ein kaiserlicher Erlass, dass alle Druckstöcke der Werke von Su Dongpo, Huang Tingjian und anderer Dichter aus diesem

Freundeskreis zu verbrennen seien. Eine Kleinigkeit verglichen mit dem, was folgte.

Im sechsten Monat des Jahres 1104 kam es zu einer abschreckenden Premiere in Chinas Geschichte. Eine weitere offizielle Liste mit dreihundertneun »Verräter«-Namen wurde veröffentlicht und wiederum in Stein gemeißelt. Sie traf Männer quer durch alle Lager – Konservative und Reformer, Dichter, Gelehrte und hohe Beamte. Cai Jing richtete eine Denkschrift an den Kaiser, die darlegte, dass bei der Auswahl der »Verräter« keine Justizirrtümer vorliegen könnten, da man streng zwischen Guten und Bösen unterschieden habe.

Kaiser Huizong hatte seinen Segen zu diesem einmaligen Vorgehen gegeben. Doch in einem Punkt drehte er den Spieß herum. 1102 hatte ihn Cai bedrängt, die erste »Verräter«-Liste als Vorlage aufzuschreiben. Nun beauftragte der Kaiser Cai Jing, der sich als guter Kalligraf rühmte, die Namens-Liste mit eigener Hand anzufertigen. Nach Cais Vorlage wurde sie in eine Steintafel gemeißelt, die man – wie die Liste von 1102 – im Palastbezirk aufstellte. Damit nicht genug. Kopien der von Cai geschriebenen Liste wurden überall im Land verteilt und in Steinstelen gemeißelt, um die Namen der »Verräter« im gesamten Reich zu verbreiteten. Einige dieser Stelen haben sich bis heute erhalten.

Während jedermann in der Elite den Kopf einzog, um der lebensgefährlichen politischen Willkür der Herrschenden zu entgehen, bedeutete das Gedicht der Schwiegertochter einen öffentlichen Affront und eine Tollkühnheit sondergleichen: *Unter der Hand, die vor Autorität brennt, verrät sich das eiskalte Herz.* Ins Schwarze getroffen, aber um welchen Preis?

Wusste Li Qingzhao nicht, was sie tat, weil sie naiv in politischen Dingen war? Undenkbar, denn ihr erstes Gedicht – in Anspielung an ein Ereignis der Tang-Zeit – beweist, dass schon das junge Mädchen über die aktuelle Politik bestens informiert war. Vergleicht man das Gedicht an ihren Schwiegervater mit ihren ersten Versen, sind Parallelen unverkennbar. Das Profil, das sich bei der jungen Li Qingzhao andeutet, schärft sich. Damals hat ihr Vater sie nicht von einem ungewöhnlichen Schritt abgehalten, obgleich er es kraft seiner Autorität über die Tochter hätte tun können. Mit der Heirat war Li Qingzhao offiziell unter die Autorität ihres Ehemannes gewechselt. Zhao Mingcheng jedoch hinderte seine junge Frau nicht, das brisante Gedicht an ihren Schwiegervater – seinen Vater – weiterzuleiten.

Oder schrieb sie diese Verse, ohne ihren Mann zu informieren? Das eine wie das andere ist kaum denkbar. Vielmehr spricht alles für eine selbstbewusste Frau, die Eindruck auf ihre engste Umgebung machte. Li Qingzhao wusste, was sie tat und ließ sich davon nicht abbringen. Was der Schwiegertochter verboten war, war der Dichterin erlaubt. Sie nahm sich diese dichterische Freiheit, denn sie sah sich nicht als literarische Dilettantin, die für den Hausgebrauch und die engere Umgebung schrieb, wie es von ihrer Mutter überliefert ist.

Wie die Dichterin sich selbst einschätzte, daran gibt es keinen Zweifel. Li Qingzhao hat selbst bekannt gegeben, wo sie ihren Platz innerhalb der Literatur sieht. In ihrem Gedicht über »Die Schönheit weißer Chrysanthemen« greift sie ohne Umschweife zum allerhöchsten Lorbeer:

Es ist kalt in meinem kleinen Pavillon. ...
Klarer, heller Mond, reiner Wind
wechselt mit dickem Nebel, dunklem Regen.
Der Himmel hat beschlossen, du wirst vergehen
und dein zarter Duft sich auflösen.
Gleichgültig, wie sehr ich dich liebe,
du wirst entschwinden,
aber mit diesem Gedicht in Erinnerung bleiben.
Du brauchst nicht die Orchideen zu beneiden,
die Qu Yuan am Flussufer sammelte,
noch die Chrysanthemen,
die Tao Yuanming an der östlichen Hecke pflanzte.

Qu Yuan und Tao Yuanming zählen bis heute zu den größten Dichtern. Qu Yuan (ca. 340 – ca. 278 v. Chr.) ist als das Ideal eines Patrioten und Dichters in die chinesische Geschichte eingegangen. Vereinsamt und voller Trauer hat er im Fluss Selbstmord begangen, weil ihn die schmutzigen politischen Händel dieser Welt verzweifeln ließen. Tao Yuanming ist der berühmte »Heimkehrer«, der im vierten Jahrhundert n. Chr. seine Beamtenlaufbahn freiwillig beendete, um auf seinem Landgut Chrysanthemen zu züchten und im Einklang mit der Natur zu leben.

An diesem, dem höchsten Maßstab misst sich Li Qingzhao – und verheißt ihrem Ehemann Unsterblichkeit dank ihres Gedichtes. Aus dieser Selbsteinschätzung zieht sie ihre Identität, und damit ist ihr öffentliches literarisches Plädoyer für ihren Vater gerechtfertigt, gegen alle Konventionen. Die Rolle als Schwiegertochter – und als Ehefrau – folgt an zweiter Stelle.

Fragen aller Art bleiben wieder einmal unbeantwortet. Nirgendwo findet sich ein Hinweis auf diesen Skandal, keine Reaktion des Schwiegervaters oder des Ehemannes ist überliefert. Vielleicht ist die Frauenrolle in dieser Situation ihre Stärke. Li Qingzhao kann keine Ämter verlieren, nicht in Rang und Titeln zurückgestuft werden wie ein Beamter. Und soll der Staatsmann Zhao Tingzhi seine Schwiegertochter vor den Richter zitieren? Nein: Gerade jetzt, wo die Karriere dem Höhepunkt zustrebt, bloß kein Aufsehen erregen.

Ob es Dramen hinter den dicken Mauern des häuslichen Anwesens der Zhao-Familie gegeben hat, wo außer Mingcheng, dem jüngsten, noch zwei ältere Brüder mit ihren Familien lebten? Natürlich ist Li Qingzhao ständig mit ihrem Schwiegervater und ihrer Schwiegermutter zusammengekommen, wohnt zusammen mit den Frauen der Familie in den Inneren Gemächern auf Tuchfühlung. Für Spekulationen über mögliche Spannungen, über Vorwürfe und Demütigungen, gibt es keinerlei Anhaltspunkte. Doch einen Zugang zu ihrer Stimmungslage in dieser kritischen Zeit eröffnet Li Qingzhao selbst, als sie Jahrzehnte später eine autobiografische Skizze schreibt.

Konfuzius, der als Wander-Philosoph mit seiner Familie nicht auf regelmäßige und auskömmliche Einkünfte hoffen konnte, hatte die Sparsamkeit zur Tugend erhoben. Unabhängig von persönlicher Erfahrung passt Luxus auch nicht zu einem Menschen, der in allen Dingen »Maß und Mitte« einhalten sollte. Der edle Mensch ist zum Verzicht bereit, wenn es um moralische Prinzipien geht: »Konfuzius sprach: Einfachste Nahrung, zum Trinken nur Wasser und den gekrümmten Arm als Kopfkissen – auch dabei kann man glücklich sein. Hingegen sind unrechtmäßig erworbene Reichtümer und Ehren für mich nur wie flüchtige Wolken, die am Himmel treiben.« Wenn Li Qingzhao als Einleitung zu ihrer Heirat schreibt, dass die Familien Zhao und Li ein *schlichtes und bescheidenes Leben* führten, ist das ein Hinweis auf konfuzianische Lebensführung, nicht unbedingt auf schmale Einkünfte.

Nach der Heirat gelten für die junge Frau die gleichen Maßstäbe: *Ich bin an sich kein bescheidener Mensch, aber ich hatte mir von Anfang an vorgenommen, beim Essen auf zuviel Fleisch, bei der Kleidung auf zuviel Extravaganzen zu verzichten, auf dem Kopf keine Perlen und Eisvogelfedern zu tragen und in den Räumen keine vergoldeten Gerätschaften oder Stickereien zu verwenden.* Als höherer Tochter war ihr nicht entgangen, dass Bescheidenheit in vielen Beamtenfamilien keineswegs eine Zier war. Das Wirtschaftswunder der Song-Epoche hatte im Laufe des elften Jahrhunderts die Nachfrage nach Luxuswaren enorm gesteigert. Alles musste von bester Qualität sein: Porzellan und Schmuck, Lackkästen und Seidenstoffe, Möbel und Schuhe, Schirme und Fächer. Es war geradezu ein Ausweis der Elite, einen exquisiten Geschmack zu haben, Sinn für Schönheit und Ästhetik.

Vorbei die Zeiten, als die ersten Song-Kaiser ihre Gewänder bis zur letzten Naht auftrugen und auf größere Palastanbauten verzichteten, um ein gutes Beispiel zu geben. Kaiser Huizong, der 1100 auf den Thron gekommen war, wollte sich in Luxus und Extravaganz von niemandem übertreffen lassen. Dieser Zeitgeist lockt Li Qingzhao nicht zur Nachahmung.

Nicht zuviel Fleisch: Möglich wäre es, dass diese Einschränkung auf den Einfluss der Buddhisten zurückzuführen ist, die Fleischgenuss generell ablehnten. Auch die Daoisten propagierten eine natürliche und mäßige Ernährung als bestes Mittel gegen Krankheiten.

Die Sparsamkeit hatte allerdings Grenzen, wie Li Qingzhao gleich im Anschluss bekennt und damit zugleich ein Stück ihres Alltags in Kaifeng beschreibt: *Wenn ich aber auf Bücher traf, bei denen keine Seiten fehlten und bei der Herstellung nicht geschludert wurde, und auf Kalligrafien großer Meister, die nicht gefälscht oder fehlerhaft waren, so kaufte ich sie stets und sammelte auch Dubletten.* Die Ehefrau, noch keine zwanzig, die die Sammelleidenschaft ihres Mannes teilt, ist offensichtlich nicht an die Frauengemächer im Hause ihres Schwiegervaters gebunden.

Li Qingzhao begibt sich ohne ihren Ehemann auf den Markt. Das bunte Treiben im buddhistischen Xianggou-Kloster, wo Zhao Mingcheng auf dem Weg zwischen Universität und zu Hause seine Schätze ersteht, bietet sich als Ziel an. Die junge Frau verfügt über detaillierte Kenntnisse, wenn es um antiquarische Bücher und alte Kalligrafien geht, und über Geld, um solche Einkäufe zu tätigen. Auch in speziellen Buchläden und bei einzelnen Experten wird sie – nach dieser Auskunft – eine gute und sachkundige Bekannte gewesen sein.

Ein Jahr nach der Hochzeit, 1102, als die dramatische »Verräter-Jagd« auf alle, die den neuen Machthabern nicht genehm waren, eröffnet wurde, hat der Student Zhao Mingcheng wohl seine Abschlussprüfung in der Universität erfolgreich hinter sich gebracht. Ausgehend vom Hochzeitstermin schreibt seine Frau: *Zwei Jahre später, nachdem Zhao Mingcheng einen Beamtenposten in der Provinz erlangt hatte, und wir uns gerade mal Reis mit Gemüse und Kleider aus Hanf leisten konnten, durchforschten wir die entferntesten Ecken und abgelegensten Winkel, um unserm Wunsch nach alten Büchern und seltenen Kalligrafien aus dem ganzen Reich Genüge zu tun. Während die Tage zu Monaten wurden, wuchsen unsere Bücherstapel.* Damit sind wir im Jahre 1103, und können festhalten: Das provokante Gedicht seiner Frau an seinen Vater hat Zhao Mingchengs Berufsaussichten nicht geschadet. Mehr noch: Wer so kurz nach der Prüfung eine Beamtenstelle erhält, auf die im Schnitt drei Bewerber warten, hat wirksame Förderung im Hintergrund erfahren.

Wenn es noch Zweifel gegeben hat, wie sehr das junge Paar gemeinsam von der Sammelleidenschaft gepackt ist, sind sie mit diesem Zitat ausgeräumt. Die Betonung liegt auf gemeinsam, denn wir erfahren, dass Li nicht in den Frauen-Gemächern saß, während ihr Mann seinen Beamtenposten außerhalb von Kaifeng nutzte, um auf Schatzsuche zu gehen. Mögen es in der Realität auch nicht wirklich die »entferntesten Ecken« im riesigen Reich gewesen sein: Für größere Entfernungen hat die junge Frau ihren Mann zu Pferde begleitet und sich dann vor Ort umgesehen. Eine Mobilität, die Li Qingzhao mit »Lotos-Füßen« unmöglich gewesen wäre.

Im Vergleich zu späteren Versetzungen erwähnt Li Qingzhao nicht, dass sie mitgezogen ist. Sie wird bei den Schwiegereltern in Kaifeng geblieben sein, zumal es vorhersehbar war, dass der Sohn eines hohen Staatsbeamten möglichst schnell von der Provinz in die Hauptstadt zurückversetzt wurde. Und Zhao Tingzhi war schon wieder auf dem Sprung in das nächsthöhere Amt, da Cai Jing Anfang 1103 zum Kanzler des Reiches berufen wurde.

Für jeden leitenden Beamten in der Provinz gab es einen festen Amtssitz. War er auf Reisen, kam er in den Genuss staatlicher Rasthäuser, die teilweise luxuriös ausgestattet waren. Beamte wurden dort bevorzugt untergebracht, sie mussten nur die entsprechenden staatlichen Kupons vorlegen. Die Häuser waren alle siebzehn Kilometer entlang der Hauptstraßen angelegt, das schaffte man zu Pferd in einer guten Stunde. Meist lag neben dem Rasthaus die Poststation, so dass die Reisenden dort die Pferde verpflegen oder wechseln konnten.

Waren die staatlichen Hotels belegt, nutzte man neben privaten Rasthäusern bevorzugt die traditionelle Gastfreundschaft von buddhistischen

Klöstern und Tempeln. Die Beamten hatten auf ihren Dienstreisen Anspruch auf Bodyguards und Diener, die sich um das Gepäck kümmerten. War Zhao Mingcheng unterwegs, werden die antiquarischen Bücher am schwersten gewogen haben.

Im Sommer 1104 wurde die monströse Liste der dreihundertneun »Verräter« veröffentlicht, drei Monate später erhielt Zhao Tingzhi seine Beförderung zum Leiter der Staatskanzlei. Im Frühjahr 1105 schließlich konnte er es allen zeigen, die ihn wegen seiner politischen Windigkeit nie ernst genommen hatten. Zhao Tingzhi wurde vom Kaiser zum Kanzler zur Rechten ernannt.

Doch sein Ehrgeiz war offenbar immer noch nicht gestillt. Das Verhältnis zu Cai Jing, dem Kanzler zur Linken, bekam Risse. Zhao Tingzhi begann, die Politik seines Förderers zu kritisieren. Wollte er den mächtigsten Mann im Reich ausmanövrieren? Hoffte er darauf, aus dem Hintergrund besser zu intrigieren? Im Sommer 1105 bat er Kaiser Huizong, ihn von seinen Amtspflichten zu entbinden, und erhielt eine ehrenvolle Abberufung. Der Kaiser verlieh Zhao den seltenen Ehrentitel eines Palastgroßmeisters mit Goldenem Siegel und rotem Band, der nur an höchste Staatsdiener verliehen wurde. Da er weiterhin in der Gunst des Kaisers stand, durfte der Kanzler außer Dienst sich um berufliche Auszeichnungen für seine Söhne bemühen. Es ist kein Zufall, dass der älteste Sohn – er war hauptamtlich Redakteur in der Palastbibliothek – sich um diese Zeit mit dem Titel Minister bei Hofe schmücken durfte und der mittlere Vizedirektor der Palastbibliothek wurde.

Auch an Zhao Mingcheng, dem Jüngsten, ging die kaiserliche Gunst nicht vorbei. Er wurde Vizeminister bei Hofe, eine gute Gelegenheit, sich wieder öfter in der Hauptstadt aufzuhalten, wenn er nicht überhaupt dorthin wechselte. Li Qingzhao wird es gefreut haben. Denn bei aller Begeisterung für wertvolle Bücher und alte Kalligrafien – den Ehemann konnten sie nicht ersetzen. Allerdings kam die Sehnsucht nach dem abwesenden Geliebten dem Talent der dichtenden Ehefrau sehr zustatten.

Die meisten Gedichte von Li Qingzhao sind zeitlich nicht zu verorten. Alle jene, aus denen hervorgeht, dass sie allein zu Hause und Zhao Mingcheng mehr als einen Tag abwesend ist, benennen eine Situation, die auf unterschiedliche Abschnitte ihres gemeinsamen Lebens zutrifft. Die Botschaft der Gedichte, in denen sich die Gemütslage der Dichterin spiegelt, aber bleibt von diesen Äußerlichkeiten unberührt. Das folgende Gedicht entstand, als der Ehemann dienstlich unterwegs war. Währenddessen tat Li Qingzhao zu Hause, was seit Jahrhunderten zu dieser Jahreszeit Brauch war, um den Dichter Tao Yuanming zu ehren.

Am neunten Tag im neunten Monat feierte man im ganzen Land ein Herbst- und Erntefest, an dem die Familien zum Picknick und die Liebenden zum Austausch von Zärtlichkeiten auf die Kuppen der Hügel wanderten. Wer dichtete, begab sich an diesem Tag in den Garten zur östlichen Hecke und trank Wein zur ehrenden Erinnerung an Tao Yuanming, der sich mit seinem Gedicht »O Heimkehr« unsterblich gemacht hatte und ebenso mit den Zeilen »Ich sammle Chrysanthemen an der östlichen Hecke«. Sich in Taos Nachfolge zu sehen, ist für Li Qingzhao kein vorübergehender Gedanke, sondern ein festes Fundament ihrer Dichtkunst:

Dünner Nebel,
schwerhängende Wolken,
ein endlos trauriger Tag.
Das Doppelneuner-Fest
ist wieder gekommen.
Um Mitternacht ist das kostbare Kissen,
der dünne Vorhang am Bett
mit Kälte getränkt.
Im abendlichen Zwielicht
trinke ich Wein an der östlichen Hecke,
Geheimnisvollen Duft in den Ärmeln.
Sage nicht,
das bricht kein Herz entzwei.
Der Westwind bauscht den Vorhang,
Ich bin zerbrechlicher als die gelben Chrysanthemen.

Mit jedem Gedicht macht Li Qingzhao aufs Neue ihren Anspruch deutlich: Sprachlich so anspruchsvoll zu dichten wie die berühmten Poeten, und sich als Frau – parallel zur Tradition der männlichen Dichter – ins Zentrum ihres Kunstwerks zu stellen. Ihr Mann nahm daran nicht nur keinen Anstoß. Er fühlte sich vom Gedicht zum Doppelneuner-Fest so herausgefordert, dass er sich für drei Tage in seinem Amtssitz einschloss und weder für Gäste noch für dienstliche Belange erreichbar war.

Zhao Mingcheng dichtete, um mit seiner Frau gleichzuziehen, mindestens. Schließlich gehörte die Dichtung zu jenen Künsten, in denen ein gebildeter Beamter sich auskennen musste, und nichts liebten die Kenner mehr, als in einen literarischen Wettbewerb einzusteigen. Als er nach drei Tagen glaubte, fünfzehn anspruchsvolle Varianten geschrieben zu haben, legte Zhao Mingcheng das Exemplar seiner Frau dazu – als sei es sein eigenes – und schickte alle zur Beurteilung an einen Freund. Der studierte sie sorgfältig und erklärte am Ende, es gäbe zwei Zeilen, die wirklich höchsten literarischen Ansprüchen genügen würden: »Der Westwind bauscht den Vorhang, / Ich bin zerbrechlicher als die gelben Chrysanthemen.«

Es war nicht das letzte Mal, dass Zhao Mingcheng versuchte, als Dichter mit seiner Frau Li Qingzhao zu wetteifern. Sie selbst hat ihn immer wieder dazu ermuntert. Aber wer von beiden der Überlegene war, darüber hatte der Ehemann wohl keine Illusionen mehr.

Ein anderes Gedicht könnte während der Kaifeng-Zeit in den ersten Jahren nach der Hochzeit entstanden sein:

Blüten fallen
rot wie Schminke.
Sanft fliegen die Weidenkätzchen.
Neuer Bambus schießt in die Höhe.
Frühlingstreiben.
Allein sitze ich im Inneren Gemach,
vor dem Garten voll zarter Blätter.
Zu Wasser und zu Land bin ich kaum umhergestreift,
zu kurz war seine Heimkehr.
In Träumen werde ich leichtfüßig schlendern
Zum Norden der Stadt, am gewundenen Strom entlang,
in eisigen Wellen spiegeln sich meine Augen für dich.

Wieder ein Hinweis auf gemeinsame Unternehmungen, Ausflüge – aber in den Augen der Ehefrau sind die Gemeinsamkeiten zu kurz. Wieder ein Hinweis auf die Tendenz der Dichterin, sich selbst und ihre Gefühle ins Zentrum zu stellen – um mit dem Verweis auf die Natur »durch die Blume« anzuzeigen, wie unnatürlich es ist, gerade im Frühling mit seinen Gefühlen allein zu bleiben.

Würde nach der ehrenvollen Entlassung von Zhao Tingzhi und der kaiserlichen Gunstbeweise für seine Söhne die Politik in den Hintergrund treten, der Stein des Anstoßes zwischen Schwiegervater und

Schwiegertochter entfallen? Das private Leben des Ehepaares unbehelligt von politischen Turbulenzen verlaufen? Der Himmel entschied sich für eine andere, unerwartete Wendung.

Im Januar 1106 tauchte in den Küstenmarschen ein Krake auf, und verbreitete einen giftigen Nebel, der alle Tiere in weitem Umkreis krank machte. Am Himmel erschien ein Komet und war einen ganzen Tag lang sichtbar. Ebenso war der Planet Venus mit bloßem Auge zu erkennen. Und eines Nachts wurde eine der beiden Steintafeln mit den Namen der »Verräter«, die im kaiserlichen Palastbezirk aufgestellt waren, vom Blitz gespalten. Alle bösen Vorzeichen sprachen sich wie ein Lauffeuer in Kaifeng herum. Die Tage der Song-Dynastie schienen gezählt.

Kaiser Huizong musste gar nicht erst überzeugt werden, dass diese unheilvollen Zeichen ihm galten, und reagierte sofort auf den Wink des Himmels. Er kasteite sich mit Fasttagen, und forderte in gut konfuzianischer Tradition seine Beamten auf, Kritik an der kaiserlichen Politik und dem Verhalten des Hofes zu üben. Dann ließ er, um dem Himmel einen Beweis seiner Umkehr zu geben, nachts heimlich die zweite, noch intakte »Verräter«-Tafel zerstören. Als Cai Jing davon erfuhr, kommentierte er voller Wut: Die Tafel könne man zerstören, aber die Namen würden in Erinnerung bleiben.

So geschah es, aber anders als der Kanzler dachte. Ein kaiserlicher Erlass erging, »die Tafeln der Geächteten überall im Land zu vernichten, die Geächteten wieder in Amt und Würden einzusetzen und keine Beschuldigungen mehr gegen sie auszusprechen«. Einhundertzweiundfünfzig Konservative wurden rehabilitiert, die Sippenhaft gegenüber ihren Söhnen aufgehoben. Ihre Namen blieben tatsächlich über viele Generationen in Erinnerung – als Helden der Nation, die das Unrecht unbeugsam ertragen hatten.

Li Gefei war einer von ihnen. Ihm wurde die Aufsicht über die kaiserlichen Tempel übertragen. Doch er konnte sich seiner Rehabilitation nicht lange erfreuen. Li Gefei starb noch im selben Jahr. Seine Tochter Li Qingzhao wird ihn tief betrauert haben.

Im zweiten Monat des Jahres 1106 erhielt Cai Jing, Kanzler und engster Vertrauter des Kaisers, seine Entlassungsurkunde. Allerdings wurde ihm der Abgang mit ehrenvollen Titeln versüßt. Sein Nachfolger als Kanzler zur Linken wurde Zhao Tingzhi. Eine ambivalente Entscheidung, die signalisierte, dass der Kaiser sich nicht zu einem Neuanfang entschließen konnte.

Zhao Tingzhi wird solche Bedenken nicht geteilt haben. Er hatte das höchste Amt im Staat erreicht. Was für eine Genugtuung und der Glanz seines Amtes fiel auf die ganze Familie. Jetzt wurde mehr denn je registriert, wer im Hause des Kanzlers aus- und einging. Zu seinen Besuchern zählte der angesehene Maler und Kunstkritiker Mi Fei. Einst hatte er zum engen Freundeskreis um Su Dungpo gehört, jetzt war er Lehrer an der kaiserlichen Kalligrafie-Akademie, von Kaiser Huizong geschätzt und mit dem Titel »Umfassender Gelehrter« geehrt. Als Exzentriker und kauziges Original hatte Mi Fei alle politischen Grabenkämpfe unbehelligt überstanden. Nun besuchte er den Kanzler Zhao als Kunstkenner, dessen Antiquitäten-Sammlung seit Jahrzehnten gerühmt wurde.

Die gebildete Li Qingzhao erkannte ebenso neidlos an, dass ihr Schwiegervater ein Glücksfall für ihre künstlerischen Neigungen war. Liest man ihre Erinnerungen zum Jahre 1106, erfährt man, dass die Sammelleidenschaft des Ehepaares sich zur Manie ausgewachsen hatte: *Während die Tage zu Monaten wurden, wuchsen unsere Bücherstapel. Mein Schwiegervater, der Kanzler, und manche anderen Verwandten und Freunde verfügten in ihren Amtsräumen über längst vergessene Gedichtsammlungen oder historische Nachlässe … Während wir sie dann bis zur Erschöpfung abschrieben, sogen wir mit unseren Sinnen ihren Duft in uns ein und vermochten gar kein Ende zu finden.* Li Qingzhao und Zhao Mingcheng waren zu extremen »Bücherwürmern« geworden. Aber trotz allem Fachwissen begutachteten sie ihre Schätze nicht als dröge Experten, sondern waren den Altertümern vergangener Zeiten mit allen Sinnen verfallen.

Kein Wort findet sich in Lis autobiografischer Skizze über die politischen Dramen dieser Jahre, nicht der Hauch einer Andeutung über Spannungen zwischen ihr und dem Schwiegervater oder über ihre persönliche Betroffenheit. Li Qingzhao wahrte auch drei Jahrzehnte später im Rückblick Contenance und Anstand. Im Gegenteil: Was auffällt, ist die ungekünstelte Unbeschwertheit, mit der sie über eine Zeit berichtet, in der nach ihren eigenen moralischen Maßstäben die Herrschenden – ihr Schwiegervater eingeschlossen – Unheil über das Land und aufrechte Menschen brachten. Auch im Nachhinein will sie sich nicht in einer Opferrolle stilisieren.

Unabhängig von der politischen Misere schildert sie ein Eheleben, das gleichermaßen geprägt ist von der Bündelung gemeinsamer Interessen wie von wehmütiger Sehnsucht nach Zhao Mingcheng, der aus dienstlichen Gründen oft abwesend ist. Die Sehnsucht wird umgesetzt in Gedichte, und die Wehmut hindert Li Qingzhao nicht, in eigener Regie die wachsende Sammlung durch Ankäufe zu erweitern.

Und vergessen wir nicht: Die beiden lebten in Kaifeng, der Millionenmetropole, wo Tag und Nacht nahtlos ineinander übergingen. Wo Vergnügungsviertel, Theater und Restaurants, Märkte, Luxusgeschäfte und Geschichtenerzähler, Weinhandlungen, fliegende Händler, Akrobaten und Suppenküchen keine Sperrstunde kannten. Wo Kamel-Karawanen und Ochsengefährte die Straßen verstopften, der Diener des Ministers laut schreiend seinem Herrn in der Sänfte den Weg bahnte, flache Boote ihre Waren an den Kanalufern abluden. Wo Studenten und Examenskandidaten nach bestandenen Prüfungen und voll des guten Weines mit erschrockenen Bewohnern Schabernack trieben.

Wenn der Kaiser mit seinem Gefolge die Palaststadt zu einem Ausflug verließ, nahm er die Kaiserliche Allee, die schnurgerade auf das mittlere Haupttor der drei südlichen Stadttore zuführte. Kaiser Huizong hatte dafür gesorgt, dass fliegende Händler und feste Stände vertrieben und rechts und links der Allee Bäume und Seen angelegt wurden. Diese Verschönerung war keine unbedachte Laune des Augenblicks. Keiner seiner Vorgänger hat so konsequent wie Huizong die Pflege der Künste und die Dimension von Schönheit und Ästhetik zum Staatsziel und zu seiner persönlichen Aufgabe als »Sohn des Himmels« erklärt und gelebt.

13

DER KÜNSTLER AUF DEM KAISERTHRON
oder
ANKLAGE GEGEN EINEN TOTEN

Ein Star-Architekt für Kaifeng – Malerei statt Aktenstudium – Das Große Südaußen-Opfer – Elefanten im Prozessionszug – Cai Jing: unersetzlich für den Kaiser – Familie Zhao verliert Privilegien und Ansehen

Künstlerische Veranlagungen hatten sich durch die Generationen immer wieder in einzelnen kaiserlichen Familienmitgliedern gezeigt. Huizong war zweifellos der Begabteste von allen. Das Lob der zeitgenössischen Künstler über ihren kaiserlichen Kollegen, der mit ihnen auf den Gebieten der Malerei und Kalligrafie konkurrierte, war ehrlich gemeint. Huizong, im Jahre 1106 gerade dreiundzwanzig Jahre alt, war ein anerkannter Künstler und Sammler. Seltene Steine und feine Schmuckstücke, exotische Tiere und archäologische Ausgrabungen fanden seine Aufmerksamkeit. Seine Sammelleidenschaft kann man ebenfalls nur manisch nennen. Er trug die größte Kunstsammlung zusammen, die es bisher im Kaiserpalast gegeben hatte, und beauftragte erstmals Experten, alle Exponate sorgfältig und nach Fachgebieten getrennt, zu katalogisieren. Auch versuchte er, die vergessene traditionelle Musik wieder ins Bewusstsein zu bringen.

Im Alltag musste alles bei Hofe vom Feinsten sein, ob das Essgeschirr aus monochromem »Eierschalen«-Porzellan, ob Trinkbecher und Obstschalen, Lack-Kästchen, seidene Gewänder, Schuhe oder Jadegürtel. Huizong war ein Genießer und Ästhet, sein exzellenter Geschmack unbestritten und tonangebend. Wenn er angehenden Malern für die Aufnahmeprüfung in die Akademie eine Gedichtzeile vorgab, nach der sie ihr Bild ausrichten mussten und ihnen in den Ateliers bei der Arbeit zusah, fühlte er sich unter Seinesgleichen. Kunst und schöne Gegenstände bedeuteten nicht oberflächliche Dekoration, sondern standen für einen Lebensstil, mit dem Huizong die Harmonie des Kosmos anschaulich auf der Erde praktizierte. Konnte es für den »Sohn des Himmels« eine wichtigere kaiserliche Aufgabe geben?

Die Stadt als Abbild des Kosmos war für den Kaiser ein Teil des Verschönerungsprojektes. In dem gelehrten Beamten Li Jie – nicht mit der Familie von Li Qingzhao verwandt – fand er einen idealen Baumeister. Als Zwanzigjähriger war Li Jie im Jahre 1085 von seinem Vater, einem höheren Beamten in der Provinz, mit einem Geschenk für den Kaiser nach Kaifeng geschickt worden. Die Rechnung ging auf: Li Jie erhielt einen kleinen Posten im kaiserlichen Opferamt, arbeitete sich langsam nach oben, studierte viel, landete 1092 als Beamter im Bauministerium und hatte gefunden, was seiner Begabung am meisten entsprach.

1097 erhielt er den Auftrag, ein vorliegendes »Handbuch für Architektur« gründlich zu überarbeiten. Lis Fassung wurde 1103 gedruckt und diente über Jahrhunderte mit den Zeichnungen, technischen Details und Materialangaben als Architekten-Bibel. Ab 1100 hatten sich sein Können und sein Talent herumgesprochen, und der Autodidakt wurde für die nächsten acht Jahre zum Star-Architekten von Kaifeng. Li Jie erweiterte einen Palast für die kaiserlichen Brüder, für die Mutter von Kaiser Huizong baute er einen buddhistischen Tempel. Als das Gebäude der Stadtverwaltung von Kaifeng abbrannte, beauftragte ihn Kanzler Cai mit dem Neubau.

Kaiser Huizong überschüttet den Umworbenen, inzwischen Direktor für das Bauwesen, mit Aufträgen. Auf dem Campus der National-Universität entstehen Studentenwohnungen, vier Vortragshallen und ein Hauptgebäude mit eintausendachthundertzweiundsiebzig Säulen. Für die Palaststadt entwirft Li Jie einen neuen großen Landschaftsgarten. Der kaiserliche Ahnentempel wird mit zehn Anbauten erweitert.

Nach gründlichem Studium aller Unterlagen entsteht ein Grundriss für die sagenumwobene »Lichthalle«, in der der Kaiser – wie die Ahnen in grauer Vorzeit – Staatsrituale vollziehen und eine harmonische Beziehung zum Kosmos herstellen möchte. An der nördlichen Stadtmauer lässt Huizong ein Gebäude errichten, von dem aus er ungesehen Menschen und Schiffe auf dem Kanal und das Treiben an den Ufern beobachten kann.

Li Jie wird kaum eine freie Stunde gehabt haben, denn solchen Auftraggebern erteilt man keine Absage. 1108 stirbt in Kaifeng seine Mutter, und Li macht sich auf einen weiten Weg, um sie in der Heimat zu begraben. Huizong weiß, was an er an diesem Baumeister hat und bietet dem Trauernden eine großzügige Summe, um die Begräbniskosten zu decken. Li Jie jedoch lehnt diese Verwendung ab und stiftet von dem Geld eine große Buddhafigur.

Das Bild von Huizong, schon von den Zeitgenossen hinter vorgehaltener Hand gepflegt, ist auch von Verschwendungssucht und Desinteresse an den Regierungsgeschäften gekennzeichnet und verdunkelt. Der Kaiser galt als entscheidungsschwach und beeinflussbar, Schmeichlern zugetan, den Frauen verfallen, extrem abergläubisch. Es ist wahr: Das Aktenstudium langweilte Huizong, für das nüchterne tagespolitische Geschäft, für langfristige Strategien und Verlässlichkeit, selbst für intelligente Intrigen war dieser Kaiser nicht gemacht.

Zugute halten muss man Huizong, dass er völlig unerwartet und unvorbereitet nach dem Tod seines kaiserlichen Halbbruders von der Kaiserinmutter als Nachfolger ausgewählt wurde. Viel lieber wäre er weiterhin als kaiserlicher Prinz und Privatmann seinen künstlerischen Neigungen nachgegangen. Cai Jing, der schon 1107 als Kanzler zurückkehrte, war der ideale Vertraute, weil er die ungeliebten Regierungsaufgaben mit Tatkraft erledigte. Und Huizong hörte es nur zu gerne, wenn ihn der Kanzler – zum Vorteil der eigenen Machtausübung – darin bestätigte, dass der Kaiser für Höheres geschaffen sei, eben für alles, was mit Kunst und Schönheit zusammenhing, mit kosmischen Kräften und himmlischen Kontakten.

Kaiser Huizong war es Ernst mit dieser Seite der kaiserlichen Tradition. Er mühte sich, rituelle Pflichten und religiöse Aufgaben korrekt und einfühlsam zu erfüllen. Auch auf diesem Feld sollte nicht an Pracht und ästhetischer Gestaltung gespart werden. Das war in seinen Augen keine Verschwendung, sondern eine solide Investition, denn es ging um die religiöse Verankerung der herrschenden Dynastie. Vornehmste religiöse Pflicht – und nur dem Kaiser vorbehalten – war das »kombinierte Opfer an Himmel und Erde im südlichen Vorgelände der Hauptstadt«, das Große Südaußen-Opfer.

In dieser wichtigsten von allen staatlichen Kulthandlungen, die zur Wintersonnwende stattfand, handelte der »Sohn des Himmels«, der über »Alles unter dem Himmel« herrschte, als Repräsentant der gesamten Menschheit. Wohl und Wehe des Reiches hingen davon ab, ob der Kaiser bei diesem festlichen Ereignis gemäß der äußeren Form und der inneren Einstellung würdig gegenüber der himmlischen Götterwelt auftrat. Zugleich war auch seine eigene Stellung und die der kaiserlichen Familie insgesamt von diesem Zeremoniell betroffen. Je eindrucksvoller das religiöse Schauspiel vonstatten ging, um so mehr festigte sich die Stellung des Kaisers in den Herzen der zuschauenden Bevölkerung und im politischen Kalkül der anwesenden Gesandten fremder Staaten. Beides blieb nicht ohne Eindruck auf die hohen und höchsten Staatsbeamten.

Während der Song-Dynastie wurde das Große Südaußen-Opfer alle drei Jahre vollzogen. Niemand, der in Kaifeng lebte, blieb davon unberührt. Schon gar nicht die Familien Zhao und Li, denn es gehörte zur ehrenvollen Pflicht der gelehrten Beamten, den Kaiser bei der Prozession bis an den Altar südlich der Stadtmauern zu begleiten. Mehr als einmal werden die Frauen und Töchter von Li Gefei und Zhao Tingzhi und ihre jugendlichen Söhne – bevor sie selbst als Beamte beteiligt waren – als Zuschauer den eindrucksvollen Zug verfolgt haben.

Die endgültige rituelle Form für das Große Südaußen-Opfer war im Jahre 26 n. Chr. festgelegt worden. Nach heutigem Sprachgebrauch war es ein Event mit Volksfest-Charakter. Aufgrund seiner Bedeutung und Aufwendigkeit wurde Monate zuvor ein Organisationskomitee eingesetzt, an seiner Spitze der Großriten-Kommissar. Ihm unterstanden jede Menge Experten: für die Sänger und die Orchester, für die kaiserlichen Zeremonialgewänder, für die Prunkwagen wie für die kaiserlichen Opferinsignien. Fachleute mussten dafür sorgen, dass der lange Prozessionsweg zum Altar in der südlichen Vorstadt über perfekte Straßen und Brücken ging und an den Seiten Tribünen für das hochgestellte und zahlungskräftige Publikum aufgebaut wurden. Hier saßen Prinzessinnen des kaiserlichen Clans neben den Frauen und Töchtern der hohen Beamten und andere Privilegierte, während Väter, Ehemänner und Söhne im Zug mitmarschierten.

Den wichtigsten Auftrag erhielt der Militärgouverneur von Kaifeng, der für die Sicherheit des Kaisers sorgen musste und dem dafür zehntausende von Fußsoldaten und Panzerreiter zur Verfügung standen. Aber auch die Sicherheit der Zuschauer und die Ruhe in der Stadt zu gewährleisten, war eine Riesenaufgabe. An den Tagen rund um das Opfer waren neben hunderttausenden von Einwohnern zusätzlich zehntausende von Menschen innerhalb und außerhalb der Mauern auf den Beinen.

Für die Zuschauer ging nichts über den Kaiser in seinem Prunkwagen. Aber die Elefanten, die seit fast tausend Jahren zum Prozessionszug gehörten, rangierten gleich dahinter. Zwei Wochen lang übten die Instrukteure außerhalb der Stadtmauern mit den Tieren, um sie an die Geräusche der Prozession zu gewöhnen: an Gongs und Trommeln, an das Peitschenknallen der Kutscher auf den Pferdewagen, an das Knattern der hunderte von Bannern und Fahnen, an die Kommandoschreie der Militärführer.

Die Feier beginnt in der Nacht zum Vortag der Wintersonnwende. In der Palaststadt besteigt der Kaiser vor der großen Gratulationshalle den Staatswagen. Im Vorhof stehen sämtliche Wagen der Prozession, dicht an dicht die Soldaten und zu hunderten die kaiserlichen Beamten und Ratgeber in einer nur für dieses Ereignis vorgesehenen Kleidung: dunkelrote Gewänder mit schwarzer Umrandung, die Gürtelketten sind mit Jade-Ornamenten verziert. Jeder Teilnehmer besitzt einen Ausweis, auf dem markiert ist, wo er während der Opferhandlung seinen Platz hat. Gegen sieben Uhr morgens setzt sich der gewaltige Tross in Bewegung und führt zur ersten Station, dem kaiserlichen Ahnentempel.

Insgesamt währt das heilige Fest drei Tage. Der Kaiser und die Beamten haben sich für diese Zeit zu »völliger Kasteiung« verpflichtet. Im Kommentar zum »Buch der Riten« wird dazu ausgeführt, man habe sich »des Sexualverkehrs, amüsanter Veranstaltungen wie Musik und Theater und der Beileidsbezeugungen gegenüber anderen« zu enthalten.

Im Ahnentempel vollzieht der Kaiser tagsüber das Ahnenopfer und wacht bis gegen drei Uhr morgens bei seinen Vorfahren. Wenn die Musik einsetzt, werden die Tafeln der Ahnen und Götter, die im Tempel lagern, in vorbereitete Schatullen gepackt. Sie sind ein zentraler Bestandteil der Opferhandlung am Südaltar. Längliche Holztafeln waren nach chinesischer Überzeugung der Ruheplatz, auf dem sich bei feierlichen Anlässen, die Seelen der Ahnen und die Götter niederlassen.

Wenn alle wieder Aufstellung genommen haben, setzt die Prozession noch in der Nacht ihren Weg fort. Es geht vom Ahnentempel durch die Stadt zum südlichen Haupttor und hinaus in die Vorstadt, wo im Süden der Opferaltar angelegt ist. Eindeutige Aussagen über die Gestaltung des Altars zur Song-Zeit sind nicht überliefert. Es wird sich im Kern um eine Anlage gehandelt haben, bei der drei Schichten übereinander gebaut waren. Es gab vier Zugänge und zweiundsiebzig Stufen bis zur obersten Fläche, einem Kreis mit einem Durchmesser von etwa zehn Metern, wo die feierliche Handlung stattfand. Südlich vom Altar wurde der Scheiterhaufen aufgeschichtet mit einer Plattform für rund zwanzig Opfertiere, die zum Abschluss des Zeremoniells verbrannt wurden.

Vor dem Altar war eine Zeltstadt errichtet, wohin sich der Kaiser nach der Ankunft für den Rest des Tages zurückzog, sich in den Intervallen während der Opferhandlung ausruhte und umkleidete. Kaiser Huizong ließ im Jahre 1111 die Zelte durch Holzbauten ersetzen. Auch Minister, hohe Beamte und die Vertreter befreundeter Staaten konnten sich hier aufhalten. Beiträge zu den horrenden Kosten der religiösen Veranstaltung waren übrigens sehr willkommen.

In der Nacht gegen drei Uhr begibt sich der Kaiser zum Altar. Unzählige Fackeln brennen, zehntausende von Menschen warten seit Stunden dichtgedrängt um den Altar und in den angrenzenden Straßen, um dem segenspendenden, faszinierenden Ereignis möglichst nahe zu sein. Dabei ist das Wetter die große Unbekannte. Zur Wintersonnwende kann in Kaifeng dichtes Schneetreiben oder ungemütliche Kälte herrschen. Als besonders günstiges Zeichen gilt es, wenn das schlechte Wetter in dem Augenblick zum Guten umschlägt oder der Himmel aufklart, wo der Kaiser den Altar betritt.

Auf der obersten Altar-Plattform stehen ein Chor, Musiker mit Saiteninstrumenten und zwei Gestelle, jeweils mit Glocken und Klangsteinen behängt. Unten vor dem Altar hat sich das Palastorchester formiert. Musik erklingt jeweils von der Gruppe, die dem Kaiser während der Opferhandlungen am nächsten ist. Wenn der Kaiser zur obersten Plattform steigt, begleitet ihn nur der oberste Riten-Kommissar.

Die Tafeln von sechshundertsiebenundachtzig Göttern sind über den Altar verteilt worden, die des Höchsten Gottes und der kaiserlichen Ahnen auf der obersten Plattform. Die Götter repräsentieren das gesamte Reich und sind in einer staatlich anerkannten Liste verzeichnet. Den Antrag auf Aufnahme können Gruppen und Gemeinschaften im ganzen Land stellen. Erfüllt eine Gottheit trotz offizieller Opfer und Gebete nicht die in sie gesetzten Erwartungen – zum Beispiel Regen zu schicken oder Hochwasser einzudämmen –, wird sie nach öffentlicher Ermahnung durch die Staatsbeamten von der Liste gestrichen. Im Großen Südaußen-Opfer steht der Kaiser für die Welt der Menschen, die der Welt der Götter ihre Verehrung erweist. Die Zeremonie beginnt deshalb mit einer »Botschaft an die Götter«, worin der Kaiser Rechenschaft über seine Regierung gibt.

Oben auf dem Altar angelangt, verneigt sich der Kaiser vor dem Höchsten Gott, kniet nieder und opfert Wein. Insgesamt besteigt der Kaiser dreimal den Altar, während in den Intervallen die kaiserlichen Prinzen ihre Opfer vollziehen. Ist der dritte Akt vollendet, wird dem Mann am Scheiterhaufen ein Zeichen mit der Fackel gegeben, und er setzt das Holz in Brand. Der Rauch der Opfertiere steigt zum Himmel.

Noch ist es nicht hell geworden: »Außerhalb und innerhalb der Opferstätte steht die nach Zehntausenden zählende Menge in ehrfürchtigem Schweigen. Man hört das Geräusch eines leichten Windes und das der Gürtelgehänge. Ein Herold ruft: ›Alle Teilnehmer eine Verbeugung.‹ Alle verbeugen sich. Die Zeremonie ist beendet.« Das Fest jedoch geht weiter.

Nach einem kurzen Empfang für seine Beamten in der Zeltstadt, kehrt der Kaiser unter Hochrufen der Zuschauer zurück in den Palast, während Soldaten mit Trommeln und Blasinstrumenten für zusätzlichen Lärm sorgen. Bei Hofe gibt es anschließend im kleinen Kreis für Ausgewählte das »Bankett des Glückswein-Trinkens«. Die Menge genießt derweil im Freien die Verkündigung einer kaiserlichen Amnestie aus Anlass des heilbringenden Ereignisses.

Das Spektakel beginnt mit einer akrobatischen Einlage. Ein Mast wird aufgerichtet, an dessen Spitze ein Metall-Hahn auf einem Brett steht und ein rotes Banner im Schnabel hält mit der Inschrift: »Heil dem Kaiser!« Anschließend klettern vier Mann an Seilen zum Brett hinauf, der Schnellste darf das rote Banner mitnehmen. Danach wird von einem nahegelegenen Turm ein vergoldeter Phönix mit dem kaiserlichen Amnestie-Erlass heruntergelassen. Gefangene erscheinen, denen vor aller Augen die Fesseln abgenommen werden. Die Menschen sind begeistert.

Die Restaurants sind überfüllt, fliegende Händler finden reißenden Absatz mit kleinen Elefantenfiguren und anderen Souvenirs. Li Qingzhao und ihr Mann haben diese besondere Atmosphäre viele Male genießen können. Doch die Zeit in Kaifeng wird für die Zhao-Familie sehr bald ein unerwartetes Ende nehmen.

Die Kanzlerschaft von Zhao Tingzhi währte genau zehn Monate. Sein Ehrgeiz verführte ihn, in Memoranden an den Kaiser die Politik von Cai Jing nachträglich zu kritisieren, vielleicht, um seinen ehemaligen Förderer endgültig auszubooten. Doch dem Schurken-Format von Cai Jing war der eitle Zhao nicht gewachsen. Hinter den Kulissen hatten sich die politischen Gewichte bald wieder verschoben. Der abgesetzte Kanzler konnte auf seinen überragenden Einfluss beim Kaiser zählen. Im ersten Monat des Jahres 1107 kam Cai Jing als zweiter Kanzler neben Zhao zurück, als wäre nichts gewesen. Seine Söhne erhielten wichtige Ämter, Gegner seiner Politik wurden erneut verbannt.

Der Rest war Routine, auch wenn Kaiser Huizong die Anstandspflicht wahrte und wohl auch aus persönlicher Wertschätzung die Entlassung seines Kanzlers Zhao Tingzhi im dritten Monat 1107 mit ehrenvollen Titeln verbrämte. Der »Wendehals« hatte hoch gepokert und verloren. Nur sechzehn Tage nach der Entlassung starb Zhao Tingzhi in Kaifeng. Der Kaiser verlieh ihm postum den Ehrentitel »Klar und vorbildlich«.

Von nun an wird Cai Jing fast zwanzig Jahre unumschränkt im Zentrum der Macht stehen. Es ist deshalb Zeit, ausführlich von Cai Jing zu reden. Er war für Huizong die ideale Ergänzung, weil er nicht nur dem schwankenden Kaiser alle politischen Entscheidungen abnahm und den Regierungsapparat mit straffer Hand führte. Cai Jing, der Machtmensch, genügte auch den hohen künstlerischen Ansprüchen des Kaisers. Als Kalligraf lag er über dem Durchschnitt, zehn Gedichte sind von ihm überliefert. Er schürte bei Hofe die Unersättlichkeit nach immer ausgefalleneren Kunstschätzen. Er wusste, wo man die feinsten Luxuswaren ordern konnte und machte sich auf allen Gebieten unersetzlich. Wollte der Kaiser neue Bauten errichten, Gärten anlegen, Schmuck oder Kunstwerke ankaufen – Cai Jing beschaffte das nötige Geld im Staatshaushalt.

Bei Hofe, aber auch quer durch das Land, knüpfte er ein Netzwerk von Abhängigen, denen er Posten und Privilegien verschaffte, solange sie seinen Interessen dienten. Er animierte andere, durch kostspielige Geschenke die Gunst des Kaisers zu gewinnen und gab bei Huizong diese Geschenke als seine eigenen aus. Für die eigene Familie zu sorgen, wenn man an der Macht ist, hatte Tradition. Aber sich so hemmungslos zu bereichern wie Cai Jing, der eine eigene Flotte unterhielt, um seine Geschäfte steuerfrei zu Wasser zu tätigen, war während der Song-Epoche ohne Vorbild. Ein Meister der Intrige, übertraf er alle an Rücksichtslosigkeit.

Es ist fast unmöglich, Cai Jing gerecht zu werden. Die Dokumente über ihn sind vernichtet oder manipuliert, denn sogleich nach seinem Tod ist er in die offizielle Geschichtsschreibung eingegangen als der Prototyp des »Schurken«. Als »unmoralischer Beamter« und »Verräter« wurde er abgestempelt, und Cai Jing hat zu Lebzeiten nicht wenig getan, um sich diesen Ruf zu verdienen.

Vergessen ist darüber, dass er mit einer straffen Finanzpolitik versuchte, die staatlichen Schulden zu sanieren. Als erster hat Cai Jing den Staat für die sozial Schwachen in die Verantwortung genommen und wenigstens im Ansatz landesweit für staatliche Krankenhäuser, Altersheime und Friedhöfe gesorgt. Ein anderer Schwerpunkt war die Bildungspolitik.

Das Zerrbild seines Charakters und seiner Aktivitäten hatte nicht zuletzt zum Ziel, die Schwächen und das Versagen des Kaisers zu verdecken. Wie hemmungslos der Kanzler seinem Kaiser schmeichelte, um ihn noch abhängiger zu machen, erzählen Anekdoten schon zu Lebzeiten. Dass Cai Jing nicht nur von eiskalter Vernunft, sondern von persönlichen Rachegelüsten geleitet wurde, bekam die Familie Zhao zu spüren.

Zhao Tingzhi, der während seiner kurzen Kanzlerschaft versucht hatte, seinen ehemaligen Förderer in ein schlechtes Licht zu rücken, war gerade drei Tage tot, als Kanzler Cai Anklage gegen ihn erhob. Ein skandalöses Unterfangen, denn nur weniges war so heilig in China wie die Trauer um die Toten.

Die uralten Trauerriten aus der Zeit noch vor Konfuzius wurden 732 n. Chr. von einem Kaiser der Tang-Dynastie in ihrer endgültigen Form als staatlich sanktionierte Regeln festgelegt. Für die Elite waren sie ein verpflichtender Teil der sozialen Ordnung. Grob gesehen gab es fünf Trauergrade. Angelpunkt war die hierarchische Stellung des Toten innerhalb des Verwandtschaftssystems. Nach den fünf Graden bestimmte sich die Länge der Trauerzeit, von der wiederum alle übrigen Trauer-Riten abhingen.

Die Eltern standen an der Spitze der Verwandtschaftspyramide, also galt die längste Trauerzeit für Kinder beim Tod der Eltern: offiziell drei Jahre, praktisch waren es siebenundzwanzig Monate. Da der Schwiegervater für eine verheiratete Frau in der Rangfolge vor ihrem eigenen Vater kam, trauerte Li Qingzhao drei Jahre um Zhao Tingzhi, aber nur ein Jahr um ihren Vater.

Nach der Länge der Trauerzeit richtete sich die genau vorgeschriebene Trauerkleidung und das Essen: Je länger die Trauer, um so grober der Stoff, um so einfacher das Essen. Während der Trauerzeit hielt man sich möglichst dort auf, wo der Tote beerdigt war. Weit verbreitet waren Geschichten von Menschen, die ein leuchtendes »Beispiel kindlicher Pietät« gaben, indem sie die gesamte Trauerzeit für Vater oder Mutter in einer Hütte direkt am Grab verbrachten. Man hörte keine Musik, ging zu keinen Vergnügungen. Ehepartner verzichteten auf intimen Umgang. Beamte bis hinauf zum Kanzler mussten beim Tod von Vater oder Mutter sofort den Dienst quittieren und die korrekte Trauerzeit einhalten. Wer einen Todesfall verschwieg, weil das die Karriere stören würde, wurde bestraft.

Die Mitglieder der Familie Zhao bekamen keine Zeit zum Trauern. Kaum hatte der Gerichtsprozess begonnen, wurden umfangreiche Untersuchungen und Zeugenbefragungen gemacht. Der verstorbene ehemalige Kanzler wurde beschuldigt, Bestechungsgelder angenommen und aufgrund der Förderung durch konservative Politiker seine Karriere bei Hofe gestartet zu haben – eine unsinnige Behauptung. In Qingzhou, Heimatort der Zhao-Familie in der Provinz Shandong, wurden männliche Familienmitglieder verhaftet. In Kaifeng wurden wahrscheinlich seine Söhne ins Gefängnis gesteckt und verhört. Eine Katastrophe für die Familie.

Nachdem Li Qingzhao wenige Jahre zuvor einen ähnlichen sozialen Absturz ihrer väterlichen Familie – wenngleich aus der Entfernung als verheiratete Frau – erlebt hatte, war sie zum zweiten Mal betroffen. Damals, als ihr geliebter Vater Li Gefei als »Verräter« öffentlich gebrandmarkt wurde, befand sich ihr Schwiegervater auf der Seite der Sieger, und die Schwiegertochter hatte ihm in einem Gedicht ein *eiskaltes Herz* attestiert. Nun zählte die Familie Zhao zu den Verlierern.

Nach vier Monaten wurde das Urteil gesprochen. In der Substanz hatte sich die Anklage als haltlos erwiesen. Aber wer sich mit Cai Jing angelegt hatte, durfte nicht ungeschoren davonkommen. Dem toten Zhao Tingzhi wurden nachträglich alle Amtstitel aberkannt, die der Kaiser ihm ehrenhalber verliehen hatte. Das ging nicht nur gegen die Ehre, sondern auch an den Geldbeutel, denn solche Titel waren mit erblichen Einkünften und Privilegien versehen.

So erweist sich der Prozess über persönliche Gefühle hinaus als eine wohl kalkulierte Machtdemonstration. Cai Jing ist 1107 zurück auf der politischen Bühne und herrscht unumschränkter als zuvor. Sein Einfluss auf den Kaiser ist unbegrenzt. Ohne Huizongs Zustimmung hätte es ein solches Urteil nicht gegeben. Und das, obwohl es um einen ehemaligen Kanzler ging, den der Kaiser berufen hatte. Nun musste Huizong unter Cais Einfluss dem Toten jene Ämter aberkennen, die er ihm selbst verliehen hatte.

Kanzler Cai hatte allen im Land eine abschreckende Lektion erteilt: Wer es wagen sollte, Cai Jing und seine Politik auch nur leise in Zweifel zu ziehen, hatte Kanzler und Kaiser gegen sich. Gerade mal anderthalb Jahre war es her, dass Huizong überall im Reich die Tafeln mit den »Verräter-Namen« zerstören ließ, um sich von Cais Politik zu distanzieren. Es war kein Zeichen von Stärke gewesen. Huizong, der Ästhet und Künstler auf dem Kaiserthron, brauchte einen kunstsinnigen Machtmenschen wie Cai Jing an seiner Seite.

Zu Beginn des Jahres 1108 hatte die Familie des ehemaligen Kanzlers Zhao Tingzhi ihren Haushalt in Kaifeng aufgelöst und machte sich auf die Reise nach Qingzhou in der Provinz Shandong, wo sich der Familiensitz befand. Auch Zhao Mingcheng und seine Frau Li Qingzhao gehörten zu den Heimkehrern.

14

DAS AHNENOPFER: EIN FESTLICHES BANKETT FÜR DIE TOTEN

Solidarität in Shandong – Kindespflicht: drei Jahre Trauerzeit – Das Opfer stärkt die Familienbande – Töne, Gerüche und Farben locken die Toten – Ahnentafeln für die Geister – Die Toten sollen beim Essen unter sich sein – Zum Abschluss wird Tee serviert – Die Lebenden setzen das Bankett fort – Kein Volksglaube ohne Opfer

Gebildet und mit dem Erbe der Vergangenheit wohlvertraut, erlebten die Witwe, Frau Guo, und die Söhne mit den Schwiegertöchtern den Umzug in die Provinz Shandong als eine Heimkehr in vielfacher Bedeutung. Auch Li Qingzhao kehrte zurück in die Provinz, aus der ihre väterliche Familie stammte. In einem Gedicht hat sie auf ihre Herkunft verwiesen:

Mein Vater und Großvater wurden in Shandong geboren.
Auch wenn sie niemals hohe Ämter inne hatten,
Verbreitete sich ihr Ruf als konfuzianische Gelehrte in weitem Umkreis –
Wer hätte sich mit ihnen vergleichen können …

Der gleiche Stolz wird die Familie Zhao erfüllt haben. Denn Shandong, südlich von Peking am Gelben Meer gelegen, mit Halbinsel und langer Küste, besitzt drei patriotische Wahrzeichen. Hier mündet Chinas sagenhafter Strom, der Gelbe Fluss, ins Meer. Hier liegt der Taishan, der heiligste aller heiligen Berge, und in Qufu wurde der unsterbliche Konfuzius geboren, der das Land auf den rechten Weg gebracht hatte.

Wir können davon ausgehen, dass Zhao Tingzhi an seinem Heimatort Qingzhou für seine Großfamilie und das Alter vorgesorgt hatte. Hier hätte das Ideal des konfuzianischen Beamten Realität werden können: nach jahrelangen anstrengenden Staatsgeschäften sich in Muße nur den persönlichen Interessen hinzugeben. Viele hohe Beamte besaßen Ländereien in der Heimat und investierten ihr Geld gerne in Grundbesitz. Und jeder wollte dort begraben werden, wo schon die Ahnen zur letzten Ruhe gebettet waren. Die drei Zhao-Söhne, die nach dem Prozess gegen den Vater ihre Beamtenposten verloren hatten, lebten in Qingzhou mit ihren

Familien auf dem väterlichen Anwesen. Sich um die verwitwete Mutter zu kümmern, war die Aufgabe des Ältesten.

»Zur Heimkehr« nannten Zhao Mingcheng und seine Frau die Halle, in der sie gemeinsam die Erweiterung, das Studium und die Archivierung ihrer Sammlung vorantrieben. Was harmlos klingt, hatte einen tiefen Sinn. Jeder Besucher wusste, worauf diese Benennung – über die Rückkehr ins heimatliche Shandong hinaus – anspielte: »O Heimkehr! Feld und Garten waren schon dabei zu verwildern, wie hätte ich da nicht heimkehren müssen? ... Ich verstand zwar, dass das Vergangene nicht mehr zu ändern war, aber ich wusste auch, dass Zukünftiges sich beeinflussen lässt ... Ziellos kommen die Wolken über den Berggipfeln hervor ... Die Strahlen der Sonne werden schwächer ... Ich streichle eine einsame Kiefer und schweife weiter. O Heimkehr!«

Unvergessene Zeilen des Tao Yuanming, der zu Beginn des fünften Jahrhunderts n. Chr. die Nase voll hatte vom Beamtendasein und den damit verbundenen Intrigen und zurück auf sein kleines Landgut im südlichen China ging. Seine Gedichte und die selbst gezüchteten Chrysanthemen machten ihn unsterblich. Li Qingzhao berief sich in ihren Gedichten mehr als einmal auf ihn, und Zhao Mingcheng mühte sich – zusammen mit seiner Frau –, eine einmalige Sammlung von Antiquitäten zusammenzutragen. War es nicht menschlich, dem Wunsch nach Unsterblichkeit Ausdruck zu verleihen?

Bei allem Unglück, das die Familie getroffen hatte: Finanziell abgesichert, konnten die Söhne lange vor dem üblichen Pensionsalter verwirklichen, wovon Beamte sonst nur träumten: als Rentiers dem Landleben oder einem Dasein als Privatgelehrter zu frönen. Die Anklagen in der Hauptstadt durch den ungeliebten Kanzler Cai bedeuteten für die Familie in der Heimat keinen Nachteil. Li Qingzhao, die sich in ihren Erinnerungen politischer Bewertungen strikt enthält, macht an diesen Punkt der Chronik eine versteckte Ausnahme: *In den nächsten zehn Jahren, als wir zurückgezogen in der Heimat lebten, bekamen wir Hilfe von allen Seiten und hatten Kleider und Essen in Hülle und Fülle.* Die Familie war gewiss nicht auf Almosen angewiesen. Zhao Mingchengs Frau, nach dem Prozess gegen den ungeliebten Schwiegervater doppeltes Opfer einer maßlosen Politik, scheint der Zhao-Familie in der Krise näher gekommen zu sein. Ihr Hinweis auf *Hilfe von allen Seiten* klingt nach demonstrativer Solidarität, die ihnen in der Heimat zugekommen ist.

Zuerst jedoch hatte man einen Toten, noch dazu das Oberhaupt der

Familie, zu begraben und gemäß den Riten zu betrauern. Siebenundzwanzig lange Monate trauern, musste das wirklich sein? Schon Zai Wo, ein Schüler des Konfuzius, kritisierte diese Tradition. Der Dialog zwischen Meister und Schüler ist in den »Gesprächen« überliefert. Zai Wo meinte: »Um die Eltern soll drei Jahre lang getrauert werden, doch ein Jahr ist eigentlich lang genug.«

Mit dieser Aussage konfrontiert, hätte Li Qingzhao die Antwort des Meisters an seinen skeptischen Schüler sofort parat gehabt: »Gut essen und sich elegant kleiden, noch ehe die drei Jahre der Trauer vorüber sind – könnte deine Seele dabei Ruhe finden? – Zai Wo bejahte. Dazu meinte der Meister: Wenn du dabei Ruhe findest, dann handele entsprechend. Dem Edlen allerdings, wenn er in Trauer ist, bereiten erlesene Gerichte keinen Genuss, und wenn er Musik hört, erfreut sie ihn nicht; an behaglichem Wohnen findet er keinen Gefallen. Darum tut er solche Dinge nicht. Wenn aber deine Seele dabei Ruhe findet kann, dann handle entsprechend. – Nachdem Zai Wo gegangen war, sagte der Meister: Zai Wo hat keine gute Gesinnung. Ein Kind wird drei Jahre alt, ehe es nicht mehr getragen werden muss ... Hat denn Zai Wo nicht jene drei Jahre lang die liebevolle Fürsorge seiner Eltern erfahren?«

Als Teil der Trauerriten nehmen die Opfer für die verstorbenen Ahnen eine zentrale Stellung im Konfuzianismus ein. Dabei handelt es sich nicht um Opfer für Götter oder andere Himmelsbewohner. Es opfern ausschließlich die Kinder – in der Regel der älteste Sohn – ihren Eltern. Auch hierfür ist Konfuzius Kronzeuge: »Zu Lebzeiten der Eltern soll man ihnen so dienen, wie es sich ziemt. Wenn sie gestorben sind, soll man sie dem Ritual gemäß bestatten und ihnen entsprechend Opfer bringen.« Der Dreischritt – dienen, trauern, opfern – ist fester Bestandteil der Pietät, die Kinder ihren Eltern schulden. Auch nur einen davon auszulassen, wäre ein schwerwiegender Verstoß gegen die Riten, und damit gegen soziale Beziehungen, die die Gesellschaft und die Generationen zusammenhalten.

Opfer darzubringen ist uralter Bestand jeder Religion. Mit ihnen sollen die Götter, die sich in den Naturgewalten zeigen, in Krankheit und Tod, gnädig gestimmt werden oder ein Zeichen der Dankbarkeit erfahren. Nicht anders war es in China, und es begann auch hier mit blutigen Ritualen, die für lange Zeit Menschenopfer einschlossen. Wo es um die höchsten Mächte ging, durfte der Erdenbewohner nicht kleinlich sein. Konfuzius, der von sich sagte: »Ich liebe das Alte«, hat das Opfer, das zu seiner Zeit auf Speisen und Tiere beschränkt war, als feierliches Ritual übernommen und zugleich seiner nüchternen Welt- und Himmelssicht angepasst.

Eigentlich, wir erinnern uns, wollte der Meister über den Himmel und die Toten nichts Näheres sagen, weil der Mensch genug mit seinem Dasein in der Welt zu tun hat. Moralisches Handeln erwächst aus Mitgefühl und Einsicht, nicht aus Mystifikation und falschen Hoffnungen. Es kommt keine Erlösung aus himmlischen Sphären, der Mensch muss selbst seinen Weg, sein DAO, finden. Entscheidend ist, welche Beziehungen er zu seinen Mitmenschen entwickelt. Was ist Sittlichkeit, wurde Konfuzius gefragt. Seine Antwort: »Die Menschen zu lieben.« Und was ist Weisheit? Seine Antwort: »Die Menschen zu kennen.«

Die gleichen Maßstäbe gelten nach der Lehre des Konfuzius für das Opfer. Es geht nicht um Erlösung, das Ritual kommuniziert keine göttlichen Offenbarungen. Vielmehr wurde das Opfer mit seinen Ritualen in den Urzeiten von Weisen erdacht, um den Menschen fest in die kosmische Struktur von Himmel und Erde einzubinden und den sozialen Zusammenhalt untereinander zu stärken.

Auch in diesem Bereich bedeutet der Beginn der Zhou-Dynastie um 1200 v. Chr. einen tiefen Einschnitt. Mit Berufung auf ein »Mandat des Himmels« hatte sie die vorangehende Shang-Dynastie gestürzt. Die Zhou-Könige übernahmen die Funktionen der bisherigen Priesterschaft, für die kein Platz im hierarchischen Gefüge mehr war. Der »Höchste Gott« wurde zum Ahnen der Dynastie erklärt und das Opfer im königlichen Ahnentempel bürgte für einen Pakt. Weil der König die Geister der Vorfahren festlich bewirtete, versorgten sie ihn mit Weissagungen und Segen, die dem ganzen Volk zugute kamen: »Wenn der Ritus korrekt ausgeführt wird, gewähren die Ahnengeister gutes Gedeihen.«

Im »Buch der Riten« und im »Buch der Lieder«, den von Konfuzius als verbindlich empfohlenen Klassikern, haben sich die feierlichen Rituale der Zhou-Zeit erhalten, unter denen der König, umgeben von der adligen Elite, zum Opfer schritt.

Da die Toten die Erinnerung an glückliche Erdentage nicht vergessen haben, werden sie – außer durch Hymnen und Gebete – mit allen Sinnen zurückgelockt. Es ist ein Dreiklang von Tönen, Gerüchen und Farben, der das Opfer kennzeichnet. An erster Stelle die Musik:

Mächtig sind die Glocken und Trommeln,
hell klingen die Klang-Steine und Flöten.
Mit ihnen kommt vielfältiger Segen –
überreich wächst das Getreide.
Mit ihnen kommt vielfältiger Segen –
alles im Überfluss.

Während die Instrumente erklingen, steigt aus den mächtigen verzierten Bronzegefäßen köstlich der Duft der Opferspeisen. Rundherum steht die fürstliche Opferversammlung, gekleidet in farbige Zeremonialgewänder, bunte Banner füllen den Raum.

Wenn die Geister der Ahnen erscheinen, bleiben sie nicht unsichtbar. Ihre Gegenwart erfüllt die Opferstätte. Im »Buch der Lieder« ist dieser stimmungsvoll-erhebende Augenblick festgehalten, konkretisiert durch ein Opfer des Zhou-Gründers, König Wen:

Wie weihevoll entrückt die Tempelhalle!
Als Helfer stehn die Fürsten feierlich und still.
In Gliedern aufgereiht die Ritterschaft
hält aufrecht König Wens bewährte Tugendkraft.
Und sieh', vom Himmel kommt ein Widerhall!
Der Ahnen heil'ge Geister schwirren durch den Raum,
als Strahlenglanz, als ehrfurchtsvolle Schauer,
und zeigen sich den Männern ohne Scheu.

Ein Opferritual für die Vorfahren zu vollziehen wie der König, gehörte zu den Privilegien der adligen Führungsschicht. Obwohl keine Priester mehr die heiligen Handlungen vollzogen, und Rituale zusehends eine soziale Dimension erhielten, war der religiöse Kern des Opfers während der Zhou-Dynastie noch deutlich sichtbar. Doch mit dem Untergang des Zhou-Reiches und den darauf folgenden anarchisch-gewalttätigen Verhältnissen im Land erfuhren die Menschen, die sich auf die ordnende Hand des Himmels verlassen hatten – und damit ist kein Schöpfergott, sondern die Ganzheit des Kosmos gemeint –, eine bittere Enttäuschung:

Der Große Himmel ist nicht gerecht.
Er sendet herab die großen Kämpfe.

Der Große Himmel ist nicht gütig ...
Er sendet Tod und Hunger herab ...

Es war Konfuzius, im Jahre 551 v. Chr. in der Provinz Shandong geboren und dort 479 gestorben, der den Prozess der Verweltlichung der Riten entschlossen fortführte. Indem er sie entkernte, sicherte er ihr Überleben. Der Meister wurde zum Verfechter der gewandelten Riten, weil er überzeugt war, dass sie der Gesellschaft als unentbehrlicher sozialer Kitt dienten. Das Ahnenopfer nimmt eine zentrale Stellung ein, weil es die Familie in der Gegenwart zusammenhält und stärkt, in der Vergangenheit verankert ist und auf zukünftige Generationen verweist.

In der Familie erfährt der Mensch seine entscheidenden Lehrjahre als soziales Wesen. In der Familie werden die Grundmuster gelernt und eingeübt – allen voran Pietät gegenüber den Älteren, – die im privaten Bereich wie im Staat für Harmonie und geordnetes Zusammenleben sorgen. Das familiäre Ahnenopfer ist Überlebenstraining für Familie, Gesellschaft und Staat. Es führt denen, die daran teilnehmen, sinnlich vor Augen, dass sie Teil einer Generationenkette sind und dass alle Mitglieder der Familie auf Solidarität angewiesen sind. Das gilt für die Lebenden untereinander, aber auch zwischen Lebenden und Toten besteht weiterhin eine gegenseitige Hilfeleistung. Über wie viele Generationen, das war bei den neuen konfuzianischen Denkern im elften Jahrhundert umstritten. Die Mehrheit entschied sich für Ahnenopfer, die die letzten vier Generationen umfassten – allerdings nur für die Elite.

Hielt man sich strikt an die konfuzianischen Klassiker, die in adliger Zeit entstanden waren, war dem einfachen Volk – und damit der großen Mehrheit der Bevölkerung – gerade mal erlaubt, der verstorbenen Eltern im Opfer zu gedenken. Schon die Großeltern, an die die meisten Menschen noch Erinnerungen hatten, mussten der Vergessenheit anheim fallen. Für sie, wie für weiter zurückliegende Generationen waren – im Gegensatz zur Führungsschicht – keine Opfer erlaubt. Unmenschlich, nannten das einige konfuzianische Gelehrte und setzten sich außerdem dafür ein, auch das Opfern an den Gräbern zu erlauben.

Da eine Ahnenverehrung über mehrere Generationen als Privileg der Führungsschicht etabliert worden war, wundert die Vorschrift nicht, diese Opfer nur im Haus der Familie und nicht an den Gräbern abzuhalten. In den Behausungen der einfachen Menschen war ohnehin kein Platz für einen Ahnenaltar. Die starren Verbote wurden aufgeweicht, nachdem der Buddhismus sich erfolgreich als chinesische Religion etabliert hatte und buddhistische Feste, an denen man zu den Gräbern ging, immer beliebter wurden. Buddhistische Mönche hatten zudem keine Bedenken, ihre Zeremonien mit dem konfuzianischen Ahnenopfer zu verbinden. Bewiesen sie doch damit, wie sehr auch sie der Pietät gegenüber den Eltern verpflichtet waren. Im Sutra zum Allerseelenfest gedachte man der Toten sogar sieben Generationen zurück.

In der Mitte des achten Jahrhunderts trug ein kaiserliches Edikt den Realitäten Rechnung und erlaubte, die traditionellen Speiseopfer an den Gräbern, wenngleich ein wenig abseits, zu vollziehen: »Wohin sollen Menschen sonst auch gehen, die sich nicht zum Opfern vor Familienaltären treffen können. Wie können sie ihren kindlichen Gefühlen Ausdruck geben? Es soll ihnen erlaubt werden, die Gräber zu besuchen und dort zusammen die Rituale zu vollziehen, die Gräber zu säubern und sich zu verbeugen ...«

Zur Zeit der Song-Dynastie warben Riten-Handbücher, von konfuzianischen Gelehrten und staatlichen Ämtern herausgegeben, für das Familienopfer am Grab, um den Familienzusammenhalt zu stärken. Der Gang zu den Gräbern an bestimmten buddhistischen Feiertagen bürgerte sich bei allen Schichten ein. Er wurde ein Familien-Ausflug, bei dem Saubermachen und anschließendes Opfer zum festen Programm gehörten.

Unabhängig davon vollzog die Elite, die ausreichend Raum zur Verfügung hatte, weiterhin ihre Ahnenopfer zu Hause. Im Rückblick auf vier Generationen – wenngleich nur väterlicherseits – gibt es jede Menge Todestage, sowohl von Männern wie von Frauen, an denen das Familienoberhaupt die Toten zu einem feierlichen Bankett einlädt. Mit dem Tod des Vaters geht diese Aufgabe an den ältesten Sohn über. Neben der Witwe sind alle Söhne mit ihren Familien anwesend.

Nach dem Tod von Zhao Tingzhi und der Rückkehr in die Provinz Shandong hatte Zhao Mingcheng, zumal es in seiner Ehe mit Li Qingzhao bisher keine Kinder gab, mehr freie Zeit als der älteste Bruder, der sich jetzt um die Familiengeschäfte kümmern musste. Die autobiografische Skizze von Li Qingzhao gibt – zusammen mit ihren Gedichten – erstaunlich intime Einblicke in ihr Privatleben. Trotzdem machen die Szenen, die aus dem Blickwinkel der unermüdlichen Sammlerin und zum ehrenden Andenken ihres verstorbenen Mannes geschrieben wurden, nur einen Bruchteil des familiären Alltags aus.

Das Ehepaar war anwesend, wenn die Ahnen im Ablauf des Jahres durch kleine und große Opfer geehrt wurden. Li Qingzhao hat diesen Aspekt, der für jeden chinesischen Leser so selbstverständlich war wie Essen und Trinken, unerwähnt gelassen. Fügen wir dem selbstverfassten Bild eine Schilderung dessen hinzu, was zum Leben dazugehörte: das Ritual für ein großes Ahnenopfer, an dem Li Qingzhao und Zhao Mingcheng in Qingzhou viele Male teilgenommen haben.

Konfuzius konnte es nicht oft genug, und besonders für den Trauerfall, betonen: »Die Zeremonien sollten eher schlicht als prunkvoll sein. Bei einem Begräbnis ist die Trauer wichtiger als die minutiöse Beachtung der zeremoniellen Regeln.« Obwohl sich die Riten nach der hierarchischen Stellung des einzelnen innerhalb des Familiensystems richten und nicht nach dem individuellen Schmerz, ist das Opfer für den Verstorbenen keine Formalität: »In den Opferriten zeigen sich Wille, Gefühl, Erinnerung und Liebe eines Menschen. Sie verkörpern den Höhepunkt an Loyalität, Treue, Liebe und Respekt. Mit Trauer und Verehrung dient man den Toten.« Die Trauerarbeit beim Opfer verbindet die familiäre Gemeinschaft, hilft dem Einzelnen und hält den Toten ehrend in Erinnerung.

Dem Opfer geht eine dreitägige Reinigung von Leib und Seele voraus. Die Männer besuchen am Abend nicht mehr die Inneren Gemächer, wo die Frauen wohnen. Alle, die beteiligt sind, baden und ziehen frische Gewänder an. Der Älteste, der das Opfer ausführt, fühlt sich durch Meditation und Wachbleiben in das Ereignis hinein, wie es im »Buch der Riten« beschrieben ist: »Der Trauernde denkt an den Verstorbenen, wie und wo er saß, wie er lächelte und sprach, was seine Ziele und Ansichten waren, woran er sich freute und wonach er sich sehnte. Am dritten Tag seiner Übung wird er den Sinn seiner Übung spüren.«

Am Tag des Opfers, das als festliches Bankett für die toten Vorfahren gedacht ist, hat jeder seine bestimmte Aufgabe. Die Männer fegen die Halle, wo sich alle versammeln werden, und kümmern sich um das Fleisch der Opfertiere. Die Frauen überprüfen die Weihrauchgefäße, streuen Stroh und Sand auf den Boden für das Weinopfer und bereiten die Speisen zu. Den Toten werden Früchte und Gemüse, Fleisch und Fisch, Suppe, Reis und Kuchen angeboten. Und weil es nicht nur um eine symbolische Erinnerung geht, sondern die Geister der Toten anwesend sein werden, unterscheidet man zwischen den Toten. Die jüngst Verstorbenen, deren Geist noch unruhig und deren Sehnsucht zurück ins Leben noch nicht vergangen ist, bekommen, wie die Trauernden, kein Fleisch serviert. Die Ahnen, die schon zwei Jahre tot sind, ihren Platz in der Geisterwelt gefunden haben und zufrieden sind, dürfen Fleisch essen. Die am längsten Verstorbenen, schon weit entfernt und bald nicht mehr erreichbar, bekommen ungekochte Speisen.

Was fremd und fern scheint, entspricht der Überzeugung des Konfuzius: »Form ist Wesen, Wesen ist Form.« Liebe und Respekt zu den Toten finden ihre Form – und für welche Kultur gilt das nicht? – im gemeinsamen Mahl, das eine Gemeinschaft mehr als alles andere zusammenführt.

Sind die gekochten Speisen fertig, kommen sie in Warmhaltebehälter und werden mit allen anderen in der Halle bereitgestellt. Der Tisch ist gedeckt, Männer und Frauen festlich gekleidet. Wenn es ganz hell ist, gehen alle zum Ahnenschrein, der sich innerhalb des Hauses oder an anderer Stelle auf dem Anwesen befindet. Der Raum soll so groß sein, dass dort drei Personen stehen können. Auf einem Tisch befinden sich Opferbecher für Wein und Tee, Opferschalen für Obst, Kerzen und Weihrauchständer. Das Wichtigste auf dem Tisch sind die Schatullen mit den Ahnentafeln, Ruheplatz für die Geister der Toten, wenn sie in ihre vormalige Welt zurückkommen wollen.

Auf den schmalen Hölzern, oft kunstvoll mit Schnitzereien verziert, steht der Name, bei den Männern werden Ämter und Ehrentitel angeführt. Es sind diese Ahnentafeln für die Götter und die Geister der kaiserlichen Familie, die beim Großen Südaußen-Opfer auf dem Altar ausgelegt werden. Wer heute durch China reist, kann in buddhistischen Tempelanlagen unversehens auf Nebenräume stoßen, wo in Schränken hinter Glastüren hunderte von dicht aufgereihten papierenen Ahnentafeln stehen, viele mit Fotos der Verstorbenen geschmückt.

Die Familie stellt sich vor dem Schrein auf, nach Frauen und Männern getrennt. Das Familienoberhaupt geht mit seiner Frau zum Tisch und spricht jeden Toten über vier Generationen mit Namen und Titel an. Weihrauch wird entzündet. Nachdem sich das Ehepaar die Hände gewaschen hat, legt der Mann die Tafeln der männlichen Ahnen in einen Korb, die Frau tut das Gleiche mit den Tafeln der weiblichen Ahnen. Alle gehen zurück in die Halle, wo die Ahnentafeln auf einem Tisch arrangiert werden. Derjenige, für den das Opfer abgehalten wird, erhält einen herausgehobenen Platz. Jedes Familienmitglied tritt vor und begrüßt die Geister der Verstorbenen mit einer Verbeugung.

Alle Teilnehmer werden von nun ab empfinden, was das »Buch der Riten« in Bezug auf den beschreibt, der das Opfer ausführt: »Wenn er am Tag des Opfers den Raum betritt, glaubt er, den Verstorbenen an dem Platz zu sehen, wo seine Ahnentafel ist. Wenn er sich umher bewegt und den Raum wieder verlässt, scheint er dessen Bewegungen zu hören und wird seufzen, wenn er dessen Seufzer zu hören scheint ... und wie im Traum versucht er mit den Toten in ihrem geistigen Zustand zu kommunizieren.«

Als erstes ist das Weinopfer an der Reihe, Tropfen des Weins werden auf Stroh und Sand geschüttet. Gebete werden gesprochen, der Opfernde wirft sich zu Boden, steht auf, verbeugt sich. Anschließend werden die Speisen in die bereitstehenden Schüsseln verteilt, für jeden Ahnen gesondert und penibel nach Rangfolge; beginnend beim ältesten Ahn der vierten Generation, gefolgt von seiner Frau. Insgesamt gibt es für das Verteilen der Speisen drei Durchgänge, von Gebeten und Weinopfern unterbrochen. Am Ende dieses Abschnitts bekommt jeder Ahn noch einen Becher Wein, die Frau des Opfernden legt Stäbchen und einen Löffel neben jeden Essensplatz. Alle erheben sich und gehen hinaus, damit die Geister beim Mahl unter sich sind. Die Türen der Halle werden geschlossen.

Wenn die Familie nach geziemender Zeit zurückkehrt, wird vor dem Öffnen der Türe dreimal gehustet, um den Geistern Zeit zu geben, sich auf die Ahnentafeln zurückzuziehen. Dann wird den Ahnen Tee serviert. Weitere Gebete folgen, noch ein Weinopfer. Der Opfernde verbeugt sich wiederholt, kniet nieder, wirft sich zu Boden, um den Geistern seine Verehrung zu zeigen und ihren Segen zu erbitten.

Zum Ende der Zeremonie verbeugen sich alle zweimal vor den Ahnentafeln, und das Familienoberhaupt bringt mit seiner Frau die Tafeln in den Ahnenschrein zurück. Das Ritual kann vereinfacht werden, solange man sich an den Kern hält. Insgesamt muss man mit ein bis zwei Stunden rechnen. Je höher der Beamtenrang des Verstorbenen, desto aufwendiger und differenzierter wird die heilige Handlung vollzogen. Wer kann, bestellt sich einen Zeremonienmeister. Der spricht im Namen der Ahnen die abschließenden Worte: »Der Opferdienst ist vorbei. Wir wünschen unserem Verwandten XY fünffachen Segen und Wohlfahrt für seine Familie.«

Das ist das Stichwort für die Ehefrau, alle Teile des Speiseopfers aus der Halle zu entfernen. Das gesamte Essen wird nun an die Männer und

Frauen der Familien verteilt, die – in getrennten Bereichen des Anwesens – das festliche Bankett mit irdischem Genuss fortsetzen. Ein eindrucksvoller, ein schöner Tag, an den man sich erinnern wird.

Würde man die Familienversammlung fragen, ob sie wirklich an die Anwesenheit der Verstorbenen beim Opfer glaubt, an ihren Platz auf den Ahnentafeln, bekäme man unterschiedliche Antworten. Die Mehrheit der Gebildeten wird sich dem ehrlichen Urteil eines konfuzianischen Gelehrten über das Ahnenopfer anschließen: »Die Weisen sehen darin eine menschliche Praxis; das einfache Volk sieht darin einen Dienst an den Geistern.«

Erinnern wir uns, was die »Gespräche« über die Einstellung des Meisters berichten: »Konfuzius opferte den Ahnen, als stünden sie vor ihm. Er opferte den Geistern, als wären sie gegenwärtig.« Wer auf ein Entweder-Oder pocht, kommt nicht weiter und fällt ein negatives Urteil über den Philosophen. Konfuzius jedoch hat sich solchem Entweder-Oder und dem Verkünden einfacher und einzigartiger Wahrheiten immer verweigert.

Der Menschenfreund besaß nicht die Arroganz, dem populären Volksglauben die tragenden Stützen zu nehmen. Das Vertrauen auf magische Kräfte und Geister, auf den Zauber der Amulette, die Weisheit der Orakel und den Sinn der Ahnenopfer war älter und gründete tiefer als der Versuch, Religion allein in moralischen Lebensregeln zu verankern. Deshalb scheute der Philosoph sich nicht, überkommene religiöse Riten in die eigene Lehre zu integrieren. Nicht heimlich, sondern offensiv, wie einer seiner Schüler erfuhr, der das traditionelle Schafopfer am Neujahrstag abschaffen wollte. »Dir ist es schade um das Schaf«, entgegnete ihm Konfuzius, »mir ist es schade um den Ritus.«

Der skeptische Meister wusste, dass der Mensch aus Verstand und Gemüt besteht. Es ist kein Widerspruch, auf Distanz zu einem Himmel zu gehen, der das Schicksal des Menschen vorherbestimmt, und zugleich intensiv die Erinnerung an geliebte Tote wachzuhalten. Warum soll die Ehrfurcht des Konfuzius vor dem Überkommenen ausgerechnet den religiösen Bereich ausschließen? War es nicht klug, in einer Zeit der Krisen die traditionellen Riten mit neuem sozialem Inhalt zu füllen und zugleich die vertrauten religiösen Dimensionen zu wahren? Den vorangegangenen Generationen Liebe und Respekt zu erweisen, ist keine Nebensächlichkeit. Es geht um den Grund menschlicher Herkunft. »Alle Menschen«, heißt es im »Buch der Riten«, »haben ihren Ursprung in ihren Ahnen«.

15

EIN HERZ UND EINE SEELE
oder
DIE MUSIK MACHT VOLLKOMMEN

Die gemeinsame Jagd nach Kostbarem – Künstler unter sich: Kopien sind Ehrensache – Familie Zhao wird rehabilitiert – Der Handel mit antiken Bronzen blüht – Antiquitäten-Kataloge: die Liebhaber werden professionell – Das Sammler-Ehepaar übertrifft alle Experten – Szene einer Ehe: der Tee-Wettbewerb – Neue Verse: weibliche Erfahrungen aus erster Hand – Ein Traumpaar? – Einsame Stunden beim Wein

Im Begleittext zu seinem archäologischen Katalog erwähnt Zhao Mingcheng, dass schon seine Familie »eine Sammlung von Inschriften auf Bronze und Steingut« besaß und dass sein Vater sein erstes Sammelstück nach dem erfolgreichen Abschluss der staatlichen Beamtenprüfung 1076 erstanden hat. Nun schreiben wir das Jahr 1108, die Familie Zhao muss sich nach dem Tod ihres Oberhauptes und der Rückkehr in die Heimat neu organisieren. Welcher der Brüder wird sich um die kostbare Sammlung kümmern, auch wenn sie weiterhin als Familieneigentum gilt? Den ersten Zugriff hatte zweifellos der älteste. Doch man wird nicht lange überlegt haben, um diesen Schatz Zhao Mingcheng, dem jüngsten, anzuvertrauen. Einmal hatte er auf diesem Gebiet unschlagbare Kenntnisse und Erfahrungen. Aber auch die kompetente Mitarbeit seiner Frau war gar nicht hoch genug einzuschätzen. So wurde der neue Lebensabschnitt in Qingzhou für Zhao Mingcheng, der frei war von allen Beamtenpflichten, und seine Frau Li Qingzhao zum Ausgangspunkt, sich mit größerem Eifer als je zuvor auf die Jagd nach ausgefallenen Antiquitäten zu machen:

Jedes Mal, wenn wir ein Buch erjagt hatten, sahen wir es miteinander kritisch durch … und trugen es mit seinem Titel in die Listen ein. Bekamen wir Kalligrafien, Malereien und Bronzen, so prüften wir die Stücke mit den Händen, breiteten die Rollen aus und machten uns gegenseitig auf Fehler und Beschädigungen aufmerksam. Nächte hindurch arbeiten wir auf diese Weise beim Kerzenschein …

Längst hatte sich unter Sammlern, Kennern und Verkäufern von Antiquitäten herumgesprochen, was für ein Expertenpaar sich in der Provinz niedergelassen hatte. Bei Zhao Mingcheng und Li Qingzhao konnte man sich informieren und gute Geschäfte machen. Die beiden sahen auf Qualität und waren begeisterungsfähig. Noch nach Jahrzehnten hat Li Qingzhao nicht vergessen, mit wieviel Herzblut sie bei der Sache waren: *Ich kann mich noch erinnern, wie ... uns jemand Xu Xis »Päonie« brachte und 200 000 Käsch dafür verlangte. Wie hätten damals selbst Angehörige der vornehmsten Familien einen solchen Betrag auftreiben können. Wir durften das Bild zu treuen Händen über Nacht behalten, mussten es dann aber, weil wir das Geld nicht beschaffen konnten, wieder zurückgeben. Tagelang waren wir zusammen darüber entsetzlich betrübt.*

Xu Xi war 975 gestorben und gehört zu den Wiederentdeckungen am Ende des elften Jahrhunderts. Er war der bedeutendste Vogel- und Blumenmaler des zehnten Jahrhunderts und zugleich eine Ausnahme unter seinen Zeitgenossen. Xu malte nicht mit feinem, sondern mit widerborstigem Pinsel. Nicht realistisch, sondern so spontan wie möglich wollte er die Natur wiedergeben.

Obwohl in der Provinz lebend und mit dem Makel eines Prozesses behaftet, war die Familie Zhao nicht isoliert. Die zahlreichen Kontakte, die das Sammlerpaar in Kaifeng geknüpft hatte, erwiesen sich als verlässlich. Die *Hilfe von allen Seiten* wird Li Qingzhao und ihrem Mann in vieler Hinsicht gut getan haben. Sie betraf auch die Fachsimpelei mit kenntnisreichen Freunden, die zu Besuch kamen. Neben der Erinnerung an schöne gemeinsame Stunden in der »Halle zur Heimkehr« hinterließen sie Zeugnisse ihrer Freundschaft, die für das chinesische Verständnis einer lebendigen historischen Kulturlandschaft typisch sind.

Zu Anfang des Jahres 1111 – Zhao Mingcheng war dreißig Jahre alt, feierte aber nach chinesischer Zählung seinen einundreißigsten und Li Qingzhao ihren achtundzwanzigsten Geburtstag – kam der Freund Wang Shouqing vorbei. Von Berufs wegen handelte er mit Kleidern, seinen guten Ruf unter Kunstexperten verdankte er seinen besonderen Kalligrafie-Kenntnissen. In Qingzhou konnte er in kostbaren Exemplaren schwelgen. Als besonderes Zeichen seiner Freundschaft mit den beiden Sammlern fügte Wang Shouqing der Original-Kalligrafie eines bekannten Meisters aus dem zehnten Jahrhundert – nach chinesischem Verständnis ein Kunstwerk – mit seinen Schriftzeichen eine Anerkennung hinzu. Die Kalligrafie enthielt den Text der berühmten »Tausend-Zeichen-Fibel«, im sechsten Jahrhundert entstanden und seitdem Pflichtlektüre für alle Kinder, die Schreiben lernen sollten.

Dem Europäer erscheint ein solcher Zusatz wie ein Sakrileg. Jedes Kunstwerk ist eine individuelle, unverwechselbare Leistung, die durch Hinzufügungen entwertet wird. Ein Verständnis, das dem chinesischen Kunstempfinden fremd ist. Der Künstler, in diesem Fall ein Kalligraf, empfindet es als große Ehre, das Werk eines berühmten Schriftstellers und Kalligrafen aus vergangener Zeit – hier die »Tausend-Zeichen-Fibel« – in seinem Kalligrafie-Stil wiederzugeben. In China war das übliche und anerkannte Praxis.

In den Augen seiner Sammler-Freunde schlug Wang Shouqing im Jahre 1111 mit seiner Beschriftung einen kreativen Bogen durch die Jahrhunderte. Der Kalligraf hatte im zehnten Jahrhundert schon Ähnliches getan, indem er mit seinem Pinsel den Text des sechsten Jahrhunderts ehrte und weitergab. Jetzt verband Wang Shouqing das sechste Jahrhundert, den Fibeltext, mit dem zehnten, der Kalligrafie, und beide wiederum mit dem gegenwärtigen zwölften Jahrhundert. Er vernetzte sich als Künstler mit zwei Menschen, deren herausragende Kenntnisse und Fähigkeiten schon im Gewebe der Zeiten miteinander verknüpft sind und webt den Faden weiter, den irgendwann in der Zukunft wiederum ein anderer aufnehmen wird.

In dieser Tradition, die alle Zeiten aufhebt, sind auch die Bildrollen chinesischer Maler zu deuten, auf denen spätere Besitzer und angesehene Persönlichkeiten ihre Spuren in Form von Verszeilen oder Siegeln hinterlassen haben. Zeichen höchster Anerkennung und Verbundenheit von Menschen, die sich den gleichen Maßstäben und dem gleichen Streben durch die Generationen verpflichtet fühlen.

Zhao Mingcheng und Li Qingzhao waren großzügige Sammler, die ihre Schätze gerne mit anderen teilten. Besucher durften Bücher ausleihen, die Besitzer waren nicht pingelig. Im Nachhinein sieht Li Qingzhao das eher kritisch: *Hätten wir in der »Halle zur Heimkehr« ein Büchermagazin mit abschließbaren Kisten und Listen eingerichtet, hätte man die Bücher vor unbedachten Zugriffen bewahren können.* Statt dessen ging das Ausleihen ohne wirkliche Kontrolle vor sich und manch ein Buch kam beschädigt oder verschmutzt zurück, ohne dass man einen Überblick hatte, wer dafür verantwortlich war. Aber einen *argwöhnisch überwachten Verleih* wollten die beiden nicht einführen.

Im Jahr 1111 machte Frau Guo, die Witwe des Zhao Tingzhi, eine Eingabe an den Kaiser und bat, ihrem verstorbenen Mann, dem ehemaligen Kanzler des Reiches, postum den Rang eines Kommandeurs zu verleihen. Sie nutzte einen günstigen Augenblick, als Cai Jing, immer noch der einflussreichste Vertraute des Kaisers, politisch etwas in den Hintergrund trat. Der Kaiser erfüllte die Bitte der Witwe.

Im Jahr darauf zeigte sich, dass das kaiserliche Wohlwollen keine bloße Laune war und die Familie Zhao nach dem schmählichen Prozess von 1107 verlorenes soziales Terrain wiedergewinnen konnte. Der älteste Sohn, zu glücklicheren Zeiten im Jahre 1103 Beamter in der Palastbibliothek, konnte in den Staatsdienst zurückkehren. Er wurde zum Vizedirektor der kaiserlichen Bibliothek ernannt. Es ist anzunehmen, dass er mit seiner Familie wieder in die Hauptstadt zog; vielleicht hat ihn seine Mutter begleitet. Zhao Mingcheng, der Jüngste, blieb weiterhin Privatgelehrter. Er entwickelte ganz offensichtlich keinen Ehrgeiz, seine Sammlertätigkeit und seine historisch-archäologischen Studien gegen die Arbeit in einer Amtsstube zu tauschen.

In diesen Jahren schälte sich heraus, dass der Geist der Zeit auch das Sammler-Ehepaar in Qingzhou ergriffen hatte. Seit Mitte des elften Jahrhunderts war das Interesse an alten Bronzen aus der Shang- und Zhou-Dynastie, ungefähr ab dem Jahre 1600 v. Chr., stetig gestiegen. Es ist eine Herstellungskunst, die noch heute die Experten umtreibt. Denn nirgendwo wurden in so ferner Zeit so vollendete Bronzegefäße nach der Technik des »verlorenen Gusses« angefertigt. Die Mischung bestand aus etwa fünfundachtzig Prozent Kupfer und fünfzehn Prozent Zinn. Mit dem dritten Jahrhundert n. Chr. am Ende der Han-Dynastie war diese Kunst nicht mehr gefragt und wurde nicht weiter verfolgt.

Die mit Mustern und Tiergestalten kunstvoll verzierten bronzenen Kessel und Schalen, die Gefäße für Wasser und Wein, die Äxte, Kerzenhalter und Glocken, die während der Song-Epoche ausgegraben wurden, waren Grabbeigaben der Führungsschicht. Je älter, um so gefragter waren sie, und um so eindrucksvoller war die Patina der Bronzen aufgrund der langen Lagerung in der Erde. Die einen hatten eine blaue oder grüne Schicht, andere glänzten rostrot oder silbern. Auf magische Weise verkörperten die Fundstücke jene Verbindung zwischen der Gegenwart und den Wurzeln in tiefer Vergangenheit, an denen den Menschen der Song-Epoche – inmitten von Mobilität und Aufbruch – so sehr gelegen war.

Eine allererste kleine Sammlung von Bronzeglocken und Dreifüßen – mit denen man Speisen und Getränke über dem Feuer kochen und wärmen konnte – wurde 1051 auf Anordnung des Kaisers im Palast von Kaifeng zusammengetragen. Die Schar der Liebhaber wuchs, die nicht nur von der Magie und Schönheit der Bronzen angezogen wurden. Sammler begannen mit Akribie und Systematik, die Gegenstände in ihren historischen Zusammenhang einzuordnen und konkrete Informationen über die Vergangenheit daraus zu ziehen. Eine neue Wissenschaft, die Archäologie, entwickelte sich und parallel zu ihr die Inschriftenkunde.

Die Inschriften, die antike Bronzen und Steinstelen zierten, aber auch Steingut und hölzerne Gegenstände, wurden zum Ausgangspunkt kritischer Vergleiche mit Ereignissen, die mündlich und schriftlich überliefert waren. Auch die Schriftzeichen selbst wurden zum Forschungsgegenstand und brachten Licht in das Dunkel der Vergangenheit. Die gelehrten Beamten hatten ein neues Interessenfeld gefunden.

Der erste, der sich auf die Inschriften von Bronzen und Steinen spezialisierte und seine Überlegungen systematisch zusammenfasste, war der Staatsmann Ouyang Xiu, berühmt als Dichter und trinkfester Zeitgenosse und über Jahrzehnte einflussreichster Denker bei Hofe wie in den intellektuellen Kreisen. Er brachte nach 1054 einen »Katalog über das Sammeln von Antiquitäten« heraus, eine Pionierleistung, auf der die folgenden Kataloge korrigierend aufbauen konnten. 1092 erschien ein weiterer »Katalog über das Sammeln antiker Objekte«. Er enthielt systematische Angaben über Maße, Muster, Inschriften und Fundorte von rund zweihundert Bronzen, die im Besitz des Kaisers und weiterer siebenunddreißig privater Sammler waren.

Huizong, der leidenschaftlichste Sammler auf dem Kaiserthron, wollte auch auf diesem Gebiet alle übertreffen. Er befahl den Beamten in der kaiserlichen Sammlung, einen »Illustrierten Katalog aller Antiquitäten« anzulegen. Der erste Band erschien 1107. Am Ende waren es dreißig Bände, in denen über achthundert Bronzen systematisch und in chronologischer Abfolge erfasst wurden.

Der Ehrgeiz der beiden Sammler in Qingzhou war geweckt. So sehr ihr Herz an alten Büchern und Bildern hing – auf diesem traditionellen Interessengebiet der Bildungselite waren kaum Extra-Lorbeeren zu verdienen. Entdeckungen und Anerkennung warteten anderswo. Li Qingzhao beschreibt in ihrem Nachwort, worauf ihr Mann – und sie mit ihm – sich schließlich spezialisierte: *Er sammelte die Inschriften auf Glocken, Dreifüßen, Doppelvasen, Schalen, Weinpokalen und Korngefäßen, dazu die Inschriften über die Taten berühmter Männer wie unbekannter Gelehrter auf Grab- und Gedenksteinen.* Die antiken Gegenstände waren aus Bronze und Steingut und umfassten die Epochen von der allerfrühesten Xia-Dynastie um 2000 v. Chr. – sie ging der Shang-Dynastie voran – bis zum Beginn der Song-Dynastie im Jahre 960 n. Chr.

Es liegt nahe, dass Zhao Mingcheng informiert wurde, sobald irgendwo in der Provinz Shandong neue Fundstücke ans Licht kamen. Der Handel mit Bronzen blühte, und Verkäufer organisierten gezielte Ausgrabungen. Im Jahre 1116 wurden eine Schale und eine Schöpfkelle aus Bronze entdeckt. Es ist nicht auszuschließen, dass Zhao Mingcheng – vielleicht zusammen mit seiner Frau – den Grabungsort besichtigten. Auf jeden Fall nahm er die Inschriften der beiden Teile in seine Spezial-Sammlung auf. Wenn Zhao Mingcheng und Li Qingzhao in diesen Jahren in der »Halle zur Heimkehr« mit Sichten und Prüfen beschäftigt waren, konnten sie davon ausgehen, um sich herum auf Pulten und Ablagetischen, zwischen Büchern und Bildrollen, insgesamt zweitausend Inschriften als Abreibungen von Originalen zu besitzen.

Über eigene Vorzüge zu schweigen, war eine konfuzianische Tugend. Wenn sich Li Qingzhao zu dem Urteil hinreißen lässt, dass *wir allmählich mit unserer Fähigkeit in der Beurteilung … alle einschlägigen Sammler übertrafen,* will das etwas heißen. Da konnte selbst der Kaiser neidisch werden.

So groß war die Begeisterung, dass das Ehepaar nicht selten die Stunden vergaß, und beim Kerzenschein die Nächte lang wurden. Aber bei allem ehrgeizigen Arbeitseifer hatten die beiden auch ihr Vergnügen und gönnten sich heitere Entspannung. Obwohl Tradition und Anstand das Privatleben hinter die dicken Mauern häuslicher Anwesen verbannten, schildert Li Qingzhao in ihrer autobiografischen Skizze offenherzig intime Szenen einer Ehe:

Jedes Mal, wenn wir unser Mittagessen beendet hatten, bereiteten wir uns sitzend in der »Halle zur Heimkehr« unseren Tee zu. Dabei deutete ich auf einen der Bücherstapel und riet, in welchem Band auf welcher Seite und in welcher Zeile eine bestimmte Information zu finden war. Ob ich bei diesem Wettspiel richtig lag, entschied darüber, ob ich meinen Tee als Erste trinken durfte oder nur als Zweite. Hatte ich gewonnen, hob ich nicht selten meine Tasse unter triumphierendem Lachen so spontan empor, dass ich mir den Tee über mein Gewand kippte. Wie glücklich waren wir doch …

Jahrzehnte später, als diese autobiografischen Erinnerungen als Nachwort für das Werk ihres Mannes über »Inschriften auf Bronze und Steingut« entstanden, hat Li Qingzhao die heitere Tee-Stunde und die

Zeile vom vergangenen Glück in einem Gedicht aufgegriffen und ausgefüllt:

In den Jahren, die vergangen sind, waren wir glücklich
zusammen …
Zusammen tranken wir Tee, aufgebrüht am lodernden Feuer.
Zusammen besuchten wir auf unsern geliebten Pferden
Feste, wo künstliche Drachen tanzten.
Um uns der Strom der Wagen, unbekümmert um plötzliche Stürme.
Wir tranken uns zu mit warmem Wein
und schrieben Gedichte auf geblümtes Papier …

Traurig-schöne Erinnerungen der Witwe, denn zu diesem Zeitpunkt, so Li Qingzhao im Nachwort, hatten sich *die Bäume auf seinem Grab bereits zu neigen begonnen.* Ein Glück für die Nachgeborenen: Solche Zeilen und die Gedichte erzählen, dass die gemeinsamen Jahre in Qingzhou nicht nur in der »Halle zur Heimkehr« verbracht wurden und die beiden nicht nur Tee zusammen tranken:

Jetzt schon, mitten im Schnee,
verkünden sie, dass der Frühling gekommen ist:
kalte Pflaumenblüten, die
glänzende Zweige schmücken,
zeigen verdeckt ihr duftendes Antlitz,
fallen elegant in den Hof.
Ich komme, mein Jade-Körper erfrischt vom Bad,
frisch geschminkt und gepudert.
Sogar der Himmel teilt unsere Freude,
Lässt den vollen Mond auf deinen geschwungenen Körper scheinen.
Feiern wir mit schwerem grünen Wein in goldenen Bechern.
Ich habe nichts dagegen, berauscht zu werden,
denn diese Blüte ist unvergleichlich.

Ob Li Qingzhao ihren Ehemann manchmal – wie es der Tradition entsprach – »mit Kamm und Handtuch« erwartete, wenn er sich von den Mühen des Tages erholen wollte? Warum nicht, aber wohl kaum in der Haltung einer dienenden Ehefrau, deren einziges Lebensziel es ist, dem Ehemann das Leben zu erleichtern. Diese Klischees, wir haben es erfahren, widersprechen ohnehin den eigenständigen Frauen, die in der Tradition Chinas einen festen Platz haben und von den Männern, die solche beispielhaften Geschichten literarisch festhielten, nicht unterschlagen wurden.

Die Gedichte, vor allem aber die autobiografische Skizze der Li Qingzhao, die uns freimütig an ihrem ehelichen Leben teilhaben lässt, sind allerdings einzigartige Dokumente, weil absolut rare Zeugnisse aus erster Hand. Die Frauen bleiben durch Jahrhunderte stumm. So einfühlsam Männer in Gedichten um ihre verstorbenen Frauen trauern, ihre Töchter bangen Herzens auf die Fahrt zur Hochzeit schicken, sich freuen, wieder verheiratet und nicht mehr allein zu sein; wie groß auch die Bewunderung ist, mit der Söhne ihre verstorbene Mutter in Nachrufen preisen, ihre Bildung, ihre Erziehungsmethoden und ihre klugen, diskreten Ratschläge für den Ehemann loben: Immer sind es Männer, die aus ihrem Blickwinkel Frauenleben schildern und bewerten und über Gefühle reden, die nicht ihre eigenen sind.

Aber Vorsicht vor falschen Interpretationen. Die einsame Stimme der Li Qingzhao über ein Jahrtausend hinweg verführt dazu, ihr Leben zur großen Ausnahme zu stilisieren: So viel Freiheit in der Ehe, so viel gleichwertiges Miteinander, so viel selbstbewusstes Betonen der eigenen Talente – das kann für Frauen nicht die Regel gewesen sein, flüstert wieder das Klischee. Dieser Umkehrschluss jedoch ist ein historischer Trugschluss, nicht auf Fakten gebaut. Das Etikett »Ausnahme« muss mit vielen Fragezeichen versehen werden.

Lesen wir ohne Vorurteile die Schilderungen vom Arbeitsalltag des Sammler-Ehepaares, von gemeinsamen Ausritten und intimen Stunden, dann ist es realistischer, davon auszugehen, dass solche Erfahrungen für Frauen – aber auch für Männer – zumindest wesentlich häufiger waren, als die Nachgeborenen sich vorstellen können. Es bestätigt sich wieder einmal, wie breit der Graben zwischen Theorie und Praxis ist: dass die konfuzianischen Klassiker, die Handbücher mit den Anstandsregeln und die jahrhundertealten vielgelesenen Ermahnungsbücher nicht mit der weiblichen Realität gleichgesetzt werden dürfen.

Auf dem Hintergrund der Schilderungen von Li Qingzhao gewinnen auch die Stimmen einfühlsamer Männer noch stärkeres Gewicht. Sie sind tatsächlich Wegweiser zu realistischen, selbstbewussten Frauenleben, die von der Dichterin und Antiquitäten-Expertin mit Beginn des zwölften Jahrhunderts eine authentische Bekräftigung erhalten.

Was auffällt, wenn Li Qingzhao vom Sammeln, vom Prüfen und Sortieren der Bücher und Kalligrafien, der Bilder und Bronzen spricht, ist die ständige Betonung, dass alles gemeinsam geschieht. Beide arbeiten die Nächte durch bei Kerzenschein, machen sich gegenseitig auf Schäden und Fehler aufmerksam. Zhao Mingcheng und Li Qingzhao sind gleichermaßen von der manischen Sucht erfasst, die Sammlung mit immer älteren, interessanteren und wertvolleren Stücken zu ergänzen. Beide sind entsetzlich traurig, weil sie sich ein kostbares Bild nicht leisten können. Und Li Qingzhao, die die Haushaltskasse führt, trägt durch ihre Sparsamkeit in Kleider- wie in Essensfragen dazu bei, zusätzliche Gelder für den Einkauf von Antiquitäten locker zu machen.

Genau so eindeutig ist der Hinweis, dass der Ruhm der Sammlung in der Urteilsfähigkeit liegt, die beide Eheleute auszeichnet. Der Tee-Wettbewerb, den Li Qingzhao schildert, ist keine amüsante Anekdote am Rande und nicht nur der Blick in ein harmonisches Eheleben. Er ist auch eine Botschaft an die Leser und für die Nachwelt. Li Qingzhao kann spielend mithalten, wenn es darum geht, wer die besseren Fachkenntnisse und das präzisere Gedächtnis hat. Eine weitere Botschaft: Zhao Mingcheng lässt sich auf diesen Wettbewerb ein, so wie er sich mit den Gedichten seiner Frau messen möchte.

Ein Herz und eine Seele: Li Qingzhao nutzt jede Gelegenheit in ihrem Nachwort, das zu demonstrieren. Und sie scheut sich nicht, eine Rangfolge über die Wertvorstellungen zu geben, die dieses Ehepaar verbindet: *Wenn wir alte Ausgaben der konfuzianischen Klassiker und Kommentare auf unseren Arbeitspulten in der richtigen Reihenfolge neben- und übereinander legten, trafen sich unsere Sinne bei gemeinsamen Plänen. Unsere Seelen fanden sich bei dem gemeinsamen Anblick in der Begeisterung für ein Glück, das über die Freuden der Musik und der Liebe, über die Freude an Hunden und Pferden hinausging.* Die Musik rangiert noch vor der Liebe? Ist das ernst gemeint? Die Reihenfolge, die Außenstehende befremden mag, war für jene, die diesen Text lasen – die Bildungselite Chinas –, problemlos nachvollziehbar.

Konfuzius hat die Moral engstens mit der Musik verknüpft. In den »Gesprächen« versucht er, seinen Schülern beizubringen, welchen herausragenden Stellenwert die Musik für die Erziehung des Einzelnen zur Menschlichkeit hat: »Konfuzius sprach: Das ›Buch der Lieder‹ erhebt den Menschen. Die Riten geben ihm Halt. Die Musik macht ihn vollkommen.« Kein Land hat eine so weit zurückgehende und alles umfassende

Musikkultur wie China. Die Harmonie der Stimmen und der Töne aus den Instrumenten ist ein perfektes Abbild der kosmischen Harmonie und damit ein hörbares Ideal, wie es auf Erden zwischen den Menschen zugehen soll.

Musik war in China keine schöne oder ergreifende Nebensache – für die Andacht im Tempel und zur Unterhaltung –, sondern fester Bestandteil der Riten. In den alten Zeiten war sie das wichtigste Instrumentarium für den Herrscher, das Land zu regieren und die Bewohner zu erziehen: »Das Beste in der Musik vertreibt die Unzufriedenheit, und das Beste in den Zeremonien vertreibt die Konflikte ... Wenn die Menschen nicht leiden und der Herrscher freundlich ist, hat die Musik ihren Zweck erfüllt.« So steht es im »Buch über Musik«, wie sich das ausführliche siebenundzwanzigste Kapitel der »Ritensammlung« nennt. Aufgeschrieben spätestens im ersten Jahrhundert n. Chr., konnte es sich auf eine lange Tradition stützen.

Auch im Bereich der Musik setzte die verehrte Zhou-Dynastie Maßstäbe und gab den Ton an. Musik wurde bei religiösen Zeremonien, vor allem im Ahnentempel, eingesetzt. Zur Schlacht spielten die Musiker auf und ebenso bei kaiserlichen Festen. Schon im ersten Jahrtausend v. Chr. waren bei Hofe rund achthundert Musiker beschäftigt, darunter ein Tanzmeister, ein Tonmeister für die zwölf Grundtöne und blinde Spezialisten, die die Instrumente einstimmten.

Mit dem Beginn der Han-Dynastie im dritten Jahrhundert v. Chr., die erstmals über viele Generationen über ein einheitliches chinesisches Reich herrschte, wurde die Musik besonders gefördert. Es gehörte von nun an zum Standard, dass der Kaiser mindestens ein Instrument spielte, ein »Musik-Amt« wurde eingerichtet, und am Kaiserhof waren vier Orchester mit insgesamt achthundertneunundzwanzig Musikern beschäftigt. Hinzu kamen Gesangs- und Tanzgruppen.

Noch goldener für die Kultur und damit auch für die Musik waren die Jahrhunderte unter der Tang-Dynastie (618–906). Als kaiserliche Musikschulen wurden der »Birnenblütengarten« für männliche Schüler und der »Ewige Frühlingsgarten« für Frauen gegründet. Reine Frauenorchester spielten bei den Festen der adligen Elite auf. Musik und ihre Ausübung war an kein Geschlecht gebunden.

Zu den sechs Künsten, die noch vor Konfuzius jeder Gelehrte beherrschen musste, stand sie gleich an zweiter Stelle nach den Riten. Die Instrumente wurden nach ihrem Herstellungsmaterial in acht Kategorien unterteilt. Königin der Instrumente, und seit rund dreitausend Jahren in Gebrauch, ist die klassische Griffbrett-Zither, Chinesisch Qin. Ursprünglich einhundertzwanzig Zentimeter lang und mit sieben roten Seiden-Saiten bespannt. In späteren Versionen wird sie bis zu über zwei Meter lang und hat mehrfache Saiten.

Die Zither ist ein Soloinstrument, aber auch als Begleitung zum Gesang ideal. Konfuzius liebte sie. Über kein Instrument ist so viel geschrieben, für kein Instrument so viel Musik geschrieben worden. Kein gelehrter Beamter, kein Dichter, Philosoph oder Kaiser, der nicht die Qin spielen konnte und viele Stunden damit verbrachte. Im Klang dieser Töne fand sein Lebensgefühl kongenial Ausdruck und sein Geist Ruhe und Ausgeglichenheit.

Auch bei Tao Yuanming, dem Beamten, der den Dienst quittierte, sich auf sein Landgut zurückzog und aus dieser Heimkehr wunderbare Gedichte machte, gehörte die Zither zum Inventar seines Studios. Wenn Besucher ihn fragten, warum das Instrument an der Wand hing und keine Saiten besaß, antwortete Tao: »Ich habe den tieferen Sinn der Qin erfasst, warum sollte ich dann noch die Töne der Saiten hören wollen.«

Die Musik vermag das Innerste nach außen zu bringen und macht – nach Innen gewendet – das Unvorstellbare möglich: »Die höchste Musik kennt keinen Laut.« Deshalb setzt Li Qingzhao sie an die allererste Stelle, noch vor die Liebe, um dann zu verdeutlichen, welche außerordentliche Qualität das gemeinsame Band der Sammelleidenschaft hat, das sie mit ihrem Mann verbindet und ihnen beiden noch wichtiger ist als die Musik

Zhao Mingcheng und Li Qingzhao hatten keine Kinder – nach chinesischer Vorstellung ein schweres Handicap. Keine Nachkommen zu haben, die nach dem Tod das Ahnenopfer feiern, war eine schreckliche Vorstellung. Wie die beiden darüber dachten, ob ihnen vielleicht sogar ihr Einsatz für die Vergangenheit wichtiger war, als Kinder für die Zukunft großzuziehen – wir wissen es nicht. Dieser Punkt beiseite gelassen, dürfen wir fragen: Waren die beiden ein Traumpaar? Führten sie eine ideale Ehe?

Die wichtigste Quelle neben den autobiografischen Skizzen sind die Gedichte von Li Qingzhao. Sie erinnern an Gelegenheiten, wo die Liebenden gemeinsam dem Wein zusprachen. Aber noch öfter erzählen sie von einsamen Stunden, wo Li Qingzhao allein vor dem gefüllten Becher sitzt oder der schale Geschmack eines Rausches noch fühlbar ist.

Die Verführung, auf diese Weise die leeren Nächte hinter sich zu bringen, ist groß:

Kein schwerer Bernsteinwein
soll mehr den tiefen Becher füllen.
Abwesend war ich
lange vor dem Rausch.
Die Glocken rufen sich im Abendwind.
Fort ist der Weihrauchduft,
der Traum entschwunden.
Zu klein die goldnen Nadeln,
das Haar verworren.
Erwacht in leerer Nacht,
und nichts als rote Kerzen.

Eigentlich stehen rote Kerzen im Schlafgemach, das für ein Hochzeitspaar bereitet ist. Nicht nur, dass die Hochzeitsnacht für Li Qingzhao lange zurückliegt. Es fehlt der Ehemann, um mit ihr Bett und Kissen zu teilen. Wenn wir anderen Gedichten glauben dürfen, dann ist es nicht das erste Mal und nicht nur für eine Nacht. Zwar reist Zhao Mingcheng zusammen mit seiner Frau zu volkstümlichen Festen, interessanten Grabungsstücken oder Denkmälern. Er macht sich aber auch gerne allein auf den Weg und zwar mit Vorliebe im Frühling.

Im Frühling des Jahres 1111 ist der Inschriften-Experte am Taishan, nimmt zwei Steinstelen unter die Lupe mit einem »Gedenktext anlässlich der Besteigung des Berges durch den Kaiser der Tang im Vollzug des großen Staatsopfers« und macht eine Abreibung der Stein-Inschrift.

Der Taishan in der Provinz Shandong ist der heiligste der fünf heiligen Berge Chinas. Das erste Opfer auf dem Götterberg wird für das Jahr 715 v. Chr. erwähnt. Im Jahre 110 v. Chr. zieht erstmals ein Kaiser zum Taishan. Ein Tang-Kaiser vollzieht 666 n. Chr. auf dem Berg zum dritten Mal das große Staatsopfer, und im Jahre 1008 findet unter einem Song-Kaiser das vierte und letzte kaiserliche Taishan-Opfer statt. Zum einen gehen Aufwand und Unkosten für die Reise – siebenundvierzig Tage war der Kaiser 1008 mit zahlreichem Gefolge unterwegs, auch politisch eine riskante Sache – ins Unermessliche. Außerdem dringen die Konfuzianer darauf, die Kulthandlung einzustellen, um dem Götterberg der Daoisten nicht weiterhin eine so herausragende Bedeutung zu geben.

Der Verehrung des Berges, wo neben vielen Göttern und Göttinnen die daoistische »Prinzessin der farbigen Wolken« herrscht, die für Augenkrankheiten und eheliche Fruchtbarkeit zuständig ist, bleibt allerdings ungebrochen. Er ist der Ort, wo sich die Toten versammeln und über die Verteilung des lebenspendenden Regens entschieden wird.

Es gehörte zum kaiserlichen Opfer, Stein- und Jadetafeln an die Götter zu deponieren. Und auf dem Weg zum Gipfel erinnerten Markierungen und Gedenktafeln an die Stelle, wohin ein Kaiser während des Rituals seinen Fuß gesetzt hatte.

Zweifellos ein lohnendes Feld für einen Archäologen und Antikenforscher. Aber musste es unbedingt der Frühling sein, wenn Zhao Mingcheng seine Frau auf unbestimmte Zeit allein zu Hause ließ? Li Qingzhao war entschieden anderer Meinung und hat sie in Worte gefasst. Ob das folgende Gedicht aus Anlass der Taishan-Reise 1111 entstanden ist oder bei anderer Abwesenheit ihres Mannes, ändert nichts an der Gefühlslage der Zurückgebliebenen:

Mein Traum zerbrach, verstummt die Wasseruhr.
Der schwere Wein vergangner Nacht beschwert den Kummer.
Erkaltet das kostbare Kissen.
Der grüne Paravent begrüßt die Morgendämmerung.
Wer hat die roten Blüten weggefegt vor meiner Tür?
War es der Abendwind?

Verstummt das Lied der Jadeflöte. Wo bleibt der Spieler?
Wieder ist ein Frühling vorbei,
und herzlos hat er die Rückkehr nicht eingehalten.
Meine Gefühle und meinen Groll
will ich den treibenden Wolken mitgeben,
und den Frühlingsgott zur Rede stellen.

16

DICHTUNG ALS INSZENIERUNG
oder
DER TABUBRUCH

Unter Beamten: zum Abschied ein Gedicht – Der Klassiker vom »Sonnenpass« – Verlassene Frauen im Männergedicht – Auch Li Qingzhao spricht durch die Blume – »Hohes Gras bis zum Horizont« – Das »Projekt China«: eine homogene Elite – Jedes Gedicht ist ein Lied – Erotik im Gedicht: nichts für Ehefrauen – Die Dichterin zeigt ihre Reize

Die Reise von Zhao Mingcheng zum Taishan war keine Ausnahme. Es gab mehr als einen Frühling, den Li Qingzhao ohne ihren Ehemann verbrachte:

Tief im Innern des Frauengemachs,
mit Traurigkeit
tausendfach gefesselt mein Herz.
Ich liebe den Frühling,
doch er ist vorbei.
Der Regen beschleunigt den Blütenfall.
Ich lehne an der Brüstung,
wandere von einem Ende zum andern,
ziellos, ruhelos.
Wo ist er?
Hohes Gras bis zum Horizont
verstellt den Weg seiner Rückkehr.

Man muss kein Experte chinesischer Dichtung sein, um von den Gefühlen einer Frau angerührt zu werden, die voller Ungewissheit auf ihren abwesenden Ehemann wartet. Wir können nachvollziehen, warum Li Qingzhao ihre Einsamkeit im Wein zu vergessen sucht. Besäße die Dichtung solchen Zauber nicht, und wäre sie kein Kommunikationsmittel zwischen den Menschen quer über die Kontinente und Zeiten hinweg, welchen Grund gäbe es, von Weltliteratur zu sprechen?

Die zeitlose und weltweite Gültigkeit eines Gedichtes schließt nicht aus, dass hinter der auf den ersten Blick verständlichen Botschaft noch andere liegen. Für keine Dichtkunst gilt diese Vielfalt so umfassend wie für die chinesische.

Es ist nicht gut, dass der Mensch allein ist: Auch für China gilt diese Weisheit, doch es steckt kein göttliches Gebot dahinter. Der Kosmos mit seiner Doppelstruktur von Ruhe und Bewegung – von YIN und YANG – ist das Fundament für eine Welt- und Lebenssicht, die nichts isoliert sieht. Gemeinsamkeit war ein höchstes Gut, Geselligkeit prägte das Familienleben und die Freundschaften. »Wenn in der Song-Epoche die Leute zu Schmausereien zusammenkamen, durfte zur Steigerung der Festfreude der Gesang nicht fehlen«, berichtet ein Chronist. Ebenso gehörte das gemeinsame Rezitieren von Gedichten zum festlichen Programm. Und nicht weniger das gemeinsame Dichten und Malen, wenn die gelehrten Dichter-Beamten sich nach der Arbeit zu Hause trafen. Wettbewerb und Spiel, die Leidenschaft aller Chinesen, konnte niemand mit sich alleine betreiben.

Man traf sich zu Wanderungen, Pilgerfahrten und Bootsreisen. Man genoss es, wenn an Feiertagen Märkte und Straßen, Lokale und Theater voller Menschen waren. Wie erhebend war es, im konfuzianischen Tempel gemeinsam der feierlichen Musik zu lauschen oder zusammen mit buddhistischen Mönchen Hymnen zu singen. Unvorstellbar, ein Ahnenopfer allein zu vollziehen, ohne die versammelte Familie. Unvorstellbar, das neue Jahr nicht laut und fröhlich mit Freunden und Nachbarn zu begrüßen.

Was ist das Schlimmste, das dem Menschen widerfahren kann? Getrennt zu werden, von den Menschen, die seine Zeit, seine Gefühle, seine Gedanken mit ihm teilen. Wie kann ein Mensch fröhlich sein, wenn er allein ist? Wie kann er Trost finden, wenn der Andere fehlt, mit dem er seine Trauer teilen kann? Der Andere: Er findet sich zuerst in der Familie. Aber ebenso wichtig ist der Freund, der die Zither spielt, wenn Wehmut das Herz ergreift; der Freund, mit dem man so manchen Becher Wein leert und gemeinsam den Sonnenaufgang erlebt. Die gelehrten Beamten fanden einen solchen Freund unter ihren Kollegen. Er hatte die gleiche Prüfungstour durchlaufen und richtete sein Leben nach den gleichen Werten aus.

Kein Thema wird von den Dichtern, die zumeist Beamte waren, so häufig aufgegriffen, wie die Trennung von einem Kollegen-Freund. Besonders zahlreich sind die Abschiedsgedichte während der Tang-Zeit (618–906), als sich für die zentrale Verwaltung des Reiches, das nach vierhundert Jahren der inneren Zersplitterung wieder vereinigt wurde, die Strukturen der Beamtenlaufbahn festigten. Es wurde zur Pflicht, dass jeder Staatsdiener nach drei Jahren rotierte und einen neuen Posten in einer anderen Provinz des Landes zugewiesen bekam.

Der Dichter und gelehrte Beamte Wang Bo (649–676) stammte aus adliger Familie und hatte beste Beziehungen zum Kaiserhof. Aber auch ihm bleiben die Abschiede nicht erspart. So entstand das Gedicht »Dem Kreisrichter Du zum Abschied auf dem Weg zum neuen Amt in Sichuan«:

Drei Fürstentümer um den Turm, die Mauern,
fünf Furten – durch die Nebel geht die Sicht.
Der Abschied steht bevor; es zwingt uns beide
zum ständigen Wandern die Beamtenpflicht.

Solange in der Welt zwei Freunde leben,
sind sie wie Nachbarn noch am Himmelsrand.
Drum lasst uns nicht am Scheideweg verweilen,
mit Kindertränen nässen das Gewand!

Turm, Mauern und Fürstentümer weisen auf die Hauptstadt Chang'an hin – Millionen-Metropole des Tang-Reiches –, die der Kreisrichter verlassen muss, um in die ferne, hinter »fünf Furten« gelegene Provinz Sichuan zu reisen. Ein doppelter Schmerz: Neben dem Verlust des Freundes ist der Verzicht auf Kultur und Komfort zu ertragen.

Aber der Dichter-Freund Wang hält auch einen doppelten Trost bereit: Der Edle, den Konfuzius zum Vorbild erhoben hat, muss einen einsamen Weg gehen, wenn es der Menschlichkeit und damit der Gemeinschaft dient. Und ebenso tröstlich ist, dass unter dem weiten Himmel – egal wie groß die räumliche Trennung ist – Freunde sich immer verbunden bleiben. Deshalb der Aufruf, sich nicht in kindischer Trauer zu verlieren, sondern aus der Trennung das Beste zu machen.

Eine Generation später ist der Dichter und gelehrte Beamte Wang Wei (ca. 699 – ca. 761) in ähnlicher Situation. Er stammt ebenfalls aus einer einflussreichen adligen Familie mit besten Beziehungen zum Hof. Auch ihm bleiben die Abschiede nicht erspart. So entstand das Gedicht »Yuan, dem Zweiten, der nach Anxi beordert wurde, zum Abschied«:

Morgenregen hat den leichten Staub der Stadt benetzt –
Vor dem Gasthaus stehn die Weiden jetzt in frischem Grün.
Bitte trinke du noch diesen Becher Wein, zuletzt –
Ohne Freunde wirst vom Sonnenpass du westwärts ziehn.

Es ist der meistzitierte und populärste Klassiker unter den Abschiedsgedichten, kurz »Abschied am Sonnenpass« genannt und für die Zither, Qin, in Musik umgesetzt. Wieder muss einer aus der Hauptstadt Chang'an zu einem neuen Posten in einer weit abgelegenen unwirtlichen Provinz des Reiches aufbrechen. Der Sonnenpass – Yang-Pass – lag mit seinem Grenztor in der heutigen Provinz Gansu und war noch nicht das Ende dieser Dienstreise.

Das Abschiedsgedicht für den Kollegen ist mehr als ein traditionelles Pflichtprogramm unter Gebildeten. Die Freundschaft steht wirklich im Mittelpunkt. Weil sie zu den Fixpunkten des Daseins gehört, sind auch viele Abschiedsgedichte entstanden, deren Auslöser allein die Freundschaft ist und keine Job-Rotation. Eins der schönsten stammt von Li Bai (701–762). Li begleitet seinen Dichter-Freund Meng Haoran einen Teil des Weges nach Wuhan am Yangtse, bevor der das Schiff besteigt und die Trennung unwiderruflich wird – »Am Turm zum Gelben Kranich gebe ich dem Meng Haoran das Geleit, als er nach Yangzhou fuhr«. Noch heute blickt man von diesem hohen Turm auf den Fluss:

Am Turm zum Gelben Kranich sprach
der Freund ein letztes Wort.
Es war ein dunstiger März; das Boot
trug ihn gen Yangzhou fort.

Ein Segel, einsam und Meilen weit,
entschwand im blauen Raum.
Ich sah den Strom, sah nur den Strom
zerfließen am Himmelssaum.

Damit die großen Dichter der Tang-Epoche – und darüber hinaus – alle versammelt sind, hören wir noch Du Fu (712–770), der einen Freund und hohen Staatsbeamten bis zur Poststation begleitet:

Weit zog ich mit, der Abschied naht. ...
Wann werden wir erneut zum Becher greifen,
wie gestern Nacht uns unterm Mond ergehen? ...

Vergessen wir es nicht: Mit der Trauer um weinselige gemeinsame Stunden, ob zu Zeiten des Du Fu oder des Su Dongpo am Ende des elften Jahrhunderts in Kaifeng, verbindet sich für die gelehrten Beamten-Dichter-Freunde die Erfahrung, dass die Wege, die sich beim Abschied trennen, nicht nur in unkultivierte Gegenden, sondern in Verbannung und sozialen Absturz führen können. Der Wunsch nach einer heilen, harmonischen Welt entspringt nicht Kinderträumen. Die Zukunft ist voller Ungewissheiten, um so schöner wäre es, sie gemeinsam zu bestehen. Ein Gedicht des Du Fu mit dem Titel »Allein« endet: »Ich steh allein in tausend Nöten.«

Nicht nur Kollegen und Freunde müssen das bittere Gefühl des Abschiednehmens auskosten. Trennungen, wohin man blickt. Im fünften Jahrhundert n. Chr. wird eine »Rhapsodie über die Trennung« geschrieben: »Die Arten der Trennung sind nicht festgelegt, / Gründe der Trennung haben tausend Namen.« Wenn man es mit kühlem Kopf betrachtet, gehorchen auch Trennungen dem Gesetz des Kosmos und des Lebens: Erst die Gegensätze bilden ein Ganzes.

Ein halbes Jahrtausend nach der »Rhapsodie« schreibt der berühmte Su Dongpo gefühlvolle Verse über die vielen schmerzlichen Abschiede von seinem geliebten jüngeren Bruder: »Eine kurze Trennung kann ich gut aushalten, / Aber bei einer langen Trennung benetzen Tränen meine Brust.« Doch Su erkennt das grundsätzliche Gesetz hinter diesem Schmerz und findet Trost darin: »Gäbe es im Leben keine Trennungen, / Wer würde die Schwere von Gunst und Liebe kennen?«

Mit dem gelehrten Dichter-Beamten Su Dongpo sind wir nicht nur zeitlich wieder bei Li Qingzhao angekommen, deren Vater mit Su befreundet war. Auch in ihren Gedichten spielt die »Schwere der Liebe«, die sich während der Trennung vom geliebten Ehemann offenbart, eine bedeutende Rolle:

Tief im Innern des Frauengemachs,
mit Traurigkeit
tausendfach gefesselt mein Herz ...
Wo ist er? ...

In Kenntnis der vielen traditionellen Abschiedsgedichte regt sich Skepsis beim zweiten Lesen: Ist die Dichterin wirklich persönlich betroffen? Oder nimmt Li Qingzhao nur ein Thema auf, das zum Standard-Repertoire der Poeten gehört? Schieben wir die Frage für kurze Zeit in den Hintergrund und befragen literarische Vorbilder, in denen Frauen ihren Trennungsschmerz artikulieren.

Cao Zhi (192–232), dessen Vater Cao Cao nach dem Zerfall der Han-Dynastie das Königreich Wei schuf, schrieb das Gedicht »Vom siebenfachen Kummer«:

Der helle Mond bescheint das hohe Gemach,
Unschlüssig fließt da sein Licht.
Hoch oben weilt eine Frau trübe sinnend,
Ihr trauriges Seufzen offenbart überzähligen Kummer.
Gestattet sei die Frage, wer seufzt denn da?
Es ist die Gemahlin eines Fahrenden.
Mein Herr ist mehr als zehn Jahre fort,
Einsam weile ich stets allein. ...
Wie gerne wäre ich der Südwestwind,
Um nach langem Weg in seine Arme zu sinken.

Der Poet und Militär Cao Zhi nutzt nicht nur eine klassische Trennungs-Konstellation. Er fühlt sich in die verlassene Frau ein und gibt ihr seine Stimme: Einsam weile ich stets allein... Cao wird viele Nachahmer finden. Ein Vierzeiler aus dem fünften Jahrhundert:

Abends im Palast werden die Perlenvorhänge herabgelassen,
Glühwürmchen fliegen schwebend umher und ruhen sodann.
In langer Nacht Seidenkleider nähend
Denke ich an dich – wann wird es enden.

Auch die Dichter der Tang-Zeit stellen sich auf die Seite der einsamen Frauen, ob es sich um Ehefrauen handelt oder solche, die nur auf flüchtige Stunden zurückblicken. Aus der Spätzeit dieser Epoche zählt Li Shangyin (ca. 813–858) zu den großen Talenten:

Dass du kämest, erwies sich als leeres Wort!
Du gingst – und es blieb keine Spur.

Der Mond steht schräge über dem Haus,
die Glocke schlägt fünf Uhr.
Ich träum um den fernen Geliebten, doch kann
kein Schluchzen ihn mehr erreichen ...

Konventionen und Wohnverhältnisse machten es Frauen unmöglich, nächtens männliche Liebhaber aufzusuchen. Aber diese Rollenverteilung entsprach auch bestens dem männlichen Selbstverständnis. Die Männer hatten den aktiven Part, die Frauen mussten sich mit Warten und Träumen begnügen, ihnen blieben allzu oft nur Tränen. Immerhin, die Dichter machten sich zu Interpreten weiblicher Gefühle.

Ein letztes kunstvolles Beispiel stammt aus dem Pinsel von Wen Tingyun (ca. 812–870), der vielfältig aus der Reihe tanzt. Beim Examen für die Beamtenlaufbahn durchgefallen, entschied sich Wen, der auch ein exzellenter Musiker war, für ein freies Künstlerleben. Er war permanenter Gast in Teehäusern und Weinlokalen, und jenen Kurtisanen besonders verbunden, die ihre Gäste mit eigenen Gedichten faszinierten und von denen der Dichter Wen noch lernen konnte. Dass er seine Gedichte zu Geld machte, ist verständlich, aber auch damit verstieß Wen gegen die Konvention. Die Frauen waren sein bevorzugtes Objekt:

Unter kristallenem Vorhang ein gläsernes Kissen,
Warmer Duft weckt Träume, Mandarinenten auf dem Brokat.
Die Weiden am Fluss wie Nebel,
Wildgänse ziehen unter schwindendem Mond.
...
Das Rendezvous war zur Zeit der Päonien,
Ein kurzer Besuch, ein erneuter Abschied.
Die grüne Haarspange hat einen goldenen Schaft,
Darauf tanzen zwei Schmetterlinge.
Wer kennt denn die Dinge des Herzens.
...
Die Erinnerung an den einen macht das Träumen schwer,
Mit dem Rücken zum Fenster bei halbem Licht.

Der grüne Haarschmuck drückt mit seinem Gold ins Gesicht,
Einsam schließt sie das Schlafgemach.
Der Liebste so fern, Tränen fallen wirr,
Die Schwalben schwirren, der Frühling neigt sich erneut.

Der Dichter tut alles, um mit seiner Kunst die Stimmung der Verlassenen einzufangen. Doch ob Wen Tingyun oder andere: Es bleiben Gefühle aus zweiter, aus männlicher Hand. Welche Chance für die Dichterin Li Qingzhao, ihren Geschlechtsgenossinnen eine literarische Stimme zu geben. Ein altes Thema mit neuen Bildern aufzugreifen und sich einen eigenständigen, originären Platz in der Welt der Literaten zu sichern.

Wer darauf hofft, wird erst einmal enttäuscht, wenn er die zahlreichen Gedichte liest, in denen Li Qingzhao Abschiedsschmerz und Sehnsucht, Einsamkeit und Trennungs-Melancholie in Worte fasst, und sie mit denen vergleicht, die seit Jahrhunderten von Chinas Dichtern über ähnliche Gefühle geschrieben wurden. Fast könnte man versucht sein, die Namen auszutauschen, und nur die Bilder und Worte sprechen zu lassen, die sich beim Lesen einprägen.

Immerzu dräuen dunkle Wolken, oder der Regen wäscht die Hitze fort; Pflaumenblüten fallen, Weiden beugen ihre Zweige, und Weidenkätzchen lassen ihre weißen Flocken tanzen; das bleiche Mondlicht gleitet über hibiskusbestickte Vorhänge, hinter denen kostbare, gläserne Kissen – die nach damaliger Mode aus Keramik, beziehungsweise Porzellan oder glasförmigem Material waren – auf einsame Schläferinnen warten, deren goldener Haarschmuck die Frisur ziert oder nicht mehr halten kann; neben dem Bett kostbare Weihrauchgefäße. Die verlassene Frau sitzt mit Vorliebe in einem hohen Gemach, Zither und Flöte sind aus Jade; am Himmel immerzu Wildgänse, die als geheime Boten zärtliche Briefe tragen sollen, keine gewöhnlichen, sondern aus Seide oder Brokat. Der Frühlingswind weht und die Schwalben ziehen heimwärts.

Die Aufzählung könnte fortgesetzt werden, und sie ist keineswegs ironisch gemeint. Li Qingzhao lässt in ihren Gedichten keine traditionelle Symbolik aus, kennt den literarischen Code, der in knapper und zugleich plastischer Sprache Stimmungen und Erfahrungen transportiert: Das hohe Gemach steht für Traurigkeit, die Wildgänse für Trennung und Schwalben wie Mandarinenten für traute Gemeinsamkeit. Und wenn eine Frau sich nach dem Frühlingswind sehnt, ist damit eindeutig der Wunsch nach körperlicher Vereinigung mit dem Geliebten gemeint.

Li Qingzhao schreibt in ihrer autobiografischen Skizze von bescheidener Haushaltsführung, von einfachen Kleidern und dem Verzicht auf *vergoldete Gerätschaften*. In ihren Gedichten dagegen tritt sie uns gegenüber in kostbaren Gewändern und phönixgeschmückten goldenen Haarnadeln. Entenförmige goldene Weihrauchgefäße und bemalte Paravents schmücken das Boudoir der Verlassenen. Führt die Dichterin ein Doppelleben? Ist alles Schwindel oder Traum oder einfach nur Übertreibung?

Der lange Blick auf Chinas Dichter vor Li Qingzhao zeigt, dass die Metaphern von jeder Generation aufs Neue akzeptiert und angewandt werden. Es ist offensichtlich kein Hindernis für das Gedächtnis, dass dieser Lernstoff mit der Zeit immer gewaltiger geworden ist. Li Qingzhao tut, was sie gelernt hat: Dichten heißt inszenieren, schlagwortartig Szenen und Kulissen skizzieren, die den Schreibenden wie den Lesern vertraut sind. Sie kann sich darauf verlassen, dass ihre verschlüsselten Botschaften vom gebildeten Publikum verstanden werden.

Beide wissen, dass nichts wörtlich zu nehmen ist. Der Dichter spricht durch die Blume. Traditionelle Bilder sind Vehikel, um innere Welten sichtbar zu machen und Wertigkeiten auszudrücken. Der »Brokat-« oder »Seiden«-Brief ruft mit einem einzigen Wort sinnliche Empfindungen hervor: Vor dem Auge erscheinen Farben und Muster, und die Hand fühlt die Stoff-Struktur. Anders als in Europa ist in China das Fühlen eine den anderen Sinnen gleichwertige Empfindung.

Es geht aber nicht nur um Gefühle und Stimmungen. Ein Wort, eine Zeile genügt, und vor dem Leser hebt sich der Vorhang, legt Geschichten und Welten voller Dramatik, voller Spannungen frei. Dem Leser allerdings, der an dieser Literatur-Kultur keinen Anteil hat, bleibt die geheime Erweiterung des Lesehorizontes verborgen. Er sieht nur die glatte poetische Oberfläche, wundert sich über vermeintliche Schablonen und vermisst individuelle Gestaltung.

Drei Beispiele seien genannt, zwei der Gedichte liegen schon hinter uns. Das eine brachte Zhao Mingcheng, den Ehemann, dazu, tagelang seine Amtsgeschäfte zu vernachlässigen, um mit seiner Frau dichterisch gleichzuziehen. Er schaffte es nicht, denn ein ahnungsloser Freund erklärte die Zeilen von Li Qingzhao in ihrem Gedicht zum »Doppelneuner-Fest« für unübertrefflich: *Der Westwind bauscht den Vorhang, / Ich bin zerbrechlicher als die gelben Chrysanthemen.* Das Stichwort »gelbe Chrysanthemen« reicht, um beim Kenner eine Kettenreaktion auszulösen. Zuerst die Erinnerung an Tao Yuanming, der ein großer Dichter war und Verse über die Chrysanthemen schrieb, die er züchtete. Aber zusammen mit seinen Versen machte Tao seine Weltsicht unsterblich: dass es befriedigend ist, einem frustrierenden Beamtenleben den Abschied zu geben und heimzukehren zu Blumen und Vögeln, Wäldern und Seen, in die ländliche Idylle – O Heimkehr!

Tao Yuanming war im Jahre 427 gestorben. Doch seine Verse waren zeitlos. Die Dichterin als Stichwortgeberin, das genügte, um an die eigenen Sehnsüchte und Frustrationen zu erinnern. Die ursprüngliche Zerrissenheit des Tao Yuanming zwischen Beamtenpflicht und Sehnsucht, sein Mut, sich die eigenen privaten Wünsche zu erfüllen, blieben Vorbild für alle nachfolgenden Generationen.

Zum festen Inventar der Dichterin Li Qingzhao gehört der Flötenspieler. Auch in jenem Trennungs-Gedicht, wo der Wein der vergangenen Nacht ihren Kummer nur vergrößert:

Mein Traum zerbrach, verstummt die Wasseruhr ...
Verstummt das Lied der Jadeflöte. Wo bleibt der Spieler?
Wieder ist ein Frühling vorbei,
und herzlos hat er die Rückkehr nicht eingehalten ...

Zum festen Inventar der chinesischen Mythenwelt gehört neben dem Drachen, der zum Symbol des Kaisers wurde, der Phönix, das Symbol der Kaiserin. Beim Stichwort »Flötenspieler« stellt sich das Sagentier, das nichts gemein hat mit dem europäischen Namensvetter und eine Mischung aus Fasan und Pfau ist, sogleich ein. Zum einen wird der Phönix generell mit Musik und Tanz verbunden und konkret mit einer Prinzessin und ihrem Ehemann Xiao Shi. Er lockte mit seinem eindringlichen Flötenspiel einen Phönix herbei, der das Paar zu den Inseln der Unsterblichkeit flog. Ihr flötespielender Ehemann Zhao Mingcheng, so Li Qingzhao mit ihrer Anspielung, hält sich nicht an dieses Modell ehelicher Gemeinsamkeit, sondern lässt seine Frau im Frühling allein zurück.

Ein letztes Beispiel, wie unübertroffen sich die chinesische Dichtkunst der Anspielung bedient und ein kunstsinniges Publikum mit phänomenalem Gedächtnis voraussetzt. Noch einmal die zweite Hälfte des Gedichtes vom Anfang dieses Kapitels:

Ich lehne an der Brüstung,
wandere von einem Ende zum andern,
ziellos, ruhelos.
Wo ist er?
Hohes Gras bis zum Horizont
verstellt den Weg seiner Rückkehr.

Der unwissende Leser nimmt die zwei letzten Zeilen als poetisches Bild dichterischer Freiheit und ahnt nicht, wie weit zurück sie in Chinas Geschichte führen und welche lange Tradition dahinter steht. Li Qingzhao knüpft mit dem Gras-Bild bei den »Liedern des Südens« an und damit bei dem Dichter und Staatsmann Qu Yuan (ca. 340 – ca. 278 v. Chr.), der als Verfasser gilt. Die Lieder bergen das Erbe der Schamanenzeit, beschwören die verzweifelte Hoffnung der Menschen, die Trennung von Göttlichem und Menschlichem aufzuhalten und konfrontieren mit der Vergeblichkeit religiöser Rituale. Voll dunkler Traurigkeit, schwer zu deuten und noch schwerer zu übersetzen, konnten sie außerhalb Chinas nicht Fuß fassen.

In der Chronologie folgen die »Lieder des Südens« auf das »Buch der Lieder«, und sie stehen dem konfuzianischen Klassiker in nichts nach an Bedeutung für Herz und Geist der chinesischen Kultur. In den »Liedern des Südens« heißt es:

Du gingst, mein Prinz, und kamst nicht wieder;
Das Gras des Frühlings wächst, ach, so üppig.

Genau diese Zeilen hat Wang Wei, der große Dichter der Tang-Zeit, der dem Freund beim Abschied zuruft »Wann werden wir erneut zum Becher greifen, / wie gestern Nacht uns unterm Mond ergehen?« in einem weiteren Gedicht zur »Verabschiedung eines Freundes« aufgegriffen:

In den Bergen, nachdem ich dir das Geleit gab,
Bei Sonnenuntergang schließe ich das Schilftor.
Das Frühlingsgras wird nächstes Jahr wieder grünen,
Wirst du, mein Prinz, zurückkehren oder nicht?

Wenn man anfängt über die beiden Gedichte nachzudenken, dreht sich die Spirale der miteinander verketteten Gedanken mühelos. Über mehr als ein Jahrtausend getrennt, nutzen die Dichter das gleiche Bild, weil es einfach und eindringlich eine Urerfahrung ausdrückt: Auf der einen Seite sieht sich der Mensch getrennt von denen, die er liebt und lebt, in ständiger Ungewissheit, ob die bittere Trennung je aufgehoben wird. Auf der anderen Seite verfolgt der Mensch, wie die Natur ohne Anstrengung jenen Zustand erreicht, nach dem er sich vergeblich sehnt: Die Abschiede von Frühling und Sommer, Herbst und Winter sind nur vorübergehend.

Auf die Wiederkehr der Jahreszeiten ist so sicher Verlass wie auf das Ineinander von Tag und Nacht.

Das poetische Bild vom grünen Gras spiegelt die Erfahrung, dass der Mensch, der eigentlich ein mit dem Kosmos harmonisierendes Wesen sein sollte, dieses Ideal nicht zustande bringt. Verschlüsselt und doch eingängig, haben die Dichter Chinas diese Wahrheit immer wieder ausgesprochen. Gar nicht so selten durchzieht wortlose Melancholie ihre Werke. Aber mit ihren Worten und Bildern haben sie dennoch das Ideal von Generation zu Generation weitergegeben und lebendig gehalten.

Nach diesem Schlaglicht auf den Kontinent chinesischer Dichtung halten wir uns an Li Qingzhao. Sie hat mit ihren Verszeilen – *Hohes Gras bis zum Horizont / verstellt den Weg seiner Rückkehr* – einen roten Faden aufgenommen, den vorangegangene Dichter-Generationen gesponnen haben. Nicht als poetische Spielerei, sondern als Bekenntnis, in dem sich ein Lebensgefühl spiegelt. Das entspricht dem, was ihr Freund Wang Shouqing, ein angesehener Kalligraf, tat, als er Li Qingzhao und Zhao Mingcheng besuchte. Als Zeichen seiner Verbundenheit mit dem Sammlerehepaar und zwei Künstlern vergangener Zeiten beschriftete Wang Shouqing die Original-Kalligrafie eines bekannten Meisters aus dem zehnten Jahrhundert, die den Text einer Lese-Fibel aus dem sechsten Jahrhundert wiedergibt, zusätzlich mit seinen Schriftzeichen.

Nichts anderes haben die Dichter im Sinn, wenn sie wörtliche oder versteckt aufgenommene Verszeilen, Bilder und Schlagworte als Literaten-Gut aufnehmen, aus dem die nachfolgenden Generationen sich bedienen dürfen. Und wenn Li Qingzhao sich an diese Tradition hält, hat sie noch eine weitere Botschaft parat. Wer die berühmte »Gras-Zeile« aufgreift, demonstriert, dass er sich dem Verfasser der »Lieder des Südens« als Dichter ebenbürtig fühlt.

Und wie denn sonst – wenn nicht durch ständige Wiederholung – könnte ein kollektives literarisches Gedächtnis entstehen, in dem der Einzelne Kraft seiner Verse aufgehoben und unvergessen ist? Was nützten die schönsten, kühnsten und eigenwilligsten Verse, wenn niemand sie mehr erinnert? Der Verzicht auf Originalität bringt Unsterblichkeit – wenn alle sich an die Regeln halten.

Wie ist es möglich, dass sich über Generationen ein »Projekt China« entwickeln konnte und Dauer hatte, das in seiner Einheitlichkeit einmalig und eindrucksvoll ist? Dass die Dichter in der Regel nicht Außenseiter waren, sondern mitten in der Gesellschaft standen? Dass alle bereit waren, sich der Tradition unterzuordnen?

Das Rätsel hat eine einfache Lösung. Im Gegensatz zu Europa, wo die Gesellschaft gespalten war in Gruppen – Adel, Bürger, Klerus –, die sich heftig bekämpften, war Chinas Elite eine homogene Gruppe. Politik, Kultur und Religion lagen in einer Hand, waren das Terrain der gelehrten Beamten. Wo der Kaiser das höchste Opfer an Himmel und Erde vollzog, in den konfuzianischen Klassikern gebildet war, Gedichte schrieb, komponierte und Bilder malte, gehörte die Kunst unangefochten zum Lebensideal, konnte die allgemeine Anerkennung des Künstlers nicht größer sein.

Zu keiner Zeit wurde die Elite irre an dem Grundgesetz, nach dem der Kosmos – und als logische Folge – Welt und Leben ausgerichtet sind: sich einzufügen und nicht auszugrenzen, die Gegensätze – wie YIN und YANG – als fruchtbare Ergänzung, nicht als Entweder-Oder wahrzunehmen und zu integrieren. Alles in Beziehung zueinander zu sehen und zu setzen. Im Innern ein Gleichgewicht zu erreichen, das mit der kosmischen Harmonie korrespondiert.

Deshalb definiert sich der Künstler nicht als Außenseiter, der seine Kreativität aus der Vereinzelung bezieht. Weil die Brüchigkeit des Lebens und der Welt von den Sensiblen gespürt und von allen erfahren wurde, war die Gemeinsamkeit ein so großes Gut – im Kreis der Familie, der Freunde, der Kollegen, der Liebenden. Kein Schmerz konnte tiefer gehen als der des Dichters Du Fu: »Ich steh allein in tausend Nöten.«

Und damit sind wir wieder bei Li Qingzhao, die am Ende der Nacht allein vor einem Becher mit Wein sitzt:

Warmer Regen, sanfter Wind, Tauwetter hat begonnen.
Weidenkätzchen und Pflaumenblüten,
der Frühling regt sich.
Wer teilt mit mir Gedichte und Wein?
Tränen, mit Puder gemischt, verwischen die rote Schminke.
In meinem Gewand, von Goldfäden durchwirkt,
lehne ich mich gegen das aufragende Kissen,
die phönixgeschmückte Haarspange zerbricht.
Allein mit meiner unendlichen Traurigkeit,
es wird keine guten Träume geben.
Weit nach Mitternacht
stutze ich den glimmenden Docht der Lampe.

Die Dichterin zieht auch hier alle Register der literarischen Inszenierung: Weidenkätzchen und Pflaumenblüten im Frühling, das kostbare Gewand, die prachtvolle Haarnadel, das elegante Porzellan-Kissen – wir kennen nun diese literarischen Versatzstücke. Und es stellt sich die Frage neu: Ist die Dichterin wirklich als Person betroffen? Ist vielleicht alles nur gekonnte Schablone? Präsentiert uns die Dichterin Bilder und Gefühle aus dem traditionellen Poeten-Vorrat, die nichts mit dem wahren Leben der Li Qingzhao gemein haben? Meldet sie ihren dichterischen Anspruch an, indem sie das klassische Thema »Abschied und Trennung« vielfältig variiert?

Trotz beschränkter Themenwahl und traditionsgesättigter Vorgaben erschöpft sich diese Dichtung dennoch nicht im ehrfürchtigen Kopieren des Alten. Hätte eine versteinerte, uninspirierte Dichtung so lebendig im Bewusstsein bleiben können? Wie die großen Vorbilder, denen sie nacheifert, hat auch Li Qingzhao das poetische Erbe mit einem neuen Ton, mit neuen Themen und neuen Formen bereichert und erweitert.

Eine Chance sich hervorzutun aus der dichterischen Menge lag darin, die ohnehin kunstvolle äußere Gestalt der Dichtung zur Höchstform zu führen. Schon im »Buch der Lieder«, das die ältesten literarischen Zeugnisse Chinas überliefert, gehört der Reim zu den grundlegenden Elementen. Hier taucht er erstmals auf in der Geschichte der Weltliteratur, und das »Buch der Lieder« begründet damit eine einmalige, weil ununterbrochene dreitausendjährige literarische Tradition. In China ist das Gedicht immer auch ein Lied und hat die gleiche Bezeichnung – shi – bekommen.

Zu den ältesten Zeugnissen der dreihundertfünf Stücke im »Buch der Lieder« zählen die Opferlieder, die beim Ahnenopfer im Ahnentempel gesungen wurden, von Instrumentalmusik und Tanz begleitet. Teilweise gehen sie bis ins sechste Jahrhundert v. Chr. zurück. So steht am Ursprung chinesischer Dichtung ein dreifaches Erbe: die Verbindung von Wort, Musik und Tanz; die Religion als geistiger Ursprung der chinesischen Dichtung und die Einbindung in einen Staatskult, der über das kaiserliche Ahnenopfer Religion in den Dienst der Politik stellt und damit der Dichtung – wie der Musik – seit Urzeiten eine öffentliche Aufgabe zuschreibt. Aus dieser Autorität leitet sich die überragende Stellung der Dichtkunst in der chinesischen Gesellschaft her und die Gleichsetzung von Literatur und Gedicht bis in die Zeiten von Li Qingzhao, wo Prosatexte erstmals als weitere Kunstform Anerkennung finden.

Halten wir fest, dass das Gedicht immer an den Reim und eine Melodie gebunden blieb. Die Kunst des Poeten bestand wesentlich darin, die Verse dem Rhythmus und dem Klang der Melodie anzupassen. Zugleich gab es strenge Gesetze über Anzahl der Schriftzeichen pro Zeile, über die Länge der Verse und Strophen, und der Rhythmus musste sich dem System der fünf Töne anpassen, die über die Aussprache eines Schriftzeichens und seine verschiedenen Bedeutungen entscheiden. Im Verein mit den einsilbigen Schriftzeichen ist es möglich, lautmalerisch ans Werk zu gehen. *Di di dian dian* tropft der Regen bei Li Qingzhao.

Die Übersetzung eines Gedichtes aus dem Chinesischen stößt auf extreme Schwierigkeiten. Wesentliche formale Gesetze, sprachliche Nuancen und die Kunst, mit einem Minimum an Schriftzeichen ein Maximum an Bedeutung und Anspielungen zu transportieren – alles das kann kaum annäherungsweise in eine andere Sprache exportiert werden. Zu danken ist denen, die dennoch nicht kapitulieren, sondern mit Einfühlungsvermögen wie Fleiß eine großartige Dichtung dem Weltkulturerbe übersetzend erschließen.

Das gilt nicht zuletzt für Li Qingzhao, bei der die Kenner bewundernd darin übereinstimmen, dass ihre Gedichte formal unübertroffene Meisterwerke sind. Bevorzugt hat sie eine literarische Gattung, die in den Handbüchern als ci-Dichtung geführt wird.

Es waren Kurtisanen und Singmädchen, die gegen Ende der Tang-Zeit in den Teehäusern und Vergnügungsstätten der Metropole Chang'an zu altbekannten Melodien neue, stimmungsvolle Texte – ci – dichteten, bei denen Abweichungen von den traditionellen formalen Regeln erlaubt waren. Die Texte bedienten sich aus der Volksliedtradition und wurden schnell populär. Dichter nahmen die neue Mode auf und gingen bei den geistreichen Unterhaltungs-Künstlerinnen in die Lehre. Jeder wusste, dass der Bohemien Wen Tingyun – »Das Rendezvous war zur Zeit der Päonien, / Ein kurzer Besuch, ein erneuter Abschied. / … Wer kennt die Dinge des Herzens« – über viele Jahre ein Verhältnis mit der Kurtisane Yu Xuanji hatte, deren Gedichte zu ihrer Zeit nicht weniger berühmt waren als die ihres Liebhabers. Staatsbeamte, die in den Vergnügungsvierteln von Chang'an zu den regelmäßigen Gästen zählten, begeisterten sich und ihren kaiserlichen Dienstherrn für die neue Form. Während der Song-Dynastie erlebte die ci-Dichtung ihren Höhepunkt.

Li Qingzhao, von ihrer Könnerschaft überzeugt, war selbstbewusst genug, einen Aufsatz »Über das ci-Gedicht« zu schreiben und darin den großen Su Dongpo zu kritisieren. Er folge dem Trend der Zeit, sich nicht weiter um einen inneren Zusammenhang zwischen seinem neuen Text und der überlieferten Melodie – die immer im Titel mit aufgeführt wurde, weil sie jedermann bekannt war – zu kümmern. Li Qingzhao, die den beliebten Dichter-Beamten als Kind im Elternhaus kennengelernt hatte und später dessen moralische Standhaftigkeit inmitten der politischen Machtkämpfe bewunderte, vermisste in Sus Gedichten die musikalische Poesie, die nötig war, um Sprache und Melodie zu verknüpfen.

Soviel zur Form, die in keiner Dichtung zweitrangig ist, zumal nicht in einer Kultur, für die Riten und Zeremonien eine gar nicht zu überschätzende Rolle spielen. Aber auch die traditionell vorgegebenen Inhalte – allen voran Abschied und Trennung, melancholische Stimmungen, Naturlyrik – hinderten chinesische Dichter nicht, mit ihrem Werk einen eigenen Ton zu entwickeln und neue Themen aufzugreifen.

Je souveräner die formale Meisterschaft, um so größer die dichterische Bewegungsfreiheit. Li Qingzhao hat sie sich genommen und beweist mit einer einzigen Zeile, dass die schönen traditionsgesättigten Kulissen in ihren Gedichten nicht alles sind, keineswegs nur l'art pour l'art ohne persönlichen Bezüge.

Warmer Regen, sanfter Wind, Tauwetter hat begonnen.
Weidenkätzchen und Pflaumenblüten,
der Frühling regt sich.
Wer teilt mit mir Gedichte und Wein?

Sich als Dichterin vorzustellen, ist eine ehrenvolle Sache. Dem Wein aber sprechen nach der Etikette öffentlich nur Frauen zu, die in Weinlokalen und Teehäusern den Männern zu Diensten sind. Die zwar Geist, Witz, Schönheit und literarische Talente besitzen, Gesang und das Spiel auf der Zither beherrschen, aber von der Welt der Ehefrauen kompromisslos getrennt sind.

Anders ist es mit den männlichen Poeten. Seit den »Sieben vom Bambushain«, die als Dichter im vierten Jahrhundert n. Chr. den Weinbecher neben dem Pinsel zu ihrem Markenzeichen machten, treten Kreativität und Rausch als Zwillinge auf. Zum einen als Mittel fröhlicher Geselligkeit gedacht, ist für Li Bai der Alkohol ein Mittel, der taghellen Nüchternheit zu entkommen, wo alles dem Dichter von Vergänglichkeit, Sterben und Einsamkeit kündet. Der Zyklus »Ich zeche allein unter dem

Mond« ist – wie Lis Abschiedsgedicht »Am Turm zum Gelben Kranich ...« – ein Klassiker der chinesischen Dichtung:

Hier ist der Lenz und hier ist ein Krug Wein,
Es fehlen die Gesellen, ich zeche allein.
Es fordert mein Becher den Mond zum Trunk,
Mit dem Schatten gegenüber sind wir drei im Bund.

Alles, nur nicht allein sein! Und wenn es Schatten und Mond sind, die beim Wein Gesellschaft leisten.

Zahlreich sind die Gedichte, in denen Li Qingzhao Trennungsschmerz und Einsamkeit im Wein zu vergessen sucht. Auffällig oft beklagt sie, dass der Schlaf nicht den dumpfen Kopf, der dem Rausch folgt, vertreiben konnte oder berichtet resignierend, *der Wein ist ausgetrunken, ich mache das Beste aus bitterem Tee*. Indem sich Li Qingzhao als einsame Weintrinkerin stilisiert, stellt sie sich in die Tradition der großen Poeten und zugleich gegen die Anstandsformen, die für eine Ehefrau ihrer gesellschaftlichen Stellung gelten. Als Dichterin bricht sie ein Tabu. Und es liegt nahe, dass sie über die poetische Inszenierung hinaus eine Aussage über ihren realen Alltag macht.

Die dichterische Offenheit in Bezug auf die eigene Person ist kein Ausrutscher. Li Qingzhao betritt weiteres Neuland. Die Einladung an ihren Ehemann Zhao Mingcheng an einem Sommerabend ist ein Beweis unter anderen:

Unter der dünnen roten Seide
glüht meine Haut,
weiß wie Schnee, zerbrechlich.
Lächelnd, sage ich dem Geliebten:
Kühl sind heute Nacht hinter dem Schleier des Bettes
Kissen und Matte.

Die Dichter haben verlassenen Frauen gerne ihre Stimme geliehen und ihren Abschied von Mädchen, die nicht als Ehefrauen gedacht waren, häufig zum Thema gemacht. Aber dass ein Dichter sich zusammen mit seiner Ehefrau in einem Gedicht zeigt und gemeinsame eheliche Gefühle öffentlich macht, ist eher selten. Erinnern wir uns an die zärtliche Erinnerung von Su Dongpo an seine erste, verstorbene Ehefrau, der er im

Traum begegnet. Oder an Mei Yaochen, der ebenfalls seiner ersten verstorbenen Frau im Gedicht ein Denkmal setzt und sowohl von ihrer Liebe spricht als auch von ihrem Geschick, den Haushalt zu leiten. Einer der wenigen, der nicht nur der toten Ehefrau gedenkt, sondern der lebenden eine Liebeserklärung macht, ist der große Du Fu. Als er im Jahre 765 während eines Aufstandes gefangen genommen und von seiner Familie, die in Fuzhou untergebracht war, getrennt ist, dichtet er:

Heute Nacht wird zu dem Monde über Fuzhou
mein Weib allein aus ihrer Kammer sehn.
Wie bang ist mir nach den Kindern, die
des Vaters Los so wenig noch verstehn!

Die duftige Schwade netzt das Wolkenhaar,
auf Jadearmen kühl der Mondglanz liegt.
Wann lehnen wir zu zweit am offnen Fenster
in seinem Licht, die Tränen jäh versiegt?

Du Fu geht weit über literarische Konventionen hinaus, wenn er die schmerzlich Getrennte nicht nur als patente Lebenspartnerin rühmt, sondern die Sehnsucht nach Jadearmen und duftiger Haarpracht offenbart.

Erotik im Gedicht war den Frauen vorbehalten, die Männern in Teehäusern und Singclubs zu Diensten waren oder bei ausgiebigen Abschiedsbanketts in den Poststationen, wohin Beamte ihrem Kollegen das Geleit gaben, wenn er zu einem neuen Posten aufbrach. Ouyang Xiu, einer der großen Persönlichkeiten des elften Jahrhunderts, Staatsmann, Dichter und Historiker, war solcher Art von Geselligkeit sehr zugetan und fühlte sich geschmeichelt, wenn die Singmädchen seine eigenen Gedichte vortrugen. Der gelehrte Beamte macht in dem Gedicht »Jadegrüne Pflaumenbäume im Frühling« keinen Hehl daraus, dass es in der Begegnung mit solchen Frauen oder Mädchen – je jünger, desto anziehender – nicht nur um geistige Genüsse geht:

Die blau-grünen Pflaumenknospen
sind schon bohnengroß.
Die Weidenblätter gleichen
den geschwungenen Brauen junger Mädchen.

Schmetterlinge tummeln sich
im späten Sonnenlicht. Am Abend
liegt der Nebel schwer auf den Blüten.
Das Gras ist mit Tau bedeckt.
Mädchen in durchsichtigen Gewändern,
lässig und locker,
liegen träge in ihren Hängematten. Schwalben
nisten paarweise unter der farbigen Traufe.

Die durchsichtigen Gewänder der Mädchen, der Vergleich mit Knospen, denen bald die Pflaumenblüte folgen wird: Die verheißenen Vergnügungen sind jedem Mann erlaubt. Eine andere, unerhörte Sache ist es, wenn die gebildete Li Qingzhao, Tochter aus bestem Hause, Ehefrau eines Gelehrten, Schwiegertochter eines Kanzlers, sich im Gedicht inszeniert wie ein Freudenmädchen: *Unter der dünnen roten Seide / glüht meine Haut.* Kein Wunder, dass sehr bald die Meinung vertreten wurde, dieses Gedicht sei gar nicht von Li Qingzhao. Bis heute streiten sich die Experten. Doch selbst wenn es so wäre, ändert das nichts an der Beweislage. Zu viele Gedichte gibt es, in denen die Ehefrau von Zhao Mingcheng ihre erotischen Reize ausspielt, freigiebig erzählt, dass in dieser Nacht der herzförmige Verschluss ihres Gürtels nicht geöffnet wurde, weil ihr Ehemann abwesend war. Oder sie fährt einsam im Kahn über den See, nicht ohne vorher ihr seidenes Gewand leicht zu öffnen.

Die Requisiten, die Li Qingzhao kunstvoll und souverän nutzt, sind traditionell. Doch die Dichterin stellt sie in einen neuen Zusammenhang, der den dichterischen wie den gesellschaftlichen Konventionen zuwider läuft. Aus der Ehefrau spricht das gleiche Selbstbewusstsein, mit der das junge Mädchen ein hochpolitisches Gedicht schrieb, um die aktuelle Politik, sogar den Kaiser selbst öffentlich zu kritisieren. Die Dichterin betritt einen Bereich, den die männlichen Dichter sorgsam ausgespart haben. Für Erotik sind nach den Vorstellungen von Anstand und Sitte nicht die Ehefrauen zuständig, zumindest nicht außerhalb der gut verborgenen Inneren Gemächer.

Die Frage drängt sich auf, was Zhao Mingcheng, der Ehemann, von soviel öffentlicher Freizügigkeit seiner Frau hielt. Juristisch gesehen war der Ehemann für seine Frau zuständig, sie konnte ohne ihn nicht eigenständig vor Gericht erscheinen. Aber wird ein Ehemann, der mit seiner Frau um das beste Gedicht wetteifert, ihr Zügel anlegen, ganz gleich, um welche Themen es geht? Wenn er weiß, eine selbstbewusste Frau geheiratet zu haben, die sich schon vor ihrer Ehe als Dichterin nicht einschränken ließ und den Kaiser kritisierte? Auch bei den tollkühnen Zeilen, die Li Qingzhao, jung verheiratet, über ihren Schwiegervater, den Kanzler, dichtete, um ihren Vater aus politischer Ächtung zu befreien, ging es um brisante Inhalte.

Als Li Qingzhao 1084 geboren wurde, war Ouyang Xiu schon zwölf Jahre tot, aber in lebendiger Erinnerung. Viele gelehrte Beamte, die sich im Elternhaus von Li in Kaifeng trafen, hatten ihn noch gekannt, waren – wie Su Dongpo – von ihm gefördert worden. So verfeindet die politischen Lager auch waren, von Reformern wie Konservativen wurde Ouyang einhellig als einer der großen Dichter gepriesen. Li Qingzhao schließt sich diesem Urteil in ihrem Aufsatz über das ci-Gedicht an, zweimal hat sie Verse von Ouyang Xiu in ihre eigenen Gedichte aufgenommen. Und sie zeigt an anderer Stelle, dass sie sich deshalb von der Tradition nicht eingeengt fühlt.

Das anspielungsreiche Bild junger Pflaumenknospen hat Tradition in der Dichtung. Doch was für Ouyang Xiu, den männlichen Poeten, selbstverständlich ist, bekommt ein neue, aufregende Dimension, wenn Li Qingzhao diese Symbolik in ihrem Gedicht aufgreift und auf sich bezieht:

Von der Schaukel steigend,
träge, streiche ich die kleinen Hände.
Zarte Blüten, von schwerem Tau bedeckt,
Ein zartes Kleid, vom Schweiß durchdrungen.

Ich sehe den Gast,
laufe verschämt davon,
nur in Strümpfen, die goldenen Haarnadeln verrutscht.
Doch kaum an der Türe, kehre ich zurück,
als ob ich an den grünen Pflaumenknospen rieche.

Von China nach Europa ist ein weiter Weg, zumal, wenn fast tausend Jahre dazwischen liegen. Und doch drängt sich ein Abschnitt aus dem Werk von Marcel Proust »Auf der Suche nach der verlorenen Zeit« ins Gedächtnis, der »Im Schatten junger Mädchenblüte« steht.

17

EIN MEISTER DER INTRIGEN
oder
DER KAISER UND SEINE FRAUEN

Gärten, Tiere, Felsen, Feste: immer prächtiger, immer exotischer – 6400 Bilder in der Palastsammlung – Der Eunuch Tong Guan macht Karriere – Kanzler Cai Jing: ein Netz von Korruption – Familie Zhu: raffgierig im Namen des Kaisers – Die verhassten »Blutberge« – Staatliche Krankenhäuser, Friedhöfe und Armenhäuser – Palast-Beamtinnen mit Titeln und Gehältern – Daoisten: mehr Einfluss als die Minister – Neue Außenpolitik, Krieg inbegriffen – Zhao Mingcheng ist wieder Beamter

Im Jahre 1111 verlieh Kaiser Huizong dem ehemaligen Kanzler Zhao Tingzhi auf Bitten seiner Witwe nachträglich den Ehrentitel »Kommandeur«. Nur drei Tage nach seinem Tod 1107 war Zhao von seinem politischen Weggefährten Cai Jing, dem amtierenden Kanzler, postum wegen Bestechlichkeit angeklagt und nach einem Prozess zum Verlust von Titeln und Privilegien verurteilt worden. Der Zeitpunkt für die Rehabilitierung war günstig, denn 1111 war Cai Jing wieder einmal als Kanzler zurückgetreten. Aber wahrscheinlich interessierte ihn diese alte Affäre gar nicht mehr, war doch seine Stellung als mächtigster Mann im Reich gefestigt wie nie zuvor. Schon 1112 kam Cai Jing als Vizekanzler zurück und erhielt den ungewohnten Titel »Groß-Präzeptor«.

Es konnte ihm eigentlich egal sein, welchen Titel und Rang er hatte, und wer neben ihm Kanzler war. Mochten sich auch immer wieder Stimmen gegen seinen unumschränkten Einfluss erheben: Cai Jing wusste, dass Huizong von ihm abhängig war, ob es ums Regieren ging oder um die luxuriöse kaiserliche Hof- und Haushaltung. Und der Kaiser machte keinen Hehl aus seiner Gunst für den Vertrauten. Im Sommer 1112 gab er ein Bankett zu Ehren von Cai Jing in den Palastgärten. Angekündigt wurde »feinstes Essen und Getränke aus allen Gegenden des Reiches« und »Wir werden persönlich anwesend sein«.

Die kaiserlichen Feste in den Gärten und Palästen blieben Stadtgespräch in Kaifeng, weil es von Jahr zu Jahr immer noch üppigere, noch raffiniertere, noch kostspieligere Details über sie zu berichten gab. Freunde und Sammler, die von der Hauptstadt in die Provinz Shandong reisten, um Zhao Mingcheng und Li Qingzhao zu besuchen, konnten mit immer neuen Superlativen aufwarten: neuen Palästen, neuen Gehegen für exotische Tiere, neuen Parkanlagen und vor allem neuen, steileren künstlichen Hügeln und Felsformationen, für die der Kaiser ein besonderes Faible hatte.

Um 1111 begannen die Arbeiten am »Heiligen Berg der Festigkeit«, die sich bis in die zwanziger Jahre hinzogen. Die riesige Anlage wurde als religiöses Zentrum ausgerufen, in dem sich magische Steine, Blumen und Bäume aus dem ganzen Land konzentrierten. Unabhängig von diesem Mammutprojekt entstand rings um den »Tempel des kostbaren Zaubersiegels der oberen Reinheit« ein Tierpark mit Vergnügungsstätten, der für die Bevölkerung zugänglich war.

Rund einhundertfünfzig Jahre nachdem Taizu, der erste Kaiser der Song-Dynastie, seinen Nachfolgern konfuzianische Bescheidenheit vorgelebt hatte, waren die Pionier-Zeiten unvergessene, aber unmaßgebliche Vergangenheit. Wie kein Song-Kaiser vor ihm, beanspruchte Huizong in allen Bereichen das Beste und Kostbarste, weil das seiner Vorstellung als »Sohn des Himmels« und Vermittler zwischen Kosmos und Welt entsprach. Für das Studium der Akten und die Regierungsgeschäfte hatte er Cai Jing.

Natürlich kannte der gebildete Huizong die konfuzianischen Klassiker und hatte, was die Dichtkunst betraf, einen guten Geschmack. Im Jahre 1111 berichtet ein daoistischer Priester dem Kaiser, der Dichter Su Dongpo, dessen Geist ihm im Traum erschienen sei, habe am himmlischen Hofe das Amt des Ministers für Literatur inne. Wohl nicht nur aus religiösem Impetus rehabilitierte Huizong umgehend den berühmten Dichter, der 1101 gestorben war und den Kanzler Cai Jing wenig später geächtet und dessen umfangreiches Werk verboten hatte. Kaum hatte der Kaiser seine Hochachtung geäußert, wurden Sus Kalligrafien bei Hofe und von hohen Beamten gegen horrende Preise erstanden.

Huizong war ein ängstlicher, ein schwacher Kaiser, fürchtete sich vor Entscheidungen, wechselte in gleicher Sache täglich die Meinung und stand nicht zu seinem Wort. Aber unerschütterlich vertraute er Cai Jing, obgleich die Warnungen ehrenwerter Beamter vor dessen Intrigen und persönlicher Bereicherung kein Ende nahmen. Die Gier des Kaisers nach immer neuen Sensationen war auch Kompensation für den Schock, als siebzehnjähriger kaiserlicher Prinz aus einem sorglosen Leben gerissen worden zu sein, und gegen alle Zukunftspläne – er hatte ältere Brüder –

als »Sohn des Himmels« die niederdrückende Verantwortung für »Alles unter dem Himmel« auf seinen Schultern zu fühlen.

Huizong flüchtete in das Reich der schönen Künste, weil es dort keine unangenehmen Fragen gab, nur Harmonie und Seelenfrieden. Seine kaiserlichen Verantwortungen ausblendend, versuchte er, dem ursprünglichen Lebens-Traum treu zu bleiben: ein großer Maler zu werden. Als seine Minister ihm kurz nach der Thronbesteigung ein Fest ausrichten wollten, lehnte der Kaiser dankend ab: »Wenn mir die Staatsgeschäfte ein wenig freie Zeit erlauben, gibt es für mich nur ein Vergnügen, die Malerei.«

Schmeichler gab es zuhauf, zumal sich herumgesprochen hatte, wie anfällig der Kaiser für lobende Worte war. Doch sein Talent als Kalligraf, Maler und Kunstkenner war auf Schmeicheleien nicht angewiesen. Er betrieb diese Leidenschaft mit Ernst und Können und ließ, nach zehn Kategorien geordnet, einen ausführlichen »Katalog zur Malerei in der Kaiserlichen Sammlung« erarbeiten. Darin werden 6400 Werke aufgezählt und 231 Maler. Fast die Hälfte aller Bilder fällt unter die Kategorie »Blumen und Vögel«, das Lieblingsthema des Kaisers. Damit war viel mehr gemeint als ästhetische Dekoration. Die Einführung zum Kapitel »Blumen und Vögel« belehrt uns, dass die Malerei dem gleichen Grundgesetz folgt wie die Dichtung und verknüpft die beiden Künste. Was sich – wie in den Gedichten – auf den ersten Blick als leichtfüßige Inszenierung und schöne Form zu erschöpfen scheint, dahinter erschließen sich dem Gebildeten tiefere Welten:

»Die Bilder von Blumen und Vögeln haben die gleiche geistige Bedeutung wie Gedichte. Die verschiedenen Arten von Päonien und Vögeln, ebenso Phönix und Eisvogel, stehen für Reichtum und edle Gesinnung. Wenn die stolze Erhabenheit eines Hahns, die Aggressivität eines Falken ... die verschlungene Erscheinung hoher Kiefern und alter Zedern in einem Bild adäquat wiedergegeben werden, lösen sie beim Menschen Gedanken und Gefühle aus. Sie bieten das gleiche Vergnügen, als wenn man vor den Dingen selber steht.«

Von Zeit zu Zeit gönnte Huizong seinem Kanzler und den Ministern, seinen Söhnen und ausgewählten niederen Beamten dieses Vergnügen und lud sie zu einem Besuch seiner Sammlung ein. Die Diener nahmen die Meisterwerke aus den Schatullen und rollten sie auf Tischen aus. Der Kanzler und die hohen Beamten durften sich über je zwei Kalligrafien und Bilder beugen, während die anderen Beamten sich mit einem Exemplar begnügen mussten. Ausgelegt wurden Werke des Kaisers, kaiserlicher Vorfahren und alter Meister. Erst gegen sieben Uhr in der Frühe zogen sich alle Beamten – mit Ausnahme des Kanzlers – zurück. Der Biograf weiß zu berichten: »Die Beamten kämpften heftig, um einen guten Blick auf die Bilder zu haben und zerrten sich dabei gegenseitig an Gürteln und Kappen, so dass der Kaiser lachen musste.«

Ein Vergnügen jagte das andere. Meisterwerke brauchen öffentliche Bewunderer, um das Hochgefühl des Sammlers zu stimulieren. Kaum ein Tag verging ohne Festivitäten in den kaiserlichen Palästen und Anlagen. Den Gästen präsentierten sich hunderte von jungen Frauen und jungen Männern in kostbaren uniformierten Gewändern. Sie standen Spalier, verteilten Fächer, Riechtücher und Spazierstöcke, boten exquisiten Wein oder Tee in Jadebechern an und exotische Früchte auf hauchzarten Porzellantellern. Auf Hügeln und in Pavillons waren Musiker arrangiert, und zur Musik tanzten die Schönheiten des Palastes. Von den Felsen rauschten Wasserfälle, aus den Bronzegefäßen stieg duftender Weihrauch zum Himmel. In den Hallen waren Tische mit Spielen aufgestellt. Und der Kaiser, von seinen Ministern umgeben, sagte zur Eröffnung: »Dies ist ein Ort des Friedens. Die Feinheiten des Protokolls können wir hier vergessen. Jeder ist frei, sich auszuruhen oder umherzugehen. Es ist zwar noch etwas früh, aber die Musik soll beginnen.« Und das Wort des Kaisers war Befehl.

Einmal, die Weinbecher waren viele Male geleert worden, bat Cai Jing um die Gunst, Huizongs Lieblingsnebenfrau zu sehen. Der Kaiser, geschmeichelt, erfüllte den Wunsch seines Vertrauten, und Cai Jing hielt dieses Ereignis in einem Gedicht fest.

Aber die Schätze fielen nicht vom Himmel. Ob magische Steine oder seltene Bäume und Blumen, exotische Tiere, alte Bücher und Bildrollen, antike Bronzen und Luxuswaren für den täglichen Gebrauch in der Palaststadt: Es bedurfte einer effizienten Organisation, um im ganzen Land das Beste ausfindig zu machen und alles nach Kaifeng zu transportieren. Zu diesem Zweck hatte Kaiser Huizong schon 1102, zwei Jahre nach seinem Amtsantritt, in Suzhou und Hangzhou, den beiden reichen Metropolen im südlichen Yangtse-Delta, zwei Büros für »Massentransporte von Pflanzen und Steinen« einrichten lassen. Die dortigen Beamten mussten auch das Baumaterial auftreiben, auf das die vielen kaiserlichen Neubauten in der Hauptstadt angewiesen waren.

Auch an den »Massentransporten« war Cai Jing nicht unbeteiligt. Er verstand es meisterhaft, den Fluss der Meisterwerke und Exoten und das

Karussell der Luxuswaren stetig am Laufen zu halten, ungeachtet aller Kosten, sei es Geld oder menschliche Arbeitskraft. Und es gab einen Mitspieler, der mit dem einflussreichen Cai fast auf gleicher Augenhöhe stand, aber dennoch einen Verbündeten brauchte, um ganz nach oben zu kommen. Es taten sich zwei zusammen, die sich an Ehrgeiz und strategischem Kalkül hinter den Kulissen in nichts nachstanden. Erster Leiter der beiden Büros für die »Massentransporte von Pflanzen und Steinen« wurde auf kaiserlichen Befehl Tong Guan. Er hatte Cai Jing voraus, dass er in der Palaststadt zu Hause war, zum innersten Kreis um den Kaiser gehörte und Dinge erfuhr, die nie über die Palastmauern hinausdrangen. Tong Guan war Eunuch.

Zum Mythos China, genährt durch Geschichten aus der »Verbotenen Stadt« im Herzen Pekings – die Jahrhunderte nach der Song-Dynastie entstand –, gehören Macht und Einfluss der Eunuchen auf den kaiserlichen Haushalt und über diese Vertrautheit auf die Politik des Landes. Kastration ist in vielen Kulturen der Antike ein übliches Mittel gewesen, um Feinde wie Sklaven zu erniedrigen. In den Palästen besetzten Eunuchen die Schaltstellen von Organisation und Verwaltung, vor allem im Haremsbereich, wo sie keine Konkurrenz für die herrschende männliche Elite darstellten. In China gehörten Eunuchen seit der Han-Dynastie zum festen Bestand der Palaststadt. Sie allein hatten freien Zutritt zu den Inneren Gemächern, und damit zum Reich der Kaiserinnen, der Prinzessinnen und Nebenfrauen. Über diese Vertrauensstellung gewannen sie politische und militärische Ämter und waren besonders während der Tang-Zeit in mörderische Intrigen verwickelt.

Taizu, der erste Song-Kaiser, brach auch in diesem Bereich rigoros mit der Tradition. Als erstes wurde der Handel mit kastrierten Kindern verboten. Wer den operativen Eingriff aus eigener Entscheidung wählte, musste sich von nun an beim Militär melden. Ergab die Prüfung seriöse Motive, wurde der Bewerber unter militärischer Verantwortung operiert, registriert und – wenn alles medizinisch gut verlief – an die Palastverwaltung weitergeleitet. Taizu bestimmt weiterhin, dass Eunuchen keine politischen und militärischen Ämter bekamen und nicht mehr als fünfzig von ihnen in der Palaststadt dienen sollten. Die Song-Kaiser hielten sich bis zum Ende des elften Jahrhunderts an diese Regelung. Dann sprach sich schnell herum, dass unter Huizong Eunuchen wieder auf einflussreiche Posten befördert wurden. Keiner machte eine so eindrucksvolle Karriere wie Tong Guan.

Tong Guan war getrieben vom Ehrgeiz, als Militär und Stratege Ruhm und Anerkennung zu gewinnen. Ziele, die die gesellschaftliche Wirklichkeit einem Eunuchen nicht zugestand. Nach dem Klischee durften sie dandyhaft auftreten, gebildet sein und als angenehme Gesellschafter brillieren. Tong dagegen machte hoch zu Pferd eine gute Figur und hatte sich einer harten militärischen Ausbildung unterzogen. Er achtete im öffentlichen Umgang strikt auf Etikette und verlangte sie von anderen ihm gegenüber. Im Palast unter seinesgleichen trug er dagegen legere Kleidung und Pantoffeln und war ein umgänglicher Zeitgenosse.

Kaiser Huizong wurde auf ihn aufmerksam, weil Tong ein Kunstkenner war und besten Geschmack besaß. Der Eunuch nutzte seine Chance doppelt: Er lieferte dem Kaiser mit den »Massentransporten« ohne Ende Nachschub vom Besten, und tat sich mit Cai Jing zusammen – für beide ein lukratives Unterfangen.

Im Jahre 1105 beauftragte Tong Guan, der inzwischen eine militärische Karriere begonnen hatte, die alteingesessene Familie Zhu in Suzhou mit der Geschäftsführung der Büros für die »Massentransporte von Pflanzen und Steinen«. Damit tat er Cai Jing einen Gefallen, der die Zhu-Familie protegierte und von ihr als Gegenleistung kräftig an den Umsätzen beteiligt wurde. Bis ungefähr in das Jahr 1110 managte Familie Zhu die Sendungen in die Hauptstadt und an den Kaiserhof wie es der Tradition entsprach. Im Namen des Kaisers Arbeiter und Handwerker zu verpflichten, die bei den kaiserlichen Bauten und Gärten Hand anlegten, den Transport der Materialien über Land und zu Wasser möglich machten und kunstvolle Waren herstellten, war seit Jahrhunderten üblich. Auch dass die Organisatoren an ihre eigenen Vorteile dachten, hatte eine lange Tradition.

Im zweiten Jahrzehnt des elften Jahrhunderts aber verlor das Zhu-Unternehmen jedes Maß. Zum einen, weil die kaiserlichen Wünsche unersättlich waren: noch mehr neue Paläste, noch höhere künstliche Hügel und Berge, noch ausgefallenere Luxuswaren und Kunstgegenstände. Zum anderen, weil Familie Zhu, Cai Jing und Tong Guan immer maßloser und raffgieriger in die eigene Tasche arbeiteten. Eine private Flotte wurde eigens angeheuert, um einen Teil der für den Kaiser bestimmten Warenströme beiseite zu schaffen.

Staatliche Gelder wurden veruntreut und zur Bestechung von Beamten genutzt, die ihrerseits die Augen vor den illegalen Geschäften verschlossen und Bürgern, die gegen die Übergriffe der Büros für »Massentransporte« protestierten, die Türe wiesen. Wo die Tribut-Eintreiber etwas Kostbares entdeckten und nicht freiwillig bedient wurden, ließ Familie Zhu im Namen des Kaisers Häuser aufbrechen oder seltene Bäume und Pflanzen gewaltsam in den Gärten ausgraben. Wer sich mit Geld freikaufte, kam glimpflicher davon.

Die Zahl der Menschen, die nötig waren, um diese Mengen quer durch das Riesenreich zu bewegen, ging in die Zehntausende. Die zwangsverpflichteten Männer mussten Bäume fällen und die edlen Hölzer auf Schiffe schleppen, ebenso bizarre Felsen und Kunstwerke. Viele Zwangsarbeiter erkrankten, viele starben. Das Volk sprach von »Blutbergen« und »Blutgärten«. Aus der Bewunderung für einen kunstsinnigen Kaiser wurde Hass, und dieser wurde abgelenkt auf seine Vertrauten, allen voran Cai Jing und Tong Guan.

Erreichten die Misstöne das Ohr von Huizong, signalisierten Kometen am Himmel und seltsame Tiere ungünstige Zeiten, dann spielte sich immer das Gleiche ab: Cai Jing trat zurück, verließ Kaifeng, um nach einigen Monaten gut erholt und mit Auszeichnungen überhäuft seinen Platz an der Seite des Kaisers wieder einzunehmen. Längst hatte er seine Söhne mit wichtigen und lukrativen Posten versorgt. Einer war Sekretär des Kaisers und mit einer Prinzessin des Kaiser-Clans verheiratet, eine Tochter von Cai gehörte zu den Favoritinnen von Huizong.

Die Regie bei Hofe war eifrig bemüht, die schlechten Nachrichten durch gute in den Hintergrund zu drängen. Tauchten irgendwo im Reich günstige Vorzeichen auf, wurden sie in die Hauptstadt gemeldet, dort gesammelt und während der kaiserlichen Audienzen feierlich öffentlich gemacht. Was geschah, als bei einem Fluss ein zweites Bett angelegt werden sollte, um das drohende Hochwasser zu regulieren, meldete ein Beamter dem Bauministerium in Kaifeng: »Zu dem Zeitpunkt, als die Beratungen entschieden waren, bildete sich plötzlich von selbst ein zweites Flussbett, und das Wasser floss ruhig ab. Die Dienstverpflichteten, die versammelt waren und das sahen, unterdrückten nur mühsam Ausrufe der Bewunderung. Ich bitte, das dem Amt für Historiografie zu übergeben und der Beamtenschaft zu gestatten, Glückwunschadressen zu überbringen.« Es musste alles seine Ordnung haben, weshalb die Beamten nicht ohne Genehmigung ihre Glückwünsche an den Kaiser richten durften, wenn der Himmel Zeichen seines Wohlwollens schickte.

Eine ähnliche Eingabe machte der Hofastrologe, nachdem Huizong am Altar in der südlichen Vorstadt das Große Südaußen-Opfer vollzogen hatte: »Am Tag der Zeremonie gab es einen heftigen Regensturm. Aber in dem Augenblick, als die Kutsche mit dem Kaiser die südliche Vorstadt erreichte, kam die Sonne heraus. Gegen Abend, während des Opfers, erschienen Geister und über dem Altar stieg eine tintenschwarze Wolke auf. Das folgte aus der würdevollen Art, mit der der Kaiser das Ritual vollzogen hat. Es sollte vom Amt für Historiografie aufgezeichnet werden.« Dem stimmte der Kaiser zu.

Tong Guan und vor allem Cai Jing wurden sogleich nach ihrem Tod von der offiziellen chinesischen Geschichtsschreibung als »Verräter« par excellence und finstere Charaktere abgestempelt. Das starre Schwarzweißbild verdrängte völlig, dass unter diesem Kanzler auch seriöse Politik betrieben wurde. Unter der Ära des Cai Jing und von ihm persönlich angestoßen, entwickelt sich erstmals in China eine umfassende, auf Dauer angelegte staatliche Sozialpolitik.

Das Vorbild der buddhistischen Klöster, die sich konstant um Arme, Kranke und Waisen kümmerten, hatte mit der Zeit den Sinn für mehr private Wohlfahrt bei der konfuzianischen Führungsschicht geweckt. Der Staat jedoch engagierte sich nur sporadisch bei Naturkatastrophen, wenn die verheerenden Folgen von Überschwemmungen, Dürre, Erdbeben oder Heuschreckenplagen für hunderttausende, manchmal Millionen Notleidende staatliche Hilfe erforderten. Nach den Vorgaben des Konfuzius war der Staat für die Wohlfahrt aller verantwortlich. In der Praxis hatte sich daraus eine Philosophie der Nützlichkeit entwickelt: Wenn Not und Elend bei einem größeren Teil der Bevölkerung überhand nahmen, drohten Aufruhr und Rebellion. In solchen Fällen musste der Staat eingreifen.

Unter den neuen konfuzianischen Denkern kündigte sich im elften Jahrhundert ein Bewusstseinswandel an. »Alle Menschen sind meine Geschwister«, mahnte Zhang Zai in seiner »Westinschrift«. Für Geschwister ist man jederzeit verantwortlich und muss sich um sie kümmern, wenn es ihnen schlecht geht – gleichgültig, ob der Anlass eine Hungersnot ist oder die Unfähigkeit, beim Tempo des rasanten wirtschaftlichen Aufbruchs mitzuhalten, oder eine Krankheit, die arbeitsunfähig macht. Die Einsicht, dass auch in solchen Notlagen grundsätzlich der Staat gefordert ist, teilte Cai Jing mit einem der führenden Männer des gegensätzlichen politischen Lagers, den er noch über den Tod hinaus mit seinem Hass verfolgte.

Es war 1089, als Su Dongpo die regierende Kaiserinmutter bat, als

Gouverneur nach Hangzhou wechseln zu dürfen, statt weiterhin in der Hauptstadt als kaiserlicher Sekretär Anfeindungen und Intrigen ausgesetzt zu sein. Su hatte Jahre zuvor in der beliebten Metropole am Westsee Dienst getan und war ihrem südlichen Zauber erlegen. Als er diesmal eintraf, herrschte in der Stadt und in weitem Umkreis eine schreckliche Hungersnot. Die Menschen aßen Baumrinde. Der Gouverneur hatte schlaflose Nächte und bat die Kaiserinmutter um Sonderzahlungen. Seuchen brachen aus, und Su Dongpo erkannte, dass seine Hilfsmaßnahmen für die sozial Schwachen, die Kranken und Armen Flickwerk waren.

Der Gouverneur begann, bei den reichen Kaufleuten der Stadt Geld zu sammeln, stiftete aus seinem privaten Vermögen und griff – ohne weitere Rückfragen in der Hauptstadt – auf staatliche Fonds zurück, um sein Ziel zu erreichen. Tatsächlich verdankt Hangzhou es Su Dongpo, mit dem ersten staatlichen Krankenhaus in die chinesische Geschichte eingegangen zu sein. (Auch weltweit ist um diese Zeit keine Konkurrenz für diese Pioniertat zu sehen.) Buddhistische Mönche stellten das Personal für Pflege und Verwaltung. Die Patienten wurden nach Krankheiten getrennt untergebracht und von angestellten Ärzten behandelt. In den ersten drei Jahren beherbergte das Krankenhaus von Hangzhou, mitten in der Stadt gelegen, mehr als tausend Patienten und wurde zum Vorbild für das ganze Land.

Wie Su Dongpo wurde Kanzler Cai ein Anhänger staatlicher Sozialpolitik. In den Jahren 1102 bis 1104 gingen von Kaifeng aus Erlasse ins Land, staatliche Einrichtungen für die Armen und die Kranken einzurichten und auch die Toten nicht zu vergessen. Wie weit die Pläne wirkliche realisiert wurden, kann nicht nachgeprüft werden. Aber der Anstoß war da, Armenhäuser und Krankenhäuser einzurichten und Friedhöfe anzulegen, und zwar auf Dauer.

Krankenhäuser: Sie wurden tatsächlich nach dem Beispiel Hangzhou errichtet, erhielten eine eigene Küche und Apotheke. Die Ärzte waren angewiesen, genaue Aufzeichnungen über die Krankheiten zu machen und eine Statistik über die Geheilten und die Verstorbenen aufzustellen. Je erfolgreicher ihre Arbeit, je weniger Tote, um so besser ihre Bezahlung.

Armenhäuser: Immerhin vier gab es in Kaifeng seit den sechziger Jahren des elften Jahrhunderts. Hier wurden täglich rund dreihundert Obdachlose, Bettler, Alte, Kranke und Waisenkinder mit Nahrungsmitteln und Medizin versorgt. Allerdings meist nur in den Wintermonaten und die Finanzierung stand auf wackeligen Füßen. Nun sorgten neue Erlasse für permanente staatliche Zahlungen. Gezielt kümmerte man sich um die Waisenkinder. Ammen wurden angestellt, den größeren Kindern wurde Unterricht erteilt.

Ein Hauptaugenmerk galt Menschen, die über fünfzig Jahre alt waren und niemanden hatten, der für sie sorgte. Einige Städte erwiesen ihren Alten besondere Wohltaten. Wer über achtzig war, bekam Extra-Portionen an gutem weißen Reis, Feuerholz und Geld. Die über Neunzigjährigen erhielten zusätzlich eingelegtes Gemüse, Geld und Extra-Kleidung für Sommer und Winter. Wer es bis hundert schaffte, konnte täglich Fleisch mit Gemüse in Anspruch nehmen, bekam noch mehr Geld und im Winter Seidenkleidung und seidenes Bettzeug.

Friedhöfe: Die konfuzianische Tradition kannte keine öffentlichen Friedhöfe. Sie ging davon aus – ob Großgrundbesitzer oder Bauer –, dass jede Familie eigenes Land besaß, auf dem sie ihre Toten begraben konnte. Doch das war Vergangenheit. Mit dem wirtschaftlichen Aufbruch unter der Song-Dynastie verließen während des elften Jahrhunderts hunderttausende Bewohner ihre Dörfer und zogen in die Städte. Wenn sie hier einen festen Arbeitsplatz fanden oder ein kleines Geschäft aufmachten, eine Wohnung mieten, ihre Kinder angemessen verheiraten konnten und die Söhne wieder Arbeit fanden, gehörten sie schon zu den Erfolgreichen. Von Grundbesitz konnten sie nur träumen.

Auf dem Land arbeiteten immer mehr Menschen in staatlichen oder privaten Fabriken und Anlagen, wo Eisen gegossen, Kohle abgebaut, Porzellan produziert oder Dinge für den täglichen Gebrauch als Massenware hergestellt wurden. Davon konnte man leben, aber man konnte sich kein Stück Land für ein Grab leisten, nicht einmal einen Sarg, ganz zu schweigen von den aufwendigen konfuzianischen Begräbnisritualen.

Unter der Regierung von Cai Jing gab es den Versuch, lokale Verwaltungen zu motivieren, Land und Personal für die Toten zur Verfügung zu stellen: »Alle, die das Reich regieren, sollen dies als ihre erste Pflicht sehen.« Ein kaiserlicher Erlass befahl 1104, in jedem Bezirk öffentliche Friedhöfe anzulegen. Allen sollte der »herzerweichende Anblick« erspart werden, dass Tote von ihren Familien in Straßen und Feldern abgelegt wurden, weil kein Geld für einen Begräbnisplatz vorhanden war. Der Staat versprach für jeden Verstorbenen einen Sarg, eine Begräbnisstätte und einen Stein für Namen und Lebensdaten. Auf dem öffentlichen Friedhof wurde ein zentraler Schrein angelegt, wo jeder, der zu Hause keinen Platz für einen eigenen Altar hatte, den Ahnen opfern konnte.

Einzige Hoffnung, die Toten – wenn schon nicht unter die Erde zu bringen – dennoch unter würdigen Umständen aufgehoben zu wissen, waren bisher die buddhistischen Klöster gewesen. Sie fanden sich bereit, Särge zu lagern, wenn die Familie vorübergehend die Kosten für ein ordentliches Begräbnis nicht aufbringen konnte oder warten musste, bevor sie mit dem Sarg die aufwendige Reise zum weit entfernten Familiengrab machte. Die Gastfreundschaft gegenüber den Toten hatte allerdings zur Folge, dass sich die Särge in den Klöstern stapelten, und nicht selten die Angehörigen niemals wieder auftauchten. Ein Edikt vom Jahre 1104 befahl den Klosteräbten, nach zwanzig Jahren Lagerzeit wenigstens die Skelette zu beerdigen, deren Familien keiner mehr kannte.

Aber die Realität holte die guten Vorsätze schnell ein. Schon ab 1105 erreichten Korruptionsvorwürfe die zentrale Verwaltung in Kaifeng. Beamte verteilten Waren und Medizin nicht an Bedürftige, sondern verkauften sie zum eigenen Vorteil. Die Armen-Statistik wurde auf dem Papier aufgestockt, um mehr Geld zu erlangen. In den staatlichen Armenhäusern brachten Beamte bevorzugt ihre eigenen Verwandten unter und andere nur gegen Bestechungsgeld. Sie verkleinerten die vorgeschriebenen Sargflächen auf den Friedhöfen, um die überzähligen dann teuer zu verkaufen. Ein kaiserlicher Erlass versprach zusätzliche Beamte, um die Betrügereien aufzudecken. Bald häuften sich die Klagen, dass selbst die Ermittlungsbeamten in Korruptionsfälle verwickelt waren.

Das Wohlfahrtsprogramm der Regierung war innerhalb der Beamtenschaft nicht unumstritten. Es meldeten sich Kritiker, die solche Fürsorge für übertrieben hielten. Von Delikatessen, Wein und Moskitonetzen in den Armenhäusern war die Rede. Was hätte der sparsame Konfuzius dazu gesagt! Der Staat solle den Menschen helfen, zu überleben – mehr aber auch nicht. Aber selbst die Kritiker sahen ein, dass der Staat für alle sorgen müsse, und nicht nur im Katastrophenfall.

Pragmatische Politiker kamen auf neue Ideen. Weil in Kaifeng spezielle Mitarbeiter für die Sozialarbeit knapp waren, hielt man niedere Beamte an, Obdachlose in den Straßen der Hauptstadt aufzulesen und in ein Heim zu bringen. Zusätzliches Geld gab es nicht, aber ein Zeitkonto wurde angelegt. Je mehr Stunden die Beamten in die Obdachlosenarbeit investierten, desto schneller wurden sie befördert.

Es waren buddhistische Klöster, die zur Zeit der Tang-Dynastie auf ihrem Grundbesitz »Felder des Mitleids« anlegten. Die Erträge kamen den Armen, Kranken und elternlosen Kindern zugute, die bei den Mönchen und Nonnen Hilfe suchten. Taizu, der erste Song-Kaiser, hatte seinen Nachfolgern den Rat mitgegeben, generell die geistig-moralische Kraft des Buddhismus und seine einigende Wirkung für das große Reich zu nutzen.

Das Grundgesetz Chinas war und blieb die Lehre des großen Konfuzius. Ebenso unbestritten verfolgten die Song-Kaiser eine Politik, die nicht Fanatismus, sondern Harmonie zwischen den drei religiösen Richtungen – Konfuzianismus, Buddhismus, Daoismus – förderte. Doch wenn staatliche Kultrituale vollzogen wurden, betraten die Mönche Buddhas als erste die Bühne, und die daoistischen Mönche folgten im zweiten Glied. Erstmals traten unter dem dritten Song-Kaiser die Daoisten mehr in den Vordergrund, nachdem ihm der Jade-Kaiser im Traum erschienen war und die Abstammung der Kaiserfamilie vom vergöttlichten Laozi kundgetan hatte.

Rufen wir uns einige Namen ins Gedächtnis zurück, mit denen sich der Daoismus seit den Jahrhunderten vor der Zeitenwende verbindet. Da ist Meister Zhuang, dessen Werk »Zhuangzi« mit seinen schrägen Typen, den abgründigen Anekdoten, den poetischen Fabeln und tröstlichen Lebensweisheiten – »Sei einfach nur leer« – dem philosophischen Daoismus zugezählt wird. Im Untergrund der Zeiten hat keiner den aus Indien eingewanderten Buddhismus in China so verwandelt, wie Meister Zhuang mit seiner Überzeugung, dass Leben nichts weiter ist als Traum und Verwandlung und dass der menschliche Geist funktioniert wie ein Spiegel, »er antwortet, aber er hält nichts fest«.

Da ist Laozi, der historisch nicht fassbare »Alte Meister«, mit dem »Daodejing«, dem »Buch vom Weg und von der Tugend«. Das »Zhuangzi« und das »Daodejing« verhelfen dem DAO und einer kosmischen Dimension, die beide schon zuvor im chinesischen Denken angelegt waren, zum Durchbruch. Es war Laozi, der im zweiten Jahrhundert n. Chr. einem kleinen Bauern erschien. Der Erwählte durfte sich Vertreter des göttlichen Laozi auf Erden nennen und begründete den »Weg der Himmlischen Meister«, die bedeutendste Richtung des religiösen Daoismus, eine Kirche mit Priestern, Mönchen und Nonnen und einer üppigen daoistischen Liturgie.

Als Kaiser Huizong im Jahre 1100 den Thron bestieg, nannte der Siebzehnjährige eine Hauptfrau, die nun Kaiserin wurde, und etliche Nebenfrauen sein Eigen. Jedermann war bekannt, wie sehr der Kaiser die Gesellschaft schöner junger Frauen liebte. Anekdoten über Huizong und seine Frauen werden ihn die gesamte Regierungszeit begleiten, bewundernd, aber auch mit kritischen Untertönen. Tatsächlich erfuhren in den Inneren Gemächern der kaiserlichen Paläste so viele Frauen wie bei keinem Song-Kaiser zuvor die Gunst des Herrschers. Aus diesen Beziehungen gingen einundzwanzig Söhne und vierunddreißig Töchter hervor.

Was nach Schlüssellochperspektive aussieht, gibt den Blick frei auf eine ganz außergewöhnliche Palastinstitution und zugleich auf persönliche Züge von Kaiser Huizong, und es ist keineswegs ein schlechtes Licht, das da auf ihn fällt. Eine der Anekdoten, die von den Geschichtenerzählern und Novellenschreibern aufgegriffen wurden, erzählt von heimlichen Besuchen Huizongs in den Vergnügungsvierteln von Kaifeng. Was an die Ausflüge des Kalifen Harun Ar Raschid zwei Jahrhunderte zuvor durch das nächtliche Bagdad erinnert, diente dem Kaiser allerdings nicht dazu, die Stimmung des Volkes zu erkunden. Als Kaufmann verkleidet, ließ er sich von seinen Vertrauten in jene Häuser führen, wo die schönsten Konkubinen zu finden waren.

Neben Jugend und Schönheit schätzte der Kaiser bei den Frauen dass sie literarisch gebildet waren, von den schönen Künsten etwas verstanden und ihn mit dem Spiel auf der Zither die drückenden Verpflichtungen seines Amtes vergessen ließen.

Für Huizong und seine Vorgänger auf dem Kaiserthron gilt, dass sie so gut wie niemals außerhalb der hohen Mauern, die die Palaststadt im Zentrum von Kaifeng umgaben, frei und unbekümmert Frauenbekanntschaften machen konnten. Ihr gesamtes Leben spielte sich innerhalb der Paläste ab. Bei Ausfahrten vor die Stadtmauern war der zukünftige oder gegenwärtige »Sohn des Himmels« von schützenden Soldaten umgeben und einem strengen Protokoll unterworfen. Bei Audienzen und feierlichen Anlässen lernte der Kaiser die Frauen seiner Minister und hohen Beamten kennen, und die waren für Annäherungsversuche tabu. (Ausnahmen bestätigen nur die Regel.) Aber ein Frauenreservoir gab es innerhalb der Palaststadt, aus dem er sich gemäß der Tradition offiziell bedienen konnte. Es waren die »Palastfrauen«, eine weltweit einmalige Einrichtung.

Seit der Antike gab es in China eine eigene Institution innerhalb des Palastes, die für alles verantwortlich war, was im weitesten Sinn die weiblichen Mitglieder der kaiserlichen Familie und den Nachschub für den kaiserlichen Harem betraf. Dieser unabhängige Dienstleistungsbetrieb umfasste seit der Han-Dynastie sechs Ämter, die ausschließlich mit

Frauen besetzt wurden. Die Posten dort waren parallel zum staatlichen Beamtenapparat von niedrig bis hoch strukturiert. Die Frauen erhielten abgestufte Gehälter und Titel, wurden befördert und am Ende ehrenvoll pensioniert. Die sechs Ämter waren ihrerseits in vier Abteilungen unterteilt und während der Song-Epoche mit insgesamt 279 Beamtinnen besetzt. »Oberster Befehlshaber« an der Spitze war eine Frau, der kein männlicher Chef ins Handwerk pfuschen durfte.

Für den Kaiser und seine Familie zu arbeiten, war zum einen eine große Ehre, weshalb angesehene Familien gerne eine ihrer Töchter mit zwölf, dreizehn Jahren für diesen Dienst anboten. Nicht zuletzt konnte man damit guten Eindruck beim Kaiser machen, und das zahlte sich für die Familien aus. Zudem reisten Boten durch das Land, um gezielt schöne und geistreiche Mädchen für diese Aufgabe zu rekrutieren. Weil die soziale Stellung bei der Auswahl keine Rolle spielte, bot sich einfachen Familien über ihre Töchter eine einmalige Chance, höchstes gesellschaftliches Ansehen und Reichtum zu gewinnen. Mehr noch – und in keiner Kultur hat es ähnliches gegeben: Im Palastdienst konnten unverheiratete Frauen aus allen Schichten beruflich Karriere machen und standen dabei in Leistung, Aufgabenfeldern und Ansehen ihren männlichen Beamtenkollegen in nichts nach.

Amt Nummer eins organisierte und kontrollierte den Schriftverkehr und die Post der kaiserlichen Frauen und regelte den Kontakt mit Besuchern. Amt Nummer zwei – »Riten und Etikette« – kümmerte sich darum, dass die jungen Mädchen innerhalb der Palaststadt eine gute Bildung erhielten oder vertieften. Auf dem Stundenplan standen Lesen und Schreiben, Zählen, das Studium von konfuzianischen Klassikern und Gedichten, das Erlernen eines Instrumentes, Kenntnisse in Malerei und Geschichte. Auch mit den komplizierten Zeremonien und Ritualen bei Hofe mussten die Palastfrauen vertraut sein.

Auswahl, Instandhaltung und Reinigung von Gewändern, Schuhen und Schmuck, Sonnenschirmen und Fächern besorgte Amt Nummer drei, das auch für Handtücher, Kämme und Seife zuständig war. Im Amt Nummer sechs saßen Schneiderinnen und Näherinnen, um alle Kleider herzustellen, die Stoffe und den Schmuck für die Gewänder auszusuchen. Außerdem war es für Feuerholz und Kohlen zuständig.

Sehr wichtig war Amt Nummer vier, das sich um die Herstellung und Überwachung der Mahlzeiten für die Frauen und für den Kaiser kümmerte, um Bankette, Opferspeisen, Weine und die medizinische Behandlung. Erkrankte eine Lieblingsfrau des Kaisers, schickte er seine eigenen Ärzte. Hatte der Kaiser ankündigen lassen, mit welcher Frau er die Nacht zu verbringen wünschte – auch das musste seine protokollarische Ordnung haben –, wurde ihm in ihren Gemächern das Essen serviert. Ob ihm die Auswahl schmeckte oder nicht, konnte für die Gastgeberin weitreichende Folgen haben.

Amt Nummer fünf war verantwortlich für die Ausstattung in den Frauenpalästen: Betten und Kissen, Decken und Wandschirme, Lampen, Kerzen, Weihrauchgefäße – alles musste penibel sauber gehalten werden. Hinzu kam die Pflege der Kutschen und der Gärten mit Blumen, Obstbäumen und Gemüsebeeten. Insgesamt zählten die Palastfrauen zur Zeit der Song-Dynastie rund zweitausend bis dreitausend Mitarbeiterinnen. Die Frauen in hohen Ämtern und Würden bildeten den kleinsten Teil. Unter Kaiser Huizong wurde besonders viel Personal ausgetauscht: 1110 wurden 486, sechs Jahre später 600 Frauen entlassen. Sie gingen mit vielen Geschenken und bekamen eine kaiserliche Mitgift, sobald sie heirateten. An Bewerberinnen herrschte kein Mangel.

Die Frauen, denen Huizong und seine kaiserlichen Vorgänger – von ihren weiblichen Verwandten abgesehen – während ihres Lebens begegneten, waren in ihrer überwältigenden Mehrheit Palastfrauen. Und da trafen von beiden Seiten ähnliche Interessen aufeinander. Für den Kaiser war es fast die einzige Gelegenheit, seine Wünsche in Bezug auf das weibliche Geschlecht zu konkretisieren. Für die Palastfrauen, die auch im direkten Dienst der Kaiserinnen und Nebenfrauen standen, ergab sich im täglichen Blickkontakt mit dem Kaiser eine einmalige Chance, auf sich aufmerksam zu machen. Denn die Ehre, als kaiserliche Nebenfrau auserwählt zu werden, versprach nicht nur für die eigene Person, sondern für die gesamte Familie Privilegien und Vorteile ungeahnten Ausmaßes.

Viele Frauen ergriffen diese Chance, wie die Statistik untermauert: Eine Studie über 92 Frauen der Song-Kaiser ergibt, dass gut 80 Prozent von ihnen aus den Reihen der Palastfrauen kamen. Huizong übertrifft diese Quote noch: 18 seiner 19 Frauen hat er sich aus den Palastfrauen ausgesucht und fünf von ihnen wurden – nacheinander natürlich – Kaiserinnen.

Zweierlei fällt auf: Die meisten Frauen Huizongs, vor allem die, die er besonders schätzte, kamen nicht aus vornehmen Familien. Zu Lebzeiten hat er viele von ihnen mit Gunstbeweisen überhäuft, nach ihrem Tod tief betrauert. 1108 baten die Minister den Kaiser in einem Memorandum dringend, seine Gunst nur noch in Geschenken und Geld zu zeigen, nicht aber, Titel und Posten großzügig an die Verwandten der Favoritinnen zu verteilen. Gegenüber den toten Frauen verlangte Huizong von allen Respekt. Als eine Lieblingsfrau, die Tochter eines Weinhändlers, starb, fühlte sich die offizielle Nummer eins in der Rangfolge der Nebenfrauen so sicher, dass sie ihre positiven Gefühle über diesen Verlust während der Beerdigung nur notdürftig kaschierte. Huizong, dem das nicht verborgen blieb, degradierte sie und ließ sie des Palastes verweisen.

Der Kaiser und die Frauen: Grundsätzlich bewegte sich Huizong innerhalb einer gesellschaftlich akzeptierten Rolle, die den feinsinnigen Gelehrten und nicht den kraftstrotzenden Macho zum männlichen Ideal hatte. Lebensklugheit galt als eine weibliche Tugend, von der die Männer nur profitieren konnten. Die sehr persönliche Trauer des Kaisers um seine toten Geliebten spricht auch von menschlicher Nähe und Wärme, die er inmitten von all dem Luxus verzweifelt suchte, um nicht allein unter seiner Eisvogelfederdecke zu liegen.

Es gab viele Möglichkeiten, zu verdrängen. Aber entkommen konnte der Kaiser seinen Aufgaben nicht. Auch nicht den Gedanken, dass er der achte in einer Kette von kaiserlichen Vorgängern war, die verehrt und geliebt wurden; die das Reich über hundertfünfzig Jahre regiert hatten – ohne Rebellion, ohne Kriege nach Innen oder Außen. Die Song-Dynastie stand für wirtschaftlichen Aufbruch und künstlerische Blüte. Huizong war sich bewusst, dass seine persönlichen Lebenswünsche nichts zählten gegenüber dem Erbe, das er bewahren und fortführen musste. Wie sollte er darüber keine Alpträume bekommen haben, nicht von Ängsten verfolgt worden sein? Wenn die Frauen keinen Trost brachten, wenn die Anforderungen seines Amtes ihm den Schlaf raubten, fand der Kaiser Zuflucht bei Männern, die ihm Welt und Himmel erklären konnten, und auch konkrete Hilfe boten.

Zu den Pflichten eines Kaisers gehörte es, die Thronfolge durch männliche Nachkommen zu sichern, mochte er auch erst siebzehn Jahre alt sein, wie Huizong bei seinem unerwarteten Amtsantritt im Jahre 1100. Bisher hatten sich keine Söhne eingestellt, und Huizong suchte Rat, um diesen Mangel zu beheben. Ein daoistischer Priester erklärte ihm, dass ein großer Hügel im Nordosten von Kaifeng das männliche Prinzip YANG aussperrte und in seiner Wirkung behinderte. Der Hügel wurde verkleinert, YANG hatte freie Bahn, kaiserliche Söhne wurden geboren und der

Daoismus hatte einen neuen, allerhöchsten Anhänger und Förderer gefunden.

Als 1106 ein seltsamer Krake in Küstennähe krankmachende Nebelschwaden ausströmte, ließ der Kaiser den daoistischen »Himmelsmeister« kommen, der in dreizehnter Generation Nachfolger jenes kleinen Bauern war, dem einst der verehrte Laozi erschienen war. Der Meister exorzierte das Untier erfolgreich, wurde vom Kaiser in Audienz empfangen und ließ auf dessen Bitte einige Geister vor dem beeindruckten »Sohn des Himmels« erscheinen.

Solche Wünsche konnte ein nüchterner Konfuzianer, der im Sinne seines Meisters die Geister und den Himmel auf Distanz hielt, nicht erfüllen. Es ist gut vorstellbar, dass die Begeisterung des sensiblen, fantasievollen Huizong für die Daoisten zusätzlich vom daoistischen Himmel genährt wurde, der mit einer bunten Schar von Göttern, Geistern und zaubermächtigen Feen bevölkert war. Auf die Gläubigen warteten die Inseln der Unsterblichkeit, die Königin-Mutter des Westens und der legendäre Phönix.

Dem mächtigen Cai Jing, stets bedacht, seinen Einfluss bei Hofe zu erhalten und wenn möglich noch zu steigern, war dieses Einfalltor nicht entgangen. 1112, nach einer kurzen politischen Auszeit von Huizong wieder huldvoll aufgenommen, ließ Cai dem Kaiser zwei Daoisten vorstellen, die sich mit Prophezeiungen einen Namen gemacht hatten und von hohen Beamten protegiert wurden. Und wieder war der Kaiser beeindruckt. Schon 1113 trugen beim Großen Südaußen-Opfer einhundert daoistische Priester die kaiserlichen Insignien. 1114 wurden auf kaiserlichen Befehl im ganzen Land daoistische Schriften eingezogen, um den ersten daoistischen Kanon zu drucken. Der Text von 5 481 Manuskriptrollen wurde schließlich in hölzerne Druckblöcke geschnitzt. Für den gesamten Druck brauchten die Experten drei Jahre. Huizong schrieb mehrere Kommentare, darunter einen zum »Daodejing«.

1116 steigerte sich der Einfluss der Daoisten noch mehr, als der Kaiser Lin Lingsu kennenlernte. Der kam aus armen Verhältnissen, war nach buddhistischen Anfängen Daoist geworden und ein gewaltiger Ruf als Zauberer und Wettermacher eilte ihm voraus. Lin Lingsu wurde bei Hofe mit offenen Armen empfangen. Er hielt Vorträge, bei denen die Anwesenheit der hohen Beamten Pflicht war und Huizong zu seinen Füßen saß. Eines Tages erklärte er den Kaiser aufgrund einer Offenbarung zum Sohn des himmlischen Jade-Kaisers: »Der Himmel besteht aus neun Wolkensphären. Die oberste ist die Götter-Sphäre, dort befindet sich die Himmelsverwaltung. Der Jade-Reinheitskönig ist der Sohn des obersten Jade-Kaisers und herrscht über die Südregion. Er trägt den Titel ›Großkaiser des Langlebens‹ und wird von Ihnen, Majestät, personifiziert.«

Einmal in Schwung, verteilte Lin weitere Götterposten an die Hofgesellschaft, und vergaß auch nicht den einflussreichen Cai Jing: »Auf den Jade-Reinheitskönig folgt der ›Kaiser der Ost-Blume‹ und den personifiziert der Kanzler Cai Jing.« Die aktuellen Lieblingsfrauen des Kaisers wurden ebenfalls mit schmückenden himmlischen Titeln versehen.

Huizong war beeindruckt, und Lin Lingsu nutzte die Gunst der Stunde. Er gab der daoistischen Kirche eine neue straffe Organisation. Der Song-Kaiser rief den daoistischen Jade-Kaiser offiziell zum höchsten Gott aus, beschenkte daoistische Klöster reichlich mit Land und Geld. Neue Kultstätten entstanden überall im Reich. Buddhistischen Mönchen wurden ehrenvolle Titel versprochen, wenn sie in daoistische Klöster übertreten würden. 1119 schien es, als habe Lin sein Ziel erreicht, die ungeliebte buddhistische Konkurrenz auszulöschen, beziehungsweise den Daoisten einzuverleiben. Die buddhistischen Bodhisattvas durften nur noch als daoistische Genien verehrt, Buddha selbst nur noch unter dem daoistischen Titel »Goldgenius der großen Erleuchtung« angerufen werden. Buddhistische Mönche mussten normale Kleidung tragen und ihre typischen Gewänder ablegen. Lin Lingsu und seine Gesinnungsgenossen gingen bei Hofe ein und aus und hatten mehr Einfluss als alle Minister.

Doch Hochmut kommt vor dem Fall. Als Lin in jenem für ihn so erfolgreichen Jahr 1119 in den Straßen von Kaifeng dem Kronprinzen samt dessen Gefolge begegnete, weigerte sich der Oberste aller Daoisten, dem zukünftigen »Sohn des Himmels« den Vortritt zu lassen. Bei allem kaiserlichen Wohlwollen für die Himmelszauberer: Diesen Verstoß gegen allerhöchste Etikette und väterlichen Stolz verzieh Huizong seinem Günstling nicht. Es kam hinzu, dass es dem für seine übersinnlichen Kräfte gerühmten Lin nicht gelungen war, die zerstörerischen Gewalten eines Hochwassers zu besänftigen. Der Sturz war tief. Lin Lingsu wurde in seine Heimatprovinz verbannt, mit der Vorherrschaft der Daoisten war es von einem Tag auf den anderen vorbei. Die daoistische Kirche verlor ihre Privilegien, die Buddhisten gewannen ihre alte Stellung zurück.

Konfuzianische Gelehrte atmeten ebenso erleichtert auf wie die einfachen Leute. Denn unter dem Einfluss der Daoisten bei Hofe waren die Arbeiten am »Heiligen Berg der Festigkeit« in einem Ausmaß forciert und ausgeweitet worden, das alle Vorstellungen sprengte. Um die Anlage als ein Abbild des daoistischen Paradieses anzulegen, konnten gar nicht genug »Massentransporte für Pflanzen und Steine« nach Kaifeng auf den Weg gebracht werden; mit Materialien zum Bau der Pavillons, Brücken und Aussichtstürme, mit ausgefallenen Felsen, Bäumen, Pflanzen und Tieren. Der höchste der künstlichen Hügel – der »Blutberge« – wurde auf einhundertacht Meter angehäuft. Immer drohender wurden die Verwünschungen derer, die mit ihrer Arbeitskraft, ihrer Gesundheit und mit ihrem Leben für die größenwahnsinnigen Vorlieben des Kaisers zahlen mussten.

Die Entzauberung der Daoisten im Jahr 1119 ging einher mit sehr irdischen Träumen, die am politischen Horizont aufgetaucht waren und deren Verwirklichung greifbar nahe schien. Sie brachten Kaiser Huizong allerdings auch schlaflose Nächte, denn er musste sich zwischen zwei Alternativen entscheiden, die gegensätzlicher nicht sein konnten: Sollte er die kompromissbereite Außenpolitik – ein Grundgesetz aller seiner Song-Vorgänger – konsequent beibehalten und dem Frieden oberste Priorität einräumen? Oder sollte er die Umstände nutzen, ehemals chinesisches Gebiet nördlich von Peking auf diplomatischem Weg zurückzugewinnen – kriegerische Aktionen einkalkuliert?

Der dritte Kaiser der Song-Dynastie hatte 1005 den ersten, für das ganze folgende Jahrhundert vorbildlichen Vertrag geschlossen, der sich den Frieden mit dem Reich der Kitan durch regelmäßige Zahlungen in Form von Seide und Silber erkaufte. Ein ähnlicher Vertrag folgte 1042, der ebenfalls gegen Seide und Silber die Sicherheit von Chinas nördlicher Grenze garantierte. Als die Nomadenvölker gegen Ende des Jahrhunderts mit kriegerischen Ausfällen über die Grenze drängten, hielten die Kaiser an der Politik einer friedlichen Koexistenz fest, erhöhten die Zahlungen und traten sogar chinesisches Gebiet an die Eindringlinge ab.

Mit dem Jahre 1115 musste sich die chinesische Außenpolitik auf dramatische Kräfteverschiebungen jenseits der nördlichen Grenze einstellen. Im Reich der Kitan, bis dahin ein Stabilitätsfaktor, hatten sich die Stämme der Dschurdschen unter einem Führer vereint, den traditionellen Tribut an die Kitan verweigert und sich als unabhängiges Kaiserreich abgespalten. Nach chinesischem Vorbild gab sich die selbsternannte Kaiserfamilie einen neuen Namen und herrschte von nun an als Jin-Dynastie. Der durch innere Unruhen geschwächte Vielvölkerstaat der Kitan ließ die Dschurdschen ziehen. Doch als die unter neuer Fahne und neuem Namen zurückkehrten, um das Reich der Kitan zu erobern, begann ein jahrelanger erbitterter Krieg.

Bei Hofe in Kaifeng, innerhalb der Regierung und unter den hohen Beamten begannen heftige Diskussionen. Welche Position sollte China in diesem Kampf beziehen? Noch 1115 setzte sich jene politische Richtung durch, die auf die Karte der neuen Jin-Machthaber setzte. Die Zahlungen an die Kitan wurden eingestellt, ein eindeutiger und einseitiger Vertragsbruch. Den nahmen die Politiker in Kaifeng in Kauf, weil sie glaubten, damit ein politisches Manöver einzuleiten, das sich am Ende zu ihren Gunsten entwickeln würde.

Der Vertragsbruch sollte dem Jin-Kaiser signalisieren, dass China gewillt war, gemeinsame Sache gegen die Kitan zu machen. War der Feind besiegt, so die Kalkulation der Chinesen, würden sie von den Jin, die dann auch die Herren des Kitan-Reiches waren, als Belohnung die ehemaligen Gebiete nördlich von Peking zurückerhalten. Cai Jing hielt sich von diesen außenpolitischen Manövern fern, sein alter Spezi Tong Guan aber mischte um so eifriger mit.

Tong Guan war inzwischen militärischer Oberbefehlshaber für den gesamten nordwestlichen Grenzbereich und seit 1117 Leiter des Militärrates. Anderen Eunuchen hatte der Kaiser ebenfalls wichtige militärische Ämter anvertraut. Die neue außenpolitische Konstellation eröffnete Außenseitern wie den Eunuchen die Chance, sich auf militärischen Posten zu bewähren, die verhassten Klischees abzustreifen und mit dem Dienst am Reich Anerkennung, Privilegien und materiellen Gewinn zu erringen. Aber die Abkehr von der alten, bewährten Politik war ein riskantes Spiel, denn die Berufsarmee, die das Song-Reich schützen sollte, war ein überaltertes, korrumpiertes Söldnerheer. Kein Vergleich zu den durchtrainierten, gut ausgerüsteten Reitern und Soldaten des Jin-Reiches, dem man sich nun anbiederte.

Aufgrund seines Amtes musste Tong Guan nur zu gut wissen, dass die Vorspiegelung falscher Tatsachen beim ersten gemeinsamen militärischen Einsatz mit der Jin-Armee auffliegen würde. Tatsächlich hatte Tong 1115 an der Grenze im Nordwesten zwei Schlachten provoziert und kläglich verloren. Doch die Grenze war weit entfernt von der Hauptstadt und Tongs Macht groß. Die Nachricht von seinen Niederlagen kam niemals in der Hauptstadt an. Leidenschaftlich plädierte er in Kaifeng für eine neue, kämpferische Außenpolitik. Kaiser Huizong müssen verführerische Bilder durch den Kopf gegangen sein: Nicht nur als sensibler, kunstsinniger »Sohn des Himmels«, sondern zugleich als tatkräftiger Held, der dem Reich verlorenes Land zurückgewann, würde er eingehen in die Geschichte.

Besonnene Beamte warnten und schickten dem Kaiser ausführliche kritische Memoranden. Sie sprachen von Leichtsinn, erinnerten an historische Beispiele, die schiefgegangen waren, nannten die eklatanten Mängel der Armee beim Namen, beriefen sich auf die Maximen des Konfuzius, dass Verträge einzuhalten und Angriffskriege unmoralisch seien. Sie beschworen die kaiserlichen Ahnen, die ihre Nachfolger auf eine friedliche Politik festgelegt hatten.

1117 und 1118 scheiterte der Versuch, Kontakte mit dem Reich der Jin aufzunehmen. Die chinesischen Gesandten, die sich aufgemacht hatten in den Norden, erhielten einen so feindseligen Empfang, dass sie schleunigst den Rückweg antraten. Beim nächsten Anlauf wurden sie sogar gefangengenommen und wie Spione behandelt.

Huizong war in schweren Entscheidungsnöten, schwankte zwischen der Aussicht auf Ruhm und der Angst vor einem unkalkulierbaren Risiko. Als einer der schärfsten Kritiker einer kriegsbereiten Außenpolitik den Kaiser 1119 noch einmal unverblümt auf den miserablen Zustand der Armee aufmerksam macht und auf den drohenden Staatsbankrott, befiehlt Huizong, alle Aktivitäten einzustellen. Aber die Vertreter der Pro-Jin-Partei, die im Krieg eine Möglichkeit sahen, sich zu profilieren, schnell Karriere und Gewinn zu machen, setzten sich schließlich bei Hofe durch.

Im Jahre 1120, nach heimlichen, diesmal erfolgreichen Kontakten mit den Jin, reiste eine hochrangige chinesische Gesandtschaft in das nördliche Reich der Barbaren. Im Gepäck hatte sie die geheime Vollmacht für drei Zielpunkte: ein Bündnis mit den Jin gegen die Kitan, die Rückgabe nördlicher Gebiete, die bisher den Kitan gehörten, und im Gegenzug wollten die Chinesen jährlich festgelegte Zahlungen von Gold und Seide an die neuen Verbündeten liefern.

Realistisch betrachtet, waren die kaiserlichen Abgesandten in einer denkbar schlechten Verhandlungsposition. Soeben hatten die Jin einen entscheidenden Sieg über die Kitan errungen. Warum sollten sie sich mit China verbünden, zumal sie inzwischen wussten, wie marode dessen Heer war. Die Chinesen hatten nichts in der Hand, um die Landrückgabe plausibel zu machen – außer Gold und Seide. Das heißt: Sie waren erpressbar, konnten aber nach den übereifrigen Kontaktversuchen nicht mehr zurück, ohne das Misstrauen der Jin zu erwecken. Schlimmer noch: Die Zahlungen würden einen Grenznachbarn stärken, der nach der Eroberung des Kitan-Reiches mit seiner erfolgreichen, alles niederwalzenden Reiterei vielleicht Appetit auf mehr bekam.

Aber solche Überlegungen wollten der Kaiser und die Mehrheit der hohen Beamtenschaft in Kaifeng nicht mehr hören. Cai Jing, der bei dieser neuen Politik nicht zu den Jublern gehörte, wurde 1120 wieder einmal als Kanzler entlassen. Pikanterweise musste ihm Tong Guan, der alte Verbündete und Mitwisser, die Urkunde überbringen. Nach über einhundertfünfzig Jahren ziviler Song-Herrschaft machte das Land der Mitte eine radikale Kehrtwende. Die Würfel für eine aggressive chinesische Außenpolitik waren endgültig gefallen.

Ein warnendes Zeichen für die inneren Spannungen des Landes brachte keine Einsicht. Die aufgestaute Wut breiter Bevölkerungskreise über eine Regierungszeit, die die Lasten von vielen unerträglich machte, weil sich wenige skrupellos bereicherten und der Kaiser an der Spitze »Maß und Mitte« verloren hatte, fand ein Ventil. Im Süden Chinas um Hangzhou und Suzhou brach im Jahre 1120 ein Aufstand aus, weil die Verantwortlichen für die »Massentransporte für Pflanzen und Steine« immer willkürlicher öffentliche Anlagen, private Gärten, Häuser und Geschäfte plünderten.

Unter ihrem Anführer An Lan, dessen Lackwerkstatt im Namen des Kaisers ausgeraubt wurde, zogen Zehntausende von aufgebrachten Bauern und Arbeitern durch die Provinz Zhejiang, besetzen eine Stadt nach der anderen und rächten sich blutig an der verhassten Obrigkeit. Erst 1121 gelang es einem großen militärischen Aufgebot unter Führung von Tong Guan, die Aufständischen zu schlagen und größtenteils zu töten.

Die selbsternannten Strategen in der Hauptstadt ließen sich von solchen Zwischenfällen nicht erschüttern. Die Meinung des einfachen Mannes war nicht gefragt, aber die Elite wollte man möglichst geschlossen hinter sich haben. Zwanzig Jahre herrschte Kaiser Huizong nun über das Reich der Mitte. Weit zurück lagen die Jahre, als Cai Jing alle, die seine wirklichen oder vermuteten Gegner waren, mit drakonischen Maßnahmen zu vernichten suchte. Doch vergessen war die bleierne Zeit zu Beginn des zwölften Jahrhunderts nicht, als Cai Jing hunderte von Gebildeten auf steinernen Tafeln als »Verräter« gebrandmarkt hatte.

Im Jahre 1121 waren Li Qingzhao und Zhao Mingcheng zwanzig Jahre verheiratet. Der soziale Absturz nach den unbeschwerten frühen Ehejahren – erst die Ächtung des Vaters von Li Qingzhao, dann der Prozess gegen den Vater von Zhao Mingcheng, den ehemaligen Kanzler – war tief gewesen. Die »Verräter« konnten auf Rehabilitierung hoffen, wenn es dem Kaiser und dem Beamtenapparat ins Konzept passte. Das Personalbüro in Kaifeng hatte eine ordentliche Akten-Führung und nicht vergessen, dass die drei Söhne des Kanzlers nach dem Prozess 1107 als Beamte entlassen worden waren. 1112 hatte es ein erstes Zeichen gegeben, dass es dabei nicht bleiben sollte. Der älteste der Zhao-Brüder wurde wieder in den Staatsdienst aufgenommen und zum Vizedirektor der Palastbibliothek in Kaifeng ernannt.

Ob Zhao Mingcheng und seine Frau sich in stillen Stunden eingestanden, dass die Konsequenzen der Familien-Tragödie für sie persönlich zum Guten ausgeschlagen waren? Seit dreiundzwanzig Jahren konnte das Ehepaar in der Provinz Shandong ungestört seiner gemeinsamen Leidenschaft nachgehen, Antiquitäten sammeln, forschen und vergleichen. Längst sprachen die Kenner – und Kaiser Huizong gehörte gewiss dazu – anerkennend und nicht ohne Neid von der Zhao-Sammlung, die zu den wertvollsten des Reiches zählte. Abgesehen von alten Büchern und Bronzen, Kalligrafien und Bildern lagerten in Qingzhou rund zweitausend Abreibungen oder Originale von alten Inschriften. Der wissenschaftliche Katalog darüber stand 1121 kurz vor dem Abschluss.

Im Frühjahr gab es Neuigkeiten. Familie Zhao war vollends rehabilitiert: Der jüngere Bruder wurde als Sekretär ins kaiserliche Sekretariat nach Kaifeng berufen, eines der höchsten Ämter bei Hofe. Zhao Mingcheng, der Jüngste, erhielt die Ernennung zum Vorsteher in einem Bezirk der heimatlichen Provinz Shandong. Nach dreiundzwanzig ungestörten privaten Jahren galt es, die Reisekisten zu packen. Zhao Mingcheng reiste voraus und bezog seinen Amtssitz mit der Dienstwohnung. Li Qingzhao sollte im Herbst 1121 nachkommen.

18

EIN PIONIER DER ARCHÄOLOGIE
oder
WENN DER KUCKUCK RUFT

Der Sitz des Beamten: Wohnung, Stallung, Gefängnis – Handbücher für Beamte – Tote Häftlinge unerwünscht – Li Qingzhao zieht in den Amtssitz – Im Dienst: die Jagd nach Antiquitäten geht weiter – »Pinselgespräche am Traumbach« – Beamtenbankette: nicht ohne Kurtisanen – Verbotene Liebe: ein Kaiser wird zum Kuckuck – Riskante Außenpolitik: China wird vertragsbrüchig – Schlechtes Omen: Füchse auf dem Kaiserthron – Prophetische Verse

An einem regnerischen Herbsttag 1121 sitzt eine siebenunddreißigjährige Frau, eine elegante Erscheinung, in einem einsamen Gasthaus der Provinz Shandong, wischt sich die Tränen aus den Gesicht und wiederholt immerzu ein Vierzeilen-Gedicht:

Morgenregen hat den leichten Staub der Stadt benetzt –
Vor dem Gasthaus stehn die Weiden jetzt in frischem Grün.
Bitte trinke du noch diesen Becher Wein, zuletzt –
Ohne Freunde wirst vom Sonnenpass du westwärts ziehn.

Es ist das klassische Abschiedsgedicht, mit dem der Dichter Wang Wei im achten Jahrhundert einen Beamten-Kollegen verabschiedete, der nach dem allerletzten Abschiedstrunk vom letzten Gasthaus aus allein den Weg über den Sonnenpass zu seinem neuen Posten in einer unwirtlichen Gegend antritt. Um ihrem eigenen Abschiedsschmerz Ausdruck zu verleihen, wird die traurige Reisende in ihrem Gedicht an den berühmten Vierzeilen anknüpfen,

Ich wische mir die Tränen fort,
beflecke die seidenen Ärmel mit Rouge und Puder.
Immer aufs Neue singe ich die vier Verse
vom »Sonnenpass«.
Du hast gesagt, wir werden getrennt sein
durch Berge und Gewässer ohne Ende.
Ach! Ich lausche dem feinen Regen,

allein im einsamen Gasthaus.
So schwer war mir das Herz bei unserer Trennung,
dass ich den Abschiedstrunk vergessen habe.
Darum schicke ich diesen Brief mit den Wildgänsen.
Wenigstens ist Laizhou nicht so
unendlich fern wie Penglai.

Li Qingzhao hat ihr wehmütiges Gedicht für ihre Schwester geschrieben. Die beiden hatten sich noch einmal gesehen, bevor die Dichterin sich auf die Reise nach Laizhou aufmachte. Hier, im Osten der Provinz Shandong, hatte der vierzigjährige Zhao Mingcheng zum Jahresbeginn sein Amt als Vorsteher des gleichnamigen Bezirks angetreten. Immerhin – das tröstete Li Qingzhao, als sie ihm im Herbst nachfolgte – war ihr neuer Lebensmittelpunkt leichter zu erreichen als Penglai, die sagenhafte Insel der Unsterblichen irgendwo im östlichen Meer.

Nach dreiundzwanzigjähriger Abwesenheit vom Staatsdienst wird das Personalbüro in Kaifeng, das zentral alle Beamten im weiten chinesischen Reich ernannte und penibel führte, die alte Personalakte wieder an Zhao Mingcheng geschickt haben. Als er 1103 nach erfolgreichem Universitätsabschluss seine erste Stelle bekam, hatte er gemäß der Vorschrift zwanzig leere Blätter an das Personalamt geschickt und sie, mit dem offiziellen Amtssiegel versehen, zurückbekommen. Damit sparte der Staat Ausgaben für Papier und die Verantwortung für die Personalakten der tausende von Beamten.

Jeder musste seine Akte selbst aufbewahren und in vorgeschriebenen Abständen nach vorgegebenen Standards mit Daten und Notizen über seine Tätigkeit ausfüllen. Stand nach drei Jahren die übliche Versetzung an, ging die Akte ins Personalbüro, und nach den Eintragungen wurde die Leistung beurteilt – sehr gut, mittelmäßig, ungenügend. Groß war die Versuchung, die eigene Leistung auf dem Papier zu frisieren. Unerwartete Inspektionen sollten abschreckend wirken.

Der Amtssitz eines leitenden Provinzbeamten befand sich in einem dienstlichen Anwesen, dessen hohe Mauern Amtsräume, Wohngebäude für die Beamten und Unterkunft für durchreisende Beamte, Speicher für Vorräte, Stallungen für Pferde und ein Gefängnis umgaben. Für die Instandhaltung musste der Beamte selber sorgen und anfallende Kosten für Materialien von den steuerlichen Einnahmen abzweigen. Als Arbeitskräfte konnte er kostenlos Handwerker und Bauern heranziehen. Er war aber streng gehalten, den sozialen Frieden zu wahren und keine Bauern zu verpflichten, wenn Aussaat oder Ernte war.

Zhao Mingcheng, dem Bezirksvorsteher, unterstanden ein bis zwei Stellvertreter und rund ein Dutzend niedere Beamte. Hinzu kamen nichtbeamtete Hilfskräfte wie Schreiber, Buchhalter, Boten und Gefängnispersonal. In China gab es zur Song-Zeit 320 Bezirke, in denen gut 20 Prozent aller Beamten tätig waren. Die Bezirke waren zu 23 Provinzen zusammengefasst. Unterhalb der Bezirke bildeten knapp über 1200 Kreise die kleinste beamtete Verwaltungseinheit.

Falls sich Zhao Mingcheng nach so vielen Jahren Privatleben und langer Entwöhnung von Verwaltungsarbeit kundig machen wollte, brauchte er nur zu einem der Handbücher für korrekte Amtsführung zu greifen: Im Jahre 1119 war das neueste erschienen. Dort konnte er nachlesen, was jedem konfuzianisch Gebildeten selbstverständlich war: Ein Staat wird gut regiert, wenn die Beamten mit ihren Familien ein nachahmenswertes Vorbild geben. In der Praxis bedeutete das, alle in der Familie mussten möglichst wenig Anknüpfungspunkte für Bestechungsversuche bieten. Die Söhne sollten sich von Hilfsarbeitern und Besuchern fernhalten und nur den Nebeneingang benutzen, um nicht in Versuchung zu kommen, bedenkliche Kontakte zu pflegen. Nebenfrauen und Dienerinnen sollten weder Tanz- noch Gesangsunterricht nehmen.

Was den Dienst betraf, lautete der Rat: »Verkehre mit Kollegen wie mit den Angehörigen der eigenen Familie, behandle die Amtsschreiber wie deine Diener, liebe das Volk wie deine eigene Frau und deine Kinder, verwalte die Amtsgeschäfte so sorgfältig, als wären es die Angelegenheiten der eigenen Familie.« Ansonsten waren Integrität, Wachsamkeit und Fleiß gefragt: »Wer die Wichtigkeit dieser drei Haltungen begriffen hat, der wird in Amt und Würden bleiben und Schmach und Schande von sich fernhalten können.«

Zur sorgfältigen Amtsführung gehörte seit Beginn der Song-Epoche, die Häftlinge in den Gefängnissen menschenwürdig zu behandeln. Die ersten Song-Kaiser hatten mit eindringlichen Erlassen Maßstäbe gesetzt. Ausreichendes Essen, saubere Räume und medizinische Behandlung für alle, die auf ihren Prozess warteten, sollten Standard sein. Die Realität sah nicht selten anders aus, weshalb die Handbücher die Staatsdiener ausdrücklich auf ihre Pflicht verwiesen: »Kommt ein Häftling zu Unrecht ums Leben, müssen die leitenden Beamten diese Schuld auf sich nehmen.« Als Pflichtverletzung wird aufgezählt: »Die Zellen werden nicht gesäubert, das Kastenbett und die Fesseln sind schmutzig. Dreck und Gestank herrschen vor, Seuchen breiten sich aus.«

Wer krank ist und nicht gerade wegen Räuberei oder eines Kapitalverbrechens im Gefängnis sitzt, darf für die Zeit der medizinischen Behandlung zu seiner Familie zurückkehren. Hat der Kranke keine Verwandten, die für ihn sorgen können, wird er auf Staatskosten in einer Herberge untergebracht und ein »guter Arzt« ausgewählt. Nur so kann der Beamte sicher sein, beim Tod eines Häftlings »keine Schande zu empfinden und auch nicht irgendwelche Vorwürfe zu fürchten«.

Der Staat beließ es nicht bei Appellen. Um die Todesrate in den Gefängnissen zu senken, mussten alle Sterbefälle nach Kaifeng gemeldet werden. Erlaubt war eine Todesquote, die unter zehn Prozent aller Häftlinge im Bezirk lag. Wurde die Quote überschritten, musste der leitende Beamte des Bezirks damit rechnen, um einen Rang zurückgestuft zu werden. Starben extrem wenig Insassen, konnte er mit einer Beförderung rechnen. Starb ein Angehöriger im Gefängnis, konnte seine Familie Klage einreichen.

Die leitenden Beamten waren gehalten, sich nicht hinter den Mauern ihres Amtssitzes einzuigeln. Sie sollten sich ständig in ihrem Bezirk umsehen, um die Stimmung im Volk zu erkunden. Neben Mustervorlagen für amtliche Bekanntmachungen, enthielten die Handbücher auch nützliche Anweisungen zur Behandlung von Hitzschlag, Ohnmachten, Vergiftungen und Knochenbrüchen.

Als Li Qingzhao am Amtssitz ihres Ehemannes ankam, bestätigte sich im Nachhinein, wieviel Grund zu einem wehmütigen Abschied sie gehabt hatte. Über die Stimmung bei ihrer Ankunft verfasste sie ein Gedicht, dem eine Prosa-Einleitung vorangeht:

Am zehnten des achten Monats 1121 … traf ich im Amtssitz des Bezirkes Laizhou ein. Ich saß in meinem kleinen Zimmer und sah mich um. Es gab dort kein einziges Stück der Sammlung, die ich nun schon ein Leben lang schätzte. Auf dem Tisch lag ein Reim-Buch. Ich öffnete es wahllos, und nahm mir vor, ein Gedicht auf den Reim zu schreiben, den ich zufällig treffen würde.

Das Gedicht, das nach diesem Zufallstreffer entstand, trägt den Titel »Gefühle«:

Die kalte Luft dringt durch die Fenster.
Rund um den alten Schreibtisch

nirgends ein Buch über Literatur oder Geschichte.
Vor langer Zeit saß hier der Krieger Yuan Shu
in der Falle.
Er sagte: »Ist dies der Ort, wo ich mein Ende finde?«
...
Ich verschließe die Türe, und die Besucher
schicke ich fort, um ein Gedicht zu schreiben.
Im kleinen Schlafzimmer scheint der Duft
des Weihrauchs vor Kälte zu erstarren,
während meine Gedanken Gestalt annehmen.
Die besten Freunde finde ich in der Einsamkeit.

Kein einladendes Willkommen für einen Menschen, dem Schönheit und Ästhetik viel bedeuten. Zhao Mingcheng hat offenbar keinen Wert darauf gelegt, die Inneren Gemächer für seine Frau wohnlich einzurichten. Das Gedicht konstatiert nüchtern das neue lieblose Heim. Doch ein Dichter jammert nicht über äußere Umstände, denn er braucht nichts als Pinsel, Papier, Tusche und Reibstein, um sich zu Hause zu fühlen.

Li Qingzhao hätte auch in Qingzhou bleiben und weiter an der Sammlung arbeiten können. Aber die Eheleute hatten beschlossen, dass die Dichterin mit ihrem Mann in den Dienstsitz zog, während die Sammlung in ihrem Privathaus blieb. Die kostbaren Schätze waren in Qingzhou zweifellos fachmännischer und diebstahlsicherer gelagert als in einer Dienstwohnung. Außerdem gab es in Laizhou nicht annähernd genug Räume, um sie dort unterzubringen. Und Zhao Mingcheng war entschlossen, die freien Räumlichkeiten im Bezirksamt möglichst schnell zu füllen.

Wenn der Kaiser ihn wieder in seinen Dienst berief, konnte Zhao Mingcheng nicht ablehnen. Das war er auch seiner Familie schuldig, die damit vor aller Augen rehabilitiert wurde. Aber mit dem erneuten Einstieg in die Beamtenlaufbahn nahm Zhao Mingcheng in keiner Weise Abschied oder auch nur Abstand von seiner wahren Leidenschaft. Die Jagd nach Antiquitäten ging weiter – während der Dienstzeit und in den freien Stunden. In ihrer autobiografischen Skizze, mit der sie Jahre später den Katalog der zweitausend Inschriften beschließt, zählt Li Qingzhao prominente Sammler von Büchern und Kalligrafien quer durch die chinesische Geschichte auf. Ihr Fazit: *Wenn sich auch die Namen unterscheiden, ist die süchtigmachende Manie, die dahinter steckt, doch die-*

selbe. Aus dem Zusammenhang lässt sich unschwer herauslesen, dass Li Qingzhao ihren Mann von dieser Manie nicht ausnimmt.

Allerdings war es eine Leidenschaft mit Sinn und Verstand. Zhao Mingcheng trug nicht bloß Antiquitäten zusammen, um sich einen Namen als Sammler zu machen. Außer dem *Überprüfen, Vergleichen und Bewerten* der Inschriften, wie seine Ehefrau in ihren Erinnerungen betont, *berichtigte er die Fehler der Historiker,* die sich in den wenigen vorliegenden Katalogen mit alten Inschriften befasst hatten. Zhao Mingcheng zählt zu den Pionieren der Archäologie und der Inschriftenforschung. Ihn kennzeichnet ein neuer, objektiver Umgang mit den Zeugnissen der Vergangenheit, der sich um historische Wahrheiten bemühte, auch wenn diese den sagenhaften Erzählungen widersprechen. Kein leichtes Unterfangen in einer Gesellschaft, in der Alter und Vergangenheit ein Wert an sich und nach traditioneller Übereinkunft aller Kritik enthoben sind.

Weil sie im Herbst 1121 zwanzig Jahre mit diesem leidenschaftlichen Sammler zusammenlebt, überrascht es Li Qingzhao wahrscheinlich nicht, dass ihr Mann anderes zu tun hat, als zum Empfang seiner Ehefrau die Räume wohnlich einzurichten. Einschneidender ist, was Li Qingzhao über seine neuen Einkünfte als Beamter meldet: *Er verwendete sein ganzes Einkommen dafür, sich mit den Herstellungs- und Konservierungsmethoden alter Manuskripte zu beschäftigen.* Damit konnte Li Qingzhao gut umgehen. Hatte sie selbst doch gleich zu Beginn ihrer Ehe beschlossen, sparsam zu wirtschaften, um Geld zum Kauf von Antiquitäten abzuzweigen.

So sehen wir auch in der Dienstwohnung von Laizhou die beiden, ein eingespieltes Team, beim Kerzenschein die Nächte durcharbeiten. Wie für die vielen Jahre in der »Halle der Heimkehr« gilt auch für die nüchterne Dienstwohnung: *Jedes Mal, wenn wir ein Buch erjagt hatten, sahen wir es miteinander kritisch durch … Bekamen wir Kalligrafien, Malereien und Bronzen, so prüften wir die Stücke mit den Händen, breiteten die Rollen aus und machten uns gegenseitig auf Fehler und Beschädigungen aufmerksam.* Ob auch der fröhliche Wettbewerb beim Teetrinken aus der Frühzeit ihrer Ehe noch zum Ritual gehörte oder für das altgediente Ehepaar nun Vergangenheit war?

1123 wurden im Bezirk Qingzhou antike Gebrauchsgegenstände und zehn Bronzeglocken ausgegraben. Zhao Mingcheng begab sich an den Fundort und machte Abreibungen der Inschriften. Noch eine Eintragung mehr für den geplanten Katalog, auf den viele gespannt warteten. Aber ein Sammler findet kein Ende, das ist Zauber und Verführung zugleich. Trotzdem waren die Eheleute in diesen Wochen und Monaten zielstrebig beschäftigt, die Arbeit am Katalog endlich abzuschließen.

Wenn Zhao Mingcheng seinen Bezirk bereiste, konnte er die Pflichten als Beamter bestens mit seinen privaten Interessen verbinden. Nach Tradition und Anspruch war ein höherer Beamter keiner, der in seiner Amtsstube Akten las und sich von der Welt draußen abschottete. Seine umfassende allgemeine Bildung, die er in den staatlichen Prüfungen unter Beweis gestellt hatte, prädestinierte ihn dazu, zum Wohl der Gemeinschaft auf vielen Gebieten initiativ zu werden. Praktisches Handeln und theoretische Fähigkeiten fügen sich zum idealen Profil eines Song-Beamten.

Einer, der dieses Ideal eindrucksvoll erfüllt, ist Shen Gua (1031–1095), der mit Su Dongpo befreundet war und den viele Gebildete und gelehrte Beamten in der zweiten Hälfte des elften Jahrhunderts persönlich gekannt hatten. Mit seiner Arbeit und seinen Büchern war er dem Sammlerehepaar ein Begriff. Was sie nicht ahnen konnten: dass Shen Gua als ein herausragender Vertreter der chinesischen Wissenschaftsgeschichte in Erinnerung bleiben würde. Machen wir wieder einen Schlenker seitwärts, weil er einen bereichernden Blick zum Gesamtbild beisteuert.

Mit dreiundzwanzig Jahren begann Shen Gua seine Beamtenlaufbahn in der Provinz und machte sich früh einen Namen durch umfangreiche Entwässerungsprogramme und erfolgreiche Maßnahmen gegen die Hochwasser des Yangtse. Ein Leben lang blieb er als Experte für Wassertechnik gefragt. 1066 wurde er nach Kaifeng in die Regierung berufen. Seine politische Karriere führte ihn als Unterhändler zu den Kitan und auf hohe militärische Posten. Neben seinen Aufgaben in Politik und Verwaltung beschäftigte sich Shen mit einer Vielfalt von wissenschaftlichen Studien und Forschungen, für die man in heutiger Zeit ein ganzes Team aufbieten müsste.

Shen Gua schrieb Aufsätze über Musik, Medizin und Biologie, kannte sich bestens aus in Kalligrafie, Malerei und Philosophie. Für Kaiser Shenzong studierte er die historischen Quellen zum Südaußen-Opfer und schlug Sparmaßnahmen vor, um den Staatshaushalt zu entlasten. Mathematik, Astronomie und Kalenderreform gehörten zu seinen zentralen Themen. Er war ein exzellenter Kartograf, brachte 1087 den ersten »Atlas von China« zum Abschluss und verfertigte die ersten Reliefkarten. Er erkannte, dass es sich bei Fossilien nicht um mythische Wesen, sondern um Zeugen lange vergangener Ozeane handelte.

1082 wurde Shen Gua für eine verlorene Schlacht verantwortlich gemacht und degradiert. Er kaufte sich einen abgelegenen ländlichen Besitz, von dem er – wie so viele gelehrte Beamte – schon lange geträumt hatte: »Ich hatte mich unter die Bäume zurückgezogen. In der dortigen Abgeschiedenheit lebte ich abgeschnitten von jeglichem Kontakt mit der Außenwelt.« Glücklicherweise blieben dem Gelehrten »Pinsel und Reibstein als Gesprächspartner«. So entstanden die »Pinselgespräche am Traumbach«. Was wie mit leichter Hand hingetuscht erscheint, ist eine einzigartige Enzyklopädie über das Wissen in China am Ende des elften Jahrhunderts.

In sechsundzwanzig Kapiteln befasst sich Shen Gua in allen Einzelheiten mit dem Dienst der Beamten in der Palaststadt und dem Zeremoniell bei Hofe. Justiz und Polizei, Literatur und Gelehrten-Akademien, auch Magie und volkstümliche Bräuche werden beschrieben. Der Schwerpunkt jedoch liegt auf den Naturwissenschaften: Meteorologie, Physik und Chemie, Astronomie und Mathematik, Metallurgie, Botanik und Zoologie, Pharmazie und Medizin, Geologie und Mineralogie bekommen je einen gesonderten Paragraphen. Architektur, Landwirtschaft, Anthropologie und Archäologie werden erwähnt. Erfindungen wie der magnetische Kompass und der Druck mit beweglichen Steingut-Schriftzeichen sind durch die »Pinselgespräche« festgehalten und bekannt gemacht worden.

Aber der Autor möchte auf keinen Fall den Eindruck erwecken, mit seinen »Pinselgesprächen am Traumbach« großspurig aufzutreten. Und so hat Shen Gua möglicher Kritik an dem, was er zurückgezogen unter den Bäumen zu Papier brachte, im letzten Absatz mit doppeldeutiger Bescheidenheit den Boden entzogen: »Wenn nun aber jemand meint, dass dies ein zu geringer Beitrag zur konfuzianischen Bildung sei, so soll er getrost denken, dass dies zu erreichen gar nicht in meiner Absicht lag, und es ist gut so.«

Als Nebenprodukt veröffentlicht Shen Gua in seinen letzten Lebensjahren eine schmale Schrift mit »Randbemerkungen zum Reisen«. Darin gibt er praktische Ratschläge aus dem Alltag eines Wissenschaftlers, der als Beamter ständig unterwegs war und nebenbei Feldforschung betrieben hatte. Ob es um Pflanzen, Tiere, Steine und Erdformationen ging oder die Kleidung fremder Volksstämme jenseits der Grenzen Chinas:

Alles wurde detailliert beschrieben und in Zeichnungen festgehalten. Unentbehrlicher Begleiter des neugierigen Beobachters war eine Dienstkutsche, die Shen Gua für seine Forschungszwecke ausgerüstet hatte. In seinen »Randbemerkungen« beschreibt er sie für Kollegen, die ähnliche Interessen verfolgen.

Die Fenster der Kutsche, die innen fein lackiert ist, müssen groß genug sein, um dem Insassen einen umfassenden Ausblick zu erlauben. Zur persönlichen Grundausstattung gehören ein Regenmantel, Kleider zum Wechseln und Kämme, eine Auswahl an Medikamenten und Arzneien, Nahrungsvorräte und Tee. In einem weiteren Kasten hatte Shen Gua Papier, Tusche, Schere, ein Reimwörterbuch und eine Laute untergebracht. Außerdem seien Kerzen, Messer und ein ausklappbares Schachspiel nebst Figuren nützlich. Ein Kasten sollte parat sein, um die Bücher aufzunehmen, die man unterwegs kaufen würde; nicht zu vergessen Insektenpulver gegen die Bücherwürmer. Und weil Shen Gua einer war, der alles selbst in Augenschein nahm und sich von widrigen Umständen nicht abbringen ließ, empfahl er dringlich, ein Paar Stiefel für feuchte und matschige Orte einzupacken.

Zhao Mingcheng konnte die guten Ratschläge seines Kollegen nutzen, wenn er in seinem Bezirk und darüber hinaus in der Provinz Shandong unterwegs war, um Ausgrabungen aufzusuchen und Abreibungen von Inschriften zu machen. Dass ihm die Aufgabe, sich um Schreiber, Buchhalter und Polizisten, um Gefängnis und Aktenführung zu kümmern, eher lästig war, können wir annehmen. Manchen dienstlichen Pflichten allerdings durfte sich Zhao Mingcheng nicht entziehen. Wurde einer seiner Stellvertreter verabschiedet, weil er auf einen neuen Posten zog, oder kam ein Kollege auf Durchreise vorbei und nutzte den Dienstsitz zur Übernachtung, entsprach es den offiziellen Gebräuchen, dass der leitende Beamte zum Festbankett einlud.

Im Gegensatz zu Beamten in den untergeordneten Kreisen hatte der Leiter eines Bezirks einen eigenen Etat, um bei solchen Anlässen für eine ausgelassene Stimmung zu sorgen. Dazu brauchte man gutes Essen, jede Menge Wein und Frauen, die sich von Berufs wegen darin verstanden, Herrengesellschaften zu unterhalten. Undenkbar, dass bei solchen offiziellen Vergnügungen die Ehefrauen der Beamten anwesend waren. Aber wer feiert schon gerne ohne weibliches Flair? Die Frauen, die gegen Bezahlung angeheuert wurden, waren vielfältig beschäftigt. Sie schenkten den Wein ein und achteten darauf, dass die Teller nicht leer wurden.

Sie sangen Gedichte, tanzten und spielten Flöte, Zither oder andere Instrumente.

Die Kurtisanen waren darin geübt, Konversation machen, und ein Wort gab das andere. Anspielungen und Komplimente gingen hin und her. Mit jedem Becher Wein stieg die Stimmung, und bald hatte sich die spontane Vorliebe der Feiernden auf bestimmte Frauen verteilt. Wie weit die Kontakte gingen, blieb nicht nur den Männern überlassen. Das Angebot war breit. Ein kleines Singmädchen, eine Frau, die kaum Bildung besaß, hatte keine Wahl. Wer als Kurtisane mehr zu bieten hatte als seinen Körper, konnte sich die Liebhaber aussuchen und durchaus eine Ablehnung erteilen.

Es muss hoch hergegangen sein bei den Banketten der Song-Beamten in der Provinz, denn die Akten sind voll von Beschwerden. Die Handbücher warnen vor zu hohen Ausgaben für zu häufige und üppige Feiern. Kommt es zu unmäßigem Verhalten, ist Straffreiheit gegeben, wenn der verantwortliche Beamte absolut betrunken war.

Zhao Mingcheng und die Frauen: Aus den wenigen vorhandenen Zeugnissen erfahren wir nichts zu diesem Thema. Aber seine Ehefrau, die Dichterin, macht in mehr als einem Gedicht eine aufschlussreiche Anspielung und bringt die Leser zum Nachdenken:

Kein Windhauch geht, hoch türmen sich die Blütenblätter
rot im Schnee jenseits des Wandschirms.
Nach der Begonienblüte kommt
mit dem Frühling die Melancholie,
so lange ich denken kann.

Ausgetrunken der Wein, alle Lieder gesungen,
leer der Jadebecher.
Im grünen Ölgefäß
das flackernde Licht erloschen.
Die Träume voller Trauer,
unerträglich der Ruf des Kuckucks.

Man musste kein Eingeweihter sein, nur ein Mitglied der Bildungselite, um den »Ruf des Kuckucks« als einen literarischen Code zu erkennen, der umgehend eine Schublade im Gedächtnis öffnete. Mit dem Kuckuck verbunden ist die Legende eines Kaisers, der sich in die Frau seines Kanzlers verliebte. Weil er wusste, welche Schande er mit diesem Bruch geheiligter Regeln über sich und seine Geliebte brachte, verließ er seinen Palast und wurde zum Einsiedler. Nach seinem Tod wurde der Kaiser in einen Kuckuck verwandelt. Seitdem hört man aus dem Kuckucksruf lautmalerisch die Warnung heraus: Kehr lieber um nach Hause!

Li Qingzhao hat ein anderes Mal den Ruf des Kuckucks beschworen und verknüpft seine Botschaft mit einem Bild und einer Zeile, die weitere eindeutig-verschlüsselte Codes zitieren:

Über mein oberes Gemach spannt sich der strahlend blaue Himmel,
Vor meinem oberen Gemach erstreckt sich grünes Gras bis zum Horizont.
Steige nicht bis zur obersten Stufe der Treppe hinauf.

Der Bambus unterhalb der Treppe hat schon neue Sprösslinge.
Die Blütenblätter füllen schon die Schwalbennester.
Ich kann den Ruf des Kuckucks hinter den Wäldern nicht ertragen.

Das obere Gemach: ein Symbol der Traurigkeit und die Dichterin will darin nicht gestört werden. Grünes Gras bis zum Horizont: Jeder denkt sogleich an das berühmte Abschiedsgedicht des berühmten Wang Wei – »Das Frühlingsgras wird nächstes Jahr wieder grünen, / Wirst du mein Prinz, zurückkehren oder nicht?« Und jeder wusste, dass Wangs Zeilen aus dem achten Jahrhundert an die weit zurückliegenden »Lieder des Südens« anknüpfen: »Du gingst mein Prinz, und kamst nicht wieder; / Das Gras des Frühlings wächst, ach, so üppig.« Es ist nicht das einzige Mal, dass sich Li Qingzhao in einem Gedicht, das vom Schmerz des Alleinseins spricht, auf das wohlbekannte Bild vom grünen Gras bezieht. Und zu alledem noch der Ruf des Kuckucks.

Was auf den ersten Blick wie ein unscharfes Stimmungsbild anmutet, von diffuser Wehmut erfüllt, erzählt dem Zeitgenossen und Kenner chinesischer Dichtung aus anderthalb Jahrtausenden eine präzise Geschichte. Der Geliebte ist fortgegangen, nicht aus einem beliebigen Grund, nicht weil ihn die Beamtenpflicht ruft. Eine andere Frau ist im Spiel. Nicht so sehr über einen Abschied trauert die Zurückgebliebene, sondern über verratene Gefühle. Eifersucht liegt zwischen den Zeilen. Warum sonst sollte der Kuckucksruf unerträglich sein?

Es darf spekuliert werden. Erzählt Li Qingzhao in dichterischer Freiheit mit überkommenen Bildern und Formeln eine poetische Geschichte, oder ist es ihre eigene? Eine befriedigende Antwort allerdings kann es nicht geben.

Ein Beamter soll nicht zu lange auf einem Posten bleiben. Zu verlockend ist die Aussicht, sich aufgrund seiner Stellung das Leben durch Bestechungsgelder und Gefälligkeiten aller Art zu erleichtern. Im Jahre 1125 wird Zhao Mingcheng die Verantwortung für einen anderen Bezirk in der Provinz Shandong übertragen. Als kaiserlichem Beamten kann ihm nicht entgangen sein, dass die Zeiten unsicher geworden sind, wenn nicht sogar gefährlich.

Zwar hatte China im Frühjahr 1123 endlich ein Bündnis mit dem Reich der Jin – wie sich die Herrscherfamilie der Dschurdschen nun in Angleichung an Chinas regierende Dynastien nannte – geschlossen. Das Reich der Mitte verpflichtete sich, jährlich zweihunderttausend Unzen Silber und dreihunderttausend Ballen Seide zu zahlen. Damit ging der Tribut, den China seit dem Jahre 1002 bis 1115 an die Kitan gezahlt hatte, an die Eroberer des Kitan-Reiches über, die als rechtmäßige Nachfolger anerkannt waren. Im Gegenzug erhielten die Chinesen das Gebiet nördlich von Peking zurück, das sie einst an die Kitan verloren hatten – aber nicht umsonst. Außer den Tributzahlungen lieferte China den Jin jährlich zusätzliche Luxuswaren von bester Qualität, darunter Brokat, Duftstoffe, Arzneimittel, Tee, feine Früchte und zweitausend Körbe grünen Alauns, ein seit der Antike bekanntes Salz. Außerdem verpflichteten sich beide Vertragspartner, die Integrität der gemeinsamen Grenze zu wahren.

Aber erfuhr man in der Provinz Shandong auch, dass die Chinesen schon im Sommer 1123 vertragsbrüchig wurden und mehrere Städte gegen die Jin aufwiegelten? Dass die Jin, die sich verraten und verkauft fühlten, in die abgetretenen Gebiete zurückkehrten und blutig und erfolgreich die chinesische Armee zurückschlugen? Dass Tong Guan, der immer noch das Vertrauen von Kaiser Huizong besaß und im Norden den Oberbefehl hatte, die Flucht in Richtung Kaifeng ergriff und wie zuvor schon alles tat, um die verheerenden Nachrichten in der Hauptstadt und vor Kaiser Huizong zu verheimlichen?

Die Fakten über Zhao Mingcheng und seine Ehefrau im neuen Amtssitz sind spärlich und verraten nur eins: Li Qingzhao ist wieder mitgekommen, und nichts kann der gemeinsamen Leidenschaft Abbruch tun. Die Pflichten als leitender Beamter müssen erledigt werden. Doch im Mittelpunkt des Lebens stehen weiterhin *Überprüfen, Vergleichen und*

Bewerten von Gegenständen aus der Vergangenheit. Während die politischen Turbulenzen zunehmen, frönt Zhao Mingcheng seinen privaten Interessen. Die Krise zu nutzen, um in der Hauptstadt Karriere zu machen, liegt ihm offenbar fern.

Es scheint, er ist der typische Vertreter einer desillusionierten Generation. Zhao Mingcheng hat in seiner nächsten Umgebung erlebt, wohin es führen kann, wenn man nicht abseits steht, sondern mitmischt in den Belangen von Gesellschaft und Politik. Ist nicht sein Schwiegervater, der aufrechte Konfuzianer Li Gefei, am Ende ebenso gescheitert wie sein eigener Vater Zhao Tingzhi, der es mit geschmeidiger Anpassung bis ins Kanzleramt brachte? Es war in der Jugendzeit von Zhao Mingcheng, dass führende Köpfe, die sich in den Auseinandersetzungen zwischen Reformern und Konservativen engagierten, verbannt, degradiert und geächtet, dass auf kaiserlichen Befehl hin Gräber und Gedenksteine verwüstet wurden.

Zhao Mingcheng engagierte sich als Beamter nicht herausragend in öffentlichen Angelegenheiten. Er folgte seinen persönlichen Neigungen. Er suchte mit seiner Sammlung Zusammenhänge und Wahrheiten aufzuspüren, die nur noch die Vergangenheit zu bieten schien.

Das Land wurde von einem Kaiser regiert, der vor der Verantwortung seines Amtes in die schönen Künste und einen maßlosen Luxus floh. Die Politiker nutzten ihre Posten hemmungslos zur persönlichen Bereicherung. Niemand rang mehr mit Argumenten um die beste Lösung für die Gemeinschaft; keiner mühte sich, die moralische Grundlage des Staates, die Lehren des Konfuzius, in der politischen Praxis umzusetzen. Die Generation der neuen konfuzianischen Denker, die in der zweiten Hälfte des elften Jahrhunderts einen geistigen Aufbruch wagte, um mit dem Buddhismus in einen geistigen Wettbewerb zu treten, hatte vorerst keine Nachfolger gefunden.

Die vorangegangene Generation hatte große Ziele gehabt, um so größer muss die Ernüchterung für ihre Erben gewesen sein. Ist es da nicht sinnvoll, den Blick in die Vergangenheit zu richten und sich an das zu halten, was sich im Auf und Ab der Zeiten bewährt hat? Und wer sammelt und bewahrt, lebt nicht nur in der Vergangenheit. Er setzt auf eine Zukunft, wo das Alte nicht nur Menetekel, sondern geachtete Gegenwart ist. Li Qingzhao und Zhao Mingcheng waren nicht die einzigen, die in diesen bewegten Zeiten das Zerstreute sammelten, um es für die Zukunft zu bewahren.

Im Jahre 1125, als Zhao Mingcheng und Li Qingzhao unbeirrt daran arbeiteten, den wissenschaftlichen Katalog über die rund zweitausend historischen Inschriften in ihrer Sammlung zu vollenden, diktierte in einem buddhistischen Kloster im südlichen China Meister Yuanwu einem Mönch seine Gedanken. Kaiser Huizong hatte dem Hochverehrten einen ehrenvollen Titel und das Purpurgewand verliehen. Yuanwu vertrat als Chan-Meister jene Richtung im Buddhismus, die den rationalen Weg zur Erleuchtung verwarf und auf einen unmittelbaren, spontanen Durchbruch setzte. (Auf dem Umweg über Japan ist der chinesische Chan-Buddhismus Jahrhunderte später als Zen-Buddhismus weltbekannt geworden.) Auslöser für eine blitzartige Erleuchtung waren die so genannten Gong'an, absurde Dialoge, deren intellektuelle Ausweglosigkeit den Zweifel auf die Spitze treibt und über diese ohnmächtige Erfahrung dem Suchenden unbekannte geistige Dimensionen eröffnet.

Meister Yuanwu, der 1063 in eine konfuzianische Beamtenfamilie geboren wurde, hatte beschlossen, eine Sammlung von hundert Gong'an, die bis auf berühmte Chan-Meister des siebten Jahrhunderts zurückgingen, mit Erläuterungen zu versehen und neu drucken zu lassen. Während sich die Situation des Reiches verdüsterte, Angst und Unsicherheit in der Bevölkerung wuchsen, diktierte Yuanwu 1125 seine Erläuterungen in einem Raum des Klosters, der in den Titel der Sammlung eingegangen ist. Als »Aufzeichnungen aus dem ›Zimmer zur meergrünen Felswand‹« gehören sie bis heute zum kostbaren Schatz des Chan/Zen-Buddhismus, auch als »smaragdene Felswand« übersetzt. (Dass sein bester und einflussreichster Schüler sofort nach dem Tod des Meisters 1135 alle Exemplare und die Druckstöcke dieser »Aufzeichnungen« vernichten ließ, weil schon das Aufschreiben der Gong'an für ihn ein Verrat an der reinen Lehre waren, ist eine andere Geschichte. Einige Abschriften haben diese rigorose Zensur überlebt.)

Wie angespannt die Situation war, zeigt ein Gerücht, das im gleichen Jahr 1125 weitererzählt wurde: Ein Rudel Füchse sei in Kaifeng in die Palaststadt eingedrungen, und einige der Tiere hätten sich auf den Thron des Kaisers gesetzt. Die schlechten Vorzeichen nahmen kein Ende und standen für eine bittere Realität. Das Reich der Mitte wurde heimgesucht von Erdbeben und Überschwemmungen, die Häuser und Menschen fortrissen, von Hungersnöten, die Zehntausende durch das Land irren ließen, auf der verzweifelten Suche nach Nahrung. Der Große Himmel sprach, und seine Botschaften waren unüberhörbar.

Aber trotz aller Vorzeichen klangen die Nachrichten, die im Jahre 1126 aus der Hauptstadt in die Provinz drangen, dann doch unglaublich. Kaiser Huizong hatte abgedankt, die Reiter der Barbaren dröhnten über die nördliche Ebene Chinas – Richtung Kaifeng. Und was macht Zhao Mingcheng, kaiserlicher Beamter in der Provinz Shandong? Er hat eine Kalligrafie des Bai Juyi erstanden und schwingt sich auf sein Pferd, um eilends seine Dienstwohnung aufzusuchen. Denn er weiß, Li Qingzhao wird seine Begeisterung über diese Kostbarkeit teilen. Gemeinsam beugen sie sich über die Kalligrafie, deren Tusche sich so gut erhalten hat, als wäre sie gerade vom Dichter aufgetragen.

Der Dichter Bai Juyi (772–846) war in der Tang-Zeit so populär, dass seine Gedichte an die Wände von Poststationen, Tempeln und Palästen geschrieben und auf den Märkten verkauft wurden. Als Bai das »Lied vom langen Leid« veröffentlichte, die Ballade über die verhängnisvolle Liebe des kunstsinnigen Kaisers Xuanzong zur schönen Konkubine Yang Guifei, war die Nachfrage so groß, dass das Papier zum Drucken knapp wurde.

Im »Lied vom langen Leid« schildert Bai Juyi, wie der Kaiser 755 vor aufständischen Soldaten aus der Hauptstadt flieht und – um sich und den Thron zu retten – die geliebte Konkubine opfert. Das mächtige Reich der Tang, Chinas Goldene Zeit, schien damals dem Untergang geweiht. Würde sich die Geschichte unter dem kunstsinnigen Kaiser der Song wiederholen?

Li Qingzhao kann sich in den ungewissen Wochen und Monaten des Jahres 1126, als sich die katastrophalen politischen Nachrichten häuften, und sie mit einer Kalligrafie aus vergangenen Tang-Zeiten konfrontiert wird, an ein Gedicht erinnern, das sie kurz vor ihrer Heirat schrieb. Denn ihr Gedicht nahm – angeregt durch eine achäologische Ausgrabung – Bezug auf eben jenen Aufstand von 755 und Kaiser Xuanzong. Ihn und seine korrupte Politik hatte sie damals ungeschminkt kritisiert:

Die Lehren der Vergangenheit hätten dich
sehr viel vorsichtiger und selbstkritischer machen müssen.
Wozu gibt es die alten Geschichtsbücher, auf Bambusstreifen geschrieben,
wenn du sie nicht studiert hast?

Indem sie Kaiser Xuanzong kritisierte, hielt Li Qingzhao dem regierenden Song-Kaiser, unter dem Su Dongpo in die Verbannung geschickt und ihr Vater, Direktor der National-Universität in Kaifeng, auf einen gefährlichen Grenzposten versetzt wurde, den Spiegel vor.

Die Dichterin erinnerte Kaiser Xuanzong daran, wie vergänglich sein Ruhm war – und hatte auch mit dieser Anspielung ihre Gegenwart im Blick:

Fünfzig erfolgreiche Jahre wie vom Blitz vernichtet,
die Blumen und Weidenbäume in deinem kaiserlichen Palast
überwuchert und nichts als Unkraut …
Truppen der nördlichen Barbaren
tauchen auf, wie vom Himmel gefallen …
Tartaren-Pferde paradieren vor deiner Festhalle,
treten Perlen und Edelsteine in den Staub.

Im Jahre 1126 waren jene prophetischen Zeilen, mit denen Li Qingzhao über ein Viertel Jahrhundert zuvor mahnend beschworen hatte, dass ein schlechtes kaiserliches Beispiel und eine korrupte Politik in Krieg und Zerstörung enden, der Realität gespenstisch nahe gekommen.

19

KAIFENG FÄLLT
oder
EINE POLITIK DER ILLUSIONEN

Kaiser Huizong dankt ab – Von zwei Seiten bedrängt: Qinzong auf dem Thron – Barbaren vor Kaifeng: Abzug gegen Silber und Seide – Die Armeen der Jin kommen zurück – Die Belagerung: Steinschleudern, Brandleitern, fahrbare Türme – Die Verteidiger: schlecht ausgerüstet, demoralisiert – Der Kaiser besucht seine Truppen – Ohne Solidarität: die Zivilisten – Die Macht der Beamten über das Militär – Schnee und Kälte machen mürbe – Panik in der Stadt

Am 16. Januar 1126 traf sich Kaiser Huizong mit seinem Staatsrat zu einer Krisensitzung. Konflikte überall – nirgendwo zeigten sich gangbare Lösungen. Ob in der Außenpolitik oder im Innern – das Land glich einem Pulverfass. Der Kanzler ergriff das Wort und erklärte, nur wenn der Kaiser sofort abdanken und sein Sohn die Nachfolge antreten würde, könne das Reich noch vor dem Untergang bewahrt werden. Es gehe um den Staat und um den Fortbestand der Song-Dynastie, da müsse ein Einzelner zu jedem Opfer bereit sein.

Als alles gesagt ist, liegt Stille über dem Raum. Der Kaiser seufzt, seine Minister schweigen. Da weiß Huizong, dass er keine Wahl mehr hat. Noch am Morgen hatte er, von seinem vertrauten Eunuchen Tong Guan gedrängt, in einem feierlichen Erlass Selbstkritik geübt. In ungewohnter Offenheit nannte der Kaiser die Übel, für die er Verantwortung trug, beim Namen: Falsche Berater, Bestechung, Extravaganz, Steuern, die das Volk aussaugten, Privilegien für die Müßiggänger, während es der Armee an Uniformen und Mitteln fehlte. Schlechte Vorzeichen seien nicht als Warnung verstanden worden. Das kaiserliche Bedauern über alle Versäumnisse sei unendlich; er, der vor allen im Reich den ersten Platz einnehme, habe versagt. Am Ende des Edikts folgte, was Konfuzius von einem guten Herrscher verlangt hatte: der Aufruf, den »Sohn des Himmels« zu kritisieren. Dafür gebe es nicht Bestrafung, sondern Belohnung; nicht nur Minister, Beamte und Gebildete sollten ihre kritische Stimme erheben, nein, auch das einfache Volk.

Eine unerhörte Demütigung, mit der Huizong, der Ästhet auf dem Kaiserthron, die letzte Karte zieht, um sich auf dem Thron zu behaupten.

Doch es ist zu spät, das Schweigen der Minister ist beredter als alle Selbstbeschuldigungen. Huizong bleibt nur, das Gesicht zu wahren und einer Abdankung unter dem Vorwand zuzustimmen, »der zehntausend Pflichten müde geworden zu sein«.

Zwei Tage später, am 18. Januar 1126, gibt der Hof bekannt, dass der Thron – und damit die Macht über »Alles unter dem Himmel« – an den ältesten Sohn des achten Kaisers der Song-Dynastie übergeben wird. Als neunter Song-Herrscher beginnt mit dem gleichen Tag Kaiser Qinzong seine Regierungszeit. Keiner seiner Vorgänger ist aus gleichem Anlass in einer auch nur annähernd vergleichbaren Situation gewesen.

Die Abdankung von Huizong brachte den Nachfolger in eine widersprüchliche Lage: zwar war Qinzong legitim auf den Thron gekommen, aber hatte er auch die Macht? Gemäß konfuzianischer Lehre war er als Sohn seinem Vater gegenüber zu ehrfurchtsvollem Verhalten verpflichtet. Wenn der Sohn nun erklärte, dass alles anders und besser würde – und das erwartete die Bevölkerung von ihm –, stellte er automatisch den eigenen Vater in ein schlechtes Licht. Und vor allem waren noch die alten, einflussreichen Einflüsterer auf ihren Posten.

Der neue Kaiser versucht, Eigenständigkeit zu zeigen, der Kanzler und einige Minister werden entlassen. Dem neuen Kanzler lässt Qinzong in die Ernennungsurkunde schreiben: »Es ist Unser fester Entschluss, Unserem Staat Frieden zu geben.« Als neues Regierungsmotto wird verkündet: »Rückkehr zum Vorbild der Ahnen«.

Einer Gruppe engagierter Studenten der National-Universität reichen die vorsichtigen Schritte und die schönen Worte nicht. Noch im Januar setzen sie eine Petition an den Kaiser: Die »sechs Banditen«, hohe Beamte und Eunuchen, die Kaiser Huizong betrogen und das Land ins Verderben geführt hätten, müssten bestraft und hingerichtet werden, allen voran Cai Jing und Tong Guan. Gerüchte kommen auf, dass diese Verräter mit dem Feind gemeinsame Sache gemacht hätten. Denn wenn die Regierungspropaganda auch alles tat, die katastrophale militärische Lage zu verschleiern, hatte sich doch in Kaifeng herumgesprochen, dass die Armee der Jin im Vormarsch auf die Hauptstadt war.

Innerhalb der hohen Beamtenschaft und durch die Mauern der Palaststadt vor der Öffentlichkeit verborgen, hatte unterdessen eine heftige Diskussion eingesetzt. Zwei Fraktionen bedrängten Kaiser Qinzong. Die eine riet ihm inständig, Kaifeng vorübergehend zu verlassen und an einem sicheren Ort im Süden den Widerstand gegen die Jin zu organisieren. Eroberte Städte könne man zurückgewinnen. Aber wenn der Kaiser einen schmählichen Frieden schließe oder gar in die Hand der Feinde geriete, bedeute das den Untergang der Dynastie und des Reiches.

Die Gegenpartei war überzeugt, dass eine solche Flucht verheerende moralische Auswirkungen auf die Bevölkerung habe und den Kaiser um Ehre und Glaubwürdigkeit bringe. Nur ein Frieden mit dem Feind, und sei er noch so ungünstig, könne die nötige Atempause verschaffen. Qinzong schwankte. Dann entschied er sich für die heroische Geste und erklärte, er werde bleiben, komme, was da wolle.

Den abgedankten Kaiser Huizong dagegen schreckte die Aussicht auf mögliches Heldentum. Noch im Januar 1126 zog ein pompöser Tross durch das südliche Haupttor in Richtung Süden. Mittendrin, von Soldaten dicht geschützt, in einer Kutsche Huizong, und natürlich gingen die Kaiserin, Konkubinen und Palastfrauen, hunderte von Dienern und Eunuchen mit auf die Reise. Tong Guan hatte die Flucht in eine Stadt am Yangtse organisiert und sich dorthin ebenfalls in Sicherheit gebracht.

Der Februar 1126 war erst wenige Tage alt, da hatte der Feind, der aus dem hohen Norden kam, ohne nennenswerten Widerstand den Gelben Fluss überschritten. Die Jin standen vor Kaifeng. Kaiser Qinzong und die Mehrheit der Minister im Staatsrat wussten: Das Reich der Mitte konnte mit seiner unfähigen Armee den Barbaren im Kampf keinen Widerstand leisten. Kaiserliche Gesandte trafen sich heimlich bei Nacht mit dem Feind, um im Verhandlungszelt vor den Stadtmauern Kompromisse auszuhandeln.

Noch während der Verhandlungen waren die Studenten wieder auf die Straße gegangen und in Richtung Palaststadt gezogen. Sie protestierten, weil ihre Petitionen vom Januar nichts ausgerichtet hatten, und der Kaiser den beliebten neuen Kanzler nach kurzer Zeit wieder abgesetzt hatte. Den jugendlichen Demonstranten schlossen sich Zehntausende von unzufriedenen Bewohnern an. In Kaifeng, von den feindlichen Truppen eingeschlossen, wurden Nahrungsmittel und Brennholz knapp. Wut und Angst machten sich breit.

Da kam der Protestzug der Studenten gerade recht, um dem aufgestauten Ärger und der Verzweiflung Luft zu machen. Als Eunuchen am Eingang zur Palaststadt die aufgebrachte Menge beruhigen wollen, werden sie gelyncht. Die Demonstranten demolieren ein Tor, dringen in die Palaststadt ein, weitere Eunuchen werden ermordet. Ein unerhörtes Sakrileg, aber die Verantwortlichen wagen es nicht, Soldaten einzusetzen.

Der Kaiser wird eilends informiert, beugt sich dem Druck der Straße und lässt verkünden: Der neue Kanzler wird der alte sein. Unter den Beifallsrufen der Bewohner ziehen die Studenten triumphierend durch die Stadt.

Aus dieser geschwächten Lage heraus war nicht viel zu verhandeln. Die Jin diktierten den Frieden. An einer Eroberung von Kaifeng waren sie nicht interessiert. Aber sie nutzten die Gelegenheit, ihre Schatzkammern zu füllen. Schließlich beschwor der »Sohn des Himmels« feierlich, die Bedingungen des Vertrags einzuhalten. Kaiser Qinzong konnte sich auf die Gründungsväter der Song-Dynastie und auf Konfuzius berufen, die im Krieg das größere Übel sahen. Der Preis für den Frieden allerdings war im Frühjahr 1126 ungeheuerlich:

Die schon im Vertrag von 1123 zugesagten jährlichen Zahlungen der Chinesen an Seide und Silber liefen weiter. Jetzt kamen als Kriegsentschädigung für die Jin eine Million Ballen Seide, fünf Millionen Unzen Gold, fünfhundert Millionen Unzen Silber, zehntausend Rinder und Pferde hinzu. Außerdem wurde das Territorium an der nördlichen Grenze an das Reich der Jin abgetreten, und ein kaiserlicher Prinz sollte als Geisel die abziehenden Feinde begleiten. Das Reich der Mitte, das nach seinem Selbstverständnis innerhalb seiner Grenzen die gesamte Welt umfasste, lag tief gedemütigt am Boden. Die Jin zogen mit ihren Soldaten ab, noch bevor sie alle Schätze eingesammelt hatten, überzeugt, dass ihnen von dieser Seite keine Gefahr mehr drohte.

Doch der Abzug der Belagerer vor den Mauern schafft keine Befriedung im Innern, im Gegenteil. Die Regierung ist gezwungen, die finanziell ausgelaugte Bevölkerung mit weiteren Abgaben zu belegen, um den neuen Vertrag mit den Jin zu erfüllen. Nach und nach sickert durch, zu welchen Bedingungen der Frieden erkauft wurde. Hohe Beamte widersetzen sich der offiziellen Politik, fordern ihre Kollegen in den nördlichen Gebieten, die per Vertrag an die Jin gehen sollen, zum Widerstand auf und mobilisieren die dortigen chinesischen Truppen. Die Studenten sind wieder auf den Beinen, rufen »Schande« und »Verrat«. Der Druck innerhalb der Mauern von Kaifeng nimmt bedrohliche Ausmaße an. Ein Gerücht kursiert, wonach der abgedankte Kaiser Huizong einen Putsch gegen den eigenen Sohn vorbereite.

Ein Abgesandter von Kaiser Qinzong macht sich eilends zum abgedankten Kaiser in den Süden auf und erreicht zweierlei: Der alte Kaiser kehrt zurück nach Kaifeng, und entzieht seinen Schutz endgültig jenen, auf die er ein Viertel Jahrhundert lang alle Verantwortung abgeladen hatte. Kaiser Qinzong hat freie Hand, Cai Jing zu degradieren und in immer weiter entfernte Orte zu verbannen. Die Legende hat aus dieser Zeit ein Gedicht des Verbitterten überliefert:

Im gebrechlichen Alter von achtzig Jahren
muss ich erstmals Abschied nehmen.
Dreitausend Meilen weit in der Fremde bin ich ohne Heim,
allein und verlassen wandernd ...
In die Ferne schweift mein Sinn und ich muss weinen.
In goldenen Palästen möchte ich ein fünftes Mal Kanzler sein
und in der Jadehalle auf Büttenpapier die Erlasse herausgeben.

Die Geschichtenerzähler bekamen von der Realität einen schaurig-schönen Stoff geliefert: Cai Jing starb im August 1126; sein toter Körper lag tagelang auf der Landstraße. Der einst mächtigste Mann im Land wurde auf einem öffentlichen Friedhof begraben, nur in Strohmatten gehüllt. Von seinen dreiundzwanzig Söhnen und Enkeln, alle ebenfalls verbannt, wurden drei Söhne, die mit dem Vater in hohe Ämter aufgestiegen waren, enthauptet. Ebenfalls angeklagt und dann enthauptet wurde Tong Guan, der einst den gesamten Militärapparat beherrscht hatte. Das Oberhaupt der Zhu-Familie, Organisator der berüchtigten »Massentransporte für Blumen und Steine«, entschied sich für Selbstmord statt Exekution. Andere Mitarbeiter des abgedankten Kaisers starben auf plötzliche und mysteriöse Weise.

Die Bösewichte hatte ihre Strafe ereilt. Ein Friedensvertrag beruhigte die Situation an der Grenze im Norden. Endlich konnten die Weichen für eine neue, solide Politik im Innern wie nach außen gestellt werden. Aber wer so dachte und es aussprach unter den Regierungsbeamten, wurde von der Mehrheit seiner Kollegen schief angesehen. Wieder gab es zwei Lager, die Kaiser Qinzong bedrängten: die einen plädierten für eine realistische Politik, die anderen taten alles, unter dem Banner des Patriotismus den Vertrag mit den Jin heimlich zu sabotieren und von Eroberungszügen in den Norden zu schwadronieren.

Am Ende des Jahres 1126 analysiert ein angesehener hoher Beamter und Militär in einem Memorandum an den Kaiser, welche Partei sich bei Hofe durchgesetzt hat: »Nachdem das Bündnis mit den Jin geschlossen worden war, hatten seinerzeit die Barbaren ihre Heere zurückgezogen.

Die Herren Staatsräte aber hatten noch nicht einmal die Einzelheiten erwogen und gründlich bedacht, als sie schon von neuem Eure Majestät geschickt täuschten, und verräterische Beamte zum Schaden des Staates das für alle Zukunft geschlossene Bündnis brachen.« Tatsächlich wurde den Jin das vertraglich zugesagte Gebiet im Norden nicht friedlich übergeben, und die versprochenen Tribute an Geld und Seide ließen auf sich warten.

Unabhängig davon, dass sie inzwischen wussten, dem Reich der Mitte militärisch haushoch überlegen zu sein, fühlten sich die Jin hinters Licht geführt und in ihrer Ehre gekränkt. So würden die arroganten Chinesen nicht mit ihnen umgehen können. Im Spätsommer 1126 marschierten zwei Armeen der Jin in Richtung Süden. Sie sollten das Land vom Osten und Westen her aufrollen und sich vor Kaifeng treffen.

Die dramatischen Ereignisse vom Jahresende 1126 bis zum Frühjahr 1127 sind Schwerpunkt eines Buches, das am Ende des zwölften Jahrhunderts ein kenntnisreicher Autor zusammengestellt hat: ein »Kompendium« über die Verträge der Song-Kaiser mit den barbarischen Nordvölkern. Darin wird das Geschehen mit offiziellen Akten, privaten Erinnerung und zeitgenössischen Geschichtswerken, die später verloren gingen, sachkundig dokumentiert, geschildert und interpretiert. Das »Kompendium« ist eine solide Fundgrube, um dieses für die Song-Epoche so einschneidende Ereignis zu rekonstruieren.

Wie zu Anfang des Jahres dröhnten die Hufe der gefürchteten Dschurdschen-Reiterei wieder über die nördliche Ebene, eroberten disziplinierte und erfolgsgewohnte Soldaten eine Stadt nach der anderen. Zehntausende von getöteten chinesischen Soldaten lagen auf den Schlachtfeldern. Die östliche Armee der Jin überquerte am 28. November 1126 den Gelben Fluss, der Niedrigwasser führte. Die chinesischen Soldaten, die zur Verteidigung am Flussufer plaziert waren, meuterten und flüchteten in Richtung Kaifeng, das nach dem damaligen Flussverlauf etwa dreißig Kilometer südlich lag. Auf ihrer Flucht plünderten die Soldaten hemmungslos die Vorräte der eigenen Bevölkerung.

In den Palästen und Verwaltungsstuben von Kaifeng begann die alte Diskussion aufs Neue: Flüchten oder standhalten? Der Kanzler empfahl: »Seiner Majestät ist anzuraten, Pläne zu fassen, den Barbaren auszuweichen.« Der Kaiser solle sich in die frühere Kaiserstadt Luoyang zurückziehen und dort eine schlagkräftige Armee mobilisieren. Qinzong stimmte zu, anschließend befragte er den Präfekten von Kaifeng um seine Meinung. Der erwiderte kühl, wer so vorgehe, sei mit einem pietätlosen Sohn zu vergleichen, der den Besitz seiner Väter und Vorväter veräußere. Das saß. »Zornbebend«, so die Augenzeugen, erklärte der Kaiser seinen Beamten am nächsten Tag: »Es ziemt sich, Unser Leben für die Verteidigung der Altäre des Reiches einzusetzen.« Nach diesem kaiserlichen Sinneswandel konnte der desavouierte Kanzler nur noch um seine Entlassung bitten.

Die Realität allerdings entzauberte die neuerliche kaiserliche Heldengeste im Handumdrehen. Die westliche Armee der Jin machte einen kleinen Umweg und eroberte ohne großen Widerstand Luoyang, keine Tagesreise westlich von Kaifeng am Gelben Fluss gelegen, das Herz der chinesischen Kultur. Zwischen dem 10. und 12. Dezember 1126 trafen sich beide Armeen vor Kaifeng. Die Hauptstadt war zum zweiten Mal innerhalb eines Jahres von Feinden eingeschlossen.

Während sich die Menschen aus der Umgebung in den Schutz der Mauern von Kaifeng flüchteten, malträtiert von den eigenen Soldaten, bauten die Jin unbehelligt unzählige Lager rund um die Stadt auf und richteten sich mit ihren etwa hunderttausend Soldaten auf eine lange Belagerung ein. Sie kontrollierten die Ausfallstraßen, so dass keine Nahrungsmittel in die Stadt hineingebracht und keine Menschen herauskommen konnten. Ihren eigenen Proviant erzwangen sie von den umliegenden Bewohnern, plünderten die verlassenen Dörfer und Häuser. Sie machten Gefangene, die vor allem damit beschäftigt waren, Bäume zu fällen und daraus alle Arten von Angriffs-Utensilien herzustellen. Und sie gruben und bedeckten Gänge, in deren Schutz man Katapulte und großes Belagerungsgerät zum Sturm möglichst nahe an die Stadtmauern heranführen wollte.

In Kaifeng herrschte Panik. Die Millionen-Metropole platzte ohnehin aus allen Nähten. Seit Jahrzehnten hatten die Behörden Ansiedlungen vor den Mauern erlaubt. Nun drängten Tausende zusätzlich in den knappen Raum, verängstigt, nur mit dem Nötigsten versehen. Kaiser Qinzong befahl den Klöstern, die Flüchtlinge aufzunehmen und öffnete die kaiserlichen Gärten außerhalb der Palaststadt für die Obdachlosen.

Die chinesischen Militärs wollten beim ersten Auftauchen des feindlichen Heeres mit einem massiven, demoralisierenden Angriff reagieren. Der Kaiser lehnte ab. Alle militärischen Lager vor der Stadt wurden aufgegeben, so dass nun innerhalb von Kaifeng außer den Zivilisten rund zweihunderttausend Soldaten lagerten. Es waren Berufssoldaten und

Milizionäre, schlecht verpflegt und gekleidet, und mit Versprechungen gelockt, die sich zusehends als Täuschungen erwiesen. Die Soldaten wurden auf Abschnitte der Stadtmauern verteilt.

Als am 10. Dezember ein weitblickender Abschnittskommandant mehr Disziplin von seinen Soldaten forderte, streuten sie in den Straßen das Gerücht, er sei mit dem Eunuchen Tong Guan verwandt. Das reichte in der aufgeladenen Stimmung. Noch am gleichen Tag war der Kommandant ein toter, weil von den Bewohnern gelynchter Mann. Und obwohl ein eindeutiges Verbrechen vorlag, drückte sich die Verwaltung darum, die Schuldigen angemessen zu bestrafen.

Innerhalb der Palaststadt ging es bei den Diskussionen, wie man auf die Belagerung reagieren solle, kaum weniger hitzig zu. Die Mehrheit der Berater empfahl dem Kaiser, auf Zeit zu spielen. Armee-Einheiten aus allen Teilen des Reiches würden sich nach Kaifeng durchschlagen und dem Barbaren-Spuk ein Ende machen. Zeugte diese Erwartung schon von massivem Realitätsverlust, so verwundert es nicht, dass höchste Beamte, der Kanzler inbegriffen, ihre Hoffnung zudem auf Scharlatane und Wahrsager setzten, die glänzende Erfolge voraussagten.

Immerhin blieb den Verantwortlichen nicht verborgen, dass in der regulären Armee und bei den Milizsoldaten der Groll über versprochene Titel und finanzielle Vergünstigungen, die nicht realisiert wurden, wuchs. Der Kaiser verfügte: »Wir haben bei der Staatskanzlei das Amt für Verdienste und Belohnung errichtet und sämtliche Beamte ausdrücklich angewiesen, in dem Verfahren der Einstufung keinerlei Verzögerungen eintreten zu lassen.« Im nächsten Satz gab der Kaiser seinen Soldaten »ernstlich zu bedenken«, dass seine kaiserlichen Vorfahren »für Eure Väter, Großväter und Vorväter gesorgt und sie mit großen Wohltaten bedacht haben. Wann immer der Feind angreift, sollt Ihr aus Anhänglichkeit gegenüber der Dynastie mit allen Kräften Widerstand leisten.« Es wird sich zeigen, ob der Kaiser das Herz seiner Soldaten getroffen oder ein weiteres naives Wunschbild formuliert hatte.

Insgeheim jedoch hoffte Qinzong, der Schlacht um seine Hauptstadt wie schon im Frühjahr durch einen Vertrag zu entgehen. Kaum war Kaifeng im Dezember eingeschlossen, hatte es erste Kontakte zwischen den feindlichen Lagern gegeben. Die Jin waren grundsätzlich einer friedlichen Lösung nicht abgeneigt, vorausgesetzt, der Kaiser von China würde das Land nördlich des Gelben Flusses unter ihre Oberhoheit stellen. Wieder begann im Staatsrat das große Palaver. Wieder waren die kaiserlichen Ratgeber gespalten, der Kaiser schwankte. Die Oberschlauen versuchten, die Jin nach bekannter Taktik hinzuhalten. Doch die hatten hinzugelernt und setzten eine Frist. Als bis zum 12. Dezember keinerlei positive Signale von der kaiserlichen Seite kamen, wurde der Befehl zum Angriff gegeben.

Da im chinesischen Reich die ummauerte Stadt das Nervenzentrum war, der Sitz von Verwaltung, von politischer und gesellschaftlicher Macht, konnte ein Angreifer nur siegreich sein, wenn er die Kunst der Belagerung in den Mittelpunkt seiner Kriegsführung stellte. Die Jin waren bestens darauf vorbereitet, Kaifeng samt seinen Verteidigern zuerst zu zermürben und dann im Sturm zu nehmen.

Schwachstellen der Stadtmauer waren die sechzehn Tore, über denen hölzerne Türme angebracht waren, und hölzerne Unterstände für Soldaten, die es alle fünfzehn Meter auf den Mauern gab. In den Unterständen konnten sich jeweils zwanzig Verteidiger aufhalten, um die Angreifer mit Pfeilen und Steinen abzuwehren. Die Jin waren gut vorbereitet. Zu ihrer Ausrüstung gehörten Brandleitern, Rollwagen und Angriffstürme, zum Teil höher als die Stadtmauern und jeweils mit achtzig Soldaten besetzt. Gelang es, sie nahe genug an die Mauern zu fahren, konnten die Soldaten die hölzernen Maueraufbauten in Brand setzen. Als Mitte Dezember strenger Frost mit Schnee einsetzte, frohlockten die Belagerer. Der Wassergraben vor den Mauern war in Kürze zugefroren, wurde mit Brettern, Stroh und Erde belegt, und täglich rollten die Belagerungsgeräte näher an die Mauern heran.

In den ersten Tagen der Belagerung versuchten die kaiserlichen Armeeführer, mit gezielten Kommandos außerhalb der Mauern den Feind im Kampf Mann gegen Mann zurückzudrängen, das Eis wieder aufzuschlagen und die Rolltürme und Laufgänge, in deren Schutz sich die feindlichen Soldaten heranschlichen, zu zerstören. Die Erfolge waren minimal und die Verluste so groß, dass diese Taktik aufgegeben wurde, zumal mit dem Öffnen der Tore für die Ausfälle ein großes Risiko verbunden war. Die Verteidigung von Kaifeng wurde nun ausschließlich von den Mauern und Türmen aus geleistet – in der Hoffnung, dass bald rettende Truppen eintreffen und der Feind frustriert und mürbe gemacht würde.

Die Soldaten in den hölzernen Unterständen auf der Stadtmauer versuchten, durch Schießscharten die immer näher rückenden Belagerungsgeräte mit Pfeilen in Brand zu setzen. Gegen diese Gefahr wurden die Türme und Sturmleitern der Jin mit den Häuten frisch geschlachteter Tiere behängt. Die chinesischen Soldaten schützten ihre Holzbauten ebenfalls mit rohen Häuten und mit nassen Filzbahnen, um vor den Steinkatapulten und Brandpfeilen des Gegners sicher zu sein.

Vor allem der Steinhagel aus den Katapulten richtete bei den Aufbauten auf den Mauern große Schäden an, tötete viele Soldaten oder verletzte sie schwer. Die Steine hatten ein Gewicht bis zu sechzig Kilo, und jedes Katapult, zum Schutz gegen Brandpfeile mit nassem Ulmenholz und ungegerbten Rinderhäuten umkleidet, konnte mehrere Steine auf einmal abschießen. Nur unter Androhung von schweren Strafen und der Aussicht auf hohe Belohnung gelang es den kaiserlichen Militärbeauftragten, Handwerker ausfindig zu machen, um die zerstörten Unterkünfte im Angesicht des Feindes zu reparieren.

Dass der Steinhagel der Feinde so schnell so intensiv war, hatte die kaiserliche Armee der eigenen Desorganisation zu verdanken. Beim hektischen Rückzug hinter die Mauern vergaß man, fünfhundert schwere Steinkatapulte, die zum Schutz von Kaifeng vor den nördlichen Stadttoren aufgestellt waren, in Sicherheit zu bringen. Mühelos konnten die Jin sich dieser gefährlichen Angriffsschleudern in nächster Nähe bedienen und brauchten an diesem Abschnitt der Stadtmauern nicht erst mühsam ihre eigenen Katapulte aufzubauen.

Die Jin besaßen keine zweitausendjährige Kultur und hatten für ihren Kaiser kein ausgefeiltes höfisches Protokoll vorzuweisen. Doch sie verstanden sich meisterhaft auf psychologische Kriegsführung. Das Leben in den Lagern vor der Stadt und die Arbeiten der Gefangenen wurden mit aufreizender Offenheit vor den Augen der Belagerten organisiert. Die Angriffe begannen noch im Morgengrauen, hielten ununterbrochen bis in die Nacht an und wurden vom ohrenbetäubenden Geräusch der Kriegstrommeln begleitet, das auch nach Einbruch der Dunkelheit nicht verebbte.

Das Schicksal der weit über eine Millionen Menschen in der Stadt hing von der Kampfbereitschaft und der Moral der Soldaten ab, die auf die Mauern und Türme beordert wurden. Kaiser Qinzong, der bei seinen politischen Entscheidungen schwankte wie ein Bambusrohr im Wind, gab sich aufrichtige Mühe, die Soldaten zu ermutigen. Im Gegensatz zu seinem kaiserlichen Vater flüchtete er sich nicht in Luxus oder feinsinnige Ablenkungen. Am 14. Dezember begann Qinzong einen viertägigen Besuch beim westlichen Mauerabschnitt. Ohne Pause ging es weiter zum Nordabschnitt. Die offizielle Chronik mag geschönt sein. Doch ein kaiserlicher Gang zu den einfachen Soldaten war keine Selbstverständlichkeit, zumal der »Sohn des Himmels« sich mit seinem bescheidenen und mitfühlenden Auftreten glaubwürdig von seiner Entourage abhob:

»... der Kaiser sprach den Truppenkommandeuren und Soldaten Mut zu. An allen vier Tagen seiner Inspektion nahm der Kaiser bei keiner der Abschnittbesichtigungen Mahlzeiten aus der Hofküche zu sich. Er orderte die Truppenverpflegung, verzehrte sie und ließ mit den ihm zugedachten Hofmahlzeiten Offiziere und Mannschaften beköstigen. Den Leuten kamen vor Dankbarkeit die Tränen.

Seit Beginn der Besichtigungsrunde fielen abwechselnd Schnee oder Regen. Der Kaiser trug die kleine Kopfbedeckung und seinen Panzer, während der Kommandant der Palastwache ihm in seinem purpurfarbenen Hofgewand mit dem Zeremonialstab in der Hand folgte. Bei diesem Anblick knirschten alle mit den Zähnen. ... Pro Mann gab es einen Becher Wein. Vom Truppenkommandeur abwärts wurden sie alle zusammen je nach Verdiensten ausgezeichnet.«

Die kaiserliche Gemahlin wollte hinter dem Patriotismus ihres Mannes nicht zurückstehen: »Die Kaiserin fertigte zusammen mit den Hofdamen aus kostbarer Geschenkseide des Kaiserlichen Schatzhauses wattierte Nackenschützer an und ließ sie an Offiziere und Soldaten verteilen. Unter den Soldaten, die die Nackenschützer erhielten, gab es welche, die sie hochhielten und dabei ihre Späße machten: ›Dieses haben wir zwar erhalten, aber was ist, wenn uns am ganzen Körper friert?‹ Die Einsichtigen runzelten die Stirn, als sie davon hörten.« Die Späße relativierten die Tränen der Dankbarkeit. Was nützten die Segnungen der Song-Dynastie, die der Kaiser beschwor, weil Väter und Großväter der Soldaten davon profitiert hatten, wenn man zitternd vor Kälte oder mit erfrorenen Fingern auf den Mauern von Kaifeng stand, einen übermächtigen, selbstbewussten Feind vor Augen?

Einer der Truppenkommandeure bat darum, mit rund fünftausend Milizsoldaten vor der Mauer Übungen durchzuführen und, falls nötig, gegen den Feind vorzugehen. Es wurde eine Ausnahme gemacht, er zog hinaus, und eine Woche belauerten sich die Gegner auf Sichtweite. Ein Beobachter auf der kaiserlichen Seite erinnert sich, was geschah, als die Jin plötzlich angriffen: »Daraufhin warf der Haufe die Waffen weg und floh. Der Feind erkannte immer mehr die wahre Lage bei uns, nämlich dass wir nicht kämpfen würden.«

Zugleich wuchs die Verunsicherung der Zivilbevölkerung. Einerseits wurde in Kaifeng der Ausnahmezustand ausgerufen, andererseits liefen alle einschränkenden Maßnahmen unter dem Titel »Maßnahmen zum Schutz der Ernte«. Die Desinformationen erhöhten das Misstrauen. Warum mussten »Zum Schutz der Ernte« alle Stadttore – bis auf zwei – von innen verbarrikadiert werden? Wie sollte die Nahrung aus den Speichern vor den Mauern in die Stadt gelangen? Woher sollte das bei dieser Kälte dringend benötigte Brennholz kommen, das man üblicherweise vor den Mauern einsammelte?

Die Bewohner sahen in jedem Flüchtling, der innerhalb der Mauern Schutz gesucht hatte, einen potentiellen Spion und reagierten hysterisch: »Wahllos wurden brave Bürger eingefangen, unzählige von ihnen geköpft, verprügelt und verletzt ... Vor dem Palast kam es zu einem großen Tumult. Der Kommandeur der Palastwache setzte Truppen ein und ließ einige Dutzend Leute ergreifen und enthaupten. Daraufhin trat Ruhe ein.«

Zwei Entwicklungen griffen verhängnisvoll ineinander. Die Bewohner von Kaifeng waren seit über zwei Generationen vom Lebensgefühl einer offenen Stadt geprägt. In den Vergnügungsvierteln gingen die Lampions nie aus, auf den Märkten wurde ab drei Uhr in der Frühe das Beste und Frischeste angeboten. Jedem war überlassen, wann er sein Geschäft oder sein Weinlokal öffnete oder wo in der Stadt er sich eine Wohnung suchte.

Mit dem Aufschwung der Wirtschaft unter der Song-Dynastie hatte Kaifeng wie ein Magnet Menschen aus allen Schichten und Regionen des Landes angelockt. Hier lebten kleine Händler und Handwerker, reiche Kaufleute und Scharen von Dienstboten, alleinstehende Frauen und Gelegenheitsarbeiter, Notare und Obdachlose, Heiratsvermittler und Immobilienhändler. Dazu kam die breite Schicht der hohen und höchsten Beamten, die in der Hauptstadt konzentriert waren. Tausende von buddhistischen und daoistischen Mönchen gehörten zum Straßenbild.

Dieser bunte Haufen kannte kein Gemeinschaftsgefühl. Jeder verfolgte rücksichtslos seine eigenen Interessen, um Karriere zu machen und reich zu werden. Die Bewohner waren an der Verwaltung ihrer Stadt nicht beteiligt. Als die Belagerung alle zu einer Notgemeinschaft hätte verbinden können, fehlte jedes Gefühl für Solidarität. Dafür wuchs das Gefühl, in der Falle zu sitzen und keinen Fluchtweg zu haben, wenn es wirklich zum Schlimmsten kommen sollte. Die städtischen Beamten reagierten willkürlich auf Anzeichen von Unruhe und Panik, was alles noch schlimmer machte. Die inflationären Aufrufe des Kaisers an die Zivilisten, Ruhe zu bewahren, verfehlten mit jedem Tag, den die Belagerung andauerte, mehr ihre Wirkung.

Wer die Lage nüchtern analysierte, sah mit Entsetzen, in welche Gefahr die Politik der Illusionen den Kaiser persönlich und den Staat insgesamt manövriert hatte. Es fehlte nicht an Eingaben hoher Beamter, die es weiterhin wagten, Kaiser Qinzong zu kritisieren und zugleich flehentlich zu bitten, sich außerhalb der Stadt in Sicherheit zu bringen, um die Chance eines Neuanfangs zu wahren:

»Angenommen, jemand hätte ein Goldsöhnchen, der würde doch, sowie ihm zu Ohren kommt, dass Banditen über die Grenze dringen, an seiner linken Hand die Frau mitziehend, rechts den Sohn auf dem Arm, wie wild davonstürzen, um den demnächst einbrechenden Wirren zu entfliehen … Wenn aber, schlimmer noch, die Barbaren, die in hundert Kämpfen hundertmal siegreich blieben, unter Trommelschlag anrücken und bei ihrem Vormarsch auf keinen Widerstand stoßen … und man dann nichts tut als Dämonen und Geistern Gebete und Opfer darzubringen, ehrfürchtig auf Blendwerk vertraut und den Hohen Herrscher veranlasst, ungerührt inmitten des Palastes zu thronen und zu warten, bis sie kommen, so liegt darin doch die allerhöchste Gefahr!«

Das Memorandum eines hohen Würdenträgers und angesehenen Militärs an den Kaiser malte die Zukunft in den schwärzesten Farben: »Nun also greifen die gerade erst flügge gewordenen Barbaren das Reich der Mitte an. Das Universum ist erfüllt vom Gestank der Schafe und Ziegen. Selbst Dreikäsehochs wissen schon, dass, die Feinde in einem einzigen Kampf zu verjagen, eine für alle kommenden Geschlechter und Herrscher in Ewigkeit fortwirkende Großtat wäre. Was aber, wenn die Generäle und Staatsräte Eurer Majestät zur Hälfte noch Überbleibsel der Verräterpartei sind? Mögen Majestät auch wünschen, tatkräftig Großes zu vollbringen, so fehlt es doch an der Unterstützung durch verlässliche Ratgeber. Deshalb werden die Barbaren von Tag zu Tag anmaßender … Und dann wird niemand mehr imstande sein, das von den Ahnen ererbte zweihundertjährige Reich zu schützen, sondern im weiten Territorium Eurer Majestät … wird man das Haar geschoren tragen und das Gewand nach links überschlagen. Gar nicht zu reden von den Kaisergräbern!«

Soweit man im Reich der Mitte zurückdenken konnte, kennzeichneten zwei Äußerlichkeiten den Chinesen und damit jeden kultivierten

Menschen: Man schloss sein Gewand nach rechts und Männer trugen langes Haar, zu einem Knoten gebunden und von einer Kappe bedeckt. Diese beiden Errungenschaften chinesischer Kultur aufgeben zu müssen und die Schändung der Kaisergräber hinzunehmen, wäre eine unvorstellbare Erniedrigung. Auf diesem Hintergrund empfiehlt das Memorandum dem Kaiser eine drastische Medizin: »... an den Überbleibseln der Verräterclique die Höchststrafe zu vollstrecken und ihre abgeschlagenen Köpfe öffentlich auszustellen. Danach sollten Eure Majestät geschickte und entschlossene Männer auswählen und über die Grenze entsenden, um über die Entspannung zwischen beiden Staaten zu verhandeln.«

Am guten Willen fehlte es Kaiser Qinzong nicht, aber er konnte sich nicht dazu aufraffen, in dieser ungewohnten Situation neue Wege zu gehen. Die Fraktion der Realisten forderte, endlich ein zentrales militärisches Oberkommando für die Verteidigungsmaßnahmen zu installieren. Der Kaiser lehnte ab, und er hatte die Tradition auf seiner Seite: Das Reich der Mitte war seit dem ersten Song-Kaiser ein durch und durch ziviler Staat geworden. Beamte der zivilen Verwaltung hatten in allen Angelegenheiten, auch den militärischen, das letzte Wort. Das Ideal des Kriegers, einst hoch im Kurs, hatte jede Attraktion verloren. Doch was nützen die Ideale von Denkern und Dichtern angesichts der Steinschleudern und Sturmleitern? Über der Fähigkeit Gedichte zu schreiben und Bilder zu malen, waren das Soldatenhandwerk und der Sinn für strategisch-militärisches Denken grob vernachlässigt worden.

Zusammen mit dem zivilen Staat verteidigten die Song-Kaiser auch handfeste eigene Interessen. Was würde einen General, der mit allen Vollmachten ausgestattet war und glanzvoll die Belagerer von Kaifeng in die Flucht schlagen würde, daran hindern, Kaiser Qinzong abzusetzen und den Thron für seine Familie zu reklamieren?

Aber die Situation gegen Ende des Jahres 1126 war mit keiner seit 960 vergleichbar. In einer fachmännisch belagerten Stadt den Angriffen ohne eine zentrale Strategie und Organisation zu begegnen, war fatal. Um die zivilen Werte zu verteidigen, brauchte es militärische Experten. Den kaiserlichen Beamten war alles Militärische nicht nur verdächtig, sie hatten von diesem Handwerk keine Ahnung. Und ihre Motive, den Truppenführern und Generälen in Bezug auf die militärische Verteidigung die volle Verantwortung zu verweigern, waren nicht nur ehrenwerte.

Die Bürokratie wollte selbst in der extremen Notlage des Staates ihre

Macht nicht teilen, geschweige denn aus den Händen geben. Statt dessen nutzten hohe Beamte ihre Befugnisse auf unverantwortliche Weise. Militärs, die an den Abschnitten der Stadtmauer das Kommando führten, wurden entlassen und durch zivile Kollegen, die Kritik an der unflexiblen Politik der kaiserlichen Berater geübt hatten, ersetzt. Ein Himmelfahrtskommando – und nicht nur für die jeweils Betroffenen.

Einer der versetzten Beamten wehrte sich, bat den Kanzler, von seinem militärischen Posten wieder abgelöst zu werden und nahm kein Blatt vor den Mund: »Ich habe mitnichten den Verstand verloren. Es verhält sich wirklich so, dass ich – weil ich den Kanzler beleidigt haben soll – zur Verteidigung auf den Ostabschnitt der Mauern abgeschoben wurde. In meiner zehnjährigen Amtszeit am Hofe gehörte geschriebene Sprache zur Routine, die gesprochene Sprache zu meinen Beruf, und wegen nur einer Äußerung, die jemandes Ohr missfallen hat, trotze ich jetzt Pfeilen und Steinen ... Aber man kann doch keinen beschränkten Stubengelehrten wie mich einen Haufen Schlauberger bei der Verteidigung der Stadtmauern lenken lassen! Wäre es nicht besser, wenn Sie, Herr Kanzler, an meiner Stelle einen furchtlosen General auswählten?«

Der Schreiber scheut sich gegenüber dem höchsten Beamten des Reiches nicht, eine ironische Drohung nachzulegen: »Andernfalls wird es, wenn ich eines Tages versage, nicht allein um mein eigenes Wohl und Wehe gehen!« Der Protest hatte Erfolg, auch wenn die Rituale eingehalten werden mussten. Der aufmüpfige Beamte wurde um drei Ränge zurückgestuft – weil er angeblich Sold und Belohnung nicht pünktlich ausgezahlt hatte –, aber zugleich von seinem Posten auf der Stadtmauer abberufen.

Tritt man einen Schritt zurück und vergleicht die Situation mit dem mittelalterlichen Europa, kann man trotz allem Elend neidisch werden: Da funktioniert im ersten Drittel des zwölften Jahrhunderts ein Verwaltungsapparat in einer eingeschlossenen, durch tägliche massive Angriffe verunsicherten Stadt, als würde in Friedenszeiten ein moderner Staat regiert. Eingaben und Memoranden werden erfasst, Entscheidungen endlos im Staatsrat diskutiert und zur Wiedervorlage hinausgezögert. Mag der Staat auch am Abgrund stehen: Entlassungen und Beförderungen werden beschlossen und auf eine Weise beurkundet, die im Angesicht von Gewalt, Tod und Zerstörung entschlossen Etikette und Form hochhält und dem geschriebenen Wort die Ehre gibt. In der Ernennungsurkunde für einen neuen Chef des Armeekommandos rühmt Kaiser Qinzong dessen Tapferkeit, aber nicht weniger die umfassende Bildung des Generals:

»Der hier genannte Beamte, dessen Loyalität und Ergebenheit sich aus Familientradition herleiten und dessen Gelehrsamkeit seine Herkunft verbürgt, hat sich im Zusammenhang mit den jüngsten Einfällen der Räuberbanden von ganzem Herzen völlig aufgerieben und wurde dafür in die Hallen der Hohen Gelehrsamkeit aufgenommen ... Mit seiner kenntnisreichen und unvergleichlichen Debattierfähigkeit möge er sich an den Beratungen bei Hofe beteiligen. In den Herzen des arbeitenden Volkes möge er wieder Hoffnung erwecken zu Ehre und Preis der Kaiserlichen Majestät ... Gehorcht Unserem glücksverheißendem Befehl ohne Säumen!«

Die Realität für das »arbeitende Volk« wie für die Soldaten auf den Mauern von Kaifeng war eine andere. Für den 21. Dezember 1126 meldet die Chronik: »Die Jin griffen die Hauptstadt schon seit mehr als zehn Tagen an. Während der Hof niemals zum Angriff überging, wurden die feindlichen Angriffe mit jedem Tag bedrohlicher. An den besonders kritischen Stellen prasselten bei drei Stadttoren die Pfeile in Schauern nieder ... Durch die Verwendung von großen Mahlsteinen als Geschosse waren an den Türmen Zerstörungen angerichtet worden.«

Ab und an gab es ein Erfolgserlebnis für die bedrängten Belagerer. Als die Jin gegen den Mauerabschnitt im Osten stürmten, wehrte der zuständige Kommandant sie nachts mit brennenden Strohballen ab und setzte bei Tag Katapulte ein, von denen man schwere Mühlsteine abschießen konnte: »Dafür wurde er durch Kaiserlichen Erlass mit dem Titel eines Vaterlandsretters und Großgenerals ausgezeichnet.« Dass eine selbstverständliche militärische Vorgehensweise als patriotische Großtat hervorgehoben wurde, zeigt, wie wenig man bei den Anführern und Soldaten der kaiserlichen Armee auf solide Arbeit rechnete.

Während einige wenige durch Mut und Entschlossenheit auffielen, konnten Soldaten und Zivilisten beobachten, wie sich zivile Beamte verhielten, die mit militärischen Kommandos betraut wurden: »Der Großsekretär Li war Intendant der Südmauer geworden, der Politische Berater An Fu Intendant der Nordmauer. ... Als handelte es sich um ein Gästehaus, in das man zum Bankett einlädt, trank Li mit seinen Untergebenen Wein oder bereitete Tee zu. Sie klimperten entweder herum, feierten oder waren tagsüber schon betrunken. Die Verteidigungsbeamten wussten es alle, aber sie kümmerten sich nicht darum. Nur bei den Militärs rang jeder verzweifelt die Hände.« Immerhin wurden die beiden pflichtvergessenen Beamten entlassen und um zwei Ränge degradiert. Doch da hatten sie schon auf vielfache Weise Schaden angerichtet.

Über die Ernährungslage in der Stadt liegen keine Angaben vor. Rosig war die Lage gewiss nicht. Der Kaiser gab die Vögel in den Gärten und Zoos zum Fang frei. Es waren Tausende, die dort seit Jahren an ein freundliches Entgegenkommen der Menschen gewöhnt waren und als leichte Beute in den Kochtöpfen landeten. Wer in staatlichen Wohnungen lebte, dem wurde der Mietzins erlassen, der normalerweise täglich zu entrichten war. Privaten Haus- und Wohnungsbesitzern empfahl die Regierung, gleiches zu tun. Um die Stimmung zu verbessern, wurde das Verbot von Glücksspielen aufgehoben. Und nicht nur das!

Zum Freudentag für die Bevölkerung wurde der 23. Dezember 1126. Wie ein Lauffeuer sprach sich herum, dass ein kaiserlicher Erlass die Anlage um den »Heiligen Berg der Festigkeit« geöffnet hatte, damit mehr Steinmunition zur Verteidigung eingesetzt werden konnte. Der »Heilige Berg der Festigkeit« war unter dem Einfluss der daoistischen Berater bei Hofe von Kaiser Huizong zu einem daoistischen Paradies ausgebaut worden. Die Anlage galt als verhasstes Musterbeispiel aller »Blutgärten«, die gemäß kaiserlichem Befehl auf dem Rücken Zehntausender von Zwangsarbeitern in der Hauptstadt angelegt worden waren. Als der kaiserliche Nachfolger die Exzesse seines Vaters zur Zerstörung freigab, »wetteiferten die Bürger darum, Hämmer und Äxte zur Hand zu nehmen, um die Hügel abzubrechen«. Während der Belagerung tat sich der abgedankte Huizong nicht hervor, lebte zurückgezogen, aber keineswegs ohne Luxus, innerhalb der Palaststadt.

Die Bäume und Sträucher der kaiserlichen Anlage waren auch als Brennmaterial willkommen. Solche kleinen Erleichterungen konnten jedoch nicht darüber hinwegtäuschen, dass – wie die Wintertage – die Zukunft immer düsterer wurde. Täglich tauchten neue Gerüchte und neue Schreckensnachrichten auf, und dann diese Kälte. Der Kaiser fastete in seinem Palast, flehte barfüßig den Himmel um wärmeres Wetter an. Es half nichts, seit Mitte Dezember schneite es ununterbrochen in dicken Flocken. Verständlicherweise durften die Soldaten in ihren hölzernen Unterständen auf den Mauern und in den Türmen über den Stadttoren kein Feuer machen: »Offiziere und Mannschaften zitterten vor Kälte und waren nicht imstande, ihre Waffen zu halten. Es ging soweit, dass manche steif vor Kälte umfielen.«

Am 28. Dezember erging ein kaiserlicher Erlass: »Die Schneefälle scheinen nicht nachlassen zu wollen. Offiziere und Mannschaften sind ihnen ausgesetzt. Wir wagen es nicht, Uns dem zu entziehen, und werden neuerlich den vier Mauerabschnitten einen Besuch abstatten, um ihnen Mut zu machen.« Vierzehn Tage waren seit der ersten kaiserlichen Inspektion vergangen. Wieder verteilte der Kaiser die Mahlzeiten der Hofküche, die für ihn bestimmt waren, an die Soldaten. Er saß im Panzer auf seinem Pferd, trotzte Schnee und Kälte und versuchte, die Kampfmoral zu stärken.

An einem Mauerabschnitt wurde Qinzong von feindlichen Soldaten, die mitbekamen, wer da oben auf der Mauer seinen Auftritt hatte, mit ausfallenden Reden überschüttet. Das wollten die Soldaten seiner Leibwache nicht hinnehmen, und der Kaiser erlaubte rund dreihundert von ihnen, die Truppe der Jin zu attackieren. Zwei Gardisten drangen »ohne Rücksicht auf die Gefahr zwischen die Feinde und hatten bereits fünf, sechs oder zehn von ihnen mit eigener Hand getötet, ohne dass die übrigen Soldaten oben von der Mauer vorrückten«. Da sie erheblich in der Unterzahl waren, würde die Tapferkeit allein sie nicht mehr lange schützen: »Der Kaiser befahl den Soldaten auf der Mauer, den Gardisten augenblicklich zu Hilfe zu kommen. Bis zuletzt fand sich keiner, so dass die beiden Männer schließlich fielen. Der Kaiser zeigte Missfallen und verließ die Mauer.« Ein hilfloser Abzug, der nicht nur unter den Anwesenden die kaiserliche Autorität untergraben hat. Solche Geschichten sprachen sich schnell herum.

Dass die Verteidigung in Kaifeng immer mehr ins Wanken geriet, konnte jeder sehen, der einen Gang zu den Stadtmauern machte: »Als die hölzernen Mauertürme durch Pfeil- und Steingeschosse zerstört waren, geschah keine Ausbesserung mehr. Für jeden einzelnen Pfosten erhielten die Arbeitsverpflichteten meist hohe Belohnung. Nachdem aber einigen von ihnen durch Steintreffer der Schädel zerschmettert worden war oder andere von Pfeilen an den Pfosten aufgespießt wurden, war keiner von den Männern mehr bereit, die Arbeit durchzuführen ...« Wie lange sollte sich die Agonie der Stadt noch hinziehen? Hatten seine erneuten Besuche bei den Soldaten dem Kaiser nicht die Augen geöffnet, um endlich eine Entscheidung zu treffen – egal in welche Richtung – und sie entschlossen durchzuziehen?

Doch wie soll ein Kaiser entschlossen reagieren, wenn eine engsten Berater den Ernst der Lage immer noch nicht erkannt haben? Ein hoher

Beamter versuchte, wenigstens dem Kanzler nahezubringen, wo das Problem liegt: »Die Lage drängt doch. Man kann nicht mehr abwarten. Jetzt sind der Staat, die Ahnentempel, die Reichsaltäre, der Altkaiser mit der Kaiserin, der Allerhöchstzuverehrende Kaiser, die Kaiserliche Gemahlin, die Kaiserlichen Nebenfrauen, die Kaiserlichen Prinzen und Prinzessinnen und die Millionen Menschen, von denen die Stadt überfüllt ist, den Kaiserlichen Truppen bei der Verteidigung der Stadt in die Hände gegeben. Der Herr Kanzler möge sich die Soldaten einmal prüfend anschauen. Nicht nur, dass die Kleider, die sie am Leib tragen, sie nicht wärmen, sie besitzen auch sonst keinen Halt! ... Sie, deren Interessen kaum wahrgenommen werden, auch noch zu ermahnen, ihr Bestes zu geben und ihr Leben zu opfern, ist doch wohl zuviel!«

Der Kanzler hört sich alles gleichmütig an und sagt am Ende des leidenschaftlichen Vortrags: »Sehr gut. Ich danke verbindlichst für die Belehrung. Nach Möglichkeit werde ich es in die Tat umsetzen.« Der Beamte zog sich zurück, von Ausweglosigkeit und Verzweiflung erfüllt: »Mein Herz zittert und mich überkommt Todesfurcht.«

Fehlte dem Herrn Kanzler die Fantasie, was passieren würde, wenn die Jin Kaifeng eroberten? Hörte er nicht die anfeuernden Schreie der Feinde, wenn sie mit Sturmleitern und Türmen angriffen? Hatte er nicht den zermürbenden Klang der feindlichen Trommeln, die Tag und Nacht keine Ruhe gaben, in den Ohren?

Am 2. Januar 1127 erhielt Kaiser Qinzong die Eingabe eines Studenten, der ihn bat, »baldmöglichst darüber entscheiden zu wollen, ob er beabsichtige, Truppen einzusetzen oder Friedensverhandlungen einzuleiten«. Was der Student nicht wusste: Um die Jahreswende hatte es Kontakte zwischen den feindlichen Parteien gegeben. Gesandte der Jin waren am 1. Januar sogar unbemerkt in die Stadt gekommen, um ihre Forderungen vorzutragen: Der Gelbe Fluss sollte endgültig Grenzfluss werden und Kaiser Qinzong oder sein Vorgänger sollten persönlich vor die Mauern kommen, um die Endverhandlungen für einen Staatsvertrag zu führen. Als Qinzong sich weigerte, persönlich zu erscheinen, reichte es den Jin, wenn der Kanzler und ein Bruder des abgedankten Huizong verhandeln würden.

So unbegreiflich es ist: Kaiser Qinzong und seine Berater glaubten immer noch, pokern zu können. Auch diese Forderung der Jin wurde abgelehnt, statt dessen sollten ein Staatsrat und zwei entfernte kaiserliche Verwandte vor den Toren erscheinen. Da war die Geduld der Belagerer am Ende. Statt sich weiter hinhalten zu lassen, machten die Jin ihre Drohung wahr und setzten die Angriffe stärker denn je fort.

Nach einer kurzen Unterbrechung fiel am 5. Januar 1127 wieder dichter Schnee. In Kaifeng wurde es tagsüber kaum hell, Düsternis lag über der Stadt. In der folgenden Nacht erschien ein Komet am Himmel. Die Menschen in der Stadt sahen darin kein gutes Zeichen.

Am 7. Januar wagte ein Heerführer mit tausend Soldaten einen Ausfall: »Der Mut der Soldaten war sehr stürmisch ... Sie wollten das Eis nutzen, um den Stadtgraben zu überqueren. Sie hatten das Ufer noch nicht erreicht, als das Eis brach.« Panik machte sich breit: »Von unseren Soldaten kamen mehr als fünfhundert Mann im Stadtgraben um. Von da an sank den Soldaten der Mut.« Die Belagerer nutzten ihre Chance und setzten nach: »Die Brandleitern, Sturmleitern und Klappbrücken vor der Mauer schoben sich wie Fischschuppen ineinander. Außerdem brachten sie fünf reich mit Pfeilen und Steinen bestückte Angriffstürme nach vorn.« Die Soldaten auf der Mauer versuchten, mit »Strohraketen« die Türme in Brand zu setzten. Doch der Wind verwehte die Flammen, und unversehens brannten zwei der eigenen Türme.

Am 9. Januar 1127 fiel wieder dichter Schnee. Ein Vorteil für die Belagerer, und sie griffen erneut mit aller Kraft an. Zwar hatten am Tag zuvor etliche Jin am Fuß der Mauern den Tod gefunden, aber nicht ohne zuvor den Eingeschlossenen schwer zuzusetzen: »Oben auf der Mauer lagen etwa dreihundert von Pfeilen und Steinen tödlich Getroffene oder Verwundete hingestreckt, die Schädel zerschmettert, mit durchschossenen Körpern, mitten in ihrem Blut. Bei ihrem Anblick graute den kaiserlichen Offizieren und Soldaten so, dass sie am liebsten davongelaufen wären.«

In dieser höchsten Not erinnerten sich die Menschen in der Stadt an den Zauberer Guo Qing, der versprochen hatte, den Feind mit siebenhundertsiebenundsiebzig Soldaten und einer magischen Geisterarmee in die Flucht zu schlagen. Vom Staatsrat mit Geld und Titeln ausgestattet, hatte er sich seit Wochen mit seinen Soldaten in einem Kloster einquartiert.

Am 9. Januar beschworen die Leute Guo Qing, seine Truppen in den Kampf zu führen und die Geisterarmee herbeizuzitieren. Nur ein Wunder konnte die hoffnungslose Situation noch wenden. Ein Beobachter meldet: »Guo Qing bestieg die Stadtmauer und ließ auf jedem Mauerabschnitt je drei mit dem Bildnis des Himmelskönigs bestickte Banner aufpflanzen.« Dann befahl der selbsternannte Militärexperte, ein Stadttor zu öffnen und zog mit seinen Soldaten gegen den Feind, der vor dem Graben wartete: »In der Stadt hielten Hoch und Niedrig die Hälse gereckt und schoben sich Ferse an Ferse zum Tor. Bis zu zehntausend Menschen warteten stehend auf die Siegesmeldung. Augenblicklich wurde gemeldet: ›Die Vordere Abteilung hat bereits die große Verschanzung genommen und unser Banner über dem feindlichen Lager aufgepflanzt!‹ Eine andere Meldung besagte: ›Die Vordere Abteilung hat tausend Pferde des Feindes erbeutet!‹ In Wirklichkeit war alles Schwindel.«

Keine Geisterarmee erschien, sondern die Truppe der Jin: »Als die Unsrigen gerade dabei waren, den Stadtgraben zu überqueren, wurden sie plötzlich von etwa zweihundert feindlichen Reitern überfallen. Die Reiter schnitten die Vordere Abteilung ab, fegten einmal darüber hinweg und hatten sie erledigt. Die Nachfolgenden stürzten in den Graben. Die Hängebrücke hatte sich mit den aufgehäuften Leichen so sehr nach unten gesenkt, dass sie nicht mehr eingezogen werden konnte. Das Wehklagen derer, die halb zu Tode getrampelt wurden, war mitleiderregend.« Als Guo Qing erkannte, was er angerichtet hatte, suchte er mit wenigen Getreuen das Weite.

Den Verteidigern in der Stadt gelang es mit letzter Kraft, das Tor wieder zu schließen. Doch in der allgemeinen Panik war es den Jin gelungen, ihre Leitern in die Mauern zu krallen und ohne Gegenwehr nach oben zu stürmen: »Gepanzerte tauchten am oberen Rand der Mauer auf … Anfangs bestiegen nicht mehr als zehn Feinde die Befestigungen, aber unter den Regierungstruppen gab es nicht einen, der auf seinem Posten blieb. Und als die Feinde dann ununterbrochen über die Sturmleitern heraufkamen, liefen die Verteidiger vollends auseinander … Auch die Leibregimenter flüchteten von der Mauer. Wie sie so liefen und schrien: ›Das Volk auf die Mauern, bis wir den Kaiser im Palast gerettet haben!‹ entflohen sämtliche Beamte einander mitziehend ebenfalls.«

Während die Jin die Mauern sicherten, die Flüchtenden verfolgten, aber noch keinen einzigen tödlichen Streich getan hatten, führten sich die kaiserlichen Soldaten denen gegenüber, die sie schützen sollten, auf wie die schlimmsten Eroberer: »Sie verbreiteten untereinander wilde Gerüchte, warfen Rüstungen und Waffen weg und trieben in wildem Durcheinander durch die Straßen. Das Volk floh, ohne zu wissen, wohin. Die meuternden Soldaten erschlugen einen Marschall und mehrere Truppenkommandeure. Wieviele von den Beamten noch getötet wurden, lässt sich nicht ermessen. Die Plünderer waren lauter versprengte

Armeeangehörige ... Manche Soldaten holten sich aus den Häusern in den hinteren Gassen bei den Armen mit Gewalt Brennholz und Reis und Wein zum Verzehr. Das Wehklagen ließ Himmel und Erde erbeben.«

Im dichten Schneetreiben griffen Chaos und Panik immer weiter um sich. Unterdessen waren die Jin damit beschäftigt, die hölzernen Wehrtürme auf den Mauern und Stadttoren anzuzünden: »In dieser Nacht erlosch der Widerschein des Feuers bis zur Morgendämmerung nicht.« Im Schein der Flammen spielten sich herzzerreißende Szenen ab: »Säuglinge im Tragetuch, die man am Straßenrand ausgesetzt hatte, stapelten sich übereinander. Hohe und höchste Beamte führten Frauen und Kinder, in einfache Tücher gekleidet, an der Hand, um beim niederen Volk in den Armengassen Unterschlupf zu finden ... Kaiserliche Milizen hieben sich einen Weg ins Freie durch das Nordtor und verschwanden.«

Immer wieder wurden Vorgesetzte von den kaiserlichen Soldaten »ergriffen und zusammengeschlagen, dass Leber und Hirn auf den Boden spritzten, und dann in den Stadtgraben geworfen«. Wohin sollten die Zivilisten fliehen? Die Stadttore waren fest verbarrikadiert. Und der Feind signalisierte unüberhörbar, dass er übermächtig war: »Der Trommellärm ließ den Himmel erzittern.«

Derweil saß der Kaiser in seinem Palast und beklagte »unter Schluchzen«, dass er nicht den Generälen gefolgt war, die beim ersten Auftauchen der Jin für einen entschiedenen Angriff plädiert hatten. Vor Qinzong knieten der Kanzler und der Verteidigungsbeauftragte, »schlugen mit der Stirn auf den Boden und baten um ihren Tod. Der Kaiser gebot ihnen Einhalt«.

Um so eindringlicher heben sich vor dem Versagen und der Feigheit vieler Verantwortlicher die wenigen Beispiele von persönlichem Mut und Loyalität ab. Ein Palastgeneral, ein Eunuch, war als Vertreter des Kaisers auf dem östlichen Mauerabschnitt, als die Jin am dortigen Turm Feuer legten: »Der Verstorbene befand sich zu diesem Zeitpunkt oben auf der Mauer. Während Offiziere und Soldaten Reißaus nahmen, war er als einziger bereit, auszuharren. Er blickte nach dem Palast hinüber und weinte bitterlich, dann warf er sich in die Flammen, um zu sterben.«

In einem offiziellen Dokument heißt es lakonisch unter dem 9. Januar 1127: »An jenem Tag fiel die Stadt.« Die Kapitulation der kaiserlichen Hauptstadt gegenüber den Barbaren ist nur noch Formsache. Das Drama war auf seinem Höhepunkt, aber noch nicht am Ende. Der Frieden wurde fürchterlich.

20

ZWEI KAISER IN GEFANGENSCHAFT
oder
DAS MOBILE VATERLAND

Demütigungen im Hauptquartier – Diktierter Friede: noch mehr Beute – Die Eroberer wollen Land und Macht – Eingefangen: die kaiserliche Familie – Feierliches Ritual für den Marionettenkaiser – Kaiser und Gefolge: als Gefangene ins Barbaren-Land – Bildung und Kultur: unzerstörbares Erbe – Der Prinz von Kang gibt nicht auf

Die Jin hatten es sich in ihrem Hauptquartier vor der Stadt bequem gemacht und forderten nach der Kapitulation, der abgedankte Kaiser Huizong solle umgehend erscheinen. Man wollte mit dem kaiserlichen Faustpfand sicherstellen, dass China mit der vernichtenden Niederlage endgültig alle Gebiete nördlich des Gelben Flusses an das Reich der Jin verloren hatte. Kaiser Qinzong, der Sohn und Nachfolger, ersparte dem Vater den demütigenden Gang, verwies auf Schnee und Kälte, und kam an dessen Stelle persönlich mit kleinem Gefolge ins Lager.

Der erste Besuch bei den Jin war kurz und von Zurückhaltung geprägt. Doch die Hemmungen der Eroberer, wie man mit einem »Sohn des Himmels« von Angesicht zu Angesicht umzugehen habe, hielten nicht lange an. In immer kürzeren Abständen musste Qinzong bei den Eroberern erscheinen, um neue Forderungen entgegenzunehmen.

Schnell wurde der Zug ins feindliche Hauptquartier vor den Stadttoren, von der Bevölkerung längs des Weges mit lautem Wehklagen begleitet, für Kaiser Qinzong zum quälenden Ritual. Während die Sieger dem Kaiser und seinen Begleitern das kleinste Abweichen vom Protokoll übelnahmen, fühlten sie selbst sich an keine Anstandsregeln gebunden. Wagte ein kaiserlicher Beamter, im Zelt der Jin den Forderungen zu widersprechen oder den Kaiser in Schutz zu nehmen, wurde er bestenfalls beschimpft. Ebenso gut musste er mit Prügeln rechnen, und ein Professor der Universität von Kaifeng wurde wegen seiner Widerworte auf der Stelle einen Kopf kürzer gemacht.

Eigentlich brauchte sich niemand zu wundern: Das Friedensdiktat übertraf noch die Forderungen, die die Jin bei der ersten Belagerung von

Kaifeng im Frühjahr 1126 als Preis für einen kampflosen Abzug durchgesetzt hatten. Nur ein Jahr später, die Hauptstadt war zerstört, das Reich zu keinem Widerstand fähig, sollten noch größere Schätze geliefert werden: zehn Millionen Barren Gold, zwanzig Millionen Barren Silber, jede Menge Seide, Pferde und Wertgegenstände aller Art. Kaiser Qinzong hatte seit seinem Amtsantritt im Januar 1126 – getrieben von seinen Beratern – geglaubt, noch in der misslichsten politischen und militärischen Lage einen Ausweg zu finden. Nun gab es kein Schlupfloch mehr.

Der Kaiser versprach, alle Forderungen grundsätzlich zu erfüllen und flehte zugleich händeringend um Aufschub, weil die Kassen und Schatzkammern des Staates leer, die Bewohner von Kaifeng arm und alle Klöster ohnehin geplündert seien. Überall in der Stadt wurde nach dem letzten Rest von Kostbarkeiten gefahndet. Um die Eroberer bei Laune zu halten und seinen guten Willen zu demonstrieren, schickte der Kaiser zum traditionellen Frühlingsfest Geschenke ins Hauptquartier.

In den Köpfen derer, die gedemütigt vor den Siegern standen, waren die Bilder der vergangenen, glorreichen Zeit noch schmerzhaft gegenwärtig. Erst im Kontrast zu dem, was man verloren hatte, wurde das ganze Ausmaß des Dramas offenbar. Nur drei, vier Jahre brauchte man zurückzudenken, um von den prächtigen Festen in Kaiser Huizongs Gärten zu träumen: das Rauschen der künstlichen Wasserfälle zu hören und den Klang der Orchester in edlen Pavillons; hunderte von Bediensteten in kostbaren Uniformen aufgereiht zu sehen, antike Bronzen und die Bilder der alten Meister in den kaiserlichen Sammlungen zu bewundern.

Als die Jin im Mai 1127 ihre Lager auflösten und wieder gen Norden zogen, erblickte die Bevölkerung von Kaifeng fassungslos, was von den erpressten Schätzen achtlos zurückgelassen wurde: »Elfenbeinstücke bis zu zwei Zentnern Gewicht. Dinge, auf die man keinen Wert legte, wie die Bücher der kaiserlichen Bibliothek, lagen in wildem Durcheinander im Schmutz«. Zerrissen die Originalausgaben hochverehrter Gelehrter und Dichter; in den Staub getreten Gold und kostbare Seidenstoffe.

Vielleicht erinnerten sich der Kaiser und seine engen Berater in diesen Wochen der Schmach und der Schande auch an jenen Vertrag, den sie im Jahre 1123 mit dem »Großen und Erhabenen Kaiser der Großen Jin« geschlossen und worin sie für »zehntausend Generationen« freundschaftliche Beziehungen versprochen hatten. »Falls Unsere Seite«, so hatte der »Sohn des Himmels« damals geschworen, »gegen den Vertrag verstößt, werden Himmel und Erde dies zur Kenntnis nehmen und die Götter unverzüglich Verderben senden, so dass das Erbe des Reiches durch Unsere Söhne und Enkel nicht fortgeführt wird und die Landesaltäre der Zerstörung anheimfallen.«

Das Reich der Mitte hatte genau das getan: Es war, allen moralischen Ansprüchen Hohn sprechend und in völliger Verkennung der Realitäten, zweimal gegenüber den Jin vertragsbrüchig geworden. Uneigennützige Beamte hatten Kaiser Qinzong während der Belagerung am Jahresende 1126 darauf aufmerksam gemacht und ihm dringend geraten, »Schmach und Schande« eines Kompromisses – als dem kleineren Übel – mit den im Augenblick mächtigeren Jin einzugehen. Nun war alles verspielt, und die Eroberer erfüllten buchstäblich, was der Kaiser – 1123 war es noch Huizong – bei Vertragsbruch sich und dem Reich der Mitte als verdiente Strafe zugedacht hatte.

Im März 1127 durfte Kaiser Qinzong nach einem Besuch das Lager der Jin nicht verlassen und nicht mehr in seinen Palast zurückkehren. Zugleich wurde sein Vater, der abgedankte Kaiser Huizong, aufgefordert, mit den kaiserlichen Prinzen und Prinzessinnen und hohen Beamten ebenfalls in das Zeltlager vor der Stadt zu kommen. Das geschah am 21. März. Jetzt fehlte in der erlauchten Versammlung im feindlichen Lager nur noch der wichtigste Song-Sprößling, der Sohn von Kaiser Qinzong, der einen Anspruch auf den Thron hatte.

Am 25. März mussten kaiserliche Beamte in Kaifeng durchsetzen, was man bei Hofe bisher mit allen Mitteln zu verhindern gesucht hatte: Der neunjährige Thronfolger und seine Mutter, die Kaiserin, wurden unter dem Begleitschutz kaiserlicher Garden zum gefangenen Familienclan vor die Tore der Stadt gebracht. Es half nicht, dass Studenten sich vor die Kutsche knieten, Soldaten und Offiziere lautstark protestierten, die Menschen in den Straßen weinten, und der kleine Prinz im Innern der Kutsche schluchzend rief: »Mein Volk, rette mich.«

Als die entscheidenden Würdenträger des Reiches der Mitte, im Anblick der zerstörten Hauptstadt und streng bewacht, versammelt waren, alle, die Rang und Namen hatten, folgte der politische Paukenschlag. »Schmach und Schande« sollten sich noch steigern, denn die Sieger hatten beschlossen, die politische Landkarte Chinas gründlich zu verändern. Im Lager der Feinde musste Kaiser Qinzong abdanken, das Ende der Song-Dynastie wurde ausgerufen und der Beginn einer neuen Dynastie vor den Augen der Gedemütigten manifestiert. Ein hoher Minister wurde gezwungen, das Reich der Mitte als neuer Kaiser zu regieren;

nicht aus eigener Machtbefugnis, sondern wie es den Interessen der Jin entsprach.

Besonderen Wert legten die Sieger auf ein großes Ritual, das chinesische Beamte ausarbeiten mussten, um feierlich den eigenen Untergang zu zelebrieren. Die bisherigen kaiserlichen Beamten wussten, in diesem Augenblick war Widerstand sinnlos und würde die Song-Dynastie vollends in einem Blutbad vernichten. So huldigten sie während des Zeremoniells im Lager der Feinde – vor zwei abgedankten Song-Kaisern und der großen kaiserlichen Familie als starren, stummen Zeugen – dem neuen Herrscher und schworen ihm loyale Dienste.

Um dem Marionetten-Kaiser einen guten Start zu verschaffen, verpflichteten sich die Jin in einem Vertrag unter anderem, die Gräber der Song-Dynastie, die nordöstlich von Luoyang lagen, nicht zu zerstören und keine weiteren Forderungen an Geld und Seide zu stellen. Und fünf Tage nach der Zwangsetablierung der neuen Dynastie würden die Truppen wieder zurück in das angestammte Reich der Jin im Norden ziehen.

Vergebens suchten die Eroberer in diesen Wochen, den neunten Sohn des abgedankten Kaisers Huizong aufzuspüren. Der Zwanzigjährige, der den Titel Prinz von Kang trug, war ein Halbbruder von Kaiser Qinzong. Er hatte sich nicht in der belagerten Hauptstadt aufgehalten und war Ende 1126 vom Kaiser zum Großmarschall der gesamten Armee ernannt worden. Jetzt versuchte der Prinz, in unbesetztem Gebiet Militärs und Beamte, die nach dem Fall aus Kaifeng fliehen konnten, zu sammeln und den Widerstand zu organisieren.

Weil dies auch ihrem eigenen Verständnis von Herrschaft entsprach, wussten die Jin: Solange die Herrscher mit ihren Familien im Land anwesend waren, blieb die Loyalität der Menschen zur Song-Dynastie ungebrochen, daran änderte die erzwungene Abdankung von Kaiser Qinzong nichts. Und dem rechtmäßigen und emotionalen Anspruch der Song-Dynastie auf den Thron tat die Gefangenschaft von zwei Kaisern keinen Abbruch. Der von den Siegern installierte Kaiser blieb in den Augen der Bevölkerung wie der loyalen Beamten ein Verräter, dem nur unter Zwang gehorcht wurde. Die siegreichen Barbaren aus dem Norden entschieden sich für eine radikale Lösung, um ihre Macht endgültig zu sichern.

Am 10. Mai 1127 brach die eine Armee der Jin ihre Lager vor Kaifeng ab, die andere folgte drei Tage später. Beide machten sich tatsächlich auf den Marsch in die lange vermisste Heimat, das Reich der Jin nördlich von

Peking. In der über zweitausendjährigen Geschichte des Landes war kein Mangel an eroberten, zerstörten Städten und entwendeten Schätzen. Überfälle und Kriege zogen eine blutige Spur, Dynastien gingen unter, neue tauchten aus dem Dunkel auf. Doch kein Eroberer hatte neben den materiellen Schätzen jemals eine so kostbare Beute sein eigen nennen können.

Von den siegreichen Jin-Soldaten umgeben, zogen rund dreitausend Gefangene nach Norden und in ihrer Mitte die Elite des Reiches: zwei Kaiser und ihre Familien, der gesamte Hofstaat, Minister, Beamte und Gelehrte, Musiker, Handwerker und Fachleute aller Art.

Zeitgenössische Quellen zählen allein für die engere Hof-Familie neben den beiden Kaisern folgende Gefangene auf: 23 kaiserliche Prinzen, 16 kaiserliche Enkelsöhne, 8 kaiserliche Schwiegersöhne, 181 Kaiserinnen und Nebenfrauen – davon gehörten 143 zum Harem von Kaiser Huizong, 38 zu Kaiser Qinzong –, 21 kaiserliche Prinzessinnen, 30 kaiserliche Enkeltöchter. Die hohen Herrschaften wurden von 146 Eunuchen und 832 Dienerinnen in die Gefangenschaft begleitet. Die beiden Kaiser und ihre Kaiserinnen durften zu Pferde sitzen. Alle anderen mussten den langen Marsch zu Fuß antreten. Vorbei die Zeit, wo selbst kaiserliche Schneiderinnen und Sänftenträger vom täglichen Luxus in der Palaststadt umgeben waren und seidene Pantoffeln zur Grundausstattung gehörten.

Als die beiden Kaiser und ihre Mitgefangenen in den Maitagen 1127 von Kaifeng nach Norden zogen, standen die Menschen dicht an dicht vor den Stadttoren und den Mauern. Auch der neue Kaiser von Gnaden der Eroberer war zum Abschied angetreten, zusammen mit den Beamten, die man ihm gelassen hatte, um eine geordnete Verwaltung der eroberten Gebiete zu gewährleisten. Die Rituale mussten gewahrt werden, immer. Das laute Klagen und Wehgeschrei der Zurückgebliebenen kam von Herzen. Es erfüllte noch die Luft, als der Horizont den unendlichen Tross an Menschen, Tieren und Wagen lange schon verschluckt hatte.

Aus und vorbei? Ging in Trauer und Trümmern, in Schmach und Schande eine Epoche zu Ende, die für das Reich der Mitte eine glanzvolle, friedliche Zeit in nie gekanntem Wohlstand bedeutet hatte?

Der Prinz von Kang gehörte zu denen, die die Sache Chinas und der Song-Dynastie noch nicht für verloren gaben. Das besetzte Territorium wieder zu befreien, war die eine große Sache, denn es war für die Chinesen heiliges Land. Aber mindestens ebenso sehr ging es darum, mit dem

Schwert für eine Kultur zu kämpfen, in deren Mittelpunkt zivile Lebensart und Weltsicht stehen. Gold und Seide konnten neu erworben, Städte wieder aufgebaut, Felder wieder kultiviert werden. Was nicht untergehen durfte, war eine Geisteshaltung, die Gedichte und Bilder, Bücher und Kalligrafien und die konfuzianischen Klassiker zu den höchsten Gütern zählte. Wer die Bildung und die Künste zum Zentrum von Leben und Politik macht, besitzt einen unzerstörbaren Schatz, ein mobiles Vaterland.

Als man im Quartier des Prinzen von Kang erfuhr, dass beide Kaiser – Qinzong und Huizong – nebst ihren Familien, darunter auch die Mutter des Prinzen und seine Ehefrau, im Lager der Jin als Gefangene gehalten wurden, machten sich die Treuesten keine Illusionen. Wenn die Song-Dynastie mit ihrem Herrschaftsanspruch überleben wollte, musste man gegenüber den Eroberern und für das eigene Volk ein Zeichen setzen. Jetzt hatte die traditionelle Pietät, zu der der jüngere gegenüber dem älteren Bruder verpflichtet war – ob in der bäuerlichen Familie oder im Kaiserpalast –, zurückzustehen.

Einerseits durfte der Prinz die Absetzung seines kaiserlichen Bruders durch die Barbaren nicht anerkennen. Andererseits verlangten außergewöhnliche Zeiten außergewöhnliche Entscheidungen. Am 1. Mai 1127 wurde der Prinz von Kang südlich von Kaifeng zum Kaiser ausgerufen, der als der wahre »Sohn des Himmels« – im Gegensatz zum Verräter-Kaiser im eroberten Kaifeng – über »Alles unter dem Himmel« herrschte. Als Kaiser Gaozong folgte er seinem Bruder, dem gefangenen Kaiser Qinzong, nach, der zehnte Song-Kaiser seit der Gründung der Dynastie im Jahre 960.

21

TOD IN NANJING
oder
LEBEN AUF DEM HAUSBOOT

Das Ehepaar dichtet um die Wette – Weidenkätzchen und verstreutes Salz – Mitten im Krieg: Sorgen um die Sammlung – Mit 15 Wagenladungen gen Süden – Allein zurück – Das Anwesen in Qingzhou: zu Asche verbrannt – Die lange Flucht – First Lady von Nanjing – In Hangzhou: ein Putsch scheitert – Ein Hausboot für Schätze und Familie – Wie ein Tiger: Abschied am Ufer – Wiedersehen zum Sterben

Während ein Kaiser abdankte, die Kavallerie der Jin in Richtung Kaifeng stürmte und die Hauptstadt erfolgreich belagerte, die Barbaren dem Reich der Mitte einen schmachvollen Friedensvertrag diktierten und wieder nach Norden abzogen, ging das Ehepaar Zhao Mingcheng und Li Qingzhao unbeirrt seinem Lebenswerk nach. Die Provinz Shandong, wo Zhao Mingcheng als leitender Beamter Dienst tat, nordwestlich der Hauptstadt gelegen, blieb von den feindlichen Heeren vorerst verschont. Trotz der unruhigen Zeitläufte nutzte er weiter seine Dienstzeit, um sich nach wertvollen Kalligrafien und antiken Bronzen umzusehen und zusammen mit Li Qingzhao an einem wissenschaftlichen Katalog für die Sammlung zu arbeiten.

Lebten die beiden nach fast zwanzig Jahren in der Provinz endgültig im Elfenbeinturm? Ging ihr Ehrgeiz als Sammler und ihre Leidenschaft für die Schätze der Vergangenheit nicht zu weit, wenn sie darüber die gefährdete Gegenwart vergaßen?

Li Qingzhao und Zhao Mingcheng mussten sich für ihre Leidenschaft nicht rechtfertigen. Gemäß einer langen Tradition brachten sie sich als Personen mit ihrer Sammlung in ein historisches Gewebe ein, das von einer Generation zur anderen geknüpft wurde. Es bewahrte Werte und Einstellungen, die als geistige Grundlage Malerei und Philosophie, Dichtung, Religion und Geschichte prägte. Wenn die Welt in Stücke zu gehen drohte, wurde das Sammeln und Zusammenführen vieler einzelner Teile zu einer Gesamtschau und setzte ein Zeichen gegen die Vergänglichkeit.

Sich nicht aus der Fassung bringen zu lassen, den eigenen Weg weiterzugehen, unabhängig, wohin er führen würde, das war die Vorgabe des verehrten Konfuzius. Li Qingzhao gab das Dichten nicht auf in diesen wirren Zeiten. Manchmal war sie zusammen mit ihrem Ehemann auf Schatzsuche unterwegs, manchmal blieb sie allein in der Amtswohnung zurück. Das Thema von Trennung und Abschied wurde neu variiert.

Li Qingzhao, geboren 1084, hatte die Vierzig überschritten, seit ihr Mann nach vielen Jahren als Privatgelehrter 1123 wieder in den Staatsdienst berufen worden war. Einst hatte sie sich in ihren Gedichten als kokette, elegante Schönheit geschildert, die jedem Vergleich mit den zarten Pflaumenblüten standhalten konnte. Nun war sie alt geworden, verhehlte es nicht und gab den Pflaumenblüten eine andere Wendung. Dem Geliebten, der aufbrechen will, sagt sie, das Pferd sei noch nicht gesattelt:

Übereile deine Abreise nicht.
Wieder ein trostloser windiger Herbst.
Am erleuchten Fenster zusammen zu trinken,
unter dem schwachen Lampenlicht zu flüstern –
das sind die Dinge, die man am meisten vermisst.

Beide sind wir traurig, wie kurz die Zeit des Wiedersehens ist,
wenn wir neue Gedichte und erstaunliche Verse schmieden.
Sonst wurde ich gelobt für Salz und Weidenkätzchen,
heute verblüht meine Schönheit.
Nur Tränen sind mir geblieben,
zahlreich wie Pflaumenblüten-Regen.

Es ist nicht das erste Mal, dass die Dichterin verrät: Auch der Ehemann wurde ins Poeten-Handwerk einbezogen, hat mit ihr vielleicht immer noch um die Wette gedichtet. Und dann geht es mit einer seltsamen Zeile weiter: Was ist gemeint mit »Salz und Weidenkätzchen«? Es dauert kaum einen Wimpernschlag, und der gebildete Chinese, ob im zwölften oder im einundzwanzigsten Jahrhundert, weiß, worauf Li Qingzhao anspielt und was sie durch die Blume sagen will.

Und wir brauchen nur zurückzukehren zum ersten Kapitel, in dem Madame Liu ihren Ehemann kritisiert, weil der den Unterricht für seine Kinder allein seiner Frau überlässt. Zuerst uneinsichtig, schart der hohe Beamte dann doch von Zeit zu Zeit die eigenen Kinder nebst Neffen und Nichten um sich, um ihnen weiteres Wissen zu vermitteln. An einem kalten Wintertag geht es um die »Bedeutung der Literatur«, als draußen plötzlich dicke Flocken fallen. Der väterliche Aushilfslehrer, ein angesehener Staatsmann, klatscht in die Hände und ruft seinen Schülern und Schülerinnen spontan eine Zeile zu: »Weiße Flocken und Schneegestöber – woran erinnern sie uns?«

Die Kinder kennen das beliebte Gesellschaftsspiel und wissen: Darauf sollen sie nun ebenso spontan eine zweite Zeile reimen. Ein kleiner Neffe wirft das Bild von verstreutem Salz in die Runde. Doch dem Hausherrn gefällt der Vorschlag seiner Nichte, die selbstverständlich am Unterricht teilnimmt, wesentlich besser: »Weidenkätzchen, vom Wind aufgerichtet.« Die Nichte wurde später Dichterin, von ihrem Onkel unterstützt und sehr geschätzt. Der Reim mit den Weidenkätzchen und dem Bild vom verstreuten Salz ging nebst der gesamten Anekdote in das literarische Gedächtnis Chinas ein.

Genau darauf bezieht sich Li Qingzhao in ihrem Gedicht. Drei Worte genügen, und Li Qingzhao hat ihren Lesern eindeutig, aber ohne sich direkt zu loben, auf dem Umweg über eine Geschichte des vierten Jahrhunderts n. Chr. mitgeteilt, dass es ihr nicht an dichterischem Selbstbewusstsein mangelt. Natürlich vergleicht sie sich mit jener Dichterin, die als junges Mädchen den hochgelobten Vergleich mit den Weidenkätzchen schuf und nicht mit dem weniger begabten Neffen.

Am Ende des Jahres 1126 mussten sich auch die Bewohner in der Provinz Shandong darauf einstellen, dass die Zeit der Dichter-Wettbewerbe und des Sammelns von antiken Gegenständen und Kunstwerken vorbei war. Wieder standen die Armeen der Barbaren vor Kaifeng, und diesmal, so Li Qingzhao in ihrem autobiografischen Essay, *hörten wir, dass das Jin-Reich die Hauptstadt angegriffen hätte*. Und was ist in dieser bedrohlichen Situation ihr nächster Gedanke? *Verwirrt blickte ich um mich auf die überquellenden Kisten und Kasten, voll Trauer und voll Angst und in dem Bewusstsein, dass sie uns gewiss nicht mehr lange gehören würden.* Diese Zeilen sind rückblickend geschrieben und im Wissen dessen, was folgte. Der Ernst der Lage muss dem Ehepaar schon damals klar gewesen sein. Doch was machte dem hohen Beamten und seiner Frau, der Dichterin, vor allem anderen Sorgen: ihre kostbare Sammlung.

Nachdem Kaifeng am 9. Januar 1127 erobert worden war, in der Stadt Chaos und Panik ausbrachen und die Bewohner zu Zehntausenden aus der Stadt flohen, warteten Zhao Mingcheng und Li Qingzhao die weitere Entwicklung ab. Im dritten Monat erfuhren sie, dass die Mutter von Zhao Mingcheng, die wahrscheinlich mit der Familie ihres ältesten Sohnes lebte, gestorben war. Das bedeutete, sie *mussten eilends nach dem Süden aufbrechen, um an der Trauerfeier ... teilzunehmen.* Das Ehepaar nutzte die Gelegenheit, einen Teil der Sammlung in Sicherheit zu bringen. Denn dass die Jin ihren Eroberungszug nach ihrem Triumph ausdehnen würden, war ein naheliegender Gedanke.

Zhao Mingcheng und Li Qingzhao wählten in Eile, aber mit Bedacht. Die Sammler machten sich keine Illusionen: *Es war klar, dass wir selbst von den größten Kostbarkeiten nicht alle mit uns nehmen könnten.* Sie mussten Prioritäten setzen: *So sortierten wir bei den Büchern in erster Linie die großen und schweren Drucke aus, bei den Bildern die, die aus vielen Einzel-Rollen bestanden, und bei den antiken Kunstgegenständen die, die keine Inschriften besaßen; danach die Manuskripte der Kaiserlichen Akademie, die Bilder von durchschnittlicher Qualität und die schweren, großen Kultgegenstände.* Jedes Stück war den Sammlern ans Herz gewachsen, nichts hatten sie ohne sorgfältige Prüfung erstanden.

Ein Durchgang reichte nicht, und selbst das, was die beiden am Ende auf die Reise mitnahmen, ist eine enorme Menge: *Obwohl wir die Auswahl mehrfach trafen, füllten die Schriften immer noch mehr als fünfzehn Wagen.* Und das war längst nicht alles. Zurück blieben in der Residenz in Qingzhou von *eingelagerten Schriften und sonstigen Kunstgegenständen mehr als zehn Räume voll.* Li Qingzhao beschreibt den Prozess des Aussortierens nüchtern und ohne Wehklagen. In diesen Tagen höchster Konzentration war keine Zeit für Abschiedsschmerz.

Die Reise ging über Landstraßen und zu Wasser *in einer Kette von Booten* die Küste entlang. Hunderttausende waren auf der Flucht in den Süden, allerdings nicht mit Antiquitäten, sondern mit mehr oder weniger Habseligkeiten, die sie für einen neuen Anfang vor Feuer und Plünderungen hatten retten können. Mitten in diesem Flüchtlingsstrom erreichen Li Qingzhao und Zhao Mingcheng mit ihrer Fracht die Stadt Nanjing (nach alter Schreibweise Nanking), am südlichen Ufer des Yangtse gelegen.

In Nanjing, einer Großstadt mit traditionsreicher Geschichte, wurden die Kostbarkeiten der fünfzehn Wagen zwischengelagert, und dort trennten sich die Wege des Ehepaares. Zhao Mingcheng reiste weiter zum Begräbnis seiner Mutter, während Li Qingzhao sich auf den Rückweg ins heimatliche Qingzhou machte. Statt sich in Nanjing niederzulassen, begibt sich die Dichterin angesichts einer völlig ungewissen Zukunft auf eine gefährliche Reise.

Sie wird nicht ohne Diener, ohne Dienerinnen gereist sein. Trotzdem ist es eine ungewöhnliche Entscheidung. Landstraßen und Gasthäuser können die Flüchtlinge nicht mehr fassen. Übervolle Wagen verstopfen die Straßen. Bauern führen ihre Tiere mit sich, Alte und Kranke behindern das Weiterkommen, Tierkadaver und menschliche Leichname liegen am Straßenrand. Breite Ströme müssen überquert werden, die Schiffe sind überfüllt. Die Nahrungsmittel gehen aus, die Nerven der Menschen liegen blank. Im Strom der Flüchtlinge nutzen jene ihre Stunde, die dunkle Geschäfte machen, zu vielfach überhöhten Preisen ihre Dienste anbieten, Raub und Gewalttaten nicht scheuen. Li Qingzhao ist nicht nur mitten in diesem Strom, sie bewegt sich auch noch gegen ihn. Sie will dorthin zurück, woher alles flüchtet.

Der Beamte Zhao Mingcheng und seine Frau werden gewusst haben, dass nach der Eroberung von Kaifeng die staatliche Ordnung vor allem im Norden des Landes zusammengebrochen war. Zwar verließen im späten Frühling 1127 die Armeen der Jin Kaifeng, nachdem sie dort einen Marionettenkaiser eingesetzt hatten. Aber die Lage wurde nicht dadurch sicherer, dass der Prinz von Kang, ein Bruder des gefangenen Kaisers Qinzong, östlich von Kaifeng loyale Beamte und Militärs sammelte und am ersten Mai 1127 zum legitimen Song-Herrscher im Reich der Mitte ausgerufen wurde. Wie würden die Jin auf diese Provokation reagieren?

Das Ehepaar hatte auf dem Weg nach Nanjing genug Zeit und Anschauungsunterricht, seine Pläne für die Zukunft zu bedenken. Die erstaunliche Entscheidung folgt konsequent dem bisherigen Lebensmuster. Unabhängig von den äußeren Umständen agiert Li Qingzhao als eigenständige Person und ist als Ehefrau nicht sklavisch an ihren Mann gebunden. Hier sind zwei, die sich in ihrer Ehe die Verantwortung teilen.

Zhao Mingcheng muss zum Begräbnis seiner Mutter, für einen Sohn eine unumgängliche Pflicht. Li Qingzhao kehrt nach Qingzhou zurück, um den anderen Teil der Sammlung – immerhin noch zehn vollgestopfte Räume – in diesen Krisenzeiten nicht sich selbst zu überlassen.

Vielleicht ist mit Blick auf ein Gedicht, das Li Qingzhao in diesen chaotischen Jahren geschrieben hat, eine weitergehende Überlegung erlaubt. Der Titel sagt eigentlich alles: *Eine Satire auf die Herren, die auf der Flucht vor den Truppen der Jin den Yangtse überquerten.* Ein Reich zerbricht, und die Verantwortlichen haben nichts Eiligeres zu tun, als die eigene Haut zu retten und sich am südlichen Ufer des Yangtse in Sicherheit zu bringen. Der Dichterin reichen vier Zeilen, um über diese Einstellung ein vernichtendes Urteil zu fällen:

Wir brauchen Helden unter den Lebenden,
die nach ihrem Tod Helden unter den Geistern werden.
Ich kann kaum sagen, wie sehr wir Xiang Yu vermissen,
der lieber starb, als den Rückzug über den Fluss anzutreten.

Jeder wusste, was gemeint war. Denn jeder kannte Xiang Yu, der im dritten Jahrhundert v. Chr. im Angesicht eines überlegenen Feindes lieber auf aussichtslosem Posten starb, als sich feige davonzumachen. Die Rückkehr von Li Qingzhao in den Norden, während alles in den rettenden Süden strömt, war vielleicht auch eine politische Entscheidung: Gegen den Strom zu schwimmen; keine Risiken zu scheuen, um das zu retten, was die höchsten Werte einer Gemeinschaft verkörpert und was deshalb den Einsatz des Lebens rechtfertigt.

Zhao Mingcheng trauert im Süden um seine tote Mutter. Siebenundzwanzig Monate sollen es sein. Das schreiben die uralten Riten vor, und von Konfuzius ist in den »Gesprächen« mehrfach die Forderung überliefert, die Trauerriten einzuhalten: »Gewissenhaft gegenüber den Verstorbenen sein und alle Pflichten bei Begräbnis und Trauer erfüllen.« Li Qingzhao kehrt unterdessen ins heimatliche Qingzhou in der Provinz Shandong zurück. Siebenundzwanzig Jahre sind die beiden nun verheiratet, etliche Trennungen hat sie bedichtet. Aber niemals lagen so viele Meilen zwischen ihnen, herrschte soviel Ungewissheit über das Wiedersehen.

Was lag näher an den langen einsamen Abenden in Qingzhou, wenn der Trennungsschmerz sich um die Brust legte, als die gemeinsame Zeit zu beschwören? Nicht nur die aktuelle Trauer zu beschreiben, sondern die zurückliegenden Jahre, die ausgefüllt waren mit vielfältigen gemeinsamen Aktivitäten, in Erinnerung zu rufen:

Duftende Pflanzen umgeben den Teich
Im tiefen grünen Schatten des Gartens.
Während die Sonne untergeht
sickert Kühle durch die Gaze-Fenster.
Der Jade-Vorhang ist festgezurrt, die Goldgriffe an den Türen
halten mögliche Gäste draußen.

Ich sitze an meinem Tisch vor einem Weinbecher,
Allein mit meinem Schmerz um ihn,
der weit fort am Ufer des Meeres,
am Rande des Himmels.
...
In den Jahren, die vergangen sind, waren wir glücklich zusammen.
...
Zusammen tranken wir Tee, aufgebrüht am lodernden Feuer.
Zusammen besuchten wir auf unsern geliebten Pferden
Feste, wo sich künstliche Drachen krümmten.
Um uns der Strom der Wagen, unbekümmert um plötzliche Stürme.
Wir tranken uns zu mit warmem Wein
und schrieben Gedichte auf geblümtes Papier.

Jetzt frage ich mich, ob wir
Uns jemals wieder umarmen.
Werden die guten Tage je wiederkommen?

Li Qingzhao tut gut daran, sich nichts vorzumachen, auch wenn es endlich einen Kristallisationspunkt gibt, an dem sich der Widerstand sammeln kann, um das Reich der Mitte vor weiterem Zerfall zu bewahren. Gaozong, der neue Kaiser der Song-Dynastie, ehemals der Prinz von Kang, hat sich mit seinem Hof und den Beamten nach Nanjing begeben. Jetzt gilt es, den Machtanspruch von Kaiser Gaozong öffentlich zu dokumentieren.

In Nanjing, ohnehin mit Flüchtlingen überfüllt, sind der Hof, die Regierung und die Verwaltungsbeamten kaum unterzubringen. Am 12. Juni 1127 findet vor einem provisorischen Altar die feierliche Thronbesteigung von Kaiser Gaozong statt, und der neue »Sohn des Himmels« macht dem »Herrscher in der Höhe« seine Aufwartung. Die Ahnentafeln der kaiserlichen Vorfahren, die Beamte aus den Ahnentempeln von Kaifeng retten konnten, sind für das Ritual ausgebreitet. Sie werden vorläufig in einem buddhistischen Kloster von Nanjing untergebracht. Ein Ausweg in der Not, der später von konfuzianischen Gelehrten schwer gerügt werden sollte. In diesem Augenblick jedoch gilt nur eins: Nach der ersten Proklamation im Armeelager hat sich Kaiser Gaozong in Nanjing vor dem Himmel und den Menschen gemäß dem traditionellen Ritual als legitimer Song-Herrscher ausgewiesen.

Das war nicht nur ein Signal an die feindlichen Jin. Auch nach innen brauchte Kaiser Gaozong Autorität, um sich behaupten zu können. Denn unter den geflüchteten Beamten, die an seinem Hof dienten, ging der alte Streit weiter, an dem sein Bruder in seiner einjährigen Zeit als Kaiser letztlich gescheitert war. Was hatte Priorität: auf Revanche zu setzen und umgehend Kaifeng zurückzuerobern? Oder den Status quo, die aktuelle Position erst einmal zu stabilisieren? Der zwanzigjährige Gaozong ließ sich nicht in den Streit hineinziehen, sondern versuchte, Distanz zu beiden Lagern zu halten. Aber seine engsten Vertrauten gehörten zu denen, die vor risikoreichen Manövern warnten und dringend empfahlen, die Politik nach den realen Gegebenheiten auszurichten.

Die Lage im Norden Chinas war unübersichtlich. Hinter ihren Mauern leisteten loyale Städte den Jin Widerstand. Guerilla-Truppen, die im Namen des Song-Kaisers die Barbaren aus dem Hinterhalt angriffen, hatten Zulauf. Doch das waren Inseln im feindlichen Meer. Eine Stadt nach der anderen ergab sich den Jin oder wurde gestürmt. Wie im eroberten Kaifeng revoltierten an vielen Orten kaiserliche Soldaten und wüteten gegen die eigene Bevölkerung schlimmer als der Feind. Bevor man daran denken konnte, verlorenes Territorium im Norden zurückzugewinnen, mussten im verbliebenen südlichen Teil des Reiches die Verwaltungsstrukturen gesichert und durch bewährte Beamte Ruhe und Ordnung bewahrt werden. Zumal im Spätsommer 1127 Soldaten und Reiterei der Jin wieder in Richtung Süden vorrückten.

Außergewöhnliche Zeiten erlaubten, entgegen den Traditionen zu handeln. Die Trauerzeit für die Mutter, in der jeder Beamter verpflichtet war, aus dem Amt zu scheiden, war für Zhao Mingcheng noch lange nicht abgelaufen. Da wurde er überraschend im achten Monat des Jahres 1127 vom Kaiser zum Vorsteher des Bezirks von Nanjing ernannt und bezog in der Stadt am Yangtse seinen Amtssitz.

Ungefähr um die gleiche Zeit meuterten in Qingzhou die kaiserlichen Soldaten und ermordeten den Bezirksvorsteher. Panik brach aus. Die Familie Zhao war in ihrer Heimatstadt wohlbekannt und ebenso ihre kostbare Sammlung. Li Qingzhao hütete – von den Bediensteten abgesehen – allein das private Anwesen samt den Schätzen der Vergangenheit. Ihre Lage wurde bedrohlich, zumal die feindlichen Armeen sich der Provinz Shandong näherten.

Li Qingzhao war eine mutige Person, aber auch realistisch. Diesmal ging es um Leben oder Tod, und in Nanjing wartete jemand auf sie.

Höchstwahrscheinlich blieb keine Zeit, per Kurier Zhao Mingcheng um seine Meinung zu fragen. Li Qingzhao entschied, die Antiquitäten zurückzulassen und sich mit einem Minimum an Kostbarkeiten wieder in den Strom der Flüchtlinge in Richtung Süden einzureihen.

Li Qingzhao hatte richtig gehandelt, auch wenn sie nur langsam vorwärts kam. Der Strom der Flüchtlinge in Richtung Süden nahm nie dagewesene Ausmaße an. Die Jin rückten unerbittlich vor und hinterließen eine Spur von Verwüstungen. Gegen Ende des Jahres hatten sie die Provinz Shandong erreicht.

Li Qingzhao ist eine nüchterne Chronistin der persönlichen Katastrophe, die sie und ihren Ehemann trifft – ein Abbild der allgemeinen Zerstörung ringsum: *Aber schon im 12. Monat hatten die Jin Qingzhou erobert, und alles, was wir von unserer Sammlung in den mehr als zehn Räumen gelagert hatten, war zu Asche geworden.* Nichts erleichtert Eroberern die Zerstörungsarbeit mehr als eine Brandfackel, zumal, wenn alle Gebäude aus Holz sind.

Jahre später, als Li Qingzhao den wissenschaftlichen Katalog zur Sammlung mit einem autobiografischen Essay abschließt, wird sie über das Schicksal der Schätze, die ihr Leben mit Zhao Mingcheng geprägt haben, nachsinnen: *Warum waren sie bloß so schwer zu erlangen und so leicht zu verlieren?* In den Monaten der Jahreswende 1127/28 war keine Zeit zum Philosophieren. Es galt, die Flucht in den Süden sicher zu überstehen und Nanjing zu erreichen. Es sollte Frühling 1128 werden, bevor sie den Yangtse erblickte und die sicheren Mauern am südlichen Ufer.

Kein einziges Wort ist von Li Qingzhao über die Monate überliefert, in denen sich ihr Leben auf Landstraßen und in Gasthäusern abspielte. Sie war eine Privilegierte unter den unzähligen Flüchtlingen, die – mit dem Nötigsten versehen – ihre Heimat hinter sich ließen, weil sie nicht unter der Herrschaft der Barbaren leben wollten. Eine einzige Information verrät, dass der Fluchtweg nicht ohne Hindernisse war und Erleichterungen wie auch kritische Situationen ihren Tribut verlangten. Als Li Qingzhao ihren Ehemann in Nanjing wiedersieht, ist von den Antiquitäten, die sie bei der Abreise im Gepäck verstauen konnte, gerade noch eine Kalligrafie geblieben.

Verglichen mit dem, was hinter ihr lag, muss ihr Nanjing im Frühjahr 1128 wie ein Paradies vorgekommen sein. Mochten die Paläste aus alter Zeit auch verfallen sein, Zhao Mingcheng, dem obersten Beamten der Stadt und des Bezirks Nanjing, standen Wohnraum und Dienerschaft zur Verfügung. Als dem Vertreter des Kaisers waren ihm Privilegien und Annehmlichkeiten sicher. Da der Kaiser mit seinem Hof und der zentralen Verwaltung vorläufig in Nanjing Quartier bezogen hatte, gab es eine zahlungskräftige Kundschaft mit gutem Geschmack in vieler Hinsicht. Es mangelte deshalb nicht an Gütern und Luxuswaren, denn der freie Handel war seit über hundert Jahren darauf eingestellt, jede Nachfrage umgehend und ausreichend zu bedienen. Zumal das Beste an Nahrungsmitteln und Luxusgütern, das die Elite in Kaifeng erstanden hatte, ohnehin im Süden Chinas produziert und von dort geliefert worden war.

Als Ehefrau des Bezirksvorstehers war Li Qingzhao die First Lady der Stadt. Es sprach sich schnell herum, dass sie sich deshalb in ihren gewohnten Freiheiten nicht einschränken ließ. Selbst im Schneesturm bestieg Li Qingzhao die Stadtmauern, um sich vom Blick in die schneeverwehte Landschaft inspirieren zu lassen und die ferne, verlorene Heimat im Norden in Erinnerung zu rufen. Sooft es seine Amtsgeschäfte erlaubten, folgte Zhao Mingcheng den dringenden Bitten seiner Frau und begleitete sie auf diesen Ausflügen.

Wenn sie nach der Rückkehr aus den Gefühlen und Bildern ein Gedicht gemacht hatte, bat Li Qingzhao den vielbeschäftigten Ehemann ein Anschlussgedicht zu komponieren – wie in alten Zeiten. Der geistige Wettbewerb scheint seit den frühen Jahren, als es um den ersten Schluck Tee in der Pause nach dem Mittagessen ging, eine liebe Gewohnheit zwischen den beiden geblieben zu sein.

Das Jahr 1128 verging, und bei Li Qingzhao und ihrem Mann stellte sich langsam das Gefühl ein, wieder Wurzeln zu schlagen:

Tief erstreckt sich mein Innenhof,
unendlich tief.
Die Fenster trüb.
Nebel dringt in die geschlossenen Räume.
Junge Weidenkätzchen und die Knospen der Pflaumenblüten tasten sich langsam hervor.
Der Frühling ist zurück in den Bäumen von Nanjing.
Ich werde alt in dieser Stadt.
Im Licht des Mondes, beim kühlen Windhauch
fanden wir in den Versen gemeinsames Glück.

Es ist ein Gedicht aus späteren Jahren, das zurückblickt, und die Spannungspole zwischen denen sich ihr Leben in Nanjing vollzog, auf einen kurzen Nenner bringt. Auch wenn der Rückblick aufgrund der späteren, aktuellen Lebenslage eine negative Wendung erhält:

Mir steht nicht mehr der Sinn danach,
Laternen anzuzünden.
Ich habe keine Lust
im Schnee spazieren zu gehen.

Das Laternenanzünden steht stellvertretend für die repräsentativen Pflichten, die Li Qingzhao in Nanjing erfüllte. Das chinesische Neujahrsfest, nach dem Mondkalender in der Regel Mitte Januar, wurde begleitet vom Laternenfest, bei dem die Frau des Vorstehers die erste Laterne anzündete. Im Schnee zu Fuß oder zu Pferd die Vorstädte vor den Mauern zu besuchen, zählte zu den extravaganten Vergnügungen, die sie sich auch als First Lady nicht nehmen ließ. Ihr Mantel war wetterfest mit Palmblättern belegt, und auf dem Kopf soll sie einen Hut aus Bambus getragen haben.

Verglichen mit den verlorenen Gebieten lebten sie im Paradies. Aber auch Nanjing war bedroht. Die Jin stürmen ungehindert und unaufhaltsam Richtung Süden. Anfang 1128 hatten sie nach und nach die Städte südlich von Kaifeng bis zum Huai-Fluss erobert, setzten mit ihrer Armee über und rückten gegen Nanjing vor. Wenn sie die Herrschaft der Song-Dynastie auslöschen wollten und die Position ihres Marionetten-Kaisers in Kaifeng sichern, mussten die Jin die Herrschaft von Kaiser Gaozong beenden. Am besten war es, seiner habhaft zu werden.

Ein weiteres Mal entschied sich Kaiser Gaozong gegen heroische Gesten und für eine Politik, die im Rückzug die einzige Überlebenschance für seine Person und ein unabhängiges China sah. Zuerst machte sich die kaiserliche Familie – ohne den Kaiser – im Frühjahr 1128 eilends auf den Weg nach Hangzhou. Die traditionsreiche Metropole Südchinas, ein Zentrum von Kultur und Wirtschaft, war der feindlichen Kavallerie durch viele weitere Meilen entzogen und dem rettenden Meer notfalls näher als Nanjing.

Kaiser Gaozong begab sich unterdessen mit einer kleinen Truppe von Getreuen, um beweglicher zu sein, den Yangtse flussabwärts nach Hangzhou. So dicht waren die Jin ihm auf den Fersen, dass er sich eines

Nachts nur um Haaresbreite mit wenigen Begleitern per Schiff ans südliche Ufer retten konnte. Die Barbaren zogen plündernd den Fluss entlang. Der Widerschein brennender Städte erhellte im Yangtse-Delta die Frühlingsnächte.

Dem flüchtenden Kaiser blieben kaum noch Alternativen. Da meldeten seine Späher, was unglaublich schien, aber kein Traum war: Die feindlichen Truppen hatten mitten im Siegeszug kehrt gemacht und waren auf dem Rückzug in Richtung Norden.

Motive: unbekannt. Nur vermuten lässt sich, dass rationales Handeln über unbedachte Eroberungsgier siegte. Mit vorzüglichen Soldaten ein total geschwächtes Land unter die Hufe zu nehmen und zu zerstören, war das eine. Ein fremdes Riesenreich zu verwalten und zu regieren, war etwas anderes. So mancher Eroberer, der einen gewaltigen territorialen Brocken zu verdauen suchte, war daran erstickt. Vielleicht waren den Jin die Beispiele der Vergangenheit Warnung genug.

Die Überlebenden in den zerstörten Städten, die Bauern auf ihren zertretenen Feldern und Obstplantagen atmeten auf und machten sich an Wiederaufbau und Rekultivierung. Der Kaiser kehrte mit seiner Familie, mit der Regierung und den hohen Verwaltungsbeamten nach Nanjing zurück. Und endlich gab es bei Hofe einmal eine erfreuliche Entscheidung zu feiern: Kaiser Gaozong konnte ein neues privates Glück genießen.

Ein Jahr zuvor war Gaozongs erste Ehefrau, mit der ihn mehr verband als arrangierte Gefühle, als Gefangene der Jin mit den anderen Mitgliedern des kaiserlichen Clans in den Norden entführt worden. Sie hatte in der Palaststadt gewohnt, als Kaifeng erobert wurde, während ihr Mann versuchte, außerhalb der Hauptstadt die Getreuen zu sammeln. Kaiser Gaozong, der das Schicksal seiner Frau tief betrauerte, ernannte sie sogleich nach seiner Thronbesteigung in Abwesenheit zur Kaiserin.

Seine neue Auserwählte erhielt deshalb erst in späteren Jahren den Titel »Kaiserin Wu«. Doch das Herz des Kaisers besaß das junge Mädchen, das 1128 in Nanjing in den Palast zog, auch ohne den höchsten Titel. Die 1115 Geborene kam aus einer vornehmen Familie in Kaifeng und war trotz ihrer jungen Jahre umsichtig und entschlossen. Sie wachte darüber, dass die Rüstung des Kaisers stets griffbereit lag

Kaiser Gaozong, der sich mit etlichen Nebenfrauen umgab, machte sie zusammen mit seiner Lieblingskonkubine zur »Anmutigen Hofdame« und verlieh ihr außerdem den Titel »Gebildete Hofdame«. Denn er schätzte besonders, dass die spätere Kaiserin sich in den Klassikern und der Literatur auskannte und im Palast Unterricht in Geschichte und Kalligrafie nahm. Als kluge und gebildete Gefährtin stand sie in bester Tradition der vorangegangenen Kaiserinnen der Song-Dynastie.

Im Norden des Reiches flackerten immer wieder Kämpfe auf, noch wollten die kaiserlichen Getreuen sich nicht geschlagen geben. Weniger ehrsame Gestalten nutzten den machtfreien Raum und das Fehlen staatlicher Ordnungshüter, um sich auf eigene Faust mit ein paar Spießgesellen zusammenzutun und ganze Landstriche zu drangsalieren und auszubeuten. Insgesamt aber brachte das Jahr 1129 eine Atempause und der Kaiser beschloss, mit dem Hof nach Hangzhou überzusiedeln.

Die Stadt am malerischen Westsee, den die sanften Kuppen der umliegenden Berglandschaft einrahmen und deren Horizont von schlanken Pagoden unterbrochen wird, war mit Flüchtlingen überfüllt. Wer den Luxus und das urbane Flair von Kaifeng nicht missen mochte, wer hoffte, städtische Arbeit zu finden und eine Chance für einen Neuanfang, auf den musste Hangzhou wie ein Magnet wirken. Doch was für andere eine private Entscheidung war, bedeutete für den »Sohn des Himmels« eine hochpolitische Angelegenheit. Der Umzug nach Hangzhou signalisierte, dass Kaiser Gaozong einer aggressiven Revanche-Politik weiterhin eine Absage erteilte. Hätte man die militärischen Kräfte zur Rückeroberung der Hauptstadt und des nördlichen Territoriums sammeln wollen, wäre Nanjing der strategisch günstigere Ort gewesen.

Ob Nanjing oder Hangzhou – die Meinungen darüber gingen in der engsten Umgebung des Kaisers weit auseinander. Was für die einen klug und realistisch war, galt den anderen als Verrat am Vaterland. Im März 1129 putschte der Anführer der kaiserlichen Leibgarde in Hangzhou, ließ rund hundert Eunuchen töten und machte Gaozong zum Gefangenen in seinem eigenen Palast. Die Rebellen wollten die Song-Dynastie nicht stürzen, forderten aber eine politische Kehrtwendung, die mit patriotischem Heldenmut alle Kräfte für eine sofortige Rache an den verhassten Eroberern bündelte. Kaiser Gaozong sollte zugunsten des dreijährigen Kronprinzen abdanken und die Kaiserinmutter bis zu dessen Volljährigkeit die Regentschaft übernehmen.

Gaozong, von kampfbereiten Soldaten umzingelt, reagierte auch in scheinbar auswegloser Situation geschmeidig und mit kühlem Blut. Er beugte sich nach außen den Forderungen der Rebellen und durfte sich mit fünfzehn Eunuchen in einen Tempel zurückziehen. Am 27. März 1129 übernahm die Kaiserinmutter offiziell die Regierung.

Die Kaiserinmutter? Eine ferne Erinnerung taucht auf, die nicht viel mehr als vier Jahrzehnte zurückliegt. Da hatte 1085 eine Kaiserinmutter nach dem Tod des Kaisers Shenzong unangefochten die Regentschaft für den noch zu jungen Thronfolger angetreten, die verbannten konservativen Politiker rehabilitiert und die umstrittene Reformpolitik rückgängig gemacht. Als sie 1093 starb, übernahm Kaiser Zhezong die Herrschaft und konterkarierte die Politik seiner Großmutter.

Kaiser Zhezong beschloss zudem, sich von seiner klugen und im Volk beliebten Ehefrau zu trennen, weil die Kaiserin angeblich die nun wieder verachteten Konservativen stützte. In Wahrheit intrigierte die Konkubine Liu gegen die Kaiserin, um sich an ihren Platz zu setzen. Liu blieb Siegerin, und Kaiserin Meng zog sich nach der Scheidung in einen buddhistischen Tempel zurück. Zhezong starb unerwartet schon 1100 und Kaiser Huizong, ein Halbbruder, Kunstkenner und Maler folgte ihm auf dem Kaiserthron.

Die verstoßene Kaiserin Meng wurde von Kaiser Huizong umgehend rehabilitiert und war gemäß der Tradition innerhalb des kaiserlichen Clans die offizielle Kaiserinmutter. Doch sie hielt sich durch die folgenden Jahre unauffällig und bescheiden im Hintergrund. Als die Jin im Frühjahr 1127 die Kaiser Huizong und Qinzong samt ihren Familien als Gefangene in den Norden verschleppten, ahnten sie nicht, dass es noch eine Kaiserinmutter gab.

Die fünfzigjährige Meng entkam unbemerkt aus der besetzten Hauptstadt, schlug sich mit ihrer Begleitung zum Quartier des neuen Kaisers Gaozong durch und nahm an seinem Hof wieder die Stellung als Kaiserinmutter ein. Der Kaiser, dessen Tante sie war, schätzte ihr realistisches Urteil und fragte sie oft um Rat.

Nun ist Kaiser Gaozong von seiner eigenen Garde entmachtet, und die Kaiserinmutter soll als Regentin für den viel zu jungen Thronfolger die Song-Dynastie retten. Heimlich nimmt sie Kontakte zu loyalen Generälen auf, die Hangzhou umzingelt haben. Auf den Rat der Kaiserinmutter hin gehen die Militärs zum Schein auf die Forderungen der Aufrührer ein und garantieren ihnen bei friedlicher Aufgabe hohe Posten. Der Trick funktioniert. Kaiser Gaozong darf nach fünfundzwanzig bangen Tagen wieder in seinen Palast zurückkehren. Kaum haben die Rebellen die versprochenen Posten angetreten, beginnt eine gnadenlose Jagd der staatlichen Organe. Im Juli 1129 werden die Anführer zur Abschreckung in Nanjing öffentlich enthauptet.

Um diese Zeit ist Zhao Mingcheng schon nicht mehr Vorsteher in der Stadt am Yangtse. Li Qingzhao schreibt in ihrer autobiografischen Skizze, dass diese Aufgabe *im Frühling des Jahres 1129, im 3. Monat, ihr Ende fand.* Anschließend wartet die Dichterin in ihrer nüchternen Chronik mit einer ungewöhnlichen Information auf: *Zu Schiff reisten wir sodann nach Wuhu hinaus, danach weiter nach Kushu, wo wir für eine Weile im Boot auf dem Wasser des Flusses Ganjiang wohnten. Im 5. Monat erreichten wir Chiyang.* Das ist wirklich eine Überraschung: Der gelehrte Beamte Zhao Mingcheng und seine Frau, die Dichterin Li Qingzhao, beide zur Elite des Reiches gehörend, haben sich im Frühjahr 1129 – zumindest vorläufig – für ein Leben auf dem Hausboot entschieden.

Lässt man den hohen gesellschaftlichen Stand des Ehepaares außer acht, war ein Wohnkonzept auf dem Wasser in China, das mit mächtigen Flüssen und vielen Gewässern gesegnet ist, nicht ungewöhnlich. Für ärmere Schichten und solche, die mit eisernem Willen aufsteigen wollten, waren Boote aller Art eine Möglichkeit, den Mietzins zu sparen. Bauern, die aus ihren Dörfern flohen, nutzten die Wasserstraßen als Wege in die Freiheit. Fischer und viele, die im Transportwesen arbeiteten, brachten ihre Familien auf den Booten, die sie ohnehin für ihren Beruf brauchten, unter.

Hinzu kam die Tradition, in den breiten Mündungsarmen der großen Flüsse schwimmende Inseln aus Flößen zu bilden. Die Hölzer wurden mit fruchtbarem Schlamm bedeckt, und darauf Gemüse und Obst angebaut. Auf den künstlichen Inseln spielten Kinder, weideten Kühe und Kleintiere. Neben den Behausungen für mehrere Familien hatten kleine Heiligtümer für Götter und Geister Platz.

Für die Nachkommen angesehener Beamtenfamilien, den Sohn eines Reichskanzlers und die Tochter eines Universitätsdirektors passt ein Hausboot allerdings nicht ins Lebensmuster. Verband sich bei diesem mobilen Wohnsitz eine praktische Seite des Ehepaares mit einer geistigen Haltung? Vielleicht war es ein bewusstes politisch-moralisches Zeichen, in diesen Krisenzeiten, wo alles im Fluß war, im Süden demonstrativ keine festen Wurzeln zu schlagen. Verlangte eine Zeit, in der so viele Traditionen außer Kraft waren, nicht von der Elite neben dem Festhalten am Alten ebenso das Wagnis, neue Wege zu gehen?

Eine praktische Überlegung könnte mit den fünfzehn Wagen voller Antiquitäten zusammenhängen, die das Ehepaar im Frühjahr 1127, als Zhao Mingcheng zur Beerdigung seiner Mutter ohnehin in den Süden reisen musste, in Nanjing zwischenlagerte. Undenkbar, dass die besessenen Sammler bei der Suche nach einem neuen Wohnsitz ihre Schätze zurückgelassen haben. Die Stadt lag in Reichweite der von den Jin eroberten Gebiete und wer wusste denn, ob deren Reiter nicht wieder auftauchen würden?

Die kriegerischen Zeiten sprachen dafür, die Sammlung auf einem Boot zu deponieren und nicht mit fünfzehn Wagen, angefüllt mit Kostbarkeiten, über Land zu ziehen, während der Feind jederzeit auftauchen konnte. Zudem waren die Straßen noch immer voller Flüchtlinge, in den Gasthäusern alle Zimmer überfüllt. Glücklich, wer sein eigener Herr auf einem Schiff war mit genug Wohnraum, um auch noch Verwandtschaft unterzubringen. Li Qingzhao spricht einmal von der *Familie* auf dem Schiff, ohne sie näher zu spezifizieren. Es muss Verwandtschaft gewesen sein, die ebenfalls vor den Jin aus dem Norden geflüchtet war.

Als das Hausboot im fünften Monat des Jahres 1129 in Chiyang ankam, dem heutigen Guichi, hatte das Ehepaar etliche Kilometer auf dem Yangtse flussaufwärts hinter sich gebracht. Es war offensichtlich keine Fahrt ins Blaue, denn dort erreichte Zhao Mingcheng der kaiserliche Befehl, *in Huzhou das Amt des Vorstehers zu übernehmen*. Mit dem Umzug auf das Hausboot muss der ehemalige Bezirksvorsteher von Nanjing beim Personalamt Informationen über die beabsichtigte Route hinterlassen haben.

Trotz der gefährlichen Zeiten wurde Zhao Mingcheng aufgefordert, seinen neuen Amtssitz auf dem Umweg über Nanjing anzusteuern, um gemäß der Tradition die Bestallungsurkunde aus der Hand des Kaisers zu empfangen. Wenn der Kaiser rief, der kurz zuvor den Putsch seiner Leibgarde dank der besonnenen Kaiserinmutter glücklich überstanden hatte, gab es kein Zögern: *So beschloss er denn, uns, die Familie, vorübergehend in Chiyang auf dem Schiff zurückzulassen, und sich allein aufzumachen, um dem Befehl zu entsprechen.*

Bevor Zhao Mingcheng abreist und den Blicken von Li Qingzhao entschwindet, spielt sich eine bewegende Szene ab. Er trägt sein Gepäck ans Ufer und wartet dort eine Weile. Vielleicht ist sein Pferd noch nicht reisefertig. Li Qingzhao steht auf dem Deck des Schiffes. Aus den Zeilen, die sie fünf Jahre später aufschreibt, spürt man, wie gegenwärtig und lebendig sie ihren Ehemann in diesem Augenblick in Erinnerung behalten hat. Als ob es gestern gewesen wäre:

Er trug ein Gewand aus Hanf, ein Tuch um den Kopf gebunden, sprühend vor Lebenskraft war er wie ein Tiger, die Leute mit leuchten-

dem Blick musternd. Während er zu mir hinaufblickte und Abschied nahm, wurde mir ganz bang ums Herz, und ich rief: » Was soll ich machen, wenn ich von Unruhen in der Stadt erfahre?« Er winkte weit ausholend mit der Hand und antwortete: »Folge den anderen. Wenn du keine Wahl mehr hast, verzichte zuerst auf das schwere Gepäck, dann auf die Kleider, dann auf die Bücher und Rollbilder und zuletzt auf das Sakralgerät. Behalte nur die Stücke vom Sakralgerät der Familie, die du selbst tragen und um die du dich kümmern kannst. Sie sollen mit dir überleben oder zusammen mit dir untergehen, die sollst du nicht im Stich lassen!« Damit schwang er sich aufs Pferd und ritt davon.

Es ist kein Abschied für immer. Li Qingzhao und Zhao Mingcheng werden sich wiedersehen. Aber dann wird von sprühender Lebenskraft und leuchtendem Blick nichts mehr zu spüren sein. Die Zeilen sind auch ein Denkmal, das Li Qingzhao ihrem Mann im Rückblick setzt.

Es ist nicht das erste Mal, dass Zhao Mingcheng seiner Frau anvertraut, was für ihn das Wichtigste und zugleich ihr gemeinsamer Schatz ist – die Sammlung und die Opfergeräte. Es bleibt offen, ob es antiquarisch erstandene Opfergeräte oder die der Zhao-Familie sind. Höchstes Gut in jeder Familie der Führungsschicht sind die Geräte, mit denen sie über Generationen beim Ahnenopfer die Verbindung zu den Verstorbenen hält – die Weinbecher und die Schalen für das Essen, Kerzenhalter, Vasen, das Weihrauchgefäß. Ob eigene oder gekaufte –, sie sind in jedem Fall der kostbarste Besitz. Es mag der Augenblick kommen, wo Li Qingzhao die Sammlung, die ihr gemeinsames Leben ausmacht, opfern muss, um mit dem Leben davonzukommen. Die Opfergeräte aber, das jedenfalls befiehlt Zhao Mingcheng seiner Ehefrau, sind nicht verhandelbar.

Es war der dreizehnte Tag des sechsten Monats im Jahre 1129, als Zhao Mingcheng davonritt, um auf dem Umweg über Nanjing seinen neuen Posten anzutreten. Nur sechs Wochen später genügen wenige Zeilen, und für Li Qingzhao hat sich die Welt verändert: *Am Ende des 7. Monats erreichte mich ein Brief mit der Mitteilung, dass er krank darnieder liege und ich erschrak entsetzlich.* Die Diagnose für den kranken Zhao Mingcheng lautet *Sumpffieber* – Malaria –, und Li Qingzhao hat eine Erklärung, wenngleich Irritationen bleiben: *Auf dem Weg, den er in großer Hast zurücklegte, setzte er sich unbesonnen der sommerlichen Hitze aus, so dass er erkrankte. ... Wie kann er sich bloß, dachte ich mir, trotz seiner starken Konstitution mit Sumpffieber angesteckt haben.* Eine Therapie auf die Ferne geht der Ehefrau durch den Kopf, um sich Mut zu machen: *Bei den gelegentlichen Fieberanfällen müsste er kühlende Medizin einnehmen, dann könnte die Krankheit vielleicht ohne Komplikationen verlaufen.*

Kaum ist der Brief gelesen, lässt Li Qingzhao das Nötigste für unterwegs zusammenpacken. Es muss schnell gehen: *So verließ ich das Schiff und legte in einem Tag und einer Nacht 300 Meilen zurück.* Eine chinesische Meile zur Song-Zeit beträgt genau 559,26 Meter. Wie gut, dass Li Qingzhao eine erfahrene Reiterin ist. Beim Wiedersehen mit Zhao Mingcheng ist der Achtundvierzigjährige, der sich keine zwei Monate zuvor tatkräftig und lebensmutig von ihr verabschiedet hat, nur noch ein fiebergeschüttelter, geschwächter Schatten seiner selbst:

Als ich bei ihm ankam, hatte er inzwischen tatsächlich schon Hasenohrkraut und Gelbried in großen Mengen geschluckt. Aber zur Malaria hatte ihn auch noch die Ruhr gepackt, und die Krankheit hatte ihren kritischen Höhepunkt erreicht. Ich weinte stumm vor mich hin und war völlig ratlos. Wir können sicher sein, dass sich um den hohen kaiserlichen Beamten die besten Mediziner kümmerten, die in Nanjing greifbar waren. Li Qingzhao, die es gewohnt ist, selbständig und nüchtern zu handeln und Entwicklungen in die eigenen Hände zu nehmen, macht eine neue, schmerzliche Erfahrung: Jetzt, wo es um Leben und Tod für ihren Ehemann geht, kann sie nichts tun, ist zum Zuschauen verurteilt.

Aber ganz sind die gewohnten Verhaltensmuster nicht außer Kraft gesetzt. Während sie Stunden und Tage hilflos neben dem Kranken verbringt, gehen ihr auch praktische Gedanken durch den Sinn. Doch das Herz verbietet Li Qingzhao, was der Kopf suggeriert: *Ich brachte es nicht fertig, ihn nach seinen Verfügungen für die Zeit nach dem Tode zu fragen.* Der Zustand von Zhao Mingcheng verschlechtert sich, die Hoffnung auf Genesung erweist sich zusehends als Illusion. Bei der Chronik seines Todes kehrt Li Qingzhao zur alten Nüchternheit zurück:

Am 18. des 8. Monats konnte er sich nicht mehr erheben. Er ergriff noch einen Pinsel, um ein Gedicht zu schreiben. Doch der Tod nahm ihm den Pinsel aus der Hand, ehe er in einem letzten Willen darüber hätte verfügen können, wie »das Räucherwerk verteilt und die Schuhe verkauft werden« sollen.

Mitten in Krieg und Umbruchzeiten, fern der Heimat und von Verwandten und Freunden getrennt, ist die fünfundvierzigjährige Li Qingzhao nach achtundzwanzig Jahre Ehe mit Zhao Mingcheng im Spätsommer des Jahres 1129 Witwe geworden.

22

DER KOPF DES DRACHEN BRINGT UNGLÜCK
oder
DIE MACHT DER YIN-YANG-MEISTER

Je mehr Kleider für die Toten umso besser – Ein Sarg reicht nicht – Grabanlagen: so luxuriös wie im Leben – Die Reformer fordern mehr Bescheidenheit – Konfuzius tröstet nicht – Mit den Mönchen durch die Hölle – Landverträge in jedes Grab – 400 kaiserliche Tote ohne Grab – Die falsche Beerdigungszeit: Katastrophe für die Lebenden

Fünf Jahre nach dem Tod von Zhao Mingcheng wird Li Qingzhao den wissenschaftlichen Katalog der Sammlung mit einem autobiografischen Aufsatz abschließen, in dem sie auch die Sterbeszene schildert. Der darauf folgende Absatz beginnt: *Als das Begräbnis vorüber war …*

Ein Toter muss würdig beerdigt und betrauert werden. Das war neben der Pietät der Kinder zu ihren Eltern eines der wichtigsten Gebote für einen Konfuzianer. Die Trauer um die Toten führt die Familie und die Generationen bei einer Beerdigung zusammen. Aber das ist leicht gesagt, wenn die Ordnung im Land zusammengebrochen und der Feind erneut im Anmarsch ist.

Wenige Wochen bevor Zhao Mingcheng in Nanjing starb, hatte die Kaiserinmutter im Sommer 1129 mit allen Frauen, die in den Inneren Gemächern des Palastes lebten, die Stadt wieder in Richtung Hangzhou verlassen. Die Jin hatten mit ihrer gefürchteten Reiterei einen neuen Vorstoß in die Gegend um die Yangtse-Mündung unternommen, um Kaiser Gaozong gefangenzunehmen. Wer es sich leisten konnte, packte die Reisekisten, um sich weiter in Richtung Süden in Sicherheit zu bringen.

Aber noch war der Hof mit der engeren Entourage des Kaisers in Nanjing. Die Beamten werden alles getan haben, um ihrem Kollegen Zhao Mingcheng ein Begräbnis zu bereiten, das dem möglichst nahe kam, was einem hohen Beamten gemäß den konfuzianischen Riten und staatlichen Vorschriften zustand.

Den Weisen und den Dichtern war der Tod kein Tabu. Meister Zhuang, der wegweisende Philosoph einer daoistisch-kosmischen Weltsicht, hat ihn rund vier Jahrhunderte vor der Zeitenwende als eine von vielen Verwandlungen gepriesen, die der Mensch durchlebt. Für ihn kann der Weise allem mit Gleichmut begegnen: »Sein Leben ist wie freies Schweben; sein Tod ist wie Ausruhen.«

Tao Yuanming, der »Heimkehr-Dichter«, schildert im fünften Jahrhundert n. Chr. den inneren Frieden, den er nach seinem ländlichen Rückzug gefunden hat und der ihn auf einen ruhigen Tod vorbereitet:

Auf dem Hügel im Osten singe ich schallend hinaus.
Am klaren Bach dichte ich meine Verse.
So fahre ich dahin im großen Wandel bis zu meiner endgültigen Heimkehr,
Zufrieden mit der Fügung des Himmels und ohne jeglichen Zweifel.

Der gelehrte Beamte Zhang Zai, der zur Avantgarde der konfuzianischen Denker im elften Jahrhundert gehörte, ist überzeugt, dass QI, der Grundstoff des Lebens, eine Realität jenseits der vergänglichen Materie ist. Ein Stoff, der im Tod verwandelt, aber nicht zerstört wird. In der »Westinschrift« hat er ein sehr persönliches Bekenntnis niedergelegt: »Der Himmel ist mein Vater, und die Erde meine Mutter, und selbst ein so kleines Wesen wie ich findet einen traulichen Platz in ihrer Mitte. ... Im Leben will ich Himmel und Erde nachfolgen und dienen, im Tode werde ich meinen Frieden finden.«

Tröstliche Worte. Doch wer möchte sie hören in dem Augenblick, wo ein Mensch, den man liebt, kalt und ohne Leben vor einem liegt? Der Tod war eine Katastrophe. Als ein Lieblingsschüler des Konfuzius starb, weinte der Meister bitterlich.

Konfuzius hatte neben dem zentralen Ahnenopfer auch die Begräbnis- und Trauerriten übernommen, wie sie sich zur Zeit der von ihm verehrten Zhou-Dynastie, die um eintausendeinhundert v. Chr. die Shang-Dynastie gewaltsam ablöste, entwickelten. Der Meister war überzeugt, dass die Riten in einer extremen Situation Halt geben. Er nahm in Kauf, dass die Zeremonien der Zhou strikt der adligen Führungsschicht vorbehalten waren und dass sich die niederen Schichten – selbst wenn es gestattet wäre – den vorgeschriebenen Luxus an Zeit und Geld für ein ordentliches Begräbnis gar nicht leisten konnten.

Während die Buddhisten ihre Toten verbrannten, sahen die Konfuzianer darin eine Entweihung des Körpers, den jeder Mensch von seinen Eltern mitbekommen hat. Gegen eine Einbalsamierung war nichts einzuwenden, sie blieb aber die Ausnahme. Unabdingbar dagegen war die Einkleidung des Toten mit kostbaren Gewändern. Je höher der Beamtenrang des Verstorbenen war, um so mehr wurden aufgetragen. Reichte der private Vorrat nicht, mussten extra neue angefertigt werden. Es konnten Dutzende von Gewändern sein, und zu oberst kam die offizielle Amtskleidung. Ein Effekt war, dass unter den Mengen von Stoff die Leiche den Blicken der Lebenden gnädig entzogen wurde. Damit nicht genug: Weitere Kleider wurden zusätzlich in den Sarg und in die Grabkammer gelegt. Im Grab einer Prinzessin der kaiserlichen Familie zählten die Archäologen über hundert feine Seidenkleider.

Der zweite kostspielige Ausgabeposten nach den Kleidern betraf den Sarg, genauer: zwei Särge. Konfuzius bedauerte, dass er seinen toten Sohn wegen fehlender finanzieller Mittel in nur einem Sarg begraben musste. Denn die Riten verlangten einen inneren Sarg mit dem Toten, der in einen äußeren Sarg gelegt wurde. Den äußeren Sarg stellte man mit Vorliebe aus Kiefern- oder Zypressenholz her, weil es besonders haltbar war. Der Raum zwischen den beiden Särgen wurde mit Schichten von Harz ausgefüllt oder die Sargseiten mit Harz imprägniert. Der Tote sollte so gut wie möglich vor Ameisen, Würmern und Wasser geschützt sein.

Dem äußeren Sarg sah man an, welchen sozialen Rang der Tote im Leben eingenommen hatte. Je höher die gesellschaftliche Stufe – und das bedeutetet, je höher der Beamten-Rang –, desto mehr war er mit Malereien, Lackierungen und Schnitzereien verziert. Auch Fenster und Türen an den Seitenwänden waren nicht selten. Manchmal wurden am Kopfende, wo der Sarg ohnehin breiter war als am Fußende, Sargboden und Deckel verlängert, so dass man einen Unterstand für tönerne Opfergefäße hatte.

Ein dritter Ausgabeposten war das Grab. Wer keinen Grundbesitz außerhalb der Stadtmauern hatte, musste ein Stück Land als Grablege für die Familie kaufen. Erst unter der Regierung von Kaiser Huizong machte der Staat ernsthafte Anstrengungen, für die breite Masse der Bewohner, die sich keinen privaten Grabplatz leisten konnten, öffentliche Grundstücke zur Verfügung zu stellen.

Seit der Han-Dynastie, mit der ab 206 v. Chr. über vier Jahrhunderte die erste glanzvolle Epoche des geeinten chinesischen Reiches begann, beerdigte der Adel seine Toten in großen unterirdischen Grabanlagen. Nach der Devise »Im Tod wie im Leben« wurden die Toten mit ihrem gewohnten Luxus umgeben. Innenhof, große Halle, Arbeitsstudio, Küche und Vorratsräume – es fehlte an nichts. Menschen und Gegenstände, alles, was die Verstorbenen im Leben besessen hatten, füllte als Sonderanfertigung die Gräber. An Decken und Wänden stellten großflächige Fresken adlige Vergnügungen dar. Säulen und Pfeiler schmückten die Räume.

Die meisten Grabbeigaben, die heute die Museen bereichern, stammen aus der goldenen Zeit der Tang-Dynastie: Musikerinnen und Polospielerinnen zu Pferde, Tänzer und Pferdeknechte, Kamele und Ochsenkarren, Krieger und Beamte, Dienerinnen und Kutschen. Der maximale Aufwand blieb dem Adel und nach dessen Untergang ab der Song-Dynastie den gelehrten Beamten vorbehalten. Aber jene, die durch den Aufschwung in Wirtschaft und Handel wohlhabend geworden waren ohne einen Stammbaum und Staatsprüfungen aufweisen zu können, nahmen sich zusehends ein Beispiel am Totenkult der Elite. Obgleich offiziell verboten, schmückten sich Kaufleute oder Großgrundbesitzer im Tod mit den gleichen Statussymbolen wie die hohen Beamten. Die kaiserliche Bürokratie war in diesem Bereich tolerant und nahm es mit den vorgeschriebenen Strafen nicht so genau.

Aus dem Jahre 1099 stammt eine begehbare ausgemauerte Grabanlage für ein reiches Großgrundbesitzer-Paar in der Provinz Henan. Sie wurde zusammen mit zwei weiteren Gräbern aus der Zeit der Song-Dynastie in den 1950er Jahren entdeckt und von Archäologen ausgewertet. Die sechseckige Hauptkammer für die Särge des Ehepaares, die auf einem Podest standen, ist gut drei Meter hoch. Die Wände der Vorkammer sind mit Reliefbildern geschmückt. Auf der Westseite – die gesamte Anlage ist in Süd-Nord-Richtung ausgelegt – musizieren Männer und Frauen gemeinsam in einem Orchester. Auf der Ostseite, direkt gegenüber, lauscht ihnen intensiv das Ehepaar, das sich zu Lebzeiten fahrende Künstler ins Haus holen konnte und im Tode nicht auf dieses Vergnügen verzichten sollte.

Die Bilder in den Gräbern sagen teilweise mehr über die Lebenswirklichkeit aus als schriftliche Dokumente oder philosophische Handbücher, die ein Ideal beschreiben und nicht die Realität. Das Grabbild von 1099, zwei Jahre vor der Hochzeit von Zhao Mingcheng und Li Qinzhao angelegt, zeigt ein Ehepaar, das sich auf gleicher Höhe geruhsam-selbstbewusst auf Stühlen an einem Tisch gegenüber sitzt. Vor ihnen stehen zwei Becher und eine Kanne ; die Füße ruhen jeweils auf einem Bänkchen. Im

Hintergrund sind Sohn, Schwiegertochter und zwei Dienerinnen angetreten, um die beiden mit Essen zu versorgen. Auf einem weiteren Bild richtet die Dame des Hauses, von vier Dienerinnen umgeben, ihre aufwendige Haarpracht.

Es ist nicht das einzige Grab aus der Song-Zeit, in dem die Ehefrau als gleichwertige Partnerin ihres Mannes dargestellt wird, die seine Stellung und seinen Reichtum teilt. Für die erinnerungsmächtige Kultur Chinas erzählen die detaillierten Bildprogramme der Gräber, dass der Anspruch »Im Tod wie im Leben« auch für Ehepaare Gültigkeit hatte. Mit der Eltern-Generation von Li Qingzhao und Zhao Mingcheng war die Zeit für einen üppigen Totenkult allerdings abgelaufen.

Die neuen Denker, die sich im Verlauf des elften Jahrhunderts um eine Wiedergeburt des Konfuzianismus mühten, schlugen vor, einige der alten Riten zu modernisieren. Zwar sollten Beerdigungen und Grabplätze stilvoll sein und würdig hergerichtet. Aber statt Opulenz wurde Einfachheit gefordert, wenn man die Toten zur Ruhe bettete. Das war nach der Moral des Konfuzius dem Lebensstil eines gelehrten Beamten angemessen und auch seinem Geldbeutel, von den kleinen Leuten nicht zu reden.

Gerade weil der Kult um die Ahnen ein zentraler Baustein konfuzianischer Moral war, schrieben angesehene konfuzianische Gelehrte Handbücher, um die traditionellen Beerdigungssitten populär zu machen und den Bedürfnissen der Trauernden anzupassen. Ein wichtiges und nicht verschwiegenes Motiv war die Tatsache, dass immer mehr Menschen – auch in der Elite – ihre Toten und die weitere Sorge um die Gräber buddhistischen und daoistischen Mönchen anvertrauten.

Wer Abschied nehmen wollte von zuviel Prunk und Luxus, konnte sich auf Konfuzius berufen. Der Meister wusste, wie sehr er in Bezug auf die Riten missverstanden wurde. Deshalb hatte er seinen Schülern gesagt: »Bei einem Begräbnis ist die Trauer wichtiger als die minutiöse Beachtung der zeremoniellen Regeln.«

Sparsamkeit war eine konfuzianische Tugend, deshalb sollte man damit bei der Einkleidung des Toten beginnen. Nicht Gewänder dutzendweise, sondern maximal drei wurden von den Reformern vorgeschlagen. Was die Särge betraf, hatte es schon Jahrhunderte zuvor radikalen Protest gegeben. Der angesehene Gelehrte Huangfu Mi – er starb 282 n. Chr. – legte zu Lebzeiten schriftlich fest: »Ich möchte ohne inneren oder äußeren Sarg beerdigt werden. Man soll meinen Körper nicht waschen und auch keine neuen Kleider anschaffen. Es ist mein Wunsch, dass ich nackt in eine Grube gelegt werde, so dass mein Körper Kontakt mit der Erde bekommt.« Seine Familie sollte ein Stück unkultiviertes Land zum Beerdigen kaufen, den Leichnam in eine rauhe Matte wickeln, die man an den zwei Enden zubindet, und ihn über die Totenbahre in die Grube rutschen lassen.

Eine andere, weit verbreitete Tradition lehnt Huangfu ebenfalls ab, gekoppelt mit einem Bekenntnis zur konfuzianischen Lebensführung: »Keine Gebrauchsgegenstände sollen ins Grab gelegt werden, außer dem konfuzianischen Klassiker ›Kindliche Pietät‹, um zu zeigen, dass ich niemals vom Weg der Pietät abgewichen bin. ... Dann soll man die Grube mit Erde auffüllen und das vorher entfernte Gras an derselben Stelle verlegen, damit es wieder anwachsen kann, und kein Hügel entsteht. Pflanzt keine Bäume.« Bald schon würde niemand mehr erkennen, dass hier ein Mensch begraben lag. Der überzeugte Konfuzianer traf sich in seinem rigorosen Wunsch mit Meister Zhuang, dem daoistischen Weisen, der sich einen Sarg verbat, als er seinen Tod nahen fühlte: »Himmel und Erde werden mein äußerer und innerer Sarg sein.«

Solchen extremen Ansichten konnten die Reformer der Song-Zeit nichts abgewinnen. Ihnen lag daran, Riten und Formen, in denen sich die Ehrfurcht gegenüber dem Toten ausdrückte, zu erhalten. Das Grab sollte mehr als je zuvor ein Ort werden, an dem sich die weitläufige Verwandtschaft zu Festen und Jahrestagen traf und der Zusammenhalt der Familie mit Hilfe des Totengedenkens gefestigt wurde.

Zwei Särge waren weiterhin erwünscht, aber ohne äußeren Schmuck oder Zierrat. Die ständigen Verbotshinweise für solche luxuriösen Särge lassen vermuten, dass die Realität anders aussah. Bei den Grabbeigaben, die dem strikten Konfuzianer ein Gräuel waren, ging man Kompromisse ein, denn selbst die Bildungselite ließ davon nicht ab. Bei einem Beamten waren in den obersten Rängen maximal neunzig Gegenstände erlaubt, während der Durchschnittstote nicht mehr als ein Dutzend mit ins Grab nehmen durfte. Und so wurden fleißig weiterhin im Miniformat für die Gräber hergestellt: Möbel und Geschirr, Figuren von Dienern, Grabwächtern und Tieren, Bronzespiegel und Musikinstrumente, Schmuck und Lackarbeiten. Die Liebe zu den Büchern ist ebenfalls an den Grabbeigaben abzulesen. Bei Männern wie Frauen wurden im Umkreis der Särge buddhistische und daoistische Texte und Bücher entdeckt.

Wer sich Grabbeigaben in Steingut nicht leisten konnte, der durfte auf Gebrauchsgegenstände in Papierform und auf extra gedrucktes Papiergeld zurückgreifen. Beides war auf allen Märkten zu kaufen und wurde während der Beerdigung verbrannt. Dahinter stand der Glaube, dass selbst das Feuer Materie nicht vollständig vernichten kann. Geld und Gegenstände aus Papier entzogen sich nur den Blicken. Nach dieser Überzeugung wird beides in unsichtbare Feinstmaterie verwandelt. In der Unterwelt nimmt es wieder seine alte Form an und steht den Toten in seiner ursprünglichen Funktion zur Verfügung.

Bis zum Ende des Kaiserreichs 1911 wurde dieser Totenkult gepflegt. In der Volksrepublik China unter Mao Zedong waren alle traditionellen Beerdigungsbräuche verpönt. Heute lebt eine ganze Industrie von Nachbildungen in Papier oder Pappe. Fernseher, Auto, CD-Player oder die neueste Turnschuh-Marke und natürlich Papiergeld – auch den modernen Toten soll es an nichts fehlen.

Den größten Erfolg hatten die neuen konfuzianischen Denker mit ihrem Bemühen, für ein einfaches Grab zu werben. Vor allem gelehrte Beamte verzichteten auf geräumige Grabkammern. Ein Schacht für den Sarg wurde ausgehoben und der Sarg von oben herabgelassen. Zwar waren die Wände ausgemauert, aber niemand konnte in diesem Grab umhergehen. Über dem Grab erhob sich ein grasbedeckter Tumulus, eine Stele oder eine Steintafel und nannte Namen, Titel und Verdienste des Toten. Weiterhin wurden gerne Bäume gepflanzt. Dieses Grabmodell gewann während der Song-Zeit in ganz China an Verbreitung und wurde schließlich zum Standardtyp.

Aber die äußerlichen Änderungen und Vereinfachungen ließen die alten Fragen unbeantwortet. Was lag jenseits der Grenze, die das Leben vom Tod trennte? Was geschah mit geliebten Menschen, denen der Atem, die Lebenskraft – das QI – ausgegangen war und die man als Leichnam der Erde anvertraute oder als gläubiger Buddhist dem Feuer? War mit dem Verfall des Körpers wirklich alles vorbei? Gab es nicht doch andere Formen, in denen der Verstorbene weiterlebte? Wurde er in einer anderen Welt entschädigt für Ungerechtigkeiten, die er offensichtlich auf dieser Erde ertragen musste?

Die maßgebende Autorität auf solche Fragen, die jeden Menschen irgendwann beschäftigen, wäre Konfuzius gewesen. Doch seine Schüler berichten, dass der Meister allen Fragen nach dem Tod, einem jenseitigen Leben und der Welt der Geister ausgewichen ist. Das war frustrierend bei einem Philosophen, der seine Anhänger ausdrücklich zu Ahnenopfer und doppeltem Sarg verpflichtete.

Im traditionellen Ahnenopfer wurden die Geister der Toten herbeigerufen, ihnen Speise und Getränke angeboten. Zum feierlichen Opferbankett kehrten sie zurück aus einer anderen Welt. Aber wie sollte man sich die Geister und die andere Welt vorstellen?

Zilu, der Lieblingsschüler des Konfuzius, gab nicht auf. In den »Gesprächen« ist der Dialog zwischen Meister und Schüler aufgezeichnet: »Zilu fragte, wie man Geistern dienen solle. Konfuzius antwortete: Wer nicht den Menschen zu dienen versteht, wie kann der den Geistern dienen? Dann fragte Zilu nach dem Tode, und der Meister gab zur Antwort: Wer noch nicht das Leben kennt, wie will der wohl den Tod begreifen?«

Das war nicht falsch und auch ehrlich, da für Konfuzius nicht der Himmel im Mittelpunkt stand. Für ihn ging es um den Menschen und wie er sich dem höchsten moralischen Ziel – Menschlichkeit – in dieser Welt zumindest annähern konnte. Das schloss menschliche Gefühle, Trauer und tiefen Schmerz, nicht aus. Doch Konfuzius, der nüchterne Skeptiker, und seine späteren Anhänger überzeugten die Menschen nicht. Und sie verwickelten sich in Widersprüche. Wozu die kostbaren Gewänder und aufwendigen Särge, wenn wir ohnehin nicht begreifen, was da vor sich geht? Warum das Verbot der Feuerbestattung?

Die Sehnsucht der Menschen nach Antworten, nach Vergewisserung und Trost, führte sie fort vom verehrten Konfuzius zu den buddhistischen und daoistischen Mönchen. In den Klöstern erfuhren sie von einem daoistischen Himmel, der ein Abbild der Welt war mit Königen, Ministern, Beamten und Aktenablage, und wo zugleich der Jade-Kaiser mit Jade-Jünglingen und -Mädchen zu Hause war.

Die Jünger des Erleuchteten Buddha nannten als vollendetes Glück nach vielfachen Wiedergeburten den Eingang in das Nirvana, in dem alle Leiden, alle Täuschungen aufgehoben waren. Als Zwischenstation jedoch konnten sich die Menschen auf die Güte des Buddha Amitabha verlassen. Es genügte, seinen Namen in der Todesstunde zu nennen, um Einlass zu finden in das Westliche Paradies, dessen Hüter er war. Und in den Nöten des Alltags halfen Bodhisattvas, allen voran der Bodhisattva Avalokitesvara, dessen Mitleid unbegrenzt war.

Im Daoismus und chinesischen Buddhismus existierten Höllen und Fegefeuer und himmlische Strafaktionen, die dem chinesischen Denken fremd waren. Aber vielen leuchtete ein, dass der Mensch Strafen für seine schlechten Handlungen verdient – wenn nicht in diesem, dann in einem anderen Leben. Tröstlich war, dass die Mönche feierliche Rituale und Gebete, Hymnen und Opfer anboten, die den Toten auf seinem Weg durch die Unterwelt begleiteten und dafür sorgten, dass er dort gnädige Richter fand. Über diese Rituale wurden zugleich die Lebenden mit der Gewissheit ausgestattet, alles für die Toten getan zu haben, damit sie nicht in Dunkelheit und schrecklichen Qualen versanken.

Für strenge Konfuzianer gab es kein Weiterleben im Jenseits, keine zweite Chance. Mit dem Zerfall des Körpers war alles endgültig vorbei. Der Staatsmann, Schriftsteller und intellektuelle Meinungsführer Ouyang Xiu gab eine ehrliche Analyse: »Dinge wie Pflanzen, Bäume, Vögel und wilde Tiere ebenso wie die einzelnen Menschen treten durchaus unterschiedlich in Erscheinung. Doch insofern sie sterben, sind sie alle gleich: Sie vergehen und werden schließlich ganz ausgelöscht.« Entscheidend für die konfuzianische Hoffnung war, dass die Kette der Generationen innerhalb einer Familie nicht abriss und im Ahnenopfer die Erinnerung an jeden Einzelnen bewahrt blieb.

Doch der nüchterne Intellektuelle Ouyang gestand ein, dass selbst diese Argumentation brüchig war. Der einzige Bruder seiner Frau starb jung und hinterließ eine Witwe, aber keine Erben. Ouyang Xiu fragte, womit die Familie, die über Generationen vorbildhaft gelebt hatte, diesen Schicksalsschlag verdient hatte. Sein Trost: »Auch die Weisen und Heiligen in alter Zeit hatten nicht immer männliche Nachkommen. Ihre Verdienste, ihre Tugenden und ihr Ruhm haben trotzdem die Zeiten überdauert … weil sie in der Erinnerung der ganzen Gesellschaft weiterlebten.« Der Verweis auf ein kollektives Gedächtnis, in dem der Einzelne nicht verloren ging, mochte die Philosophen trösten. Ein wirklicher Religionsersatz war diese intellektuelle Hoffnung nicht. Sie legte offen, dass die Vernunft keine Antwort hatte auf das, was die Herzen der Menschen bewegte.

Ouyang Xiu, der Skeptiker, fühlte sich unbehaglich in der selbstgewählten konfuzianischen Vernünftigkeit und spürte den Mangel an Trost. Es wurde gemunkelt, dass er sich am Ende seines Lebens dem Buddhismus zuneigte. Doch offiziell erlaubt sich dieser Konfuzianer keinen Kompromiss, vor allem nicht mit buddhistischen Lehren. Ganz im Gegensatz zu Su Dongpo, den er im Beamtenexamen prüfte und dem er die glänzende Karriere als Dichter und Staatsmann voraussagte, die Su dann tatsächlich gemacht hat.

Su Dongpo stand vor Freund und Feind zu seinen konfuzianischen Grundsätzen. Diese Grundsatztreue jedoch hielt ihn nicht davon ab, sich schon in jungen Jahren auf die Suche nach weiteren Wahrheiten zu machen. Intensive Text-Studien und viele Gespräche mit buddhistischen und daoistischen Mönchen, die zu seinen Freunden zählten, hatten ihn überzeugt, Weisheiten und Tröstungen dieser Religionen in sein Denken und sein Leben zu integrieren. Su Dongpo verkörpert die geistige Vielfalt und den denkerischen Wettbewerb, die unter der Song-Dynastie zum Markenzeichen des ausgehenden elften Jahrhunderts wurden. Der Einzelne hatte die Freiheit, guten Gewissens unter mehreren Wahrheiten zu wählen oder sie zu verbinden, wenn es um Tod und Sterben ging.

Den von Gebildeten wie einfachen Leuten verehrten Dichter und hohen konfuzianischen Beamten Su Dongpo hat die Frage nach dem Tod und was der Mensch darüber hinaus zu erwarten hat, stets umgetrieben. So sehr er überzeugt war, in das kollektive literarische Gedächtnis Chinas einzugehen – anders als seinem Kollegen und Freund Ouyang Xiu reichte ihm das nicht. Seine Hoffnung auf eine andere Welt jenseits irdischer Vergänglichkeiten war größer als seine intellektuelle Skepsis.

Es war im Jahre 1079, politische Widersacher hatten ihn in Kaifeng ins Gefängnis werfen lassen, als der zweiundvierzigjährige Su über den Wärter einen Brief mit zwei Gedichten an seinen Bruder herausschmuggeln konnte. Im Vorspann schreibt der Dichter: »Die Gefängnisbeamten behandeln mich mit wachsender Härte, und ich glaube, ich kann das nicht mehr lange aushalten.« Sein Gedicht wendet sich direkt an den Bruder:

> Um meine verwaiste Familie, zehn hungrige Münder, wirst du dich kümmern müssen.
> Begrab mich irgendwo in den grünen Hügeln,
> und trauere beim nächtlichen Regen ein Jahr um mich ganz allein.
> Lass uns Brüder bleiben, in diesem Leben und in dem, was danach kommt,
> wenn wir das Band wieder verknüpfen, das in dieser Welt auseinanderreißt.

Su Dongpo, der für diesmal Gefängnis und Verbannung überlebte, hat seine zweite Frau und wenig später seine geliebte Nebenfrau unter den Riten und Gebeten buddhistischer Mönche zu Grabe getragen. Er selbst, im Jahre 1101 gestorben, fand seine letzte Ruhestätte im traditionellen Familiengrab des geliebten jüngeren Bruders. Aber der unkonventionelle Beerdigungsvorschlag – »Begrab mich irgendwo in den grünen Hügeln« – weist auf eine kosmische Perspektive, die an Meister Zhuang anknüpft und dessen Wunsch, dass Himmel und Erde sein äußerer und innerer Sarg sein mögen. Su Dongpo und Meister Zhuang waren mit ihrem Wunsch Außenseiter. Die meisten wollten, dass auch im Tode alles seine Ordnung hatte.

Seit der Han-Zeit finden sich schriftliche Dokumente neben den Särgen. Ursprünglich nur der Elite zugedacht, wurde daraus eine Sitte, die sich in der Song-Dynastie in allen sozialen Schichten verbreitet. Es sind einmal Schriftstücke, die über das Leben der Toten – Männer wie Frauen – und ihre Verdienste berichten, und Opfertexte, die die Begräbnisriten begleiten. Ganz wichtig waren sogenannte Landverträge, in denen bestätigt wird, dass das Land für das Grab ordnungsgemäß gekauft wurde.

Die Landverträge, die in doppelter Ausführung in jedes Grab gelegt wurden, waren eine Konzession der Konfuzianer an populäre Sitten, die auf das zweite Jahrhundert n. Chr. zurückgehen. Das Stück Land, um das es im Vertrag geht, ist das Grab, für das ein mehr oder weniger großes Loch unterhalb der Erdoberfläche ausgehoben werden muss. Nach uraltem Volksglauben liegt darin ein aggressiver, feindlicher Akt gegenüber den Göttern der Unterwelt, weil alles Land unterhalb der Grasnarbe ihnen gehört. Nur der Bauer darf im Frühjahr das Land straflos unter den Pflug nehmen, denn dieser Eingriff ist für die Menschen lebensnotwendig.

Um die Götter versöhnlich zu stimmen, muss ein offizieller Vertrag geschlossen werden. Wehe, wenn das nicht geschieht, denn unter den Folgen hat nicht nur der Tote zu leiden. Wer in der Unterwelt Probleme bekommt, wird zum Albtraum für die Lebenden. Die Handbücher schildern drastisch, was ein fehlender Landvertrag auslöst: »Die Seele des Toten findet keinen Frieden, die unterirdische Verwaltung wird den Toten nicht akzeptieren, die Seele wird umherirren, und die Lebenden werden kein Glück finden. Es wird eine schreckliche Katastrophe.«

Um das zu vermeiden, bezeugt der Landvertrag, dass der Tote die Grabstätte offiziell von den Erdgöttern gekauft hat. Der Einheitspreis von 99,999 Schnüren – auf eine Standard-Seidenschnur gingen tausend Münzen – ergibt sich daraus, dass die Drei nach der Tradition eine optimale Glückszahl – nämlich eine YANG-Zahl – ist, und die Neun die dreifache Glückskraft besitzt.

Bei den Wohlhabenden sind die Dokumente für die Toten buchstäblich

»Schrift-Stücke«, oft wuchtige Steine – seltener Metall –, in die der Schriftzeichen-Text geritzt ist, zur Freude der Archäologen unvergänglich. Die Spuren in den Gräbern der einfachen Menschen haben sich mit der Zeit aufgelöst. Auch sie setzten Zeichen über den Tod hinaus, konnten sich für Trauertexte und Verträge aber nur Papier, Holz oder Grasmatten zum Beschriften leisten. (Landverträge für die Toten wurden bis in die dreißiger Jahre des zwanzigsten Jahrhunderts aufgesetzt.)

Warum aber Landverträge in doppelter Ausführung? Und warum musste der Tote möglichst viel Papiergeld auf seine Reise ins Reich der Götter und Geister mitbekommen? Für Chinesen über fast zwei Jahrtausende hinweg naive Fragen. Wenn die jenseitige Welt parallel zur diesseitigen organisiert war, würden sich Beamte und Minister, Richter und Sekretäre, die die Unterwelt bevölkerten, genau so verhalten wie ihre Kollegen oberhalb der Grasnarbe. Im Leben, die Erfahrung hatte jeder gemacht, war es sehr hilfreich, der Bürokratie mit Bestechungsgeld nachzuhelfen; besonders wenn man in einem Prozess mit gefälschten Dokumenten überführt werden sollte. Für beide Fälle musste bei der Beerdigung Vorsorge getroffen werden.

Eine Ausführung des Vertrags war für die Verwaltung der Unterwelt bestimmt. Die andere war für den Toten bestimmt, eine Vorsichtsmaßnahme, um für einen möglichen Prozess gerüstet zu sein. Half das Vorzeigen einer Vertragskopie nicht weiter, würde der Griff zum Geld auch in der Unterwelt jeden Beamten geneigt machen. Das beruhigte den Toten, und die, die ihn zu Grabe trugen.

Trotz schlechter Erfahrungen wurde die Hoffnung auf eine gerechte Behandlung durch die Bürokratie, in diesem und folglich auch in jenem Leben, nicht ganz aufgegeben. Jeder Vertrag enthielt neben den dürren Modalitäten des Landkaufs und einer Entschuldigung gegenüber den Göttern für die territoriale Verletzung ihrer Unterwelt eine Warnung an jene Geister, die dem Toten Böses wollten: »Falls dieser Vertrag nicht anerkannt wird, werden die Beamten der unterirdischen Verwaltung für Unglück sorgen.«

Eine letzte, gewichtige Frage blieb den Lebenden: Wie bald nach seinem Tod sollte der Verstorbene begraben werden? In China hatte man traditionell keine Eile damit. Nach Aussagen des gelehrten Sima Guang, Staatsmann, Schriftsteller und hoch angesehener konfuzianischer Riten-Experte, trug man in alten Zeiten den Kaiser nach sieben Monaten, hohe Adlige nach fünf, hohe Beamte nach drei und angesehene Bürger nach einem Monat zu Grabe. Zu seiner Zeit, der Song-Dynastie, waren alle angehalten, die Toten so schnell wie möglich, auf jeden Fall innerhalb von drei Monaten unter die Erde zu bringen. Doch offizielle Dokumente, Grabinschriften und Lebensbeschreibungen geben Zeugnis von einer anderen Realität.

Im Jahre 1062 versuchte die Regierung in Kaifeng, wenigstens an der Spitze der Gesellschaft die Anforderungen, die allen galten, durchzusetzen. Mit Nachdruck wurde die weit verzweigte kaiserliche Familie aufgefordert, alle Toten, die seit fünf Jahren auf ein Begräbnis warteten, endlich zu begraben. Bei einer Suchaktion wurden über vierhundert kaiserliche Tote entdeckt, die bis zu zwölf Jahren in kostbaren Doppelsärgen deponiert waren. 1086 sind die Beamten an der Reihe. Wer ein Elternteil nicht innerhalb von zehn Jahren nach dessen Tod begrub, musste mit schweren Nachteilen bei seiner Beförderung rechnen.

Die Entschuldigung fleißiger Beamter, keine Zeit zu haben, mit den Verstorbenen die weite Reise zu den Familiengräbern irgendwo in der Provinz anzutreten, mochte noch auf Verständnis stoßen. Aber was die konfuzianischen Gelehrten zusehends erboste, war die wachsende Schar von Beerdigungsmeistern, die mit magischen Praktiken und fantasiereichen Anweisungen die Zeit der Beerdigung immer weiter hinausschoben. Sima Guang gehört zu ihren schärfsten Kritikern: »Wie können Söhne und Enkel es ertragen, dass ihre Eltern verrotten und unbeerdigt bleiben, nur weil sie glauben, damit ihrem eigenen Erfolg zu dienen? Es gibt unwürdige Rituale, die moralische Prinzipien mehr verletzten als jene, die menschliches Glück von der Art der Beerdigung abhängig machen.«

Über die Art der Beerdigung, die Anzahl der Totengewänder und Grabbeigaben ließen die reformfreudigen Denker mit sich reden. Aber den Toten massiven und angstmachenden Einfluss auf das Schicksal der Lebenden einzuräumen, ging ihnen entschieden zu weit. Genau das taten die Beerdigungsmeister, auch YIN-YANG-Meister genannt. Beim einfachen Volk wie bei den Reichen und Angesehenen sprachen sie ein entscheidendes Wort mit, wenn es um die Totenruhe ging. Schließlich konnten sie sich auf eine Tradition berufen, die gut tausend Jahre alt war.

Auch Konfuzianer hatten sich seit der Han-Zeit dem Einfluss einer kosmischen Welt- und Lebenssicht nicht entziehen können. Orakel und Weissagungen wurden genutzt, damit der Grabplatz möglichst günstig innerhalb der Energieströme von Wind und Wasser gelegen war. Die

YIN-YANG-Meister allerdings beanspruchten, durch ihre Methoden den exakten Grabplatz und den Zeitpunkt der Beerdigung, bis auf die Woche, den Tag und die Stunde genau festlegen zu können. Damit nicht genug. Was Konfuzianer wie Sima Guang in Rage brachte, war die Androhung, dass Glück und Erfolg oder Unglück und Katastrophen der Lebenden über mehrere Generationen davon abhingen, ob sie den Anweisungen der einflussreichen Propheten folgten.

Populäre Schriften der Beerdigungsmeister warnten davor, mit einem am Hügel gelegenen Grabplatz die Drachen, die in den Hügeln zu Hause seien, aufzustören: »Wer den Kopf des Drachen zuschüttet oder das Grab in seinen Hörnern anlegt, wird innerhalb von 3 Jahren vernichtet werden. Wo die Augen des Drachen zugeschüttet werden oder das Grab in den Pupillen geschaufelt wird, da wird ein Sohn seinen Vater töten oder ein jüngerer Bruder wird den älteren umbringen.« Entsetzten Familien wurde vorhergesagt, dass die Schwiegertochter ehebrecherische Verhältnisse eingehen wird, wenn sie den falschen Grabplatz wählen.

Wer sicherstellen wollte, nicht auf Drachen oder böse Erdgeister zu stoßen, musste ein Stück Stoff oder einen Goldfisch in einem mit Wasser gefüllten Behälter an einem potentiellen Grabplatz für ein Jahr vergraben. Dann erst durfte man nachsehen, ob der Fisch – alles war möglich – noch lebte, welche Farben der Stoff angenommen hatte und ob aus dem Behälter Pflanzen hervorwuchsen. Aus diesen Zeichen würde der Beerdigungsmeister seine Schlüsse ziehen. In den Augen von Sima Guang waren das »unwürdige Rituale«, die dazu führten, dass »Eltern verrotteten und unbeerdigt« blieben.

Sima Guang starb 1086 in Kaifeng, als er unter der Regentschaft der Kaiserinmutter das Kanzleramt innehatte. Sie ließ es sich nicht nehmen, mit dem jugendlichen Thronfolger das Trauerhaus, wo der Tote aufgebahrt war, aufzusuchen und ihm die letzte Ehre zu erweisen. Der Körper des toten Kanzlers war gegen die Verwesung mit Quecksilber und Kampfer geschützt, den die Kaiserin gestiftet hatte, außerdem dreitausend Unzen Silber und viertausend Ballen Seide. Die Geschenke sollten mithelfen, die enormen Kosten für die Trauerfeier, für Beerdigung und Grab zu decken. Zwei Palastbeamte würden den Sarg in die Heimatprovinz begleiten, und zehn seiner Verwandten, darunter seine Söhne, hatten zu Ehren des Toten Posten und Privilegien bekommen.

So sehr sich die Reformer auch mühten, konfuzianische Rituale im Volk zu verbreiten und persönlich Beispiele zu setzen, die Menschen ließen nicht davon ab, mit ihrer Trauer, ihren Hoffnungen und ihren Toten Mönche und YIN-YANG-Meister aufzusuchen. Im Jahre 1118 startete die Regierung landesweit eine Kampagne, um das traditionelle konfuzianische Begräbnis in größerem Umfang durchzusetzen. Preiswerte Handbücher wurden verteilt, Studenten in viele Haushalte geschickt, um die Riten zu erläutern. Wer sich nicht an die Tradition hielt, sollte bestraft, wer sie anwandte, belohnt werden.

Schon 1120 war die Bürokratie einsichtig genug, alle ihre Maßnahmen zurückzunehmen: »Wir haben diese Riten in der guten Absicht festgesetzt, um im Volk Ordnung zu schaffen, aber damit haben wir nur die Basis des Volkes verletzt und eingeschüchtert.« Aus Furcht, sich strafbar zu machen, hatten die Menschen alles getan, um Beerdigungen noch länger als ohnehin schon hinauszuzögern.

23

VOM EINSIEDLER PANG UND DER GATTIN DES QI
oder
EIN OPFERTEXT ENTSCHLÜSSELT SICH

Der Trauer eine Form – Der Opfertext: vier rätselhafte Verse – Der literarische Code weist den Weg – Herr Pang wünscht sich Unsterblichkeit – Seine Tochter geht voraus – Die Totenklage erweicht Mauern – Gelassenheit: bewundert, aber nicht nachvollzogen – Erinnern und vollenden: ein Programm für die Zukunft

Als Li Qingzhao im Spätsommer 1129 in Nanjing das Sterben ihres Mannes erlebte, war der Tod wie nie zuvor in der langen und friedlichen Song-Epoche zur alltäglichen, brutalen Realität geworden. Die Frage, ob innerer und äußerer Sarg bereitstanden, schien angesichts der verstümmelten, erschlagenen und verbrannten Menschen, die sich in den zerstörten Städten und auf Schlachtfeldern türmten, der verhungerten und vergessenen Körper, die längs den Landstraßen vermoderten, jeden Sinn verloren zu haben. Verglichen mit den Gräueln, die die Menschen im Gefolge des Krieges erleiden mussten, war Zhao Mingcheng, den die Malaria gepackt hatte, einen zivilen Tod gestorben.

An der Verzweiflung von Li Qingzhao änderten die äußeren Umstände nichts. Aber ebenso wenig konnte die Trauer ihre innere Haltung ins Wanken bringen, die durch die Erziehung in einem gebildeten konfuzianischen Elternhaus geprägt war. »Form ist Wesen, Wesen ist Form« – die Maxime des Konfuzius galt für die Dichterin auch angesichts des Todes.

Li Qingzhao wird in Zusammenarbeit mit den zuständigen Beamten alles getan haben, um Zhao Mingcheng vor den Toren von Nanjing ein Begräbnis zu bereiten, das den traditionellen Riten so nahe wie möglich kam. Doch während eine kleine Prozession den Sarg begleitete und in die Grube ließ, wird den Trauernden nicht entgangen sein, dass Menschen aus der Stadt flüchteten. Zu Fuß, auf Pferden und in Wagen, denn die feindlichen Soldaten rückten Nanjing stündlich näher.

Dass einer fern der Heimat und seiner Familie ein einsames Grab fand, entsprach dem zerrissenen Zustand der Welt und der Menschen ringsum. Aber inmitten von Untergang und Zerstörung, umgeben von

Mangel und Not konnte der menschliche Geist den tödlichen Kräften trotzen und Haltung bewahren. Es brauchte nicht mehr als Pinsel, Papier, Tusche und Reibstein um der Trauer eine Form zu geben und über den Tod hinaus zu weisen.

Li Qingzhao hatte untätig und sprachlos zusehen müssen, wie die Krankheit ihres Mannes zum Tode führte. An seinem Grab wollte sie nicht passiv bleiben. Es gab keinen ältesten Sohn, der nach konfuzianischer Tradition dem Vater den Text aufsetzt, der die Opfer begleitete. Li Qingzhao übernahm die Aufgabe und schrieb für Zhao Mingcheng den Opfertext:

Die helle Sonne steht gerade im Zenit,
und ich beseufze bewundernd das »geschickt und klug« vom alten Pang.
Die massiven Mauern stürzen in sich zusammen,
und ich fühle mit der Gattin des Qi, wie tief die Trauer ist.

Rätselhafte Verse – lassen wir sie erst einmal so stehen.

Wesen ist Form. Li Qingzhao war im Todesjahr ihres Mannes fünfundvierzig Jahre alt. Ihr erstes überliefertes Gedicht schreibt sie als junges Mädchen von fünfzehn, sechzehn Jahren, die Antwort auf ein Gedicht, das ein angesehener Poet ihr gewidmet hat. Gleich nach der Hochzeit folgen Gedichte, die keine Gelegenheitswerke sind. Von früh an beherrscht Li Qingzhao die diffizilen Regeln der chinesischen Dichtung und bringt es mit dem Zusammenspiel von Inhalt und Wortklang zur Meisterschaft.

Li Qingzhao inszeniert ihre Gedichte mit bekannten Bildern und Versatzstücken und Anspielungen auf angesehene Vorgänger, wie es in der chinesischen Dichtung Tradition ist. Sie nutzt den literarischen Code, den Generationen von Dichtern vor ihr angelegt haben, um der Trennung von ihrem Geliebten, dem Schmerz über viele Abschiede Ausdruck zu verleihen. Ihre eigenen Gefühle übermittelt sie in ihren Gedichten durch die Gleichsetzung mit Geschichten und Erfahrungen anderer Zeiten und anderer Menschen, die zum kollektiven Erinnerungsschatz der Gebildeten gehörten. Sie ist in ihrem Element, wenn sie Worte kunstvoll in Verse setzt und aus dem Fundus der Vergangenheit die Gegenwart beleuchtet, und sieht sich auf gleicher literarischer Höhe mit den berühmtesten männlichen Poeten. Was liegt näher, diese Fähigkeit, die in ihrer

Kultur den höchsten Rang einnimmt, einzusetzen, um ihren toten Ehemann zu ehren und sich selbst in dieses Gedenken einzubinden.

Form ist Wesen. Indem Li Qingzhao den Opfertext für Zhao Mingcheng verfasst, hat sie das, was ihr zur zweiten Natur geworden ist, in Trauerarbeit umgesetzt. Für die Witwe ist in dieser Kürze unendlich viel gesagt. Auch wenn uns die Zeilen beim zweiten Blick immer noch verschlossen bleiben. Gehen wir den Stichworten nach, die sie liefert.

Li Qingzhao wahrt die Form. Doch schon Konfuzius hat das Denken an sich nicht geschätzt. Die Regeln der Kunst sind auch beim Opfertext kein Wert an sich. Das verrätselte persönliche Gefühl der Witwe – *ich beseufze, ich fühle* –, wird durch die strengen Regeln der Dichtkunst erhellt und auf eine objektive Plattform gehoben. Der Wegweiser, den Li Qingzhao in der Form des literarischen Codes aufstellt, weist eindeutig die Richtung.

Die entscheidenden Fragen: Wer ist der alte Pang? Wer ist die Gattin des Qi? Denn die beiden sind der Spiegel, in dem sich Li Qingzhao als Trauernde wiedererkennt. Hören wir den Geschichten zu, die die Dichterin mit ihren zwei Verspaaren ins Gedächtnis ruft.

Herr Pang, ein Einsiedler, ist einer der daoistischen Ausnahme-Menschen, über die der Tod keine Macht besitzt. Der Daoismus verkörpert eine philosophische Welt- und Lebenssicht, die den Menschen fest in die kosmische Einheit von Himmel und Erde eingebunden sieht. Der Daoismus in seiner religiösen Ausprägung ist überzeugt, dass herausragende Menschen, die sich durch besondere Ernährung, körperliche und geistige Übungen – auch geheimnisvolle Pillen und Mixturen – intensiv der Pflege und Kultivierung des Lebens widmen, dem Sterbe- und Verfallsprozess nicht unterworfen sind. Sie verwandeln sich mit ihrem Körper und werden zu Unsterblichen.

Die Überlieferung erzählt, dass sich der alte Pang am Übergang vom achten zum neunten Jahrhundert aus dem aktiven Leben zurückgezogen hat, um sich nur noch auf die Unsterblichkeit zu konzentrieren. Eines Tages fühlt er das Ziel greifbar nahe. Er setzt sich in seinem Haus zum Meditieren nieder, um in diesem letzten Akt die Grenze zu überschreiten und die Dimension der Sterblichkeit hinter sich zu lassen. Da Meditation nicht geistige Abwesenheit bedeutet, sondern ein Maximum an Klarheit und Bewusstheit, will Pang die genaue Uhrzeit dieses denkwürdigen Augenblicks wissen. Er bittet seine Tochter Lingzhao, nach dem Sonnenstand zu sehen. Sie meldet ihm: »Die Sonne steht im Mittag, aber sie wird gerade durch eine Sonnenfinsternis verdeckt.«

Herr Pang unterbricht seine Meditation, um sich dieses Naturschauspiel anzusehen. Als er ins Haus zurückkehrt, bietet sich dem Vater ein überraschendes Bild: Lingzhao hat nicht nur seinen Platz in Meditationshaltung eingenommen, sondern ausgeführt, was sein Ziel war – sie ist eine Unsterbliche geworden. Daran lässt die Geschichte keinen Zweifel und berichtet über die Reaktion des alten Pang. Beim Anblick der Verwandelten lacht der Vater kurz auf und ruft spontan aus: »Meine Tochter ist wirklich geschickt und klug!« Eine Tochter, die in ihrem Namen – Lingzhao – die Familiennamen der Dichterin und ihres Ehemannes verknüpft!

Wo gewöhnliche Sterbliche einen Schock erleiden und in Tränen ausbrechen, ist der daoistische Weise von Stolz erfüllt. Sein kurzes befreiendes Auflachen signalisiert nichts als Anerkennung. Allerdings muss der alte Pang nach dieser zweifachen Unterbrechung für seine eigene Verwandlung einen neuen Anlauf nehmen. Sieben Tage vergehen mit weiteren Übungen, bevor er seiner Tochter als Unsterblicher folgen kann.

Die zweite Geschichte um die Frau von Qi Liang Zhi reicht weit zurück in die Zeit zwischen dem fünften und dritten Jahrhundert v. Chr. Der Ehemann lebte im Fürstentum Qi – in der späteren Provinz Shandong, der Heimat von Li Qingzhao und Zhao Mingcheng – und kann nach chinesischem Verständnis kurz Herr Qi genannt werden.

Es war die Epoche der »Kämpfenden Staaten«. Schon Konfuzius – ebenfalls in Shandong zu Hause und 495 v. Chr. gestorben –, war mit seinen Schülern von einem Fürstentum zum anderen gewandert, um gewalttätigen Auseinandersetzungen auszuweichen. In einem der Kriege zwischen den »Kämpfenden Staaten« ist Herr Qi gefallen. Wie sehr die Lage seiner Witwe mit der von Li Qingzhao übereinstimmt, ist frappierend: Das Ehepaar hat keine Kinder und aufgrund der kriegerischen Zeiten ist jede Verwandtschaft fern, ein Begräbnis an der Familiengrabstätte oder auch nur gemäß den traditionellen Riten unmöglich.

Die verzweifelte Witwe des Herrn Qi legt den toten Ehemann vor den Mauern der Stadt nieder. Im Gegensatz zum Einsiedler Pang, der der Welt in vieler Hinsicht den Rücken gekehrt hat, wird die Frau des gefallenen Herrn Qi von Trauer überwältigt. Einmal über den Verlust ihres Ehemannes und außerdem über die unwürdigen Umstände seines Todes. Wehklagende Frauen gehören nach traditionell-konfuzianischem Ritus zur Prozession, die den Sarg am Tag des Begräbnisses begleitet. Die Witwe handelt nicht gegen die guten Sitten, wenn sie sich laut weinend ihrer Verzweiflung hingibt.

Ihre Wehklage erweicht die Steine: Die Stadtmauer bricht in sich zusammen und begräbt den Toten unter sich. Der Himmel hat gesprochen: geradezu ein Heldengrab, in dem der edle Krieger seine Ruhe findet.

In Kenntnis dieser beiden Geschichten darf die poetische Verschlüsselung, die Li Qingzhao in einer traditionellen Gedichtstruktur auf die kürzest mögliche Formel bringt, sinngemäß aufgebrochen und erweitert werden. In dem Augenblick, als die Dichterin sich vor dem offenen Grab von Zhao Mingcheng befindet, lässt sich ihre seelische Verfassung mit dem Rückgriff auf zwei Menschen ausdrücken, von denen die Geschichten der Vergangenheit erzählen:

Die helle Sonne steht gerade im Zenit,
während ich Zhao Mingcheng begrabe,
wie beim Tod von Pangs Tochter,
und ich beseufze bewundernd das »geschickt und klug« vom alten Pang.
Die massiven Mauern stürzen in sich zusammen
bei der Beerdigung von Qi Liang Zhi,
und ich fühle mit der Gattin des Qi, wie tief die Trauer ist,
während ich Zhao Mingcheng begrabe.

Mit den Ergänzungen, die die Dichterin als keineswegs heimliche Botschaft ihren Versen wortlos mitgegeben hat, ist der Blick freigegeben auf die aktuelle Trauer von Li Qingzhao. Aber auch, wie sie sich mit ihr auseinandersetzt.

Der alte Pang lebt in der gelassenen Zuversicht von Meister Zhuang, der im »Zhuangzi« einen Urahn aus grauer Vorzeit als Vorbild empfiehlt: »... er folgte einfach den Umwandlungen der Dinge und wartete auf die unbekannte Transformation, die für ihn vorgesehen war.« Li Qingzhao kannte ihren »Zhuangzi«, jenen einflussreichen daoistischen Klassiker, der den Konfuzianismus beeinflusst und noch viel mehr den chinesischen Buddhismus verwandelt hat. Als der daoistische Einsiedler Pang seine Tochter erblickt, die nach menschlichen Maßstäben soeben verstorben war, und sie mit väterlichem Stolz »geschickt und klug« nennt, statt in Tränen auszubrechen, hält er sich an das Vorbild des Urahnen. Von dem erzählt Meister Zhuang, dass »sein Herz nicht verzweifelt«, als seine Mutter starb. Ebenso ging es dem alten Pang, als dessen Tochter das vollzog, wozu der Vater sich auf den Weg gemacht hatte.

Li Qingzhao, von ihren Eltern in den Lehren des Konfuzius erzogen, ist bereit, sich anderen Wahrheiten nicht zu verschließen. Bewundernd erinnert sie in ihrem Opfertext an die Möglichkeit, den tödlichen Verlust eines geliebten Menschen als kosmische Verwandlung zu deuten und daraus Trost und inneren Frieden zu schöpfen. Indem die Dichterin sich seufzend auf einen Anhänger von Meister Zhuang bezieht, bekennt sie sich zu einem erstrebenswerten Ziel und offenbart zugleich, dass sie im Umkreis des Todes zu dieser gelassenen Weisheit, die die Daoisten auszeichnet, nicht fähig ist.

Die Gelassenheit des alten Pang kann Li Qingzhao nur bewundern. Die doppelte Trauer der Witwe kann sie nachempfinden, denn sie spiegelt ihren eigenen Gemütszustand. Allerdings hinkt der Vergleich ein wenig. Aber die Dichterin hat schon in ihren Gedichten gezeigt, wie gekonnt sie dramatische Akzente setzt. In Erwartung eines Angriffes der Jin auf die Stadt sind bei der Beerdigung von Zhao Mingcheng sicherlich etliche Zeremonien zu kurz ausgefallen, hat es an äußerem Prunk gefehlt. Doch Li Qingzhao musste die Mauern von Nanjing nicht mit ihrer Wehklage zum Einsturz bringen, um den Leichnam des Ehemanns zu bedecken.

Fünf Jahre nach dem Tod von Zhao Mingcheng schreibt sie in ihrem autobiografischem Nachwort für den Katalog der Sammlung, dass *sich die Bäume auf seinem Grab zu neigen beginnen*. Wenn das die Realität ist, gab es für den hohen Beamten und Gelehrten Zhao ein Grab auf freiem Feld, das ausgehoben wurde und den Sarg aufnahm. Außerdem hatte man beim Begräbnis noch Zeit und Gelegenheit, Bäume zu pflanzen, ein beliebtes Zeichen konfuzianischer Totenehrung.

Rund neunhundert Jahre zuvor hatte die Frau des Herrn Qi ein härteres Los getroffen. Das mindert den Verlust, den Li Qingzhao erlitten hat nicht und nicht den Anspruch, das Ausmaß ihrer Trauer durch den Rückgriff auf eine verehrte historische Person, die sich grundsätzlich in ähnlicher Lage befand, auszudrücken.

Wer sich nach alter chinesischer Tradition vergangener Geschichten bedient – als Dichter, als Prosaschriftsteller, als Verfasser von Memoranden an den Kaiser –, um die Gegenwart zu deuten, der kann sicher sein, dass die Anspielungen erkannt und mühelos aktuelle Vergleiche gezogen werden. Das gilt auch für den Opfertext von Li Qingzhao.

Die Stichworte »Mauern« und »Shandong« locken zu weiterer Deutung. Der tapfere Krieger aus Qi, dem die Mauern ein Grab bereiten, ist im Kampf um die Verteidigung eines Fürstentums in Shandong gefallen. Shandong, wo die Familien von Zhao Mingcheng und Li Qingzhao ihre Wurzeln haben, ist Herzstück Chinas, nicht zuletzt, weil es die Heimat des Konfuzius ist. Im Spätherbst 1129 ist die Provinz Shandong in die Hände der Barbaren gefallen, nachdem sie die nördlichen Grenzmauern des chinesischen Reiches überrannt haben. Der Wohnsitz von Li Qingzhao und Zhao Mingcheng mitsamt ihrer kostbaren Sammlung wird hier im feindlichen Feuer zu Asche verbrannt.

Während die Jin nicht nur Shandong, sondern alles Gebiet nördlich der Hauptstadt Kaifeng erobern, flieht der neue Kaiser mit der Elite in den Süden. Nicht einmal der Versuch wird gemacht, dem Feind standzuhalten. In einem satirischen Gedicht hat Li Qingzhao durch die Blume und dennoch unverblümt gesagt, was sie von den Herren hält, *die auf der Flucht vor den Truppen der Jin den Yangtse in Richtung Süden überquerten.*

Da die Verfasserin seit den allerersten Gedichten freimütig politisches Engagement zeigt, liegt auch eine aktuelle Deutung des Opfertextes nicht fern. Vielleicht will Li Qingzhao ihren Lesern neben allen anderen Anspielungen den konfuzianischen Philosophen Mengzi ins Gedächtnis rufen. Meister Meng (372–289 v. Chr.) hat als erster Philosoph in der Nachfolge des Konfuzius die Lehre des Meisters gefestigt und verbreitet. Menzius, wie er meist latinisiert genannt wird, hat die zu seiner Zeit schon berühmte Geschichte der wehklagenden Witwe so kommentiert: Ihr beispielhaftes Trauern habe die Menschen dazu angestiftet, wieder nach den alten, guten Sitten zu leben.

Li Qingzhao hat bei aller Verzweiflung über den Tod ihres Mannes ihr Selbstbewusstsein nicht verloren. Warum soll nicht auch ihre Trauer so eindrucksvoll sein, dass sie – im Sinn des Menzius – andere zum Guten, zurück zu den konfuzianischen Sitten führt? Dann bekäme die Trauer der Dichterin beispielhaft einen politischen Sinn. Sie wäre auch ein Appell an ihre gebildeten Leser, den Verlust ihrer Heimat – wie den Verlust eines geliebten Menschen – nicht kampflos hinzunehmen.

Die Experten und die Weisen werden weitere hintergründige Spuren entdecken, die Li Qingzhao mit den Geschichten vom alten Pang und der Frau des gefallenen Kriegers aus Qi gelegt hat. Doch das Wichtigste ist entschlüsselt. Die zwei Grundbotschaften des Opfertextes verweisen auf die Dichtkunst der Witwe und auf das Lebensgefühl, das Chinas Bildungselite verbindet, über Krieg und Zerstörung hinaus. Mit nur zwanzig Schriftzeichen hat Li Qingzhao diese Botschaften meisterhaft in die Geschichten vom weisen Pang und der trauernden Witwe gepackt.

Erstens: Nur wer die Vergangenheit kennt, besitzt den Schlüssel zur Gegenwart. Der Rückbezug auf die Vergangenheit erhellt die eigene Gegenwart, gibt ihr Sinn, Richtung und Halt. Sei es im politischen Raum oder in der privaten Lebenssituation.

Zweitens: Der Kosmos und damit das Leben ist auf das immerwährende Zusammenspiel der Gegensätze angewiesen – hell und dunkel, Tag und Nacht, klein und groß, Ruhe und Bewegung. Aus dem Miteinander der Kontraste, die nicht spalten, sondern sich zum Ganzen fügen, erwachsen Kreativität und Zukunftsperspektiven. Mit dem Opfertext gibt sich Li Qingzhao einen Auftrag für die Zukunft. Sie ist nun Witwe, ihr Kummer unendlich, aber eine gebrochene Frau ist sie nicht.

Das Grab bei Nanjing wird im Kopf und im Herzen von Li Qingzhao ein anderes Bild nicht auslöschen können. Der Abschied von Zhao Mingcheng, als er sich auf den Weg macht, um vom Kaiser die Ernennungsurkunde für seinen neuen Posten zu erhalten. Er steht am Ufer des Yangtse, *sprühend vor Lebenskraft wie ein Tiger*, sie oben an Bord des Hausbootes. Und der Ehemann ruft vom Ufer aus seiner Frau zu, was sein Vermächtnis sein wird. Sie kann sich von Kleidern, Büchern und Rollbildern trennen. Nur an den Opfergeräten muss sie festhalten: *Sie sollen mit dir überleben oder zusammen mit dir untergehen, die sollst du nicht im Stich lassen!*

Während Li Qingzhao den Opfertext verfasst, eröffnen sich ihr neue Lebensperspektiven. Zum einen von der Sammlung soviel wie möglich zu retten. Aber auch das ist eine doppelte Botschaft, die den Toten und sie selbst betrifft. In der Sammlung lebt Zhao Mingcheng weiter. Zugleich war es ihr gemeinsames Werk, die Antiquitäten zu sichten, zu bewerten oder einfach nur zu betrachten. Das hat sie als Ehepaar mehr als alles andere verbunden: *Unsere Seelen fanden sich bei dem gemeinsamen Anblick in der Begeisterung für ein Glück, das über die Freuden der Musik und der Liebe … hinausging*. In dieser Erinnerung liegt eine Aufgabe, die auch ihr eine Perspektive gibt. Denn was sich Zhao Mingcheng vorgenommen hatte, ist noch nicht vollendet. Der Katalog über die zweitausend gesammelten Inschriften auf alten Bronzen, Metall und Steingut muss noch abgeschlossen werden. Die Witwe ist bestens vorbereitet, um die Verantwortung für dieses Erbe zu übernehmen, auch in schlimmsten Zeiten.

Auf diesem Hintergrund erhalten die Reaktionen des weisen Pang wie der wehklagenden Witwe eine weitere Deutung, die die Vergangenheit hinter sich lässt. Unmittelbar nach dem Tod von Zhao Mingcheng und zur Zeit der Beerdigung ist Li Qingzhao von der Trauer wie betäubt, untröstlich und kann die gelassene Weisheit des daoistischen Einsiedlers nicht nachvollziehen. Aber selbst in diesem bitteren Augenblick verstellt ihr der Schmerz nicht den Blick auf die Zukunft, hat sie die Kraft, Halt in kunstvoll strukturierten Versen zu finden. Eine Aufgabe wartet auf sie, die größer ist als ihr persönliches Schicksal. Und sie stellt sich selbstbewusst dieser Herausforderung.

Wie die Witwe, die mit ihrem Klagen die Mauern zum Einsturz bringt, hat Li Qingzhao alles getan, damit Zhao Mingcheng – so weit es eben möglich ist – vor den Mauern von Nanjing ein würdiges Begräbnis gemäß den konfuzianischen Riten erhält. Danach aber wird sie sich am weisen Pang ein Beispiel nehmen. Es gilt, mit der Sammlung die Erinnerung an den Toten zu bewahren und nicht passiv im Jammern zu versinken. Wenn der Erdhügel das Grab bedeckt und die Bäume zu Ehren des Toten gepflanzt sind, wird sich Li Qingzhao so verhalten, wie der stolze Pang das Vorgehen seiner Tochter beurteilt, obwohl es für ihn ein schrecklicher Verlust ist: Geschickt und klug und nicht als Opfer. Das Versprechen an den toten Zhao Mingcheng und an ihre eigene Zukunft ist ein Programm: erinnern, bewahren und vollenden.

24

DIE FLUCHT AUFS MEER
oder
EINE TRAURIGE BILANZ

Li Qingzhao wird schwerkrank – Der Weg zum Schwager ist versperrt – 20 Monate Flucht beginnen – Die Sammlung: verbrannt, verloren, gestohlen – Der Kaiser flieht aufs Meer – Die Witwe mietet ein Boot – Ein böses Gerücht über Zhao Mingcheng – Die Diebe kommen durch die Wand – Die Jin ziehen sich zurück – Endlich ein festes Quartier – Die Wildgänse machen das Herz schwer

Das Begräbnis war vorüber, und Li Qingzhao hat im Herbst 1129 Bilanz gezogen: *Damals besaß ich noch 20 000 Bücher und 2000 Rollen mit Abreibungen von Inschriften auf Metall und Steinen, dazu Geräte und Geschirr, Kissen und Matten, genug um 100 Gäste zu bewirten.* Wohin damit? Wie konnte sie ihr Leben und die verbliebene Sammlung am besten schützen? Auch Kaiser Gaozong mit seinem Hof, die Minister und Beamten packten in diesen Tagen die Reisekisten, um Nanjing so schnell wie möglich zu verlassen. Nachdem Gaozong schon die Kaiserinmutter mit den Frauen in die südliche Metropole Hangzhou vorausgeschickt hatte, blieb er bei seiner Linie: den kampferprobten Truppen der Jin, die Nanjing immer näher kamen, nicht entgegenzutreten. Hätte es doch bedeutet, mit fliegenden Bannern und heroischer Geste unterzugehen. Der Kaiser folgte den Ratgebern, die die Moral und Kampfkraft der chinesischen Soldaten realistisch einschätzten.

Li Qingzhao war nun auf sich allein angewiesen, und ihre Ratlosigkeit in dieser Lage ist verständlich: *Als das Begräbnis vorüber war, wusste ich nicht, wohin ich mich wenden sollte.* Doch bevor die Witwe einen Entschluss fassen kann, wird ihre Lage noch bedrohlicher: *Auch ich erkrankte so schwer, dass ich nur mit knapper Not weiteratmen konnte.* Mehr erfahren wir nicht von ihrer Krankheit. Aber weil *die politische Situation mit jedem Tag bedrohlicher wurde,* musste sie planen, auch wenn es ihr miserabel ging.

Die Witwe erinnert sich an einen Schwager, der mit einer Schwester von Zhao Mingcheng verheiratet ist, in der Regierung als Vizeminister Dienst tut und sich mit der kaiserlichen Leibwache nach Hangzhou abgesetzt hat. Li Qingzhao kann darauf bauen, dass in der Not die Familie zusammenhält, auch was die angeheirateten Mitglieder betrifft: *So schickte ich zuerst zwei meiner vertrauten Leute mit dem Gepäck voraus, um mich bei ihm anzumelden.*

Zusammen mit dem Gepäck transportieren die Diener den größten Teil der Sammlung. Während ihrer Krankheit hatte Li Qingzhao eher zufällig ein paar Schätze *als Unterhaltungslektüre ausgewählt und mit in mein Schlafgemach genommen.* Es waren Handschriften der großen Dichter der Tang-Dynastie, *einige wenige kleine und leichte Bücher und Rollen …, ein Dutzend Sakralgefäße … und etwas mehr als zehn Körbe mit Handschriften.* Mit diesen Resten bricht Li Qingzhao schließlich selbst auf, aber der Weg zu ihrem Schwager ist schon versperrt: *Als ich, endlich wieder genesen, auf dem Fluß war, konnten wir nicht vorwärtsfahren, und ich war mehr als je zuvor Gefangene der Umstände, die unvorhersehbar waren.*

Die Odyssee, die im Herbst 1129 für Li Qingzhao beginnt und erst im Jahre 1132 enden wird, ist ein Puzzle, in dem manche Stücke fehlen und andere nicht zusammenpassen. Kein Wunder, denn die Ereignisse überschlagen sich. Wer sein Leben retten will – von Antiquitäten nicht zu reden –, muss flexibel sein und kurzfristig handeln. Aber die Hauptrouten, auf denen sich die Witwe in diesen Krisenzeiten zu Land und zu Wasser fortbewegt, sind deutlich sichtbar – inmitten von unzähligen Flüchtlingen, den Feind im Nacken und marodierende eigene Soldaten in gefährlicher Nähe, ungewiss, wo sich ein Quartier für die nächste Nacht findet.

Auf der Flucht zu sein, ist Li Qingzhao vertraut, seit sie im Frühjahr 1127 Zhao Mingcheng und fünfzehn vollgepackte Wagen von der heimatlichen Provinz Shandong nach Nanjing begleitete. Damals flohen erstmals die Menschen aus dem Norden mit Sack und Pack in den Süden, nachdem die Jin die Hauptstadt Kaifeng erobert und zwei Kaiser nebst Gefolge als Gefangene entführt hatten. Inzwischen gibt es einen neuen Song-Kaiser, Gaozong, der im Spätherbst 1129 mit seinen Beamten vor den anrückenden Jin aus Nanjing flieht.

Die Kriegslage in den Gebieten um die Yangtse-Mündung wird so prekär, dass Li Qingzhao nicht, wie geplant, bei ihrem Schwager, dem Vizeminister, Zuflucht in Hangzhou finden kann. Dorthin hatte sie zwar den größten Teil der Antiquitäten vorausgeschickt, aber das Leben hat Vorrang. Li Qingzhao kehrt zum Hausboot auf dem Yangtse zurück. Sie hat recht getan, wie ihre autobiografische Skizze bestätigt: *Aber im zwölften Monat 1129 eroberten die Jin Hangzhou, und damit war alles verloren.* Dies ist die zweite bittere Bilanz, die sie nach dem Tod von Zhao Mingcheng in Bezug auf die Sammlung ziehen muss.

Damit war alles verloren: Der Verlust betraf nicht nur die Schätze, für die Li Qingzhao bei ihrem Schwager Sicherheit erhofft hatte. Offenbar hatte Zhao Mingcheng nicht die ganze Sammlung auf dem Hausboot verstaut, sondern einen Teil in Nanjing gelassen, als er dort sein Amt als Vorsteher beendete und anschließend mit seiner Frau auf dem Wasser wohnte. Bevor das weiter südlich gelegene Hangzhou um die Jahreswende 1129/1130 an die Jin fiel, hatten sie Nanjing geplündert. Zum Jahresanfang 1130 musste Li Qingzhao deshalb den dritten Schlag bilanzieren: *Auch die Bücher, die wir bei der allerersten Reise per Schiff über den Yangtse gebracht hatten, waren inzwischen wie Rauchwolken in alle Himmelsrichtungen zerstoben.*

Geblieben war ihr, was sie als »Unterhaltungslektüre« für ihre Krankheitsstunden beiseite gelegt und in über einem Dutzend Körben verstaut hatte. Hinzu kam ihr persönlicher Besitz an Kleidern und Haushaltsgegenständen. Jetzt, als der Feind zu beiden Ufern des Yangtse triumphierte, ihm die großen Städte schutzlos ausgeliefert waren und nichts den Siegeszug der Jin aufzuhalten schien, stellte sich die Frage noch dringlicher: Wohin sollte sich die Witwe wenden?

Wo der Schwager mit seiner Familie steckt, weiß Li Qingzhao nicht. Aber es gibt weitere Familienmitglieder, bei denen sie Zuflucht finden könnte: *Ich hatte einen jüngeren Bruder namens Hang, der war in einer Behörde mit dem Amt eines Revisors betraut worden, also machte ich mich auf den Weg, um mich ihm anzuschließen.* Dass der Bruder, ein Beamter, sich mit dem Zug der flüchtenden Regierung gen Süden bewegte, ist sicher eine richtige Überlegung. Doch die Witwe, die Hangzhou links liegen lässt und sich mit Dienern und immer noch großem Gepäck in die südliche Provinz Zhejiang begibt, verliert das Wettrennen mit der Zeit. In den Städten, die sie erreicht, sind alle Beamten längst geflohen.

Wieder gilt es umzudenken. Weil die Familie in alle Winde zerstreut ist und keinen Schutz mehr bietet, besinnt sich Li Qingzhao auf die gesellschaftliche Gruppe, zu der ihre Familie wie die des verstorbenen Zhao Mingcheng seit Generationen gehört. Es ist die Elite des Landes, es sind die gelehrten Beamten, die – mehr denn je seit der Herrschaft der Song-Dynastie – mit dem Kaiserhaus eng verbunden sind. Li Qingzhao macht sich auf, um sich der kaiserlichen Familie anzuschließen. Wo aber war die zu finden?

Als die Jin die Stadt Hangzhou stürmten, hofften sie, endlich Kaiser Gaozong und die Kaiserinmutter zu ergreifen. Es war bekannt, dass beide sich mit ihrem Hof dorthin geflüchtet hatten. Doch wieder einmal mussten die Barbaren frustriert feststellen, dass dem Kaiser und seiner Familie in letzter Minute die Flucht gelungen war. Um die Jahreswende 1129/1130 fanden Kaiser Gaozong mit seiner Regierung, die Kaiserinmutter und ihre Entourage in Mingzhou, nahe dem heutigen Ningbo, Unterkunft.

Der Ort mit einem Hafen am offenen Meer war – trotz aller Bedrängnisse – klug gewählt. Es dauerte nicht lange, und die Armee der Jin näherte sich der Stadt. In größter Eile wurde der Plan für die höchste Alarmstufe umgesetzt. Gaozong, zum Kaiser ohne Land geworden, blieb noch eine allerletzte Zuflucht. Als die Barbaren Mingzhou stürmten, blieb kein Stein auf dem anderen; kein Haus, dessen hölzerne Konstruktion nicht zu Asche verbrannte. Noch hundert Jahre später meldet die Chronik: »Nur einige wenige buddhistische Tempel im Südosten der Stadt blieben erhalten, nur wenige Bewohner in abgelegenen Straßen überlebten. Das Morden und Brandschatzen übersteigt alle Vorstellungen.« Nur wer sich in allem Chaos auf ein Boot geflüchtet hatte, konnte sein Leben retten.

Und wieder kamen die Jin zu spät: kein Kaiser und keine Kaiserinmutter wurde gefasst. Die Song-Dynastie schien unter dem besonderen Schutz des Himmels zu stehen und wie vom Erdboden verschluckt. Des Rätsels Lösung ließ nicht lange auf sich warten. Bald machte bei den Eroberern wie den Einheimischen ein Satz die Runde, teils erbittert, teils frohlockend: »Der Song-Herrscher ist im Meer verschwunden.« Und das war die Wahrheit.

Im Schatten einer zivilen Friedenspolitik hatte sie bisher kein Aufsehen erregt, aber China besaß eine kaiserliche Flotte. Die technischen und handwerklichen Kenntnisse, die seit Beginn des elften Jahrhunderts Chinas weltweiten Handel beflügelten und chinesische Händler auf hochseetüchtigen Dschunken bis Indien und Afrika segeln ließen, kamen ebenso der kaiserlichen Flotte zugute. Mehrere hundert Menschen hatten auf chinesischen Dschunken Platz, die bis zu sechs Segel besaßen, ein extrem wetterfestes, großes Ruder hatten, und an Bord war ein Kompass, auf den der Schiffsführer sich verlassen konnte.

Der Kaiser mit seiner Lieblingsfrau und einem Beraterstab und die Kaiserinmutter mit ihren Begleitern hatten sich – wieder in letzter Minute – auf getrennte Schiffe geflüchtet, um die Dynastie und das Reich zu retten. Zuerst wurden die küstennahen Zhoushan-Inseln angepeilt, dann ging es in südlicher Richtung die Küste entlang. Die Jin waren an ihre Grenze gekommen. Der Meereshorizont lag außerhalb ihrer Möglichkeiten.

Li Qingzhao wusste von dieser Wende und richtete ihre Pläne neu aus. Umwege brauchte sie keine zu machen. Auf der Suche nach ihrem Bruder befand sie sich ohnehin auf einer Abkürzung quer durch die Provinz Zhejiang in Richtung Küste. Aber es eilte, denn vielleicht würden die Jin nach der ergebnislosen Eroberung von Mingzhou die gleiche Richtung einschlagen, um den Kaiser irgendwo an der Küste abzufangen.

Wer schneller vorwärtskommen will, muss Ballast abwerfen. Die Witwe reiste weiter, *indem ich die Kleider, die noch in meinem Gepäck waren, aussortierte.* Sie erreicht Huangyan, heute westlich der Küstenstadt Jiaojing gelegen: *Dort mietete ich ein Boot, fuhr aufs Meer hinaus und eilte dem flüchtenden Kaiser hinterher … Ich schloss mich mit meinem Boot den kaiserlichen Schiffen auf ihrer Route nach Wenzhou an und von dort reiste ich weiter nach Yuezhou.* Dürre Worte. Als wäre es das Selbstverständlichste auf der Welt, dass eine alleinstehende Witwe sich im Kriegsgebiet durchschlägt und mit einem gemieteten Boot aufs Meer begibt.

In Wenzhou geht Li Qingzhao mit einem Teil des Hofes und der Beamten wieder an Land und macht sich auf dem langen Weg nach Yuezhou, das heute Shaoxing, südlich von Hangzhou. Damit ist sie unter Ihresgleichen und genießt den Schutz der kaiserlichen Gruppe. Offensichtlich ist Shaoxing noch zu unsicher, denn der Beamten-Trupp zieht weiter nach Quzhou mitten in der Provinz Zhejiang. Es dauert, bis die überraschenden Informationen sich gefestigt haben und man ihnen trauen kann: Dass die Jin ihre Eroberungspläne im tiefen Süden aufgegeben, den Rückzug angetreten haben und sich auf das Gebiet nördlich des Yangtse zurückziehen.

Der Kontakt mit den Regierungsbeamten ist für die Witwe nicht nur reine Freude. Wo Menschen über Monate unter großem äußerem Druck und auf sehr provisorische Weise zusammenleben, blühen die Gerüchte. Warum sollte Li Qingzhao, die offenbar wohlhabende Witwe aus angesehener Beamtenfamilie, die immer noch etliche Kisten mit Antiquitäten im Gepäck hat, davon ausgenommen sein. Eines Tages erzählen sich die Flüchtlinge, dass der hohe Beamte Zhao Mingcheng, schon schwer krank, sich eine Jadevase habe schenken lassen. Hören wir seine Witwe: *Ich weiß nicht, wer das Gerücht aufbrachte – jedenfalls machte danach die Behauptung die Runde, dass Zhao Mingcheng Bestechungsgeschenke angenommen habe, und von mancher Seite wurde mir zugetragen, dass es darüber einen Geheimbericht an den Kaiser gebe.*

Li Qingzhao brauchte Selbstbewusstsein und kühles Blut, um sich in diesen gefährlichen Zeiten zu behaupten, ohne Würde und Anstand aufzugeben; ohne von Betrügern und übelmeinenden Weggenossen belästigt zu werden. Die ehrabschneidenden Gerüchte jedoch setzten der Dichterin zu. Sie ist *in größter Sorge* und kann *nicht einfach darüber hinweggehen.* Wieder wird der Reiseplan geändert: *So nahm ich denn sämtliche Bronzen und Opfergefäße … und machte mich auf den Weg in der Absicht, sie beim zuständigen Ministerium abzuliefern.* Was auf den ersten Blick naiv scheint, ist so unbegründet nicht. Die Gerüchte über den toten Zhao Mingcheng sollen möglicherweise die Witwe mürbe machen, denn es ist immer noch einiges bei ihr zu holen. Kriegsgewinnler nutzen vielleicht kühl das Chaos, um über einen Epressungsversuch mit Li Qingzhao ins Geschäft zu kommen.

Das ist mit der Witwe nicht zu machen. Aber wieder verliert sie ihren Wettlauf mit der Zeit. Viele Regierungsämter suchen auf eigene Faust einen sicheren Ort und brechen bei Gefahr sofort ihr Lager ab. Als sie ihr Ziel erreicht, ist die Karawane der Beamten und Hofmitglieder schon weitergezogen. Sie erfährt vom nächsten Stopp, packt die Bronzen und Opfergefäße, Manuskripte und Bücher zusammen und schickt alles mit einem Boten hinterher. Das ist gut gemeint, aber der nächste Fehlschlag: *Von dort haben sie später Regierungstruppen, die gegen meuternde Einheiten eingesetzt waren, fortgeschleppt. Die Schätze sollen dann alle, wie ich erfuhr, im Hause des ehemaligen Generals Li gelandet sein.* Wieder waren es die eigenen Soldaten, die mehr Unheil anrichteten als der Barbaren-Feind.

Die Vermutung, dass der todkranke Zhao Mingcheng sich mitten im Krieg mit einer Jadevase – von der Li Qingzhao indigniert feststellt, sie sei ohnehin nur aus Alabaster gewesen – habe bestechen lassen, war abwegig. Aber ob Ehrabschneidung oder Erpressungsversuch: Es war die Pflicht seiner Frau, alles zu tun, um keinen Schatten auf die Ehre von Zhao Mingcheng fallen zu lassen. Der Preis allerdings ist hoch. Irgendwann im Spätsommer 1130 – ein Jahr nach dem Tod von Zhao Mingcheng – zieht Li Qingzhao zum vierten Mal während ihrer Flucht Bilanz über eine Sammlung, die einst zu den größten im Reich gehörte: *Von den wenigen erwähnten Dingen, die ich allein noch gerettet hatte, ging durch diesen Schicksalsschlag abermals mehr als die Hälfte verloren. Nur noch vielleicht fünf bis sieben Tragkörbe mit Kalligrafien und Bildern, sowie Reibsteinen und Tusche waren erhalten geblieben.* Es war ein schwerer Schlag. Aber die Dichterin belässt es bei einer nüchternen Aufzählung.

Im Frühjahr 1131 mietet sich Li Qingzhao in Shaoxing bei einem Herrn Zhong ein. Die Lage in den Provinzen südlich vom Yangtse scheint sich weiter zu stabilisieren. Der Kaiser mit seinem Gefolge ist wieder an Land und versucht, die Verwaltungsstrukturen zu reorganisieren und seine Macht zu festigen. Shaoxing, südlich der Metropole Hangzhou gelegen, ist ein günstiger Ort, um abzuwarten, ob sich die Hoffnungen, die überall aufkeimen, erfüllen und die Zeiten des Krieges zumindest in diesem Teil des Landes vorbei sind.

Aber Li Qingzhao ist gewarnt und hat zu viele schlechte Erfahrungen hinter sich, um das Ende des Wanderlebens zu genießen. Ihre größte Sorge: Wohin mit den restlichen Antiquitäten? Sie beschließt, sie in unmittelbarer Nähe zu lassen: *Ich konnte es nicht über mich bringen, sie irgendwo anders unterzubringen, und behielt sie immer unter meinem Bett.* Nicht verhindern konnte sie, dass die Nachbarschaft zusah, als die Diener Körbe und Kisten in ihre Wohnung trugen. Es wird sich schnell herumgesprochen haben, wer bei Herrn Zhong als Mieterin eingezogen war.

Li Qingzhao hatte viel verloren, doch ihr Auftreten zeigte jedem, dass hier keine arme Frau aus dem Volk Zuflucht gefunden hatte. Shaoxing war eine große Stadt, mit Flüchtlingen überfüllt und darunter solche, die im Schatten unsicherer Zeiten auf Geschäfte hofften. Zu allen Zeiten hat sich die Gier der Sammler, ihre Schätze zu vermehren, über Anstand und Moral hinweggesetzt. Nicht erst inmitten von Chaos und Krisen wird es in China einen schwarzen Markt gegeben haben, um Bronzen, Kalligrafien und alte Bücher, deren Herkunft mehr als ungewiss war, abzusetzen.

Wie berechtigt die Befürchtungen von Li Qingzhao sind, dass auch in Shaoxing die »Geier« um ihre letzten Kostbarkeiten kreisen, soll sich schnell beweisen: … *eines Nachts hatten Diebe durch ein Loch in der*

Wand fünf Körbe weggeschleppt. Ich war zu Tode betrübt und konnte keinen Lebenssinn mehr finden. Die gemeinsame Sammlung – mochte sie noch so sehr dezimiert sein – zu bewahren, hatte sie dem lebenden Zhao Mingcheng versprochen. Auch nach diesem neuen Schlag rafft sich Li Qingzhao wieder auf. Sie lässt bekannt machen, dass sie dem Finder eine ansehnliche Summe zahlen wird. Die Rechnung geht auf: *Zwei Tage, nachdem ich eine hohe Belohnung ausgesetzt hatte, um die Schätze wiederzubekommen, rückte ein Nachbar … 18 Rollen heraus und verlangte die Belohnung. Daraus ersah ich, dass die Räuber nicht weit zu suchen waren.*

Li Qingzhao gibt nicht auf: *Ich schmiedete tausend Pläne, um an die Sachen heranzukommen. Aber ich sah die restlichen Dinge niemals wieder.* Was damals verschwand, findet im Rückblick drei Jahre später Aufklärung: *Heute weiß ich, dass sie allesamt von dem Transportbeamten Wu Shuo zu einem Schleuderpreis aufgekauft worden sind.* Der Transportbeamte, da kann man sicher sein, wird keine Mühe gehabt haben, die Antiquitäten mit hohem Gewinn an Sammler zu verkaufen.

Die allerletzte Bilanz, als Li Qingzhao 1134 das autobiografische Nachwort zum Katalog der Sammlung schreibt, die nun in alle Winde zerstreut ist, lautet: *So hatte ich abermals sieben bis acht Zehntel von dem bisschen, was mir geblieben war, verloren. Heute besteht der klägliche Rest nur noch aus ein paar nicht einmal vollständigen Büchern und aus einigen sehr mittelmäßigen Kalligrafien.* Doch etwas ist geblieben, dass zum eisernen Bestand in ihrem Gepäck gehört; von dem sich kein Gebildeter je trennen wird: die Kästchen mit Pinseln, die gepressten Tusche-Blöcke und der Reibstein.

Fast zwanzig Monate lang wusste Li Qingzhao am Morgen nicht, wo sie am Abend ein Quartier finden würde. Selbst wenn sie mehrere Tage am gleichen Ort blieb, war ungewiss, ob die Zeit reichen würde, die Schriftzeichen auf dem Papier zu trocknen. Jederzeit konnte eine Nachricht eintreffen, zu der es keine Alternative gab außer zusammenzupacken und schnellstens aufzubrechen, um dem Feind nicht in die Hände zu fallen. Die Gedanken, die ihr durch den Kopf gingen und durch das Herz, jede Minute, in der sie sich nicht auf das Überleben konzentrieren musste und nicht vor Erschöpfung einschlief, waren immer die gleichen. Aber es gab wohl keine Zeit, sie aufs Papier zu bannen.

In Shaoxing hatte die Dichterin endlich ruhige Stunden und die Gewissheit, fern von den Schlachtfeldern zu sein; nicht mehr wie auf dem

Sprung zu leben. Die Gedichte, die Li Qingzhao nach dem Tod von Zhao Mingcheng geschrieben hat, brauchen keine Zeitangaben. Die Gewissheit, dass sie in Shaoxing, wo sie bis zum Frühjahr 1132 geblieben ist, zum Pinsel gegriffen hat, braucht keine Beglaubigung. Es sind Zeilen, in denen der Schmerz über den Verlust noch ganz tief geht, und die Zeit keine Wunden geheilt hat. »Herbstliebe« hat sie eines dieser Gedichte überschrieben:

Suchen, immerzu suchen,
Grübeln, immerzu grübeln,
Allein, immerzu allein,
Einsam, immerzu einsam,
Traurig, immerzu traurig,
Betrübt, immerzu betrübt,
Sorgen, immerzu Sorgen.
Mal ist es kalt, mal warm,
Kaum zu ertragen.
Zwei Becher, drei Schalen leichten Weins
helfen nicht gegen die Windstöße.
Die Wildgänse ziehen vorüber,
diese alten Bekannten,
und machen mein Herz schwer.

Die Erde bedeckt mit gelben Chrysanthemenblüten,
verblasst, abgestorben.
Wer will sie noch pflücken?
Allein sitze ich am Fenster, bewegungslos,
sehe, wie alles zu Schatten wird.
Feiner Regen rinnt die Wutung-Blätter entlang,
Tropft, tropft, tropft durch die Dämmerung.
Was soll ich tun?
Wie kann dieses eine Wort
jemals meinen ganzen Schmerz ausdrücken –
Traurigkeit.

25

THERAPEUTEN FÜR DAS FLÜCHTLINGSELEND
oder
KLEIN, MIES UND GEIZIG

Neuanfang im Süden – Blutbad in Nanjing – Die Skelette füllen acht Friedhöfe – Das größte Trauma: die Vermissten – Wie zwei Ehepaare sich wiederfinden – Doppelte Ausbildung: Beamter und Heiler – Li Qingzhao trifft eine überraschende Entscheidung – Konfuzianer loben stolze Witwen – Die Illusion hält keine hundert Tage – Sieben Gründe für eine Scheidung – Die Dichterin rechtfertigt sich

Li Qingzhao ist im siebenundvierzigsten Lebensjahr. Körper, Geist und Herz waren in den vergangenen Jahren extremen Anstrengungen ausgesetzt. Wie hat sie das alles verkraftet: den Tod des geliebten Mannes, den Verlust fast der gesamten Sammlung, das Leben auf Landstraßen, in Gasthäusern und Mietwohnungen, in permanenter Anspannung, immer auf der Hut, blitzschnell Entscheidungen treffen zu müssen, die über Leben und Tod entscheiden. Und zugleich das Leid der anderen ertragen.

Ihre dramatische Geschichte ist nicht beispiellos. Sie irrte im Strom mit Tausenden durch das Land, und was andere erfahren mussten, war zum Teil noch viel grausamer und unerträglicher.

Die Dichterin hat das, was sie in diesen Jahren auf der Flucht erlebte und über reine Information hinausgeht – von da nach dort gereist, ein Boot gemietet, Bücher, Bronzen und Kalligrafien verloren –, weder in ihrem autobiografischen Aufsatz geschildert noch in ihren Gedichten erwähnt. Nur zwei Zeilen weisen darauf hin: *Seit Jahren leben ihre Nachfahren im Süden unter denen, die keine Bleibe haben.* Li Qingzhao bezieht sich hier auf ihre Vorfahren väterlicherseits und spricht von sich als einer Nachfahrin. Das klingt sachlich, und hält das Elend, das die Dichterin gesehen haben muss, auf Distanz.

Dabei hätte es Vorbilder im Werk der von ihr geschätzten Poeten gegeben. Krieg und Zerstörung waren kein Tabu in der Dichtung. Der große Du Fu hat 757, als er sich – von seiner Familie getrennt – in der vom Feind besetzten Hauptstadt Chang'an aufhielt, persönliche Trauer, schicksalhafte Gewalt und kosmisches Walten in einem Gedicht mit dem Titel »Frühlingslandschaft« verknüpft:

Das Land ist zerstört, doch es bleiben die Berge und Ströme,
mit üppigem Grün hat der Frühling die Stadt bedeckt.
Der Zeit eingedenk fließen unter den Blüten die Tränen,
die Trennung bewirkt, dass der Vogel mein Herz erschreckt …

Als Du Fu in einen weiteren Krieg zieht, und sein Haar bei der Rückkehr nach einem Jahr grau geworden ist, vergehen ihm die poetischen Bilder, wenn er das Wiedersehen mit seiner Familie schildert:

…
Meine Frau und meine Kinder waren in Lumpen,
Die Kiefern seufzten und schienen bitterlich in unser Weinen einzustimmen,
Die Bäche mischten trauernd ihr Gemurmel in unser Schluchzen.
Meine geliebten Kinder, mit einer Haut weiß wie Schnee, verbargen weinend ihr Gesicht,
Sie waren verschmutzt und trugen keine Strümpfe.

Gut dreihundertfünfzig Jahre später haben die Menschen ähnliche Erfahrungen machen müssen. Hunderttausende waren seit Januar 1127 nach dem Fall von Kaifeng Hals über Kopf dem neuen Song-Kaiser in den Süden gefolgt, darunter fast die gesamte Führungsschicht der gelehrten Beamten und ihre Familien. Li Qingzhao ist eine davon. Es sind Menschen, die unter traumatischen Erlebnissen fort mussten aus ihrer Heimat, unterwegs Schreckliches erlebten und in der neuen Umgebung im Süden Fremde sind. Misstrauisch beäugt von den Einheimischen, die hier zu Hause sind und um ihren Wohlstand und ihren Lebensstil bangen.

Wie schaffen es die Flüchtlinge, die Erinnerungen zu verarbeiten und mit den alten Wurzeln neuen festen Grund zu finden? Die Neuankömmlinge, die sich im zerstörten Nanjing oder Hangzhou niederlassen und in Wuzhou oder Shaoxing übervölkerte, aber unzerstörte Städte erleben, gehören erst einmal zu den Verlierern. Mit den Einheimischen teilen sie die gleiche Kultur, die weit über zweitausend Jahre umfasst und die es zu bewahren gilt. Aber das stolze gemeinsame Erbe wird nur eine Zukunft haben, wenn die Entwurzelten flexibel und mobil sind. Die neue gemischte Gesellschaft muss eine Balance finden zwischen Bewahren und Veränderung.

Die einen krempeln entschlossen die Ärmel hoch, andere sind wie gelähmt in einer zerrissenen Welt. Die einen werfen keinen Blick zurück, andere wollen nicht schweigen und nicht verdrängen, was sie auf der Flucht erfahren haben und irgendwie bewältigen müssen. Alle mussten damit fertig werden, dass Menschen, die ihnen nahe standen, auf der Flucht gestorben waren oder verloren gingen und vermisst blieben.

Das Geschrei der Gequälten und Sterbenden innerhalb der Mauern brennender und geplünderter Städte wird keiner vergessen, der es anhören musste. Chroniken haben die Gräuel aufbewahrt. Eine schildert die Situation in Nanjing, wo Zhao Mingcheng im achten Monat des Jahres 1129 starb und vor den Mauern beerdigt wurde. Wo Li Qingzhao nach dem Begräbnis schwer erkrankte und flüchten konnte, kurz bevor die Jin kamen. Beim ersten Erscheinen hielten sich die feindlichen Soldaten nicht lange auf. Sie setzten dem Kaiser nach, der an die Küste geflohen war und dort »im Meer verschwand«, bevor sie ihn ergreifen konnten.

Auf dem Rückweg von der Küste zogen die frustrierten Jin im Frühjahr 1130 wieder in Nanjing ein und machten ihrem Ärger in einem Blutbad Luft: »Drei Tage lang steckten sie alles in Brand und wüteten schrecklich. Nachdem sie die Verwaltungsgebäude und die Wohnviertel völlig zerstört hatten, zwangen sie die Einwohner, die Stadt zu verlassen. Rund sechzig Prozent der Bevölkerung wurden vertrieben, vierzig Prozent wurden mit Lanzen erstochen oder mit Knüppeln totgeschlagen. Innerhalb der Stadtmauern, lagen Köpfe, Hände und Füße übereinander. Blut floss die Straßen entlang, und zwischen schwelenden Feuern krümmten sich die Verwundeten vor Schmerzen. Es dauerte Tage, bis dieser Schrecken ein Ende hatte … Noch zwei Jahre später waren die Wege in den Feldern vor der Stadt und die Abfallgruben mit Skeletten verstopft.«

Epidemien brachen aus. Die Verwaltung legte öffentliche Friedhöfe an und engagierte zwanzig Mönche aus fünf buddhistischen Klöstern. Unter deren Organisation erhielten Arme und Obdachlose, die bereit waren, Skelette einzusammeln und beim Beerdigen zu helfen, Essen und Geld. Allein die verlassenen Toten innerhalb der Mauern von Nanjing füllten acht Friedhöfe. Man versuchte, Frauen und Männer getrennt zu begraben. Am Tag der Beerdigung wurden von den konfuzianischen Beamten die vorgeschriebenen Riten für die unbekannten Toten vollzogen.

Die Barbaren aus dem Norden, denen die chinesischen Soldaten nichts entgegensetzen konnten, waren die eine Geißel. Mindestens soviel Schrecken aber verbreitete die eigene, meuternd durchs Land ziehende Soldateska. Räuberbanden bildeten sich, die ungestört das Chaos nutzten und in den Flüchtlingen leichte Beute hatten. Wo Krieg und Gewalt zum alltäglichen Handwerk werden, verrohen die Sitten und brutaler Eigennutz verdrängt ursprüngliche menschliche Gefühle. Su Fu (1087–1156), ein Lieblingsenkel des berühmten Su Dongpo, ist nur einer von vielen, die diese Wahrheit schmerzlich erfahren mussten.

Die Stele an seinem Grab erzählt ausführlich sein Leben, das typisch ist für die Schicht der gelehrten Beamten, die im Norden entwurzelt wurden, ihrem Kaiser in großem Exodus in den Süden folgten und dort weiter ihre Pflicht taten. Was ihn hervorhebt, ist seine besondere Nähe zum großen Dichter: »Fünfzehn Jahre lang begleitete er Herrn Dongpo in der Verbannung und diente ihm. Er wurde von ihm hoch geschätzt.« Su Fu hatte schon eine beachtliche Karriere aufzuweisen, als er sich mit seiner Familie auf die Flucht machte. Aber das schützte ihn nicht: »Während der Kriegswirren starben seine Frau und sieben Söhne unter den Händen von Räubern ... Su Fu musste ihren Tod ertragen und sie bestatten.« Seine Karriere setzte er 1131 mit Erfolg im Süden fort. Kaiser Gaozong berief ihn in hohe, ehrenvolle Hofämter und machte ihn schließlich zum Minister im Rang 2b, gleich unterhalb der Kanzlerschaft.

So traurig dieses Schicksal war, immerhin konnte der hohe Beamte Su seinen Toten ein Grab bereiten, auch wenn es fern der Heimat und irgendwo unter freiem Himmel war. Schlimmer noch, aber nicht weniger selten, war die Ungewissheit über die nächsten Angehörigen, mit denen Menschen leben mussten. Familien brachen für immer auseinander. Kinder verloren ihre Eltern während der Flucht; Eheleute suchten verzweifelt nach ihrem Partner:

Der Neumond scheint auf viele Bezirke,
aber wie viele Familien sind glücklich, und wie viele traurig?
Wie viele Eheleute teilen noch das gleiche Bett?
Und wie viele wurden in unterschiedliche Gegenden zerstreut?«

Es ist ein Volkslied in vielen Strophen, das in den Kriegsjahren 1127 bis 1130 entstand und nach einer populären Melodie gesungen wurde. Zitiert wird es in einer der »Acht Erzählungen in der Umgangssprache«, die die Leiden und menschlichen Nöte dieser Jahre in Worte fassen – ein wichtiges literarisches Dokument der Song-Epoche. Literatur als

Therapie für die kleinen Leute, die sich in der Umgangssprache wiederfinden, während ihnen die klassische Schriftsprache der Elite unverständlich ist. Die »Acht Erzählungen« entstanden im Umkreis der Geschichtenerzähler, für die in diesen dramatischen Jahren der Stoff sozusagen auf den Landstraßen lag. Angekommen in Hangzhou, Nanjing oder Wuzhou, erfuhren die Neuankömmlinge bei den Geschichtenerzählern, dass ihre Erschütterung, ihre Verzweiflung und ihre Verwundungen öffentlich gemacht wurden und sie ihr Leid mit andern teilen konnten.

Eine der acht Geschichten erzählt von Xu Xin und seiner attraktiven Frau Tui, die im Norden Chinas lebten. Es ging ihnen gut, da rückten die Armeen der Jin an: »Xu Xin beriet sich mit seiner Frau und sie entschieden, dass der Ort nicht mehr sicher war. Sie packten einen Teil ihrer Wertsachen in zwei Bündel und jeder trug eines davon auf dem Rücken. Sie folgten einfach den Menschen, die Tag und Nacht aus der Stadt flüchteten.« Nachdem sie einige Zeit in Richtung Süden unterwegs waren, hörten sie ein Geräusch wie Donnergrollen in ihrem Rücken und dachten, dass sie von den Barbaren überrollt würden. Aber bald merkten sie, dass es die eigenen Soldaten waren, die in Panik und ohne zu kämpfen vor dem Feind davonstürzten.

Die Zivilisten hatten zuviel gehört von der Rücksichtslosigkeit der eigenen Truppe, die Flüchtlinge und Ansässige ausraubte, Frauen und Mädchen misshandelte. Xu Xin wusste, dass er keine Chancen gegen diesen Mob hatte, obwohl er sich in den Kampfkünsten gut auskannte. Er rannte um sein Leben: »Als er wieder anhalten und um sich blicken konnte, sah er nirgendwo seine Frau. Er hörte nur lautes Wehklagen von allen Seiten. Da er in diesem Chaos und der allgemeinen Verwirrung seine Frau nicht fand, blieb ihm nichts anderes übrig, als weiter zu ziehen. Tagelang aß er nichts, konnte nur seufzen. ... Aber dann war er so hungrig, dass er ein Dorfgasthaus aufsuchte.« Dort gab es nur schlechten Reis, keinen Wein, und der Wirt verlangte Bezahlung im Voraus.

Während Herr Xu sein Geld zählt, hört er ein trauriges Schluchzen. Es ist eine Frau, die ihren Mann auf der Flucht verlor, von den eigenen Soldaten ausgeraubt wurde und nun, nach einem Gewaltmarsch von zwei Tagen und einer Nacht, geschwollene Füße hat und nicht mehr weiter kann. Sie ist ohne Kleidung, ohne Geld, ohne Verwandte: »Ich warte nur noch auf den Tod.« Xu Xin reagiert voller Mitleid: »Ich habe meine Frau verloren, uns beide hat das gleiche Schicksal getroffen.« Er bietet ihr

Geld und Schutz an. Sie ist überglücklich, und er mietet im Gasthof einen halben Raum, damit sie wieder zu Kräften kommt.

Xu Xin sucht die Umgebung nach seiner Frau und ihrem Mann ab und lässt Qin Nu, so ihr Name, mit Nahrung und Tee versorgen. Die Zuhörer ahnen schon, wie die Geschichte weitergeht: »Ein alleinstehender Mann und eine alleinstehende Frau, die das Schicksal zusammengebracht hat, müssen sich einfach näherkommen. Es ist nur konsequent, dass sich zwischen den beiden ein Gefühl von Liebe und gegenseitiger Abhängigkeit entwickelt. Nach einigen Tagen, als die Füße der Frau nicht mehr geschwollen waren, wurden sie Mann und Frau.« Das war 1127.

Die beiden lassen sich in Nanjing nieder; zwei Jahre später gehen sie in ein Tee-Haus, weil Frau Qin durstig ist. Dort sitzt ein Mann, der Frau Qin unentwegt anstarrt, und dem Ehepaar auf dem Nachhauseweg folgt, bis Herr Xu wütend wird. Und wieder ahnen es die Zuhörer: Der Verfolger gibt sich Xu Xin als der verlorene Ehemann von Frau Qin zu erkennen. Her Xu ist peinlich berührt. Da erklärt ihm der Fremde, er habe inzwischen auch wieder geheiratet und dabei soll es bleiben. Er hat nur eine Bitte: »Wir konnten uns nicht verabschieden. Ich möchte meine ehemalige Frau nur noch einmal sehen und mit ihr unsere traurige Erfahrung teilen.« Herr Xu ist ein Gentleman und schlägt vor, dass sich beide Ehepaare am nächsten Tag in seinem Haus treffen.

Und ein letztes Mal ahnen die Zuhörer, was kommen muss: Beide Paare brechen in Tränen aus, als sie am nächsten Tag aufeinandertreffen. Denn nicht nur, dass Frau Qin ihren ehemaligen Mann wiedersieht – Xu Xin steht völlig unerwartet seiner verloren geglaubten ersten Frau gegenüber: »War das nicht die Hand des Schicksals? Die beiden Ehemänner, deren Frauen durch die Kriegswirren vertauscht worden waren, wurden Blutsbrüder und richteten ein Fest aus, um das Wiedersehen zu feiern. Noch in der gleichen Nacht kehrte jeder zu seiner ursprünglichen Frau zurück und knüpfte an die alte Beziehung wieder an. Beide Familien blieben für immer in tiefer Freundschaft verbunden.« Ein Happy End, das nicht für alle galt in jenen schicksalhaften Jahren.

Es gab etliche Flüchtlinge, die im Süden wieder Grund unter die Füße bekamen und trotzdem keine Ruhe fanden. Nicht der Schmerz um geliebte Menschen, die Krieg und Vertreibung nicht überlebt hatten oder die vermisst wurden, quälte sie. Es waren die Toten und die Geister der Vermissten, die in den Träumen der Lebenden auftauchten und sie in Angst und Schrecken versetzten. Wo die Vergangenheit und die Generationenkette der Familie eine lebenswichtige Rolle spielen, ist es eine Katastrophe, wenn auf der Flucht die Sakralgefäße für das Ahnenopfer und die Ahnentafeln, auf denen sich beim Opfer die Geister der Toten niederlassen, verloren gehen. Wenn die uralten Familienchroniken in den eroberten Städten zu Asche werden. Wenn geliebte Toten unbegraben am Wege vermodern oder die Gräber im Feindesland liegen und niemand sie pflegen kann. Viel Stoff für Alpträume, die krank machen, lähmen und jede Zukunftsperspektive vergiften.

Der Sohn eines hochrangigen Politikers verlor seinen Vater zu Beginn des Krieges. Noch zehn Jahre später erschienen dem Sohn im Traum Hunderte von Geistern, die einen Mühlstein trugen, von dem das Blut nur so tropfte, weil auf der Oberseite der Kopf seines Vaters lag. Auf Anraten eines bekannten Heilers stiftete der Politikersohn für seinen Vater ein teures und festliches Ritual nach daoistischer Liturgie, dass unter der Leitung des Heilers durchgeführt wurde. Der Erfolg stellte sich umgehend ein.

Hong Mai, der große Erzähler des zwölften Jahrhunderts, berichtet, dass der gleiche Heiler im Jahre 1128 zur Großmutter seiner Schwiegermutter gerufen wurde. Sie litt darunter, ständig von den Geistern zweier Verwandten heimgesucht zu werden, die man im Chaos der Flucht aus den Augen verloren hatte. Der Großmutter empfahl der Heiler, den Plagegeistern großzügige Opfer anzubieten. Und wieder galt: Die Geister wurden besänftigt und hatten in der Unterwelt ihre Ruhe gefunden. Die Lebenden konnten aufatmen und befreit in die Zukunft sehen.

Interessant ist und typisch, dass dieser effiziente Heiler zugleich ein hochgestellter Beamter war. (Dass er aus der weitverzweigten kaiserlichen Familie stammt, ist nebenbei erwähnenswert.) Seit Beamte zu Tausenden aus dem Norden geflüchtet waren, wurde das Verhältnis zwischen Angebot und Nachfrage bei der kaiserlichen Verwaltung, die sich im Süden neu organisierte, unausgeglichener als je zuvor. Doch die examinierten Beamtenanwärter ließen sich nicht entmutigen und erwiesen sich in der Krise als fantasiereich. Die Veränderungen ringsum motivierten zum Experimentieren. Um nicht arbeitslos zu sein und die Chancen für den Staatsdienst zu erhöhen, gingen sie bei daoistischen Ritenmeistern in die Lehre.

Während Politik und Gesellschaft im Süden auf der Suche nach einem Neubeginn waren, entwickelte sich innerhalb der Führungsschicht ein Netzwerk von doppelten Experten – mit guter Bildung und rituellen

Kompetenzen ausgestattet. Und sie hatten eine doppelte Chance. Zum einen wurde es in den oberen Kreisen gesellschaftsfähig, dass sich Söhne aus Beamtenfamilien als Exorzisten und Ritenmeister selbständig machten. Günstig war, dass der Bedarf und die Bereitwilligkeit, Hilfe anzunehmen, groß war, bei Einzelnen oder als Gruppentherapie für die ganze Familie. Die Geister plagten hoch und niedrig. Aber die gelehrte Beamtenelite offenbarte ihre innersten Probleme lieber Heilern und Experten, die aus der gleichen Schicht kamen, als obskuren Wahrsagern und Ritenmeistern, die im Volk zu Hause waren.

Zweitens wuchs mit der zusätzlichen Ausbildung die Chance auf einen Platz im Staatsdienst. In der Verwaltung und besonders im Offizierskorps war die Katastrophe nicht spurlos an denen vorübergegangen, die dafür Verantwortung trugen. Und die Offiziellen scheuten sich nicht, in ihren Reihen gezielt Ritenmeister einzusetzen, um die Dämonen der Vergangenheit mit Talismanen und Beschwörungen zu bannen. Um so besser, wenn die Helfer – da Beamte – mit kaiserlicher und himmlischer Autorität ausgestattet waren.

Li Qingzhao schweigt zu allen diesen Problemen. Doch es ist nicht schwer, sich ein Bild von der Gesellschaft und der Situation zu machen, als die Witwe 1132 beschließt, der Mietwohnung von Herrn Zhong in Shaoxing den Rücken zu kehren und sich endgültig in Hangzhou niederzulassen. Die Dichterin entscheidet sich, dort zu leben, wo das Herz des Südens schlägt; wo sich inzwischen wieder der Kaiser mit seinem Hof und die verehrte Kaiserinmutter niedergelassen haben. Für Kaiser Gaozong und seine Familie stehen einige bescheidene Gebäude bereit. Seine Minister, die zentrale Verwaltung mit Tausenden von Beamten, die militärische Führung und alle, die in der Umbruchszeit auf Karriere und Geschäfte hoffen, müssen sich mühsam auf Wohnungssuche begeben.

Das war nicht einfach, denn die lebenslustige Metropole am Ende des Kaiser-Kanals platzte ohnehin aus allen Nähten. In Hangzhou gaben von alters her nicht gelehrte Beamte, sondern Händler und Geschäftsleute den Ton an. Ihnen saß das Geld locker, weil sie jede Menge davon hatten. Ihre Kaufkraft spiegelten die unzähligen Märkte der Stadt, die Delikatessen- und Fachgeschäfte, die Restaurants und Weinhäuser. Den Flüchtlingen gingen die Augen über. Verwöhnt von Kaifeng, übertrafen der Luxus und die Weltoffenheit von Hangzhou, der Stadt am romantischen Westsee, umgeben von den sanften Linien blauer Berge, selbst das

Fluidum und die üppigen Angebote der schmerzlich vermissten alten Hauptstadt.

Mitten in diesem Umbruch muss Li Qingzhao, die Witwe und Dichterin, ihren Platz finden. Wie die anderen ist auch sie einem extremen Wechselbad der Gefühle und Anforderungen ausgesetzt: von den Geistern der Vergangenheit wie der Sorge um die Zukunft geplagt; entschlossen, aus der Krise das Beste zu machen und Veränderungen nicht zu scheuen; verunsichert, entwurzelt und gerade deshalb voller Sehnsucht nach Stabilität und Sicherheit. Gestern mit kühlemKopf den Schlachtfeldern entronnen, heute von Versagensängsten geplagt; geprägt von strenger konfuzianischer Moral, konfrontiert mit der Lebenslust des Südens.

Li Qingzhao war allein; allein auch mit ihrer Vergangenheit und ihren Toten. Die Gräber der elterlichen Familie in der Provinz Shandong waren verloren. Aber die Toten dort hatten längst ihre Ruhe gefunden. Dem geliebten Vater Li Gefei, gestorben 1106, hatte ihr Bruder zwanzig Jahre lang das Ahnenopfer darbringen können. Das gleiche galt für ihre Mutter, Frau Wang. Aber was war mit Zhao Mingcheng? Zwar hatte er ein Grab vor den Mauern von Nanjing gefunden. Doch wer würde es pflegen, und würde sich dort jährlich an seinem Todestag die Familie versammeln? Und vor allem: Wie konnte sein Geist Frieden in der Unterwelt finden, wenn das, was sein Leben ausgemacht hatte, seine Sammlung, zum allergrößten Teil zerstreut und zerstört war? Würde er vielleicht Li Qingzhao in ihren Träumen erscheinen und sie zur Rechenschaft ziehen?

Auch grundsätzliche Fragen stellten sich mit dem Umzug nach Hangzhou. Li Qingzhao war achtundvierzig Jahre alt. Wem sollte sie vertrauen, was ihre finanzielle Situation und den kostbaren Rest der Sammlung betraf? Mit wem konnte sie über ihre Gefühle und Ängste reden? Wollte die Dichterin sich als stolze Witwe ein neues Leben aufbauen? Im Sommer 1132 gab Li Qingzhao auf alle Fragen eine unerwartete Antwort. Die Frau aus bester konfuzianischer Familie, die Witwe des gelehrten Beamten, angesehenen Archäologen und Sammlers Zhao Mingcheng, dessen Vater einst Kanzler des Reiches war, heiratete wieder – Zhang Ruzhou hieß ihr zweiter Mann.

Wer sie kannte, wird sich sehr gewundert haben. Zhang Ruzhou war ein kleiner Beamter ohne hervorragende Eigenschaften oder Verdienste. Er hatte nicht das große Staatsexamen, Ausweis für alle, die zur Elite gehörten, gemacht. Seine Bildung konnte nicht mit der konkurrieren, die Li Qingzhao bei allen Männern in ihrem verwandtschaftlichen Umkreis – sei es ihre eigene oder die Familie ihres Mannes – gewohnt war.

Verwundert, aber vor allem ärgerlich erstaunt, werden strenge Konfuzianer reagiert haben, die von dieser zweiten Heirat der Dichterin hörten. Denn wenn auch die Realität und die gesetzliche Lage dagegen sprachen, propagierten die neuen konfuzianischen Denker das traditionelle Ideal einer stolzen Witwe, die ihrem ersten verstorbenen Mann treu bleibt und nicht – wie der Begriff für Wiederverheiratung es bildreich ausdrückte – »das Ahnenopfer wechselt«.

Das Witwen-Ideal wird im »Buch der Riten«, dem konfuzianischen Klassiker, beschrieben: »Treue ist die Basis, um anderen zu dienen, und sie ist die Tugend der Ehefrau. Wenn ihr Mann stirbt, verheiratet sich eine Frau nicht wieder.« In anderen Beispielen aus der Antike wird das Klischee der unersättlichen Frau an Witwen simplifiziert, die angeblich »am Morgen noch ihren Mann beweinen, und am Abend folgen sie schon einem anderen«.

Im vierten Jahrhundert n. Chr. schreibt Liu Xiang seine »Biografien berühmter Frauen«, ein Klassiker für weit über tausend Jahre, der Frauen ermuntert, schon während der Schwangerschaft positiven Einfluss auf ihre ungeborenen Kinder zu nehmen. Ebenso entschieden ermahnt Liu seine Leserinnen, dass es die »moralische Pflicht« einer Ehefrau sei, Witwe zu bleiben und nicht zwei Ehemännern zu dienen.

In den Zeiten der Tang-Dynastie entstanden in Nachahmung der »Gespräche« des Konfuzius im achten Jahrhundert n. Chr. die »Gespräche für Mädchen«, Pflichtlektüre für alle Töchter, die bei ihren Müttern Lesen und Schreiben lernten. Obgleich von Konfuzius keine Meinung zum Thema Witwe überliefert ist, beansprucht der Text, in seinem Sinn zu erziehen: »Wenn Mann und Frau ›ihr Haar verknüpfen‹, sind damit moralische Verpflichtungen verbunden, die schwerer wiegen als tausend Goldstücke. Wenn das Unglück eintritt und dein Mann vor dir stirbt, musst du drei Jahre in tiefer Trauer verbringen. Du musst dein Treueversprechen halten und dein Herz gegen andere Wünsche wappnen. Beschütze die Familie, verwalte den Besitz gut, pflege das Grab, unterrichte und bilde seine Nachkommen, damit sein Name ehrenvoll weiterlebt.«

An diese traditionelle Vorgabe haben sich nicht wenige Witwen gehalten, denn sie gab ihnen eine befriedigende Lebensperspektive. Sie blieben nicht als gebrochene Witwe im Hintergrund, sondern konnten als aktive Frau agieren, die mitten im Leben stand, Verantwortung trug und

Ansehen innerhalb der Gesellschaft genoss. In Biografien der Song-Zeit, die zum Begräbnis verfasst wurden, sind beispielhafte Porträts von Witwen festgehalten. Madame Qiang, deren Mann 1134 starb, und die sechsundfünfzigjährig mit elf, zum Teil noch jungen Kindern, allein steht, ist eine solche Vorzeige-Witwe. Ihr Mann hatte nicht mit Geld umgehen können. Madame Qiang gelingt es – gegen alle Unkenrufe der Verwandtschaft – die katastrophalen Finanzen der Familie in Ordnung zu bringen. Dann engagiert sie einen Lehrer für ihre Kinder und macht einen großen Raum des Hauses für den Unterricht frei: »Vom Morgen bis zum Abend saßen sie über ihren Lektionen. Spiele oder Müßiggang gab es nicht.« Madame Qiang erfüllt ebenso ihre sozialen Pflichten: »Sie kümmerte sich um die Ausgaben für Feste und um die Steuern, sie empfing Gäste, brachte die Opfer dar und half notleidenden Verwandten. Durch ihr erfolgreiches Wirken über zwanzig Jahre bekamen alle ihre Söhne eine Frau und alle ihre Töchter wurden verheiratet.«

Wie Madame Qiang ihr Witwendasein meisterte und keinen Gedanken an Wiederverheiratung verschwendete, war nach dem Geschmack der neuen konfuzianischen Denker. Zwei ihrer markanten Vertreter, Sima Guang und Cheng Yi, versuchten mit ihren Schriften die konfuzianischen Riten wiederzubeleben und waren auch Reformen nicht abgeneigt. Am Ideal der Witwe allerdings ließen sie nicht rütteln, wenngleich die beiden in der grundsätzlichen Motivation weit auseinander lagen.

Der Philosoph Cheng Yi, zeitweilig als Erzieher des Thronfolgers engagiert, war einverstanden, dass seine gebildete Nichte ledig blieb, statt mit einem Mann unter ihrem Niveau verheiratet zu werden. Aber an eine Witwe legte Cheng Yi, der nie eine Sänfte bestieg und nicht nur Wein, sondern auch Tee als ein zu luxuriöses Getränk ablehnte, strengste Maßstäbe.

Einig waren sich die Konfuzianer, dass eine Frau ihre Identität durch den Ehemann erhält, mit dem sie seit der Heirat identifiziert wird. Und was folgt daraus für eine Witwe? Cheng Yi wird gefragt, ob eine Frau sich wieder verheiraten darf, wenn sie arm ist und niemanden hat, der sie ernähren könnte. Die Antwort: »Vor Hunger zu sterben ist etwas sehr Nebensächliches; aber seine Identität zu verlieren ist von größter Bedeutung.« Der Rat des Philosophen lässt an Klarheit nichts zu wünschen übrig: Lieber verhungern als eine zweite Heirat eingehen – wenn es eine Frau triff. Niemand hinterfragte, dass Witwer zahlreich und ohne schlechtes Gewissen eine neue Ehe eingingen.

Sima Guang, dessen Einfluss als Staatsmann, Gelehrter und Schriftsteller seinen Kollegen Cheng Yi zu Lebzeiten weit übertraf, vertrat eine menschenfreundlichere Version für die Witwe. So sehr er gegen die Wiederheirat einer Witwe ist, so entschieden plädiert er für eine positive Rechtfertigung. Seine Alternative ist weder Selbstmord noch eine andere Spielart des weiblichen Opfers, im Gegenteil. Sima Guang preist starke Frauen, die allem Druck auf Wiederverheiratung standhalten und als alleinerziehende Mütter heldenhaft für ihre Kinder und ihre Schwiegereltern sorgen.

Denn das ist der Angelpunkt, denen sich die rigorosen Konfuzianer verpflichtet fühlen: Bei einer Heirat geht es nicht um das persönliche Glück von Individuen. Vor allem anderen werden zwei Familien verbunden, und die Ehefrau gehört mit der Hochzeit bedingungslos zur Familie ihres Mannes. Heiratet sie wieder, ist das nicht nur treulos gegenüber dem toten Ehemann, sie verrät auch seine Familie. Aus dieser Überzeugung folgt, dass eine Mutter bei einer zweiten Ehe ihre Kinder – egal wie klein sie sind –, bei der Familie ihres Mannes zurücklassen muss. Ihre Mitgift darf sie offiziell mitnehmen, wenngleich sie sich dieses Recht oftmals erst vor Gericht erstreiten muss. Andere Erbschaftsansprüche hat eine Witwe, die sich wieder verheiratet, nicht.

Vom Ideal der alleinbleibenden Witwe gingen auch die kaiserlichen Stiftungen aus, die unter der Song-Dynastie zunahmen und Witwen in Notlagen unterstützten, damit sie nicht aus finanziellen Gründen noch einmal heiraten mussten. Die Realität allerdings sah durch alle Jahrhunderte anders aus. Es gab niemals ein Gesetz, das Frauen verboten hätte, sich wieder zu verheiraten. Und Witwen nutzten – aus vielfältigen Gründen und je jünger desto mehr – die Möglichkeit, wieder zu zweit und im Schutz einer vollständigen Familie zu leben.

Sie wurden deshalb auch keineswegs in der Gesellschaft gemieden. In Handbüchern, wo sich jeder, dem das Schreiben von Glückwünschen nicht flott von der Hand ging, bedienen konnte, standen Formulierungen mit guten Wünschen zur zweiten Heirat. In rühmenden Biografien über verstorbene Frauen werden freimütig weitere Heiraten nach dem Tod des ersten Mannes erwähnt. Die Song-Kaiser machten zweimal eine Frau zur Kaiserin, die vor ihrer Beziehung zum »Sohn des Himmels« schon eine Hochzeit hinter sich hatte. Und gegen Ende des elften Jahrhunderts hielt die kaiserliche Familienordnung ausdrücklich fest, dass verwitwete Prinzessinnen wieder heiraten durften.

Doch der Trend ging immer mehr in Richtung auf das Ideal. Die Schriften von Cheng Yi und Sima Guang blieben nicht ohne Wirkung. Eine diffuse Stimmung machte sich breit, die Witwen im Laufe der Song-Epoche stärker denn je unter Zwang setzte, zumindest ein schlechtes Gewissen zu bekommen, wenn sie eine zweite Ehe eingingen. Mochte es auch legal sein, Sitte und Anstand sprachen dagegen. (1368 hat sich das Ideal endgültig durchgesetzt und ein kaiserliches Verbot verhinderte hinfort, dass die Witwe eines gelehrten Beamten sich wieder verheiratete.)

Vielleicht ließen die ungewöhnliche Mobilität und die Bereitschaft zu Risiko und Wandel, die die Song-Gesellschaft auszeichnet, die Sehnsucht nach einem ruhenden Pol besonders stark werden. Und was bot sich mehr an, als die Familie, für jeden Chinesen ein Fels in der Brandung, geheiligtes Territorium, so lange man zurückdenken konnte und der Grundstein, auf dem Staat und Gesellschaft ruhten. Noch war das Pendel nicht ganz zu Ungunsten der Witwen ausgeschlagen. Aber auch auf diesem moralischen Terrain war die Zeit, in der Li Qingzhao lebte, eine Zeit des Umbruchs.

Die Witwe des Zhao Mingcheng, die in ihren politisch gefärbten Gedichten hohe moralischen Ansprüche an die Elite stellte, entschied sich knapp drei Jahre nach dem Tod ihres Mannes für eine zweite Heirat. Li Qingzhao, die so stolz war auf ihre gelehrten konfuzianischen Vorfahren und ihre Heimatprovinz Shandong, wo der große Konfuzius geboren wurde, verweigerte sich einer Vorbildfunktion, die sie nach strengem konfuzianischen Maßstab an sich selbst legen musste.

Nach Herkunft und Erziehung von Li Qingzhao sind es keine Lappalien, sondern schwerwiegende Bedenken, die die Dichterin beiseite geschoben haben muss. Sie machen ihre Entscheidung nicht verständlicher. Gab es Pressionen der Verwandtschaft, eine zweite Heirat einzugehen, um versorgt zu sein und weder dem eigenen jüngeren Bruder noch dem Bruder des Ehemannes zur Last zu fallen?

Was dagegen spricht: Beide waren Beamte im Regierungsdienst. Zhao Sicheng, ihr Schwager, schon 1121 als Sekretär im kaiserlichen Sekretariat auf einem der höchsten Posten des Reiches, war im Jahr der Heirat 1132 zum Führer des Kaiserlichen Tagebuches ernannt worden, die »Aufzeichnung all dessen, was der Kaiser in seiner Zeit der Aktivität und Ruhe tat«. Er besonders konnte es mit Ruf und Ehre als hoher Beamter kaum verantworten, die eigene Schwägerin gegen alle Regeln konfuzianischer Moral zur erneuten Heirat zu drängen.

Und wenn sich Li Qingzhao – mit oder ohne Druck – schon auf die umstrittene zweite Heirat einlässt, hätte es dann nicht wenigstens eine gute Partie aus den besseren Kreisen sein müssen, denen die Dichterin angehörte? Hatten die Intrigen, denen sie auf der Flucht ausgesetzt war und die Zhao Mingcheng in ein schlechtes Licht stellen wollten, ihr vielleicht so zugesetzt, dass sie einen starken Arm als Schutz brauchte? Auch unter diesem Aspekt wäre es sinnvoller gewesen, einen hochgestellten Partner zu wählen, den es sicherlich gegeben hätte. Aber dieser kleine Beamte – das bleibt rätselhaft.

Die Gedanken können noch in eine andere Richtung gehen. Wurde nach den Jahren der Flucht, als die Anspannung nachließ, der Wunsch übermächtig, nicht mehr allein zu sein? War sie es satt, weiterhin als starke, selbständige Frau durchs Leben zu gehen? War es vielleicht eine Entscheidung, bei der für Li Qingzhao nicht der Verstand, sondern ihr Gefühl den Ausschlag gab? Auch für diese Fragen gibt es nicht den Hauch einer Antwort.

Der einzige, dem man erst einmal uneingeschränkt gratulieren kann, ist Zhang Ruzhou, ihr zweiter Ehemann. Er hat durch dieses überraschende Manöver nur gewonnen. Und mit ihm seine ganze Familie, zu der Li Qingzhao nun gehört – eine angesehene Dichterin mit besten Kontakten zur regierenden und gesellschaftlichen Elite.

Falls Zhang Ruzhou schöne – oder berechnende – Pläne für die Zukunft mit Li Qingzhao hatte, so musste er sie nach weniger als hundert Tagen begraben. Es wird im Herbst 1132 in kürzester Zeit das Stadtgespräch von Hangzhou gewesen sein, mindestens in den Kreisen der gelehrten Beamten, aber wahrscheinlich darüber hinaus: Eine Frau hatte Anzeige gegen den eigenen Mann erstattet und reichte zugleich die Scheidung von ihm ein. Ein Skandal, und er erhielt sein besonderes Gewicht durch die Tatsache, dass es Li Qingzhao war, die ihren Mann, den Beamten Zhang Ruzhou, beschuldigte, seinen Eintritt in den Staatsdienst auf krummen Wegen erschlichen zu haben. Bestechung konnte man es nennen.

Das mochte stimmen oder nicht: Li Qingzhao musste wissen, dass nach dem Gesetz auf jede Frau, die ihren eigenen Mann vor ein Gericht zerrte, eine zweijährige Freiheitsstrafe wartete. Offenbar wollte Li Qingzhao die Scheidung, egal was die Konsequenz sein würde, und hatte sich mit ihrem zweiten Mann nicht auf eine einvernehmliche Trennung einigen können. Die nämlich war nach dem Gesetz erlaubt.

Ein Beispiel für ein gütliches Auseinandergehen, das etliche Zeitgenossen noch in Erinnerung hatten, war die Scheidung des Gelehrten Zhang Yuangpi. Er war nicht besonders ansehnlich, aber die Frau, die er heiratete, um so schöner. Was sie erst nach der Hochzeit erfuhr: Zhang war ein großer Bewunderer von Su Dongpo, und tat nachts nichts lieber, als dessen Gedichte zu lesen. Die Ehefrau machte das nicht lange mit: »Offenbar liebst du Su Dongpo mehr als mich. Ich will die Scheidung.« Der Gelehrte Zhang entschied sich für die Gedichte und willigte ein.

Gab es keine Übereinstimmung, war der Ehemann mit seinem Scheidungswunsch immer in der besseren Position. Nach Tradition und Gesetz erlaubten ihm sieben Gründe, seine Frau fortzuschicken. Ganz oben stand ungebührliches Betragen einer Frau gegenüber den Schwiegereltern. Die Meinung der Schwiegermutter war Befehl – für ihren Sohn wie für die Schwiegertochter. Zwei Geschichten aus alter Zeit dienten allen als abschreckendes Beispiel: Ein Enkel des Konfuzius trennte sich von seiner Frau, weil sie die Birnen für ihre Schwiegereltern nicht weich genug gekocht hatte. Eine andere Frau hatte in Gegenwart der Schwiegereltern deren Hund zurechtgewiesen – die Scheidung folgte auf dem Fuß. Die Gefühle der Ehemänner für ihre Frauen zählten nicht, die Söhne beugten sich dem Urteil ihrer Mütter.

Weitere Gründe, die der Ehemann für seinen Scheidungswunsch anführen konnte, waren Eifersucht, vor allem gegenüber den Nebenfrauen; Kinderlosigkeit; außereheliche Verhältnisse; unheilbare Krankheit; Geschwätzigkeit; Diebstahl. Gegen diese sieben – größtenteils schwammige und sehr auslegungsfähige Argumente – konnte die betroffene Frau drei Gründe ins Feld führen, um die Scheidung abzuwenden: Sie hatte keine Verwandtschaft, die für sie sorgen würde; der Ehemann war bei der Hochzeit arm und erst während der gemeinsamen Ehe wohlhabend geworden; die Ehefrau hatte die vorgeschriebene Trauerzeit von drei Jahren für die verstorbenen Schwiegereltern absolviert.

Die Dokumente erzählen davon, dass Ehefrauen während der Song-Dynastie zunehmend vor Gericht gingen: entweder, um sich gegen eine Scheidung zu wehren oder um sie selbst herbeizuführen. Wenn Frauen aktiv ihre Scheidung betrieben, konnten sie nur mit zwei Gründen vor Gericht bestehen: Misshandlungen durch den Ehemann und eine lange Abwesenheit – zum Beispiel aufgrund von Verbannung –, die in der Song-Epoche von drei auf sechs Jahre heraufgesetzt wurde. Damit waren die Scheidungsbarrieren für Ehefrauen wesentlich höher aufgestellt als für Männer. Doch es fällt auf, dass Richter sich zunehmend aus vorgegebenen Bahnen lösten und nach den jeweiligen Umständen entschieden – nicht selten zu Gunsten der Frauen. Dass sich daraus zweigeteilte, widersprüchliche Urteile ergaben, störte sie nicht.

In einem Fall verlangte eine Frau vor Gericht die Scheidung, weil ihr Ehemann geisteskrank sei und außerdem der Schwiegervater sich ihr ständig unsittlich näherte. Der Richter entschied erstens auf Stockschläge für die Frau, weil sie sich treulos gegenüber ihrem Mann verhielt. Zweitens erlaubte er ihre Scheidung, weil das Verhalten des Schwiegervaters unerträglich sei.

In einem anderen Fall verklagte ein Ehemann seine Frau, die sich einer Scheidung widersetzte, auf Ehebruch. Als sich herausstellte, dass die Anschuldigung falsch war, verurteilte der Richter den Ehemann zu achtzig Stockschlägen und bestätigte gleichzeitig die Scheidung. Sein Argument: Eine Frau, die von ihrem Mann so verleumdet werde, könne unmöglich weiter mit ihm zusammenleben.

Eine weitere Entwicklung gewann während der Song-Zeit an Boden. Während die Witwen, die sich wiederverheirateten, ohnehin eine negative Stimmung zu spüren bekamen, erging es nun den scheidungswilligen Ehemännern ähnlich. Es wurde peinlich für Männer, sich scheiden zu lassen. Die Reaktion auf den neuen Trend war eine Geldfrage.

Männer in den unteren Schichten konnten sich keine Nebenfrauen leisten. Sie drangen weiterhin auf Scheidung, wenn sie eine neue Frau wünschten. In der Führungsschicht und bei den Gebildeten beließ man der einmal geheirateten Frau ihren herausgehobenen Status, verzichtete auf Scheidung und nahm sich eine – oder mehrere – Nebenfrauen. Wenn das Arrangement nicht funktionierte, musste meistens die Nebenfrau das Haus wieder verlassen.

Den neuen konfuzianischen Gelehrten, die schon bei verwitweten Frauen energisch verlangten, sich nach dem strengen Ideal zu verhalten, gefiel diese Entwicklung überhaupt nicht. Sima Guang registrierte mit Entsetzen die Verlotterung traditioneller Sitten. Zum einen schreckten Ehemänner immer mehr vor Scheidungen zurück. Zum anderen nahmen Eltern ihre Tochter, der eine Scheidung drohte, gegenüber den Vorwürfen der Schwiegereltern in Schutz, statt sich demütig schuldig zu bekennen. Der gelehrte Cheng Yi, Gralshüter der reinen konfuzianischen Lehre, hieb in die gleiche Kerbe: »Augenblicklich ist es üblich, in Scheidungen etwas Unschönes zu sehen und sie zu vermeiden. Das war bei den Alten anders. Frauen, die nicht gut waren, wurden fortgeschickt.«

Die gestrengen Mahnungen fanden in der Realität offenbar noch nicht den gewünschten Widerhall. Nicht nur, dass Frauen sich vermehrt scheiden ließen. In der Song-Epoche stieg auch die Rate der Frauen, die nach einer Scheidung wieder heirateten. Manchmal sorgte das Schicksal bei einer verstoßenen Frau für Wiedergutmachung, und sie heiratete in zweiter Ehe einen Mann, der als Beamter einen höheren Rang einnahm als der geschiedene.

Insgesamt herrschten auch auf diesem Gebiet Umbruch, Veränderung, widersprüchliches Verhalten und ambivalente Akzeptanz. Mit ihrem entschiedenen Vorgehen, sich nach weniger als hundert Tagen von ihrem zweiten Mann zu trennen, setzte sich Li Qingzhao zwischen alle Stühle. Sie handelte gegen die konfuzianische Tradition, musste aber auch bei reformfreudigen Männern und Frauen ihrer Schicht, die Scheidungen immer weniger schätzten, auf Unwillen stoßen. Aber nichts konnte die Dichterin von ihrem Ziel abbringen. Li Qingzhao ist offensichtlich wieder ganz die Alte.

Das Scheidungsvorhaben nach so kurzer Zeit spricht dafür, dass es Illusionen waren, auf die die Witwe gebaut hatte. Doch Illusionen anzuhängen, gehört nicht zum Persönlichkeitsprofil der Li Qingzhao, wie es sich – bei allen Unwägbarkeiten – über die Jahre gezeigt hat. Zu ihr passt, sich nichts vorzumachen. Die Bilanz der zweiten Ehe fiel offenbar ernüchternd aus. Das alte Selbstbewusstsein ist zurückgekehrt und damit die Entschlossenheit, keiner passiven Opferrolle anzuhängen, sondern aktiv zu werden und zwar umgehend.

Das ist die eine Sicht der Dinge, die Li Qingzhao hell und vorteilhaft beleuchtet. Aber es ist nur fair – gerade weil von diesem Skandal so wenig überliefert wurde – auch eine andere Perspektive aufzuzeigen. Li Qingzhao hat einen Fehler gemacht – und Zhang Ruzhou muss schwer dafür büßen. Woher hatte sie die Informationen, die sie an das Gericht weitergab: dass sich ihr zweiter Mann mit unlauteren Mitteln einen Weg in den Staatsdienst gebahnt habe? Vielleicht von Zhang selber, der gegenüber seiner Frau zu redselig, zu vertrauensselig war?

Li Qingzhao wollte aus dieser Ehe aussteigen und dazu brauchte sie starke Argumente. Von Misshandlungen ist in der Überlieferung die Rede. Der kleine Beamte Zhang Ruzhou sei mies und geizig gewesen. Hätte das einen Richter überzeugt? Li Qingzhao ging aufs Ganze: Der Preis, ihren zweiten Mann zu denunzieren, war ihr nicht zu hoch.

Ein Brief hat sich erhalten, in dem Li Qingzhao sich nach der Scheidung bei einem angesehenen Beamten, Mitglied der hochgeachteten Hanlin-Akademie, in die der Kaiser hervorragende Gelehrte als Beamte und Berater berief, bedankte. Er war ein angeheirateter Verwandter der Familie von Zhao Mingcheng und hatte es übernommen, im Scheidungsprozess für ihre Seite zu plädieren. Sein Ansehen wird nicht wenig dazu beigetragen haben, dass Li Qingzhao noch im Herbst 1132 geschieden wurde und ohne die übliche Freiheitsstrafe davonkam, die auf Frauen wartete, die ihren Mann verklagten.

Zhang Ruzhou traf die ganze Härte des Gesetzes. Sein Name wurde aus dem Beamtenregister gestrichen, und er wurde unter verschärften Bedingungen weit in den unwirtlichen Süden Chinas verbannt. Was seine Beweggründe für diese Heirat waren und welchen Anteil er an der schnellen Zerrüttung hatte, muss ungeklärt bleiben.

In ihrem Schreiben belässt es Li Qingzhao nicht bei einem Dank. Sie gibt für einen Augenblick ihre Gefühle preis, aber wieder schwankt der Außenstehende: Soll er ihre Ehrlichkeit loben, oder sich fragen, ob sie wirklich eine so schlechte Menschenkennerin war? Die Dichterin schreibt, sie hätte es nicht ertragen können, als Gefährten im Alter einen Menschen zu haben, der »durch und durch vulgär« sei.

Li Qingzhao musste nicht darüber belehrt werden, dass sie mit ihrer Scheidungs-Anklage gegen konfuzianische Prinzipien verstoßen hatte. Vielleicht stand hinter ihrer bösen Bemerkung über Zhang Ruzhou, die keineswegs ladylike war, der Zwang, sich rechtfertigen zu müssen. Denn Li Qingzhao wusste, dass ihr Dankesbrief kein privates Schreiben war, sondern den Adressaten geradezu aufforderte, daraus zu zitieren und den Inhalt öffentlich zu machen.

Wieder ein Herbst, wieder allein. Und wieder fielen die Blätter des Wutung-Baums, von dem es heißt, er sei der einzige, auf dem sich der sagenhafte Phönix niederlässt, wenn er von fernen Paradiesen einen Abstecher in irdische Gefilde macht.

Ich stehe auf einem hohen Turm,
halte Ausschau auf die wogenden Berge,
auf die wilden Ebenen
und den schmal-schimmernden Nebelstreif.
Krähen fliegen zu ihren Nestern,
Der Jagdhörner Klang schallt zum Himmel.
Der Weihrauch ist ausgebrannt,

aber etwas Wein geblieben.
In meinen Armen nur schale Gefühle.
Die Wutung-Blätter fallen,
Die Wutung-Blätter fallen.
Die Herbstfarben kehren zurück,
Zurück kehrt meine Verzweiflung.

26

WO IST MEIN HEIMATLAND
oder
PRAGMATISCH BIS ZUM MORD

Der Kaiser: für Kompromiss und Koexistenz – Rückforderung der »Wahrhaftigen Aufzeichnungen« – Provokante Verse: die Dichterin will Krieg – Vaterland und Jugend: ein doppelter Verlust – Der unerträgliche Regen – Die Jin bieten Särge und Frieden – Die kaiserliche Armee triumphiert – General Yue Fei: Militär und Dichter – Meuchelmord an einem Helden – Ein Grabhügel in Hangzhou

Es ging darum, wieder Halt zu finden und sich einzurichten in einem neuen Leben, trotz der Ungewissheit, ob es ein Provisorium oder ein Dauerzustand sein würde. Das galt nach dem Rückzug der Jin für die Witwe Li Qingzhao ebenso wie für den Kaiser mit seiner Regierung. Die Dichterin ließ sich 1132 in Hangzhou nieder, nicht zuletzt, weil Gaozong mit der kaiserlichen Familie, den Ministern und Beamten nach der Flucht aufs Meer und quer durch den Süden wieder in der Handelsstadt am Westsee Quartier genommen hatte. Die Regierung war zerstritten über diese Wahl, eine Mehrheit drängte den Kaiser, nach Nanjing zu ziehen. Mit dem Umzug in die nördlicher gelegene Stadt am Yangtse, in deren Mauern – im Gegensatz zu Hangzhou – schon zuvor Kaiser Hof hielten, hätte der Song-Kaiser den Barbaren signalisiert, er werde ihre Herrschaft über den nördlichen Teil des Song-Reiches nicht hinnehmen, sondern von Nanjing aus die Rückeroberung vorbereiten.

Kaiser Gaozong setzte Zeichen, aber sie wiesen in eine andere Richtung. Er verfolgte eine Politik, deren langfristiges Ziel nicht Revanche, sondern Kompromiss und Koexistenz waren und vertraute dabei auf einen neuen Mitarbeiter. Im Jahre 1130 war es dem hohen Beamten Qin Gui gelungen, mit seiner Familie und dem großem Haushalt von Kaifeng in den Süden zu flüchten. Qin stammte aus einer angesehenen Beamtenfamilie und hatte sich während der Regierungszeit des übermächtigen Kanzlers Cai Jing als dessen Gegner profiliert. Er war nach der Eroberung von Kaifeng nicht geflüchtet und entging der Verschleppung mit dem Tross der beiden gefangenen Kaiser, weil er dem Marionettenkaiser diente, den die Jin eingesetzt hatten.

Aufgrund dieser Kontakte gehörte Qin Gui zu den wenigen, die Informationen über die beiden gefangenen Kaiser – Vater und Bruder von Kaiser Gaozong – besaßen. Nach seiner geglückten Flucht unterrichtete er den Kaiser. Und während die einen bei Hofe noch munkelten, ob bei dieser Flucht alles mit rechten Dingen zugegangen sein könne, ernannte Gaozong ihn 1131 zum Kanzler und zweifelte nicht an seiner Loyalität. Obwohl Qin Gui schon ein Jahr später zurücktrat, blieb er auch ohne Kanzlertitel der starke Mann im Hintergrund und bestimmte die Richtlinien der Politik, von denen Kaiser Gaozong im Kern nicht mehr abwich.

Als Richtschnur für die zukünftige Außenpolitik galt: »Wenn im Reich Frieden herrschen soll, müssen Süden und Norden getrennt bleiben.« Und damit der neue südliche Staat der Song-Dynastie im Innern Stabilität erlangte, hatte wie in alten Song-Zeiten eine solide Finanzpolitik Vorrang vor extravaganten Ausgaben, die nur den persönlichen Vorlieben des Kaisers dienten. Das Militär war wichtig, um weitere Angriffe der Barbaren und plündernde Räuberbanden im eigenen Land abzuwehren. Aber den Generälen wurde klar gemacht, dass auch der verkleinerte Nachfolge-Staat auf einem zivilen Fundament stand und eine friedensbereite Politik, die sich nicht von militärischen Erwägungen abhängig machte, Priorität hatte.

Die Gegner dieser Realpolitik streuten, dass Qin Gui in Wahrheit aus sehr persönlichen Interessen vor einer kompromisslosen Linie gegenüber den Barbaren im Norden zurückschreckte. Seine Familie gehörte seit Generationen zu den reichsten Großgrundbesitzern im Süden. Der meiste Grund und Boden lag in der Nähe von Nanjing und wäre bei einer militanten Politik zum Aufmarschgebiet der eigenen Truppen und möglicherweise zum Kampfplatz geworden. Gewinne hätte es für die Familie Qin im Kriegsfall auf Jahre nicht gegeben. Doch weder Getuschel noch offene Einwände änderten etwas. Kaiser Gaozong ließ nichts auf seinem engsten Berater kommen.

Auch wenn der Hof jetzt in Hangzhou war: Die Frage, wo der »Sohn des Himmels« in Zukunft seinen Wohnsitz haben würde, blieb in der Schwebe. Gaozong, der sich im Sommer 1127 in Nanjing mit feierlichem Ritual dem Himmel und der Öffentlichkeit als neuer Kaiser vorgestellt hatte, ließ es geschehen, dass dort mit dem Bau von kaiserlichen Palästen begonnen wurde. Allerdings wurden die Bauten in Nanjing 1132 kommentarlos eingestellt.

Durch den erfolgreichen Angriff der Jin und die sich anschließenden Kriegswirren waren politische Streitpunkte aus dem Blick geraten, die in den Jahrzehnten zuvor Chinas Elite tief entzweit hatten. Seit Kanzler Wang Anshi 1071 mit der Rückendeckung durch Kaiser Shenzong begonnen hatte, den Staat zu reformieren, standen sich die Lager der Reformer und der Konservativen unversöhnlich gegenüber. Als Erbe des Wang Anshi und seiner Reformpolitik hatte Kanzler Cai Jing – dem der kunstsinnige Kaiser Huizong freie Hand gewährte – am Beginn des zwölften Jahrhunderts seine politischen Gegner geächtet und auf steinernen Tafeln als Verräter angeprangert.

Natürlich wurde nach Flucht und Vertreibung aus dem Norden in den politischen und intellektuellen Kreisen heftig diskutiert, wie es zur Katastrophe von 1126/27, der Niederlage gegen die Jin und dem Verlust von einem Drittel des Landes kommen konnte und welche Lehren man daraus ziehen musste. Eine zwiespältige Debatte für Kaiser Gaozong, der sich nicht gegen seine gefangenen kaiserlichen Vorgänger – Vater und Bruder – stellen konnte. Doch wieder bewies Gaozong, der bevorzugt pragmatisch-taktisch vorging, dass er – wenn nötig – keine Angst hatte, Zeichen zu setzen, die mehr sagten als wortreiche kaiserliche Erlasse.

Erleichtert wurde die Entscheidung dadurch, dass sich für die verfehlte Politik der zurückliegenden Jahrzehnte zwei hochrangige Sündenböcke anboten: Kanzler Cai Jing und – als Wurzel allen Übels – Kanzler Wang Anshi. Als der Kaiser 1131 erfuhr, dass in den kaiserlichen Tempeln Wang Anshi – zusammen mit Kaiser Shenzong – immer noch Opfer gebracht würden, untersagte er sofort weitere Opfer für den Reformkanzler. Demonstrativ wurden konfuzianische Denker, die Wang Anshi erbittert bekämpft hatten, postum geehrt. Jeder sollte wissen, dass die politischen Wurzeln der Song-Herrschaft, die sich im Süden Chinas etablierte, bei den Konservativen lagen. Die Reformer waren nichts als ein Betriebsunfall in der ruhmreichen Geschichte des Reiches der Mitte.

Seit über einem Jahrtausend war es für jede Dynastie, die über das Reich herrschte, eine heilige Verpflichtung, das Erbe der vorangegangenen schriftlich zu fixieren und für die Nachfolger aufzubereiten. Geschichtsschreibung war Staatsangelegenheit. Der Kaiser beauftragte die besten unter seinen gelehrten Beamten, penibel die Akten zu registrieren und mit Anmerkungen zu versehen und das »Kaiserliche Tagebuch« zu führen. Nach dem Tod eines Kaisers wurde es zu den »Wahrhaftigen Aufzeichnungen« seiner Regierungszeit erweitert. Neben den staatlichen

Archiven und der Reichsbibliothek förderte jeder Kaiser seine private Palastbibliothek.

Während die Herrschenden die Vergangenheit sorgsam konservierten, war es zu allen Zeiten für fremde Eroberer ein Bedürfnis, möglichst umfassend alle Dokumente zu vernichten, die die Erinnerung an die Vorgänger wachhalten und deren Herrschaft bezeugen konnten. Die Jin hielten es nicht anders. Als sie Kaifeng stürmten und in den Archiven und Bibliotheken freie Bahn hatten, wurden Aufzeichnungen aller Art in Brand gesetzt oder in den Staub getrampelt und die Experten als Gefangene fortgeführt. Von den Akten und Dokumenten, die man hatte retten können, ging auf der Flucht von Hof und Regierung etliches verloren. Eine unerträgliche Ausgangslage für den neuen Kaiser im Süden, der sich als legaler Erbe der Song-Dynastie sah, aber zugleich als Nachfolger seiner Vorgänger aus allen Dynastien, die je auf dem Kaiserthron saßen. Schriftlichkeit und Archivierung gehörten zum Fundament, auf dem das Reich der Mitte ruhte.

Auch wenn es noch keine neue Hauptstadt gab, wo automatisch der Sitz der Reichsbibliothek sein würde, erklärte 1131 ein kaiserlicher Erlass diese ehrwürdige Institution für neugegründet. Gleichzeitig wurden alle Privatleute, die Akten, offizielle und private Aufzeichnungen über die chaotischen Zeiten hinweg gerettet hatten, aufgerufen, staatstragende Unterlagen und wertvolle Bücher bei den zuständigen staatlichen Stellen abzuliefern.

Wer auch nur ein wenig von der Materie verstand, wusste, dass sich in der umfangreichen Sammlung der Zhao-Familie, die nach dem Tod von Zhao Mingcheng an seine Witwe Li Qingzhao übergegangen war, wichtige Schriftstücke befanden. Schließlich war der Vater von Zhao Mingcheng nicht nur Kanzler des Reiches gewesen, sondern hatte in den Jahren zuvor als hoher Beamter in den kaiserlichen Archiven gearbeitet.

Zum Jahresende 1132 meldete der Vizedirektor der Palastbibliothek seinen Vorgesetzten, im Haushalt der Zhao-Familie befände sich ein Original-Exemplar der »Wahrhaftigen Aufzeichnung aus der Regierungszeit des Kaisers Shenzong«. Die Verwaltung wurde angewiesen, dieses Exemplar einzuziehen. Um den Ereignissen vorzugreifen: Erst im Jahre 1135 erreichte Li Qingzhao – die sich zu dieser Zeit in der Stadt Jinhua im Zentrum der Provinz Zhejiang aufhielt – der kaiserliche Befehl, die »Wahrhaftigen Aufzeichnungen« abzuliefern, was sie umgehend erledigte.

Ein Jahr zuvor hatte der Kaiser einen angesehenen Beamten beauftragt, die umstrittenen »Wahrhaftigen Aufzeichnungen aus der Regierungszeit von Kaiser Shenzong« neu anzulegen. Denn es war Kaiser Shenzong gewesen, der den Reformer Wang Anshi gefördert und gestützt hatte und dessen kaiserliches Andenken nach seinem Tod 1085 in den Machtkampf zwischen Konservativen und Reformern geriet.

Die vorliegende letzte Fassung der Aufzeichnungen über Shenzongs Regierungszeit, an der Zhao Tingzhi, der Schwiegervater von Li Qingzhao und Parteigänger der Reformpolitik, mitgearbeitet hatte, konnte nicht unkorrigiert bleiben, nachdem Kaiser Gaozong angeordnet hatte, die Opfer für Wang Anshi in den Tempeln abzusetzen. Um nichts zu verschleiern und den Nachgeborenen eine Lektion zu erteilen, markierte der Verfasser der »Wahrhaftigen Aufzeichnungen« nach 1134 die ursprüngliche Fassung der Konservativen mit schwarzer Tusche, die Änderungen der Reformer mit Rot und seine eigenen Ausführungen oder Streichungen mit gelber Tusche.

Dass die amtliche Anfrage um ein Stück aus der Zhao-Sammlung an die Witwe von Zhao Mingcheng geht, beweist, dass Li Qingzhao sowohl nach außen wie innerhalb der Zhao-Familie als Kennerin und vor allem als Erbin der Sammlung unangefochten ist. Mögen auch die allermeisten Kostbarkeiten verbrannt, geraubt, in Notlagen von der Witwe verkauft oder während ihrer Flucht verloren gegangen sein: gemäß der Rechtslage hätte die Familie ihres Mannes nach dem Tod von Zhao Mingcheng – der von drei Brüdern der jüngste war – auch noch das kleinste Manuskript, die unscheinbarste Kalligrafie von Li Qingzhao zurückfordern können, um wieviel mehr die bedeutenden »Wahrhaftigen Aufzeichnungen«.

Ob es dem Bruder von Zhao Mingcheng, der 1133 – wie schon 1121 – als kaiserlicher Sekretär in eines der angesehensten Ämter des Reiches berufen wurde, vielleicht sehr recht war, nicht im Besitz dieses kompromittierenden väterlichen Erbstücks zu sein? Sollten die innerfamiliären, schmerzlichen Erinnerungen, die mit diesem Erbstück verbunden waren, für immer verdrängt bleiben?

Nicht nur die betroffenen Familienmitglieder, auch Außenstehende unter der gelehrten Beamten-Elite hatten ein gutes Gedächtnis. Li Qingzhao konnte keinerlei Interesse daran haben, die Herausgabe der nun politisch unerwünschten Fassung ihres Schwiegervaters zu verzögern. Es war nicht vergessen, dass sie sich als junge Frau in ihren Gedichten zu den Konservativen bekannt und ihren Schwiegervater angegriffen hatte, der als hoher Beamter keinen Finger rührte, als ihr eigener Vater, der angesehene konfuzianische Gelehrte Li Gefei, im Namen der Reformer geächtet wurde. Sollte sich über dreißig Jahre später ein Kreis schließen und Li Qingzhao mit Genugtuung den jungen Kaiser loben können, der im Süden des Reiches die alten konfuzianischen Grundlagen zur Richtschnur seiner Politik machte? War es nicht rühmenswert, dass Gaozong der verhängnisvollen Entwicklung, die mit Wang Anshi und seinen Reformen begonnen hatte, ein Ende setzte?

Die Antwort auf solche Überlegungen findet sich in einem Gedicht, das die Dichterin 1133 schrieb. In Hangzhou sprach sich im Frühsommer 1133 schnell herum, dass Kaiser Gaozong zwei angesehene Beamte beauftragt hatte, die Frontlinie aufzusuchen, die das ehemalige nördliche Territorium des Song-Reiches, wo jetzt die Jin herrschten, vom Süden trennte. Sie sollten Kontakt zu den Besatzern aufnehmen, um etwas über das Schicksal der seit sechs Jahren in unendlicher Ferne gefangen gehaltenen Song-Kaiser zu erfahren. Es war ein Anknüpfungspunkt, um mit dem Gegner ins Gespräch zu kommen, und vielleicht sogar Friedensverhandlungen anzupeilen.

Li Qingzhao hatte verstanden und hielt mit ihrer Meinung nicht hinter dem Berg. Sie schrieb ein Doppelgedicht, jedes an einen der beiden kaiserlichen Gesandten gerichtet. Die Gedichte sind so zwiespältig und doppeldeutig wie die ausführlichen Prosazeilen, die die Dichterin – gemäß einer anerkannten literarischen Tradition – vorausschickt. Auf der einen Seite nennt sich Li Qingzhao *arm und krank*. Sie sei nicht würdig, dem Staub hinterher zu sehen, den die Kutschen der beiden Gesandten aufwirbelten. Andererseits schreibt sie fast triumphierend: *Aber mein Geist ist noch wach. Als ich von diesem kaiserlichen Erlass hörte, konnte ich mit meiner Meinung nicht länger zurückhalten. Nach den Regeln der Dichtkunst habe ich zwei Gedichte aufgesetzt, um meinen einfachen Gedanken Ausdruck zu geben und um die Zahl meiner Gedichte für zukünftige Sammler zu erweitern.*

Am Beginn des ersten Gedichtes tritt Kaiser Gaozong auf, und Li Qingzhao legt ihm in den Mund, wie der Kaiser sich vor Ministern, Höflingen und Militärs für seinen Auftrag an die Gesandtschaft rechtfertigt:

Wer kann nicht verstehen, dass ich mich nach meinen Eltern sehne
wie das Gras nach dem Tau? …

Im Austausch für meine Eltern bin ich bereit, Land herzugeben,
Auch Jade und Seide, denn sie bedeuten mir nichts ...

Was auf den ersten Blick als eindrucksvolles Zeugnis kindlicher Liebe anrührt, die für Konfuzius zu den höchsten moralischen Tugenden zählt, entpuppt sich bei weiterem Nachdenken als ein ungeheuerlicher Affront gegenüber dem Kaiser. Das Lob der Dichterin für die kaiserliche Pietät ist ein vergiftetes Geschenk, denn Gaozong ist nicht irgendein Sohn, der um seine Eltern trauert. Er ist der »Sohn des Himmels«, der die Verantwortung trägt für »Alles unter dem Himmel«. Ein Kaiser muss sich nicht rechtfertigen und persönliche Gefühle dürfen für ihn nicht zum Maßstab werden. Er muss den Bestand und das Wohlergehen des Reiches gewährleisten und dem alles andere unterordnen. Li Qingzhao aber suggeriert, dass der Kaiser bereit ist, für seine eigene Befindlichkeit Territorium und die Schätze des Volkes zu opfern.

Im zweiten Gedicht nimmt die Dichterin sich zu Beginn wieder demonstrativ zurück, nennt sich eine *unwissende Witwe, die unter dem gemeinen Volk lebt.* Aber diese Demutsgeste hält sie nicht davon ab, sofort einen guten Rat an den Gesandten hinterher zu schicken:

Die Barbaren sind von Natur aus grausam wie Tiger und Wölfe.
Seid auf der Hut vor unvorhersehbaren Gefahren.

Eine überflüssige Mahnung für einen hohen Beamten, dem mit diesen Zeilen unterschwellig vorgeworfen wird, den Feinden ahnungslos entgegenzutreten. Nach etlichen historischen Anspielungen gibt sich die Dichterin bescheiden. Sie möchte durch die Gesandtschaft *nur ein paar Neuigkeiten aus der Heimat erfahren*:

Was ist mit den steinernen Statuen, die tief im Gras
die kaiserlichen Gräber bewachen?
Stimmt es, das unsere Leute, die in den besetzten Gebieten blieben,
weiterhin Maulbeerbäume und Hanf anpflanzen?

Anschließend beschreibt die Dichterin, wie die kaiserlichen Gesandten in der alten Hauptstadt Kaifeng einziehen:

Tausende von Menschen werden die Straßen säumen und Euch
mit Tee und Fleischbrühe willkommen heißen.
Die Pfirsichbäume im Palast des Ewigen Wohlstandes werden in
voller Blüte stehen.

Wie kann eine gebildete Frau, die politisch interessiert und bestens informiert ist, solche naiv-utopischen Szenarien entwerfen? Li Qingzhao muss wissen, dass die Gesandten aus dem Süden nicht einmal in die Nähe von Kaifeng kommen werden, wo seit sechs Jahren ein Kaiser von Gnaden der Besatzer lebt. Und die kleinste Sympathiebezeugung der Bewohner im Norden für die alten Song-Herrscher würde von den Jin gnadenlos unterdrückt werden.

Die harmlos klingenden Zeilen täuschen. Hier redet keine naive Dichterin, die ein sentimentales Heimweh umtreibt. In ihrem Gedicht klagt eine Patriotin jene Elite an, die vor dem Feind schmählich floh, im Süden ein unbeschwertes Leben führen will und die verdrängt, was ihre nationale Pflicht wäre. Die poetische Utopie ist der Spiegel für eine ideale Politik, die sich nicht den Realitäten anpassen und nicht in Verhandlungen faule Kompromisse suchen würde.

Wenig später spricht die wahre Li Qingzhao, nicht mehr als demütige Witwe. Als stolze Tochter und Enkelin konfuzianischer Gelehrter, die in Shandong, der Heimatprovinz des Konfuzius, zu Hause waren, beruft sie sich auf ihre Vorfahren:

Auch wenn sie niemals hohe Ämter inne hatten,
Verbreitete sich ihr Ruf als konfuzianische Gelehrte in weitem
Umkreis –
Wer hätte sich mit ihnen vergleichen können,
Wenn sie damals am Stadttor lebhafte Diskussionen austrugen.
Die Zuhörer standen so dicht,
dass ihr Schweiß wie Regen zu Boden fiel.

Es ist auch ihre familiäre Herkunft, die Li Qingzhao legitimiert, als Kämpferin für ihre verlorene Heimat aufzutreten:

Ich würde Berge und Flüsse mit meinem Blut und meinen Tränen
benetzen,
um in der Provinz Shandong ein Erdbeben auszulösen.

Die Dichterin kommandiert keine Truppen. Aber wer von seiner Sache so überzeugt ist, kann vom Kaiser und seinen hohen Beamten fordern, in den Krieg zu ziehen, den Willen des Himmels zu erfüllen und die Heimat zurückzuerobern. Deshalb legt sie dem Gesandten eine kaiserliche Botschaft für die unterdrückten Menschen in Kaifeng in den Mund:

Verkünde ihnen, dass dem Kaiser das Herz bricht,
wenn er an die leidenden Menschen denkt, sie alle sind seine Kinder.
Mache ihnen deutlich, dass der Himmel alles Lebendige im Gedächtnis behält.

Und ganz zum Abschluss noch ein Lob für den Kaiser, das in Wahrheit wiederum eine Provokation ist:

Die Weisheit des Kaisers ist so unwandelbar wie die Sonne.
Doch wozu ständig neue Verhandlungen, wenn die Schwierigkeiten nicht abnehmen?

Der indirekte Aufruf zum Kampf war kein Ausrutscher, denn ein Jahr später wird Li Qingzhao an die legendäre Mulan erinnern. Ein Mädchen, das statt ihres Vaters unerkannt in den Krieg zog, damit er weiterhin die Familie ernähren konnte:

Welche großartige Frau, diese Mulan, die die Lanze schwingt!
Ich bin alt und habe nicht mehr den Ehrgeiz, Tausende von Meilen zurückzulegen.
Aber ich sehne mich danach, mit den anderen den Huai von Süden nach Norden zu überqueren.

Es kam anders. Im Sommer 1134 waren es die Truppen der Barbaren, die erneut den Huai-Fluss überquerten – von Norden nach Süden –, mit den kaiserlichen Soldaten leichtes Spiel hatten und den Mauern von Nanjing wieder gefährlich nahe kamen. Würden die schrecklichen Erinnerungen noch einmal Gegenwart werden? Li Qingzhao, in diesem Jahr fünfzig Jahre alt, wollte nicht warten, bis der Feind sie zu einer überstürzten Flucht zwang. Sie verließ Hangzhou im Herbst 1134 und zog nach Jinhua mitten in der Provinz Zhejiang, wo sie sich bei einem Herrn Chen einmietete.

An Ideen und Beschäftigung fehlte es ihr dort nicht. Am Ende des Jahres schrieb die Witwe das Vorwort für ein Buch zum »Schlagen des Pferdes«. Es enthielt Abbildungen und Erklärungen zum chinesischen Schach, einem Geschicklichkeitsspiel, bei dem die Figuren Pferde sind. Sie nutzte das Vorwort, um mit den Versen über die heldenhafte Mulan ihre kämpferische Botschaft erneut publik zu machen. Niemand sollte ihren Wegzug aus Hangzhou als Resignation deuteten.

Bei der Erinnerung an die tapfere Soldatin Mulan ging es nicht um hohle Propaganda. Li Qingzhao blieb sich treu. Ein ähnlich rigoroser, unerbittlicher Anspruch zieht sich schon durch ihr erstes politisches Gedicht, mit dem sie als junges Mädchen unerschrocken den damaligen Kaiser kritisierte. Seit ihrer Flucht in den Süden fühlte sie sich wie im Exil. Das Heimweh schmerzte tief im Herzen, und die Zeit heilte bei der Dichterin keine Wunden.

Li Qingzhao hatte sich entschlossen, lieber allein ihre Entscheidungen zu treffen, statt in einer unerträglichen Partnerschaft zu leben. Sie richtete sich ein im tropisch-schwülen Klima des Südens, wo die Temperaturen viele Monate des Jahres weit über dreißig Grad liegen und eine hohe Luftfeuchtigkeit trägen Stunden Vorschub leistet. Um so eindringlicher blieben der Dichterin die Kühle des Nordens im Gedächtnis und der Schnee, wenn die Blüten an den glänzenden Zweigen des Pflaumenbaumes sich aus den Knospen schälten – während vor ihrem Haus im Süden der verflixte Regen unerbittlich auf die Blätter des Bananenbaums tropfte:

Wer pflanzte die Bananenbäume vor meinem Fenster? ...
Es ist Mitternacht, der Regen fällt auf die Blätter
und macht mir das Herz schwer.
Dien! Di! Dien! Di! Dieser kalte, unerträgliche Regen.
Tropft und tropft, tropft und tropft, kalt, unerträglich.
Einsamkeit, nichts als Einsamkeit.
Die Traurigkeit frisst wie ein steter Tropfen an den Menschen aus dem Norden.
Unerträglich ist es, wach zu liegen und dem Regen zuzuhören.

Die Dichterin ist hin- und hergerissen zwischen Norden und Süden, zwischen dem Nicht-Vergessen-Wollen und der Unmöglichkeit, ohne Unterlass mit einer Erinnerung zu leben, die krank macht:

Der Frühling vergeht. Warum leide ich so unter Heimweh?
Ich bin krank. Das lange Haar zu kämmen, ist mir schon zuviel.

Wie in alten Zeiten greift Li Qingzhao zum Weinbecher:

Wo ist mein Heimatland?
Vergessen kann ich nur, wenn ich getrunken habe.

Doch die alten Zeiten sind vorbei. Zwar erinnert Li Qingzhao auch in ihrer neuen Umgebung vieles daran. Aber was über Jahrzehnte im Zentrum ihres Lebens stand, ist nicht mehr. Mehr als einmal legt sie sich am Abend in Kleidern aufs Bett, es fließen Tränen:

Das Wetter – wie in alten Zeiten,
Das Gewand – ich trug es damals schon,
Nur meine Arme – Liebe-leer,
Und die gemeinsame Zeit – vorbei, für immer.

Der Verlust der Heimat ist nur der eine Teil der Katastrophe. Denn jeder Rückblick verbindet sich unauflöslich mit dem Verlust von Zhao Mingcheng. Die glücklichen gemeinsamen Zeiten begannen mit den ersten Jahren ihrer jungen Ehe in der Hauptstadt Kaifeng, gingen weiter in der Provinz Shandong, wo sie für viele Jahre frei und ungebunden nur ihren Interessen und ihrer Liebe lebten. Die Erinnerungen sind übermächtig, füllen die Stunden, wenn Li Qingzhao allein in ihrer gemieteten Wohnung sitzt, ob in Hangzhou oder Jinhua, wohin sie 1134 gezogen ist:

In den Jahren, die vergangen sind, waren wir glücklich zusammen ...
Zusammen tranken wir Tee, aufgebrüht am lodernden Feuer.
Zusammen besuchten wir auf unseren geliebten Pferden
Feste, wo künstliche Drachen tanzten.
Um uns der Strom der Wagen, unbekümmert um plötzliche Stürme.

Und weitere Zeilen aus Jahren, in denen der Verlust lange zurückliegt und doch ganz nah ist:

Zusammen wanderten wir im Mondlicht vor fünfzehn Jahren,
Blumen zu unseren Füßen,
über die wir zusammen Gedichte schrieben.
Heute scheint der gleiche Mond, und die Blumen sind dieselben.
Aber nie mehr werde ich den Geliebten in meinen Armen halten.

So unvermittelt, wie die Jin im Sommer 1134 im Süden aufgetaucht waren, zogen sie sich am Ende des Jahres wieder in den Norden zurück. Li Qingzhao blieb vorerst in Jinhua.

Zwar lebte die Dichterin nun fern vom Kaiserhof und der Regierung. Aber natürlich wird die Witwe des gelehrten Beamten Zhao Mingcheng von den politischen Neuigkeiten erfahren haben, die sich 1135 in Windeseile verbreiteten und wurde wie alle Menschen im südlichen Song-Staat davon bewegt und erschüttert.

Am schmerzlichsten betroffen war Kaiser Gaozong: Fern der Heimat, am nördlichen Rand des feindlichen Barbaren-Landes waren sein Vater, der Kaiser Huizong, und die Kaiserin, nach dem höfischen Protokoll seine Mutter, tatsächlich seine Stiefmutter, verstorben. Das allein war schon eine schreckliche Vorstellung, nicht nur für den kaiserlichen Sohn, sondern für alle Chinesen. Noch unerträglicher war, dass der verstorbene Sohn des Himmels und die tote Kaiserin irgendwo in feindlicher Erde ein anonymes Grab finden würden.

In Abwesenheit der Toten wurde 1135 mit aller gebotenen Feierlichkeit in einem Staatsakt das Trauerritual zelebriert, und Kaiser Gaozong nutzte die Gelegenheit, wiederum ein Zeichen zu setzen. Er befahl, in Hangzhou einen kaiserlichen Ahnentempel zu errichten, wo endlich die aus Kaifeng geretteten Ahnentafeln der Vorfahren und die der soeben Verstorbenen untergebracht werden konnten.

Wer darin ein weiteres Manöver sah, um Hangzhou als Hauptstadt eines verkleinerten südlichen Song-Reiches zu etablieren und den Befürwortern einer Hauptstadt Nanjing die Argumente zu entziehen, lag nicht falsch. Aber wirklich bewiesen war mit diesem Schaffen von Tatsachen immer noch nichts. Und wer wollte Kritik daran üben, dass die kaiserlichen Ahnentafeln einen würdigen Platz fanden? Zumal 1135 auch die beliebte und verehrte Kaiserinmutter Meng starb, die ihre Sympathien für Hangzhou nicht verborgen hatte.

Staatstrauer und Ahnentempel waren nur die ersten Schritte. Staatsräson und Ehrfurcht gegenüber den Eltern verlangten von Kaiser Gaozong, alles zu tun, um die Toten heimzuführen in ihr Land und ihnen eine würdige Grabstätte zu bereiten. Nachdem die Gesandtschaft von 1133, die Li Qingzhao zu ihrem kämpferisch-patriotischen Gedicht animiert hatte, ohne Erfolg geblieben war, konnte der Kaiser einen zweiten Versuch riskieren, ohne sein Gesicht zu verlieren. Dass ein Sohn sich um seine toten Eltern kümmert, konnten ihm weder interne Kritiker noch die Barbaren verübeln.

Die Gesandtschaft, die sich 1137 auf den Weg zu den Jin machte, hatte den Auftrag, über die Rückgabe der Särge mit den kaiserlichen Toten zu verhandeln. Dass der erfahrene Beamte Wang Lun an ihrer Spitze stand, war politisch geschickt und riskant zugleich. Denn Wang war schon einmal 1128 als Gesandter zu den Barbaren geschickt und bis 1132 von ihnen als Gefangener festgehalten worden.

Diesmal kehrte Wang Lu schon ein Jahr später zurück, noch dazu mit einem unerwarteten Verhandlungsangebot: Die Jin versprachen nicht nur die hohen Toten; sie wollten Frieden schließen mit dem Rumpfstaat im Süden und schlugen den Gelben Fluss als Grenze zwischen ihrem Herrschaftsgebiet und dem des Song-Kaisers vor.

Kaiser Gaozong, ohnehin längst auf Kompromiss-Kurs, schickte noch im gleichen Jahr 1138 seine Gesandten mit Wang Lu an der Spitze zurück ins Feindesland. Sie sollten die Chance nutzen und einen Friedensvertrag aushandeln. Doch diese Zukunftsperspektive war zu schön, um wahr zu sein. Bei den Jin brach interner Streit aus. Die Verhandlungspartner aus dem Süden wurden hingehalten, die Bedingungen für einen Frieden verschärften sich wesentlich und Wang Lu wurde zum Gefangenen gemacht. Zwei Jahre später waren die Beziehungen auf einem Tiefpunkt, und die Jin eröffneten erneut eine militärische Offensive gegen den Staat der südlichen Song-Dynastie.

Doch diesmal ergriffen die kaiserlichen Soldaten nicht die Flucht vor den Truppen aus dem Norden. Diszipliniert und taktisch klug wurden die Barbaren zurückgeschlagen. Eine Armee unter dem Befehl des Generals Yue Fei eroberte 1140 fast das gesamte Land zwischen dem Huai-Fluss und dem Gelben Fluss, verfolgte den flüchtenden Feind bis in die Nähe von Kaifeng und setzte sich bei der alten Hauptstadt fest. Was für ein Triumph nach den vielen demütigenden Niederlagen seit dem Fall von Kaifeng. Die Stimmen derer, die sich nicht mit einem Rumpfstaat im Süden abfinden wollten, erhoben sich wieder: Das war der Zeitpunkt, die Entwicklung umzukehren, die Jin aus dem gesamten nördlichen Territorium zu vertreiben, das Reich der Song in alter Größe und neuem Glanz zu errichten. Zudem hatten die Befürworter einer aggressiven Politik einen – buchstäblich – unschlagbaren Bezugspunkt: den General Yue Fei, strahlender Held des siegreichen Feldzuges.

Karriere und Persönlichkeit des Yue Fei, auf den sich in diesem Jahr 1140 alle Hoffnungen und Sehnsüchte konzentrierten, verkörpern vorbildhaft die Ideale des zivilen Song-Staates, der mit dem Bruch verkrusteter Traditionen erstaunliche Biografien möglich machte. Der General, 1103 geboren, kam aus einfachen bäuerlichen Verhältnissen, unter seinen Vorfahren waren weder Militärs noch Beamte. Mit zwanzig ging Yue zu den Soldaten und erwies sich seit den Eroberungszügen der Jin 1126 als eine Führungspersönlichkeit, die durch Integrität, persönliche Tapferkeit und eine faire Behandlung der Untergebenen auffiel. Seine Soldaten mussten Disziplin halten und durften die Bauern nicht ausplündern. Dafür gab es in der Armee von Yue Fei keine Hinrichtungen, und die Bauern wurden für die Nahrungsmittel, die sie hergaben, bezahlt.

Aber wer im Staat der Song als Militär Karriere machen wollte, durfte sich nicht nur auf sein Schwert berufen. Belesen zu sein und mit dem Pinsel umgehen zu können, war ebenso wichtig. General Yue hatte sich aus eigenem Antrieb eine Bildung erworben, die hinter derjenigen gelehrter Beamter nicht zurückstand. Seine Gedichte sind eingegangen in das literarische Gedächtnis des Landes; Verse, in denen ein Patriot seine Gefühle offenlegt:

> Wehmütig erinnere ich mich an alte Zeiten:
> Vor dem Phönix-Pavillon in Kaifeng Blumen und Weiden,
> Vor dem Berg des Langen Lebens
> Männer und Frauen in stattlicher Reihe,
> Mit Perlen und Smaragden geschmückt.
> Gestern noch füllten Lieder und Flötentöne den Zauberpalast,
> Heute erbebt das Reich unter den eisernen Hufen der Barbaren.
> Ihr Staub verschmutzt die Luft.
> Wo sind unsere Landsleute?
> Ihre Leichen füllen die Gräben.
> Wo sind unsere Soldaten?
> Ihre Körper sind durchbohrt von feindlichen Schwertern.

Der Rückblick ist schmerzlich, aber kein Grund zur Resignation, im Gegenteil. Er motiviert den General, als Handelnder die Schmach umzukehren:

Mein Ehrgeiz ist es, mich an den Körpern der Barbaren zu mästen,
Lachend dürste ich nach dem Blut der Feinde.
Alles soll einen neuen Anfang nehmen.
Wir werden Flüsse und Berge zurückerobern,
bevor wir wieder dem Kaiser huldigen.

Im Jahre 1140 sah es so aus, als ob der Traum des Generals von der Rückeroberung des Nordens Realität werden könne. Aber die Regierung in Hangzhou, der auch die höchsten Militärs unterstanden – so hatte es der erste Songkaiser 960 durchgesetzt – hatte andere Pläne. Nach seinem Rücktritt von der Kanzlerschaft 1132 war Qin Gui der starke Mann im Hintergrund geblieben. Kaiser Gaozong verfolgte weiterhin die pragmatische Linie seines Vertrauten: eine von beiden Seiten anerkannte Grenze sollte den Barbaren-Staat im Norden vom verkleinerten Song-Staat trennen. Nur ein politischer Kompromiss würde dem Süden Chinas Stabilität und Wohlstand garantieren. Alles andere wäre ein Kriegsabenteuer mit ungewissem Ausgang.

Im Jahre 1138, als die Gesandten mit einem vielversprechenden Friedensangebot von den Jin zurückkehrten, hatte der Kaiser seinen Berater Qin Gui wieder zum Kanzler des Reiches ernannt. Die militärischen Erfolge von Yue Fei im Jahre 1140 konnten den nüchternen Qin nicht von seinen Überzeugungen abbringen. Nicht Heldenpathos war gefragt, sondern Pragmatismus. Und weil der Kanzler ein Realpolitiker war, sah er sogleich, welche Gefahr für seine kompromissbereite Politik von dem Helden der Schlachtfelder ausging, dessen Taten und Gedichte das Herz der Gebildeten und des Volkes im Sturm gewonnen hatten. Was nun folgte, ist niemals wirklich geklärt worden. Aber das ist fast nebensächlich, denn es geht um einen Stoff, aus dem Legenden gewoben werden.

Noch im Jahre 1140 unterzeichneten Kaiser und Kanzler einen Erlass an den erfolgreichen General, sich aus den eroberten Gebieten in Richtung Süden zurückzuziehen, seine Armee aufzulösen und in Hangzhou zu erscheinen. Yue Fei »vergoss Tränen der Verzweiflung«, doch er gehorchte dem Befehl und traf im Sommer 1141 in Hangzhou ein. Dort stellte der Zensor eine Anklageschrift gegen den General zusammen:

Hochverrat. Im November wurde Yue Fei mit seinem Sohn ins Gefängnis eingeliefert.

Dass der Kanzler hinter diesem ungeheuerlichen Vorwurf steckt, ist keine Frage. Qin Gui sah in Yue Fei den Feind, der sein Lebenswerk, mit den nördlichen Barbaren Frieden zu schließen, mehr gefährdete als jeder andere. Er überzeugt Kaiser Gaozong, dass der General, der seine Unschuld beteuert, einen Umsturz plante. Doch ein Prozess gegen den Volkshelden ist dem Kanzler offenbar zu riskant. Im Januar 1142 erhält der Kerkermeister einen Befehl von oben: Yue Fei wird im Gefängnis ermordet; sein Sohn wenig später offiziell hingerichtet. Der Landbesitz der Familie wird dem Campus der kaiserlichen Universität in Hangzhou zugeschlagen.

Hangzhou ist heute eine Stadt mit rund drei Millionen Einwohnern, die Silhouette der Hochhäuser eindrucksvoll. Wie zu Zeiten des Dramas um Yue Fei kräuseln sich im leichten Wind die Wellen des viel besungenen Sees, der Hangzhou im Westen begrenzt, fahren leichte Boote zwischen den Inseln. Heute sind die Stadtmauern längst gefallen, hocken auf dem breiten baumbestandenen Ufer-Boulevard die Menschen in Grüppchen zusammen, spielen Karten oder eine Art Domino, singen und musizieren. Fällt der Name Yue Fei, strahlen alle und weisen westwärts ans andere Ufer.

Dort, nur Minuten von der Anlegestelle für die Touristenboote entfernt, liegt die große Eingangshalle mit doppeltem Traufendach, die zu einem nationalen Denkmal führt. Denn wer von den beiden, die vor achthundertsechzig Jahren zwei entgegengesetzte Möglichkeiten chinesischer Politik verkörperten, auf der richtigen Seite stand, daran hat die Geschichte keinen Zweifel gelassen: Kanzler Qin Gui ist für ewig der Schurke und General Yue Fei bis heute der Held, dessen Opfertod ihn vollends zur nationalen Ikone machte.

In Gedichten, Romanen und Theaterstücken lebt der ermordete General, der schon 1162 feierlich rehabilitiert wurde, weiter. Sein Grab in Hangzhou ist unverändert das Ziel vieler Chinesen. Sie durchqueren die Eingangshalle, studieren in den umliegenden Räumen Dokumente und historische Bilder und als überlebensgroße Statue blickt Yue Fei in voller Rüstung und martialischer Geste auf alles herab. Anschließend führt ein breiter Weg, gesäumt von lebensgroßen steinernen Figuren – ein wehrhafter Krieger, gelehrte Beamte, das gesattelte Schlachtross – zum kuppelförmigen grasbewachsenen Grabhügel. Steinerne Stelen verkünden, wer hier im Schatten hoher Bäume seine Ruhe fand.

27

ALT WERDEN IST NICHT LEICHT
oder
DER ZAUBER VON HANGZHOU

Der erkaufte Frieden – Entscheidung für den »Goldschmelztigel« – Ein unerwünschtes Gedicht zum Drachenbootfest – Allein mit ihrem Schatten – Laternenfest hinter dem Bambusschirm – Gelassen beim Verseschreiben – Eine letzte Reise in die Vergangenheit

Mochte das Volk nach dessen tragischem Ende seinen Helden betrauern, mochten die politischen Gesinnungsgenossen von Yue Fei in Ministerien und Kasernen die Fäuste ballen, damals blieb Qin Gui Sieger. Zwar verhehlte die Kaiserin ihren Abscheu nicht, und der Kaiser wollte mit dem blutigen Ende seines Generals nichts zu tun haben. Aber Gaozong hielt entschlossen an seinem Kanzler und dessen kompromissbereiter Politik fest, und der Erfolg bestätigte die beiden. Die ins Stocken geratenen Verhandlungen mit den Barbaren nahmen wieder Fahrt auf. Im Februar 1142 waren sich beide Parteien im Grundsatz einig und bestätigten einander die Friedens-Vereinbarungen bis zum Sommer durch feierliche Schwurbriefe.

Mit den Verträgen von 1142 war nach der Belagerung von Kaifeng und der Eroberung im Januar 1127 das Reich der Song endgültig zerbrochen. Es hatte seit 960 Bestand, dem Land Wohlstand, inneren und äußeren Frieden gebracht und ist – nehmt alles nur in allem – eine beispielhafte Erfolgsgeschichte. Die Zeit der Song-Dynastie vor 1127 hat die Entwicklung Chinas bis zum Ende des Kaiserreichs 1911 geprägt wie keine andere. Das Gesamtreich umfasste knapp drei Millionen Quadratkilometer. Die südlichen Song-Kaiser mussten sich mit knapp zwei Millionen Quadratkilometern begnügen.

Ähnlich wie bei den Friedensverträgen seiner Vorgänger im elften Jahrhundert ist Kaiser Gaozong bereit, die Oberherrschaft der Barbaren formell anzuerkennen und den Jin-Kaiser als »Neffen« anzusprechen. Auch die jährlichen Tributzahlungen von 250000 Unzen Silber und 250000 Ballen Seide entsprechen der Friedenspolitik der Song-Kaiser mit ihren nördlichen Nachbarn, die traditionell im Frieden eine größere Dividende sahen als in zerstörerischen Schlachten. Die Grenze, auf die sich beide Staaten einigten, verlief von der Provinz Shaanxi im Westen den Huai-Fluss entlang nach Osten.

Das war der eine Teil der besiegelten Vereinbarungen. Für alle sichtbar manifestierte sich die Normalisierung der politischen Lage im September 1142, als die Särge mit den sterblichen Überresten von Kaiser Huizong und seiner Kaiserin feierlich in Hangzhou empfangen wurden. Aber es waren nicht nur die Toten, die zurückkehrten und Kaiser Gaozong in seinem Palast wie das Volk auf den Straßen erschütterten.

Die Mutter von Gaozong, eine der Nebenfrauen von Kaiser Huizong, gehörte 1127 zum Tross der dreitausend Gefangenen, die in den Norden des Barbarenreiches verschleppt wurden. 1142 durfte die dreiundsechzigjährige Wei Fei die Särge in den Süden begleiten und überstand etliche kritische Situationen auf der langen, strapaziösen Reise dank ihrer Geistesgegenwart. Der letzte Schritt in die Freiheit gelang ihr, nachdem sie ihre Bewacher bestochen hatte. Kaiser Gaozong ehrte seine zurückgekehrte Mutter mit dem offiziellen Titel der Kaiserinmutter. Doch sie blieb bescheiden und weigerte sich, von goldenen Tellern zu essen, wie es in der kaiserlichen Familie üblich war. Als die Kaiserinmutter Wei Fei 1159 starb, war sie mit ihrem privaten Vermögen so sparsam umgegangen, dass ihre Beerdigung den Staat nichts kostete.

Ob Li Qingzhao die dramatische politische Entwicklung der Jahre 1140 bis 1142 tief in der Provinz erlebte, oder schon wieder in Hangzhou war, als dort die heimgekehrten Toten mit einem Staatsakt geehrt wurden, ist unbekannt. Aber für das Jahr 1143 gibt es ein direktes Zeugnis, dass die Dichterin zurückgekehrt war: in eine Stadt, die still und leise zur Hauptstadt im neuen Staat der südlichen Song-Dynastie geworden war.

1138, als der Frieden mit den Jin zum Greifen nahe schien, hatte Kaiser Gaozong den entscheidenden Schritt getan. Im Jahr zuvor war er mit dem Hof noch einmal nach Nanjing gegangen. Bis dahin hatte der Streit unter den gelehrten Beamten kein Ende gefunden, ob man Nanjing oder Hangzhou als Hauptstadt den Vorzug geben sollte. Als Gaozong im Frühjahr 1138 nach Hangzhou zurückkehrte, waren die Würfel gefallen. Zwar gab es keinen Staatsakt, der die Stadt offiziell zur Hauptstadt erklärte. (Das wurde erst im dreizehnten Jahrhundert nachgeholt.) Die Sprachregelung des Hofes lautete, der Kaiser kehre nach beruhigender Stabilisierung der Lage im Kriegsgebiet in seine »zeitweilige Residenz« zurück, um »das Staatswesen zu befestigen«. Urkunden und Erlasse sprachen weiterhin vom »provisorischen Reiseaufenthalt« Hangzhou. Doch jeder wusste, dass sich der »Sohn des Himmels« und die Regierung fest im Provisorium eingerichtet hatten.

Die Argumente der Kritiker blieben, und sie waren, seit die Beamtenelite vor den nördlichen Barbaren in den Süden flüchtete, in der Mehrheit. Schon 1129 hatte ein hoher Beamte eine Eingabe an den jungen Kaiser Gaozong, der auf der Flucht war, gemacht und erklärt, dass Hangzhou, »verloren in einer Ecke des Reiches absolut niemals die Hauptstadt des Reiches sein kann«. Die Handelsmetropole am Westsee hatte keine Tradition als Kaiserstadt; kein symmetrisches Straßenmuster sorgte für Ordnung. Krumme, hoffnungslos mit Menschen, Wagen, Sänften und Tieren verstopfte Straßen durchzogen die Stadt.

Freien Grund für den Bau eines Palastes gab es nur am südlichen Phönixhügel, entgegen der kosmischen Ordnung, wonach der Kaiser im Zentrum wohnen und die kaiserliche Hauptstraße vom Palastbezirk in Richtung Süden – zur Wärme, zum Leben – durch die Stadt führen sollte. In Hangzhou dagegen würde der Kaiser seinen Palast in Richtung Norden verlassen müssen.

Auch praktische Gründe sprachen gegen die Stadt der Händler und Geschäftemacher. Noch bevor der Strom der Flüchtlinge aus dem Norden Hangzhou erreichte, war die Stadt, deren Mauern rund zwölf Quadratkilometer umfassten, übervölkert. (Die alte Hauptstadt Kaifeng konnte immerhin 42,5 Quadratkilometer aufweisen.) Nun ließen sich in Hangzhou endgültig die Beamten – mindestens 20 000 Menschen –, das Offizierskorps und Tausende, die im Schlepptau der Arrivierten und Reichen auf Arbeit, Geschäfte und Karriere hofften, nieder. Von der Palastwache und den regulären Soldaten abgesehen.

Die Statistiker schätzen, dass nach dem Jahr 1138 in Hangzhou auf einem Quadratkilometer zirka 50 000 Menschen lebten; in Kaifeng waren es maximal 16 000 gewesen. Das brachte große Sicherheitsprobleme für die Polizei, und immer wieder brachen Brände aus mit verheerenden Folgen für die hölzernen Bauten. 1132 wurden 13 000 Häuser zerstört. Und obgleich daraufhin 115 Feuerstationen mit Eimern, Hacken und feuerfester Kleidung innerhalb der Stadtmauern errichtet wurden, fielen im Jahre 1137 wieder rund 10 000 Häuser den Flammen zum Opfer. Vor den Ministerien und anderen offiziellen Gebäuden standen Tag und Nacht Posten auf Wache.

Alle Argumente pro und contra hatten sich in zwei politischen Möglichkeiten gebündelt. Nanjing, die nördliche Stadt im Süden, signalisierte eine harte Politik, die auf Rückeroberung und Wiederherstellung des Gesamtreiches zielte. Hangzhou, tiefer im Süden gelegen, stand für eine weiche, friedliche Politik, die Koexistenz mit den Barbaren wünschte und sich mit einem verkleinerten Song-Staat zufrieden gab.

Wer genau hinhörte, wusste seit den ersten Jahren, als der junge Kaiser Gaozong mitten in Krieg und Chaos die Herrschaft antrat, welche von beiden Städten seine Sympathie besaß. Anfang 1129, als er auf der Flucht vor den Jin das erste Mal in Hangzhou eintraf, machte Gaozong die Stadt zur Hauptstadt eines neu errichteten Bezirks. Wie es der Tradition entsprach, erhielten beide – Bezirk und Stadt – den gleichen Namen: Lin'an, »Anbrechender Friede«. (Wir bleiben bei dem modernen Namen Hangzhou.) Es war ein programmatisches Bekenntnis, an dem der Kaiser geschmeidig und diplomatisch, aber letztlich unbeirrt festhielt. Dreizehn Jahre später hatte er sein Ziel erreicht.

Wer sich für Hangzhou als Hauptstadt aussprach, beschwor die Vorzüge einer friedlichen Politik; mit dem Lebensgefühl und den Annehmlichkeiten der Stadt am Westsee wird der Kaiser offiziell nicht argumentiert haben. Das allerdings taten die Kritiker und wandten die lebenslustigen Seiten, die Freizeitvergnügen und Annehmlichkeiten aller Art, für die Hangzhou berühmt war, um so heftiger ins Negative. Strenge konfuzianische Beamte sahen in Hangzhou, der Stadt der Geschäftsleute und des Geldes, einen Ort des Müßiggangs und damit aller Laster Anfang. Statt in ihren Amtsstuben Akten zu lesen und sich Gedanken um das Reich zu machen, hielten sich die Beamten bevorzugt in Gärten und Pavillons auf, verfielen »vergnügungssüchtigem Lustwandel«. Kein Wunder, so die Kritiker, dass die meisten Staatsdiener nicht motiviert waren, sich für eine Rückeroberung des Nordens einzusetzen.

Später, in den Rückblicken auf die Zeit der südlichen Song-Dynastie, klingt mehr Bewunderung als Abscheu über die tonangebende Gesellschaft von Hangzhou durch, die »aus Jux Tausende auf den Kopf haute und um Millionen spielte ... Soviel Geld wurde täglich hinausgeworfen, dass eine ordentliche Buchführung sinnlos war. Daher wurde es zum geflügelten Wort, den Westsee als ›Goldschmelztigel‹ zu bezeichnen«. Dreiundzwanzig Vergnügungsviertel zählte man in der Stadt. Die Märkte mit exotischen Nahrungsmitteln, die Edelboutiquen und Fachgeschäfte waren kaum zu zählen. Am Ufer des Sees hatten der Kaiser und Mitglieder seiner Familie, Geschäftsleute und Minister eine Gartenlandschaft angelegt, die im Reich ihresgleichen suchte.

Lange vor den Flüchtlingen aus dem Norden hatte das Zusammenspiel von Wasser und Bergen und die Leichtigkeit des Seins, die das Leben in Hangzhou prägte, die Menschen verzaubert und angezogen. Als der junge Beamte Su Dongpo im Jahre 1072 nach Hangzhou geschickt wurde, war es Liebe auf den ersten Blick und der Dichter fest überzeugt, hier schon in einem früheren Leben zu Hause gewesen zu sein. 1089 erfüllte die Kaiserinmutter den Herzenswunsch ihres Vertrauten, und Su Dongpo kam noch einmal für drei Jahre in die Stadt am Westsee. Als Gouverneur besaß er die Autorität, den westlichen Teil des Sees mit einem breiten steinernen Steg zu überbrücken, auf dem noch heute Einheimische wie Touristen flanieren, die schwimmenden Lotosfelder bewundern und an dessen Rändern die Weiden ihre Zweige ins Wasser hängen.

Vielfältig sind die Verse, in denen Su Dongpo die einmalige Schönheit von Hangzhou besang und ein Lebensgefühl, das dem Paradies ganz nahe kam. Wenn der See im sanften Licht des Mondes glitzerte und die Silhouette der umliegenden Berge geheimnisvoll den Horizont begrenzte, kehrte der Dichter den Partys der Kollegen den Rücken, nahm allein ein Boot und überließ sich der magischen Stimmung. Er sah die Lichter der Villen an den Hügeln, die festlich erleuchteten Vergnügungsviertel, hörte Fetzen von Gesang und Gelächter und fühlte sich zugleich als Teil der Natur, deren kosmische Kraft ihm Ruhe und Gelassenheit gab.

Es war das gleiche Gefühl, dem er nach einer Bootsfahrt auf dem Yangtse im Prosa-Gedicht von der »Roten Felswand« Ausdruck gegeben hatte. Eines jener Gedichte, die Su schon zu Lebzeiten unsterblich machten: »Betrachte das Wasser und den Mond ... die Dinge und wir selbst sind unsterblich ... daran wird man sich immer freuen ... ein grenzenloser Schatz.« Zurück von inspirierenden Stunden auf dem Westsee, schrieb Su Dongpo einem Freund:

> Sonnenuntergang und leichter Wind sind Geschenke der Natur,
> Komm zum See und teile mit mir die kühle Abendluft.

Was den Poeten, gelehrten Beamten und Maler Su Dongpo in seinen Bann zog und bis heute den unverwechselbaren Charme von Hangzhou ausmacht, warum sollte es nicht auch das Herz des Kaisers erwärmt und seine Pläne beeinflusst haben, so sehr die Staatsräson für den »Sohn des Himmels« an erster Stelle zu stehen hatte? Als Kaiser Gaozong wie nebenher 1138 Hangzhou zu seinem ständigen Aufenthalt und dem Zentrum des Süd-Staates machte, werden nicht wenige seiner Beamten enttäuscht und bedenklich den Kopf geschüttelt haben. Doch keiner wagte nennenswerten Widerstand. Andere werden erleichtert aufgeatmet und sich umso entschlossener in das neue Leben im Süden eingerichtet haben.

Ob nicht auch die strenge Li Qingzhao, die so entschieden wie einfühlsam die verlorene Heimat im Norden beschwor, ihren inneren Widerstand gegen das Exil im Süden aufgab und vom Leben in der Stadt am Westsee angetan war? Konnte die Dichterin, die in frühen Gedichten Schönheit und Eleganz für sich selbst reklamiert und immer wieder der Leichtigkeit des Umgangs miteinander das Wort geredet hatte, die Augen vor dem Zauber ihrer neuen Heimat verschließen? Direkte Beweise gibt es nicht, doch die Rückkehr von Li Qingzhao nach Hangzhou ist vielleicht ein Zeichen dafür.

Die Dichterin ist dabei, als sich 1143 die Bewohner der Hauptstadt auf das beliebte Drachenbootfest vorbereiten, das am fünften Tag des fünften Monats im chinesischen Mondkalender gefeiert wird. In Hangzhou ist es traditionell ein ganz besonderes Ereignis, denn der Westsee bietet eine ideale Fläche, dem Anlass des Festes gerecht zu werden. Die schlanken Boote, am Bug den geschnitzten Kopf und am Heck den Schwanz des Drachen und alles bunt bemalt, paradieren vor Zehntausenden von Menschen, die dicht gedrängt am Ufer stehen. Am Abend gleiten sie hell erleuchtet über das Wasser. Das größte Spektakel aber bieten die Wettrennen der Boote, wenn bis zu sechzig Ruderer pro Boot das Wasser peitschen. Die fröhlichen Feiern finden kein Ende: am Tag und in der folgenden Nacht, in Parkanlagen und auf dem See, in Residenzen und Weinhäusern.

Der Kaiser in seinem Palast, der in diesem Jahr fertiggestellt wurde, schließt sich dem fröhlichen Treiben, das auch in der alten Zeit in Kaifeng zum Jahresablauf gehörte, mit dem Hof auf seine Weise an. Wochen vorher werden von den Gebildeten – Männern und Frauen – eifrig »Drachenbootfest-Briefchen-Lieder« geschrieben und von den Gelehrten der angesehenen kaiserlichen Hanlin-Akademie gesammelt. Bei der feierlichen Audienz am Festtag sollen sie dem Sohn des Himmels vorgetragen werden. Wie üblich, sind auch die Ehefrauen der hohen Beamten geladen, die als Hofdamen paarweise vor dem Kaiser auftreten und ebenfalls ihre Gedichte zum Besten geben.

Die Witwe Li war nicht geladen, aber andere Frauen aus ihrer angesehenen Verwandtschaft, deren Familien sich nach der Flucht aus dem Norden in Hangzhou niedergelassen hatten. Was lag näher, als bei der verwandten Dichterin anzufragen, ob sie nicht ein paar Zeilen für den ehrenvollen Auftritt aufsetzen wolle? Li Qingzhao ließ sich nicht lange bitten. Drei Gedichte zum Drachenbootfest von 1143 haben sich erhalten.

In einem beschreibt sie, wie in den kaiserlichen Frauengemächern die Bewohnerinnen sich für das große Fest schminken, ihre ausladenden Frisuren mit Blüten schmücken, und wie der Kaiser im Vorübergehen mit leichter Hand ein Gedicht auf den Fächer eines schönen Mädchens schreibt.

Das andere wendet sich an die Kaiserin und weist auf das jährliche Frühlingsritual hin, bei dem die Kaiserin im Palastgarten Seidenraupen mit Blättern des Maulbeerbaumes füttert. Es ist eine Bitte an den Himmel, die Seidenraupen und die Maulbeerbäume und die Frauen überall im Reich, die für die Aufzucht der Raupen, die Entnahme der kostbaren Fäden aus den Kokons, das Weben und Herstellen der Seide verantwortlich sind, zu schützen. Denn die Herstellung unterschiedlicher Seidenstoffe gehört im Song-Reich zu den wichtigsten Wirtschaftszweigen. Die Song-Seiden sind im Vergleich zu den Produktionen der folgenden Epochen unerreicht in ihrer Qualität.

Dieses Gedicht schließt mit dem Wunsch, dem Herrscherpaar mögen viele Söhne beschieden sein. Er war nur zu berechtigt. Tatsächlich starb der einzige Sohn von Kaiser Gaozong jung, so dass als Nachfolger des Kaisers ein entfernter Verwandter der Song-Familie auf den Thron kam.

Das dritte Gedicht von Li Qingzhao, das zu Ehren des Kaisers am Drachenbootfest 1143 gesungen werden sollte, preist Gaozong als unverrückbar wie den Polarstern, ein traditioneller Vergleich für den »Sohn des Himmels«, der sein Land vorbildlich regiert. Doch dann spricht sie den Kaiser direkt mit Versen an, die erstaunen lassen und so gar nicht zur ausgelassenen Stimmung des Festes passen:

In den Lagern Eurer Armee gibt es viele Offiziere,
die brillant und weise sind. …
Der Frühlingswind trägt
den Geruch brennender Fackeln herbei.
Jetzt ist nicht die Zeit, Weihrauch anzuzünden.

Die brennenden Fackeln stehen für Kampf und Krieg, Weihrauch ist ein Symbol für friedliche Zeiten. Li Qingzhao lässt sich nicht von ihren Idealen abbringen. Mochten im Jahr zuvor die kaiserlichen Toten freigekommen sein aus der Hand der Barbaren, mochte endgültig Friede geschlossen sein: Für die Dichterin bleibt es ein fauler Kompromiss. Die Spaltung des Song-Reiches wurde dadurch festgeschrieben, und diesen Preis wollte Li Qingzhao offensichtlich nicht akzeptieren.

Da kommt sie wieder zum Vorschein: eine Rigorosität, die von einmal eingenommenen Positionen nicht abgeht. Überzeugt, dass in diesem Punkt Flexibilität Verrat wäre und dass konfuzianische Moral verlangt, sich treu zu bleiben, egal, ob gelegen oder ungelegen. Wussten die Verwandten der Dichterin nicht, wie brisant die Zeilen waren, die sie dem Kaiser vortrugen?

Den Männern um Kaiser Gaozong und seinen Kanzler Qin Gui, der seit Jahren die kaiserliche Friedenspolitik maßgeblich bestimmte, verging beim Hören des Gedichtes wohl die Festtagslaune. Einen öffentlichen Skandal gab es nicht. Doch als der Bruder des Kanzlers, ein Mitglied der einflussreichen Gelehrten-Akademie, erfuhr, wer hinter dem Gedicht steckte, sorgte er dafür, dass in diesem Fall das übliche kaiserliche Poeten-Geschenk – Gold und Seide – verweigert wurde.

Im Jahr darauf, 1144, wurde Li Qingzhao sechzig Jahre alt. Würde sie verbittert und einsam ihre alten Tage verbringen? Frustriert und rückwärtsgewandt den alten Zeiten nachhängen, während andere Flüchtlinge bereit waren, zu vergessen und den neuen Zeiten Positives abzugewinnen? Ein Gedicht scheint zu bestätigen, dass da jemand resignierend mit dem Leben abgeschlossen hat:

Wer sitzt am erleuchteten Fenster
während der Mond scheint?
Zwei: Mein Schatten und ich.
Zur Schlafenszeit
ist der Lampendocht abgebrannt,
der Schatten vergangen.
Was soll ich tun?
Was soll ich tun?
Ich Elende.

So allein fühlt sich die Dichterin, dass sie nicht bereit ist, sich trotzig den Mond zum Gefährten der Einsamen zu erwählen, wie es Li Bai in seinem klassischen Schatten-Gedicht, das Schule machte, beschrieben hat:

Es fehlen die Gesellen, ich zeche allein.
Es fordert mein Becher den Mond zum Trunk,
Mit dem Schatten gegenüber sind wir Drei im Bund.

Viel mehr als Li Bai, einer der großen Poeten der Tang-Zeit, spricht Mei Yaochen, der eine Generation vor Li Qingzhao lebte, der Dichterin aus der Seele:

Vor einigen Tagen habe ich wieder geheiratet ...
Nicht länger ein einsamer Schatten im Angesicht des Mondes ...

Mit dem Heiraten ist es für die Dichterin allerdings vorbei. Das Thema »Einsamkeit«, mit langem Schatten in der chinesischen Dichtung, bleibt Li Qingzhao treu – und sie ihm. Aber dieses wehmütige Gefühl hat für die Witwe in Hangzhou eine andere Dimension als in den Gedichten, die sie während der Jahre ihrer Ehe schrieb. Wenn Zhao Mingcheng wieder einmal allein durch die Provinz Shandong reiste und sie ihm sehnsüchtig grollte, wusste sie doch, er wird zurückkehren.

Das Gedicht von Mond und Schatten ist eine Momentaufnahme, kurz und schmerzlich. Zum Gesamtbild oder besser: zur Annäherung an die ganze Person der Li Qingzhao gehört ein anderes, kunstvolles Gedicht. Es ist ein Stimmungsbild zum Laternenfest, mit dem nach der Tradition das neue Jahr begrüßt wird. Die Witwe ist von Menschen umgeben, die sich am Frieden freuen, den Luxus genießen, den Hangzhou ihnen bietet und wünschen, dass auch Li Qingzhao daran teilhat:

Die Sonne versinkt
Wie schmelzendes Gold.
Die Abendwolken werden
Zu Jadescheiben.
Wo ist er?
Dichter Nebel umschlingt die Weiden ...
Wie viele Frühlingstage wird es noch geben?
Das Laternenfest ist da,

Das Wetter mild.
Parfümierte Kutschen und kostbare Pferde
Fahren vor, mich abzuholen.
Doch ich entziehe mich den Einladungen
Der Dichterfreunde und Weinkumpane.

In den alten, glücklichen Zeiten in Kaifeng
Hatten wir sorglose Tage in den Frauengemächern.
Feierten ausgiebig das Laternenfest,
mit Smaragden geschmückt die Frisuren,
mit Goldfäden durchwirkt die weißen Schärpen –
im eleganten Wettbewerb, wer die Schönste war.
Jetzt verlassen mich die Kräfte,
das Haar ungeordnet, die Schläfen eisgrau.
Ich mag nicht zu den Frauen
in der Blüte ihrer Jugend gehen.
Lieber bleibe ich zu Hause,
lausche hinter dem Bambusschirm
Gesprächen und Gelächter.

Die Erinnerung an Kaifeng steht im Zentrum, doch diesmal appelliert die Dichterin nicht an patriotische Gefühle. Und die neue Hauptstadt Hangzhou kann durchaus mit der alten konkurrieren, ob es die Freunde oder die prächtigen Kutschen sind. In diesem Gedicht geht es um anderes, sehr Persönliches.

Li Qingzhao bekennt freimütig, dass außer dem Tod ihres Mannes sie ein weiterer Verlust für immer an die verlorene Heimat bindet. Die schönsten und die kraftvollsten Jahre, die sie in ihren Gedichten festgehalten hat – die schlanke Taille und die zinnoberroten Lippen, die Pflaumenblüten im Haar, die Bootsfahrten im Mondschein – sind ebenso untrennbar wie Zhao Mingcheng mit der Zeit im Norden verbunden. Der Glanz des alten Reiches ist vergangen: ein Spiegel für das, was sie unumkehrbar für ihre Person konstatieren muss – Vergänglichkeit. Li Qingzhao ist alt geworden, und das zu akzeptieren, fällt ihr schwer.

Wer nun vermutet, dass Li Qingzhao ihre Zeit damit verbringt, am Tag verhärmt hinter dem Bambusschirm zu sitzen und bei Vollmond sich dem Schmerz hinzugeben, der irrt. Ein anderes Gedicht spricht dafür, dass mit den Jahren, die vergehen, Gelassenheit einzieht. Die Dichterin empfindet Vergangenheit nicht nur als Verlust, Gegenwart nicht nur als schmerzlich, und der Regen ist nicht mehr unerträglich. Das Alter bringt Krankheiten mit sich. Doch die werden überwunden, nicht zuletzt mit heilender Naturmedizin wie Ingwer:

Während der Genesung sind meine Schläfen grau geworden.
Ich liege auf der Couch, beobachte, wie der Mond sinkt
und zugleich das dünn-verhangene Fenster hinaufsteigt.
Im Wassertopf kocht diesmal Ingwer
und kein Tee.

Ich lehne gelassen gegen das Kissen und schreibe ausgezeichnete Verse.
Der Regen draußen schärft die Konturen.
Tagsüber wendet sich mir die Zimtblüte zu,
Zart und zärtlich.

Und wenn sie an die berühmten Worte des geliebten Meisters über seine Lebenserfahrungen dachte, die in den »Gesprächen« überliefert sind, hatte Li Qingzhao guten Grund, die Resignation hinter sich zu lassen:

»Konfuzius sprach: Als ich fünfzehn war, war mein ganzer Wille aufs Lernen ausgerichtet. Mit dreißig Jahren stand ich fest. Mit vierzig hatte ich keine Zweifel mehr. Mit fünfzig kannte ich den Willen des Himmels. Als ich sechzig war, hatte ich ein feines Gehör, um das Gute und das Böse, das Wahre und das Falsche herauszuhören. Mit siebzig konnte ich den Wünschen meines Herzens folgen, ohne das Maß zu überschreiten.«

1149 lässt Li Qingzhao die Kisten packen, und die Fünfundsechzigjährige macht sich auf die Reise zu Mi Youren; im Gepäck Kalligrafien, die Mi begutachten soll. Ein paar Stücke der berühmten, längst zerstreuten Sammlung antiker Kostbarkeiten hat die Witwe über alle Fährnisse der Zeit hinweg retten können.

Ihr Reiseziel, das gewiss im Süden des Landes lag, lässt sich nicht fassen. Aber kennzeichnender als die genaue Lage auf der geografischen Landkarte ist die Tatsache, dass Mi Youren sich sehr genau in der Landkarte der Erinnerung orten lässt.

Mi Youren, fünf Jahre älter als seine Besucherin, ist der Sohn von Mi Fei, dessen Name Li Qingzhao in die ferne Welt ihrer Kindheit und Jugend zurückführt. Mi Fei, das kauzige Genie – der sich schon mal vor einem Stein verbeugte, wenn der ihm imponierte –, war immer dabei, wenn sich in Kaifeng der Freundeskreis der gelehrten Beamten um Su Dongpo zum fröhlichen Zusammensein traf – zum Malen, Dichten, Singen und Trinken. Auch im elterlichen Haus von Li Qingzhao werden die Freunde gemeinsame Stunden verbracht haben. In jenen unbeschwerten Jahren zwischen 1085 und 1093, als die Kaiserinmutter Kao mit sicherer Hand das Reich regierte und Su Dongpo als Führer der Konservativen ihr engster Berater war.

Mi Fei, der aus einfacher Familie kam, war ein Maler und Kalligraf von höchsten Gnaden und einer der ersten Kunstkenner und -theoretiker Chinas. Kanzler und Minister, der Kaiserhof und wohlhabende Geschäftsleute riefen ihn, wenn es um eine unbestechliche Expertise ihrer Sammlung ging oder ihnen ein angebliches Meisterwerk angeboten wurde.

Gut möglich, dass die beiden Alten, die sich als Vertriebene im Süden trafen, sich als Kinder begegnet waren: beim Geschichtenerzähler oder beim Zauberer im Vergnügungsviertel von Kaifeng, wenn die Eltern mit den Kindern einen Ausflug machten. Mi Youren war wie sein Vater Maler und Kalligraf geworden. Ob es wirklich der Schätzwert von einigen wenigen Manuskripten und Kalligrafien war, für den sich Li Qingzhao auf die Reise machte? Oder wollte sie noch einmal Erinnerungen austauschen mit einem, der wie sie Zeuge einer glanzvollen Vergangenheit war?

Die Fragen müssen so offen bleiben, wie alle Lebensjahre, die ihr nach der Rückkehr nach Hangzhou noch geblieben sind. Ein allerletztes, indirektes Lebenszeichen hat sich erhalten. In einem Aufsatz, der sich auf die Zeit um das Jahre 1150 bezieht, wird ein intelligentes junges Mädchen aus gutem Hause in Hangzhou erwähnt, der die Dichterin Li Qingzhao anbietet, sie in den Regeln der Dichtkunst zu unterweisen. Die Angesprochene lehnt ab, dergleichen zieme sich nicht für eine Frau.

Was für eine Pointe zum Abschluss für Chinas berühmteste Dichterin – denn damit verliert sich die Spur von Li Qingzhao endgültig. Das Todesjahr wird deshalb meist auf 1150/51 geschätzt, doch diese Folgerung ist ohne Beweiskraft. Aufgrund anderer Indizien vermuten Experten mit allem Vorbehalt, dass Li Qingzhao noch etwas länger lebte und wahrscheinlich im Jahre 1155 gestorben ist.

28

TRAGE MEIN BOOT ZUM SÜDLICHEN OZEAN

Fünf Jahre nachdem sie Zhao Mingcheng begraben hatte, setzte sich Li Qingzhao an ihren schmalen Tisch und tat, was für jeden Gebildeten ein Akt der Meditation war, bei dem niemand stören durfte: den Pinsel aussuchen, die Tusche am Reibstein reiben und mit Wasser vermischen, noch einmal das feine Papier glätten und mit gesammelter Konzentration den ersten Strich setzen.

Man schrieb das Jahr 1134, Li Qingzhao war in ihrem fünfzigsten Lebensjahr. Nach den ruhelosen Jahren der Flucht quer durch den Süden Chinas hatte sie sich in Hangzhou niedergelassen. Wiederverheiratung und Scheidung nach kaum hundert Tagen lagen knapp zwei Jahre zurück; gescheitert, aber am Ende doch siegreich. Die Sammlung an antiquarischen Kostbarkeiten, die ihr Zusammenleben mit Zhao Mingcheng geprägt hatte wie nichts anderes, war nur noch ein Traum – verbrannt, zerstört, geraubt. Auch ein Scheitern, wohl das größte, aber Verlust und Verlieren sollten nicht das letzte Wort haben.

Eines hatte Li Qingzhao in allen Wirren und Katastrophen gehütet wie ihren Augapfel: das Manuskript, an dem Zhao Mingcheng über Jahre gearbeitet hatte und das dem Katalog der gesammelten »Inschriften auf antiken Gegenständen aus Bronze und Steingut« erst seinen wissenschaftlichen Wert gab. Und Li Qingzhao schrieb:

Wenn ich heute dieses Manuskript, das ich hiermit der Öffentlichkeit übergebe, aufschlage, so ist mir, als begegnete ich einem alten Freund. … Die Handschrift von Zhao Mingcheng wirkt heute noch wie eben geschrieben, auch wenn sich die Bäume auf seinem Grab bereits zu neigen beginnen. Wie traurig.

Die Witwe beließ es nicht bei Traurigkeit. Sie tat, was ihr seit der Jugend zur zweiten Natur geworden war: Gefühle umzusetzen in Sprache und damit der Welt und den Dingen Ordnung und Struktur und Dauer zu verleihen.

Es wurde ein ausführliches autobiografisches Nachwort, das als literarische Form in China Tradition hat, seit der gelehrte Beamte Wang Chong sein philosophisches Werk mit einer ausführlichen Lebensbeschreibung abschloss und zugleich den Grund dafür lieferte: »Aber die Jugend kehrt nie wieder, nur mit seinen Schriften kann man sich noch der Nachwelt zeigen.« Wang Chong starb im Jahr 97 n. Chr.

Auch der gelehrte Beamte Zhao Mingcheng sollte in der Erinnerung der Menschen bleiben, das war der eine Beweggrund, weshalb seine Witwe das Nachwort verfasste. Li Qingzhao begann mit dem, was im Zentrum seines Lebens gestanden hatte: die Jagd nach Antiquitäten. Auch wenn diese Jagd ebenso alten Büchern, Kalligrafien und Bildern galt, hatte sich Zhao Mingcheng auf antike Bronzen, die zur Zeit der Song mehr als je zuvor zielgerichtet ausgegraben wurden, spezialisiert. Seine besondere Leidenschaft galt den *Inschriften auf Glocken, Dreifüßen, Doppelvasen, Schalen, Weinpokalen und Korngefäßen.* Auch der andere Schwerpunkt der Sammlung hatte mit Schrift und Sprache zu tun. Es waren *Inschriften über die Taten berühmter Männer wie unbekannter Gelehrter auf Grab- und Gedenksteinen.*

Zhao Mingcheng war nicht der erste Sammler von Inschriften auf Bronzen und Stein. Doch kein Gelehrter zuvor hatte sich so wie er einem objektiven wissenschaftlichen Standard verschrieben und kommentierende Bewertungen gewagt. Seine Frau stellt diese neue Qualität gleich im ersten Absatz ihres Nachwortes heraus: *Er überprüfte alles, verglich, korrigierte und bewertete … er vergab lobende und tadelnde Bewertungen, um Fehler der Historiker zu berichtigen. Das alles nahm er in seinem Buch vor, und das muss man wirklich eine großartige Arbeit nennen.*

Wäre es der Witwe allein darum gegangen, die herausragende Leistung ihres Mannes zu würdigen und seiner Person ein Denkmal über die Gegenwart hinaus zu setzen, hätte das Nachwort mit den Daten über das Leben des Zhao Mingcheng und einem Hinweis auf den traurigen Verlust der Sammlung enden können. Doch Li Qingzhao setzt sich in mehr als einem Punkt über die Tradition hinweg, wieder einmal.

Zuerst fügt die Schreiberin dem Lob noch ein *Ach ja* hinzu – als habe sie eine Nebensächlichkeit vergessen. Diese Nebensächlichkeit klingt erst einmal schmeichelhaft, denn die Witwe stellt ihren verstorbenen Ehemann in eine Reihe mit anerkannten Persönlichkeiten der chinesischen Geschichte, die ebenfalls von der Sammelleidenschaft ergriffen waren. Was dann aber folgt, ist ein ernüchterndes Resümee: *Wenn auch die Namen sich unterscheiden, ist doch die dahinterstehende Manie dieselbe.* Manie, Verblendung, Sucht – man kann wählen für die Übersetzung, doch der kritische Unterton bleibt. Um eine Nebensächlichkeit geht es hier offenbar nicht. Warten wir ab, ob Li Qingzhao diesen Faden noch einmal aufgreifen wird.

War es schon die Ausnahme, dass eine Frau ein autobiografisches Nachwort verfasste, sucht das Nachwort zum Katalog der »Inschriften auf Bronze und Steingut« auch inhaltlich seinesgleichen in der chinesischen Literatur. Im Mittelpunkt des Nachwortes steht keineswegs der Sammler und Gelehrte Zhao Mingcheng, sondern das Ehepaar und die gemeinsame Arbeit: *Jedes Mal, wenn wir ein Buch erjagt hatten, sahen wir es miteinander kritisch durch … Bekamen wir Kalligrafien, Malereien und Bronzen, so prüften wir die Stücke mit den Händen … Nächte hindurch arbeiteten wir auf diese Weise beim Kerzenschein. Und so übertrafen wir allmählich mit unserer Fähigkeit in der Beurteilung … alle einschlägigen Sammler.*

Als Li Qingzhao 1134 diese Szene schildert, lebendig, als wäre es gestern gewesen, verkündet sie eine Botschaft an die Nachwelt: Die kostbare Sammlung und der Ruhm, den sie im ganzen Reich genoss, ist das Werk zweier Menschen. Das soll im Zentrum der Erinnerung bleiben. Und die Witwe hat keine Hemmungen, sehr persönlich aus dem Nähkästchen zu plaudern, um diese Zweisamkeit, diese gemeinsame Leistung zu dokumentieren.

Am Anfang ihrer Ehe, wenn Zhao Mingcheng – damals noch Student – in der Universität einen freien Tag hatte, verpfändete er seine Gewänder, *und kam dann beladen mit Steinabreibungen und Früchten, die er auf dem Klostermarkt erstanden hatte, nach Hause zurück. Einander gegenübersitzend, bereiteten wir die neu erworbenen Schätze vor uns aus, während wir gleichzeitig schmatzend die Früchte verzehrten.*

Als nächstes Bild stellt sich der »Tee-Wettbewerb« ein. Auf den ließen sich die beiden nach dem Mittagessen ein, in jenen schönen privaten Jahren, als Zhao Mingcheng mit seiner Frau im heimatlichen Qingzhou lebte und frei von allen Beamtenpflichten war. Das Spiel verlangte, dass Li Qingzhao bis auf Band, Seite und Zeile genau voraussagte, in welchem der zuhauf gestapelten Bücher sich eine bestimmte Abhandlung befand: *Lag ich richtig, hob ich meine Tasse Tee unter so triumphierendem Lachen, dass ich die Tasse nicht mehr gerade halten konnte.*

Wer es bis dahin noch nicht begriffen hatte, dem muss spätestens an dieser Stelle des Nachwortes klar werden, dass Li Qingzhao dem gelehrten Beamten-Ehemann an Wissen und dem so wichtigen Gedächtnis ebenbürtig war. Und was nicht weniger eindeutig aus vielen Zeilen der

Witwe hervorgeht: Sie wurde von ihrem Mann als gleichberechtigte Partnerin im wissenschaftlichen Team ohne Abstriche anerkannt.

Die dritte Szene ist an Dramatik nicht zu überbieten. Es ist das Jahr 1129. Das Ehepaar hatte sich mitten im Krieg auf ein Hausboot zurückgezogen. Da erhält Zhao Mingcheng den kaiserlichen Befehl, wieder einen Beamtenposten zu übernehmen. Er geht mit seinem Gepäck von Bord und wartet am Ufer des Yangtse auf sein Pferd: *Er trug ein Gewand aus Hanf, ein Tuch um den Kopf gebunden, sprühend vor Lebenskraft war er wie ein Tiger, die Leute mit leuchtenden Augen mustern.* Li Qingzhao ist stolz auf ihn und zugleich wird ihr bang ums Herz, wenn sie an die kostbare Sammlung denkt, die jetzt in ihrer Verantwortung liegt. Sie ruft ihm vom Boot aus zu, was sie machen soll, wenn die Unruhen bis hierher dringen. Und er gibt ihr seine letzte Anweisung:

Wenn du keine Wahl mehr hast, verzichte zuerst auf das schwere Gepäck, dann auf die Kleider, dann auf die Bücher und Rollbilder ... Behalte nur die Stücke vom Sakralgerät der Familie, die du selbst tragen und um die du dich kümmern kannst. Sie sollen mit dir überleben oder zusammen mit dir untergehen, die sollst du nicht im Stich lassen!

Was für eine Verantwortung. Und nun ist Zhao Mingcheng seit fünf Jahren tot – alles vergangen, alles gegenwärtig: *Der klägliche Rest der Sammlung besteht heute nur noch aus ein paar nicht einmal vollständigen Büchern und aus einigen sehr mittelmäßigen Kalligrafien. Und doch liebe ich sie mit aller Zärtlichkeit und hüte sie wie meinen Augapfel! Ist das nicht töricht?*

Die meisten Sammlungsstücke haben nicht überlebt. Aber Li Qingzhao ist nicht mit den Kostbarkeiten untergegangen. Sie sitzt im Jahre 1134 in Hangzhou und dokumentiert mit ihrem Nachwort den Verlust.

Und die Witwe weicht einer Frage nicht aus, die sich auch den Lesern aufdrängen wird: *Bin ich vielleicht in den Augen des Himmels zu nichtswürdig gewesen, um mich dieser wunderbaren, verlorenen Dinge erfreuen zu dürfen?*

Die Antwort erfolgt indirekt mit dem Hinweis auf zwei Kaiser, die vor Jahrhunderten zusahen, wie ihre unschätzbaren Sammlungen während innerer Aufstände in Flammen aufgingen. Es half den Herrschern nichts, dass sie nicht ihren eigenen Untergang, sondern den ihrer Schätze beklagten. Das war Schicksal.

Die Erkenntnis, dass man seinem Schicksal nicht ausweichen kann, machte dem Gedankengang aber kein Ende. Er mündet in eine Überlegung, die den toten Zhao Mingcheng mit in die Verantwortung einbezieht: *Oder hatte der Verstorbene doch noch ein Bewusstsein und hing so sehr mit allen Fasern an diesen Schätzen, dass er sie nicht in der Welt der Menschen zurücklassen wollte?* Da taucht sie wieder auf, jene vermeintliche Nebensächlichkeit, die Li Qingzhao gleich am Beginn ihres Nachwortes ins Spiel bringt. *Ach ja,* die Leidenschaft von Zhao Mingcheng für seine Sammlung lag jenseits vernünftiger Maßstäbe, war Manie, Sucht, Verblendung.

Von dieser Deutung aus gesehen, fällt auf zwei Stellen im Nachwort, anrührend und sehr persönlich, ein zwiespältiges Licht. Zum einen ist es die gefühlvolle Schilderung ihrer gemeinsamen Arbeit an den Antiquitäten, die in der »Halle Zur Heimkehr« ausgebreitet sind: *... unsere Sinne trafen sich dann bei den gemeinsamen Plänen, unsere Seelen begeisterten sich an dem gemeinsamen Anblick in einem Glück, das hinausging über die Freuden der Musik und der Liebe ...* Versteckt sich hinter dem unübertreffbarem Lob ehelicher Gemeinsamkeit nicht auch der Hinweis, dass Li Qingzhao resignierend ihre Liebe der Sammelleidenschaft ihres Mannes unterordnete?

Die andere Stelle betrifft den sterbenden Zhao Mingcheng: *Er ergriff noch einen Pinsel, um ein Gedicht zu schreiben, doch der Tod nahm ihm ihn aus der Hand, ehe er in einem letzten Willen darüber hätte verfügen können, wie »das Räucherwerk verteilt und die Schuhe verkauft werden« sollten.* Es ist eine erstaunliche emotionale Mischung, die die Witwe im Abstand von fünf Jahren zu Papier bringt. Li Qingzhao scheut sich nicht, die Sterbeszene ihres Mannes mit pragmatischer Nüchternheit anzureichern. Schon zwei Sätze zuvor gibt sie offen zu, was ihr in diesen schmerzlichen Stunden auch durch den Kopf gegangen ist: *Ich brachte es nicht fertig, ihn nach seinen Verfügungen für die Zeit nach dem Tode zu befragen.*

Zweierlei ist bemerkenswert. Li Qingzhao, von ihrem Ehemann als Mitarbeiterin der Antiquitätensammlung eingebunden und geschätzt; eine selbstbewusste Person, die den Haushalt sparsam leitet, um Geld für die ersehnten Stücke abzuzweigen; die mit ihrem Mann über Land reist und selbständig wertvolle Bücher einkauft und nicht zuletzt die bekannte Dichterin: Sie hat keine Ahnung, ob überhaupt und wenn ja, welche Verfügungen ihr Mann für den Fall seines Todes getroffen hat.

Was noch mehr verwundert: dass die Witwe diesen für Zhao Mingcheng wenig schmeichelhaften Umstand in ihrem Nachwort erwähnt und aus freien Stücken einer Öffentlichkeit bekannt macht. Warum dieser kritische Unterton? Hätte eine loyale Ehefrau, die das Andenken ihres Mannes makellos der Nachwelt überliefern wollte, nicht geschwiegen?

Vielleicht geht es gar nicht so sehr um Zhao Mingcheng, wenn er mit den Worten seiner Frau nicht als makellose Ikone erscheint. Vielleicht ist das eine Nebenwirkung, die Li Qingzhao in Kauf nimmt, um in diesem Nachwort ihr eigenes Bild zu konturieren und der Nachwelt zu vermitteln, dass hier keine Ehefrau spricht, die im Schatten ihres Mannes lebte oder hinter seinem Werk verschwindet.

Li Qingzhao will auch als Witwe ihre Eigenständigkeit unter Beweis stellen. Dass sie die Antiquitäten nicht bewahren konnte, ihr Leben aber nicht der gemeinsamen Sache opferte, hat ihr Selbstbewusstsein nicht gebrochen, im Gegenteil. Denn unüberhörbar redet das gesamte Nachwort davon: Als Verfasserin dieser Zeilen hat sie den größten Anteil daran, dass Verlust und Scheitern nicht das letzte Wort sind. Das, was vergänglich und sterblich ist, ist nicht mehr greifbar. Doch die Erinnerung an Zhao Mingcheng, seine Verdienste um die Inschriften-Erforschung und ihr gemeinsames Werk werden die Zeiten überleben, weil seine Ehefrau Li Qingzhao, die sprachmächtige Dichterin, mit ihrem Pinsel allem Dauer verleiht.

Es gehört zur Tradition der Nachworte, zum Abschluss einen philosophischen Ton über die Vergänglichkeit anzuschlagen. Li Qingzhao hat allen Grund dazu, wenn sie an die verlorenen Schätze denkt: *Warum waren sie bloß so schwierig zu erlangen und so leicht zu verlieren?* Trost findet die Dichterin für sich und die Leser in einem natürlichen Gesetz, nach dem das Leben in der Welt der Menschen abläuft: *Ach, wo es Haben gibt, gibt es stets auch Nicht-Haben. Wo gesammelt wird, wird stets auch zerstreut. Das ist ein unabänderliches Prinzip.* So einsichtig ist dieser Ablauf, dass die Schreiberin wie zu sich selber hinzufügt, *weshalb also noch darüber reden?*

Aber Li Qingzhao ist eben noch nicht am Ende, sondern hat mit dieser rhetorischen Frage elegant den Bogen zum Anfang des Nachworts geschlagen. *Ach, ja* – da war doch noch etwas: *Ich habe die Geschichte von Gewinn und Verlust, vom Sammeln und Zerstreuen so minutiös aufgeschrieben, weil ich möchte, dass sie den Antiquitäten-Liebhabern und Gebildeten späterer Generationen als Mahnung dient.* Eine Mahnung an die Vergänglichkeit, das liegt auf der Hand. Aber mit den kritischen

Untertönen im Hinterkopf taucht hinter dem Allgemeinplatz die sehr persönliche Warnung auf, einer Leidenschaft nachzugeben, die Manie ist, Verblendung, Sucht und über diese Leidenschaft die Freuden der Liebe zu vernachlässigen.

Wenn nur die Gedichte der Li Qingzhao die Zeiten überdauert hätten, würde uns ein maßgebliches Teil ihres Lebens und ihrer Persönlichkeit fehlen. Was die meiste Zeit ihres Lebens ausfüllte, die kleinen Geschichten, in denen sich ihre Persönlichkeit spiegelt – das alles wissen wir nur, weil Li Qingzhao das Nachwort zum Katalog der Sammlung, das eigentlich nur dem Ansehen ihres Mannes dienen sollte, für ihre eigene Selbstdarstellung nutzte.

Eine Frage im Nachwort lässt aufhorchen, weil diese Dimension bisher kein Thema für die Dichterin war: Hatte *der Verstorbene doch noch ein Bewusstsein und hing so sehr mit allen Fasern an diesen Schätzen, dass er sie nicht in der Welt der Menschen zurücklassen wollte?* Das Reich der Toten ist kein Thema, wenn man jung und schön ist. Das Älterwerden jedoch bringt Li Qingzhao auf andere Gedanken. In die späten Jahre ihres Lebens gehören zwei Gedichte, die über die Welt der Menschen hinausweisen. »Ein Morgentraum« hat die Dichterin das eine genannt:

Heute Morgen träumte ich,
Breitrandigen Glocken zu folgen, die im Winde klangen.
Durch die Nebel stieg ich auf zu rötlichen Wolken.

Beim Aufstieg trifft Li Qingzhao eine Frau und einen Mann, die zu den bekannten daoistischen Unsterblichen gehören, und sie betreten zusammen einen Lotosgarten:

Wir sahen Lotosfrüchte, so dick wie Boote.
Zusammen aßen wir Jujub-Datteln, so groß wie Melonen,
Waren Gäste derer, die auf schwankenden Lotosblättern saßen.
Ihre Sprache war ausgezeichnet,
voll von hintergründigen Anspielungen.
Scharfzüngig diskutierten sie über Widersprüchliches.
Wir tranken frisch am Feuer gebrühten Tee.
Dem Herrscher hilft das alles nicht beim Regieren,
aber es ist dennoch grenzenloses Glück.
So könnte das Leben der Menschen sein.

Was die Dichterin beschreibt, entspricht der Vorstellung, die auf vielen Bildern in buddhistischen Klöstern Chinas seit dem fünften Jahrhundert n. Chr. Gestalt angenommen hat. Es ist das »Paradies des Reinen Landes« weit im Westen, wo der Buddha Amitabha – »Von unermesslichem Glanz« – herrscht. Eine Zwischenstation der Glückseligkeit schon vor dem Nirvana für alle, die den Namen des Buddha in der Todesstunde voller Vertrauen aussprechen, bevor sie endgültig ins Nirvana eingehen.

Der Mönch Huiyan (334–417), der über das Studium der daoistischen Philosophen Laozi und Meister Zhuang zum Buddhismus gefunden hatte, begründete die Anbetung des Buddha Amitabha und den Glauben an ein »Reines Land« und verfasste für die Gläubigen eine »Beschreibung des Glücklichen Landes«. Mit diesem menschenfreundlichen Buddha und der Gewissheit, dass es einen kurzen Weg zur Wiedergeburt im Paradies gibt, wurde der Glaube aus dem fernen Indien endgültig heimisch im Land der Mitte.

Der Süden Chinas war seit jeher ein Zentrum des Buddhismus. In Hangzhou und auf den Hügeln rund um den Westsee zählte man über dreihundert Klöster. Der Dichter und Beamte Su Dongpo war mit Vorliebe von einem Kloster zum anderen gewandert, hatte stundenlang mit den Mönchen diskutiert und Freundschaften fürs Leben geschlossen. Als nach 1127 hunderttausende von Flüchtlingen den Norden verließen, waren Tausende von Mönchen und angesehene buddhistische Lehrer darunter. Kaiser Gaozong hielt die großen Meister hoch in Ehren.

Wenn das Älterwerden dazu geführt hat, dass Li Qingzhao sich näher mit dem Buddhismus beschäftigte, war das nichts Besonderes. Sie selbst hatte noch Dichter, Beamte und konfuzianische Gelehrte aus der Generation ihres Vaters gekannt – darunter Su Dongpo –, die sich mühten, die Lehren des Konfuzius breiter zu verankern und zugleich intensive Kontakte zu buddhistischen Mönchen hatten. Nicht wenige von ihnen ließen sich in den Klöstern in die Praktiken der Meditation einweihen. Unter den Frauen der gelehrten Beamten waren zahlreiche, die sich offen zum Buddhismus bekannten und nach ihrem Tod von ihren Ehemännern, von den Gebeten der Mönche begleitet, begraben wurden.

Das Gedicht der Li Qingzhao über ihre Reise in das Reine Land schließt mit dem wehmütigen Seufzer, nicht für immer im Paradies bleiben zu können. Nebenbei erfahren wir noch, dass Meditation zum morgendlichen Programm der Dichterin gehört:

Warum musste ich in mein weltliches Zuhause zurückkehren,
Aufwachen, mich anziehen, meditieren.
Die Ohren zuhalten, um den scheußlichen Lärm fern zu halten.
Im Herzen weiß ich, dass mein Traum niemals Realität wird.
Aber immerhin, ich kann mich erinnern
An jene Welt und seufzen.

Ein versöhnliches Ende, das den Lauf der Dinge und das Schicksal des Menschen akzeptiert. Fünf Jahre bevor sie in Hangzhou das autobiografische Nachwort schrieb, im Herbst 1129, hatte sie den Opfertext zum Begräbnis von Zhao Mingcheng aufgesetzt:

Die helle Sonne steht gerade im Zenith,
und ich beseufze bewundernd das »geschickt und klug« vom alten Pang ...

Damals, am offenen Grab ihres Mannes, bewunderte Li Qingzhao die gelassene Zuversicht des weisen Pang, dessen Tochter vor seinen Augen in den Tod gegangen war. Nachvollziehen konnte sie diese Gelassenheit nicht. Mit den Jahren und dem Älterwerden nahm das Grübeln ab, und der Schmerz verlor seine Bitterkeit. Sie hatte Gedichte geschrieben, die bleiben würden. Im Auf und Ab ihres Lebens spiegelte sich das Grundgesetz des Kosmos, Erlangen und Verlieren, Haben und Nicht-Haben, Ruhe und Bewegung. Alles fügte sich zu einem Ganzen.

Die Gedanken und die Träume der Li Qingzhao gingen hinauf zu den Wolken, in das buddhistische Paradies des Reinen Landes und zu den Paradiesen der Unsterblichkeit, für die ihre daoistischen Begleiter standen. Der Daoismus gehörte zum religiösen Erbe, das der Konfuzianismus in die eigenen Vorstellungen integriert hatte.

Ein zweites Gedicht verrät, das Li Qingzhao sich mit den Jahren der gelassenen Zuversicht des weisen Pang, dem daoistischen Einsiedler, genähert hatte. Und die Verse zeigen auch an, dass zu ihrer Lektüre jenes Buch gehörte, das seit über einem Jahrtausend jede Generation der Gebildeten neu für sich entdeckte und das den chinesischen Buddhismus beeinflusst hat wie kein anderes – das »Zhuangzi«.

Die Anekdoten und mythischen Geschichten, von denen Meister Zhuang im »Zhuangzi« erzählt, sind Stoff für unendliche Träume, ein Schatzhaus poetischer Bilder, zumal für die Dichter. Das erste Kapitel im

»Zhuangzi« beginnt mit einer Erzählung vom dunklen Nördlichen Ozean: »Dort im Norden gibt es auch einen Vogel namens Peng mit einem Rücken wie der Berg Tai und Flügeln wie Wolken, die vom Himmel herabhängen. Er steigt empor auf einem Wirbelwind bis zu einer Höhe von neunzigtausend Meilen, durchstößt die Wolken und macht sich dann auf gen Süden auf seiner Reise zum fernen Südlichen Ozean, wobei sein Rücken an den blauen Himmel rührt.« Der ferne Südliche Ozean: Das ist Licht und Wärme und Leben – Unsterblichkeit.

Wir dürfen annehmen, dass es Hangzhou ist, die südliche Stadt am magischen Westsee, Ort der Lotosgärten und der Zimtbäume, wo Li Qingzhao sich von Meister Zhuang und dem Vogel Peng inspirieren lässt:

Himmel, Wolken-Wellen, Morgennebel –
alles eins.
Im Schimmer der Milchstraße
tanzen tausend Segel.
Ich wurde entführt
zum Palast des Allerhöchsten.
Die himmlische Stimme fragte:
Wohin gehst du?
Und ich sagte:
Weit, weit ist der Weg,
der Tag schon bald zu Ende –
und ich versuche, meine Erfahrungen
in gelungene Verse umzusetzen.
Der Vogel Peng steigt mit dem Sturmwind auf
in Neunzigtausend-Meilen-Höhen.
Lasse nicht nach, o Wind,
trage mein Boot zum Südlichen Ozean.

WARUM CHINA?

Zilu, ein Schüler des Konfuzius, verbrachte einmal die Nacht am Steintor. Als er am nächsten Morgen durch das Tor ging, fragte ihn der Wächter: »Woher kommst du?« – »Vom Meister Kong«, antwortete Zilu. »Ist das nicht der, der weiß, dass er Unmögliches versucht und es dennoch tut?«

An der Jahreswende 2003/04 gab es kein Halten mehr. Nicht nur, weil der deutsche Bundeskanzler zum fünften Mal das Reich der Mitte aufsuchte und an jeder Besuchs-Station erklärte, wie »beeindruckt von den wissenschaftlichen und wirtschaftlichen Erfolgen Chinas« er sei. Die Zeitungen informierten ausführlich wie selten zuvor über das schwindelerregende Wirtschaftswunder eines Landes, dass sich seit 1992 zur »Sozialistischen Marktwirtschaft« bekennt und seitdem Jahr für Jahr das höchste Wirtschaftswachstum der Welt verzeichnet. Bis 2030, so die Prognosen, wird China zur zweitgrößten Wirtschaftsmacht weltweit aufgestiegen sein. Auch als im Oktober 2003 »Shenzhou 5« – das »göttliche Schiff« – mit dem Taikonauten Yang Liwei eine erfolgreiche Reise in den Weltraum absolvierte, fühlten sich alle bestätigt, die China auf dem Weg zu westlicher Zivilisation und Lebensart sehen.

Als ich im September 2002 durch China reiste, war diese Angleichung auf den ersten Blick das Überraschende – und eben nicht nur in Peking. In der südlichen Kaiserstadt Hangzhou saß ich bei Häagen Dazs unter chinesischen Jugendlichen, die dänisches Eis genossen. In den zahlreichen Millionen-Städten – und nur eine Minderheit von ihnen ist ein Touristenziel – werben die Reklametafeln an Bushaltestellen oder Kaufhausflächen für schicke Apartments im westlichen Stil, für westliche Kosmetik, Uhren oder Autos. Ob Kaifeng, Hangzhou oder Ji'nan: Beim Spaziergang durch die Straßen lädt alle zwanzig Minuten ein Kentucky-Fried-Chicken zu Cola und Fritten. Auf vielen Straßenschildern sind die Verkehrshinweise auch in Englisch angebracht.

Im Hotel bietet das staatliche Fernsehen knapp fünfzig Programme, darunter eine tadellose CNN-Imitation in gepflegtem Englisch. Keine Nachrichtensendung, die nicht durch Werbung unterbrochen wird und in der nicht die zwei Ereignisse erwähnt werden, auf die China hinzufiebern scheint: die Olympiade im Jahre 2008 in Peking und die EXPO 2010 in Shanghai. Möchte man als Europäer in der Hotellobby ein wenig seine Chinesisch-Kenntnisse zeigen, hält das Personal eisern an der englischen Sprache fest. Kinder und Jugendliche bevorzugen T-Shirts mit Aufdrucken und Motiven, deren Herkunft aus dem US-amerikanischen Umfeld unzweifelhaft ist. Sind wir nicht tatsächlich auf dem Weg zu einer globalen Zivilisation, die – allen Protesten zum Trotz – unwiderruflich dem westlichen Way of Life verpflichtet ist?

Von Häagen Dazs ist es ein Dreißig-Minuten-Spaziergang bis zum südlichen Ende des romantischen Westsees, dem Hangzhou es verdankt, seit Jahrhunderten von den größten Dichtern Chinas besungen zu werden. Auch am Sonntag wird gebaut, dass die Staub- und Schmutzwolken fliegen, der Lärm von Maschinen und Straßenverkehr ist gewaltig. Feine Villen und Hotels werden bald den Blick auf den See verstellen. Ein schneller Gang über die Straße, quer durch das anarchische Autogewühl, eine kurze Treppe, einige wenige Schritte durch das Tor in der hohen Mauer – und klösterliche Stille umfängt die Besucher.

Das Jing-Kloster in Hangzhou ist einen Hügel hinauf gebaut: an den Seiten die Wohngebäude der Mönche, Nebenräume und kleine Kapellen; in der Mitte des Komplexes hintereinander drei Tempel mit geschwungenen, sattgelben Dächern. In den Höfen dazwischen steigt aus bronzenen Becken der Rauch der Räucherstäbchen in den Himmel. Vor der großen vergoldeten Buddha-Statue im zweiten Tempel bringt ein Vater seiner kleinen Tochter Gebetshaltung und Verbeugung bei. Eine junge Frau mit einem Handy am Ohr geht im Klosterhof auf und ab.

Steigt man die Stufen zum dritten Tempel hinauf und besucht eine Seitenkapelle, glaubt man, in einer Bibliothek zu sein. An den Wänden sind Schränke mit Glastüren angebracht, hinter denen Schriftstücke zu lagern scheinen. Bei näherem Hinsehen sind dort hunderte von schmalen beschrifteten Papierstreifen aufgestellt, viele davon mit kleinen Passfotos versehen. Eine unerwartete Begegnung mit chinesischer Geschichte, die ans Herz geht. Was einst aus Holz angefertigt wurde und gewiss ohne Fotos war, ist der modernen Zeit angepasst. Die Papierstreifen sind mit persönlichen Daten von Verstorbenen versehen und führen die Tradition der hölzernen Ahnentafeln fort. Auf ihnen ließen sich nach uralter chinesischer Überzeugung die Geister der Toten nieder, wenn sie zum Ahnenopfer, das ihre Nachfahren feierten, zurück auf die Erde kamen.

Konfuzius hat diesen Glauben vor zweieinhalb Jahrtausenden in seine Lehre integriert. Die Tafeln wurden in Ahnen-Tempeln oder zu Hause im eigens angefertigten Schrein aufbewahrt.

In der Mietwohnung ist kein Platz für solche Traditionen. Doch der Glaube daran ist ungebrochen. Und wie seit über anderthalb Jahrtausenden, als der Buddhismus in China tiefe Wurzeln schlug, sind es immer noch die buddhistischen Mönche, bei denen die Menschen sich mit ihrem Schmerz um die Toten am besten aufgehoben fühlen. Was der Verehrung für den großen Lehrer Konfuzius keinen Abbruch tut. Aber seine distanziert-nüchterne Haltung gegenüber den Themen »Himmel« oder »Leben nach dem Tod« hat die Menschen nicht getröstet und dem Buddhismus den Weg zu den Herzen geöffnet. Im Kaiserreich haben selbst hohe konfuzianische Beamte Kinder und Ehefrauen unter den Gebeten der Mönche begraben und für sich selbst in den buddhistischen Klöstern Seelenfrieden gesucht.

Auch im einundzwanzigsten Jahrhundert lodern bei den Beerdigungen kleine Feuerchen auf. Darin werden Papiermodelle all dessen verbrannt, woran es den Toten nicht fehlen soll: neben vielem Geld, um Richter und Beamte in der Unterwelt freundlich zu stimmen, sind es Autos und CD-Player, die neuesten Turnschuh-Marken, Kleidung und Möbelstücke. Denn auch das ist Überzeugung seit Jahrtausenden und wurde vom daoistischen Glauben weitergetragen: dass nichts im Kosmos vergeht, sondern alles verwandelbar ist, sich in Feinstmaterie auflöst und sich in einer anderen Welt wieder zu den ursprünglichen Formen zusammensetzt.

Wer mit dem Zug durch das Land fährt, sieht immer wieder alte und neue Stelen, mächtige Steine und kleine Tempel-Imitationen, die neben halbrunden, grasbewachsenen Erhebungen aus den Feldern ragen. Erst vor tausend Jahren, unter der Song-Dynastie, wurde ein ernsthafter Versuch gemacht, öffentliche Friedhöfe einzurichten. Heute sind sie selbstverständlich. Doch wer auf dem Land zu Hause ist, nutzt die Möglichkeit, sich nach alter Weise inmitten der Natur und umgeben von verstorbenen Familienmitgliedern beerdigen zu lassen.

Wer nur ein wenig hinter die Reklametafeln schaut, dem zeigen sich die zwei Gesichter, die das Reich der Mitte und seine Menschen prägen: die Entschlossenheit, die Moderne anzunehmen und zu genießen und sich dabei das Alte, Überkommene nicht nehmen zu lassen. Keine ungewohnte Balance für China. Gehört es doch zu den Fähigkeiten und Überzeugungen der chinesischen Kultur, Gegensätze nicht als Kontraste zu analysieren, sondern als ergänzendes Miteinander harmonisch zu verbinden. Das Leben ist ein vielfältiges Ganzes und nicht in Gut und Böse geteilt. Es gibt viele Wahrheiten und viele Ideen. Wer einer einzigen den Vorrang gibt und andere ausgrenzt, verfehlt das Gewebe des Lebens, das Gegenwart, Vergangenheit, und Zukunft permanent und zeitlos zusammenfasst. Der Weise, sagt Meister Konfuzius, hängt an keiner Idee. Er ist allem gegenüber offen und unvoreingenommen.

Neben dem Stolz auf Handy oder Auto und das Apartment im Hochhausturm ist der Stolz auf die Vergangenheit mehr denn je präsent. Am Abend im Fernsehen, wo ein Kanal der klassischen Peking-Oper gewidmet ist und Historien-Serien mit opulenter Ausstattung und schönsten Seiden-Kostümen zum täglichen Programm gehören. Am Tag, wenn man mit dem Bus durch die Millionenstädte fährt, und in der Regel der einzige Nichtchinese ist.

Es war in Luoyang, der alten Kaiserstadt südlich vom Gelben Fluss, dem Herzland der chinesischen Kultur, als sich im Bus Nr. 11 eine Frau auf den freien Platz neben mich setzte und mit einem »Hallo« das Gespräch suchte. Woher ich komme und warum ich in Luoyang und überhaupt in China bin. Als sie hört, dass ich auf den Spuren von Li Qingzhao reise, bekommt sie glänzende Augen. Und meine Frage, ob sie die große Dichterin kenne, erscheint mir plötzlich als Peinlichkeit. Aber natürlich, sagt die Bankangestellte, die halbtags arbeitet und auf dem Weg nach Hause ist, in der Schule habe sie ihre Gedichte auswendig gelernt!

Der Taxifahrer in Ji'nan, der Hauptstadt der Provinz Shandong, ganz und gar kein Touristenziel, fragt vorsichtig, was ich denn hier mache. Ich will mir die Stadt ansehen, wo Li Qingzhao geboren wurde und die Erinnerungshalle im Park besichtigen. Er nimmt vor Überraschung und Begeisterung die Hände vom Lenkrad. Li Qingzhao ist nicht vergessen.

Wenn Oberinspektor Chen Cao im Shanghai der neunziger Jahre auf Verbrecherjagd ist und mal wieder einen Vers von Su Dongpo oder Li Bai zitiert, dann schmunzeln seine Kollegen wissend. Die Journalistin Wang Feng hat auch meist ein ergänzendes Zitat parat. Denn der Autor Qiu Xiaolong, der dem Oberinspektor Chen in seinen Kriminalromanen Leben verleiht, folgt mit solchen Zitaten keiner ausgefallenen Marotte. Ein Chinese am Ende des zwanzigsten Jahrhunderts weiß, dass Su Dongpo und Li Bai zu den größten Dichtern des Landes zählen, dass der eine ins elfte Jahrhundert und damit in die Song-Dynastie und der andere ins achte Jahrhundert und damit in die Tang-Dynastie gehört.

Ebenso selbstverständlich zitiert der Polizei-Pathologe Dr. Xia Yulong dem Oberinspektor Chen statt einer Antwort zwei Zeilen aus einem Gedicht des Generals Yue Fei, den ein mächtiger Reichskanzler 1142 im Gefängnis ermorden ließ. Das Grabmal des Yue Fei, schon zu Lebzeiten ein nationaler Held, ist in Hangzhou Nationaldenkmal und vielbesuchtes Reiseziel. Das Gedicht, in dem der General zum Kampf gegen die Barbaren aufruft, die den Norden des Song-Reiches erobert hatten, steht bis heute in den Schulbüchern.

Als das Drama um den General Yue Fei, der im Gegensatz zu seinem Kaiser gegenüber den Barbaren keine Kompromisspolitik vertrat, in Hangzhou blutige Gegenwart war, lebte auch Li Qingzhao in der Handelsmetropole am Westsee. Aus dem Jahre 1143 sind drei Gedichte von ihr zum Drachenbootfest überliefert. Damals war sie seit fast vier Jahrzehnten eine bekannte Dichterin. Vierzehn Jahre zuvor, im Spätsommer 1129, hatte sie ihren Mann, den gelehrten Beamten Zhao Mingcheng, mitten in chaotischen Kriegszeiten vor den Mauern der Stadt Nanjing begraben.

Li Qingzhao ist über die Jahrhunderte hinweg als Chinas größte Dichterin in Erinnerung geblieben. Sie war noch eine junge Ehefrau, da schrieb der Dichter Zhang Lei in der Grabschrift für ihren 1106 verstorbenen Vater: »Seine älteste Tochter Li Qingzhao ist sehr fähig in Lyrik und Prosa.« Zhang musste es wissen. Er gehörte zum Freundeskreis des berühmten Su Dongpo – Dichter, Maler, hoher Beamter – war oft zu Gast in Lis Elternhaus und hat ihr um 1098/99 ein Gedicht gewidmet, zu dem Li Qingzhao ein Gegen-Gedicht schrieb. (Mehr dazu im 10. Kapitel.)

Ein weiteres Lob auf dem Umweg über ihren Vater, den hohen gelehrten Beamten, steht für die Dichterin in der offiziellen »Dynastie-Geschichte der Song« aus dem vierzehnten Jahrhundert: »Er hatte eine Tochter mit Namen Li Qingzhao, deren Gedichte und Prosa zu ihrer Zeit einen ganz hervorragenden Ruf genossen.«

Der hervorragende Ruf war geblieben und festigte sich endgültig durch die lobenden Urteile ihrer Dichterkollegen während der Ming- und Qing-Dynastie. Wang Shizhen (1643–1711), einer der größten Dichter der Qing-Epoche und anerkannter Literaturkritiker, nennt sich ausdrücklich einen poetischen Nachfolger im Stil und Geist von Li Qingzhao.

Was durch die Jahrhunderte in den höchsten Tönen gerühmt wird, sind jene Gedichte, in denen Li Qingzhao sich selbst in den Mittelpunkt stellt. Freimütig gibt sie Auskunft über ihre Gefühle – sei es ihre Liebe zu Zhao Mingcheng, ihre wehmütige Stimmung, wenn er abwesend ist oder ein Abschied naht, ihre Trauer über verlorene Schönheit und Jugend. Dass sie dabei auch ihre erotischen Reize in Verse fasst, verstößt gegen ein literarisches wie gegen ein gesellschaftliches Tabu.

Von den Gedichten der Li Qingzhao sind viele verloren. Nicht zuletzt deshalb, weil sie keine Kinder hatte, die sogleich nach ihrem Tod das Gesamtwerk hätten sammeln können. Von ihren persönlichen Gedichten im so genannten ci-Stil haben sich knapp siebzig erhalten. Stets in den Hintergrund gedrängt blieben jene Gedichte, in denen die Dichterin zu aktuellen politischen Themen kenntnisreich und kritisch Stellung nimmt. Weniger als ein halbes Dutzend dieser Gedichte sind überliefert, in denen sie weder den Kaiser noch ihren Schwiegervater, als er Kanzler des Reiches ist, von der Kritik ausnimmt. Unüberhörbar ist ein kämpferischer Ton, mit dem sie offen gegen eine kompromissbereite Politik auftritt und für den Krieg wirbt, um die verlorene nördliche Hälfte des Reiches zurückzugewinnen.

Ihre Gedichte machen aber nur einen Teil ihres Nachruhms aus. Zugleich lebt Li Qingzhao im kollektiven Gedächtnis Chinas als Partnerin einer außergewöhnlichen ehelichen Gemeinschaft, die in Teamarbeit eine Antiquitäten-Sammlung zusammentrug und wissenschaftlich bearbeitete, die um 1120 in ganz China konkurrenzlos war: *Bekamen wir Kalligrafien, Malereien und Bronzen, so prüften wie die Stücke mit den Händen … Nächte hindurch arbeiteten wir auf diese Weise beim Kerzenschein. Und so übertrafen wir allmählich mit unserer Fähigkeit in der Beurteilung … alle einschlägigen Sammler.*

Niemand wüsste von dieser Ehe, hätte nicht Li Qingzhao 1134 ein autobiografisches Nachwort zum Katalog der »Inschriften auf Bronze und Steingut« dieser Sammlung geschrieben, um das Werk ihres verstorbenen Mannes zu ehren – auch wenn die großartige Sammlung zu diesem Zeitpunkt längst vernichtet und in alle Winde zerstreut ist. Zhao Mingcheng kann als Pionier der Archäologie in China bezeichnet werden und seine Frau war ihm eine gleichwertige Mitarbeiterin. Selbstbewusst hat sie sich in ihrem Nachwort für die Nachwelt profiliert.

Li Qingzhao (1084 – ca. 1155) und ihr Ehemann Zhao Mingcheng (1081–1129) gehören zur politischen Elite der Beamtenfamilien, die zugleich die Bildungselite ist. In den inneren Machtkämpfen am Ende der Tang-Dynastie (618–906) – bis heute das Goldene Zeitalter – ist der chinesische Adel für immer untergegangen. Mit der Song-Dynastie

(960–1279) wird China ein ziviler Staat, in der der gelehrte Beamte und nicht mehr der Krieger das gesellschaftliche Ideal ist. Es sind die gelehrten Beamten, durch ein anspruchsvolles Prüfungssystem qualifiziert, die alle Machtpositionen in Staat und Verwaltung einnehmen und denen auch das Militär untersteht. Es sind die gelehrten Beamten, die als Dichter, Maler und Philosophen Meisterwerke schaffen. Die Identität von politischer Führungsschicht und Bildungselite prägt von nun an und intensiver als je zuvor Chinas Geschichte und Kultur bis zum Ende des Kaiserreiches im Jahre 1911.

Mit dem Beginn der Song-Dynastie erlebt China im elften Jahrhundert einen noch nie dagewesenen wirtschaftlichen Aufbruch, verbunden mit hoher gesellschaftlicher Mobilität. Parallel dazu verlaufen Höhepunkte in der Philosophie – dem so genannten Neokonfuzianismus –, in der Landschaftsmalerei und in der Dichtung mit dem alle überragenden Su Dongpo. Mit Kaiser Huizong (1100–1126), herrscht ein anerkannter Maler und Kalligraf über das Reich der Mitte, der noch mehr als seine Vorgänger die Künste fördert und die kaiserlichen Sammlungen mit Meisterwerken füllt.

Als Li Qingzhao und Zhao Mingcheng in Kaifeng aufwuchsen, hatte China sein »Mittelalter« schon hinter sich. Selbst ein Vergleich mit der europäischen Renaissance ist für die meisten Gebiete zu kurz gegriffen. Angemessener wäre es, das China unter der Song-Dynastie mit Europa an der Schwelle zur Industrialisierung zu vergleichen.

Gegen Ende des elften Jahrhunderts bestand die zentrale Verwaltung des Reiches aus rund vierunddreißigtausend Beamten. Etwa drei Prozent der hundert Millionen Chinesen zählten zu den Gebildeten des Landes. Das betraf auch die Frauen der Führungsschicht, die für die Erziehung der Kinder – Mädchen wie Jungen – verantwortlich waren, ihnen nicht nur Lesen und Schreiben, sondern den gesamten Bildungskanon beibrachten.

Die Kaiser zählten selbstverständlich zur Bildungselite. Sie veranstalteten Wettbewerbe in Dichtung und Kalligrafie innerhalb der kaiserlichen Familie und verteilten persönlich die ausgesetzten Preise.

Der Wettstreit zwischen Konfuzianismus, Buddhismus und Daoismus wurde mit geistigen Waffen und kaiserlicher Protektion geführt. In China wartete kein Scheiterhaufen auf Menschen, die sich nicht zur Staatsreligion des Konfuzianismus bekannten. Zen-Buddhismus, heute in den USA und Europa stärker vertreten als in Japan, ist als Chan-Buddhismus zur Zeit der Song ein angesehenes, ureigenes chinesisches Gewächs.

Seit dem Beginn des zehnten Jahrhunderts war Papiergeld im Umlauf. Der Buchdruck, im achten Jahrhundert erfunden, hatte einen florierenden Büchermarkt geschaffen. Eine blühende Papierindustrie versorgte nicht nur Druckereien und die staatliche Verwaltung, sondern Gelehrte und Kalligrafen, die feinstes Papier schätzten. Auch auf den Märkten in der Provinz wurde Toilettenpapier angeboten. Seidenstoffe und Porzellan waren vom Feinsten.

Chinesische Handels-Dschunken, auf denen 600 Menschen Platz fanden, segelten problemlos mit Kompass bis Südindien. Landesweit lag am Ende des elften Jahrhunderts die jährliche Produktion von Roheisen bei rund 125 000 Tonnen. Als führende europäische Industrie-Nation brachte es England Mitte des siebzehnten Jahrhunderts jährlich auf maximal 43 000 Tonnen.

In der kaiserlichen Hauptstadt Kaifeng, eine Millionen-Metropole, gingen nachts die Lichter und die Amusements nicht aus. 1063 wurde die nächtliche Sperrstunde aufgehoben. Im Vergnügungsviertel gab es über fünfzig Theater. In der Palaststadt mitten in Kaifeng wurde 1190 eine haushohe astronomische Uhr aufgestellt.

Ein paar Vergleiche genügen, um die Kluft zwischen China und Europa, wo um diese Zeit Hohes Mittelalter ist, deutlich zu machen. Unter Heinrich IV., der 1077 im Schnee vor der Burg Canossa als Büßer steht, beginnt der zerstörerische Kampf zwischen Kaisertum und Papsttum, den Friedrich Barbarossa im nächsten Jahrhundert fortsetzt. Seit der Mitte des zwölften Jahrhunderts lodern die Scheiterhaufen, auf denen Ketzer verbrannt werden.

Die Kaiser des Heiligen Römisches Reiches deutscher Nation konnten noch lange weder lesen noch schreiben. Gleiches gilt für die große Mehrheit des Klerus, die geistlich-geistige Elite Europas.

Ob Heinrich oder Friedrich Barbarossa: Sie sind Reisekönige ohne festen Wohnsitz, von einer Hauptstadt oder einer Reichsverwaltung ist nicht im Ansatz zu reden. Die erste Stadtgründung im Deutschen Reich, Freiburg, war 1120 und umfasste gerade zwölf Bauernhäuser. Köln, die alte Römerstadt, war mit zwanzigtausend Einwohnern im zwölften Jahrhundert Deutschlands größte Metropole. Erst im siebzehnten Jahrhundert werden Paris und London zu Millionen-Städten. Zur Zeit von Li Quingzhao – und noch lange danach – liegen Welten zwischen China und Europa.

Ein Schlagwort prägt seit dem Beginn des einundzwanzigsten Jahrhunderts Tagungen, Diskussionen und Sonntagsreden: Erinnerungskultur. Die Sehnsucht nach den Wurzeln ist kein Tabu mehr in Europa. Vergangenheit soll keine museale Nische mehr sein, sondern Verbindungen schaffen und Anregungen für Gegenwart und Zukunft frei machen.

Erinnerungskultur: Im Reich der Mitte ist sie seit drei Jahrtausenden keine Unbekannte. Wenn die Könige der Zhou-Dynastie um 1000 v. Chr. die Geister der Vorfahren zum festlichen Bankett – dem Ahnenopfer – mit Wein, Speisen und Musik luden, waren sie überzeugt, dass in der Erinnerung für die Lebenden eine wegweisende Kraft liegt. Konfuzius (551–479 v. Chr.) wusste, warum er in seiner Lehre das Ahnenopfer als zentrales Ritual für Gesellschaft und Staat übernahm.

Als Li Qingzhao ihre Gedichte schrieb, stand sie in einer Tradition, die seit Generationen jeden Poeten verpflichtete, in seinen Gedichten mit einer übernommenen Verszeile oder einer Anspielung an einen berühmten Kollegen anzuknüpfen – ob er im dritten Jahrhundert vor oder im dritten Jahrhundert nach Christus gelebt hatte. Li Qingzhao konnte darauf vertrauen, dass die gebildeten Zeitgenossen jede Anspielung in ihren Werken erkennen würden. Wortspiele, Bilder und Erfahrungen der Vorgänger wurden genutzt, um die eigenen Gefühle wie in einem Spiegel zu präsentieren. Und die Leser wussten es auch zu deuten, dass die Dichterin mehr als einmal den großen Tao Yuanming (365–427) zitierte: Das war die Latte, an der Li Qingzhao mit ihrem Werk gemessen werden wollte.

Erinnerungskultur war identisch mit Gedächtniskultur. Noch bevor sie den Sinn verstehen konnten, lernten sechs- bis achtjährige Jungen und Mädchen unter Anleitung ihrer Mutter – manchmal auch der Väter – Dutzende von Gedichten und ganze Bücher auswendig. Bei den Büchern boten sich die konfuzianischen Klassiker und bedeutende Geschichtswerke an, und an Gedichten war kein Mangel. Eine Sammlung von Gedichten der Tang-Zeit (618–906), die 1703 herausgegeben wurde, enthält rund 48 900 Werke.

Wer Li Qingzhao als Dichterin, ihre Ehe mit Zhao Mingcheng und die Zeit schildert, in der die beiden zu Hause waren, kann sich nicht auf die Epoche der Song-Dynastie beschränken. Denn weil die Erinnerung alles dominierte, wurde das Ehepaar wie die Führungsschicht, der es angehörte, geprägt von einer Kultur, in der die Zeiten zeitlos miteinander verflochten waren und bis in den Alltag hinein die Menschen bestimmten. Hinter dem Sammler-Ehepaar lagen zweitausend Jahre chinesischer Geschichte, die mit Musik und Gedichten, Ritualen und Geschichten, mit Helden und Weisen, Kaisern und Künstlern jederzeit für Li Qingzhao und Zhao Mingcheng abrufbar waren. Eine lange und stolze Geschichte, die Kindheit und religiöse Erziehung, Hochzeitsfeierlichkeiten und Begräbnisse ebenso bestimmte wie die Beziehungen zwischen Frauen und Männern.

In der doppelten Biografie von Li Qingzhao und Zhao Mingcheng spiegelt sich sowohl der glänzende Teil der Song-Epoche wie das Drama, das 1127 mit der Eroberung der Hauptstadt Kaifeng durch die Barbaren beginnt und 1142 mit einem Vertrag offiziell in der Teilung des Landes endet. Der »Sohn des Himmels« herrscht von Hangzhou aus nur noch über den südlichen Teil des Landes. Li Qingzhao, mit ihrem Mann aus dem Norden geflüchtet wie der größte Teil der Führungsschicht, muss sich als Witwe in einem neuen Leben einrichten. Die Trauer um die verlorene Heimat, die patriotische Entschlossenheit, den Norden zurückzuerobern, aber auch die Angst vor grauen Schläfen und dem Verlust von Schönheit und Jugend gehen in ihre späten Gedichte ein.

Das China von Li Qingzhao und Zhao Mingcheng repräsentiert eine Kultur, die in der Weltgeschichte den führenden Platz einnimmt. Berühmte Reiche in Asien, Afrika, Europa und Amerika kamen und gingen. Von allen Staaten kann heute allein China auf eine über zweitausendjährige Kontinuität zurückblicken.

Um so unverständlicher – man kann auch sagen: beschämend – ist die Tatsache, dass die reiche Landkarte von Chinas Geschichte und Kultur in Deutschland bisher ein weißer Fleck ist. Wer sich zu den Gebildeten zählt, hat Kenntnisse über das Alte Ägypten und weiß die Azteken von den Inkas zu unterscheiden. Aber ist nicht schon längst wieder vergessen, dass Gao Xingjian im Jahre 2000 den Nobelpreis für Literatur erhielt und wer hatte je von ihm gehört? Ob Han-, Tang- oder Song-Dynastie, ob das »Zhuangzi« von Meister Zhuang, ein Stück Weltliteratur und Weltphilosophie, die Gedichte von Tao Yuanming oder Su Dongpo (mit anderem Namen Su Shi) oder eben von Li Qingzhao, ob Erfindungen wie Papier, Buchdruck und mechanische Uhren – alles Fehlanzeige in den Köpfen und in den Schulbüchern. Die Liste, die nur Namen und Ereignisse bis ins zwölfte Jahrhundert aufzählt, lässt sich beliebig verlängern.

Die wenigen Prominenten aus Chinas Kultur, deren Namen sich im Westen festgesetzt haben, werden bis heute nicht als gleichwertige Gegenüber angesehen. Zwar gehörten die frühen Aufklärer zu den Bewunderern des Konfuzius. »Er empfiehlt nur die Tugend und predigt nicht ein einziges Mysterium«, schrieb Voltaire. Doch was sich in den Köpfen festsetzte und fortpflanzte, war das vernichtende Urteil des Immanuel Kant: »Die ganze Moral des Konfuzius besteht aus Sittensprüchen, die unerträglich sind, weil sie ein jeder herplappern kann.«

Europas Denker sind Philosophen, weil sie nach Erkenntnis und Wahrheit streben. Chinas Denkern wird immer noch die Bezeichnung »Philosoph« vorenthalten, da sie »nur« auf der Suche nach Weisheit sind. Einer der ganz wenigen europäischen Philosophen, der sich von diesem arroganten Vorurteil nicht hat blenden lassen, ist Carl Jaspers. Für ihn gehört Konfuzius neben Sokrates, Buddha und Jesus zu den »maßgebenden Menschen« und hat eine universale Bedeutung als Philosoph und Ethiker.

Dabei scheinen Schlagzeilen und Schlagworte zum Beginn des einundzwanzigsten Jahrhunderts das Gegenteil zu suggerieren. Ist Asien, China vorweg, nicht in aller Munde? Der erste Blick täuscht auch in diesem Fall, und es ist ein widersprüchliches Phänomen, das den Zugang zu einer Weltkultur versperrt. Da sind einmal die Schlagzeilen, die Chinas rasanten Wirtschaftsaufstieg und damit die Angleichung an westliche Lebens- und Denkungsart feiern. Zugleich suggerieren zwei inflationär genutzte Schlagworte genau das Gegenteil und führen nicht weniger in die Irre. Unter dem Etikett »Esoterik« und »Spiritualität« wird nicht selten eine verführerische Botschaft gepredigt.

Im Osten, so die Verheißung, liege das Heil für die zivilisationsmüden Bewohner des westlichen Teils der Erdkugel. Wer sich auf dem Meditationskissen niederlässt, bei dem stellen sich Gelassenheit, Entspannung und Glücksgefühle von selber ein. Die östliche Weisheit verzichtet angeblich auf Denken, Rationalität und komplizierte Differenzierungen. Das DAO – nach alter Schreibweise tao, der »Weg«, ein Begriff, über den Chinas Philosophen fast drei Jahrtausende nachgedacht haben – wird buchstäblich als Schnellrezept zur Lebensbewältigung gepriesen, mit dem sich noch jedes Gemüse spirituell verfeinern lässt.

Natürlich gibt es die vielen Ernsthaften, die mit soliden Kenntnissen östliche Weisheiten und Heil-Wege als wichtige Ergänzungen im westlichen Wissenschafts- und Medizinbetrieb durchzusetzen versuchen, vor allem Traditionelle Chinesische Medizin, Qigong und Akupunktur, denen eine über zweitausendjährige Erfahrung zugrunde liegt. Es bedeutet eine kritische Anfrage an die christlichen Kirchen, wenn immer mehr

Menschen in Europa im Buddhismus einen geistig-geistlichen Kompass für ihr Leben suchen und finden. Zugleich werden seriöse buddhistische Lehrer der verschiedenen Schulen nicht müde, vor Missverständnissen zu warnen und die Westler davon zu überzeugen, dass Meditiation kein Instant-Heilmittel, sondern ein langer mühsamer Weg ist, der Konzentration und Anstrengung erfordert.

Doch die Bühne beherrschen nur allzu oft selbsternannte Glücksverheißer, die eine uralte Kultur als exotisches Paradies verkaufen, zu dem es angeblich keinen rationalen Zugang gibt. In seltsamer, unbewusster Allianz mit den flotten globalen Marktwirtschaftlern formen sie in der Öffentlichkeit ein Bild von China, das zum einen von Klischees verstellt ist. Zum andern wird Fremdheit zum Fetisch, der eine intensive Beschäftigung mit dieser Kultur überflüssig macht, weil Vergleichen und anknüpfendes Nachdenken nicht möglich sei.

Es gilt Abschied zu nehmen von bequemen Illusionen. Zwei miteinander verschränkte Entwicklungen sind unumkehrbar: Europa – der Westen – kann nicht mehr als der Nabel der Welt gelten; die Kulturen von Orient und Okzident müssen aber auch nicht als wesensfremde Pole frontal aufeinanderprallen

Dabei hat der Rückblick in die Geschichte – egal, um welche Zeit und welchen Kontinent es sich handelt – immer damit zu tun, den Spagat zwischen Nähe und Ferne zu wagen. Es geht darum, das Eigenständige jeder Kultur hervortreten zu lassen und zugleich jene Fäden aufzurollen, die ein globales Gewebe von Weltgeschichte erst möglich machen. Erkenntnisse lassen sich erst gewinnen, wenn es genug Stoff zum Vergleichen und Anknüpfen gibt. Geschichte und Kultur Chinas bieten beides im Übermaß – Nähe und Ferne, Faszination und Fremdheit, Drama und eindrucksvolle Gelassenheit, Vertrautes und Rätselhaftes.

»Der Preis der Leidenschaft« ist der Versuch, erstmals außerhalb Chinas das Leben von Li Qingzhao und ihrem Ehemann Zhao Mingcheng zu erzählen und in den Zusammenhang der Song-Epoche zu stellen. Zugleich werden die Personen und ihre Zeit verwoben mit rund zweitausend Jahren chinesischer Geschichte und Kultur, die hinter ihnen liegen und dennoch für die Dichterin und Ihresgleichen lebendige Gegenwart sind.

Dem Versuch liegt die Überzeugung zugrunde, dass auch die ferne Geschichte Chinas nicht den Experten vorbehalten sein muss. Sie wird in diesem Buch erzählt, ohne dass irgendwelche Kenntnisse vorausgesetzt würden. Neugier und Interesse genügen, um jede Menge von bisher Unbekanntem zu erfahren und etwas von dem zu spüren, was Herz und Geist Chinas ausmacht.

Mögen alle geografischen Landkarten bis ins Detail vorliegen – ein ganzer historischer Kontinent ist noch zu entdecken. Hinter Handys und Reklametafeln, Fast-Food-Restaurants und imponierenden Wirtschaftszahlen liegt das andere, originäre Gesicht Chinas. Zwei Mosaiksteinchen mögen belegen, dass Chinas Gegenwart nur versteht, wer die Vergangenheit kennt.

Ende Dezember 2002 herrschte Aufruhr in den Foren des chinesischen Internets: »Ich schäme mich, ein Chinese zu sein!« – »Vaterlandsverräter sind das!« Grundlage für die öffentliche Empörung war eine Entscheidung des Bildungsministeriums in Peking. Sie betraf General Yue Fei, den der Kanzler des Reiches im Jahre 1142 heimtückisch ermorden ließ, was aus dem beliebten Kriegshelden endgültig einen unsterblichen Patrioten machte.

Die Handbücher für den Geschichtsunterricht hatten Yue Fei bis zum Dezember 2002 als »nationalen Helden« gefeiert. Nun wurde der General, der vor fast neunhundert Jahren gegen die Barbaren kämpfen wollte, statt einen Kompromiss-Frieden einzugehen, in den Schulbüchern zum bloßen »Helden« degradiert. Die Streichung des Zusatzes »national« provozierte eine landesweite Debatte, die demonstriert, wie sehr in China die Idole einer fernen Vergangenheit in der Erinnerung leben und als Symbole für die Gegenwart gedeutet werden. (Mehr zu Yue Fei im 26. Kapitel.)

Von Oktober 2003 bis Februar 2004 fand im Musée Guimet in Paris die erste umfassende europäische Ausstellung über den Philosophen statt, der wie kein anderer mit Chinas Geschichte und Kultur identifiziert wird – »Konfuzius: Morgenröte des chinesischen Humanismus«. Welches Gewicht die Verantwortlichen in Peking dieser Ausstellung und ihrem Gegenstand beimaßen, zeigt sich in einer außergewöhnlichen Geste. In einer Metropole Europas schimmerten in einer Vitrine rot-braun-grün Bronzen aus dem vierzehnten bis elften Jahrhundert v. Chr., die von Kaisern der Han-Dynastie (206 v. Chr. – 220 n. Chr.) dem Konfuzius-Tempel in Qufu, dem Geburtsort des Meisters in der Provinz Shandong, als Opfergefäße gestiftet worden waren.

Und im Katalog zur Ausstellung schrieb der Kulturminister der Volksrepublik China über Meister Kong, den die Europäer zu Konfuzius latinisierten: »Er hat in China das große Vorhaben begründet, das in der Bildung und Kultivierung des Menschen besteht. ... Das konfuzianische Denken übt bis in unsere Zeit einen beachtlichen Einfluss auf die Geschichte und Kultur Chinas aus.«

Für den großen Konfuzius gilt: Eine Persönlichkeit von welthistorischen Auswirkungen kann Klischees, Vorurteilen und Missdeutungen nicht entrinnen – im eigenen Land wie außerhalb der Grenzen. Um so spannender ist es, hinter die historischen Barrikaden zu sehen, denn während der Song-Epoche, in der Li Qingzhao und Zhao Mingcheng aufwachsen, findet im Wettbewerb mit Buddhismus und Daoismus eine Renaissance des Meisters und seiner Lehre statt.

An der Gestalt des Konfuzius und seiner Lehre beweist sich, dass Chinas Geschichte und Kultur kein monolithischer Block ist. Das Reich der Mitte kultiviert seit Jahrtausenden die Fähigkeit, Vielfalt und Mobilität, gebrochene Lebensläufe und wehmütige Abschiede mit Kontinuität und der ungebrochenen Kraft der Erinnerung zu verbinden.

Zum Abschluss eine persönliche Anmerkung. Elf Bücher liegen hinter mir, die keine Danksagungen enthalten, weil sie alle ohne jeden Kontakt zu Experten entstanden sind. Diesmal gilt es, Dank zu sagen, den ich gerne öffentlich mache.

Als ich vorhatte, mit diesem Buch den Raum deutscher und europäischer Geschichte zu verlassen, führte mich der erste Weg ins Sinologische Institut der Universität Köln und dort, nach einem Blick auf das Türschild, in das Arbeitszimmer von Professor Helmolt Vittinghoff. Mein Versuch, ihm bei dieser ersten Begegnung in wenigen Minuten meine bisherige Arbeit und die Pläne zu einem China-Projekt zu erläutern, endete mit der skeptischen Frage, ob ich ein solches Unternehmen wagen könne. Seine spontane Antwort: »Machen Sie das!« Eine Folge dieser Begegnung war, dass ich die Bibliothek des Instituts großzügig nutzen konnte. Zudem gab mir Helmolt Vittinghoff den Rat, für meinen Einstieg ins Chinesische das Sinicum im Landesspracheninstitut in Bochum zu nutzen.

Die nächste Station war der Intensivkurs im Sinicum, wo deutsche und chinesische Lehrer und Lehrerinnen mit pädagogischem Geschick und persönlichem Engagement der kleinen Lerngruppe innerhalb von drei Wochen einen erstaunlichen Einstieg in die so fremdartige Sprache und Kultur vermittelten. In Bochum war es Dr. Wolf Baus, der während eines langen Gesprächs im italienischen Eiscafé auf dem Universitätsgelände meine Fragen positiv parierte und mir ermunternde und wertvolle Hinweise für mein Vorhaben gab.

Auf konkrete Weise hat Holger Kühnle, Doktorand des Sinologischen Instituts der Universität Heidelberg, einen wichtigen Baustein geliefert. Er hat in meinem Auftrag eigens für dieses Buch weite Teile einer so genannten »annalistischen Biografie« – nianpu ist der chinesische Fachausdruck – über Li Qingzhao und ihren Ehemann Zhao Mingcheng aus der klassischen chinesischen Schriftsprache erstmals ins Deutsche übersetzt. (Genaueres dazu in den Literaturhinweisen unter »Li Qingzhao«.) Die ausführlichen E-Mails, die diese Übersetzungarbeit von Heidelberg in Richtung Köln begleiteten, haben mir zudem Anregungen und Einblicke gegeben, die über die Fakten hinaus auf den Geist chinesischer Kultur und Weltanschauung verwiesen. Holger Kühnle wurde mir vermittelt durch das European Center for Digital Resources in Chinese Studies (ChinaResource.org), eine vorbildliche Einrichtung des Heidelberger Sinologischen Instituts, die Außenstehenden Informationsbeschaffung und Spezialarbeiten auf Universitätsniveau anbietet.

Was selbstverständlich ist: Keiner der Genannten hat Einfluss auf das Geschriebene gehabt oder ist verantwortlich für das, was ich in diesem Buch an Fakten gebündelt und an Thesen und Interpretationen gewagt habe.

Aber warum gerade Li Qingzhao und die Song-Dynastie? Zu den allerersten Büchern, die ich las, um das fremde Terrain zu erkunden, gehörte »Das Antlitz Chinas« von Wolfgang Bauer (1930–1997), viele Jahre Professor für Sinologie an der Universität München. Das Buch ist ein Gang durch die chinesische Literatur aus dem Blickwinkel autobiografischer Darstellungen mit dem Ziel, über einen Expertenkreis hinaus Menschen für diese Kultur zu gewinnen. In dem Kapitel »Das Leben als Gelehrsamkeit« zitiert Bauer ausführlich die autobiografische Skizze, die Li Qingzhao im Jahre 1134 – gegen alle Konventionen – geschrieben hat. Es war Faszination und Sympathie auf den ersten Blick. Und dabei ist es geblieben.

LITERATURHINWEISE

Das autobiografische Nachwort von Li Qingzhao ist in verschiedenen Fassungen überliefert. Ich nutze die Übersetzung von Wolfgang Bauer in seinem Buch »Das Antlitz Chinas«. Die von Bauer ausgelassenen Teile des Nachworts, vor allem der Anfang und der Schluss, wurden für dieses Buch erstmals aus dem Chinesischen ins Deutsche übersetzt von Holger Kühnle, Heidelberg. Von Kühnle ebenfalls erstmals in großen Teilen übersetzt ist die annalistische Biografie von Huang Shengzhang und ein Opfertext von Li Qingzhao, der weder in ihrem Nachwort noch in der Biografie auftaucht (siehe die Stichworte »Literatur« und »Li Qingzhao«).

Sämtliche zitierten Gedichte von Li Qingzhao habe ich auf der Grundlage der vorliegenden Ausgaben in Deutsch, Englisch, Französisch nachgedichtet. Sie sind – ebenso wie die Zitate aus dem autobiografischen Nachwort – *kursiv* gesetzt.

Die Gedichte chinesischer Dichter über anderthalb Jahrtausende bis in die Zeit der Song-Dynastie sind zum größten Teil Übersetzungen von Volker Klöpsch und Wolfgang Kubin, dazu von Günther Debon (siehe »Literatur«).

Die Zitate der »Gespräche« des Konfuzius stammen aus der Übersetzung von R. Moritz, die des »Zhuangzi« aus der Übersetzung von St. Schumacher, siehe »Philosophie – Religion«.

Geschichte – Kultur – Überblicke

W. Bauer: China und die Hoffnung auf Glück. Paradiese, Utopien, Idealvorstellungen, München 1971

C. Blunden, M. Elvin: Cultural Atlas of China, Oxford 1983

W. Eberhard: Geschichte Chinas, 3. erweiterte Auflage, Stuttgart 1971

W. Eichhorn: Kulturgeschichte Chinas, Stuttgart 1964

C. P. FitzGerald: China. A Short Cultural History, London 1958

O. F. Franke: Geschichte des chinesischen Reiches, Bd. 4, Berlin 1948

H. Franke, R. Trauzettel: Das Chinesische Kaiserreich, Frankfurt/M. 1968

J. M. Gentzler: A Syllabus of Chinese Civilization, New York 1972

J. Gernet: Die chinesische Welt, Frankfurt/M 1997

R. Goepper: Das Alte China. Geschichte und Kultur des Reiches der Mitte, München 1988

ders.: Buddhistische Kunst und Kultur in China; in: Dokumentation China-Akademie, Dortmund 1991

Ch. O. Hucker: China's Imperial Past. An Introduction to Chinese History and Culture, London 1975

Th. H. C. Lee: Education in Traditional China. A History, Leiden 2000

H. Maspero: La Chine Antique, nouvelle édition Paris 1965

W. H. McNeill: Das Zeitalter der Vorherrschaft Chinas. 1000–1500; in: ders.: Krieg

und Macht. Militär, Wirtschaft und Gesellschaft vom Altertum bis heute, München 1984
J. Meskill (Hg.): An Introduction to Chinese Civilization, New York 1973
Ch'ien Mu: Traditional Government in Imperial China, Hong Kong 1982
J. Needham: Science and Civilization in China, 21 Bde., Cambridge 1954–2000
ders.: Wissenschaftlicher Universalismus. Über Bedeutung und Besonderheit der chinesischen Wissenschaft, Frankfurt/M. 1977
J. Osterhammel: China und die Weltgesellschaft. Vom 18. Jahrhundert bis in unsere Zeit, München 1989
ders.: Geschichtswissenschaft jenseits des Nationalstaats. Studien zu Beziehungsgeschichte und Zivilisationsvergleich, Göttingen 2001
S. Paul (Hg.): Kultur – Begriff und Wort in China und Japan, Berlin 1984
J. Prušek: Chinese History and Literature, Dordrecht 1970
Schätze der Himmelssöhne. Die kaiserliche Sammlung aus dem Nationalen Palastmuseum Taipeh, Bonn 2003
H. Schmidt-Glintzer (Hg.): Lebenswelt und Weltanschauung im frühneuzeitlichen China, Stuttgart 1990
J. D. Spence: Chinas Weg in die Moderne, München 1995
E. Stuart Kirby: Einführung in die Wirtschafts- und Sozialgeschichte Chinas, München 1955
L. Vandermeersch: Études Sinologiques, Paris 1994
B. Wiethoff: Grundzüge der älteren chinesischen Geschichte, Darmstadt 1971
W. Watson: China. Kunst und Kultur, Freiburg 1980
H. T. Zurndorfer: China Bibliography. A Research Guide to Preference Works about China Past and Present, Leiden 1995

Staat – Verwaltung – Recht

J. W. Chaffee: The Thorny Gates of Learning in Sung China, revised edition New York 1995
T'ung-tsu Ch'ü: Law and Society in Traditional China, Den Haag 1961
Études Song, hg. von F. Aubin, Série I, Paris 1970
W. Fikentscher, H. Franke, O. Köhler (Hg.): Entstehung und Wandel rechtlicher Traditionen, Freiburg 1980
R. P. Hymes, C. Schirokauer (Hg.): Ordering the World. Approaches to State and Society in Sung Dynasty China, Los Angeles 1993
D. G. Johnson: The Medieval Chinese Oligarchy, Boulder 1977
F. A. Kierman, Jr., J. K. Fairbank (Hg.): Chinese Ways in Warfare, Cambridge Mass. 1974
E. A. Kracke, Jr.: Civil Service in Early Sung China, 960–1067, Cambridge Mass. 1953
E. I. Kycanov, H. Franke: Tangutische und chinesische Quellen zur Militärgesetzgebung des 11. bis 13. Jahrhunderts, München 1990
W. W. Lo: An Introduction to the Civil Service of Sung China, Honolulu 1987
G. MacCormack: The Spirit of Traditional Chinese Law, Athens Georgia 1996
I. Mayazaki: China's Examination Hell. The Civil Service Examinations of Imperial China, New York 1976

B. E. McKnight: Law and Order in Sung China, Cambridge Mass. 1992
C. Morper: Ch'ien Wei-yen (977–1034) und Feng Ching (1021–1094) als Prototypen eines ehrgeizigen, korrupten und eines bescheidenen, korrekten Ministers der Nördlichen Sung-Dynastie, Frankfurt/M. 1975
P. J. Opitz: Der Weg des Himmels. Zum Geist und zur Gestalt des politischen Denkens im alten China, München 1999
B. Schmoller: Bao Zheng (999–1062) als Beamter und Staatsmann, Bochum 1982
P. Seidel: Studien zur Rechtsgeschichte der Sung-Zeit, Frankfurt/M. 1983
D. Thiele: Der Abschluß eines Vertrages: Diplomatie zwischen Sung- und Chin-Dynastie 1117–1123, Wiesbaden 1971
R. Trauzettel: Ts'ai Ching (1046–1126) als Typus des illegitimen Ministers, Diss. München 1964
H. Vittinghoff: Proskription und Intrige gegen Yüan-yu-Parteigänger. Ein Beitrag zu den Kontroversen nach den Reformen des Wang An-shih, dargestellt an den Biographien des Lu Tien (1042–1102) und des Ch'en Kuan (1057–1124), Frankfurt/M. 1975
S. Werner: Die Belagerung von K'ai-feng im Winter 1126/27, Stuttgart 1992
H. R. Williamson: Wang An Shih, a Chinese Statesman und Educationalist of the Sung Dynasty, 2 Bde., London 1937

Gesellschaft – Kaiserhof

E. Balazs: La Bureaucratie céleste. Recherche sur l'économie et la société de la Chine traditionelle, Paris 1968
Th. de Bary, J. W. Chaffee (Hg.): Neo-Confucian Education: The Formative Stage, New York 1989
W. Böttger: Kultur im alten China, Leipzig 1977
J. W. Chaffee: Branches of Heaven. A History of the Imperial Clan of Sung China, London 1999
P. C. Chung: Palace Women in the Northern Sung, 960–1126, Leiden 1981
R. L. Davis: Court and Family in Sung China, 960–1279, Durham 1986
Ch. Djang, J. C. Djang (Hg.): A Compilation of Anecdotes of Sung Personalities, Taipei 1989
W. Eberhard: Social Mobility in Traditional China, Leiden 1962
W. Eichhorn: Sonderdruck aus »Die Weltgeschichte«, (gesammelte Aufsätze), Freiburg 1971
J. K. Fairbanks (Hg.): Chinese Thought and Institutions, Chicago 1957
H. Franke (Hg.): Sung Biographies, 4 Bde., Wiesbaden 1976
G. Gauler: Das Meng-chi pi-t'an des Shen Kua. Die Memoiren eines Staatsmannes und Universalgelehrten der Nördlichen Sung-Zeit (960–1126), Diss. Würzburg 1987
V. Hansen: Negotiating Daily Life in Traditional China, New Haven 1995
J. W. Haeger (Hg.): Crisis and Prosperity in Sung China, Tucson Ariz. 1975
B. Hinsch: Passion of the Cut Sleeve. The Male Homosexual Tradition in China, Los Angeles 1990
S. Yoshinobu: Commerce and Society in Sung China, Ann Arbor 1970
ders. (Hg.): Buriel in Song China, Heidelberg 1994

D. Kuhn: Die Song-Dynastie (960 bis 1279). Eine neue Gesellschaft im Spiegel ihrer Kultur, Weinheim 1987
J. T. C. Liu: Ou-yang Hsiu. An Eleventh Century Neo-Confucianist, Stanford 1967
The Luoyang Museum of Ancient Tombs, Luoyang 1995
T. Mitamura: Chinese Eunuchs, Tokio 1970
H. Scogin: Poor Relief in Northern Sung China, in: Orient Extremus 25:2, 1978
H. Stahl: Gräber in Sichuan von der Tang- bis zur Song-Zeit, Heidelberg 1995
Th. H. C. Lee: Books and Bookworms in Song China: Book Collection and the Appreciation of Books, in: Journal of Sung-Yuan-Studies 28, 1998
B. Watson: Chapters from the »Shih chi« of Ssu-ma Ch'ien, New York 1969

Wirtschaft – Technik – Industrie – Landwirtschaft – Stadtentwicklung

A. Boyd: Chinese Architecture and Town Planning, 1500 B.C – A.D. 1911, London 1962
Th. F. Carter: The Invention of Printing in China and its Spread Westward, überarbeitete Neuauflage von L. Carrington Goodrich, New York 1955
L. Cooke Johnson: The Place of »Qingmin shanghe tu« in the Historical Geography of Song Dynasty Dongjing, in: Journal of Sung-Yuan-Studies 26, 1996
K. Flessel: Der Huang-ho und die historische Hydrotechnik in China, Tübingen 1974
A. Feuerwerker (Hg.): Chinese Social and Economic History from the Song to 1900, Ann Arbor 1982
P. J. Golas: Rural China in the Song, in: Journal of Asian Studies 39: 2, 1980
ders.: A Copper Production Breakthrough in the Song: The Copper Precipitation Process, in: Journal of Sung-Yuan-Studies 28, 1998
V. Hansen: The Mystery of the Qingming Scroll and Ist Subject: the Case against Kaifeng, in: Journal of Sung-Yuan-Studies 26, 1996
G. Lewin: Die ersten fünfzig Jahre der Song-Dynastie in China, Berlin (Ost) 1973
Z. L. Oberst: Chinese Economic Statecraft Ideas in the Song Period (960–1279), Ann Arbor 1996
B. Smith, H. B. Reynolds (Hg.): The City as a Sacred Center, Leiden 1987
N. S. Steinhardt: Chinese Imperial City Planning, Honolulu 1990
Th. Thilo: Klassische Chinesische Baukunst, Wien 1977
I. Timmermann: Die Seide Chinas, Köln 1986
D. Twitchett: Printing and Publishing in Medieval China, London 1983
P. Wheatley: The Pivot of the Four Quarters. A Preliminary Enquiry into the Origins and Character of the Ancient Chinese City, Edinburgh 1971

Frau – Familie – Medizin

D. C. Buxbaum (Hg.): Family Law and Customary Law in Asia, Den Haag 1968
P. Chao: Chinese Kinship, London 1983
M. Chou: Zur Stellung der Nebenfrau in der älteren chinesischen Gesellschaft, Diss. München 1959

P. B. Ebrey: The Aristocratic Families of Early Imperial China. A Case study of the Po-ling Ts'ui Family, London 1978
dies.: The Inner Quarters. Marriage and Lives of Chinese Women in the Sung Period, Los Angeles 1993
dies., J. L. Watson (Hg.): Kinship Organization in Late Imperial China 1000–1940, Los Angeles 1986
S. Englert: Materialien zur Stellung der Frau und zur Sexualität im vormodernen und modernen China, Frankfurt/M. 1980
H. Franke, W. Heissig (Hg.): Heilen und Schenken. Festschrift für G. Klinge, Wiesbaden 1980
U. Fricker: Schein und Wirklichkeit. Zur altchinesischen Frauenideologie aus männlicher und weiblicher Sicht im geschichtlichen Wandel, Diss. Hamburg 1988
A. Gerstlacher u. a. (Hg.): Woman and Literature in China, Bochum 1985
P. R. Golding: The Culture of Sex in Ancient China, Honolulu 2002
M. Granet: La Polygynie Sororale et le Sororat dans la Chine Féodale, Paris 1920
R. W. Guisso, St. Johannesen (Hg.): Women in China, Youngstown 1981
G. Hildenbrand, J. Kahl, St. Stein: Qigong und China, Bonn 2000
dies., M. Geißler (Hg.): Qigong und Yangsheng. Von den Wurzeln in Daoismus und Heilkunde bis zur heutigen Anwendung; Vorträge der 4. Deutschen Qigong-Tage, Uelzen 2002
A. B. Kinney (Hg.): Chinese Views of Childhood, Honolulu 1995
Th. H. C. Lee: The Discovery of Childhood: Children Education in Sung China (960–1279); in: S. Paul (Hg.) ... siehe »Geschichte/Kultur«
N. Lee Swann: Pan Chao. Foremost Woman Scholar of China, New York 1968 (1932)
G. Linck-Kesting: China, Geschlechtsreife und Legitimation zur Zeugung; in: E. W. Müller (Hg.): Geschlechtsreife und Legitimation zur Zeugung, Freiburg 1985
H. S. Levy: Chinese Footbinding. The History of a Curious Erotic Custom, New York 1966
G. Linck: Frau und Familie in China, München 1988
Ch. E. Rosenberg (Hg.): The Family in History, University of Pennsylvania 1975
N. Sivin: Medicine, Philosophy and Religion in Ancient China, Aldershot 1995
P. U. Unschuld: Medizin und Ethik. Sozialkonflikte im China der Kaiserzeit, Wiesbaden 1975
ders.: Medicine in China. A History of Ideas, Los Angeles 1985
R. S. Watson, P. B. Ebrey (Hg.): Marriage and Inequality in Chinese Society, Los Angeles 1991

Philosophie – Religion

R. E. Allinson (Hg.): Understanding the Chinese Mind. The Philosophical Roots, Oxford 1989
Wm. Th. de Bary, I. Bloom (Hg.): Sources of Chinese Tradition, Bd. 1, New York 1999
W. Bauer: Hauptströmungen der chinesischen Geistesgeschichte; in: Dokumentation China-Akademie, Dortmund 1991

ders.: Geschichte der chinesischen Philosophie, Hg. H. van Ess, München 2001
Bi-yän-lu: Meister Yüan-wu's Niederschrift von der Smaragdenen Felswand, verdeutscht und erläutert von W. Gundert, 3 Bde., München 1967–1977
J. Blofeld: Der Taoismus oder Die Suche nach Unsterblichkeit, Köln 1986
Reden des Buddha, aus dem Pâli-Kanon übersetzt v. I.-L. Gunsser, Einleitung H. von Glasenapp, Stuttgart 2001
R. E. Buswell, Jr., R. M. Gimello (Hg.): Paths to Liberation. The Marga and Its Transformations in Buddhist Thought, Honolulu 1992
M. Carrithers: Der Buddha. Eine Einführung, Stuttgart 1996
W. Chappell (Hg.): Buddhist and Taoist Practice in Medieval Chinese Society, Honolulu 1987
K. K. S. Ch'en: The Chinese Transformation of Buddhism, Princeton 1973
A. Cheng: Histoire de la Pensée Chinoise, Paris 1997
Daoismus: Empfehlenswert wg. fortlaufender qualifizierter Beiträge zum philosophischen und religiösen Daoismus die Jahresbände der »Zeitschrift für Qigong Yangsheng«, Hg. Medizin. Gesellschaft für Qigong Yangsheng, Bonn
G. Debon, W. Speiser (Hg.): Chinesische Geisteswelt. Von Konfuzius bis Mao Tse-tung
Dschuang Dsi: Das wahre Buch vom südlichen Blütenland, übersetzt und kommentiert von R. Wilhelm, Neuausgabe Düsseldorf 1977
H. Dumoulin: Geschichte des Zen-Buddhismus. Bd. 1: Indien und China, München 1985
W. Eberhard (Hg.): Hua Shan: The Taoist Sacred Mountains in West China, Hong Kong 1974
P. B. Ebrey, P. N. Gregory (Hg.): Religion and Society in T'ang and Sung China
W. Eichhorn: Beitrag zur rechtlichen Stellung des Buddhismus und Taoismus im Sung-Staat, Leiden 1968
ders.: Die Religionen Chinas, Stuttgart 1973
Frühling und Herbst des Lü Bu We, übersetzt und hg. von R. Wilhelm, Düsseldorf 1971
I Ging. Das Buch der Wandlungen, verdeutscht und erläutert von R. Wilhelm, Düsseldorf 1951
C. Jaspers: Die großen Philosophen, Bd. I, 6. TB-Auflage München 1997
F. Jullien: Über die Wirksamkeit, Berlin 1999
ders.: Der Weise hängt an keiner Idee. Das Andere der Philosophie, München 2001
D. Johnson (Hg.): Ritual and Scriptures in Chinese Popular Religion, Berkeley 1995
I. E. Kasoff: The Thought of Chiang Tsai (1020–1077), Cambridge 1984
L. Kohn (Hg.): Daoism Handbook, Leiden 2000
Konfuzius: Gespräche, übersetzt und herausgegeben von R. Moritz, Frankfurt/M. 1983, Stuttgart 2003
J. Lagerwey: Taoist Ritual in Chinese Society and History, New York 1987
Lao-tse: Tao-tê-King. Das heilige Buch vom Weg und von der Tugend, Übersetzung und Einleitung von G. Debon, Stuttgart 2001(verbesserte Aufl. 1979)
Laotse: Tao Te King. Nach den Seidentexten von Mawangdui, hg. von H.-G. Möller, Frankfurt/M. 1995
Ch. Le Blanc, S. Blader (Hg.): Chinese Ideas about Nature and Society, Hong Kong 1987
P. van der Loon: Taoist Books in the Libraries of the Sung Period, London 1984

Mong Dsi, verdeutscht und erläutert von R. Wilhelm, Düsseldorf 1921
Ch. A. Moore (Hg.): The Chinese Mind. Essentials of Chinese Philosophy and Culture, Honolulu 1967
R. Moritz: Die Philosophie im alten China, Berlin 1990
D. J. Munro: Individualism and Holism: Studies in Confucian and Taoist Values, Ann Arbor 1985
G. Paul: Konfuzius. Meister der Spiritualität, Freiburg 2001
I. Robinet: Taoism. Growth of a Religion, Stanford 1997
H. Roetz: Konfuzius, München 1995
H. Schmidt-Glintzer: Die Identität der buddhistischen Schulen und die Kompilation buddhistischer Universalgeschichten in China, Wiesbaden 1982
P. Schmidt-Leukel (Hg.): Wer ist Buddha. Eine Gestalt und ihre Bedeutung für die Menschheit, München 1998
H. W. Schumann: Buddhismus. Stifter, Schulen und Systeme, Köln 1994
P. Wildish: Daoismus im Überblick, Freiburg 2002
C. K. Yang: Religion in Chinese Society, University of California 1961
Zhuangzi. Das klassische Buch daoistischer Weisheit. Erstmals in vollständiger Übersetzung, hg. und kommentiert von V. H. Mair, aus dem Amerikanischen von St. Schumacher, Frankfurt/M. 1998
Zhuangzi. Auswahl, Einleitung, Anmerkungen von G. Wohlfart, Übersetzung von St. Schumacher, Stuttgart 2003
E. Zürcher: The Buddhists Conquest of China, 2 Bde., Leiden 1959

Literatur

W. Bauer: Das Antlitz Chinas. Die autobiographische Selbstdarstellung in der chinesischen Literatur von ihren Anfängen bis heute, München 1990
ders., H. Franke (Hg.): Die Goldene Truhe. Chinesische Novelle aus zwei Jahrtausenden, München 1959
L. Bieg: Huang T'ing – chien (1045–1105). Leben und Dichtung, Heidelberg 1971
B. Brecht: Gedichte, Frankfurt/M. 1975
G. Debon (Hg.): Chinesische Dichter der Tang-Zeit, Stuttgart 1964
J. J. Deeney (Hg.): A Golden Treasury of Chinese Poetry, Hong Kong 1989
C. Drummond Le Gros Clark: The Prose-Poetry of Su Tung-p'o, New York 1964
W. Eberhard: Lexikon chinesischer Symbole, Köln 1983
Études d'Histoire et de Literature Chinoise, offertes au Professeur J. Prušek, Paris 1976
E. Feifel, Nagasawa Kikuya: Geschichte der chinesischen Literatur, Darmstadt 1959
A. Forke (Hg.): Dichtungen der T´ang- und Sung-Zeit, Hamburg 1929
Hsüan-ho i-shih: Proclaiming Harmony, übersetzt von W. O. Hennessey, Ann Arbor 1981
W. Idema, L. Haft: A Guide to Chinese Literature, Ann Arbor 1997
V. Klöpsch: Der seidene Faden. Gedichte der Tang, aus dem Chinesischen übertragen und mit einem Nachwort versehen, Frankfurt/M 1991
W. Kubin: Die chinesische Dichtkunst. Von den Anfängen bis zum Ende der Kaiserzeit; Geschichte der chinesischen Literatur, Bd. 1, München 2002

Lin Yutang: The Gay Genius. The Life and Times of Su Tungpo, New York 1947
R. Ptak, S. Englert (Hg.): Ganz allmählich. Aufsätze zur ostasiatischen Literatur, insbesondere zur chinesischen Lyrik, Heidelberg 1986
H. Schmidt-Glintzer: Geschichte der chinesischen Literatur, München 1990
B. Watson: Chinese Lyricism. Shih Poetry from the Second to the Twelfth Century, New York 1971
ders. (Hg.): The Columbia Book of Chinese Poetry. From Early Times to the Thirteenth Century, New York 1984
J. Wertheimer, S. Göße (Hg.): Zeichen lesen, Lese-Zeichen. Kultursemiotische Vergleiche von Leseweisen in Deutschland und China, Tübingen 1999
R. F. S. Yang (Hg.): Eight Colloquial Tales of the Sung, Taipei 1972

Malerei, Musik, Keramik

S. Bush: The Chinese Literati on Painting: Su Shih (1037–1101) to Tung Ch'i-ch'ang (1555–1636), Cambridge, Mass. 1971
M. A. E. Ebersold: Atmosphäre in früher chinesischer Landschaftsmalerei, Diss. Bonn 1979
J. Hejzlar: Chinesische Landschaften, Hanau 1996
W. Kaufmann: Musical References in the Chinese Classics, Detroit 1976
Ku Teng: Chinesische Malkunsttheorie in der T'ang- und Sungzeit, Mitteilungen der Gesellschaft für Ostasiatische Kunst 9. Jg., Nr. 5, Berlin 1934
J. H. Levis: Foundations of Chinese Musical Art, New York 1963
M. Loehr: The Great Painters of China, Edinburgh 1980
F. MacKenzie (Hg.): Chinesische Kunst, London 1961
H. E. R. Martin: Chinesischer Malerei, München 1979
P. Miklós: Chinesische Malerei. Geschichte, Technik, Theorie, Köln 1982
Yutaka Mino (Hg.): Freedom of Clay and Brush through Seven Centuries in Northern China: Tz'u-chou Type Wares, 960–1600 A.D., Bloomington 1980
Rulan Chao Pian: Song Dynasty Musical Sources and their Interpretations, Cambridge Mass. 1967
K. Reinhard: Chinesische Musik, Kassel 1956
S. Riddell: Dated Chinese Antiquities 600–1650, London 1979
O. Sirén: Chinese Painting. Leading Masters and Painting, Teil I, Bd. 1–3, London 1956
M. Sullivan: Symbols of Eternity. The Art of Landscape Painting in China, Oxford 1979
N. Vandier-Nicolas: Art et Sagesse en Chine: Mi Fou (1051–1107), Paris 1963
F. G. Wappenschmidt: Das Bild der schönen Frau in der chinesischen Malerei, Diss. Bonn 1978
B. Wiant: The Music of China, Hongkong 1966
D. R. Widdess, R. F. Wolpert (Hg.): Music and Tradition, Cambridge 1981

Schrift

W. Baus: Schriftreform in China, in: China: Kunst, Kultur, Wirtschaft, hg. von W. Becker, Heft 6 der Soester Beiträge zur Geschichte von Naturwissenschaft und Technik, 1999

ders.: Chinesisch. Eine Einführung in die chinesische Schrift für Anfänger, in Zusammenarbeit mit Gao Jianqiu, Langenscheidts Schreibübungsbuch Chinesisch, Berlin 1996

F. Coulmas: Über Schrift, Frankfurt/M. 1981

E. Fazzioli: Gemalte Wörter. 214 chinesische Schriftzeichen – von Bild zum Begriff, Wiesbaden 2003 (Original 1986)

B. Karlgren: Schrift und Sprache der Chinesen, Berlin 1975

Li Leyi: Entwicklung der chinesischen Schrift am Beispiel von 500 Schriftzeichen, erweiterter Nachdruck Beijing 2001

C. Lindqvist: Eine Welt aus Zeichen. Über die Chinesen und ihre Schrift, München 1990

S. Robert Ramsey: The Language of China, Princeton 1987

Li Qingzhao

W. Bauer: Das Ideal der »Sammlung« und Li Ch'ing-chao, in: ders.: Das Antlitz Chinas ... siehe »Literatur«. Ebenda das autobiografische Nachwort von Li Qingzhao zum Katalog der »Inschriften auf Bronze und Steingut«

Chinesische Frauenlyrik. Tzi-Lyrik der Sung-Zeit von Li Tsching-dschau und Dschu Schu-dschen, hg. und übersetzt von E. Schwarz, München 1985

Hu Pin-Ch'ing: Li Ch'ing Chao, New York 1966

Huang Shengzhang: Annalistische Biografie des Ehepaares Zhao Mingcheng und Li Qingzhao, in: Gesammelte Werke Li Qingzhao's, Shanghai 1962, S. 112–167. Für dieses Buch erstmals in Auszügen aus dem Chinesischen ins Deutsche übersetzt von H. Kühnle, Heidelberg 2003

Li Ch'ing-chao: Œuvres poétiques complètes, traduit du chinois par Liang Paitchin, Paris 1977

Li Ch'ing-chao: Poetess, Aufsatz von J. Ching, in: H. Franke (Hg.): Sung Biographies ... siehe »Gesellschaft«

Chung Ling: Li Qingzhao: the Moulding of Her Spirit and Personality, in: A. Gerstlacher u. a. (Hg.): Women and ... siehe »Literatur«

G. Link: Aus der fruchtbaren Erde wie einsame Schatten – Die Frau als Dichterin: Li Ch'ing-chao, in: H. Schmidt-Glinzer (Hg.): Lebenswelt ... siehe »Geschichte«

St. Owen: Rembrances. The Experiences of the Past in Classical Chinese Literature, Cambridge Mass. 1986

Li Qingzhao: Gedichte, eingeleitet und übersetzt von Ng Hong-chiok und A. Engelhardt, Bonn 1985

K. Rexroth, Ling Chung (Hg.): Li Ch'ing-chao. Complete Poems, New York 1979

J. T. Wixted: The Poetry of Li Ch'ing-chao: A Woman Author and Women's Authorship; in: P. Yu (Hg.): Voices of the Song Lyric in China, Berkeley 1994

ZUR AUSSPRACHE

Die chinesische Schriftsprache – eine »Zeichen-Sprache« – ist fast 6000 Jahre alt, und geht auf die »Orakelknochen-Schrift« zurück. Als 221 v. Chr. das erste einheitliche Reich gegründet wurde, entstand die standardisierte »Kleine Siegelschrift«. Sie war die Grundlage für die »Normalschrift« vom Ende der Han-Dynastie (206 v. Chr. – 220 n. Chr.), die bis zur Schriftreform im Jahre 1956 in China die maßgebende Schrift blieb. (Mehr zum Thema »Schrift« im 1. Kapitel.)

Heute gibt es rund 50000–60000 Schriftzeichen, ein Gebildeter kennt 4000–6000 Zeichen.

Im Gegensatz zur Alphabetschrift steht ein chinesische Schriftzeichen nicht für einen Laut, sondern für eine Bedeutung. Um ein Missverständnis zu korrigieren: Jedes Zeichen hat zwar eine Silbe, aber es gibt viele Wörter mit mehreren Silben.

Weil die Zeichen nicht für Laute stehen, geben sie keinen verlässlichen Hinweis auf die Aussprache. Was auf den ersten Blick als enorme Schwierigkeit erscheint, war für den Zusammenhalt des chinesischen Reiches von entscheidender Bedeutung. Denn in einem Land mit Dutzenden von »Dialekten«, die untereinander unverständlich sind, wurde die Schrift zum einigenden Band. So unterschiedlich ein Zeichen in den verschiedenen Regionen ausgesprochen wird – geschrieben wird es seit zweitausend Jahren immer gleich. Über die schriftliche Sprache konnte und kann sich jeder Chinese verständigen.

Als im 17. Jahrhundert christliche Missionare als erste Ausländer nach China kamen und sich in Peking niederlassen durften, entwickelten sie verschiedene Umschrift-Systeme. Die Umschrift fixiert die Laute der chinesischen Sprache in lateinischer Alphabetschrift, um eine Erlernen der Sprache möglich zu machen. Als gebräuchlichste Umschrift setzte sich seit dem 19. Jahrhundert das angelsächsische Wade-Giles-System durch. Aber es blieb ein verwirrendes Nebeneinander verschiedener Systeme.

Mit der Gründung der Volksrepublik China wurde 1949 ein Schriftreform-Komitee eingesetzt. Es einigte sich 1958 auf eine einzige normierte Alphabetschrift mit lateinischen Buchstaben – Hanyu Pinyin. Seit den siebziger Jahren ist die Pinyin-Umschrift international verbindlich und wurde von den UN übernommen. Seit den neunziger Jahren setzt sich Pinyin als einzige Umschrift in der Literatur wie in den Medien durch. Pinyin wird auch in diesem Buch verwandt.

ZEITTAFEL DER CHINESISCHEN DYNASTIEN

Xia	ca. 2100 – ca. 1600 v. Chr.
Shang	ca. 1600 – ca. 1100 v. Chr.
Zhou	ca. 1100 – 256 v. Chr.
Qin	221 – 206 v. Chr.
Han	206 v. Chr. – 220 n. Chr.
Zersplitterung (verschiedene Reiche)	220 – 581 n. Chr.
Sui	581 – 618
Tang	618 – 906
Zersplitterung (verschiedene Reiche)	906 – 960
Song	960 – 1279
nördliche Song	960 – 1127
südliche Song	1127 – 1279
Yuan	1271 – 1368
Ming	1368 – 1644
Qing	1644 – 1911

Beispiele für die neue Pinyin-Schreibweise und die alte Umschrift

Mao Zedong	Mao Tse-tung
Beijing	Peking, auch in diesem Buch als eine der wenigen Ausnahmen weiterhin in der alten Schreibweise
Daodejing	früher Tao Te King oder auch Tao Te Ching, das berühmte Buch des Laozi, früher Lao-tse
Li Qingzhao	Li Ch'ing-chao
Zhao Mingcheng	Chao Ming-ch'en

Eine Hürde bleibt

Die Pinyin-Umschrift sorgt für eine einheitliche Schreibweise. Aber eine Hürde beseitigt auch sie nicht: Sie erleichtert die Aussprache nicht. Es bleibt dabei: Die lateinischen Laute sind mit der chinesischen Aussprache nicht identisch. Woher sollen wir wissen, dass im Chinesischen ein *q* wie *tsch* oder *ong* wie *ung* gesprochen wird.

Deshalb eine Auswahl von Lauten, die über den Vergleich mit dem Deutschen und dem Englischen die chinesische Aussprache nahe bringt:

c	wie	ts (*Z*unge)
ch		tsch (Pei*tsch*e)
h		rauhes ch (a*ch*)
j		*J*eep
q		tsch (*tsch*üss)
s		scharfes s (Han*s*)
sh		sch (*sch*ön)
w		*w*ay
x		ch (i*ch*)
z		stimmhaftes ds
zh		dsch (*Dsch*ungel)
ao		au (B*au*m)
ai		ei (n*ei*n)
e		kurzes e (Lini*e*)
ei		*ei*ght
ong		*u*ng